BERGGASTHOF

ÜBER SONNIGE WEITEN

Über

Peter Riedel

Mitarbeit bei Bildauswahl: Gerd Schäfer

sonnige Weiten

Erlebte Rhöngeschichte 1933–1939

Motorbuch Verlag Stuttgart

Einband und Schutzumschlag: Siegfried Horn
Das Umschlagbild zeigt Erwin Kraft auf ›Minimoa‹

WIDMUNG

Meine Lebensgefährtin Helen hat entscheidend zum Gelingen der »Erlebten Rhöngeschichte« beigetragen,
vor allem durch jahrelangen Verzicht auf Freizeit und Ferien, während diese Arbeit geleistet werden mußte.
Als kluge Beraterin und beste Lektorin in einer ihr ursprünglich fremden Sprache
hat sie oft erreicht, daß Gedankenfolge und Text klarer wurden.
Ihr ist der 3. Band gewidmet.

ISBN 3-613-01047-X

2. Auflage 1990

Ein Unternehmen der Paul Pietsch-Verlage GmbH & Co.

Satz und Druck: Remsdruckerei Sigg, Härtel & Co., 7070 Schwäbisch Gmünd.
Bindung: Franz Spiegel Buch GmbH, 7900 Ulm.
Printed in Germany.

Inhalt

»Ein königliches Spiel
mit den unsichtbaren Gewalten
des Luftmeers.«

WOLF HIRTH 1900–1959

Vorwort

Die Unterteilung meiner ›Erlebten Rhöngeschichte‹ ergab ganz von selbst, daß die Jahre des Dritten Reiches den dritten Band füllen würden. Vieles änderte sich damals für die deutsche Segelfliegerei. Wo vorher äußerste Sparsamkeit walten mußte, konnte bald aus dem vollen geschöpft werden. Was bis dahin von Freiwilligen in ihrer Freizeit geschafft worden war, wurde Aufgabe von Angestellten des neuen Deutschen Luftsport-Verbandes. Die Beschaffung von Fluggerät bot bald keine Schwierigkeiten mehr. Was in den Notjahren vorher nur ein Traum ohne Hoffnung gewesen war, wurde vielen jungen Segelfliegern erfüllt: Teilnahme an einem Rhönwettbewerb.

Anfangs waren wir Älteren auch begeistert darüber, daß unsere geliebte Segelfliegerei nach den mageren Pionierjahren so viel öffentliche Hilfe erhielt. Bald aber kamen Bedenken, als man anfing, den frisch-fröhlichen Rhönindianern Uniformen anzuziehen und das Strammstehen beizubringen. Das paßte doch gar nicht auf unsere alte Wasserkuppe! Aber bald wurde jedem klar: Wer nicht alles mitmachte, wurde einfach ausgeschaltet. Wohin diese Entwicklung führen würde, sahen in jenen Jahren 1933 bis 1936 nur wenige voraus. Die große Welt tat das übrigens auch nicht.

Während der Schwedenexpedition im Mai/Juni 1936 bekam ich persönlich die harte Hand des neuen Systems so deutlich zu spüren, daß ich mir sagte, ich distanziere mich lieber. Im Dezember 1936 reiste ich nach Kolumbien ab, wohin mich ein Zweijahresvertrag der Fluglinie SCADTA als Piloten verpflichtete. Deshalb konnte ich nicht die Ereignisse auf der Rhön und im deutschen Segelflug von 1937 bis 1939 aus eigenem Erleben schildern. Berichte der damals aktiven Piloten und Helfer boten jedoch genügend Material zur Verarbeitung in den entsprechenden Kapiteln.

Meine Trilogie ›Erlebte Rhöngeschichte‹ ist nicht nur für deutschsprachige Segelfluganhänger geschrieben. Einige Stellen meiner Texte sind auch an Leser im Ausland gerichtet. Zum Beispiel erwähnte ich ausländische Pressestimmen, die behaupteten, unsere Segelflugbewegung sei von Anfang an und schon lange vor 1933 von der Reichswehr oder gar von Hitler gefördert worden. Beides habe ich durch unwiderlegbare Beweise ins Fabelreich verweisen können.

Andererseits halte ich die Segelfliegerei für eine ganz natürliche internationale Brüderschaft verwandten Geistes. Die Freude an der Erfüllung des uralten Menschheitstraums eint uns alle, ganz gleich welcher Nationalität. Deshalb habe ich am Ende der Trilogie auch Segelflugkameraden erwähnt und im Bilde gezeigt, die auf der anderen Seite der Fronten ihr Leben verloren. Ihr Tod war auch unser Verlust.

Im November 1984 — Der Verfasser

KAPITEL 1

Rückblick und Ausblick

Ein kurzer Rückblick ist nötig für solche Leser, die den Inhalt von Band 1 ›Start in den Wind‹ und Band 2 ›Vom Hangwind zur Thermik‹ nicht kennen. Bei dieser Geschichtsarbeit galt das Kriterium: Nur solche Flugforscher werden Wegbereiter genannt, die mit *starren* Flügeln Versuche machten. Flugträumer, die durch Flügelschlagen vogelgleich aufsteigen wollten, werden in diesem Geschichtswerk nicht erwähnt. Weshalb, wird weiter unten erklärt.

☆

Im Jahre 1809 erschien in einer Londoner philosophischen Zeitschrift ein Bericht über Versuche mit Gleitflugmodellen. Sein Verfasser, Sir George Cayley aus Yorkshire, hatte dabei Entdeckungen aerodynamisch-flugmechanischer Art gemacht, die bleibende Gültigkeit besaßen. Weshalb? Weil er als erster Flugforscher der Geschichte Modelle mit *starren* Flügeln – ähnlich dem heutigen Flugzeug – gebaut hatte. Er hatte sich zunächst die Erforschung des *Gleitfluges* zum Ziel gesetzt. Den zweiten Schritt – Vortrieb durch Flügelschlagen oder Luftschrauben – überließ er der Zukunft.

Durch sein systematisches Vorgehen unterschied sich Cayley von all den anderen Fluginteressierten früherer Jahrhunderte, von Leonardo da Vinci bis zu Berblinger, dem Schneider von Ulm. Ihre Versuche waren zum Mißlingen verurteilt, weil sie gleich zwei Schritte unternehmen wollten: Auftrieb *und* Vortrieb durch Flügelschlagen. Diese Form von Fluggerät ist noch immer nicht zum menschentragenden Flugzeug entwickelt worden. Es erscheint fraglich, ob es jemals dazu kommen wird.

Alphonse Pénaud, Paris, erreichte 1871 mit dem von ihm erfundenen Gummimotor für Flugmodelle Strecken bis zu 60 m, eine Pionierleistung. Er entdeckte weitere flugmechanische Gesetze. Sein Landsmann Louis Mouillard schrieb schon um 1889, daß die nordafrikanischen Geier thermische Aufwinde zum Höhengewinn benutzten. Aber Mouillards Bücher wurden nicht beachtet.

Otto Lilienthal, Berlin, wurde 1891 der erste fliegende Mensch durch den von ihm erfundenen Hängegleiter. Er hing an Armen und Achseln in seinen Gleitern und steuerte sie durch Bewegungen seines Körpers, also durch Schwerpunktverlagerung. Auf der 1922er Rhön überbot Willy Pelzner, Nürnberg, sein Vorbild Lilienthal durch Flüge in Hängegleitern bis zu 865 m Länge und 84 Sekunden Dauer. Übrigens wird das Wort ›Hängegleiter‹ oft falsch verstanden und angewendet. Es bedeutet nicht ›die Hänge hinuntergleiten‹, sondern daß der fliegende Mensch in seinem Fluggerät ›hängt‹ und für Abflug und Landung seine Beine benutzt.

Von 1922 ab schien sich niemand mehr für Hängegleiterfliegen zu interessieren.

Am 20. März 1951 jedoch erhielt der amerikanische Wissenschaftler Francis M. Rogallo das US-Patent Nr. 2 546 078 für einen Flugdrachen sehr einfachen Aufbaus. Diese Erfindung rief in wenigen Jahren den heute um die ganze Erde verbreiteten Drachenfliegersport ins Leben. Wie hätte sich Otto Lilienthal darüber gefreut! Er schrieb im Jahre 1895: ». . . denn in kurzer Zeit würden Hunderte von kräftigen jungen Leuten sich solch' billig herzustellende Segelapparate halten und einander in der Weite ihrer Segelflüge zu überbieten suchen.«

☆

Der aus Paris stammende, schon betagte amerikanische Eisenbahningenieur Octave Chanute, Chicago, wurde durch Lilienthal inspiriert. Von 1893 an ließ er seinen jüngeren Mitarbeiter A. M. Herring Flugversuche mit Hängegleitern eigener Konstruktion am Ufer des Michigansees ausführen. Die Brüder Wright erfuhren davon durch Zeitungsberichte. Die Pressemeldung von Lilienthals tödlichem Absturz am 9. August 1896 veranlaßte sie, an Chanute zu schreiben. Sie baten um Hinweise auf alle bis dahin erschienenen Berichte über Flugversuche. Chanute nannte Lilienthal, Pénaud und Mouillard, vielleicht auch Lord Cayley. Drei Jahre lang studierten die Wrights dieses Material, besonders Lilienthals ›Der Vogelflug als Grundlage der Fliegekunst‹ (1889). Zwischen 1900 und 1902 bauten sie drei aerodynamisch gesteuerte Gleitdoppeldekker und lernten damit an den Dünen von Kitty Hawk, N. C., fliegen. Am 17. Dezember 1903 flog ihr viertes Modell mit Motorkraft: Der Motorflug des Menschen war Wirklichkeit geworden.

Inzwischen berühmt und wohlhabend, war Wilbur Wright noch immer an der Lösung des Segelflugproblems über der Ebene interessiert. Die Brüder planten systematische Forschungsarbeiten, die mit einem Hangsegelflug von Orville Wright begannen. Als erster Mensch flog er motorlos bei Kitty Hawk 9 min 45 sec, am 26. Oktober 1911. Wilburs allzufrüher Tod im Mai 1912 setzte leider dieser Forschung ein Ende.

Im Sommer 1911 hatten Darmstädter Oberschüler die Wasserkuppe als ideales Gleitfluggelände entdeckt. Sie waren ursprünglich von Gleitflügen inspiriert worden, die Oskar Ursinus auf dem Gelände der ILA (1. Internat. Luftfahrt-Ausstellung 1909) in Frankfurt (Main) organisiert hatte. Von dieser Zeit an bauten sie Gleitflugzeuge eigenen Entwurfs. 1911 erreichte der noch nicht 19jährige Hans Gutermuth am Nordhang 840 m Strecke und 110 Sekunden Dauer, eine Bestleistung im motorlosen Flug.

Beim Besuch derselben ILA war der 12jährige Otto Fuchs aus Frankenthal, Pfalz, ebenfalls tief beeindruckt worden. Nachdenklich und scharf beobachtend stellte er sich die Aufgabe, eine Erklärung für den mühelosen Höhengewinn der kreisenden Vogelsegler zu finden. Seine aus Rheinufer-Schilf gebauten federleichten Flugmodelle konnten nach drachenartigem Steigflug durch einen Ruck an der Zugleine ausgelöst werden. Ihr Seitensteuer schnappte gleichzeitig auf ›Kurvenflug‹. Soviel hatte der jugendliche Forscher schon erkannt: Die Vogelsegler stiegen nur kreisend. Leider gab's über dem feuchten Versuchsgelände nahe dem Rheinufer keine Thermik, so daß es nie zu dem erwarteten, vogelgleichen Höhengewinn kam.

In seltsamer Vorausahnung einer späteren Anwendung machte Fuchs erfolgreiche Schleppversuche – vorn ein Modell mit Gummimotor und dahinter ein, zwei oder sogar drei kleinere Gleitflugmodelle aufgereiht an *einem* Schleppfaden. 1924 schlug er seinen Akaflieg Darmstadt-Kameraden diese Startmethode für ihre Segelflugzeuge vor. Furcht vor Flächenbruch der Segler führte zur Ablehnung durch die Konstrukteure. Im Sommer 1925 war Otto Fuchs der erste Pilot, der ein segelfähiges Leichtflugzeug seiner Gruppe nach Versagen des Motors 12 km weit zum Flugplatz Fürth segelte, durch Ausnutzung starker Thermik. Leider konnten seine Schüler, darunter der später berühmte Johannes (Bubi) Nehring, nicht zu ernsthafter Nachahmung bewegt werden. Es fehlte eben das Variometer, das Steigflug unmittelbar anzeigt.

1913 – Otto Fuchs mit seiner ›Taube‹.

Zurück zum Jahre 1916, an dem Altmeister Friedrich Harth, Bamberg, als erster Deutscher 3½ min lang im Aufwind des Heidelsteins, Rhön, segelte. Am 13. September 1921 übertraf er seine eigene Leistung an der gleichen Stelle durch einen Segelflug von 21 Minuten mit 80 m Höhengewinn, bei Weststurm. Einziger Zeuge dieses Segelflugs war sein Partner, der 23jährige Willy Messerschmitt. Stundenflüge von Arthur Martens, F. H. Hentzen und Hans Hackmack folgten im August 1922, aber danach begann die große Krise der Segelflugbewegung. Wie sollte man vom Hangaufwind zum Segelflug über der Ebene vorgehen?

Die ›Fachleute‹, darunter die Professoren v. Kármán und Walter Georgii, glaubten an ›dynamischen‹ Segelflug: Ausnutzen der horizontalen Windstöße zum Höhengewinn. Die viel einfachere zutreffende Antwort, nämlich das Kreisen in Kaminen aufsteigender Luft, wurde vergeblich von Fachleuten mit eigenen fliegerischen Erfahrungen vorgebracht. Es waren Professor Dr. Kurt Wegener, Dr. Ing. Gustav Lachmann sowie Dipl.-Ing. Albert Botsch und Otto Fuchs von der Akaflieg Darmstadt. Letztere zwei fanden jedoch zu jener Zeit aus beruflichen Gründen keine Gelegenheit mehr, ihre Theorie durch Thermikflüge zu beweisen. Es kam zu einer Krise, die beinahe das Ende der jährlichen Rhönwettbewerbe bedeutet hätte. Im 1926er Wettbewerb bewiesen dann ›Bubi‹ Nehring und Max Kegel, der erstere durch zwei Thermiksegelflüge, der letztere durch einen sehr unfreiwilligen Gewitterflug, das Vorhandensein von genügend starken Aufwinden auch fern von Hügeln und Gebirgen.

Robert Kronfeld, Wien, war der erste, der unter Benutzung eines Variometers am 6. August 1928 *systematisch* in Thermikschläuchen emporkreiste. Das war der große Durchbruch in der Geschichte des Übergangs vom Hang- zum Thermiksegeln. Kronfeld siegte in den Rhönwettbewerben 1929 und 1930, Günter Groenhoff 1931 und Wolf Hirth 1932. Hirth hat als erster Blauthermik bei Streckenflügen benutzt. Von 1933 an war das Variometer keine ›geheime Waffe‹ mehr und in jedem Wettbewerbssegler zu finden. Es war nur noch eine Kostenfrage, ob man es besaß oder nicht.

Im März 1931 erreichte der aus dem Ausland zurückgekehrte Otto Fuchs, daß auf dem Griesheimer Platz zum erstenmal ein Leistungssegelflugzeig, die 1928 gebaute ›Darmstadt II‹, von einem Motorflugzeug im Schlepp gestartet wurde: beteiligte Piloten Kurt Starck, bzw. der Verfasser. Von diesem Zeitpunkt an war Segelfliegen überall, auch fern von ›Geländen‹ möglich geworden. Eine schnelle Ausbreitung begann, in Deutschland und vielen Ländern der Welt.

Um 1931 – Rhönvater Ursinus und Fuchs.

Links oben: **1924 – Fuchs mit Heinrich Wollé im Zweisitzer ›Margarete‹ (von Loessl).**

Darunter: **1925 – Fuchs auf ›Mahomet‹ segelte 12 km weit mit stehendem Propeller.**

☆

Wie schon im Vorwort kurz erwähnt, gab das Dritte Reich der Segelflugbewegung gewaltige Unterstützung. Diese erfolgte jedoch auf Kosten anderer Werte. Vor allem verschwanden die letzten Spuren der alten Rhön-Romantik.

Rhönvater Oskar Ursinus versuchte als einziger, einige der Traditionen zu erhalten. Jedes Jahr erschien er in seiner alten abgeschabten Lederjacke und mit dem grauen Hut, an dem dazumal der lustige Luftpolizei-Hauptmann Fritz Stadelmayr eine Barographenplombe als Beweis der ›Abnahme‹ befestigt hatte. Wie hieß es doch in dem Lied »Warum ist's in der Rhön so schön? . . . weil der Ursinus, der Gute, trägt 'ne Plombe am Hute . . .«

Wer damals auf der Rhön weiter mitfliegen wollte, mußte sich der neuen Ordnung anpassen. Da gab es keine andere Wahl.

KAPITEL 2

Das Dritte Reich begann mit ›Gleichschaltung‹

Am 30. Januar 1933 wurde Hitler Reichskanzler, obgleich seine Partei in der letzten *freien* Reichstagswahl im November 1932 zwei Millionen Stimmen verloren hatte. Immerhin hatte er noch 33 Prozent der Gesamtzahl bekommen. Die Kommunistische Partei folgte dicht dahinter. Keine Koalition der gemäßigten Parteien war verfassungsmäßig möglich ohne eine der beiden von extrem rechts oder links. Der greise Reichspräsident von Hindenburg entschloß sich schweren Herzens, Hitler mit dem Kanzleramt zu betrauen.

Diese obigen Stimmenzahlen wurden der bedeutenden englischen Wirtschaftszeitung ›The Economist‹ vom 22. Januar 1983 entnommen: Hitler wurde also keineswegs von einer überwältigenden Mehrheit des deutschen Volks gewählt. Die nebenstehende graphische Darstellung aus dem ›Economist‹ versuchte klarzumachen, wie deutlich das Anwachsen der NSDAP-Stimmenzahlen der immer katastrophaler werdenden Arbeitslosigkeit folgte. Sie erreichte schließlich sechs Millionen Arbeitslose, von denen viele seit Jahren hatten keinen Beruf ausüben können.

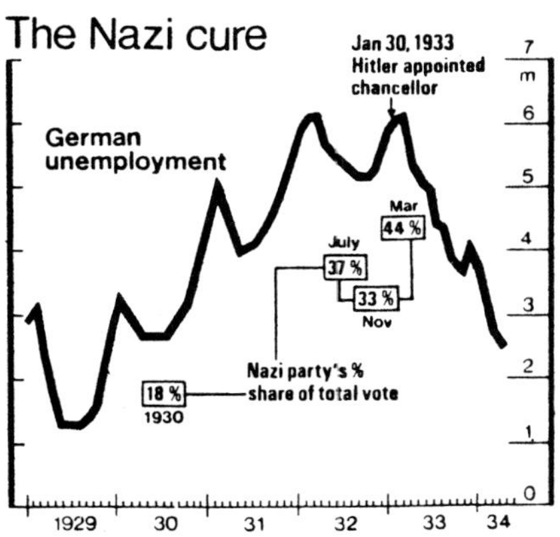

›The Nazi cure‹ will sagen, daß die ›Krankheit der Arbeitslosigkeit‹ durch die Wahl Hitlers und seiner Partei ›geheilt‹ wurde. Das war dem Augenschein nach auch der Fall. Hitler gewann später viele weitere Anhänger – auch unter ehemaligen kommunistischen Wählern – dadurch, daß die Arbeitslosigkeit wie durch ein Wunder verschwand. Auch zahlreiche Wirtschaftsleute des Auslands nannten es so. Daß Aufrüstung dabei eine große Rolle spielte, darüber machten sich die endlich Neubeschäftigten keine Gedanken. Und das Ausland offenbar auch nicht genug, um rechtzeitig Halt zu gebieten.

☆

Am 2. Februar 1933 machte eine von Hindenburg und Hitler unterzeichnete Verordnung Hermann Göring zum Reichskommissar für Luftfahrt mit Staatssekretär Erhard Milch als seinem Stellvertreter. Da Göring noch mehrere andere Titel und Aufgaben erhielt, wurde Milch der mächtigste Mann in der deutschen Luftfahrt. Er stieg im Laufe der Jahre zum Generalfeldmarschall auf. Bis dahin war er neben Freiherr v. Gablenz und Herrn Wronsky Direktor der Deutschen Lufthansa gewesen.

Wenig später wurde bekannt, daß man den alten Freund der Wasserkuppe, Ministerialdirigent Dr. h. c. Ernst Brandenburg, als Leiter der Abteilung Luftfahrt im Reichs-Verkehrs-Ministerium abgeschoben hatte.

Wie war das gekommen? Warum hatte man ihn, der als Träger des Ordens Pour-le-Mérite trotz seiner Beinprothese von 1917–18 weiter an Feindflügen seines BOGOHL 3 teilgenommen hatte, nicht unter Milch weiterarbeiten lassen? Einen Mann, dessen Persönlichkeit jeden in den Bann schlug, der ihm begegnete?

Ein Zwischenfall hatte sein Schicksal entschieden. Hitler selbst hatte in einem streng vertraulichen Treffen vor allen damals führenden Männern der deutschen Luftfahrt sein gewaltiges Aufbauprogramm entwikkelt.

»Aber Herr Reichskanzler, wie wollen Sie dieses Programm finanzieren?« hatte Brandenburg nach Ende des Vortrags gefragt.

»Mit dieser Einstellung sind Sie nicht der richtige Mann an Ihrem Platze«, war die zornige Antwort. Es war Hitler bekannt, daß Brandenburg wohl national gesinnt, aber kein Anhänger der jetzt mächtig gewordenen Partei war.

So wurde er zum neuen Leiter der Kraftfahrtabteilung im Reichs-Verkehrs-Ministerium ernannt, sehr zu seinem Kummer.

☆

Das Forschungsinstitut für Segelflug der Rhön-Rossitten-Gesellschaft e. V. (RRG) wurde seit Mai 1926 von Professor Dr. Walter Georgii geleitet. Sein Lehrstuhl für Flugmeteorologie ermöglichte ihm, beide Aufgaben in seinen Institutsräumen zu erfüllen, die zur Technischen Hochschule Darmstadt gehörten. Auf der Wasserkuppe war die Abt. Flugtechnik unter Alexander Lippischs Leitung und die RRG-Flugschule, mit Fritz Stamer als Chef. Letzterem unterstand auch die Abt. Schleppflug und Thermiksegelflug auf dem Flugplatz Griesheim bei Darmstadt, die dem Verfasser anvertraut worden war.

Am 28. Februar 1933 hob eine Notverordnung wesentliche Grundrechte auf. Eine der unmittelbaren Folgen war die sogenannte ›Gleichschaltung‹ der deutschen Luftsportorganisationen. Walter Georgii schilderte in seinen Lebenserinnerungen ›Forschen und Fliegen‹, wie sich dies auswirkte:

»Zunächst fühlten wir uns von dem politischen Umschwung unberührt. Das Institut und die RRG hatten erfolgreich gearbeitet. Was sollte also passieren? Aber bald wurden wir eines besseren belehrt. Staatssekretär Milch beorderte mich zu einer großen Sitzung nach Berlin, damit über das Schicksal der Luftfahrtverbände entschieden werde. Diese Entscheidungen waren eine Überraschung für alle.

Der Deutsche Luftfahrt Verband (D.L.V.) sollte umgestaltet, die Rhön-Rossitten-Gesellschaft sollte aufgelöst werden. Meine Argumente für ihr Fortbestehen nützten nichts. Offensichtlich war diese Umorganisation vorausbestimmt. Milch wies jedoch darauf hin, daß das Forschungsinstitut selbstverständlich unter meiner Leitung fortbestehen und dem neuen Deutschen Luftsport-Verband (ebenfalls DLV) angeschlossen würde. Für ein Forschungsinstitut war das gewiß keine glückliche Lösung. Um den wissenschaftlichen Charakter des Instituts hervorzuheben, schlug ich dem Staatssekretär den neuen Namen ›Deutsche Forschungsanstalt für Segelflug (D.F.S.)‹ vor, der auch zugestanden wurde.«

Professor Georgii hoffte, daß nichts zu befürchten sei, weil nach seiner Ansicht »im D.L.V.-Präsidium niemand etwas von Wissenschaft verstand«.

Hauptmann a. D. Bruno Loerzer war nach Manfred von Richthofen und Ernst Udet einer der erfolgreichsten Jagdflieger des Ersten Weltkrieges, Pour-le-Mérite-Träger und Duz-Freund Görings. Zum Obersten ernannt, wurde er der Nachfolger von Staatsminister a. D. Dominicus als Präsident des neuen D.L.V.

1923–1933: Rhön-Rossitten-Gesellschaft e. V.
Organisation und letzter Personalstand.

Verzeichnis des Vorstands (Stand v. 31. März 1933):

1. Konsul Dr. jur. h. c., Dr. ing. E. h. Karl Kotzenberg, Frankfurt a. M. (Vorsitzender).
2. Dr. Walter Georgii, Professor an der Technischen Hochschule Darmstadt (2. Vorsitzender).
3. Bankdirektor Max Heineken, Frankfurt a. M. (Schatzmeister).
4. Direktor Willy Fischer, Leipzig.
5. Gerd von Höppner, Berlin.
6. Ministerialrat Albert Mühlig-Hofmann, Berlin.
7. Direktor Hermann Schleissing, Junkerswerke, Dessau.
8. Magistratsbaurat Schwartz, Königsberg.
9. Direktor Max Joseph Stelzmann, Godesberg a. Rhein.
10. Polizeipräsident Gerhard Titze, Königsberg.
11. Oberstleutnant a. D. Felix Wagenführ, Berlin.
12. Zivil-Ingenieur Oskar Ursinus, Frankfurt a. M.
13. Dr. Ludwig Graf von Ysenburg-Philippseich, Frankfurt a. M.

Verzeichnis des Großen Ausschusses:

1. Magistratsbaurat B. Berlit, Wiesbaden.
2. Professor Dr. Emil Everling, Berlin.
3. Major a. D. Franz Hailer, München.
4. Ministerialrat Dr. Otto Hellmann, München.
5. Fabrikbesitzer Hans Hiedemann, Köln.
6. Professor Dr. ing. Wilhelm Hoff, Berlin-Adlershof.
7. Präsident Kälin, Stuttgart.
8. Ministerialrat Dr. ing. e. h. Kurt Knipfer, Berlin.
9. Amtsrichter a. D. Krüger, Köln.
10. Hauptmann a. D. Georg Krupp, Berlin.
11. Dr. Wilhelm de Laporte, Berlin.
12. Professor Dr. Franz Linke, Frankfurt a. M.
13. Architekt K. J. Mossner, Berlin-München.
14. Polizeioberstleutnant Fritz Stadelmayr, Regensburg.
15. H. von Wilamowitz-Möllendorff, Berlin.

Wissenschaftlicher Beirat:

1. Professor Dr. Walter Georgii, Frankfurt a. M. (Vorsitzender).
2. Professor Dr. ing. Wilhelm Hoff, Berlin-Adlershof.
3. Professor Dr. Franz Linke, Frankfurt a. M.
4. Professor Dr. Ludwig Prandtl, Göttingen.
5. Geheimrat Professor Dr. zur Strassen, Frankfurt a. M.
6. Zivil-Ingenieur Oscar Ursinus, Frankfurt a. M.

Personalstand der RRG am 31. März 1933.

Hauptgeschäftsstelle:

Geschäftsführendes Vorstandsmitglied Dr. L. Graf von Ysenburg-Philippseich.
Sekretär: G. Rauber,
A. Schönberger.

Forschungs-Institut

a) Direktor: Professor Dr. W. Georgii.
Sekretärin: I. Presser.
b) Büro auf der Wasserkuppe:
Bürovorsteher: W. Goebel.
Sekretäre: P. Blumenstiel und W. Lerchbacher.
c) Flugtechnische Abteilung:
Abteilungsleiter: A. Lippisch.
Wissenschaftl. Assistent: Dipl. Ing. F. Krämer.
Technischer Assistent: Ing. H. Jacobs.
Schreiner: R. Mihm, E. Happel, P. Erb.
d) Aerodynam. Abteilung:
Abteilungsleiter: Dipl. Ing. E. Plath.
Techn. Assistent: Ing. W. Schmuck.
Mechaniker: A. Köstner. — 2 Gesellen: Otto Eller u. Otto Günther.
e) Abteilung für Meteorologie und Strömungsforschung (unter unmittelbarer Leitung des Direktors):
Abteilungsleiter: Dr. F. Höhndorf.
Wissenschaftlicher Assistent: cand. met. W. Harth.
Technischer Assistent: W. Naumann.
f) Wissensch. Abteilung Rossitten:
Abteilungsleiter: Dipl. Ing. W. Beyer.
Techn. Assistent: K. Werner.
g) Wissenschaftliche Flugstelle:
Abteilungsleiter: Dipl. Ing. H. Knott.
Wissensch. Assistent: Dr. Marquardt (Stipendiat der Notgemeinschaft der Deutschen Wissenschaft).
Flugzeugwarte: K. Wilhelm. Chr. Schlötzer und G. Kissner.
h) Fliegerschule Wasserkuppe:
Leiter der Schule: Fritz Stamer.
Fluglehrer: Dipl. Ing. Krebs und Dipl. Ing. P. Riedel.
Hilfsfluglehrer: Ing. Hubert.
Werkmeister: A. Müller.
Schreiner: A. u. E. Happel.
Schlosser: M. Roth.
i) Verwaltung Wasserkuppe:
Kaufmännischer Leiter: W. Goebel.
Buchhalter: A. Langenhan.
Sekretär: A. Foit.
Bürogehilfen: R. Held und J. Weidmann.
Elektromonteur: K. Mihm.
Materialverwalter: H. Paul.
Kutscher: J. Maul.
3 Hausmädchen.

Segelfliegerschule Rossitten:

Schulleiter: P. Röhre.
Techn. Leiter: Dipl. Ing. Alex. Thoenes.
Fluglehrer: O. Arndt und E. Lorenz.
Schlosser: F. Behrendt.
Schreiner: E. Kroll, J. Engl, W. Freimann.
Verwaltung:
Buchhalter: W. Papendick.
Lagerverwalter: W. Margenfeld.
Maschinenwärter: O. Wigand.
Kutscher: E. Engel.
Köchin: B. Gross.
2 Küchenmädchen.

Stand: 31. März 1933

Alle bestehenden Luftsportlichen Organisationen wurden aufgelöst und „gleichgeschaltet", das hieß, ihre Aufgaben, Mitglieder, Fluggerät und Vereinskapital wurden vom Luftsport-Verband übernommen. Darunter befanden sich auch der von Dr. Karl Kotzenberg als Luftsportbehörde gegründete Deutsche Luftrat und der Verband Deutscher Modell- und Segelflug-Vereine (DMSV). Letzterer hatte ja in den ersten Jahren der Rhönwettbewerbe eine führende Rolle gespielt. Als einziger blieb der Aero Club von Deutschland e. V. bestehen, um weiterhin die Beziehungen zur Sportluftfahrt des Auslandes zu betreuen.

Im Prinzip war Gleichschaltung nicht schlecht. Streit zwischen geltungsbedürftigen Leuten hatte häufig zur Gründung von mehr als einem Flugverein am gleichen Ort geführt. Es erschien vernünftig, diese durch ein Gebot von oben her unter einen Hut zu bringen.

Ganz anders lag die Sache mit den Akafliegs, den akademischen Fliegergruppen, die Ingenieurausbildung durch bahnbrechende technische Forschung zur Aufgabe hatten. Es wäre grundsätzlich falsch gewesen, diese mit Luftsportvereinen gleichzuschalten. Das wurde jedoch in den ersten Monaten des Dritten Reiches von lokalen Parteigrößen versucht. H. H. Quenzler, Dipl.-Ing. und Flugkapitän, ehemaliger Einflieger der Dornier-Werke, schrieb darüber:

»Im Frühjahr 1933 verlangte die SA-Führung in Darmstadt den geschlossenen Eintritt der dortigen Akafliegmitglieder in diese Parteiorganisation. Die Besitznahme unserer Flugzeuge, unserer Werkstatt in der Technischen Hochschule und der Flughalle in Babenhausen sollte durch Unterschrift auf einem Dokument bestätigt werden, das der regionale SA-Führer mir als Vorsitzendem der Akaflieg vorlegte. Er drohte mit Verhaftung, als ich mich energisch weigerte. Insbesondere verweigerte der Akaflieg-Vorstand, die D-22, einen von Friedrich Fecher konstruierten rassigen Doppeldecker, an diesen Mann als dessen Reisemaschine auszuliefern. Sie war mit Reichsmitteln für Forschungsaufträge gebaut worden, keineswegs zu dem Zwecke, daß eines Tages ein Parteigewaltiger damit spazierenfliegen würde.«

Nach kurzer Beratung der Gruppe überführte Quenzler die D-22 ganz früh am nächsten Morgen zur Deutschen Versuchsanstalt für Luftfahrt (D.V.L.) in Berlin-Adlershof. Dort hatte der alte Herr der Akaflieg, Dipl.-Ing. Otto Fuchs, schon alles vorbereitet: Die D-22 Zulassung wurde bis zur Beendigung von Sturzflug- und Trudelprüfungen einfach gesperrt. Quenzler blieb einige Zeit in Berlin, bis sich die Wogen in Darmstadt geglättet hatten.

☆

Nach der 1934er Rhön drängte die D.L.V.-Führung darauf, daß die Akafliegs innerhalb ihrer Landesgruppen an den Wettbewerben teilnehmen sollten. Das wurde von der D.V.L. (Deutsche Versuchsanstalt für Luftfahrt e. V.) im Namen der Akafliegs abgelehnt. Diese waren inzwischen durch Otto Fuchs und Ministerialrat Dr. Baeumker als FFGs (Flugtechnische Fachgruppen) der D.V.L. angegliedert worden. Man wünschte sie, entsprechend dem Lufthansabeispiel, als eine besondere D.V.L.-Reichsgruppe zusammengefaßt zu sehen. Da keine Seite nachgab, blieben die FFGs leider den Rhönwettbewerben 1935 und 1936 fern. Ernst Udet und ›Krischan‹ Christiansen haben später eine Lösung herbeigeführt.

☆

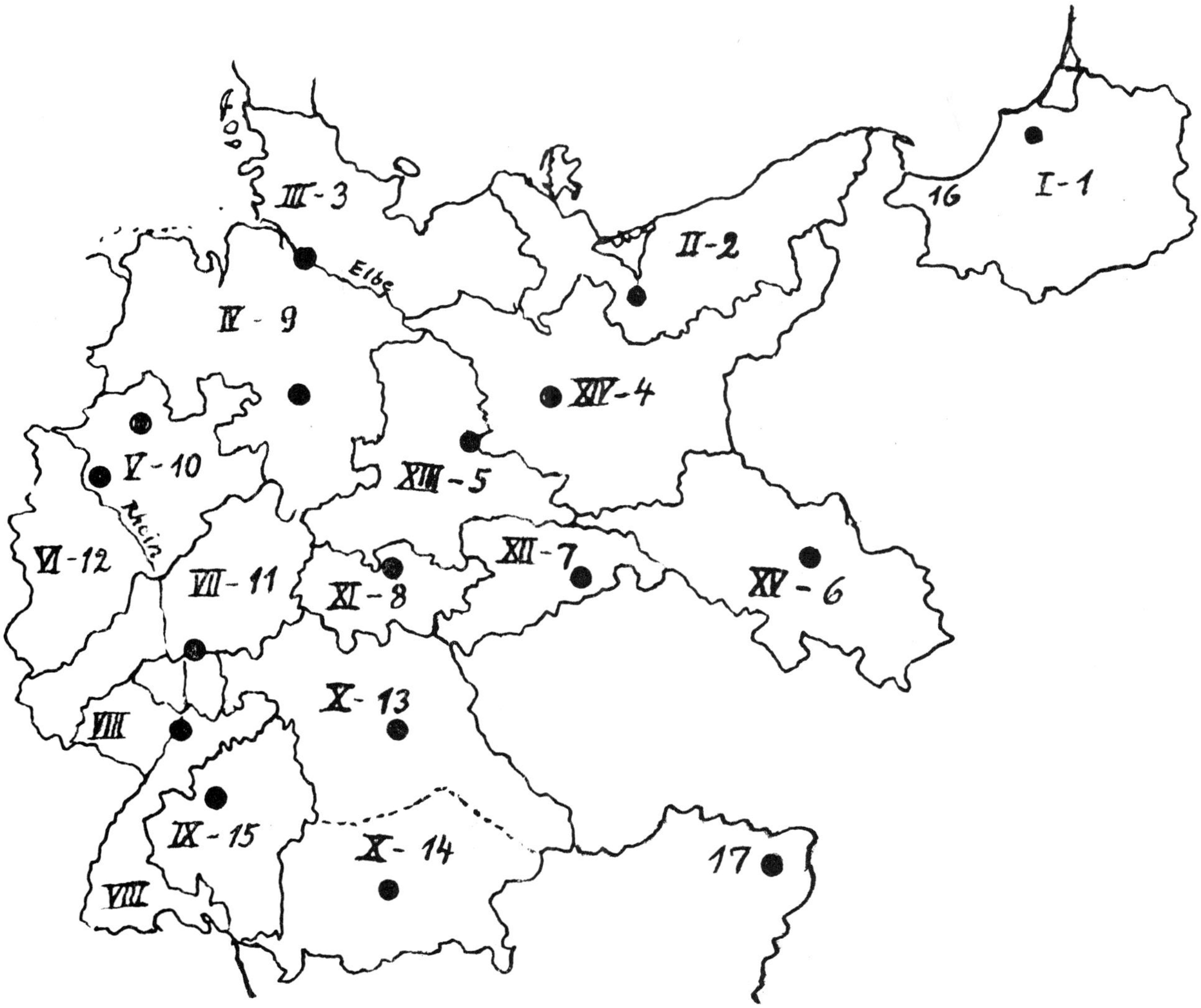

Die Organisation des Luftsports im Dritten Reich 1933 bis 1939.

D.L.V. Landesgruppe Nr.	1933 Aufteilung	DLV/NSFK Landesgruppe Nr.	1935 Aufteilung	1935 Kennzeichen	1936 - 39 Kennzeichen
I	Ostpreußen	1	Ostpreußen	weiß	weiß
II	Pommern	2	Nordost	hellblau	blau
III	Nordmark	3	Nord	ocker	ocker
IV	Niedersachsen	4	Brandenburg	ocker-weiß	ocker-weiß
V	Westfalen	5	Dessau-Halberstadt	hellgrün	grün
VI	Rheinland	6	Schlesien	gelb	gelb
VII	Südwest	7	Merseburg-Leipzig-Dresden	weiß-grün	weiß-blau
VIII	Baden-Pfalz	8	Eschwege-Laucha-Weimar	grün-weiß	blau-weiß
IX	Württemberg	9	Hannover Bremen-Ith	weiß-rot	weiß-ocker
X	Bayern	10	Westfalen	weiß-ocker	weiß-gelb
XI	Thüringen	11	Darmstadt-Frankfurt-Mannheim	rot-weiß	gelb-weiß
XII	Sachsen	12	Essen-Aachen	schwarz-weiß gestreift	grau
XIII	Mitte	13	Bayern-Nord, Sudetenland-Nürnberg	weiß-blau	weiß-grün
XIV	Brandenburg	14	Bayern-Süd-München	blau-weiß	grün-weiß
XV	Schlesien	15	Schwaben	rot-schwarz	grau-gelb
Entwicklung.		16	1936: Danzig		grün-gelb
Vorher: Deutscher Luftfahrt-Verband (DLV).		17	1938: Ostmark		
25.3.1933 bis 19.4.1937:		18	Reichsgruppe Lufthansa	blau-gelb	blau-gelb
Deutscher-Luftsport-Verband (DLV).		19	1936: DFS		
Danach: NSFK.		20	1936: DVL		
		21	1938: Luftwaffe		

Von 1935 auf 1936 mußten die Kennzeichen geändert werden, weil die Partei die Auswahl der alten Landesfarben von Bayern, Sachsen und Schwaben als politisch unerwünscht ansah.

Die Organisation des Luftsports im ›Dritten Reich‹, 1933 bis 1939.

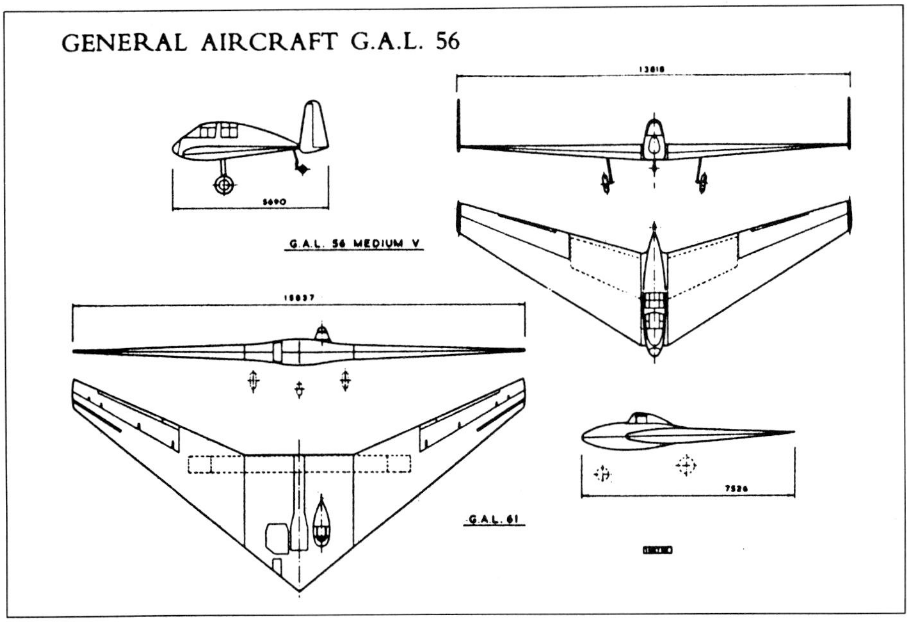

Robert Kronfeld um 1931.
Links: **Das Flugzeug, mit dessen motorloser Version Kronfeld tödlich verunglückte.**

Einer der großen Segelflieger der ersten Jahre wurde am härtesten betroffen. Als Wegbereiter des Thermiksegelflugs, als Fluglehrer, als Sieger in den Rhönwettbewerben 1929 und 1930 und mit vielen Weltrekorden hatte Robert Kronfeld eine große Rolle in der Rhöngeschichte gespielt. Zweimal hatte man ihm den Hindenburg-Pokal als bestem Segelflieger des Jahres zugesprochen. Als ›Nichtarier‹ wurde ihm unmöglich gemacht, weiter im deutschen Raum tätig zu sein.

So blieb er in England, wo man ihn seit 1929 mit offenen Armen willkommen geheißen hatte. 1939 wurde er britischer Staatsangehöriger und diente seiner neuen Heimat als Major der RAF im Zweiten Weltkrieg. Danach kehrte er zu eigenen Flugzeugprojekten zurück: Nurflügel-Muster. Beim Einfliegen einer solchen Maschine – Trudelversuchen – ist er am 12. Februar 1948 bei Lasham tödlich verunglückt.

Welche Tragik lag doch darin, daß ein Mann seine Heimat verlassen mußte, dessen Denken und Fühlen aus diesen von ihm im Jahre 1931 geschriebenen Worten spricht: »Unsere Segelflugbewegung setzt vor allem zweierlei voraus, geeignetes Gelände und Begeisterung für die Sache, wie sie kaum woanders so ausgeprägt zu finden ist wie im Idealismus der deutschen Jugend.«

In weiteren Betrachtungen hatte er Beispiele für diesen Idealismus aufgeführt. Für den Verfasser, der Robert Kronfeld gut kannte, besteht kein Zweifel, daß er gern weiterhin zu seiner alten Heimat gehört hätte.

KAPITEL 3

Grunaus große Rolle in der Rhöngeschichte

Gehören Darmstadt, Griesheim, Grunau oder gar eine Segelflugexpedition nach Südamerika in die ›Erlebte Rhöngeschichte‹? Eine Antwort auf diese Frage hängt von folgenden Vorbedingungen ab: Das geschilderte Ereignis muß sich auf die Entwicklung oder die Ausbreitung des Segelflugs ausgewirkt haben. Technische Beiträge gingen von diesen Orten aus. Von dort stammende Persönlichkeiten haben später auf der Rhön eine größere Rolle gespielt. Es wurden Flüge ausgeführt, die Bestleistungen oder irgendwie ungewöhnlich waren.

☆

Drei Schwaben haben Grunau aufbauen helfen. **Gottlob Espenlaub** war der erste, wie in ›Vom Hangwind zur Thermik‹ erwähnt. Er kam im Herbst 1923 auf Einladung der Schlesier und machte bei Eiseskälte den ersten längeren Segelflug im Grunauer Aufwind, in einem von ihm gebauten offenen Schulgleiter. Drei Jahre danach zog er nach Kassel weiter.

Sein Freund und Mitarbeiter **Edmund Schneider,** geboren am 26. Juli 1901 im schwäbischen Ravensburg, blieb und wurde seßhaft. Wolf Hirth hat Schneiders Verdienste in seinem hier gezeigten Bericht ›Anfänge des Segelflugs in Grunau‹ geschildert. Hirth erwähnte dabei ausdrücklich, *»das von Schneider seit 1931 entwickelte ›Grunau-Baby‹«* – und damit sind die im 2. Band auf Seite 205 ausgesprochenen Zweifel hinsichtlich der Vaterschaft des berühmten Babys endgültig behoben.

Es war Harry Schneider, der mir von Australien aus die beiden Hirthschen Berichte aus dem ›Schlesischen Heimatkalender 1959‹ zugesandt hat. Hätte ich sie eher bekommen, wären sie noch für den Text von Band 2 verwendet worden.

Noch ein zweiter Brief traf ein von einem mir bis dahin unbekannten Leser: Professor Dr. Karl Nickel vom Institut für angewandte Mathematik der Universität Freiburg im Breisgau. Der Professor stellte sich als begeisterter Segelflieger – seit 1938 – und ›Horten‹-Pilot vor. Dann nahm er Bezug auf den im 2. Band erwähnten Widerspruch zwischen den Aussagen der alten Grunauer und dem Katalogtext der Firma Edmund Schneider, Segelflugzeugbau:

»Meine Frau und ich wurden in der Zeit zwischen 1951 und 1955 einmal von Wolfgang Hütter im Auto mitgenommen. Im Auto saß als vierter Edmund Schneider. Das Gespräch kam auf das Grunau-Baby, das ich sehr viel geflogen hatte und über dessen Konstruktion und wundervolle Flugeigenschaften ich Edmund Schneider Komplimente machte. Er sagte dann, daß viele Leute wohl Hirth für den Konstrukteur des Grunau-Babys hielten; das sei aber nicht der Fall; er habe die Maschine ganz allein konstruiert und gebaut. Er fuhr dann fort: »Wolf Hirth hat das Baby zum ersten Male gesehen, als es schon fertig war. Er besuchte

uns damals und ich zeigte ihm voll Stolz meine Maschine. Wir haben dann natürlich viel über die Konstruktion diskutiert. Ich fragte ihn daraufhin, ob ich seinen Namen im Zusammenhang mit der Konstruktion verwenden dürfe, und Wolf Hirth hat mir das gutmütigerweise erlaubt. Der Grund für diese Bitte war, daß ich das Gerät ja verkaufen wollte. Ich selbst war damals noch weitgehend unbekannt, während Hirth ein berühmter Flieger und Konstrukteur war. Von seinem Namen erhoffte ich mir eine Werbewirkung.««

Das war also des Rätsels Lösung! Und damit kann dies Thema als abgeschlossen angesehen werden.

☆

Hinsichtlich der Gesamtzahl der gebauten Grunau-Babys schätzte Harry Schneider rund 5000. Die von Hirth genannten Zahlen 12 000–15 000 erscheinen allzuhoch, um wirklich nachweisbar zu sein.

☆

Als gelernter Schreiner und Mitarbeiter Espenlaubs erwarb Edmund Schneider genug Erfahrung, um mehrere erfolgreiche ein- und zweisitzige Segelflugzeuge eigenen Entwurfs bauen zu können. Ihre Bezeichnung war Grunau 1 bis 6 bzw. Grunau-29 bis -32, je nach dem Jahr, in dem sie fertig wurden. Sie waren sich alle ähnlich wie das bei geistigen Kindern des gleichen Konstrukteurs oft der Fall ist: ein fünfkantiger Rumpf mit je einer Strebe zu einholmigen Flächen. Diese ähnelten der Darmstädter Schule mit rechteckigem Mittelstück, trapezförmigen Außenflügeln und abgerundeten Flächenenden. So sahen auch die Babys aus.

Im Winter 1930/31 hatte Schneider das Grunau-Baby I als eine verkleinerte Abart seiner Grunau-31 ›Stanavo‹ gebaut. (›Stanavo‹ war der Name eines Flugbenzins der DAPG = Deutsch-Amerikanische Petroleum-Gesellschaft, einer Tochterfirma der Standard Oil Corporation of America.) Es wurde vom Fluglehrer Paul Steinig eingeflogen, und eine kleine Serie wurde an Vereine verkauft. Sechs Grunau-Baby I erschienen auf der Meldeliste der 1932er Rhön. Im gleichen Wettbewerb verunglückte jedoch der junge Liegnitzer Segelflieger Herbert Rüdiger tödlich auf Schneiders neuem ›Senator‹-Muster, vermutlich durch eine Schwäche in der Flächenaufhängung am Rumpf. Schneider erkannte, daß er in Zukunft einen Statiker als Mitarbeiter heranziehen müsse. Er fand diesen in dem jungen Breslauer Segelflieger und Ingenieur Emil Rolle. So entstand das Grunau-Baby II in der heute bekannten Form: mit 13,50 m Spannweite etwas größer als die 12,80 m des Baby I. Mit Schneiders Zustimmung konstruierte Rolle aus eigener Initiative das Motor-Baby, ausgerüstet mit dem 1933 mustergeprüft auf den Markt gekommenen Köller- bzw. Dr.-Kroeber-Motor. Leider ging dieser vielversprechende Anfang im Dritten Reich nicht weiter.

Nach dem Zweiten Weltkrieg verlor Edmund Schneider als schlesischer Vertriebener alles. Er wanderte nach Australien aus, wo er wieder Segelflugzeuge baute oder reparierte. Leider ist er allzufrüh am 5. Juli 1968, im 67. Lebensjahr, einem schweren Leiden erlegen.

☆

Der dritte Schwabe, der in Grunau viel zur Weiterentwicklung beitrug, war **Wolf Hirth.** Bevor sein Beitrag geschildert wird, ist ein Rückblick nötig, denn jüngere Generationen von Segelfliegern können nicht all das wissen, was wir Älteren als Hirths Zeitgenossen miterlebt haben: Er, Günter Groenhoff und Robert

DIE SEGELFLUGSCHULE GRUNAU

Von Wolf Hirth

I. Anfänge des Segelflugs in Grunau

Der deutsche Segelflug begann 1920 auf der Wasserkuppe in der Rhön, wo auch die erste Segelflugschule entstand. Schon zwei Jahre später machte das Segelfluggelände auf den Dünen bei Rossitten auf der Kurischen Nehrung von sich reden, besonders auch die Dauerflugweltrekorde des ostpreußischen Volksschullehrers *Ferdinand Schulz*. Dort entstand die zweite große Segelflugschule Deutschlands.

Das dritte bedeutende deutsche Gelände, das als Gleit- und Segelflugschule die beiden älteren im Laufe seiner Entwicklung übertreffen sollte, entstand in Grunau bei Hirschberg im Riesengebirge. Der Ausdruck „im Riesengebirge" ist allerdings nicht ganz treffend, denn Grunau liegt schon an den ersten Hängen des Bober-Katzbach-Gebirges, aber sein Hauptthang vom Galgenberg nach Süden grenzt an den Hirschberger Kessel.

Dort begannen schlesische Segelflieger schon bald mit ihren ersten Versuchen. Sie holten sich 1923 den schwäbischen Segelflugpionier *Espenlaub*, der einen Helfer namens *Edmund Schneider* mitbrachte, von Beruf wie *Espenlaub* gelernter Tischler. Während *Espenlaub* bald wieder weiterzog, blieb *Schneider* in Grunau hängen, nicht zuletzt vielleicht deshalb, weil er eine Grunauerin heiratete.

Einer der aktivsten Segelflieger dieser ersten Zeit war *Andresen*, der 1927 mit einem Segelflugzeug von der Schneekoppe herunterflog und dabei Post ins Tal beförderte. Zur gleichen Zeit flog der Weltrekordflieger *Schulz* von der Hampelbaude ab.

Zu einer richtigen Segelflug s c h u l e entwickelte Grunau sich aber erst von 1928 ab, in dem Jahr, in dem auch *Schneider* seinen Segelflugzeugbau in Grunau gründete. Zunächst wurden in der Flugschule selbst und dann auch im Flugzeugbau Schneider eigene Konstruktionen entwickelt, als erste der Schulgleiter „ESG" (= „Einheitsschulgleiter" oder „Edmund Schneider Grunau"), der von dem Espenlaubschen Schulgleiter aus dem Jahre 1923 abstammte und später weit über Deutschland hinaus bekannt wurde.

Der Flugzeugtyp, der den Namen „Grunau" aber wirklich in die ganze Welt trug, das war das von *Schneider* seit 1931 entwickelte „Grunau Baby", von dem 12–15 000 in der ganzen Welt Verwendung gefunden haben. Es wird auch noch in unserer heutigen Zeit in Südafrika, Canada, England und vielen anderen Ländern verwendet.

1931 kam der Verfasser aus Amerika nach Grunau, um die dortige aktive Schule mehr auf Leistungssegelflug umzustellen. Schnell lernte er diese eigenartig schöne Gegend kennen und schätzen. Grunau selbst ist ein typisches Straßendorf, wie man es oft in Schlesien finden konnte. Es war keineswegs nur durch die Segelflugschule interessant, sondern bot manche alte Sehenswürdigkeit, wie ein Goldbergwerk aus des 16. Jh., in dem es auch Schwerspat und schwefelsaures Barium gab. Das Bergwerk war freilich schon lange nicht mehr in Betrieb und nur noch eine alte Scheune mit der Jahreszahl 1601 erinnerte daran, daß dort einmal Bergknappen ihr Lokal hatten.

Die Gegend war erfreulich still, unbelebt und verkehrsarm. Es gab auch noch Wild, besonders Rehe und Fasanen, die hauptsächlich im Winter viel von ihrer Wildscheu verloren. In Erinnerung geblieben ist dem Verfasser auch eine sogenannte Kosakenlinde, nicht weit von Schneiders Fabrik am Dorfende, wo aus alter Zeit ein paar russische Soldaten begraben lagen. Einen markanten Punkt dagegen, besonders für den Motorflieger, bildete die Talsperren-Mauer, deren für den Flugzeugführer weithin sichtbare und deshalb auffällige Wasserfläche die Gegend belebte.

aus: »Schlesischer Heimatkalender 1959«, von Dr. Karl Hausdorff im Karl Mayer Verlag Stuttgart

II. Entwicklung zur Hochleistungsschule

Als der Verfasser die Schule 1931 übernahm, erschien sie ihm zunächst freilich für einen rationellen Betrieb nicht sehr geeignet, weil eine Halle, die Verwaltung und eine Reparaturwerkstätte unten im Dorf lagen, die Flughalle und das Fluggelände aber 20 Minuten entfernt auf dem Galgenberg. Eine weitere Halle wurde später am Westhang gebaut, der noch einmal ein Stück abseits lag. Andererseits schätzten wir, die wir nicht nur an Hochbetrieb dachten, das Auseinanderliegen sehr, denn wir waren als Segelflieger sowieso nicht für unnötige Hast, freuten uns auch darüber, daß nördlich vom Galgenberg, dem Westhang des Stangenberges entlang „wilder Westen" war. Diese Romantik paßte so recht zum Segelfliegerleben; Grunau hielt sich deshalb auch, solange es irgend ging, vom Auto- und Motorbetrieb fern. Oft mußte man mit einem kleinen Pferdewagen zum Galgenberg hinauffahren, und dorthin wurden auch die Flugzeuge, die ja in den alten Zeiten immer mit dem Gummiseil vom Berg oben gestartet wurden, mit Pferden wieder hinaufgezogen.

Heute fliegt man, auch in der Segelfliegerei, meist mit Autowinden von 100 und mehr Pferdestärken. Wir kamen damals mit jeweils 1 PS für zwei Flugzeuge aus. Doch so klein das Fluggelände oben auf dem Galgenberg vor der Flughalle auch war, so genügte es doch für erfahrene Segelflieger, um oben nicht nur zu starten, sondern auch wieder zu landen. Sogar mit kleinen Motorflugzeugen konnte nach einiger Übung oben gelandet und gestartet werden.

Viele berühmte Namen aus der Fliegerei haben einst in Grunau ihren ersten Unterricht erhalten, so als berühmteste wohl *Hanna Reitsch*, die ja heute noch zu unseren besten Segelfliegern gehört, aber auch mancher Jagdflieger aus dem zweiten Weltkrieg oder Leute vom Luftverkehr, die wie *Frhr. v. Gablenz* schon längst große Flieger waren, aber dem Rufe „zurück zur Natur" folgten und einen Kurs in Grunau mitmachten. Unter den prominenten Kursusteilnehmern befand sich etwa in der Mitte der 30er Jahre auch der spätere technische Leiter der Raketenversuchsanstalt Peenemünde und Schöpfer der „V 2", Prof. Dr. *Wernher v. Braun*, heute berühmter Raketenexperte der USA, dessen Vater das Rittergut Oberwiesenthal Kr. Löwenberg besaß.

Manche Neuentwicklung ging von Grunau aus. So wurde dort die Schwanzsporn-Schleppmethode begonnen und entwickelt, die heute allgemein im Flugzeugschlepp Anwendung findet. Das für den Segelflug aber vielleicht bedeutendste Ereignis spielte sich am 10. 3. 1933 teils vom Galgenberg, teils vom Flugplatz Hirschberg aus ab, nämlich die ersten Flüge unter der berühmt gewordenen **Moazagotl**-Wolke. Neben dem Hangwind an Bergen und dem meist benutzten thermischen Aufwind war dies der erste Segelflug im Wellenaufwind der Brandungszone eines Gebirgskammes, hier des Riesengebirges. Er gewann von Jahr zu Jahr, gewinnt auch heute noch an Bedeutung und hat das Unwahrscheinlichste von allen Segelflugleistungen möglich gemacht, nämlich die Erreichung von Rekordhöhen im motorlosen Flug. So gelang in den Jahren 1936/37 dem späteren Fluglehrer *Erwin Ziller* im Einsitzer der anerkannte Höhenrekord von rund 8000 m über Start und *Heiner Lange* im Doppelsitzer mit Passagier der ebenfalls anerkannte Höhenrekord von rund 6500 m über Start. Der bedeutendste Erforscher des Moazagotl-Aufwindes war nach den ersten Flügen von *Hans Deutschmann* und dem Verfasser der fliegende Meteorologe Dr. *Joachim Küttner*, doch waren auch noch eine Reihe anderer bedeutender Segelflieger an den Forschungsflügen und bei der Entwicklung der Schule beteiligt. Besonders beim Auf- und Ausbau der Schule spielte *Edmund Schneider* eine bedeutende Rolle, vor allem aber der langjährige Leiter *Hermann Becker*, ein erfolgreicher Jagdflieger des ersten Weltkrieges, der eine 15jährige uneigennützige und allein der Sache dienende Aufbauarbeit bis zum Schicksalsjahr 1945 leistete. Neben beiden Männern sind auch die Fluglehrer *Paul Steinig* und *Pit van Husen* zu erwähnen.

Auch nach der Besetzung durch Polen hat der Segelflugbetrieb in Grunau nicht aufgehört.

Kronfeld waren die drei ›Großen‹ des Segelflugs zwischen den Jahren 1929 und 1933. Groenhoff stürzte am 23. Juli 1932 mit dem ‹Fafnir‹ am Westhang der Wasserkuppe tödlich ab. Robert Kronfelds weitere Teilnahme an Rhönwettbewerben wurde durch die antisemitische Einstellung des Dritten Reichs von 1933 ab unmöglich gemacht. So blieb von den dreien nur noch Hirth, um weiterhin eine führende Rolle in der Segelflugentwicklung jener Jahre zu spielen.

Wolf wurde am 28. Februar 1900 in Stuttgart geboren. Sein Vater war vom Mechanikerlehrling zu einem der bedeutendsten schwäbischen Industriellen aufgestiegen mit rund 365 patentierten Erfindungen. Wolfs vierzehn Jahre älterer Bruder Hellmuth war der berühmteste deutsche ›Zivilflieger‹ vor dem Ersten Weltkrieg gewesen.

Eine unvergeßliche Kindheitserinnerung, weil begeisternd: Am 30. Juni 1911 wurde mein väterliches Haus frühmorgens gegen 6.20 Uhr in freudige Aufregung versetzt. Zum allerersten Male brummte ein Flugzeug über das Dörfchen am Saaleufer nahe von Weißenfels. Eilends aus den Betten gerissen, hörten mein Bruder und ich – kurz vor meinem 6. Geburtstag – nur noch das in der Ferne verklingende Surren der niedrigfliegenden Rumpler-Etrich-Taube, die um 6.45 Uhr in Leipzig-Lindenthal landen würde. Am Tage darauf las Vater aus der Zeitung vor, daß es Hellmuth Hirth gewesen war. Er hatte durch einen Flug von München nach Berlin – an *einem* Tag – den 50 000 Mark-Kathreinerpreis gewonnen. Genau dieses Erlebnis hatte meine Liebe zur Fliegerei geweckt.

☆

Neun Jahre danach – die Stille des Fliegerlagers 1920 auf der Wasserkuppe wurde eines Morgens durch das Herannahen eines Motorrades unterbrochen. Es war ein sonniger Tag, der 20. August, und die Lagerbewohner blickten neugierig dem ungewöhnlichen Besucher entgegen, der sofort von einer Gruppe umringt wurde.

»Der Bruder vom Hellmuth Hirth ist eben gekommen . . .«, das sprach sich schnell herum. Ja, das war er also, der junge Mann mit Brille und seinem wassergekühlten, englischen Scott-Motorrad . . ., der Bruder meines Kindheitsidols. Nach Rundgang durch unsere drei Flugzeugzelte fuhr er bald wieder querbeet durchs weiche Gras in Richtung Fuldaquelle davon.

»Ich komme wieder – bringe unsere Maschine mit«, rief er beim Abschied. Wolf Hirth hatte Feuer gefangen.

☆

Im ›Flugsport‹ 1920 kann man auf Seite 417 lesen:

»Am Freitag, dem 27. August 1920, fand im ›Ceres‹ eine Mitgliederversammlung des Flugtechnischen Vereins Stuttgart statt. Die Tagesordnung lautete: Tätigkeitsprogramm. Bericht des Herrn W. Hirth über die Rhön. Das vom Verein für den Segelflugwettbewerb bestimmte Gleitflugzeug konnte nicht rechtzeitig fertiggestellt werden. Der Bau erlitt infolge von Schulprüfungen, Abwesenheit einiger Mitglieder und Schwierigkeiten in der Materialbeschaffung eine Verzögerung. Das Gleitflugzeug wurde jedoch inzwischen fertiggebaut und ist Ende August nach der Rhön abtransportiert worden.«

Nach seiner Rückkehr von dem Wasserkuppen-Besuch hatte Hirth zusammen mit dem Konstrukteur Paul Brenner und Eduard Ulbert die Arbeit an dem halbfertigen Hängegleiter wieder aufgenommen. Nach vier Tagen konnte der Doppeldecker als Eilgut mit der Bahn nach Gersfeld abgeschickt werden. Laut ›Flugsport‹, Seite 420, trafen die drei Stuttgarter am 5. September 1920 mit ihrem Gleiter im Fliegerlager ein. Am 6. September verhinderte sturmartiger Wind jeden Flugversuch. Am 7. September 1920, dem letzten Wettbewerbstag, konnte der vormalige Kriegsflieger und Vereinsvorsitzende Paul Brenner den Hängegleiter erproben. Oskar Ursinus schrieb in seinem ›Flugsport‹ auf Seite 422:

»Brenner führte außer Wettbewerb auf dem Stuttgarter Gleiter beachtenswerte Flüge aus. – Ende des Wettbewerbs abends 6 Uhr. Abends 8 Uhr Verkündigung der Preisträger im Saale des ›Hirsch‹.«

Es gibt eine Aufnahme, die Flugversuche von Wolf Hirth mit diesem Hängegleiter zeigt, wobei mehrere Helfer an den Flächenenden mitwirkten. Dies beweist, daß auch Hirth schon damals Startversuche gemacht hat, wenn sie auch nicht im ›Flugsport‹ vermerkt wurden. Es war typisch für ihn, daß er mit zäher Energie doch noch in letzter Minute die Teilnahme seines Vereins am ersten Rhönwettbewerb durchgesetzt hatte.

☆

Von hier ab müssen Stichworte genügen. Wer mehr erfahren will, wird auf die ersten beiden Bände der ›Erlebten Rhöngeschichte‹ verwiesen oder auf das 1935 erschienene Buch Rolf Italiaanders ›Wolf Hirth erzählt‹.

1921 Nur als Besucher auf der Wasserkuppe.

1922 Teilnehmer am Rhönwettbewerb mit Messerschmitt S-10 und S-12. Bleibende Kehlkopfverletzung bei unverschuldetem Bruch mit der S-12.

1923 Am 7. Juli 1923, als Leiter der Messerschmitt-Segelflugschule Wasserkuppe, schwerer Absturz mit der S-13. Deshalb keine Teilnahme am Rhönwettbewerb möglich.

1924 Hirth flog seine ›C‹ und einen Dauerrekord für Jungsegelflieger als Teilnehmer am Segelflugwettbewerb in Rossitten, Ostpreußen. Auf der Rhön mit ›Roter Teufel‹.

1925 Im Rhönwettbewerb mit ›Roter Kuckuck‹.
Wolf Hirth zeichnete sich in jenen Jahren als erfolgreicher Rennfahrer auf dem Motorrad aus; sein Segelfliegen trat dadurch ein wenig in den Hintergrund.

1926 Ein schwerer Motorradunfall im Stuttgarter Stadtgebiet führte zur Amputation am linken Oberschenkel. Mit unerschütterlichem Optimismus und Willenskraft überwand Hirth diese schwere Krisenzeit. Gründung der Akaflieg Stuttgart . . . im Krankenhaus.

1927 Flog ›Götz von Berlichingen‹ seiner Stuttgarter Akaflieg auf der Wasserkuppe ein, nahm aber nicht am Wettbewerb teil. Er begann wieder mit Motorradrennen, in denen er schließlich erste Preise gewann, sogar bei schwierigen Bergrennen!

1928 Erster Sieger im französischen Vauville-Segelflugwettbewerb gegen deutsche und französische Rivalen, darunter den deutschen Meister ›Bubi‹ Nehring. Im Rhönwettbewerb 3. Platz nach Nehring und Kronfeld.

1929 2. Platz im Rhönwettbewerb nach Robert Kronfeld. Gewinner des Hindenburg-Preises, der höchsten flugsportlichen Anerkennung des Jahres, als Motorflieger für Leistungen im Jahr 1928.

1930 Versuch, mit 45 PS-Salmson-Klemm und Fluggast Amerika in Etappen zu erreichen, endete wegen Geldmangel in Island. Sieger im 1. Amerikanischen Segelflugwettbewerb (1930) in Elmira, N. Y. Am 4. Oktober 1930 erfüllte er die 50 km-Streckenbedingung für das Leistungsabzeichen, die heutige Silber-C, durch einen Flug von 53,0 km nach Apalachin. Die Entdeckung der Notwendigkeit steilen Kreisens in der Blauthermik war damals Hirths größter Beitrag zur Segelflugtaktik.

☆

Am 10. März 1931 nachmittags segelte Wolf Hirth 48 min lang im Hangaufwind des hohen Hudsonufers zwischen der 150. und 178. Straße von Manhattan, New York City. Danach Rückfahrt per Schiff mit kurzer Unterbrechung in England. Dort segelte er am 1. April über zwei Stunden lang im Aufwind der Steilküste von Brighton und hielt einen Vortrag bei den Londoner Segelfliegern.

Robert Schwede, ein Luftpolizeibeamter, hatte einige Jahre die Segelflugschule Grunau geleitet, war aber dann nach Kassel versetzt worden. Major a. D. Zimmer-Vorhaus in Breslau, der führende Mann im schlesischen Segelflug, hatte Hirth im Winter 1930/31 die von Schwede innegehabte Stellung angeboten, und Wolf hatte zugesagt. Anfang April kam er in Grunau an, wo der bewährte Hermann Becker weiterhin Chef der Schulverwaltung blieb.

Dorf Grunau in Schlesien. Wegweiser zur Segelflugschule.

Wolf Hirth um 1931. – Rechts: **Im August 1950 als Präsident des neugegründeten Deutschen Aero-Clubs e. V.**

Grunau war das erste größere Segelfluggelände, das unabhängig von der Frankfurter Rhön-Rossitten-Gesellschaft (RRG) ins Leben gerufen worden war. Später folgten die Borkenberge, Hesselberg, Hornberg, Ith, Teck und andere mehr.

Hirth hat in seinem hier gezeigten Bericht ›Entwicklung zur Hochleistungsschule‹ aus dem Schlesischen Heimatkalender 1959 umfassend über Grunau und den dort entdeckten Wellenaufwind des ›Moazagotl‹ berichtet. Hinzuzufügen ist nur noch, daß der Grunauer Fluglehrer Paul Steinig im Frühjahr 1938 mit dem Goldenen ISTUS-Ring ausgezeichnet wurde. Die Internationale Studienkommission für Segelflug hatte auf ihrer Jahrestagung in Bern diese Anerkennung beschlossen. Steinig hatte aus eigener Initiative Forschungsarbeit am Moazagotl-Wellenaufwind-Phänomen durchgeführt, zum Teil mit Hilfe eines Motor-Babys.

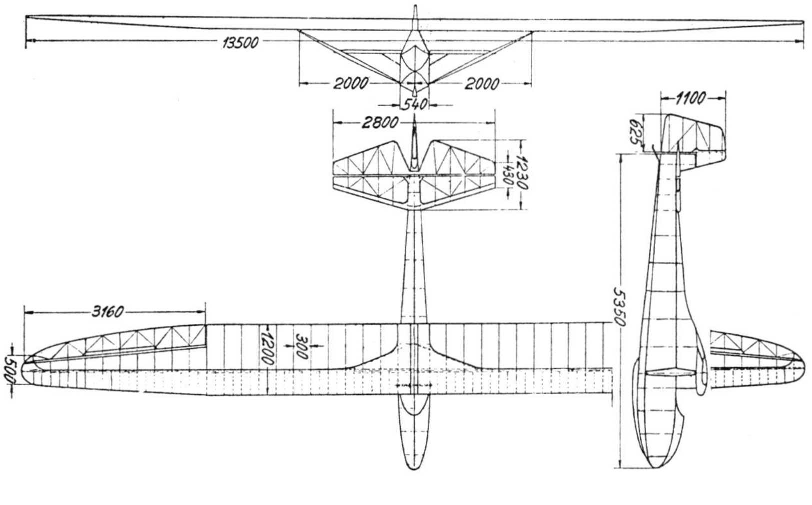

Dreiseitenansicht des ›Grunau-Baby II‹.

Hans Deutschmann, Grunau, 1933

Grunau-Baby II D-Dominicus des Turnvereins Grunau.

Das Geheimnis des Moazagotl.

Von Wolf Hirth, Segelflugschule Grunau.

Vortrag, gehalten auf der DMSV-Tagung in Dresden, 18. 3. 33.

Um nicht einen falschen Leserkreis anzulocken, sei vorneweg bemerkt, daß es sich nicht um eine abenteuerliche Geschichte aus Mexiko handelt, sondern um eine „stehende W o l k e“ zwischen Riesengebirge und Hirschberg, die schon seit alten Zeiten den Namen führt: „das Moazagotl“. Was das bedeutet, ist nicht genau bekannt. Eine Sage freilich geht, die von einem wunderlichen Mann erzählt, der vor vielen Jahren statt nur den Pflug zu führen, sich oft den Himmel und die Wolken ansah. Der erzählte anderen Leuten, daß es eine besondere Bedeutung mit der Wolke haben müsse, die bei Südwind nicht wie andere, anständige Wolken mit dem Wind ziehe, sondern konstant an derselben Stelle stehe.

Dieser Mann soll Gottlieb Motz geheißen haben oder in schlesischer Mundart „der Moatza Gotl“.

Aber das ist, wie gesagt, nur eine Sage. —

Als ich im Frühjahr 1931 von New-York nach Grunau im Riesengebirge umzog, wurde ich schon von Herrn Feige, dem Direktor des Observatoriums Krietern bei Breslau, auf das „Moazagotl“ aufmerksam gemacht und darauf hingewiesen, daß es eine dankenswerte Aufgabe für den Segelflug wäre, das Luftgebiet in dessen Nachbarschaft zu untersuchen.

Wenn es nun auch beinahe 2 Jahre gedauert hat, bis der erste Schritt in dieser Richtung getan wurde, so war doch der Erfolg um so überraschender. Gelang doch heute 2 Segelflugzeugen ohne thermische Aufwinde, ohne Gewitter oder Hangwind ein stundenlanger Flug in 800 bis 1400 m über dem Hirschberger Tal, fast genau über der Stadt Hirschberg.

Schon im Jahre 1917 wurde in Bulgarien, bei Sofia, von Meteorologen eine Aufwindströmung entdeckt, die sehr wahrscheinlich dieselben Entstehungsursachen hat. Freilich war das damals eine reine Vermessung vom Boden aus, über die Prof. Georgii, der bekannte Meteorologe, 1922 in seinem Buch über den Segelflug berichtete.

Als ich heute nachmittag den Autoschleppflügen meiner Schüler auf dem Motorflugplatz von Hirschberg beiwohnte, bemerkten wir, daß eines der an unserem 4 km entfernten Segelfluggelände Grunau schwebendes Flugzeug erstaunlich große Höhe gewann und anfing, gegen den Wind nach der Stadt Hirschberg zu fliegen. Sofort ließ ich mit größter Beschleunigung unser „Grunau Baby 2“, ein Kleinsegelflugzeug von 13 m Spannweite, an den Start bringen und das Schleppmotorflugzeug D 2121, Klemm L 25 HM 60 in Gang setzen. Als nach einer halben Stunde die Vorbereitungen beendet waren, folgte der aufregendste Schleppstart meines Lebens.

Durch eine außerordentlich verwirbelte Luft ging es in niedrigster Höhe über Baumwipfel, Hochspannungsleitungen und Schornsteine. Kaum hatten wir uns 50 m Höhe erkämpft, warf uns eine Bö wieder auf 20 m herab. Die Motormaschine vor mir tanzte wie ein wildgewordenes Pferd. Wohl zehnmal war ich nahe daran, die Verbindung zu lösen. Aber ein schwerer Sturz der Motormaschine, durch das herabhängende Seil verursacht, hätte die Folge sein können.

Also hieß es die Zähne zusammenbeißen und aushalten.

Endlich nach 5 schweren Min. waren 100 m Höhe gewonnen. Nun folgte eine Periode schnellen Steigens bis auf 800 m Höhe, wo schon die andere Maschine segelte. Ich kuppelte mich nun von der Motormaschine los, flog näher an meinen Kameraden heran, erkannte das Grunau Baby D — Dominicus, eine Maschine des Turnvereins Grunau, und auch seinen Führer Hans Deutschmann, einen der Besten aus dem deutschen Segelfliegernachwuchs. Die Unruhe der Luft war auch in dieser Höhe außerordentlich, brachte aber nicht mehr so große Gefahr wie in der Nähe des Bodens. — Sofort machte ich mich nun an die Vermessung der Aufwindstärken und konnte auch ein stationäres Aufwindfeld feststellen, das südlich von Hirschberg in ziemlich geringer Höhe begann und sich in 1400 m Höhe bis 1 km nördlich von Hirschberg erstreckte. Die erreichten Höhen genügten, um gut auf das Plateau des vor uns liegenden Riesengebirges sehen zu können.

Ich konnte Aufwindgeschwindigkeiten bis zu 4 m/Sek. feststellen, während in geringerer Höhe nördlich Abwinde von ebenfalls 4 m/Sek. gemessen wurden. Die verlorene Höhe konnte ohne Schwierigkeit immer wieder in dem südlich Hirschberg gelegenen Aufwindgebiet zurückgewonnen werden.

Als die Sonne hinter dem Isergebirge verschwunden war, machten wir uns beide auf den Rückflug. Deutschmann, der völlig ohne Instrumente flog, landete nach ausgezeichnetem Flug von über 2 Stunden Dauer wieder auf seinem Startplatz in Grunau, während ich nach $1\frac{1}{4}$ Std. auf den Hirschberger Flugplatz zurückkehrte.

Noch ist das Geheimnis des „Moazagotl“, unter dem wir flogen, nicht restlos gelöst. Eine Reihe weiterer Forschungsflüge werden dazu nötig sein. Doch haben wir wohl den ersten, beabsichtigten Segelflug in einer bisher nicht ausgenützten Aufwindart ausgeführt, die ich die „lange Welle“ nennen möchte, weil es sich zweifellos um eine durch die Turbulenz hinter dem hohen Gebirge verursachte langwellige Luftbewegung handelt. —

Segelflug auf der „Langen Welle“.

Wolf Hirth und Hans Deutschmann glückte es am 3. 3. (vgl. Vortrag von Wolf Hirth über „Das Moazagotl“ im „Flugsport“ Nr. 7, S. 143) zum erstenmal, im aufwärts gerichteten Teile einer entsprechenden Welle stundenlang zu segeln und mit Hilfe des Variometers Messungen über die Auf- und Abwindgebiete, wobei ± 4 m/sec. gemessen wurden, zwischen 17 und 18 Uhr auszuführen.

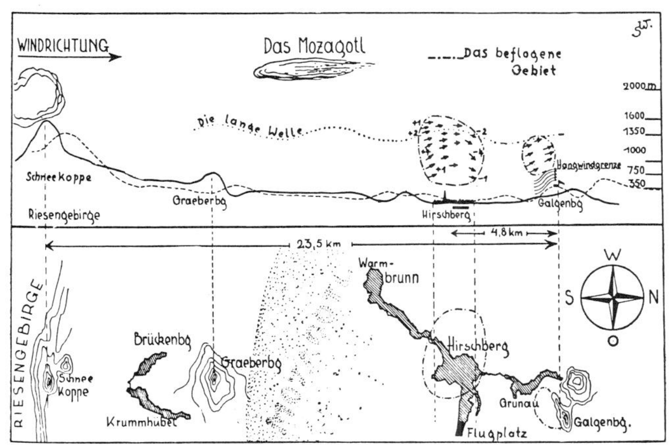

Dieser wohl erstmals nutzbar gemachte Aufwind hinter hohen Gebirgen dürfte in Zukunft eine wenn auch nicht zu überschätzende Rolle in der Segelfliegerei spielen. Einmal waren nämlich die Aufwindgeschwindigkeiten über Hirschberg wesentlich größer als die am Galgenberg in Grunau, wo die segelnden Maschinen am selben Tage wegen Nachlassens der Aufwindstärke öfters landen mußten. Es sind deshalb die Verhältnisse für einen längeren Dauerflug im neuentdeckten Aufwindgebiet wesentlich günstiger als am Hang. Andererseits weiß der Streckensegler in Zukunft, daß er auch im Lee von Gebirgen recht kräftige, stehende Aufwindströmungen finden kann, die ihm neue Höhe vermitteln und damit seinen Streckenflug verlängern.

aus »Flugsport,« 1933

Hirths oben erwähnter Bericht war für meine Arbeit von besonderem Wert, denn er klärte endlich einen Widerspruch hinsichtlich des Datums auf, an dem der Grunauer Wellenaufwind von Hans Deutschmann entdeckt wurde. Die beiden ›Flugsport‹-Berichte darüber vom Frühjahr 1933 ließen erst den 17. März als den großen Tag erscheinen und danach den 3. März. Wolf Hirth wird seinen Aufsatz für den Heimatkalender Ende 1958 verfaßt haben. Er konnte sich auf eigene Aufzeichnungen stützen und hat deshalb ohne Zweifel mit dem 10. März 1933 das zutreffende Datum genannt.

Um über Deutschmanns Flug zu berichten, muß etwas ausgeholt werden: Heute würde kein Pilot mehr in einem Segelflugzeug ohne Instrumentierung fliegen. Das war aber vor 1933 ganz allgemein üblich. Instrumente waren teuer, und Meisterfluglehrer Fritz Stamer war *gegen* ihre Benutzung beim Schulen. Der Schüler sollte ›mit Gefühl‹ fliegen lernen. Von 1914 bis 1916 hatte es an der Front auch keine Fahrtmesser in Flugzeugen gegeben . . . Windschutzscheibe im Übungssegler? Nix! Die Fliegerbrille schützte vor tränenden Augen. Der Fahrtwind im Gesicht, zusammen mit dem Rauschen der Maschine, mußte als Anzeige genügen, und so ging es auch. Die Flughöhe war leicht ablesbar: Stieg man höher als der Startplatz, wo das Gummiseil liegen geblieben war, war man stolz und fühlte sich sicher. Sank man tiefer, so gingen sorgenvolle Blicke zum Abflugspunkt hinauf. Wenn's gar nicht mehr reichte, wurde eben gelandet.

So war auch Hans Deutschmann mit dem fabrikneuen G. B. II D-Dominicus seines Grunauer Turnvereins ohne jedes Instrument mit Gummiseilstart vom Südhang ihres Fluggeländes abgeflogen. Nach einiger

›Moazagotl‹-Wolke über Hirschberg, Schlesien.

Die Bildung der »langen Welle« hinter steilen Gebirgen

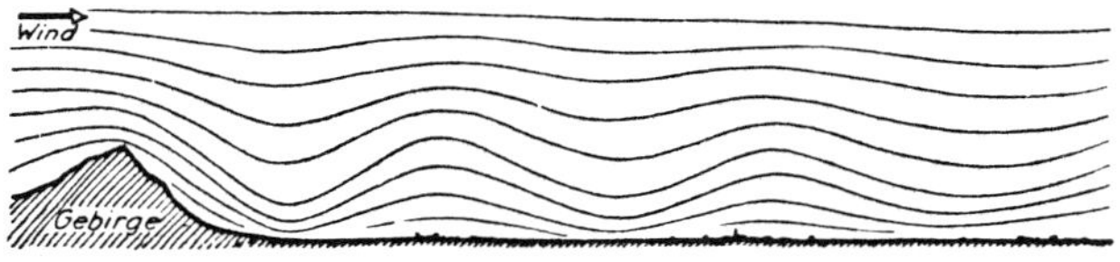

Schematische Zeichnung des Moazagotl-Aufwindprinzips (aus W. Hirth ›Handbuch des Segelfliegens‹).

Flugtaktik im Wellenaufwind

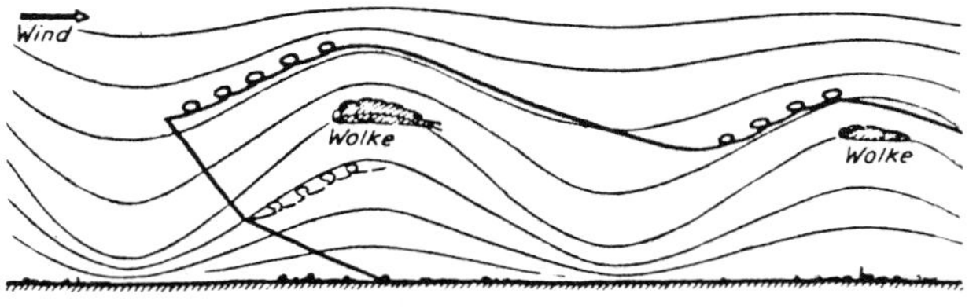

Zeit geriet er unwissentlich in den vorherrschenden, aber bis dahin nicht bekannten Wellenaufwind; er stieg wie ein Luftballon in völlig ruhiger, böenfreier Luft, bis er aus ungefähr gleicher Höhe zum Kamm des nahen Riesengebirges hinüberblicken konnte. Er erkannte, daß dieser Aufwind etwas ganz Neues, ganz Ungewöhnliches war, denn noch niemals war jemand ohne Thermik zu solcher Höhe über Grunau aufgestiegen.

Dann sah und hörte er, daß sich Wolf Hirths Klemm L-25 mit dem ›Baby‹ der Fliegerschule im Schlepp näherte. Der 60 PS-Hirth-Motor schnarrte laut und vernehmlich. Ja, da saß ja Hirth selbst im ›Baby‹ drin. Er kam nach dem Ausklinken ganz nahe heran und winkte. Dann entfernte er sich in Richtung Hirschberg.

Hirths Baby war voll instrumentiert. Dies erlaubte ihm, den Wellenaufwind systematisch abzufliegen und die verschiedenen Aufwindstärken zu messen. Eine Woche später, am 18. März 1933, hielt er auf der Jahrestagung des Deutschen Modell- und Segelflugverbandes (DMSV) in Dresden einen Vortrag über die sensationelle Entdeckung des Wellenaufwindes von Grunau. Sein Nachdruck im ›Flugsport‹ 1933, Seite 143/144, ist hier gezeigt. Er enthält alles Wesentliche über dieses segelfluggeschichtliche Ereignis.

Vielleicht ist Ferdinand Schulz, der berühmte ostpreußische fliegende Dorfschullehrer, schon am 5. April 1928 durch Wellenaufwind zu der damals sehr beachtlichen Höhe von 570 m über den Grunauer Startplatz getragen worden?

Paul Steinig erinnert sich deutlich, daß er selbst am 8. September 1931 nach Abflug vom C-Hang bei sehr böigem Wind mit seiner Grunau 31 ›Stanavo‹ in einen ganz ruhigen Aufwind geriet. Dieser ließ ihn so hoch steigen, daß er auf Wölkchen hinunterblicken konnte, die sich über dem Segelhang bildeten. Leider kann er sich nicht an die erreichte Höhe erinnern. Er maß seinem seltsam großen Höhengewinn keine besondere Bedeutung bei, weil er genau über dem C-Hang erfolgt war. Das war bei Deutschmanns Flug anders gewesen und führte zur Erkenntnis der neuen Aufwindform.

☆

Von Grunau aus kam eine weitere Persönlichkeit in die Segelfliegerei, die im wahren Sinne Weltruf gewann: Hanna Reitsch.

Sie wurde am 29. März 1912 als Tochter eines Hirschberger Augenarztes geboren. Ursprünglich wollte sie Medizin studieren, aber die Fliegerei zog sie schon 1931 in ihren Bann. Hannas Lebensgeschichte ist in ihrem Buch ›Fliegen, mein Leben‹ (1951) zu finden. Selbst in Stichworten würde ihre Laufbahn zu viele Seiten füllen.

Wolf Hirth wurde Hannas ›Fliegervater‹. Scherzhaft nannte er sie ›sein Bröckele‹ wegen ihrer zierlichen Körpergröße. Als Flugschülerin in Grunau wog sie nur 45 Kilo und mußte immer viele Kissen benutzen, um die Steuerhebel mit Händen und Füßen erreichen zu können. Jeden Tag fuhr sie die 4 km von Hirschberg nach Grunau auf ihrem Fahrrad und erwarb die ›A‹ und ›B‹ in unglaublich kurzer Zeit. Fluglehrer Pit van Husen hatte mehrmals Grund zu scharfer Kritik, wenn sie eigenmächtig zuviel wagte. Sie erhielt drei Tage Startverbot. Sie beschloß, zu Hause im Bett sitzend, mit einem Stock als Steuerknüppel ›Trockenkurs‹-Fliegen zu üben. Das hat ihr tatsächlich geholfen, das im Flugunterricht in Grunau Versäumte schnell aufzuholen.

Hanna flog ihre ›C‹ in Grunau und lernte dann in Berlin-Staaken auf eigene Kosten Motorfliegen. Im Mai 1933 kehrte sie vom Studium in Kiel nach Grunau zurück, wo Hirth ihr neue Gelegenheit zum Segelfliegen gab. Im Juli folgte sie ihm zum Hornberg als Fluglehrerin. Davon später.

KAPITEL 4

Der ›Griesheimer‹ und wer dort flog

Wo erlebte der Verfasser die ersten Monate nach dem sogenannten Umbruch, dem 30. Januar 1933? Teils auf der Wasserkuppe, teils in Darmstadt, wo er im September 1932 endlich sein Zeugnis als Diplom-Ingenieur erhalten hatte. Seit Herbst 1931 hatte ich neben dem Abschluß meines Studiums die Leitung der Griesheimer Flugzeugschlepp- und Thermiksegelflug-Abteilung der RRG-Flugschule Wasserkuppe als Aufgabe gehabt. Ich war Fluglehrer und Schlepper zur gleichen Zeit. Erst 1933 kam Heini Dittmar als Assistent dazu. Der Griesheimer hat dann 1933 die Rolle der Wasserkuppe übernommen, was Forschung anbetrifft. Das D.F.S. wurde dorthin verlegt, mit allen seinen Abteilungen, auch denen von der Rhön.

Der riesige, auf drei Seiten von ausgedehnten Waldungen umgebene frühere Großherzoglich-Hessische Exerzierplatz war eine Sandfläche, deren Weite zuerst Landungen von Zeppelin-Luftschiffen anlockte. Dann machte es Motorflug-Altmeister August Euler ab 1910 zu seinem Flugplatz, auf dem sogar Prinz Heinrich von Preußen, der einzige Bruder des Kaisers, sein Flugzeugführer-Zeugnis erwarb. Im Ersten Weltkrieg war dort eine ›Flieger Ersatz-Abteilung‹ mit Flugschule. Nach 1918 sah man von Darmstadt aus französische Militärflugzeuge vom Griesheimer abfliegen und landen, denn die Besatzungszone ging bis zu den Schienensträngen am Darmstädter Hauptbahnhof.

Im Frühjahr 1931 zogen die französischen Truppen vertragsgemäß vom Griesheimer ab. Trotz Anträgen von deutscher Seite, die 1911 gebauten Flughallen stehen zu lassen, wurden diese mit Schweißbrennern zerstört. So war es ja 1919 im Versailler Vertrag festgelegt worden . . . Glücklicherweise blieb eine größere Werfthalle am Ostrand des Fluggeländes verschont. Die hat uns dann von 1931 an als Flughalle für unsere Segler gedient. Der BFW-Flamingo, meine Schleppkiste, mußte jedoch noch jeden Abend zur Halle des Flugplatzes Böllenfalltor am Südostrand Darmstadts zurückgeflogen werden.

Die ersten Schleppstarts mit wirklichen Leistungsseglern der damaligen Zeit haben wir im März 1931 auf dem Griesheimer versucht: Kurt Starck, dann Otto Fuchs von der Akaflieg Darmstadt; danach Günter Groenhoff mit dem ›Fafnir‹. Ich war der Schlepp-Pilot.

Im Sommer 1931 hat cand. ing. Otto Fuchs durch viele Segelflüge mit der ›Starkenburg‹ über Griesheim und Rheinebene den Zusammenhang von Bodenwasserstand und thermischer Konvektion (Aufwindbildung) wissenschaftlich erforscht und nachgewiesen. Sein Bericht darüber erschien in ›Beiträge zur Physik der freien Atmosphäre‹ 1932, Seite 174 bis 213.

Im Herbst begann dann unsere RRG-Schleppflugschule mit ihren ersten Lehrgängen. Damals ahnte keiner von uns, daß der Griesheimer wenige Jahre später Sitz des Deutschen Forschungs-Instituts für Segelflug (DFS) werden würde. Wir alle wünschten, daß unsere geliebte Wasserkuppe das Zentrum der Segelflugforschung bleiben möge. Es kam jedoch anders.

☆

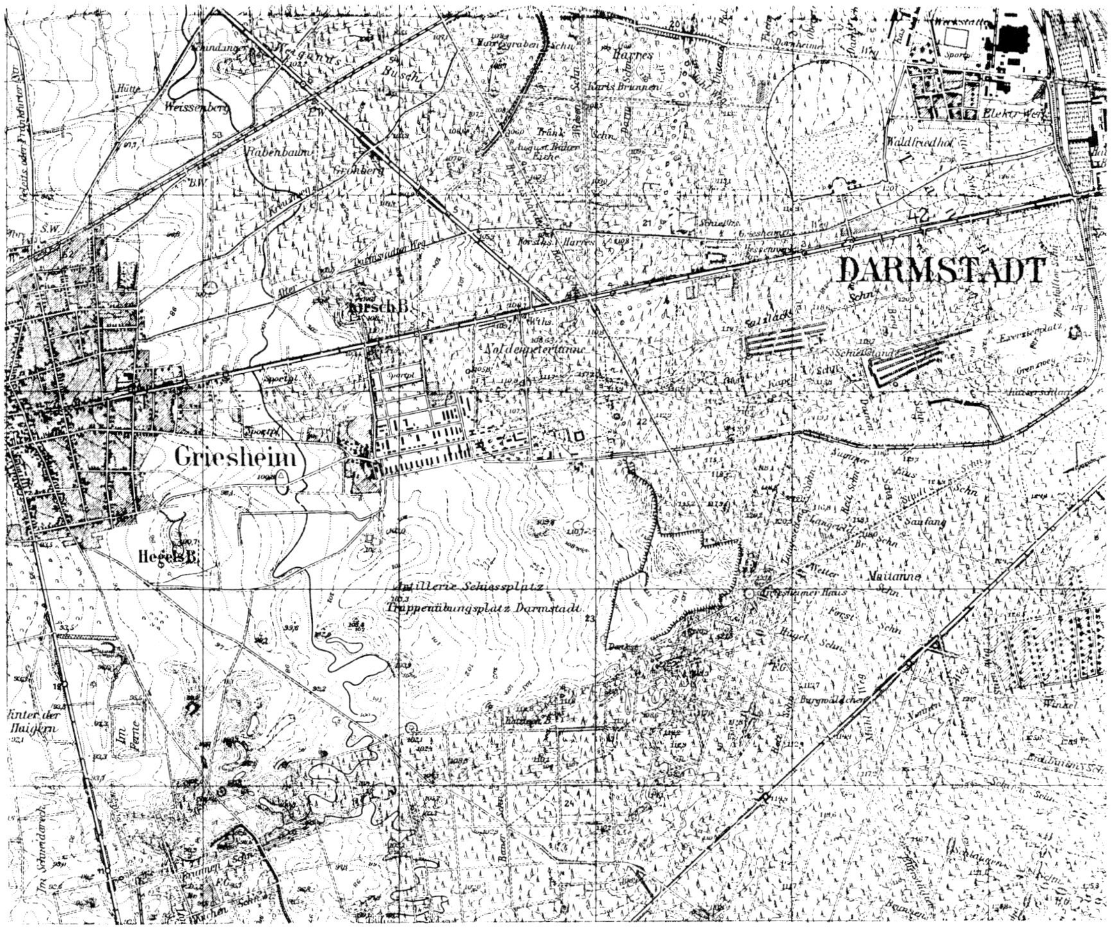
DARMSTADT
Griesheim
Weissenberg
Hegels B.
Artillerie Schiessplatz
Truppenübungsplatz Darmstadt
Exerzierplatz
Waldfriedhof
Elektr. Werk
Hinter der Haigkm

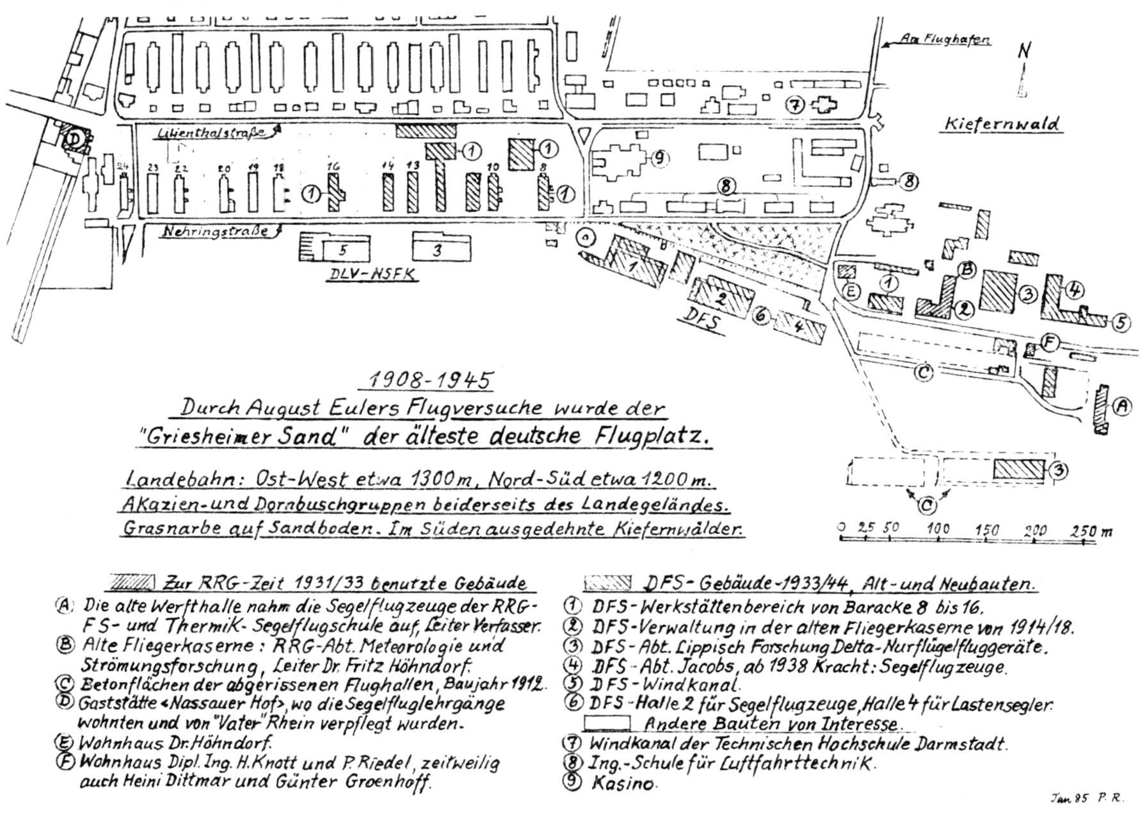
Am Flughafen
N
Kiefernwald
Lilienthalstraße
Nehringstraße
DLV-HSFK
DFS
1908-1945
Durch August Eulers Flugversuche wurde der "Griesheimer Sand" der älteste deutsche Flugplatz.
Landebahn: Ost-West etwa 1300 m, Nord-Süd etwa 1200 m.
Akazien-und Dornbuschgruppen beiderseits des Landegeländes.
Grasnarbe auf Sandboden. Im Süden ausgedehnte Kiefernwälder.
0 25 50 100 150 200 250 m
Zur RRG-Zeit 1931/33 benutzte Gebäude
Ⓐ Die alte Werfthalle nahm die Segelflugzeuge der RRG-FS- und Thermik-Segelflugschule auf, Leiter Verfasser.
Ⓑ Alte Fliegerkaserne: RRG-Abt. Meteorologie und Strömungsforschung, Leiter Dr. Fritz Höhndorf.
Ⓒ Betonflächen der abgerissenen Flughallen, Baujahr 1912.
Ⓓ Gaststätte «Nassauer Hof», wo die Segelfluglehrgänge wohnten und von "Vater" Rhein verpflegt wurden.
Ⓔ Wohnhaus Dr. Höhndorf.
Ⓕ Wohnhaus Dipl. Ing. H. Knott und P. Riedel, zeitweilig auch Heini Dittmar und Günter Groenhoff.
DFS-Gebäude-1933/44, Alt- und Neubauten.
① DFS-Werkstättenbereich von Baracke 8 bis 16.
② DFS-Verwaltung in der alten Fliegerkaserne von 1914/18.
③ DFS-Abt. Lippisch Forschung Delta-Nurflügelfluggeräte.
④ DFS-Abt. Jacobs, ab 1938 Kracht: Segelflugzeuge.
⑤ DFS-Windkanal.
⑥ DFS-Halle 2 für Segelflugzeuge, Halle 4 für Lastensegler.
Andere Bauten von Interesse.
⑦ Windkanal der Technischen Hochschule Darmstadt.
⑧ Ing.-Schule für Luftfahrttechnik.
⑨ Kasino.
Jan 85 P. R.

Im Jahre 1974 wurde am Südrand des ehemaligen Griesheimer Flugplatzes ein D.F.S.-Gedenkstein eingeweiht. Während der Ansprachen schweifte mein Blick umher. Ein rotes Ziegeldach leuchtete durchs Gebüsch. Sollte das wirklich . . .? Wenige Schritte brachten mich in die Nähe des unscheinbaren zweistöckigen Hauses, in dessen oberem Stock ich 1931 bis 33 ›gehaust‹ hatte. Anders konnte man diese spartanische Form von Wohnen nicht nennen. Bei der damaligen Wohnungsnot war es ein großes Glück gewesen, überhaupt so etwas zu finden: Nur hundert Meter von der oben erwähnten Flughalle mit Blick aus den Fenstern auf den Kiefernwald oder die nahen Sandflächen des Griesheimers. Erinnerungen stiegen auf . . .

Mein schwarzes Hündchen Putzel, das überall mit dabei war, auch im Dixi-Wagen und sogar bei Flügen im BFW U-12a Flamingo und das auf dem Flugplatz vergeblich nach Feldmäusen buddelte. Die Tragödie meiner Schwester Beate und Günter Groenhoffs – Heini Dittmars treuherziges Gesicht als Hausgenosse vieler Monate – all das erwachte blitzschnell beim Anblick dieses Gebäudes, das vielleicht zu Kaisers Zeiten zwei Unteroffiziersfamilien als Wohnhaus gedient hatte. Welche Überraschung, daß es noch da war bei so vielem, was sich auf dem Griesheimer geändert hatte! Dort oben, direkt unter den roten Ziegeln, hatten Heini und ich unsere Feldbetten stehen gehabt. Ganz nahebei war Heini eines Morgens wegen plötzlichen Nebels mit einem ›Falken‹ auf der stromlosen Lichtleitung gelandet . . . dort drüben hatte einer unserer Flugschüler einen ›Falken‹ ebenfalls bruchfrei in die Krone einer Kiefer gesetzt . . .

Heini Dittmar spielte ab 1934 eine große Rolle in der Rhöngeschichte. Das ist allbekannt. Aber warum wurde Heini damals im März 1933 mein Hausgenosse in Griesheim? Wo hatte seine fliegerische Laufbahn angefangen? Wie weit war er bis dahin gekommen? Im Band 2 ›Vom Hangwind zur Thermik‹ wurde schon ein Teil dieser Fragen beantwortet. Neue Leser sollen hier das Wesentlichste über Heini Dittmars Werdegang erfahren.

☆

Am 30. März 1911 geboren, war Heini schon in jungen Jahren siegreich in zahlreichen Modellwettbewerben. Er wurde wiederholt deutscher Meister. Als Helfer seines Bruders Edgar war er von 1925 an jedes Jahr auf der Wasserkuppe. Er war dabei, als Edgar auf dem Fuldaer ›Albert‹ am 8. August 1928 mit 775 m einen Höhenweltrekord erflog. Er sehnte sich, selbst Segelflieger zu werden. Der Gewinn eines größeren Geldpreises in einem Modellwettbewerb erlaubte ihm schließlich, die A und B zu erfliegen. Von Oktober 1929 an arbeitete er als ›Volontär‹ in der Werkstatt der RRG-Abteilung Flugtechnik auf der Wasserkuppe. Gegen freie Station und ein Taschengeld baute er Lippischs schwanzlose Versuchsmodelle, die zur Delta-Form führten. Bei der RRG-Flugschule flog er dann eines Tages seine C. Aber wie würde er je an einem Rhönwettbewerb teilnehmen können? Edgar war als erfolgreicher Segelflieger bekannt. Heini fühlte sich als einer von vielen, die sich nach diesem unerreichbar scheinenden Ziel sehnten.

Fritz Stamer, der Leiter der RRG-Flugschule, schlug ihm vor, sich selbst ein Segelflugzeug zu bauen. Heini konstruierte den ›Condor‹, eine geschickte Mischung von zwei Lippisch-Maschinen, der ›Wien‹ und dem ›Fafnir‹. Sein Freund, Dipl.-Ing. Fritz Krämer, ebenfalls bei Lippisch beschäftigt, machte für ihn die nötigen statischen Berechnungen. Vor kurzem bestätigte Krämer brieflich, daß Heini Dittmar allein der Konstrukteur seines ›Condors‹ gewesen ist. Von dritter Seite war behauptet worden, daß Krämer die Maschine entworfen hätte. Nur der hintere Teil des Rumpfes und das Leitwerk waren mit Hilfe von ›Fafnir‹-Zeichnungen gebaut worden. Alles andere war Heinis Entwurf, besonders die verstrebten Tragflächen mit ihrer starken Schränkung.

Nach Lippischs und Stamers Fürsprache erlaubte Professor Georgii, daß Heini RRG-eigenes Material beim Selbstbau seines Segelflugzeugs verwenden durfte. 2000 Arbeitsstunden waren erforderlich bis zur

Oben links: **Heini Dittmar am ›Superfalken‹ kurz vor dessen Abflug. –** Rechts: **Verfasser als Fluglehrer am ›Professor‹-Muster. –** Darunter links: **Mit ›Superfalken‹ aus der Halle. –** Rechts: **Kunstflug-Falke zum Startplatz.**

Fertigstellung und zum Einfliegen im Juni 1932. Heini wurde der beste in der Juniorengruppe des Übungs-Wettbewerbs 1932. Ich flog im Leistungswettbewerb 1932 mit und wurde zum erstenmal auf Heini als Segelflieger aufmerksam. Mit Edgar Dittmar stand ich seit langem auf freundschaftlichem Fuß.

Am 20. März sollte unser erster Griesheimer Lehrgang des Jahres 1933 beginnen, diesmal sogar speziell für Blindflugschulung. Heini hatte sich dafür gemeldet und Professor Georgiis Zustimmung erhalten, mit seinem ›Condor‹ von Griesheim aus Thermiksegelflug zu üben. So erschienen eines Tages die beiden Schweinfurter Brüder bei mir in Griesheim. Der ›Condor‹ wurde in der Garagenhalle montiert. Mir war Heinis ›Volontäreinkommen‹ bekannt. Ich bot ihm an, mein Quartier zu teilen – ohne Miete natürlich.

So geschah es. Heini war ein anspruchsloser, guter Kamerad, bescheiden, allzu bescheiden. Wir kamen glänzend miteinander aus und er entwickelte sich ganz von selbst zu meinem Mitarbeiter während der kommenden Lehrgänge. Dafür half ich ihm mit meinem Wissen, sobald wie möglich die Strecken- und Höhenbedingungen für das Leistungsabzeichen, die heutige Silber-C, zu erfüllen.

☆

Im Winter 1932/33 hatte Stamer einen Zweisitzer mit Flächenstreben bauen lassen, ähnlich dem späteren Grunau 8-Muster. Diese Maschine wurde für Blindflugschulung mit voller Instrumentierung in beiden Sitzen ausgestattet. Der Schülersitz konnte durch eine abnehmbare Haube oben abgeschlossen werden.

Als zweites Projekt hatte Stamer Kunstflugausbildung aufs Griesheimer Programm gesetzt. Er hatte den bekannten Falken-Typ dadurch verstärkt, daß zwei mit Spanndraht ausgekreuzte Flächenstreben die bisherigen ›V‹-Streben ersetzten. Das gab erheblich höhere Steifigkeit um die Hochachse. Fluglehrer Helmut Krebs flog sich auf dem Kunstflug-Falken so gut ein, daß er damit alle damals bekannten Flugfiguren außer Looping vorwärts ausführen konnte. Unser Vorbild war Gerhard Fieseler, in jenen Jahren der große Kunstflugmeister Deutschlands. Kunstflug war damals sehr populär geworden.

Am 20. März 1933 begann also der 1. Blind- und Kunstflug-Lehrgang für Segelflieger. Flugkapitän Helmut Balz von der Lufthansa, mein Fluglehrer von 1924, war selbst Segelflieger geworden und hatte auf Stamers Bitte die Leitung übernommen. Von der Wasserkuppe kamen Stamer, Wilhelm Hubert und Helmut Krebs mit dem neuen Zweisitzer und dem Kunstflug-Falken. Krebs, Hubert und ich, wir wechselten uns als Blindfluglehrer im Zweisitzer ab. Das Schleppen besorgte cand. ing. Helmut Häuser aus Wiesbaden. Auch Heini Dittmar flog als Schüler unter der Blindflughaube. Jeder erhielt ungefähr zwei Stunden Blindflugunterricht, nicht viel, aber besser als gar nichts. Daneben zeigte Krebs sein Kunstflugprogramm und begann, einige Flugschüler im Kunstflug einzuweisen.

Der letzte Tag des Lehrgangs, der 31. 3., brachte bestes Thermikwetter bei schwachem NW-Wind. So schleppte ich Heini Dittmar in seinem ›Condor‹ bis über Eberstadt, südlich von Darmstadt. Um 10.25 Uhr gab ich in einem kräftigen Wolkenaufwind das Ausklinkzeichen. Heini kreiste schnell zur Basis empor und segelte dann südwärts an der Bergstraße entlang, wie früher Nehring, Groenhoff, Fuchs und Starck. Bei Heidelberg flog er in Windrichtung weiter, wie ich ihm geraten hatte. Um 13.19 Uhr landete er nach 85 km Strecke bei Neckarzimmern. Er hatte die letzte Bedingung für sein Leistungsabzeichen erfüllt und erhielt Nr. 9 mit dem Datum 3. 4. 1933. Das war vier Tage nach seinem 22. Geburtstag. Er war der jüngste unter denen, die bis dahin in Deutschland die Silber-C erworben hatten: Kronfeld, Hirth, Groenhoff, Starck, Fuchs, Hermann Mayer, Aachen, und ich.

Es war das erstemal, daß ein junger Segelflieger während eines Griesheimer Lehrgangs die Streckenflugbedingung für das Leistungsabzeichen erfüllt hatte. Gern hätte ich weitere Schüler mit unserem ›Professor‹-Muster überland geschickt. Aber wir hatten nur den alten ›Rhöngeist‹ zur Hand; der ›D-Cumulus‹, ein weiterer ›Professor‹, stand vor allem für Meßflüge zur Verfügung, die Professor Georgii ansetzte. Fritz Stamer, damals 36 Jahre alt, hat nie den Versuch gemacht, das Leistungsabzeichen zu erwerben. Seine Fluglehrer auf der Wasserkuppe erhielten auch keine Gelegenheit dazu. In Grunau hingegen erwarben die Fluglehrer Paul Steinig und Pit van Husen schon im Frühjahr bzw. Sommer 1933 jeder sein Leistungsabzeichen Nr. 10 bzw. 13.

Immerhin konnte Helmut Krebs, der beliebte Wasserkuppen-Fluglehrer, am gleichen Tage, dem 31. 3., mit seinem Kunstflug-Falken die Höhenbedingung für das Leistungsabzeichen erfüllen. Ich schleppte ihn auf 600 m Höhe und gab das Ausklinkzeichen in einem kräftigen ›Bart‹. Es war meine Lehrmethode, daß der Schüler nach meinem energisch gewinkten Ausklinkzeichen sofort steil und gleichmäßig kurven sollte, und zwar in der gleichen Richtung, in der ich gleich danach mit meinem BFW-Flamingo abbog. Krebs tat dies und stieg in sieben Minuten auf 1850 m Höhe in stetem, engen Kreisen. Dabei hatte er kein Variometer an Bord und beim ›Falken‹ auch keine Sicht nach oben. Stamer hielt uns in Griesheim noch immer kurz hinsichtlich der Ausrüstung unserer Maschinen mit Variometern. Dabei hatte ich ihn wiederholt darum gebeten. Das wurde nach seiner Versetzung im Mai anders.

Oben links: **Aza Stanojević, Belgrad, Hans Schriefer und Frithjof Ursinus am ›Rhöngeist‹, den Kronfeld 1928 geflogen hatte.** – Rechts: **Kunstflug-Falke, dahinter die beiden Professor-Muster.** – Darunter: **Die ›Werft‹, Reparaturwerkstatt der Fliegerabteilung 3 aus den Jahren 1912–13, diente als vorläufige Halle für unsere FS- und Thermik-Segelflugschule.**

Gleich nach Schluß unseres Griesheimer Lehrgangs begann die Flugschule Wasserkuppe ihre Tätigkeit, am 3. April 1933. Ihr standen je 12 Zöglinge und Falken, 3 Super-Falken, 2 Professor-Muster und der erwähnte Doppelsitzer zur Verfügung. Diese zahlreichen Maschinen blieben bei der oben häufigen Knofe, Wolkennebel, in ihren Hallen, während wir in Griesheim mit unseren drei Maschinen jeden Tag an den Startplatz ziehen konnten. Diese Benachteiligung war einer der Gründe, weshalb ich damals schon begann, mich nach einer neuen Stellung umzusehen.

☆

Zwischen den Lehrgängen flogen Heini und ich für Aufwindmessungen unter Cumuluswolken. Der Meßtrupp des Chefs verfolgte unsere Flugbahn mit Theodolith und Entfernungsmesser. Unsere Segler trugen Meteorographen, Mehrfachschreiber zum Registrieren von Luftdruck, -temperatur und -feuchtigkeit.

Die Ausarbeitung ergab dann die Stelle unter der Wolke, an der ein bestimmter Aufwind zu einem bestimmten Zeitpunkt geherrscht hatte: Wissenschaft.

Heini flog seinen ›Condor‹ und ich den ›D-Cumulus‹, einen Professor-Typ mit offenem Führersitz, wie in einem Grunau-Baby. Am Boden wurde es einem zu warm, wenn man sich für die in der Wolkennähe fühlbare Kälte anzog. Tat man dies nicht, fror man da oben. Man hatte die Wahl . . .

Ein kurzer Blick auf die Geschichte des durch eine Sichthaube geschlossenen Führersitzes ist hier am Platze. Seltsamerweise wurden sogar die Piloten von damaligen Verkehrsflugzeugen noch immer dem freien Luftstrom ausgesetzt. Angefangen mit dem Ur-Verkehrsflugzeug Junkers F-13 (1919) bis zur Junkers G-23 und -24 (1926/27) saß man mit Ledermantel und Pelzstiefeln im Führerraum, um bei Winterskälte einigermaßen geschützt zu sein. Erst nach Lindberghs Atlantikflug im Mai 1927 ›wagte‹ man, Verkehrspiloten in einer völlig verglasten Kabine unterzubringen. Bis dahin hatte man wohl den physischen Kontakt des Piloten mit den ihn umgebenden Elementen für nötig gehalten. Er sollte vielleicht beim Landeanflug das Rauschen seiner Flächen hören und danach seine Fahrt besser abschätzen können.

Ganz ähnlich ging man im Segelflugzeugbau nur schrittweise an das Einschließen des Piloten unter einer durchsichtigen Haube. Der ›Fafnir‹ (1930) war das erste Segelflugzeug, bei dem der Führer mit einer stromliniengeformten Holzhaube zugedeckt wurde. Günter Groenhoff, sein Pilot, gab sich mit je einem Guckloch zur Seite zufrieden. Nach vorn gab's keine Sicht. Wolf Hirths ›Musterle‹ (H2PL) wurde 1931 mit einer Haube ausgerüstet. Diese besaß Cellonfenster mit Ausblick in Flugrichtung. Kosin und Schomerus wählten schon 1931/32 eine wohlgeformte Cellonhaube für ihren Akaflieg-Darmstadt Segler D-28 ›Windspiel‹. Heini Dittmars ›Condor‹ (1932) besaß als erstes Nachbaumuster von Anfang an eine Führersitzhaube. Im Herbst 1932 fügten Jacobs und Schleicher eine Cellonhaube zum ›Rhönadler‹-Prototyp, den ich kurz vorher im Rhönwettbewerb noch offen geflogen hatte.

Der nach Groenhoffs Absturz wiederaufgebaute ›Fafnir‹ (1933) sowie das ›Rhönadler 32‹-Serienmuster trugen eine aus Stahlröhrchen geschweißte Haube, die hervorragende Sicht gewährte. Von 1934 an verdrängte geformtes Plexiglas das gelbliche Cellon. Das fing mit dem ›Rhönsperber‹ (1935) an, dessen Haube sogar Sicht nach rückwärts erlaubte. Von 1936 an besaß jedes moderne Segelflugzeug eine Plexiglashaube.

☆

»Herr Riedel, Sie geben und geben und haben selbst keine anständige Maschine. Nehmen Sie meinen ›Condor‹ und machen Sie einen Streckenflug damit.«

Dieses großherzige Angebot von Heini Dittmar kam völlig überraschend. Deshalb wohl haben sich mir seine Worte so fest eingeprägt.

»Aber, Heini, Ihre Kiste ist doch nicht versichert. Das Risiko . . . ich könnte Ihnen keine neue kaufen.« Mein RRG-Gehalt war bescheiden. Mein einziger Luxus war der Dixi-Kleinwagen.

»Aach, Sie werden sie mir bestimmt nicht hinschmeißen!«

Ich nahm sein Angebot an und wartete auf einen Tag mit gutem Streckenwetter. Am 19. April 1933 war's richtig: Ost-Nordostwind, gleichmäßige Cumulusbildung. Um 12.30 Uhr klinkte ich in 300 m Höhe aus und kurbelte schnell zur Wolkenbasis hinauf. Was für ein herrlicher Vogel, der ›Condor‹! So leicht zu fliegen. So fest in der Kurve. So gutmütig, wenn man ihn mit wenig Fahrt segelte. Keine Neigung zu plötzlichem Trudeln. Ideal!

Worms lag glitzernd im Sonnenschein, nachdem der Rhein in großer Höhe überflogen wurde. Das Pfälzer Bergland war mir nicht vertraut. Sorgsam spähte ich nach großen sicheren Landeplätzen aus. Heinis

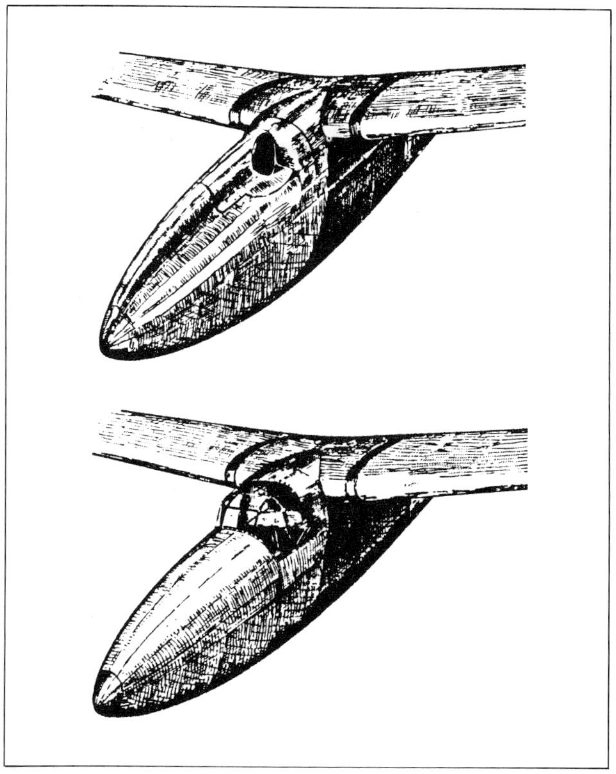

Links: **1932–1933 – Verfasser mit seinem BFW U12a ›Flamingo‹ und weit über tausend Starts mit Schleppflugschülern.** – Rechts: **›Fafnir‹ vor und nach dem Unfall von Günter Groenhoff im Juli 1932.**

›Condor‹ mußte unbeschädigt bleiben. Kaiserslautern sandte turbulenten Aufwind und schließlich mußte ich von Zweibrücken an bewußt Aufwinde vermeiden, denn jetzt war es nicht mehr weit zur französischen Grenze. Ein langes, breites Wiesental ermöglichte eine garantiert bruchfreie Landung bei Mimbach, nahe von Blieskastel, im Saargebiet. Nur noch 8 km bis zur Grenze, versicherten mir die herzugelaufenen Neugierigen. Der Saarbrückener Segelflugverein hörte irgendwie von meiner Landung und nahm mich mit zu seiner Heimatstadt, die ich noch nicht kannte. Dort traf abends das RRG-Auto mit dem Transportwagen des ›Condor‹ ein. 120 km Strecke in 3 h 20 min mit 1570 m Startüberhöhung war das Ergebnis des Fluges, meines dritten über 100 km. Das war damals ganz zufriedenstellend.

☆

Ende April 1933 wurde die Rhön-Rossitten-Gesellschaft e. V. offiziell aufgelöst. Ihr Generalsekretär, Dr. Ludwig Graf von Ysenburg, wurde zur DLV-Zentrale Berlin versetzt. Das Forschungs-Institut der RRG wurde entsprechend Professor Georgiis Vorschlag unter dem neuen Namen D.F.S. weitergeführt, jedoch als ein Teil der DLV-Organisation. Der Bericht aus W. Georgiis Buch ist hier abgedruckt.

☆

Zur Zeitgeschichte gehört vielleicht, daß in jenen Tagen Colonel The Master of Sempill Präsident der Britisch Gliding Association (BGA) wurde. Er gehörte zu den Kreisen in England, die damals vergeblich versuchten, der zunehmenden Entfremdung Deutschland gegenüber entgegenzuwirken. Sein 1000 km-Weltrekordflug Nonstop London–Berlin in Kronfelds Motorsegler ›Drone‹ am 2. April 1936 soll hier schon erwähnt werden.

KAPITEL 5

1. Mai bis zum Rhönwettbewerb 1933

Professor Walter Georgii, der Direktor des D.F.S., schrieb in seinen Lebenserinnerungen ›Forschen und Fliegen‹:

»Im Mai 1933 aber hatten sich auf der Wasserkuppe Dinge zugetragen, die sich mit dem Arbeitsfrieden des Instituts nicht in Einklang bringen ließen. Um ein für allemal Klarheit zu schaffen, ob derartige Vorfälle gebilligt würden, schickte ich an Milch mein Rücktrittsgesuch, da ich keinem Institut vorstehen wolle, in dem die vertrauensvolle Zusammenarbeit durch Disziplinlosigkeiten gestört würde. Ich empfand es mit Genugtuung, daß ich ohne irgendwelche Rücksichten meine Person in die Waagschale werfen konnte, da ich berufsmäßig unabhängig war und mich auf meinen Lehrstuhl beschränken konnte. Nach Eingang meines Schreibens wurde ich sofort nach Berlin gerufen, wo mir Milch erklärte, daß er mein Rücktrittsgesuch auf keinen Fall annehme, sondern bereits Maßnahmen verfügt habe, die eine Wiederholung von Parteieingriffen in das Institut ausschlössen. Ich stehe nicht an, hervorzuheben, daß Milch damals eine großzügige, überparteiliche Entscheidung getroffen hat. Für die Wiederaufnahme der Leitung des Instituts forderte ich allerdings noch die Ermächtigung, auch den bisher auf der Wasserkuppe verbliebenen Teil nach Darmstadt verlegen zu dürfen, um künftig ähnliche Vorkommnisse zu vermeiden, aber auch aus der Überzeugung, daß das Institut aus der Bergeinsamkeit heraus – und in Darmstadt in engeren Kontakt mit der allgemeinen Wissenschaft kommen müsse.«

Anfang Mai 1933 rief mich der ›Chef‹ eines Morgens vom Flugplatz in sein Institut in der Technischen Hochschule Darmstadt. Mit gedämpfter Stimme bat er mich, sofort zur Wasserkuppe zu fliegen, Stamer einen Brief zu übergeben und dessen Antwort mit zurückzubringen. Mein Erstaunen muß deutlich erkennbar gewesen sein.

»Wissen Sie denn nicht, was vorgefallen ist?« Ich hatte keine Ahnung. Die Wasserkuppe war ja 120 km weit weg, und wir in Darmstadt hatten oft wochenlang keinen Kontakt mit den Rhönleuten.

»Parteileute haben versucht, Stamer zum Direktor des D.F.S. zu machen. Das ist ihnen nicht geglückt. Milch hat die sofortige Versetzung Stamers zur DLV-Zentrale Berlin verfügt. Das ist im wesentlichen der Inhalt meines Briefes.«

Der Wasserkuppe wegen tat mir diese Verfügung leid. Stamer war das Idol vieler Segelflieger, die bei ihm geschult hatten. Er hatte seine väterliche Rolle als Schulleiter dort oben mit Takt, Wohlwollen und Humor bestens gespielt. Seit September 1921 hatte er da oben gelebt. Man konnte sich die Wasserkuppe schlechthin nicht ohne Stamer vorstellen.

Professor Georgii's Sieg über die Partei.

Die innerpolitischen Spannungen der Jahre 1930–1933 machten sich auch in meinem Forschungsinstitut bemerkbar, nicht in einer unmittelbaren Beeinflussung des ungestörten Fortgangs seiner Arbeiten, als vielmehr dadurch, daß viele dem Segelflug verbundene junge Ingenieure, die bei der herrschenden Arbeitslosigkeit keinen Erwerb finden konnten, sich an das Institut wandten, um in Form eines freiwilligen Arbeitsdienstes Unterkunft und Beschäftigung auf der Wasserkuppe zu finden. Da die Anlagen in der Rhön viele Möglichkeiten boten, und es auf ein Essen mehr oder weniger nicht so sehr ankam, half das Institut in den Notjahren 1930–33, soweit es ihm seine eigenen Mittel erlaubten.

Der Wettbewerb 1932 fiel schon in eine Zeit politischer Hochspannung. Zum ersten Mal seit Beginn der Rhönflieger mußten wir im Fliegerlager ein Wahllokal einrichten, damit die Segelflieger ihr politisches Bekenntnis in die Wahlurne legen konnten. Für die dem Wahltermin voraufgehenden Tage war die Parole ausgegeben worden, daß auf der Wasserkuppe weder Wahlpropaganda getrieben noch Plakate angebracht noch politische Abzeichen getragen werden sollten. Man merkte so im Fliegerlager der Wasserkuppe nichts von den hitzigen Wahlschlachten, die sich unten im Tale abspielten. In früher Morgenstunde gingen die Segelflieger am Wahltag zur Urne und waren bereits um neun Uhr wieder mit ihren Segelflugzeugen am Start.

Der 30. Januar 1933, der Tag der Machtergreifung, kam heran. Zunächst fühlten wir uns davon ziemlich unberührt. Das Institut und die R.R.G. hatten erfolgreich gearbeitet, was sollte also passieren? Aber bald wurden wir eines anderen belehrt. Der neue Staatssekretär des Reichskommissariats für die Luftfahrt, Ehrhardt Milch, der von einem zum andern Tag Ministerialdirigent Brandenburg ersetzt hatte, beorderte mich zu einer großen Sitzung nach Berlin, damit über das Schicksal der Luftfahrtverbände entschieden werde. Die Entscheidungen dieser Sitzung waren für uns, die wir damals noch nicht an die Methode der Gleichschaltung gewöhnt waren, eine Überraschung. Hinsichtlich des Aeroclubs blieb im wesentlichen alles beim alten. Der Deutsche Luftfahrtverband (D.L.V.) sollte umgestaltet, die Rhön-Rossitten-Gesellschaft aber sollte aufgelöst werden. Meine Argumente, die ich für ihr Fortbestehen vorbrachte, nützten nichts, da offensichtlich diese Umorganisation vorausbestimmt waren. Milch wies jedoch daraufhin, daß das Forschungsinstitut selbstverständlich unter meiner Leitung fortbestehen und dem neuen Deutschen Luftsportverband angeschlossen würde. Um jedoch den wissenschaftlichen Charakter des Institutes hervorzuheben, schlug ich dem Staatssekretär den neuen Namen „Deutsches Forschungsinstitut für Segelflug (D.F.S.)" vor, der auch zugestanden wurde. Statt zur R.R.G. gehörte das Forschungsinstitut in Zukunft also zu einem Sportverband und war damit Oberst Lörzer, dem Präsidenten des D.L.V., unterstellt. Für ein Forschungsinstitut war dies gewiß keine glückliche Regelung. Da aber im Präsidium des D.L.V. niemand etwas von Wissenschaft verstand und im Reichskommissariat für die Luftfahrt das Institut wie früher betreut wurde, war nichts zu befürchten.

Im Mai 1933 aber hatten sich auf der Wasserkuppe Dinge zugetragen, die sich mit dem Arbeitsfrieden des Instituts nicht in Einklang bringen ließen. Um ein für allemal Klarheit zu schaffen, ob derartige Vorfälle gebilligt würden, schickte ich an Milch mein Rücktrittsgesuch, da ich keinem Institut vorstehen wolle, in dem die vertrauensvolle Zusammenarbeit durch Disziplinlosigkeiten gestört würde. Ich empfand es mit Genugtuung, daß ich ohne irgendwelche Rücksichten meine Person in die Waagschale werfen konnte, da ich berufsmäßig unabhängig war und mich auf meinen Lehrstuhl beschränken konnte. Nach Eingang meines Schreibens wurde ich sofort nach Berlin gerufen, wo mir Milch erklärte, daß er mein Rücktrittsgesuch auf keinen Fall annehme, sondern bereits Maßnahmen verfügt habe, die eine Wiederholung von Parteieingriffen in das Institut ausschlössen. Ich stehe nicht an hervorzuheben, daß Milch damals eine großzügige, überparteiliche Entscheidung getroffen hat. Für die Wiederaufnahme der Leitung des Instituts forderte ich allerdings noch die Ermächtigung, auch den bisher auf der Wasserkuppe verbliebenen Teil nach Darmstadt verlegen zu dürfen, um künftig ähnliche Vorkommnisse zu vermeiden, aber auch aus der Überzeugung, daß das Institut aus der Bergeinsamkeit heraus – und in Darmstadt in engerem Kontakt mit der allgemeinen Wissenschaft kommen müsse.

Aus ›Forschen und Fliegen‹

Nr. 10 10. Mai 1933 XXV. Jahrgang

Die nächste Nummer des „Flugsport" erscheint am 24. Mai 1933

Reichskommissariat für die Luftfahrt.

Reichskommissar: Göring, Ministerpräsident, Reichsminister.
Stellvertretender Reichskommissar: Milch, Staatssekretär.

Abteilung I, Luftverkehr:
Abteilungsleiter: Fisch, Ministerialdirektor.
9 Referate. Referenten: Dr. Wegerdt, Präs. d. Reichsamts f. Flugsicherung; Oberregierungsrat Dr. Schleicher; Kapt.-Ltn a. D. Breithaupt; Minist.-Rat Koch; Reg.-Rat Schnitzler; Dr. Orlovius; Oberreg.-Rat Dahlmann; Reg.-Rat Dr. Ewald. Außerdem: Pol.-Hptm. Oxé; Hptm. a. D. Baske.

Abteilung II, Technik:
Abteilungsleiter: Mühlig-Hofmann, Ministerialrat.
6 Referate. Referenten: Oberreg.-Rat Baeumker; Reg.-Rat Müller; Reg.-Rat Görkenberg; Kapt.-Ltn. a. D. Breithaupt.

Abteilung III, Verwaltung und Wirtschaft:
Abteilungsleiter: D. Panzeram, Ministerialrat.
7 Referate. Referenten: Oberreg.-Rat Dr. Schleicher; Reg.-Rat Dr. Höfeld; Reg.-Rat Kluge; Reg.-Rat Dr. Hergesell; Reg.-Rat Sandrock; Min.-Amtmann Richter; Reg.-Rat Schnitzler. Außerdem: Dipl.-Ing. Schlaffner.

Abteilung IV, Luftsport und Ausbildung:
Abteilungsleiter: Christiansen, Ministerialrat.
2 Referate. Referenten: Min.-Rat Geyer; v. Dungern.

Abteilung V, Luftschutz:
Abteilungsleiter: Dr.-Ing. e. h. Knipfer, Ministerialrat.
6 Referate. Referenten: Archiv-Rat Großkreutz; Pol.-Hptm. v. Aßmuth; Pol.-Maj. Borowietz; Oberreg.-Rat Dr. Schleicher; Oberreg.-Baurat Lindner; Reg.-Baurat Backe. Außerdem: Cohrs; Dr. Mielenz.

Ministerialdirektor Dr. h. c. Ernst Brandenburg, der Freund der Segelflieger.

Stamer und ich trafen uns im Gelände. Ein Anruf aus Darmstadt hatte mein Kommen angekündigt. Er las den Brief und war sichtlich erschüttert; ich stellte keine Frage, und wir haben auch später nicht über diese unglückselige Machtprobe gesprochen. Sie hatte verhängnisvolle Wirkungen für die Wasserkuppe, denn sie wurde der Grund, weshalb auch Lippisch, Jacobs und ihr ganzer Stab von Mitarbeitern nach Griesheim versetzt wurden. Nur mit dem Unterschied, daß man ihnen zur Wohnungssuche mehr Zeit ließ. Es wurde ein Schlußstrich unter die Rolle der Wasserkuppe als Forschungsstätte für Segelflug gezogen. Nach Lippischs und Stamers Weggang war die Rhön nicht mehr dieselbe wie in den romantischen Jahren, die 1920 begonnen hatten.

Aber vielleicht wäre diese Entwicklung ohnehin gekommen, denn die Wasserkuppe hätte weder platz- noch wettermäßig die Rolle des ›Griesheimers‹ spielen können.

☆

Hermann Mayer, Aachen

Mitten in diesen Krisentagen hörten wir, daß unser allseits beliebter Segelflugkamerad Hermann Mayer, Stettin, früher Aachen, am Sonntag, dem 7. Mai 1933, tödlich verunglückt sei. Nach Teilnahme an Mayers Beisetzung in Aachen flog Professor Georgii mit mir in der Klemm zum Gelände Borkenberge, wo der Unfall stattgefunden hatte. Mayer war mit einem Nachbau seines 20 m-Spannweite Leistungsseglers MS-II im Windenschlepp abgeflogen und hatte dann längere Zeit an den relativ niedrigen Borkenbergen hanggesegelt. Der Wind war sehr stark und wegen der Bodennähe äußerst turbulent gewesen. Mayer muß das riesige Seitenruder der MS-II oft hart ausgetreten haben, um bei den starken Böen Kurs halten zu können. Das führte zu Torsionsstreß im Rumpf der MS-II. Gegen Mittag waren kaum noch Zuschauer im Gelände. Einer beobachtete, daß sich der Rumpf der Maschine um die Längsachse verdrehte. Bevor man Mayer warnen konnte, brach der Rumpf ab und ein senkrechter Absturz folgte. Die Höhe wäre für Fallschirmabsprung viel zu niedrig gewesen.

Hermann Mayer war geborener Aachener. Von 1928 an hatte er an jedem Rhönwettbewerb teilgenommen. 1932 wurde er 2. Sieger nach Hirth auf seiner Eigenkonstruktion, der MS-II. Er hatte sie entworfen nach dem Grundsatz, mit möglichst einfachen Mitteln gute Leistungen zu erzielen. Das hatte er zweifellos erreicht. Als sechster erwarb er im Herbst 1932 das silberne Leistungsabzeichen. Im kommenden Rhönwettbewerb 1933 wäre er sicherlich ein gefährlicher Rivale für Hirth und mich gewesen.

Menschlich war Mayer vorbildlich in jeder Hinsicht. Hans Sander, damals der Vorsitzende der Flugwiss. Vereinigung Aachen, sagte bei der Trauerfeier:

»Kaum konnten wir die Nachricht von seinem Tode fassen. Ein treuer Kamerad, ein leuchtendes Beispiel dafür, wie man einer Idee nachstrebt und sie in stetem Kampf mit der Natur und der Umwelt jeden Tag ihrer Erfüllung näherbringt. Wir kannten Hermann Mayer als unseren Lehrer, der uns im Vortrag des schwierigen aerodynamischen Lehrstoffs begeisterte und zu ernster, zielbewußter Arbeit mitriß. Wir kannten ihn als Konstrukteur am Zeichentisch und in der Werkstatt, der trotz seiner großen Erfahrungen und Fähigkeiten den Rat der Kameraden suchte. Er gab ihnen so Gelegenheit, Anteil zu haben an seinem Schaffen. Wer je Gelegenheit hatte, mit ihm zu fliegen, der spürte etwas von der großen Begeisterung, die ihn immer wieder zum vollen Einsatz seiner selbst trieb.«

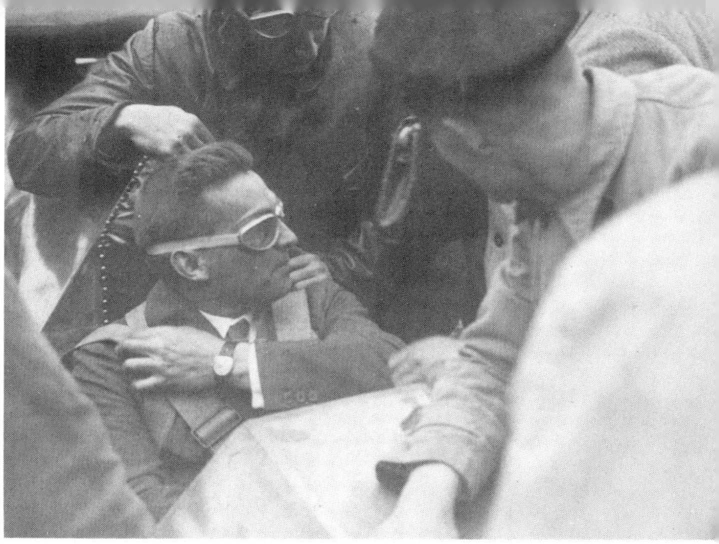

Oben links: **MS II mit H. Mayer, Aachen, auf der Rhön.** – Rechts und darunter: **Hermann Mayer kurz vor seinem letzten Abflug am 7. Mai 1933. Die unteren Bilder zeigen, daß Mayer am 7. 5. an den Borkenbergen mit Windenschlepp startete und die ›D-Gelsenkirchen‹ flog. Das Bild unten zeigt Hermann Mayer in der Werkstatt des Aerodynamischen Instituts der TH Aachen.**

Mayer besaß auch, so schrieben seine Aachener Kameraden, das für damalige Segelflieger notwendige Quantum an Draufgängertum. Leider ist Mayer einer bei Konstrukteurpiloten häufigen Blindheit seinem geistigen Kind, der MS-II, gegenüber zum Opfer gefallen.

Kürzlich erzählte mir ein Schüler Mayers, daß ihm die schwache Stelle im Rumpf seiner MS-II wohl bekannt war. Fritz Lau, später Kapitän der ersten Lufthansa, sowie der Kasseler Segelflieger Heinz Wallischeck hätten nicht lange vor Mayers Absturz mit ihm über Groenhoffs tödlichen Unfall gesprochen. Hermann hätte das allzutief angebrachte Höhensteuer des ›Fafnir‹ erwähnt und bemerkt, daß der Unfall auf dem Jungfraujoch, das Abbrechen einer Höhensteuerhälfte durch Schneewächten, hätte Groenhoff zur Warnung dienen müssen. Hermann Mayer hätte damals wörtlich gesagt: »Das Schicksal schlägt meistens nicht sofort zu. Gewöhnlich wird man vorher gewarnt. Schon zweimal hatte es am ›Fafnir‹-Leitwerk Beschädigungen gegeben. Das drittemal hat es sein Leben gekostet.«

Wallischeck hätte daraufhin sofort auf die schwache Stelle im Rumpf der MS-II, Mayers eigener Konstruktion, hingewiesen. Aber Mayer hätte eine Verstärkung an dieser Stelle nicht für erforderlich gehalten. Genau diese Stelle ist ihm dann zum Verhängnis geworden.

☆

Wie jedes Jahr zuvor verbrachten die Darmstädter D.F.S.-Abteilungen die Pfingstfeiertage auf der Wasserkuppe, wobei Aufwindmessungen mit Pilotballonen oder Segelflugzeugen gemacht wurden.

Der ›Fafnir‹ hatte beim tödlichen Absturz Groenhoffs am 23. 7. 1932 zwar erheblichen Schaden erlitten, war aber im Winter 1932/33 von Meister Richard Mihm wieder aufgebaut worden. Dabei sorgte Professor Georgii selbst dafür, daß die neue Führerkabine diesmal Piloten normaler Größe Platz bieten würde. Vorher hatte Lippisch den ›Fafnir‹ der ausgesprochen kleinen Körpergröße von Günter Groenhoff angepaßt, so daß kein anderer Segelflieger die Maschine fliegen konnte!

Lippisch hatte seit Wochen vergeblich versucht, auf der Wasserkuppe einen Piloten zu finden, der mit dem reparierten ›Fafnir‹ einen Streckenflug versuchen würde. Zu meiner freudigen Überraschung bot mir der Chef die Maschine an. Nach einem einzigen Probeflug ging ich mit ihm am Freitag, dem 2. Juni 1933, bei Ostwind überland.

Was für ein idealer Vogel war das! Mit 19 m Spannweite hatte er eine Gleitzahl von 21; war wendig und ohne jede Neigung zu plötzlichem Trudeln, auch bei geringster Fahrt. Man konnte alle Aufmerksamkeit der Beobachtung von Wetter und anderen Maschinen nahebei zuwenden. Wie ein treues Pferd tat der ›Fafnir‹ das seine: Er kurvte schön weiter. Der Streckenflug verlief ohne Probleme, der Rhein wurde überflogen. Nach fünfstündigem Flug konnte ich meine Landung aus Grenderich nahe von Zell an der Mosel melden. Als zweiter nach Groenhoff hatte ich mit 202 km die 200 km-Grenze überflogen. Heini Dittmar war ebenfalls gestartet und nach 125 km bei Obertiefenbach a. d. Lahn gelandet.

Die Ostwindwetterlage hielt an, und am 7. Juni 1933 flogen wir beide von Griesheim ab. Mein damals für die Baseler Zeitung geschriebener Bericht folgt hier:

»Es war schon sehr heiß am frühen Vormittag. Heini Dittmar montierte rasch seinen schönen, selbstgebauten ›Condor‹, während mein ›Fafnir‹ startbereit gemacht wurde. Mit Hinblick auf die Windrichtung sagte ich im Scherz, ob ich wohl heute abend in Frankreich sitzen werde? Dittmar gab mir noch schnell die Anschrift des französischen Segelfliegers Georges Abrial, Paris. Wir verabredeten, zusammenzubleiben, um möglichst gleichzeitig zu landen.

Genau um 11 Uhr erhob sich der Schleppzug vom Griesheimer Sand. Führer des Motorflugzeuges war cand. ing. Helmut Häuser. Er schleppte mich gegen den frischen Nordost, der in großer Höhe schöne Wolken mitbrachte. Über dem Darmstädter Hauptbahnhof konnte ich in 450 m Höhe ausklinken. Ein starkes Aufwindfeld ließ mich in dauernden Kurven rasch höhersteigen.

Die ersten zehn Minuten sind immer die schwersten. Man sitzt gespannt mit jedem Nerv und kurvt so eng wie möglich, um ja nicht aus dem kostbaren Aufwindfeld hinauszukommen. Mit jedem Meter Höhe wird man ruhiger. Die Laune des Segelfliegers steigt oder fällt mit Aufwind und gewonnener Höhe. Man klopft nicht mehr so oft an dem nachhinkenden Höhenmesser. Endlich sind die Wolken ganz nahe.

1933–34: Peter Riedel mit ›Fafnir‹.

Wo ist denn Dittmar? Tief unten sehe ich beide Flugzeuge startbereit stehen. Jetzt setzen sie sich in Bewegung – wie langsam scheinen sie zu fliegen und zu steigen. Ich fliege gegen den Wind und warte auf Heini. Da hat er schon zeitig wie immer ausgeklinkt und kurvt eng und steigt so rasch, daß er in wenigen Minuten meine Höhe erreicht hat. Auch er hält auf mich zu, und bald kreisen unsere beiden Riesenvögel in fast 2000 m Höhe unter einer Wolke. Manchmal kamen wir uns so nahe, daß wir sehr aufpassen mußten, um nicht zusammenzustoßen. Es war eigentlich viel schöner als das Alleinfliegen, wie ich es bisher nur gekannt hatte; einmal war es unterhaltender und dann ist es sehr beruhigend, wenn man in einem bösen Abwind wie ein Fahrstuhl in die Tiefe sinkt, den anderen nicht weit entfernt davon kurven zu sehen. Dann nichts wie unter ihm durchgeflogen, um noch den letzten Zipfel seines Aufwindkamins zu erreichen. So kann einer dem andern nützlich sein.

Inzwischen waren wir bei Germersheim über den Rhein geflogen. Anhand meines kleinen Atlanten nahm ich Richtung auf Neustadt an der Haardt, weil die Haardtberge bei NO-Wind starke Wolkenbildung hervorrufen mußten. Meine Erwartung erfüllte sich. Große Wolkenbänke trugen uns auf 2200 m. Wir mußten sogar aufpassen, daß wir nicht in die Wolken hineingezogen wurden. Das wäre ein äußerst ungemütliches Gefühl gewesen, wenn wir in der Wolke hin- und hergeflogen wären, ohne uns gegenseitig sehen zu können.

Anhand der Karte konnte ich schon Weißenburg im Elsaß erkennen. Aufpassen! Sperrgebiete jenseits der Grenze. Bei Saargemünd ist die Einflugzone auf französisches Gebiet; die hätten wir nur durch Segeln gegen starken Seitenwind erreichen können.

Aber wo bleibt denn der Heini? Mein ›Geschwader‹ scheint geplatzt zu sein. Ich kreise unter einer guten Wolke, die mich gewaltig nach oben zieht und kann in Ruhe nach dem ›Condor‹ Ausschau halten. Da sehe ich den schlanken Vogel gegen 500 m unter mir, wie er vergeblich Anschluß an meine Wolke sucht. Und jetzt, während ich weiterkreise, haut er plötzlich nach Süden zu ab, genau Richtung Sperrgebiet. Bald ist er verschwunden, und ich bin allein mit meinem ›Fafnir‹ im weiten Raum.«

Heini Dittmar ist dann nach 5 h 40 min auf dem Flugplatz Saarbrücken gelandet, 131 km von Griesheim.

»Schon seit zwei Stunden höre ich nichts als das Zischen der Luft um meine Kabine, durch deren Cellonscheiben ich einen grandiosen Rundblick genieße. Eigenartig, wie der Ton des Zischens anders wird, wenn man in einen Aufwind hineinfliegt. Und wie sich jedesmal während des Fluges das Gefühl für die Lage der Aufwindfelder von neuem verschärft. Man hat seine Nervenspitzen in die Flügelenden verlegt und spürt mit einer dem logischen Verstand unfaßbaren Gewißheit, wo der Aufwind am stärksten ist. Natürlich bleibt das Variometer, das die Steiggeschwindigkeit anzeigt, dennoch ein unerläßliches Hilfsgerät.

Die Wolken zeigen nach Süden zu eine große Lücke, während sie in Windrichtung noch stark sind. Also fliege ich in dieser Richtung weiter. Der Flug geht jetzt hart an der Grenze entlang über bewaldete Bergzüge, die von Felsen gekrönt sind wie die Reste einer Riesenmauer. Mit dem Gefühl, etwas Verbotenes zu tun, überflog ich die Grenze bei Bitche. Die ersten Wolken über Frankreich enttäuschten. Sie waren schwach und zogen mich nur zaghaft zu sich empor. Schließlich war ich nur noch 1600 m hoch; dabei wollte ich eigentlich nicht mehr unter 1800 m geraten, um ganz sicher zu sein.

Die Wolken meinten es bald wieder gut mit mir, aber meine Landkarte ging leider zu Ende. Gegen 16 Uhr sah ich aus 2200 m Höhe über die Vogesen hinweg Straßburg liegen, 60 km entfernt zur Linken.«

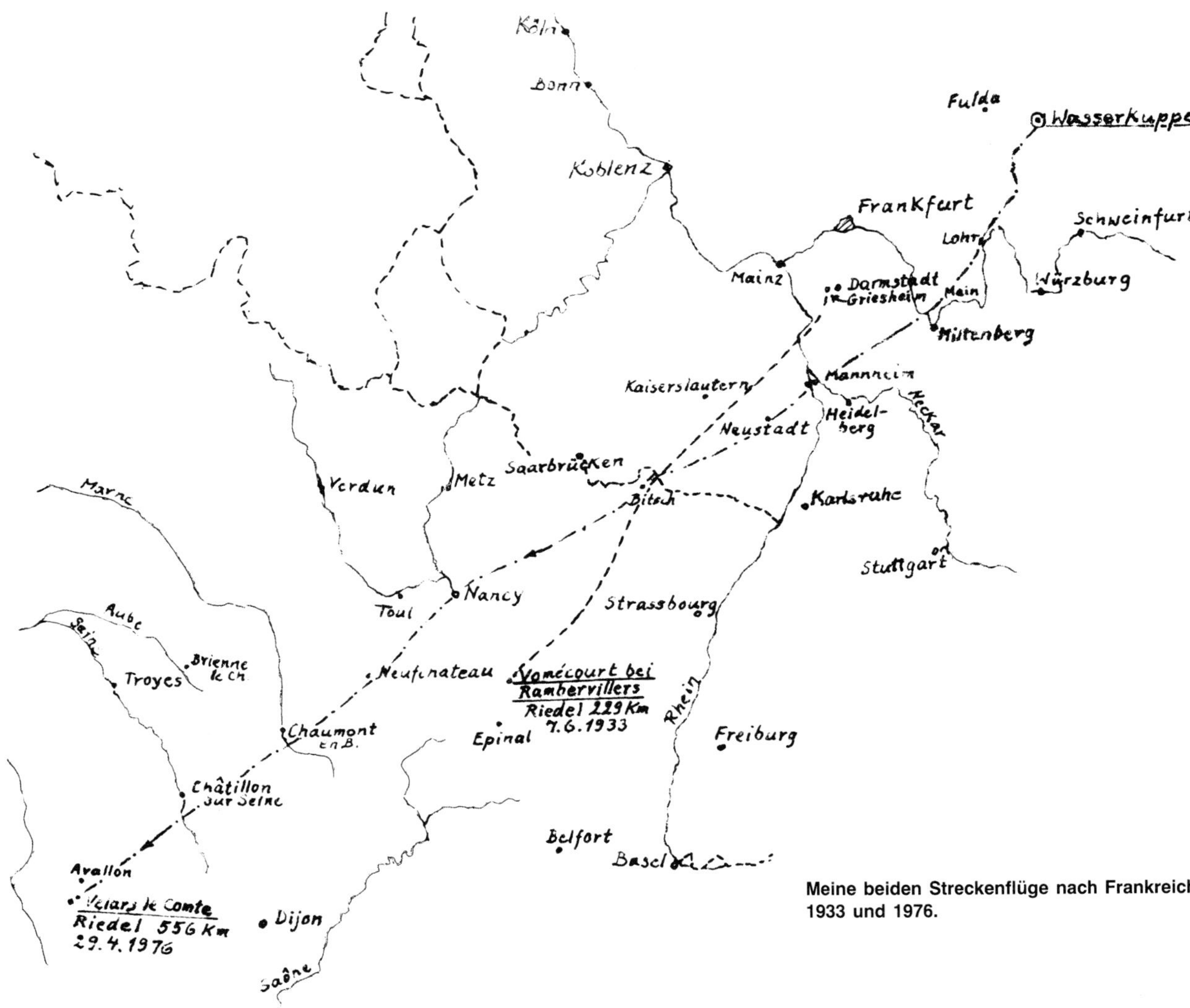

Meine beiden Streckenflüge nach Frankreich, 1933 und 1976.

An dieser Stelle machte ich einen Riesenfehler, der mich um den schon gesichert erscheinenden Streckenweltrekord brachte: Ich bog nach Süden ab, um die über den Vogesen stehenden Cumuluswolken zu erreichen und mit Hilfe ihrer Aufwinde vielleicht bis Belfort zu fliegen, rund 300 km von Darmstadt entfernt. Meine schöne Anfangshöhe ging in starken Abwinden der wolkenlosen ›Düse‹ zwischen dem Pfälzer Bergland und den Vogesen rasch verloren. Als ich bei Baccarat diesen Bergzug erreichte, war es zu spät. Meine damalige Flugerfahrung reichte nicht aus, um einen dicht über den Dächern dieses Städtchens gefundenen engen Thermikschlauch richtig auszunutzen. Ich gab auf und landete nach einem längeren Gleitflug, ohne neue Aufwinde anzutreffen, schon um 16.43 Uhr bei Vomécourt südlich von Rambersvillers, 228,7 km von Griesheim. Für einen neuen Weltrekord fehlten nur 3,5 km! Das geht mir heute noch nach.

Immerhin konnte ich mir selbst am 29. April 1976 beweisen, daß ich damals von Bitche ab besser *mit* dem Wind in Richtung Nancy weitergeflogen wäre. 43 Jahre später, und etwas weiser geworden, schaffte ich als Siebzigjähriger 556 km Strecke, trotz einer halben Sonnenfinsternis, die ab 14 Uhr die Thermik erheblich schwächte. Meine Maschine, eine Ka-6E, hatte allerdings eine Gleitzahl von etwa 32 gegenüber 21 des ›Fafnir‹. Der Start zu diesem Flug war übrigens im Schleppflug von der Wasserkuppe aus erfolgt.

☆

Unvergeßlich der Empfang in Vomécourt. Wie fast überall bei solchen Landungen fand sich der hilfsbereite junge Mann, der schon mit Flugzeugen – diesmal der französischen Luftwaffe – zu tun gehabt hatte und fachmännisch beim Abmontieren des ›Fafnir‹ half. Glücklicherweise flogen wir damals noch ohne das Hakenkreuz-Hoheitsabzeichen am Seitensteuer. Nur D-Fafnir war beiderseits des naturfarbenen Sperrholzrumpfes aufgemalt. Monsieur le Maire, der Bürgermeister, erschien sogar auf der Landewiese, und wir begrüßten uns, ehe die Flugzeugteile bereitwilligst zur Scheune eines Bauernhofs im Ort getragen wurden. Gendarmen nahmen mich schließlich mit nach Rambersvillers, einem kleinen Städtchen nordostwärts. Dort wurde ein Protokoll aufgenommen. Leider hatte ich kein Visum in meinem Paß. Später kam noch ein gestrenger Commissaire Spécial, dem ich offen zugab, daß ich über Sperrgebiete geflogen war. Er glaubte erst, ich sei ein getarnter Reichswehroffizier. Es war gut, daß ich keine Kamera mitgenommen hatte.

Spät am Abend erschienen drei Herren, einer in der Uniform eines Fliegeroffiziers, im Gasthof. Monsieur Jean Vilmain, der eine kleine Fabrik im Ort besaß, war gerade von einer Reserveübung zurückgekommen und lud mich als sein Hausgast ein, bis der Rücktransport des ›Fafnir‹ gesichert sei. Ich wurde wie ein Familienmitglied aufgenommen.

Unvergeßlich war ein älterer Herr, der mich am nächsten Tag ansprach und sich als Arzt des Städtchens bekanntmachte. Dieses gütige, besorgte Gesicht und was er sagte, prägte sich mir tief ein. Er hatte im Kriege 1914–18 ein Lazarett an der Front geleitet. Was für Mühe gibt man sich schon im normalen Alltag, um Menschen gesund zu erhalten oder zu heilen. Und dann dieser Wahnsinn eines Krieges! Das war das Thema; ohne Vorwurf, nur mit tiefem Bedauern und dem heißen Wunsch, daß so etwas nicht wieder vorkommen sollte. Ich war damals fest überzeugt, daß es keinen weiteren Krieg mit Frankreich geben würde. Es war ja kein Grund dazu vorhanden, nachdem das Saargebiet wieder deutsch geworden war.

Oft habe ich an diesen wohlmeinenden Arzt von Rambersvillers zurückgedacht, nachdem es nur sechs Jahre und drei Monate später dann doch wieder zu einem Krieg gekommen war.

☆

Zeitgeschichte: Göring kündigte die Schaffung einer graublauen Uniform für die Motorflieger des DLV an.

Marschall Italo Balbos Geschwader von 20 Savoia-Marchetti-Flugbooten startete zum Transatlantikflug, der bis Chicago führte.

Erich Lorenz, ein Fluglehrer der Rossittener Segelflugschule, übertraf mit 16½ Stunden den 14 h 43 min. Dauerflug des Reichswehroberleutnants Oskar Dinort vom 20. 10. 1929 auf dem gleichen Gelände. Dinort hatte sich seine Maschine selbst gebaut.

Das 12 m-Spannweite-›Windspiel‹ (D-28) der Akaflieg Darmstadt wurde im Sommer 1933 in Griesheim eingeflogen. Sonny (Hans) Fischer bewies später, daß die nur 54 kg schwere Maschine jede Form von Kunstflug – außer Looping vorwärts – aushielt. Er und sein Akafliegkamerad Fritz Utech nahmen damals an einem meiner Griesheimer Lehrgänge teil und wurden erfolgreiche Segelflieger.

Im Juni schickte Professor Georgii Heini Dittmar und mich für einige Tage mit ›Condor‹ und ›Fafnir‹ nach Berlin-Tempelhof. Wir sollten den neuen Machthabern durch Vorführungen über der Reichshauptstadt Segelflug nahebringen. Eine Albatros B-II mit 100 PS-Mercedes-Motor schleppte uns, beides Veteranenmuster aus Vorkriegszeiten. Alex Stöcker machte Aufnahmen, leider bei meist trübem Himmel mit nur schwachen Aufwinden. Wolf Hirth und Hanna Reitsch besuchten uns. Hanna hatte gerade Edmund Schneiders neues Motor-Baby mit ein paar Zwischenlandungen von Hirschberg-Hartau bis Berlin-Adlershof zur Musterprüfung geflogen.

Am 24. Juni 1933 segelte ich meinen ›Fafnir‹ 208,7 km bis Stiglitz bei Groß-Kreuz, unweit von Schneidemühl in Pommern. Gern wäre ich meinem Ziel Danzig nähergekommen. Der Wind war kräftig genug, aber die Thermik hörte schon gegen 15 Uhr auf.

Schnell zurück nach Griesheim, wo ein weiterer Schleppfluglehrgang fällig war. Seit Mai standen uns zwei Schleppflugzeuge zur Verfügung; der bewährte BFW-U12a Flamingo und eine Klemm mit Argus-Motor, ein Tiefdecker. Cand. ing. Helmut Häuser aus Wiesbaden war mit Begeisterung dabei, die Schlepperrolle auf dem Flamingo zu spielen. Er stellte sich gut an, und ich überließ ihm mehr und mehr das Schleppen der fortgeschrittenen Schüler. Ich hatte meinen 1000. Schleppstart hinter mir, als Führer beider Maschinen.

Wir benutzten noch immer die Schleppgestelle, die dem Segelflugzeug mehr Bewegungsfreiheit relativ zum Schlepper erlaubten. Leider aber verschob ihr Gewicht den Schwerpunkt dieser Motorflugzeuge zu weit nach rückwärts. Der ›Flamingo‹ kam normalerweise sofort aus dem Trudeln heraus. Als Helmut Häuser beim Schleppen mit dieser Maschine durch Fahrtverlust ins Trudeln geriet, konnte er die Rotation nicht vor dem Aufschlagen auf den Boden beenden. Er erlag am gleichen Abend seinen schweren Verletzungen. Es war am 15. Juli 1933, als das Unglück geschah. Es war um so trauriger, weil Helmut der einzige Sohn seiner verwitweten Mutter war.

Ein Unglück kommt selten allein. Etwa zehn Tage später geriet ein Superfalke beim Schlepp in heftige Schwingungen um seine Querachse und die rechte Tragfläche brach ab. Studienreferendar Theodor Fleming aus Hannover machte leider keinen Versuch, mit seinem Fallschirm abzuspringen. Vielleicht hoffte er, daß der Kiefernwald unter ihm den Aufschlag dämpfen würde. Das hätte er auch bestimmt getan, aber leider trudelte seine Maschine in eine winzige Lichtung – nur ein oder zwei Bäume fehlten. Auch Fleming starb noch am gleichen Abend. Zwei Schicksalsschläge in weniger als zwei Wochen, das war schwer zu ertragen. Dabei hatte ich beide Unfälle nicht gesehen. Jedesmal saßen wir im Kreis zusammen, während ich Fragen beantwortete hinsichtlich Thermik und Wolkensegeln. Als der Aufschrei eines Zuschauers uns aufschreckte, war das Unglück schon geschehen.

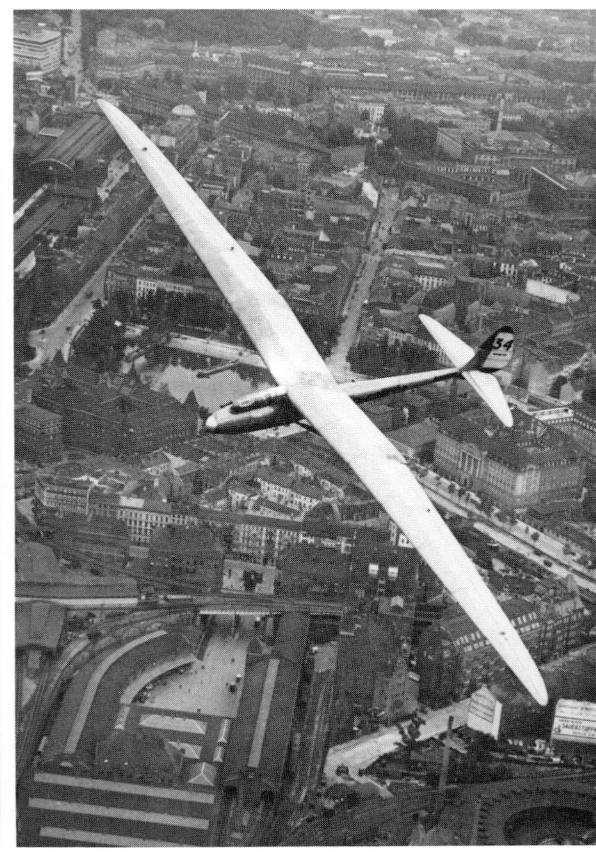

Oben links: **Segelflüge über Berlin, Juni 1933,** v. l.: **Verfasser, Heini Dittmar, Willy Drude – der schon 1920–22 auf der Wasserkuppe flog – Wolf Hirth, Hanna Reitsch und Edgar Dittmar.** – Rechts: **Flughafen Tempelhof – Heini Dittmar wirft das Fahrwerk ab.**
Darunter links: **Verfasser mit ›Fafnir‹ über Alt-Berlin.** – Rechts: **›Condor‹ über Anhalter Bahnhof.**

Stamer hatte den Superfalken mit einem ungedämpften Höhensteuer ausgerüstet, genau wie das des ›Fafnir‹. Die weit nach rückwärts ausladenden Superfalkenflächen waren weniger steif als die des normalen ›Falken‹-Musters. Sie waren offenbar bei höherer Fluggeschwindigkeit in Resonanzschwingungen geraten, die vom ungedämpften Höhenruder noch gesteigert wurden – die Folge war Flächenbruch. Willy Hubert in der schleppenden Klemm L-25 war keinesfalls zu schnell geflogen. Der technische Fehler lag im Superfalken. Das stellte sich leider erst durch diesen Unfall heraus.

☆

Dennoch ist diese Griesheimer Zeit eine glückliche Erinnerung geworden. Es ist schön, wenn man sich selbstvergessen ganz einer Sache widmen kann, die einem am Herzen liegt. Jedesmal erlebte ich die Freude mit, wenn einer mit leuchtenden Augen von seinem ersten Thermiksegelflug zurückkehrte. Dann hatte es sich gelohnt, das Mahnen – steil zu kurven und nicht sofort aufzugeben, wenn der verlorengegangene Aufwind nicht gleich wieder gefunden werden konnte . . . erst einige Sekunden in den Aufwind einzufliegen und dabei zu erspüren, auf welcher Seite wohl das Zentrum mit dem stärksten ›Bart‹ liegen könnte . . . und in dieser Richtung zu kurven, bis das Variometer und die Sitzfläche zugleich eine höhere Steiggeschwindigkeit ankündigten . . . und dann steil zu kurven, auch wenn das Variometer für einen Augenblick nach unten ausschlagen würde . . . Das waren so die kleinen Tricks, die ich immer wiederholte und die schließlich bei denen zum Erfolg führten, die sie anwandten. Für sie erfüllte sich der alte Menschheitstraum vom vogelgleichen Flug. Welch begnadete Generation waren wir doch, daß wir diese Erfüllung miterleben, mit herbeiführen konnten!

Gesichter und Namen tauchen auf, alle mit dem Griesheimer Sand verbunden, der wie ein Stück Südwestafrika aussah – das hatte damals ein ehemaliger Kolonialbeamter in Darmstadt gesagt, und ich fand es zwanzig Jahre später bestätigt:

Mein alter Fluglehrer Helmut Balz, Kapitän der Lufthansa; Herbert Bartaune, Berlin, der später als erster in Südafrika Rekordstrecken segelte; Otto Bellinger, der unseren Flugbetrieb mit der Kamera festhielt; der blonde Münchener Otto Braeutigam mit seinen Sommersprossen, immer fröhlich und flugbegeistert; Hans Fischer von der Akaflieg Darmstadt; der liebenswürdige Österreicher Karl Frena; Ludwig Hofmann, Mannheim, fliegerisch hochbegabt und unermüdlich; Siegfried Holzbauer, Stuttgart, der im ›Falken‹ ohne Sicht nach oben und ohne Variometer mehr als 1000 m Höhe gewann; der vom Segelfluggedanken besessene Augsburger Franz Medicus; Rudi Pätz, Plauen, der in höchster Lebensgefahr seinen inaktiven Fallschirm aufriß und unverletzt auf Kiefern landete; Melitta Schiller, die spätere Gräfin Stauffenberg, die als zweite deutsche Pilotin den Titel Flugkapitän und das Eiserne Kreuz 2. Klasse erhielt; ›Bev‹ Shenstone aus Kanada, schweigsam, mit stillvergnügtem Humor; Wolfgang Späte, später Träger des Ritterkreuzes mit Eichenlaub, fliegerisch hochbegabt, scharf beobachtend, humorvoll; ›Aza‹ Stanojevic aus Belgrad, voller Vitalität und Flugbegeisterung; unser krefeldisch sprechender Freund Sun-Tung-Kang aus Schantung, der sich als der beste Kamerad herausstellte und später mit seiner Siemens-Klemm L-25 nach China zurückflog; und schließlich Reinhold Tamm, Oberleutnant der Reichswehr, der vergeblich versuchte, seine Vorgesetzten und Kameraden für Segelflug zu interessieren. Und noch viele Gesichter, deren Namen mir leider entfallen sind.

Aber ein Berufswechsel schien nötig. Der Abschied war schwer, aber zu viele neue Möglichkeiten lockten in der sich schnell ausbreitenden deutschen Zivilluftfahrt. Ich wollte mir eine davon aussuchen.

Dreißig Jahre später wiederholte mir Hanna Reitsch, was ihr unser ›Chef‹, Professor Georgii, später einmal gesagt hatte: »So wie zu Riedels Zeit ist die Schleppflugschule nie mehr gewesen.« Diese Anerkennung hat mir wirklich Freude bereitet. Das bedeutete keine Kritik an meinen Nachfolgern. Als sie die Leitung übernahmen, war die Blütezeit vorbei. Die erste Begeisterung war verebbt. Thermiksegelflug war zur Routine geworden. Es war vielleicht kein Zufall, daß mit dem Ende der Wasserkuppe als Forschungszentrum des Segelfluges ihre Magie nicht mehr nach Griesheim ausstrahlen konnte.

☆

1932 hatte ich für Wolf Hirths ›Die Hohe Schule des Segelflugs‹ einen Beitrag ›Thermikschulung mit FS-Start‹ geschrieben. Meine Beobachtungen und Ratschläge in diesem Aufsatz gelten noch heute. Was mich beim Nachlesen des über fünfzig Jahre alten Aufsatzes besonders überraschte, war meine damals schon gemachte Forderung nach einem Segelflugzeug, mit dem man schnell durch Abwindgebiete fliegen und mit geringerer Fahrt in Aufwinden wieder hochkreisen könnte. Dieser Gedanke lag nahe. Wolfgang Späte hat dann als erster eine wissenschaftlich durchdachte Schnellflugtheorie entwickelt und im Rhönwettbewerb 1938 angewandt. Sein überlegener Sieg war der beste Beweis für die Richtigkeit der von ihm errechneten Beziehung zwischen durchschnittlicher Aufwindstärke und Fluggeschwindigkeit im Abwindgebiet. Nach dem Zweiten Weltkrieg hat die Schnellflugtheorie zur Erfindung des MacCready-Ringes geführt, der nach Einstellung auf die durchschnittliche Aufwindgeschwindigkeit das direkte Ablesen der bei wechselnden Abwindstärken erforderlichen Fahrt erlaubt. Ob Dr. MacCready, erheblich jünger an Jahren als Späte, von dessen Theorie etwas gewußt hat, ist fraglich.

☆

Rhönvater Ursinus hatte sich schon seit Jahren den Muskelkraftflug als ein neues Ziel gesetzt. Er erreichte, daß im Juli 1933 die Polytechnische Gesellschaft Frankfurt e. V. einen 5000 RM-Preis für den ersten Muskelkraftflug ausschrieb. Hier wurde der erste ernsthafte Anstoß gegeben. Wie hätte sich der Rhönvater über die Erfolge von Dr. Paul MacCreadys ›Gossamer Bird‹ gefreut, die schließlich zur Überquerung des Ärmelkanals mit einem ähnlichen Fluggerät geführt haben.

☆

Kurz vor dem 14. Rhönwettbewerb machten drei neue Segelfluggelände von sich reden:

1. Wenningstedt auf Sylt: 16 h 47 min Dauerflug von Luftpolizei-Oberwachtmeister Guttsche am 27. Juli 1933.

2. Korschenruh, Ostpreußen: Der Königsberger stud. phil. Kurt Schmidt segelte dort mit einem Grunau-Baby II 36 h 36 min an niedrigen Dünen. Datum: 3. und 4. August 1933.

3. Leba, Pommern: Flugschulleiter Johannes Settgast flog 17 h 22 min in einem ›Baby II‹ an den dortigen 6 bis 8 m hohen Dünen. Datum: 13. August 1933.

Inland.

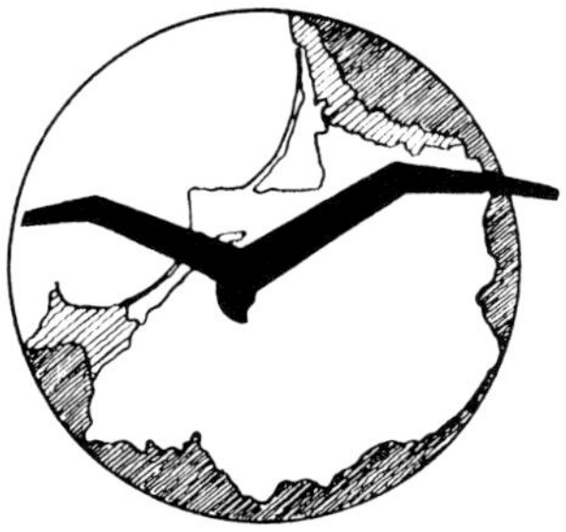

36½ Stunden segelte Schmidt am 3. und 4. August im Segelfluggelände Korschenruh bei Königsberg. Kurt Schmidt, Student der Philosophie, startete am 3. August 7.25 h auf ‚Grunau Baby' und landete am 4. 8. 20 h. In der 29. Stunde wurde ein Wind von 8 Sek./m gemessen. Nachts wurden am Hang 2 Feuer unterhalten, durch weiße Decken die Windrichtung genau angegeben und die Windstärke fortgesetzt zugerufen. Verständigung mittels Morsen durch Lampen. Die sportliche Kontrolle lag in Händen des Landesgruppenführers Oppermann, Ostpreußen. Nach der Landung sprach Schmidt am Mikrophon folgendes:

Wenn er nicht von unten abgewinkt worden wäre, dann wäre er gern, so meinte er lachend, bis zum nächsten Morgen in der Luft geblieben, zumal die Windverhältnisse einigermaßen günstig waren.

Es habe ihm leid getan, daß er den Flug unterbrechen mußte. Aber Befehl sei Befehl, und als SA-Mann habe er einfach, trotz seines Wunsches, weiterzufliegen, die Landung vorgenommen. Während der ganzen Zeit des Fluges habe er nicht die geringste Müdigkeit empfunden, so daß er bestimmt noch bis Sonnabend früh in der Luft geblieben wäre, um so mehr, als die Windverhältnisse recht günstig waren. „Hunger und Durst habe ich nicht gehabt", so sagte Schmidt weiter. „Ich war gut verproviantiert: Eine Flasche Kirschsaft, ein Pfund Aepfel, vier Stullen und drei Tafeln Schokolade waren mein Mundvorrat, die ich nicht ganz aufgebraucht habe. Ein besonderer Stolz für mich ist die Tatsache, daß ich das Flugzeug unter größter Mühe selbst mit Hilfe einiger Flugkameraden erbaut habe."

Ueber den Flug äußerte sich Schmidt noch dahin, daß das regnerische und böige Wetter ihm sehr zu schaffen machte und daß er einmal am Donnerstagabend wegen Drehen des Windes und ein zweites Mal am Freitagnachmittag wegen allzu böigen Wetters sich fast zur Landung entschließen mußte.

„Während des Fluges, den ich zu keiner Sekunde als besonders anstrengend empfunden habe, konnte ich als größte Höhe die Höhe von 315 Metern erreichen. Die Länge des ganzen Fluges vermag ich nicht zu beurteilen, da ich ständig auf einer Strecke von etwa zwei Kilometern hin- und herpendelte.

Als besonders angenehm habe ich es während des Fluges in der Nacht empfunden, daß sich die Kameraden auf der Erde die erdenklichste Mühe gaben, mir die Orientierung durch Leuchtzeichen und Angabe der Windrichtung zu erleichtern.

Kurt Schmidt

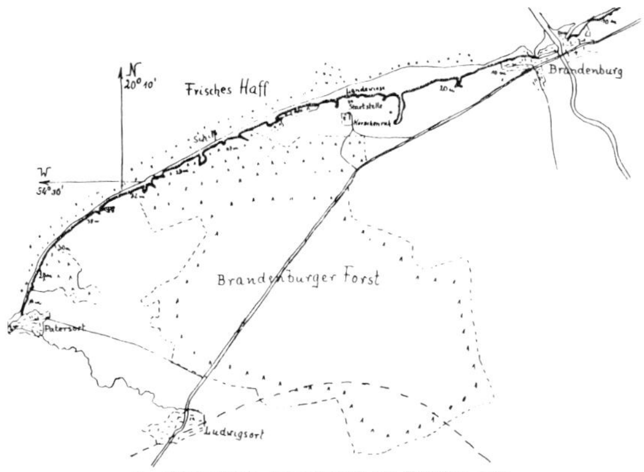

Segelfluggelände Korschenruh am Frischen Haff

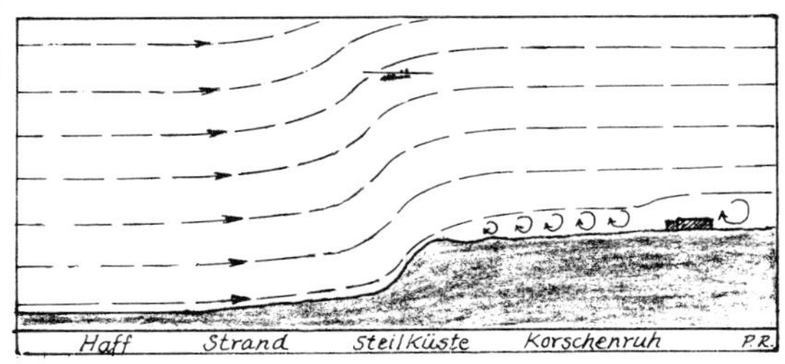

36½ Stunden Segelflug

Von Kurt Schmidt

Start am 3. August 1933, 7,22 Uhr auf selbstgebautem Grunau-„Baby". Bei anfangs schwachem Wind beschränke ich mich auf die C-Flugpendelstrecke von Korschenruh. Bei auffrischendem Wind finde ich Thermikanschluß. Gegen Abend überfällt mich eine Flaute, während der ich mich bis zu erneutem Auffrischen des Windes eine halbe Stunde in Hanghöhe hinübermogele. Kräftiger Stiem aus NW trägt mich über alle Fährnisse der Nacht einem regnerischen Morgen entgegen. Bis Mitternacht erleichterte Ortung durch Mondlicht. Für mich sind diese Stunden ein ergreifendes Erleben der Naturschönheit. Als der Mond untergegangen ist, muß ich mich behelfen mit meiner genauen Kenntnis der Haffküste, zum anderen unterstützen mich meine Kameraden durch Lagerfeuer an den Wendepunkten, dabei blinken sie mir Windstärke und -richtung zu. Inzwischen besorge ich alle meine menschlichen Geschäfte, nur das Schlafen muß ausfallen. Die Regenfälle am ganzen folgenden Vormittag vereinigen sich mit Knofe und Böigkeit, so daß trotz Gegenwehr sich Luftkrankheit einstellt. Meine größte Höhe beträgt 345 Meter, aber ich nutze nicht alle Thermik aus, denn ich muß mich konzentrieren. Beinahe führt mich der Aufwind unter einer dicken Regenwolke vom Hang weg.

Gegen Mittag läßt der Regen nach, während der Wind auf etwa 18 Metersekunden bei großer Böigkeit ansteigt. Ich werde gehörig durcheinandergeschaukelt. Mein Kreuz ist davon durchgeschlagen und aufgeschwollen, so daß mir das Wachbleiben im toten Punkt erleichtert wird. Er tritt in der dreißigsten Stunde ein und dauert gegen vierzig Minuten, während derer die Uhr zu stehen scheint. Ich muß ungeheuer gedrückt fliegen und kann mich nur an einer kleinen Stelle des Hanges halten. Dort liege ich einmal eineinhalb Stunden vor Anker. Als gegen Abend endlich der Wind nachläßt und die Wolkendecke aufreißt, fühle ich mich dort oben sauwohl. Um so unverständlicher sind für mich die Landeketten, die sich kurz nach Sonnenuntergang gruppieren. Ich erhebe von oben her Widerspruch dagegen unter Hinweis auf meine gute Verfassung. Doch das hilft nichts. Tieftraurig drehe ich zur Landungswiese ab, wo um 19,58 Uhr die Erde mich wieder hat, nach 36 Stunden 36 Minuten.

Kurt Schmidt

Über sechsunddreißig Stunden ohne Motor

Studieren, Segelflugzeuge bauen, einfliegen, Kurse abhalten, zerschmissene Kisten wieder aufbauen: all das hielt mich die letzten beiden Jahre in dauernder Tätigkeit. Die „Grunau I", die ich im vergangenen Frühjahr mit meinen Kameraden gebaut habe, war von mir u. a. auch zum Dauerflug auserwählt.

Nach drei vergeblichen Ansätzen hierzu, die nach wenigen Stunden durch eine Flaute** endeten, fuhr ich am 2. August 1934 auf geborgtem Rade spät abends wieder ins Fluggelände von Korschenruh am Frischen Haff. Endlich, bei zunehmendem Wind, wie ihn mir die Wetterkarte für die Dauer von rund 24 Stunden voraussagte, ging ich am 3. früh 7.22 Uhr an den Start. Der Wind trug mich gerade. Doch langsam kletterte die Maschine in die Höhe. Mit etwas Höhenüberschuß konnte ich mir mit Kunstflugfiguren, Bombenabwurf im Sturzflug, ausgeführt mit Schokolade, und Spüren nach thermischem Aufwind, die Zeit vertreiben. Mehrmals hatte ich große Höhe und schönen Ausblick auf das sommerliche Land. Durch das Pillauer Tief sah ich die Dampfer ein- und auslaufen. Verkehrsmaschinen kamen vorüber. Der Tag ging zur Neige. Meine Kameraden stellten den Schulbetrieb ein und beobachteten mich mit wachsender Aufmerksamkeit. An den Wendepunkten meiner 6 Kilometer langen Pendelstrecke errichteten sie Lagerfeuer, morsten mir Windrichtung und Windstärke in regelmäßigen Abständen zu; denn es war nach märchenhaft schönem Mondschein kurz nach Mitternacht stockfinster geworden. Die Orientierung ist dann sehr schwierig. Doch durch frühere Flüge geübt, genügten mir einige Punkte am Korschenruher Hang, den ich sehr genau kenne. Bleiern kam der Morgen von Nordosten herauf. Regen setzte ein. Bis gegen Mittag jagte eine Regenbö die andere. Es war sehr bockig dort oben, so daß mein Magen nicht mehr mitmachte und ich luftkrank wurde. Das Kurshalten ist dabei nicht gerade einfach. Der Regen hörte nach Mittag auf. Statt dessen wuchs der Wind an Böigkeit und Stärke. Bei etwa 18 Metersekunden Wind mußte ich die Kiste stark gedrückt fliegen, was einen lustigen Tanz abgab. Zum Einschlafen war hierbei keine Zeit, so groß mein Verlangen während des toten Punktes auch danach war. Als der Himmel am Abend aufriß, war ich wieder schwer auf der Höhe, wollte die Nacht noch dranhängen, wurde aber herabbefohlen. Nach 36½ Stunden bekam ich wieder festen Boden unter die Füße. Nur mit großer Anstrengung konnte ich mich von den begeisterten Zuschauern und meinen Kameraden losreißen.

* seitliches Abrutschen
** Windstille

»Wär' ich die Luft, um Flügel zu schlagen,
Wolken zu jagen,
über die Gipfel der Berge zu streben –
Das wär' ein Leben!«
FRIEDRICH RÜCKERT 1788–1866

KAPITEL 6

Rhönwettbewerb 1933 (6. bis 20. August 1933)

Trotz ›Gleichschaltung‹ sahen die Lagerbewohner noch wie in früheren Jahren aus, je nach Neigung und Wetter gekleidet. Uniformen waren nur vereinzelt sichtbar.

Der Wettbewerb begann mit einem Knofetag, und am zweiten waren Wind und Thermik zu schwach. Doch am 8. 8. frischte der Westwind spätnachmittags auf, und man sah Segler über dem Westhang bis zum Einbruch der Dunkelheit.

Der 9. 8. brachte etwas Thermik, und Paul Steinig auf seinem Grunau-Baby ›Sorgenkind‹ flog die beste Tagesstrecke mit 96,5 km. Der Verfasser auf ›Fafnir‹ war zweitbester mit 82 km, während der junge Willibald Schleicher (Schwabach-Roth) mit seinem Rhönadler ›Nürnberger Zeitung‹ 37,2 km und Heinz Kensche, Berlin, 21 km auf dem ›Windhund‹ schafften.

Am 10. 8. sah das Wetter wenig günstig aus. Erst gegen Mittag begann man, die Maschinen zum Startplatz neben der Baude zu bringen. Heini Dittmar flog als zweiter um 12.44 Uhr ab, bekam sofort Wolkenanschluß und verschwand in Richtung SSO. Wir anderen versuchten vergeblich, es ihm gleichzutun. Der richtige Augenblick war verpaßt und wir saßen einer nach dem anderen innerhalb weniger Minuten wieder am Boden: Burzlauer, Deutschmann, Hirth, Kensche, Krekel, Pernthaler, Riedel und Utech. Vier Minuten nach 15 Uhr landete Heini Dittmar; er hatte in 2 h 20 min die Kissinger Hütte umrundet und 1500.- RM gewonnen. Lange Gesichter . . . Heini galt doch noch als relativer Anfänger!

Der 11. 8. brachte gute Thermik bei frischem WSW-Wind. Um 11.01 Uhr startete ich als zweiter, gefolgt von Hans Fischer im ›Windspiel‹ und Heini Dittmar in seinem ›Condor‹. Er wußte, daß auch ich die Kissinger Hütte umrunden wollte. Es wurde zu einem Rennen zwischen uns beiden. Ein 3000.- RM-Preis war ja für die ersten beiden Umrundungen ausgeschrieben worden. Es endete damit, daß ich auf dem Rückflug Heinis ›Condor‹ tief unten im Tal von Bischofsheim nach Aufwind suchen sah. Er mußte schließlich dort landen. So teilten wir uns den Fernzielflugpreis.

Meine Hilfsmannschaft machte in Windeseile beide Barographen wieder flugbereit. Um 13.55 Uhr konnte ich erneut starten, diesmal für den Fernsegelflugpreis. Mein Hauptrivale Hirth war mit seinem ganz neuen ›Moazagotl‹ von 20 m Spannweite schon um 11.28 Uhr auf Strecke gegangen – zweieinhalb Stunden Vorsprung!

Im Vorjahr hatte ich durch mehrere mißlungene Ansätze zu Streckenflügen eine wichtige Regel dazugelernt und wandte sie an: Ich flog ohne Hast, als ob es keinen Wettbewerb gäbe. Das war die weit bessere Einstellung, die auch den im Vorjahr versäumten Erfolg brachte.

Dreiseitenansicht des ›Rhönadlers‹.

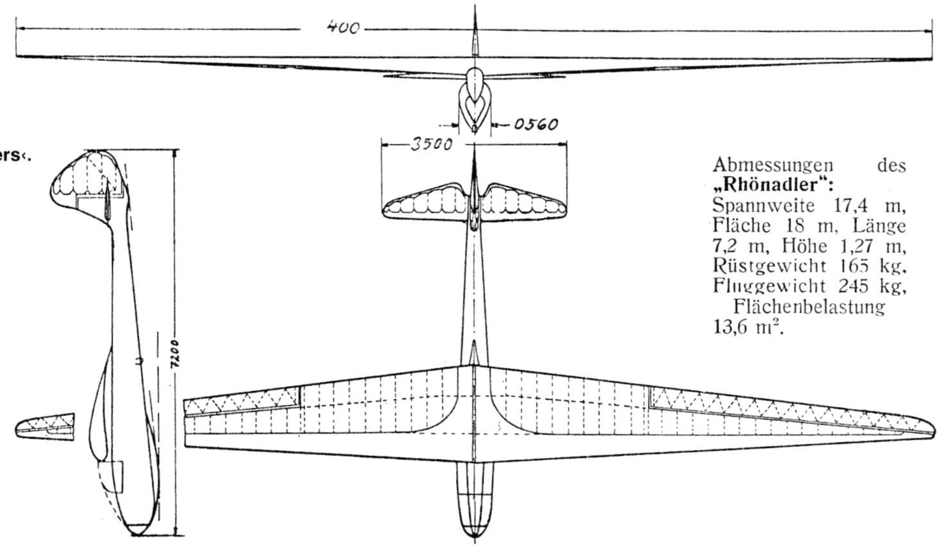

Abmessungen des **„Rhönadler“:** Spannweite 17,4 m, Fläche 18 m, Länge 7,2 m, Höhe 1,27 m, Rüstgewicht 165 kg, Fluggewicht 245 kg, Flächenbelastung 13,6 m^2.

Hinter dem Thüringer Wald ließ die Thermik merklich nach, und der Streckengewinn pro Stunde wurde weniger. Bei absterbenden Aufwinden konnte ich gerade noch den Flugplatz Gera erreichen, 158,4 km vom Startplatz. Zusammen mit dem Kissinger Hütte-Flug hatte ich an diesem Tag 194,4 km geschafft, gegenüber Hirths 176 km-Streckenflug.

Professor Georgii schickte ein Flugzeug für meinen prompten Rückschlepp zur Wasserkuppe. Aber der Pilot ›verfranzte‹ sich, mußte zwischenlanden und kam deshalb zu spät in Gera an. Am nächsten Morgen, ganz früh, flogen wir im Schlepp zurück zur Rhön. Dabei mußte ich den Schwanz meines Schleppers mehrere Male in die notwendige Flugrichtung ziehen, damit wir auch wirklich zur Wasserkuppe kamen.

Von diesem Tag an führte ich im Wettbewerb und konnte diese Position durch einen weiteren Streckenflug noch verstärken. Am 14. August wurden wir in ausgeloster Reihenfolge durch Flugzeugschlepp gestartet: 19 Maschinen. Aber nur Heini Dittmar (97,2 km), Paul Krekel (83,7 km) und ich (161,1 km) machten nennenswerte Streckenflüge. Das entschied das Endergebnis.

Krekel und Baur, beide Akaflieg Stuttgart, flogen ungewöhnliche Maschinen. Krekels 22 m-Spannweite-›Thermikus‹, mit Flächenverwindung anstelle von Querrudern, war offenbar nicht besonders wendig. Karle Baurs ›Fledermaus‹ besaß Endscheiben außen an ihren Flächen, mit je einem Seitenruder daran. Durch Bremsklappeneffekt ersetzten sie das nicht vorhandene Seitenruder. Gleichzeitiges Austreten dieser Endscheiben-Ruder bewirkte einen steileren Gleitwinkel beim Landeanflug. Obwohl sie sich bewährt hatte, fand diese neuartige Steuerung keine Nachahmung.

Paul Krekel brauchte einige Tage, bis er mit seinem ›Thermikus‹ gut vertraut war. Dann wurde er dreimal Tagesbester im Streckenflug und gewann den 1. Preis für die größte Streckensumme in der Junioren-Klasse: 256,8 km. Es war eine außerordentlich gute Leistung mit dem schwierigen ›Thermikus‹.

›Moazagotl‹, von Wolf Hirth konstruiert.

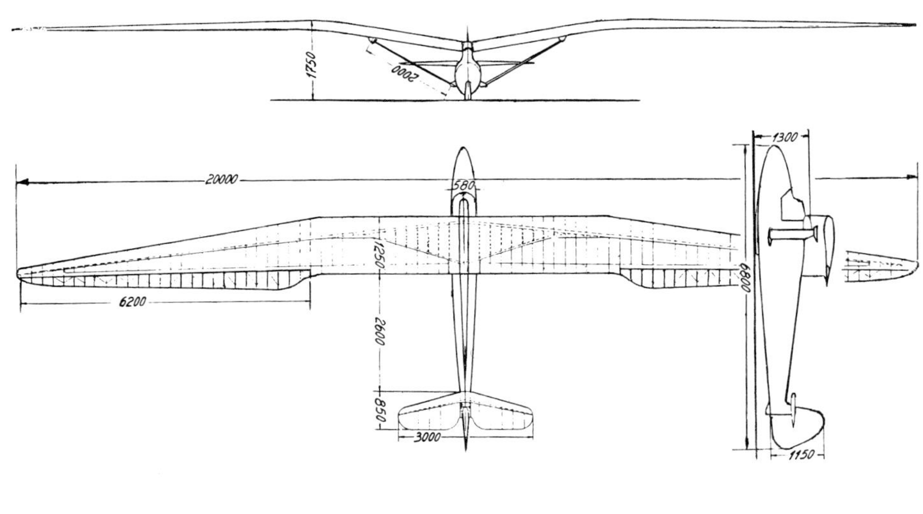

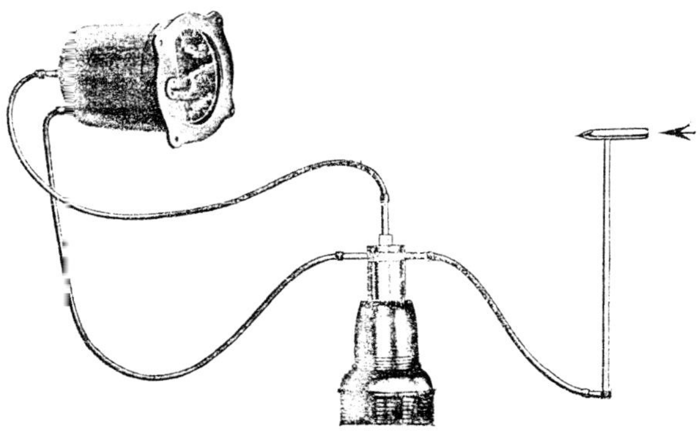

Staudruckvariometer nach Wenk-Lambrecht.

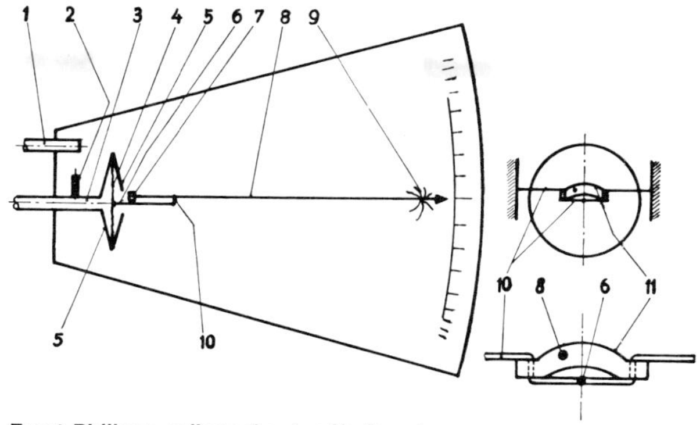

Ernst Philipps selbstgebautes Variometer.

1 statischer Druck
2 Druckausgleichskapillare
3 Anschluß d. Thermosflasche
4 Membrane
5 Überlastanschläge
6 Stoßstange
7 Gegengewicht
8 Zeiger
9 Dämpfung (Löwenzahnsamen)
10 Achse gekröpft
11 Spange

Materialien:
6 u. 8 ausgetrockneter Grashalm
4 u. 10 Kondom
11 Zahnbürste

☆

Die Akafliegs mußten damals ohne die früheren Zuschüsse von Behördenseite auskommen. Das neue Regime hatte diese finanzielle Hilfe abgeschnitten, um die Akafliegs zur vollen Mitgliedschaft im neuen D.L.V. zu zwingen. Das wollten sie nicht. Die Stuttgarter schilderten ihre Schwierigkeiten wie folgt:

»Wieder einmal steht der Rhönwettbewerb vor der Türe. Die Werkstatt gleicht einem Bienenstock; nachts wird in Schichten gearbeitet.

Nur einer schleicht in dem fröhlichen Schaffen bedrückt umher – der Kassier. Er weiß, mit der Arbeitsfreude allein ist es nicht getan. Unumgängliche Anschaffungen sind noch zu machen und die Fahrt zur Rhön will auch finanziert werden. Der Bau der neuen Maschine hat die Gruppenkasse fast ganz aufgezehrt. Soll man die Teilnahme am Wettbewerb in letzter Stunde absagen? »Kommt nicht in Frage«! Jeder hält bei sich Einkehr, man macht eine Umlage, jeder gibt, soviel er kann. Der den Eltern schweren Herzens abgerungene Ferienzuschuß wird nochmals beschnitten. Er hatte gerade ausreichen sollen, den Lebensunterhalt zu bestreiten.

Auch die letzte Nacht wird noch gearbeitet, und nach kurzer Ruhe auf Werkbänken und Hobelspänen geht es endlich los.

Auf der Wasserkuppe angekommen, beim Wiedersehen mit anderen Fliegerkameraden, sind alle anderen Sorgen schnell vergessen. In langen Reihen liegen die großen Vögel, klar zum Start. Der Wind frischt auf, und einer nach dem anderen läßt sich hinausschleudern.

Da hat die TEKO auf einmal Bedenken ob der Flugeigenschaften der ›Fledermaus‹. Alle Hinweise auf die Flüge zu Hause und auf den Schleppflug Stuttgart–Wasserkuppe sind vergeblich. Während die anderen in stolzer Höhe über der Kuppe kreisen, ziehen wir schwer enttäuscht und brummend unseren schönen Vogel wieder in die Halle. Dann geht es mit verbissener Wut an die Arbeit; am nächsten Morgen präsentieren wir der TEKO eine neue Kielflosse und dürfen starten.

23 Flugzeuge stehen am Himmel, weit am höchsten der ›Thermikus‹, nicht viel tiefer das ›Moazagotl‹ und die ›Fledermaus‹. Drei Generationen Akaflieg Stuttgart geben sich ein Stelldichein: Der Gründer der Gruppe, Wolf Hirth, fliegt sein selbst konstruiertes ›Moazagotl‹. Den ›Thermikus‹ hat der langjährige Vorsitzende Erich Bachem entworfen und unser ›Alter Herr‹ Paul Krekel fliegt ihn. Als dritter im Bunde Karl Baur auf der von Willy Fiedler konstruierten ›Fledermaus‹.

Oben links: **F-1 ›Fledermaus‹, Konstrukteur Fiedler.** – Darunter: **Startplatz Berggasthof mit D-Windhund der Berliner.** – Rechts oben: **Willibald Schleicher aus Schwabach flog die ›Ozite‹.** – Darunter: **Willibald Schleicher.**

Oben links: **1933 bis 1937 – Wolf Hirths ›Moazagotl‹.** – Rechts: **Walter Fremd, Frankenhausen, auf ›Rhönadler‹.** – Darunter links: **Paul Steinig flog das Grunau-Baby ›Sorgenkind‹.** – Rechts: **›Marabu‹ gelandet. MS-II über Pelznerhang mit Aufwindbaum.** – Unten links: **›Thermikus‹ und D-Lore der Schwaben.** – Rechts: **Heini Dittmar auf seinem ›Condor‹.** ▶

32

11
D

34
D-CONDOR

Gespannt verfolgen die Startmannschaften ihre Maschinen von der Westhangstufe aus, wo sie lagern, bereit, ihren gelandeten Vogel schnellstens zum Startplatz zurückzubringen. Da und dort versucht unser Karle zu kreisen, doch immer wieder kehrt er in den sicheren Hangaufwind zurück. Dann kreist er wieder, gewinnt schnell an Höhe und verläßt auf einmal schnurstracks die Kuppe. Bald entschwindet er den Augen der Mannschaft.

Im Laufschritt geht es zur Kuppe. Der Meßtrupp hat ihn zuletzt 7 km entfernt in ganz geringer Höhe gesichtet. Er kann nicht weit gekommen sein. Schade! Wir machen den Wagen bereit, um unseren Vogel gleich bei Anruf abholen zu können. Ein Optimist geht nochmals zum Meßtrupp, und siehe da, die ›Fledermaus‹ war wieder aufgetaucht und entschwand in 21 km Entfernung in großer Höhe den Beobachtern. Große Freude! Nur einer zählt besorgt die Gruppenkasse: es reicht nur noch für 50 km Benzin. Auf einem schweren Gang von Mann zu Mann zieht er jedem den letzten Pfennig aus der Tasche. Mit knapper Not kommt das nötige Geld zusammen.

Bis nach Kulmbach ist Baur gekommen – 113 km Luftlinie. Nun beginnt eine abenteuerliche Nachtfahrt. Niemand kennt die Gegend. Karte ist auch keine da. Mühsam fragen wir uns durch. Um zwei Uhr nachts sind wir endlich an der Landestelle. Im Scheinwerferlicht wird der Vogel zum erstenmal auf seinen Transportwagen verladen. Mannigfache Pannen, die nun einmal dazugehören, vertreiben auf der Heimfahrt Schlaf und Langeweile. Achtzehn Stunden waren wir ohne Ruhepause unterwegs; noch keine halbe Stunde bleibt zum Mittagessen und schon wieder heißt es: Die Kiste waschen und montieren und hinauf zum Startplatz.

Etliche Tagespreise bringen unserer Kasse die notwendige Stärkung; denn noch dreimal müssen wir uns eine Nacht um die Ohren schlagen, um unsere ›Fledermaus‹ von ihren Ausflügen zurückzuholen.«

Die Stuttgarter wurden für ihre Mühen reich belohnt: Ansehnliche Geldpreise und vor allem ein Grunau-Baby II wurden ihnen zugesprochen. Aber die zermürbende Auseinandersetzung mit der Politik nahm ständig zu, worüber in späteren Kapiteln eingehender berichtet werden wird.

☆

Ernst Philipp aus Landsberg an der Warthe erschien 1933 wieder auf der Rhön. Im Vorjahr hatte die TEKO seinen schwanzlosen ›Marabu‹ nur für Windstärken bis 10 m/s zugelassen. Jetzt hatte der ›Marabu‹ einen Schwanz mit Höhenruder. Man konnte den Vogel ›mit‹ und ›ohne‹ fliegen. Das hat es in der Fliegerei weder vorher noch nachher wieder gegeben. Hier folgt Philipps eigener Bericht:

»Am 2. Wettbewerbstag war auch die TEKO überwunden. Gestartet wurde am Westhang. Die Wertung ging auf Dauer und Höhe. Letztere wurde damals noch mit dem großen Entfernungsmesser (Ofenrohr) ermittelt. Erstmals war ich in einem Pulk von Seglern; einen nach dem anderen konnte ich überhöhen, bis ich nur noch den mir bekannten ›Windhund‹ mit seinem Konstrukteur Heinz Kensche als Piloten über mir ausmachen konnte. Der kratzte schon an der Wolkenbasis herum.

Kaum gelandet, kam Professor Georgii und eröffnete mir, daß ich mir einen Fallschirm und sogar einen Barographen abholen könnte. Er war anscheinend von meinem Fluge begeistert. Das kostete wieder eine nächtliche Bastelei meines Freundes Herbert Schulz; denn weder für das eine wie das andere war im ›Marabu‹ Platz vorgesehen.

Es folgte ein Zielflug zur Milseburg und am letzten Wettbewerbstag als Krönung mein erster Strecken-

Oben: **Sperrholzwolke am Westhang.** – Unten links: **Kurt Starck flog wieder die ›Darmstadt 2‹.** – Rechts: **Hans Fischer und ›Windspiel‹ der Akaflieg Darmstadt.**

flug, der doch möglichst 50 km sein sollte. Einen Achtstundenflug an der Eube hatte ich schon für mein Leistungsabzeichen. Aber die Landung in Zella-Mehlitz im Thüringer Wald war gar nicht so ganz einwandfrei. Ich wußte, es konnte sich um jeden Kilometer drehen, und so mußte ich schließlich von der Feuerwehr von einer mächtigen Buche geborgen werden. Eine Sirene heulte gleich, als ich da oben hing; man hatte mich von der Schreibmaschinenfabrik aus, etwa 100 m davon, beobachtet.

Warum ich denn nicht auf dem Fabrikhof niedergegangen sei, fragten die Feuerwehrmänner im Ernst. Dabei würde sich ein Hubschrauber dort sicher noch schwer getan haben. Man hatte mir eine Leine zugeworfen, die ich am Stielbeschlag des Rumpfes befestigt und an der ich mich ›mannhaft‹ die 15 Meter abgeseilt habe. Ich kam mir vor wie Espenlaub auf den Telegraphendrähten.

Die Feuerwehr barg den Vogel, ohne daß ein Schaden erkennbar war. Mit 53,1 km hatte ich die 50 km-Bedingung geschafft.

Bei der Preisverteilung berichtete Professor Georgii, daß am 2. Wettbewerbstag etwas geschah, was es seit langem nicht mehr gegeben hatte. Da hatte ein Amerikaner am Startplatz den eigenartigen Vogel bewundert, den der Bengel da oben selbst gebaut hatte, und seine Fluginstrumente dazu. Da hat der besagte Ami fünfzig R-Mark auf den Tisch gelegt und gesagt, die solle man mir geben. Dabei blieb es nicht. Die UFA-Film-Gesellschaft hatte einen ›Rhönadler‹ und ein ›Grunau-Baby II‹ gestiftet. Den ›Rhönadler‹ bekam ich. Mit dem habe ich dann viel Schönes erleben dürfen.

Einmal segelte ich bei Landsberg mit einem ganzen Schwarm von Störchen. Über zwanzig habe ich gezählt. Nie wieder habe ich so viele zusammen getroffen. Bis auf drei Meter konnte ich sie im Langsamflug schräg neben mir am Kurveninnenflügel beobachten, ihr Augenspiel und den Strömungsabriß, wenn sie mal ›überzogen‹ hatten. Oder ihr Sichfallenlassen bei gar zu aufdringlichen Annäherungsversuchen.«

☆

Zwei Segler von nur 12 Meter Spannweite flogen je einmal die beste Tagesstrecke: Wöckner ging am 13. August 1933 mit der Göttinger ›Die Wefer‹ als einziger vor einer Gewitterfront überland, 82 km weit. Hans Fischer mit dem Darmstädter ›Windspiel‹ flog am 19. August 45,9 km weit, während Baur und der Verfasser nur 44,7 km bzw. 42,4 km schafften, bei sehr schwacher Thermik.

Hans Deutschmann, der Entdecker des Grunauer Wellenaufwindes, geriet mit der ›Schlesien in Not‹ seiner Breslauer Marcho-Silesia in die gleiche Gewitterfront, die Wöckner erfolgreich ausgenutzt hatte. Ohne Blindfluginstrumente konnte er seine Maschine in der gewaltigen Turbulenz nicht mehr beherrschen. Er wurde hinausgeschleudert, als sein Anschnallgurt vom Hauptspant abriß. Sein Fallschirm öffnete sich sofort. Nach Deutschmanns eigenen Worten ging es sehr gemütlich nach unten bis zur Landung. Dann aber ergriff der Sturm den Fallschirm, und Deutschmann wurde rund einen Kilometer weit geschleppt. Glücklicherweise ging es über die weichen Grasflächen der Hohen Rhön, so daß seine Verletzungen nicht lebensgefährlich wurden. Ein Drahtzaun hat schließlich den Fallschirm festgehalten.

Dr. Justus Schneider, Chefarzt der Unfallchirurgie am Fuldaer Krankenhaus, hat sich bei vielen Segelfliegern verdient gemacht.

15. August 1933: Absturz der ›Ozite‹.

Am 15. August 1933, zwei Tage später, erlitt Willibald Schleicher aus Schwabach-Roth einen schweren Unfall mit seiner ›Ozite‹, Typ ›Alexander der Kleine‹. Er segelte am Südhang in niedriger Höhe nach Westen. Von Osten näherten sich auf fast gleicher Höhe Martl Schmid auf dem Professor-Typ ›Würzburger General Anzeiger‹ und Heinz Huth auf dem Grunau-Baby II ›NOBEL‹ (Nobel war ein bekannter Hersteller von Kaltleim für Segelflugzeugbau). Beim Ausweichmanöver ›schmierte‹ Schleicher ab. Manche sprachen hinterher von Zusammenstoß, was aber nicht zutraf. Das Bild zeigt deutlich, daß die ›Ozite‹ schon als Bruch am Hang liegen würde, ehe Schmids ›Professor‹ darüber hinwegschweben konnte. Durch leichte Berührung mit einem emporragenden Teil der Trümmer entstand ein leichter Schaden an einem Flächenende der Würzburger Maschine. Das war die zutreffende Erklärung.

Willi Schleicher verbrachte mehrere Monate im Fuldaer Krankenhaus, wo ihn der um alle Segelflieger hochverdiente Dr. med. Justus Schneider wieder zusammenflickte.

☆

Am 16. 8. wurde bei schwachem Wind jede Startrichtung von Süd über West bis Nord versucht. Selbst Hirth und Heini Dittmar mußten wieder landen. Bessere Wolkenbildung jenseits von Abtsroda lockte mich zum Nordhang. Mehrere andere folgten. Da saß ich nun abflugbereit am Startplatz nahe der Abtsroder Kuppe mit dem ungemütlichen Gefühl, daß alle ringsum Großes von mir erwarteten. Dabei war die Möglichkeit ›abzusaufen‹ – im Tal nahebei landen zu müssen – bei der geringen Höhenreserve und ohne Hangaufwind sehr groß. So beobachtete ich die Wolkenbildung jenseits des Abtsroder Tales mit klopfendem Herzen. Jetzt kam es darauf an, im genau richtigen Augenblick abzufliegen. Da – frischer Wolkendampf kräuselte sich – Ausziehen – Laufen – Los!

Mit angespannten Nerven und absinkender Höhenanzeige ging es auf die Stelle unter dem sich bildenden neuen Wölkchen zu. Jetzt durfte kein Fehler gemacht werden. Nach etwa zwei Minuten kam der ›Fafnir‹ in

Rhönwettbewerb 1933

Neukonstruktionen nach Ing. Hans Jacobs, Prüfstelle des D.F.S.

		Konstrukteur(e)
›Windspiel‹	Akaflieg Darmstadt	Riclef Schomerus Rüdiger Kosin
›Moazagotl‹	Wolf Hirth	Hirth und Dr. F. Wenk
›Fledermaus‹	Akaflieg Stuttgart	Willy Fiedler
›Rhön-Bussard‹	Flugzeugbau A. Schleicher	Hans Jacobs
›Stormarn‹	Hans-Günther Möller	Hans-Günther Möller
›Die Weper‹	Flavag Göttingen	Köhler, Flavag Gttgen
›Marabu‹	Ernst Philipp (umgebaut)	Ernst Philipp

Jacobs sagte dazu etwas, was völlig richtig war: »Die bekannten Leistungssegelflieger flogen alle Flugzeuge mit mehr als 16 m Spannweite. Das ist aber nicht als Beweis anzusehen, daß ähnliche Leistungen nicht mit kleinspannweitigen Maschinen erreicht werden können. Dies wurde durch den Flug des Fluglehrers Steinig von 96 km auf ›Grunau-Baby II‹ und von Wöckners 78 km auf ›Die Weper‹ bewiesen.«

Außerdem erwähnte Jacobs, die Bauausführung im Gruppenselbstbau ließe vielfach zu wünschen übrig, vor allem in den Leimungen der Sperrholznasen. Er schlug bessere Ausbildung der Gruppen-Bauleiter vor. Weiter empfahl er das ›Grunau-Baby II‹, die ›Espenlaub E-32‹ und seinen ›Rhönadler‹ für den Nachbau. Vermutlich erwartete er, daß der starke geknickte Flügel von Dittmars ›Condor‹ beim Gruppenselbstbau zusätzliche Schwierigkeiten bereiten würde.

---

die Turbulenz des thermischen Aufwinds. Rechts- oder linksherum kurven? Links! Geschafft? Ja, ein voller Steilkreis paßte in den immer mehr zunehmenden Aufwindkamin hinein. Mit 2 m/s ging es schnell nach oben.

Wenige Minuten später bildete sich eine Sperrholzwolke unter meiner Maschine. Paul Krekels ›Thermikus‹, die ›Askania‹ des Grazers Konrad Pernthaler, Alex Mudin oder Heinz Krenz auf ihrem Grunau-Baby ›Hertha Junkers‹, van Diekens ›Condor‹ und vor allem mein Freund Ludwig Hofmann auf seinem Professortyp ›Wolkenbummler‹. Sie alle wirbelten im gleichen Aufwind umeinander. Ludwig kam mir zweimal so nahe, daß ich es vorzog, zur nächsten Wolke weiter nördlich auszureißen. Hofmann war so begeistert, so ungestüm, daß er ohne Rücksicht auf Verluste flog. Mir war Leben und Gesundheit wertvoller. Im Jahre darauf wurde Ludwig der Rhönsieger. Sein Draufgängertum hat sich gelohnt.

☆

Ungünstiges Segelflugwetter in der Rhön 1933 erlaubte Flugbetrieb nur an 9 von 15 Tagen. Beste Tagesleistungen waren:

1. 9. 8. Steinig 96,5; Riedel 82,0; Willi Schleicher 37,2 km.
2. 10. 8. Heini Dittmar; Umrundung der Kissinger Hütte, 38 km.
3. 11. 8. Riedel, Umrundung der Kissinger Hütte, 38 km, danach 158,4 km Streckenflug, insgesamt 196,4 km; Wolf Hirth 176,0 km, Baur 113,4 km.
4. 13. 8. Wöckner segelte 82,0 km vor einer Gewitterfront.
5. 14. 8. Riedel 161,1; Dittmar 97,2; Krekel 83,7 km.
6. 16. 8. Krekel 40,5 km.
7. 18. 8. Krekel 52,5; Baur 42,3 km.
8. 19. 8. Fischer 45,9; Baur 44,7; Riedel 42,4 km.
9. 20. 8. Krekel 80,1; Riedel 74,5; H. Dittmar 67,8 km.

☆

Oben links: **Hanna Reitsch auf ›Baby II‹ – mit Gegenquerruder . . . –** Darunter links: **›Musterle‹-Bruch wurde über Nacht repariert. –** Rechts: **Ernst Philipps ›Marabu‹ flog jetzt mit Schwanz. –** Rechts oben: **Kunstmaler Hermann Eckert, Eisenach. –** Darunter: **Alex Stöcker, Berlin. –** Unten links: **Hans Schaller, Berlin: Die Bildberichterstatter der Rhönwettbewerbe.**

Eine Liste der Ehrenpreise (›Flugsport‹ 1933, Seite 392) zeigt, wie das Preisgericht die ersten dreißig Teilnehmer in der Endwertung eingestuft hat. In gleicher Reihenfolge wurde die Leistungstafel des 1933er Wettbewerbs angefertigt.

Der Verfasser ging als Gesamtsieger hervor mit 556,4 km Flugstrecke, was den Fernzielflug zur Kissinger Hütte mit einschließt. Er teilte sich den Fernsegelflugpreis mit Wolf Hirth, der den 2. Platz der Gesamtwertung besetzte, und den Fernzielflugpreis mit Heini Dittmar. Es erschien uns damals schon als ungerecht, daß Heini Dittmar durch Hakenjos' Dauerflug vom 3. auf den 4. Platz verdrängt wurde. Und daß Paul Krekel mit seiner zweitbesten Gesamtstrecke im Wettbewerb auf dem 11. Platz landete! Bei einer Punktwertung der Leistungen, wie sie später üblich wurde, wäre eine so falsche Wertung nicht möglich gewesen.

Die Ausführung von Dauerflügen am Hang wurde in jenen Jahren mit hohen Preisen belohnt. Man wollte den Zuschauern und der Presse auf der Wasserkuppe täglich etwas zeigen, auch wenn es keine gute Thermik gab. Dabei sind Dauerflüge ja kein Beweis segelfliegerischen Könnens. Leider wurde diese falsche Politik in den Rhön-Ausschreibungen bis einschließlich 1936 fortgesetzt, was manchmal die Endergebnisse etwas verfälschte.

☆

Niemand konnte Hanna Reitschs erstes Erscheinen auf der Rhön besser und lebhafter schildern als sie selbst. Deshalb wählte ich die entsprechenden Seiten aus ihrem ›Fliegen, mein Leben‹ (1951) als Sondertext für dieses Buch. Kurz vorher hatte sie als neuernannte Fluglehrerin auf dem Hornberg einen Flugschüler durch tödlichen Absturz verloren. Dieses schwere Erlebnis machte ihren Anfang auf der Wasserkuppe besonders schwer. Um so mehr hatte ich damals schon ihr tapferes Weitermachen bewundert. Das war typisch Hanna, willensstark, zäh, nicht zu beirren, auch wenn manche über ihr häufiges ›Absaufen‹ im Tal lächelten.

Wie üblich bat ich Hanna um ihre Erlaubnis, diesen Teil ihres Buches verwenden zu dürfen. Sie tat dies, aber sie schien nicht froh über meine Wahl zu sein: Sie hätte doch damals nichts geleistet.

Wieso? Sie hatte durch ihr eisernes Durchhalten außergewöhnliche Charakterstärke bewiesen. Das war doch viel mehr wert als ›Leistungen‹! Genau aus diesem Grund hat ihr damals Professor Georgii angeboten, an der geplanten Südamerika-Expedition teilzunehmen.

Beim ersten Treffen nach diesem Briefwechsel brachte ich das Gespräch noch einmal auf diesen Bericht aus ihrem Buch, in dem sie ›ihr Versagen‹ im Rhönwettbewerb 1933 zu erklären suchte. Ich lachte sie ein wenig aus:

»Hanna, du glaubst doch selber nicht, daß das Grunau-Baby nicht mit Leistungsseglern konkurrieren konnte. Kannst du dich noch erinnern? Gleich zu Anfang des Wettbewerbs flog Paul Steinig auf einem Grunau-Baby weiter als ich mit meinem Leistungssegler ›Fafnir‹. Dabei war Steinig ebenfalls zum erstenmal als Wettbewerber auf der Kuppe. Später sind doch viele schöne Streckenflüge mit ›Babys‹ gemacht worden.«

»Ach, den Flug von Steinig, daß wußte ich nicht mehr . . .«

»Und was sind das für Wetterlagen, die nur für Übungsflugzeuge ungünstig sind?«

Ich lachte und sie machte es mit. »Im Ernst, du weißt doch selbst, daß man mit weniger Spannweite enger kreisen kann, was bei schwacher Thermik ein Vorteil ist . . .«

Hanna Reitsch: »Fliegen, mein Leben«, Rhön 1933.

Als ich im Sommer 1933 zum erstenmal zur Wasserkuppe kam, war der Rhönwettbewerb bereits ein fester Begriff. Hier traf sich alles, was im deutschen Segelflug Namen hatte und wieder viel begeisterte Jugend, zu der ich auch gehörte.
Ich kam unmittelbar vom Begräbnis meines Schülers und stand – obwohl mir niemand etwas anmerkte – noch völlig unter dem Eindruck dieses schweren Erlebnisses. Als Segelflugzeug hatte ich ein „Grunau-Baby", eine Übungsmaschine, die mit den Leistungsmaschinen der anderen nicht konkurrieren konnte.
Das Gelände war mir unbekannt, und hinzu kam noch, daß die Wetterlage für Übungsmaschinen ungünstig war.
So stand für mich von Anfang an der Wettbewerb unter einem ungünstigen Stern. Nicht nur, daß ich verkrampft und unfrei war, ich wurde unglücklicherweise auch von den Teilnehmern, insbesondere von meiner Startmannschaft, die ich aus meinen Hornberger Schülern zusammengestellt hatte, wegen meiner verschiedenen Rekorde als eine Art fliegendes Wunder betrachtet. Man erwartete deshalb Besonderes von mir.
Schon beim ersten Start merkte ich, daß ich schnell an Höhe verlor. Ich fand keinen Aufwind und mußte irgendwo im Tal landen.
Nun saß ich hier unten mit meiner Kiste und mußte zusehen, wie sich da oben die anderen mit ihren besseren Maschinen und größeren Erfahrungen in der Luft halten konnten. Es war niederdrückend.
Meine Mannschaft kam nun den Hang heruntergelaufen. Für sie war es ebenso enttäuschend wie für mich. Wie stolz war sie doch auf ihren kleinen Piloten gewesen.
„Das macht nichts, gar nichts", beruhigte ich sie, als sie bei mir waren. „Wir montieren die Kiste schnell ab und sind gleich wieder oben. Ich muß mich erst einfliegen."
Ich startete von neuem und „soff" wieder ab, ganz wie beim erstenmal. Und so ging es den ganzen Tag.
Die Kiste wurde den Hang hinaufgezogen: neuer Start.
Wieder „abgesoffen".
Wieder im Tal.
Und mit jedem Mal, da meine Mannschaft zu mir heruntergelaufen kam, wurde ich mutloser.
Mit jedem Mal war meine Mannschaft enttäuschter, denn schließlich empfand sie es als Schande, daß ausgerechnet ihr Pilot immer unten saß!
Wer im Unglück steckt, braucht für den Spott nicht zu sorgen. Alles was da oben zuschaute, lachte. Wenn ich an ihrer Stelle gewesen wäre, hätte ich es auch wohl getan. Doch in meiner Lage war es nicht schön und trieb mir die Tränen in die Augen. Meiner Mannschaft gegenüber tat ich jedoch immer fidel und unbekümmert.
So startete ich Tag für Tag, und jeder war gleich erfolglos. Aber ich ließ nicht nach und gab nicht auf. Bis der Wettbewerb zu Ende war.
Danach kam die Abschiedsfeier und die Preisverteilung. Natürlich war ich mit am Schwanz. Welches Gelächter aber brach aus, als mir die Preiskommission eine Küchenwaage und einen Fleischwolf überreichte!
Sie waren im Rahmen der üblichen Stiftungen von einer Firma für Haushaltsgeräte geschenkt worden, und da man nichts Besseres mit ihnen anzufangen wußte, schenkte man sie nun mir.
Es war gleichsam ein Symbol für vorwitzige Mädchen, die unbedingt fliegen wollten!
Doch es gab noch eine Überraschung für mich.
Professor Georgii, damals schon als „Segelflugprofessor" bekannt, stellte nach der Preisverteilung und den Feierlichkeiten an mich die Frage, ob ich gewillt sei, an einer Expedition nach Südamerika teilzunehmen. Man wollte dort die Aufwindverhältnisse erforschen.
Wieso ich gerade dazu kam, nach den vielen Fehlschlägen dieser Tage?
So erstaunlich es klingen mag, aber gerade die Fehlschläge, die ich erlebt hatte, waren die Veranlassung zu dieser Frage geworden.
Schon in ihren Reden an die Preisträger hatten Professor Georgii und Rhönvater Ursinus darauf hingewiesen, wie ich, obwohl ich ständig „abgesoffen", immer wieder von neuem gestartet war: Nicht der Sieg, sondern der Geist entscheidet beim Segelfliegen.
Diese Forderung hatte ich nach ihrer Auffassung in diesen Tagen erfüllt. Das aber war entscheidend für den Entschluß von Professor Georgii, mich neben weit besseren und erfahreneren Segelfliegern mit nach Südamerika zu nehmen. Ich sagte, die Einwilligung meiner Eltern vorausgesetzt, ohne Zögern zu, obwohl ich zu der Reise dreitausend Mark beisteuern mußte. Woher ich das Geld nehmen sollte, wußte ich noch nicht. Doch darüber machte ich mir, jung wie ich war, keine Sorgen.

Wettbewerbsergebnisse: Strecken-, Höhen- und Dauerflüge im Rhön-Segelflug-Wettbewerb 1933.

(A)	(B)	Name des Flugzeugs	Pilot	AUGUST 7.	8.	9.	10.	11.	12.	13.	14.	15.	16.	17.	18.	19.	20.	Gesamtstrecke Km	
1	17	Fafnir	Riedel			82.0	3'	(C)	3'-7' F.S. Start		161.1 F.S.		10.0 Salten		44'	42.4	74.5	518.4 (D)	Fernzielflug und Fernsegelflug-Preis
2	29	Moazagotl	Hirth			2h 57' 320m	3'	176.0			6' nach F.S.		36'		2h 45' 425m	1h 37' 449m	40.8	216.8	Fernsegelflug-Preis mit Riedel geteilt
3	28 13	Musterle Lore	Hakenjos			6' Bruch						7'	18'	2h 49' 447m	22.2	13h 32' 400m	2h 57' 319m	22.2	Dauerflug-Preis 13h 32'
4	34	Condor	H.Dittmar	7'	4'	2h 50' 779m	(E)	11.0 Bischofsheim	24' F.S. Start	33'	97.2 F.S.		25'		2h 28' 302m	1h 21' 301m	67.8	165.0 (D)	Fernzielflug-Preis mit Riedel geteilt
5	58	Marabu	Philipp		1h 40' 274m	4h 31' 779m	41'	1h 29' 802m		40'				37'	5h 12' 277m	1h 6' 278m	53.1	53.1	Preis: Segelflugzeug "Rhönadler"
6	12	Fledermaus	Baur			3h 14' 358m		113.4		2'	30.0 F.S.	7'	23'	1h 12'	42.3	44.7	7h 38' 148m	230.4	2. Streckensumme für Junioren: Preis: "Grunau Baby"
7	57	Pommern-land	Richter	2'	3'	8h 6' 220m		6'		3'		9'		6h 19' 327m	5h 28' 438m	(F)	7h 32' 480m	—	1. Gesamtflugdauer: 41h 47'
8	32	Sorgen-Kind	Steinig		1h 45' 192m	96.5		34'	12' F.S. Start		6' nach F.S.			1h 16'	2h 32' 120m	3h 08'	17.7	114.2	
9	13 28	Lore Musterle	Glaser			2h 20'		2'						2h 33' 229m	3h 41' 676m	10h 38' 399m	3h 48' 530m	—	3. Gesamtflugdauer 20h 40'
10	45	Die Weper	Wöckner							82.0				6'	35'	11'	51'	82.0	Streckenflug vor Gewitterfront
11	11	Thermikus	Krekel			4h 55' 929m	7'	1h 7'		1h 29'	83.7 F.S.	8'	40.5	2h 54' 318m	52.5	3h 28' 562m	80.1	256.8	1. Streckensumme für Junioren
12	35	Rhön-bussard	Wiegmeyer							28'	21' nach F.S.	3h 03'		2h 27' 197m	1h 52' 144m	2h 03' 228m	26.4	26.4	
13	53	Opel Rekord	Schulze-Rüsselsheim			1h 42'		37'		2'		10'		34'		1h 49' 150m	4h 39' 338m	—	
14	7	Darmstadt	Utech	5'a.S.	7'	6h 42' 934m	13'	1h 18' 240m		(G)		3'	41' 204m	4h 09' 84m	3h 51'	2h 28' 512m	2h 43' 356m	113.1	2. Gesamtflugdauer 3. Streckensumme für Junioren
15	41	Windhund	Kensche	30'	1h 54' 475m	38'a.S. 524m	2'	50'			17' nach F.S.	15'		1h 16' 180m	2h 00' 351m			—	
16	49	Askania	Pernthaler	2'	1h 52' 204m	42' 233m	4'	1'		29'	5' nach F.S.	8'	30' 108m	1h 30' 137m	21.0	27' 474m	38.3	59.3	
17	9	Franken-hausen	Fremd			5h 28' 934m		1h 46' 374m	57' F.S. Start		30" nach F.S.		15'			2h 44' 228m	2h 01' 430m	—	
18	8 7	Windspiel Darmstadt	H.Fischer	20'	50' 310m	7h 22' 753m	611m	(H)	3' F.S. Start	2h 4'		44' 263m	(I)		34' Bruch	45.9		45.9	Streckenflug mit "Darmstadt 2"
19	49	Askania	Renner			4h 26' 795m		3h 14' 879m		11'				1h 42' 156m		3h 43' 549m		—	
20	54	Deutschland	LiebesKind			43'								11'	23'	27'		—	
21	55	Hermann Göring	Schyle		30"	3h 7' 600m		10'						3'				—	
22	62	General-anzeiger	M.Schmid-Würzburg			5h 44' 562m		10'				3h 36'	13'	7'	2h 07' 351m	40' 265m	2h 23'	—	
23	18	Wolken-bummler	L.Hofmann		4'	19'a.S. 524m		3'			3' nach F.S.	2'	6'	5h 19'	2h 13' 229m	3h 08'		—	Im nächsten Jahre siegte Ludwig Hofmann im Rhönwettbewerb.
24	21 23	Ozite Nürnberg	W.Schleicher	34'	5'	37.2		1h 24' 192m		1h 20'		1h 16" Bruch	Willi Schleicher, aus Schwabach wurde schwer verletzt, und					37.2	blieb bis Weihnachten 1933 im Krankenhaus Fulda.
25	14	Nobel	H.Huth			2h 13'			10' F.S. Start		10' nach F.S.	3'				5h 45' 180m	2h 41' 380m	—	Nach dem Kriege wurde Heinz Huth mehrmals Weltmeister.
26	44	Stormarn	Möller Hemmer		Möller	4h 05' 600m		8' Möller		32' Möller	6' n.F.S. Hemmer	8' →	→	2h 08' 256m →	16.9 →	Hemmer	→	16.9	
27	5	Würzburg	Endres			5h 11' 499m				6'	20.0 F.S.			59'	10'	16'	5h 12' 444m	20.0	
28	42	Luftikus	Fiedler			10' o.W.				7'				10'	44' 168m	1h 51'	27'	—	
29	39	Schlesien in Not	Deutschmann				7'	1h 31' 289m	Deutschmanns Maschine geriet am 13.8.33 in eine Gewitterwolke. Durch Flächenbruch wurde er hinausgeschleudert. Nach glatter Landung vom Fallschirm weite Strecke geschleift.									—	erlitt Deutschmann nur leichtere Verletzungen.
30	56	Aachen	H.Peters			2h 37' 663m		7'			8' nach F.S.				4h 16' 425m	6h 05' 214m	40.8	40.8	Heinz Peters gehörte später zur Spitzengruppe.

Die Liste der Ehrenpreise endete mit "Hornberg" E.Wagner (6h 01'); "Silberkondor" Frank (2h 38'); "Sausewind" mit Bost (4h 31') und Hoppe (3h 12'), die je ein Boelke-Bild erhielten. (Zeitangabe) = Gesamtflugzeit. Es folgen Namen, die nicht auf der Liste der Ehrenpreise erschienen:

(A)	(B)	Name des Flugzeugs	Pilot	7.	8.	9.	10.	11.	12.	13.	14.	15.	16.	17.	18.	19.	20.	Gesamtstrecke Km	
35	24	Die vom Niederrhein	Van-dieken		29' 240m	1h 11' 1445m							31' 180m	1h 05' 506m	17.8	5h 48' 355m	3h 01' 283m	17.8	Gewann RM 1500.- für beste Höhe mehr als 1000m.
36	30	Christian	H.Reitsch		21' 192m	1h 47' 2h 43' 240m		5' 4' Tal		5' 2' Tal	4' nach F.S.		5'a.S Tal	13' 4' 2xTal	24' 19' 277m	9' 33' Tal	1h 44' 14.0	14.0	"Ehrenpreise": Küchenwaage & Fleischwolf.
37	33	Käpt'n	E.Dittmar							26'	1h 10' F.S.				1h 15' 401m		1h 06' 344m	—	Milseburg-Umrundung am 14.8.33
		Datum:		7.	8.	9.	10.	11.	12.	13.	14.	15.	16.	17.	18.	19.	20.	2075.6	Km insgesamt

(J)	(B)	Name des Flugzeugs	Pilot	Zahl der Flüge	Gesamtflugdauer	Bester Höhengewinn
38	36	Krefeld	Ahrens	9	9h 06'	174m
39	33	Käptn	Balz	1	39'	–
40	14	Nobel	Bessert	3	7h 04	369m
41	26	Jantzen	Bonengel	2	47'	–
42	26	Jantzen	Büchner	10	2h 58'	156m
43	60 61	Göring Horst Wessel	Burchards	6	2h 22'	487m
44	24	Die vom Niederrhein	Burzlauer	5	2h 27	253m
45	63	Professor	Deffner	4	4h 01'	537m
46	52	Kress	Doetsch	3	2h 42'	–
47	42	Luftikus	Döring	7	3h 38'	280m
48	19	Praefke	Feil	1	20'	–
49	27	Richthofen	Feldmeier	11	14h 45'	405m
50	60	Göring	Hülsmann	2	6h 25'	295m
51	63	Professor	Jauch	2	1h 25'	–
52	20	Preußen IX	Knevels	5	3h 54'	499m
53	42	Luftikus	Köning	1	1h 01'	–
54	48	Herta Junkers	Krenz	8	5h 57	474m
55	48	Herta Junkers	Mudin	4	9h 23'	542m
56	35	Rhön-bussard	Niemeyer	1	14'	–
57	53	Opel Rekord	Opitz	1	36'	–
58	21	Ozite	Thäter	6	1h 11'	–
59	60	Göring	Wieland	3	59'	283m
60	10 19	Hornberg Praefke	Zeller	11	6h 48'	292m

Abkürzungen:
n. F.S. oder F.S. = Am 12. und 14.8. erfolgte nur Abflug durch Flugzeugschlepp. Grund: Windstille. Nur ausgesuchte Piloten wurden zugelassen.
n. X' a.S. = nach X Minuten außer Sicht.
Unterstrichene Zahl = Km Streckenflug

Fußnoten:

(A) Die Reihenfolge ist wie auf der Liste der den Flugzeugen zuerkannten Ehrenpreise. Siehe "FLUGSPORT" 1933 Seite 392 und 393.

(B) Meldenummer des Segelflugzeugs.

(C) Nach Umrundung der 19 Km entfernten Kissinger Hütte (Fernzielflugpreis) erneuter Start um 13.35 Uhr. Der Streckenflug führte nach 158.4 Km zum Flugplatz Gera. Gesamte Tagesleistung 197.4 Km.

(D) Die hier gezeigte Gesamtstrecke von Riedel bzw. Dittmar ist OHNE die 38 Km des Fernzielfluges zur Kissinger Hütte.

(E) Heini Dittmar umflog als erster die 19 Km entfernte Kissinger Hütte (Fernzielflugpreis).

(F) Richter startete um 4.43 morgens und hangsegelte bis 10.27 Uhr. Danach flog er zum 2. Male ab und blieb 7 Stunden 48 Minuten oben, insgesamt 13h 22' am gleichen Tage. Seine beste Höhe = 412m über Startplatz.

(G) Fritz Utechs 3 Streckenflüge wurden nicht in den "FLUGSPORT"-Tagesberichten gezeigt. Nur seine Strecken-Summe wurde bei der Preisverteilung erwähnt.

(H) Hans Fischer umrundete am 11.8. mit dem "Windspiel" den 8 Km entfernten Heidelstein. Nach 2. Start segelte er noch 1h 39' im Hangaufwind. Am 15.8. wurde das "Windspiel" bei einer Landung leicht beschädigt und schnell in Darmstadt repariert. Am 18.8. flog es wieder. Bei seiner Landung nach 34'

(I) mußte Fischer einer Zuschauermenge ausweichen und setzte auf felsigem Gelände auf. Dabei wurde der Rumpf stark beschädigt. Das "Windspiel" fiel für den weiteren Wettbewerb aus. Fischer machte seinen 45.9 km Streckenflug mit der "Darmstadt 2".

(J) Von Nr. 38 bis 60 erscheinen die Namen der Wettbewerber in alphabetischer Reihenfolge.

Die Meldeliste zeigte 3 bzw. 6 "Grunau Baby" I & II, 8 "Rhönadler"; 6 "Professor"; 3 "Espenlaub 32"; 3 "Kassel 25"; 2 "Condor"; 2 "Alexander der Kleine"; 1 "Rhönbussard"; 3 "H 2PL" (Nr. 10, 13 & 28); 2 "Westpreußen" (Nr. 5 & 31) und 22 Einzelmuster von "Askania" (P6 A9b) bis "Windspiel" (D-28).

Hersteller von Segelflugzeugen waren damals: G Espenlaub-Düsseldorf; A. Schleicher-Poppenhausen; Edmund Schneider-Grunau und G. Fieselers Segelflugzeugbau Kassel.

Instrumentierung: Wenn zu jener Zeit nicht jedes Segelflugzeug mit einem Variometer ausgerüstet war, so lag dies nicht mehr an Unkenntnis seiner absoluten Notwendigkeit, sondern wahrscheinlich an der Kostenfrage.

200 Kilometer in einem Monat und immer wieder über grundverschiedenem Gelände, das wird ihm so schnell kein zweiter Pilot nachmachen.

Auch der 14. Rhönwettbewerb, dessen ausgesprochener Favorit er auf Grund dieser Leistungen war, sah Riedel klar in Front. Er wurde Sieger in der Gesamtflugstrecke, teilte mit Dittmar den Fernzielflugpreis zur Kissinger Hütte und mit Hirth den Fernsegelflugpreis, nachdem er 165,2 Kilometer bis Windsheim geflogen war — sicherte sich damit die Hauptpreise und zugleich den Gesamtsieg der Woche.

Wenn einmal Prof. Georgii in seinem Bericht über den 11. Wettbewerb über Kronfelds fliegerische Leistungen sagt: „Zwei derartige Flugleistungen eines Fliegers an einem Wettbewerbsnachmittag stehen bisher einzig in der Geschichte des Segelfluges da", so gilt dies in gleichem Maß für Peter Riedel, der im 14. Wettbewerb am 11. August zuerst die Bestimmungen des Fernzielfluges erfüllte, der den Anflug der 19 Kilometer entfernten Kissinger Hütte mit Rückkehr zur Startstelle verlangte und nachher noch den großartigen Streckenflug von 158,4 Kilometer bis Gera durchführte.

All diese Erfolge veranlaßten die Führung des deutschen Segelfluges auch ihn im Januar 1934 der Expedition nach Südamerika einzugliedern. Bei dieser recht erfolgreichen Expedition dürfte er wiederum in der Gesamtheit der Flüge der führende Pilot gewesen sein: Nicht weniger als fünfmal kam er über die 100-Kilometer-Grenze und überhöhte des öfteren die 1000 Meter.

Just zu derselben Stunde, in denen die so erfolgreiche Expedition aus Südamerika zurückkehrte, hatte das Preisgericht des Hindenburgpokals für Förderung des Segelfluges seine Entscheidung gefällt, und so konnte dem glückstrahlenden Peter Riedel bei seiner Ankunft in Hamburg der wertvolle Pokal und eine ansehnliche Summe ausgehändigt werden. Durch die deutsche Presse ging am 9. Mai die Nachricht: „Der Hinden-

Abb. 25. Peter Riedel, der Gesamtsieger der 14. Rhön und der erfolgreichste Pilot des Jahres 1933

Inhaber des Segelflieger-Leistungsabzeichens

Zum erstenmal über die Alpen und andere Siege 1933

Den besten Ausdruck fand das erfolgreiche Jahr 1933 in der Liste der Leistungsflieger-Abzeichen. Im Frühjahr 1931 wurde Kronfeld und Hirth als ersten das Abzeichen verliehen und zu Ende des Jahres 1933 trugen es stolz 18 Piloten, von denen es allein 9 1933 erworben haben. Bekanntlich fordert das Abzeichen je einen Flug von mindestens 50 Kilometer Strecke, 5 Stunden Dauer und 1000 Meter Startüberhöhung. Die Überlegenheit des deutschen Segelfluges beweist auch die Liste dieses internationalen Abzeichens, ist es doch bisher nur von 2 Ausländern erworben worden:

Robert Kronfeld, Wien	164 km	7,34 St.	2160 m
Wolf Hirth, heute Hornberg	53 km	7,07 St.	1025 m
†Günther Groenhoff, Frankfurt	130 km	5,16 St.	1225 m
Kurt Starck, Darmstadt	75 km	6,17 St.	1000 m
Otto Fuchs, Darmstadt	75 km	7,50 St.	1000 m
†Hermann Mayer, Stettin	125 km	8,22 St.	1840 m
Peter Riedel, Berlin	153 km	8,49 St.	1027 m
Martin Schempp, Pittsburgh	102 km	6,00 St.	1636 m
Heinrich Dittmar, Griesheim	65 km	8,31 St.	1070 m
Paul Steinig, Grunau	83 km	5,51 St.	1180 m
Erhard Muschik, Dresden	126 km	6,53 St.	1500 m
Jack K. O'Meara, Neuyork	107 km	8,18 St.	1457 m
Peter van Husen, Grunau	86 km	8,37 St.	1120 m
Walter Fremd, Frankenhausen	50 km	12,05 St.	1200 m
Anton Endres, Würzburg	64 km	5,12 St.	1089 m
Heinz Kensche, Berlin	140 km	6,06 St.	1350 m
Otto Braeutigam, Grossenhain	138 km	5,05 St.	1400 m
Rudolf Oltzschner, Merseburg	93 km	5,21 St.	1800 m

Würdig in diesen Rahmen paßte der 14. Rhönwettbewerb, der mehr denn je die Berechtigung hatte, sich Meisterschaft der Segelflieger zu nennen, waren doch heuer erstmalig nur solche Piloten zugelassen, die nachweislich schon eine Flugdauer von über einer Stunde besaßen. Als weitere Neuerung war es zu betrachten, daß die heurige Woche als nationaler Wettbewerb ausgeschrieben wurde, während sie bisher auch

Aus Buch von Georg Brütting: »Segelflug und Segelflieger« (1935).

Peter Riedel, der Gesamtsieger der Rhön, 1933.

1933 – Hanna Reitsch, Professor Georgii und Hans Jacobs.

Hannas Teilnahme an unserer Südamerika-Expedition hat sehr viel zu deren Erfolg beigetragen. Ihr heiteres Wesen, ihre Beredsamkeit, wenn es galt, Zuhörer mit Segelflug vertraut zu machen, zusammen mit ihren Flügen gewann uns viele Freunde und Bewunderer. Zusammen mit Heini Dittmar flog sie im September 1933 als ›Double‹ für den Segelfliegerfilm ›Rivalen der Luft‹, den UFA-Professor Karl Ritter auf dem Rossittener Gelände drehte. Claus Clausen, Volker von Collande, Hilde Gebühr, Wolfgang Liebeneiner und Sybille Schmitz waren die Hauptdarsteller. Soviel für die Nostalgie . . .

☆

Alexander Lippisch suchte zu dieser Zeit dringend nach einem Piloten, der das weitere Einfliegen seiner Schwanzlosen übernehmen würde. Der 1932 tödlich abgestürzte Günter Groenhoff hatte dies meisterhaft verstanden. Er hatte im Herbst 1931 die 28 PS-›Delta I‹ (Köhl-Maschine) in Berlin-Tempelhof glänzend vorgeflogen. Nun stand diese Maschine verstaubt in einer Halle der Kuppe. Lippisch und Hans Deutschmann fanden sich nach dessen dramatischer Fallschirmrettung, und so wurde Deutschmann dafür ausgesucht. Er sollte mit Rollversuchen auf dem Motorlandeplatz anfangen.

Leider ging der Ehrgeiz mit Deutschmann durch. Plötzlich gab er Vollgas und startete. Die Maschine kam ins Springen, was er durch Höhensteuer auszugleichen versuchte. Das war genau falsch, und wenige Sekunden danach lag Deutschmann schwerverletzt in den Trümmern der ›Delta I‹. Diese fing glücklicherweise nicht Feuer. Dr. Justus Schneider im Fuldaer Krankenhaus der Barmherzigen Brüder hat an Deutschmanns beiderseits gebrochenen Knöcheln operiert. Eine Amputation konnte gerade noch vermieden werden, aber ein Knöchel blieb steif. Erst zu Ostern 1934 konnte Deutschmann das Krankenhaus geheilt verlassen.

Im Zweiten Weltkrieg kam er als Wehrmachtsangehöriger (Stabs-Ing.) bei einem Flugunfall ums Leben.

KAPITEL 7

Segelflugexpedition nach Südamerika – 5. Januar bis 8. Mai 1934

Am 5. Januar 1934 abends bahnte sich das Motorschiff ›Monte Pascoal‹ der Hamburg-Südamerika-Linie seinen Weg durch Eisschollen elbabwärts. Am 22. Januar drehte es in einer warmen Tropennacht in die von Lichtern glänzende Bucht von Rio de Janeiro ein. Am nächsten Morgen gingen bei Gluthitze an Land: Professor Dr. Walter Georgii, DFS-Direktor und Expeditionsleiter, Wolf Hirth, Hanna Reitsch, Heini Dittmar und der Verfasser als Piloten, Dipl.-Ing. Wilhelm Harth als Meteorologe und Meister Richard Mihm als Flugzeugwart. Das Schleppflugzeug Messerschmitt M-23 sowie die Segelflugzeuge ›Condor‹ (Dittmar), ›Fafnir‹ (Riedel), Grunau-›Baby II‹ (Reitsch) und ›Moazagotl‹ (Hirth) wurden zwar prompt ausgeladen, blieben aber im Zollverschluß. Viele Tage mit bestem Segelflugwetter gingen verloren, bis wir endlich unsere Flugzeuge zum Militärflugplatz Campos dos Affonsos hinausbringen konnten, ein gutes Stück landeinwärts.

Während unsere Maschinen am Kai in der brütenden Sonne ›geschmachtet‹ hatten, konnten wir uns Rio und Umgebung ansehen, um Landemöglichkeiten zu finden. Die gab es so gut wie nicht, außer auf dem Rennplatz bei Ipanema, nahe dem Badestrand von Copacabana. Außerdem half uns der Carneval von Rio etwas über unsere erzwungene Untätigkeit hinweg.

Hanna Reitsch zeigte sich damals als beste Kameradin, stets heiter, hilfsbereit und bescheiden. Sie war ja erst am Anfang ihrer fliegerischen Laufbahn. Der Grundzug ihres Charakters schien Aufrichtigkeit und Wohlwollen gegen jedermann zu sein. Ihr stählerner Wille zum Erfolg war hinter diesen Eigenschaften nur hier und da zu spüren. Ihr tiefempfundener Patriotismus war echt und kein Zugeständnis an Hitlers Partei. Noch heute frage ich mich, wodurch ich damals schon intuitiv erkannte, was ich in jenen Tagen spontan einmal zu ihr sagte: »Hanna, du bist eine Jeanne d'Arc.«

Ich erinnere mich noch deutlich, an welcher Stelle der Uferpromenade der Praia de Botafogo unsere kleine Gruppe gerade spazierenging. Sie lachte nicht auf, wie das sonst ihre Art war. Sie blickte mir nur für zwei Sekunden fragend in die Augen. Als sie erkannte, daß ich es ernst gemeint hatte, sprach sie von etwas anderem.

Anfang Februar konnten wir endlich zeigen, was man von uns erwartete. Major E. H. D. Fontenelle, der Kommandeur der Flugstation, gab uns kameradschaftlich jede Unterstützung. Dipl.-Ing. Gustav-Adolf Wachsmuth von der Fluglinie Sindicato Condor schleppte uns hoch. Hanna Reitsch und Wolf Hirth zeigten abwechselnd Kunstflug mit dem ›Baby‹, was die Brasilianer offensichtlich viel mehr beeindruckte als die Vorführung von Thermiksegeln durch Heini Dittmar und mich.

Am zweiten Tag segelte ich gegen 20 km in Richtung der Innenstadt, umkreiste die riesige Christusstatue auf dem 700 m hohen Corcovado – mit dem von allen Postkarten bekannten Rundblick über Rio – und

Geschwadersegeln mit Geiern

Von Peter Riedel

Als die Transportwagen unsere Segelflugzeuge Anfang 1934 durch die Straßen von Rio rollten, schrien kleine Negerkinder: „Zeppelin!" Sie hatten erfaßt, daß die Transportwagen etwas trugen, was fliegen sollte. — Nach vier Tagen bekamen wir endlich richtiges Wetter. Heini Dittmar ließ sich als erster mit seinem „Condor" von Dipl.-Ing. Wachsmuth auf Messerschmitt M 23 hochschleppen. Dann folgte Hanna Reitsch. Endlich bin ich an der Reihe. Es ist furchtbar heiß in dem geschlossenen Führersitz. Die Sonne brennt durch die Zellonscheiben. Endlich ist alles klar, der Schlepper gibt Vollgas, und der „Fafnir" hebt sich nach kurzem Start vom Boden. Das Motorflugzeug steigt, von einer Böe gepackt, im Nu. Ich muß mich beeilen, nachzukommen. Der „Fafnir" knistert in allen Fugen, so hart stoßen die Böen gegen die weitausladenden Flächen.

Gespannt verfolge ich das Barometer: Starkes Steigen! Nun kommt das Ausklinken. Das Seil fällt ab, und in enger Kurve kreist der „Fafnir" im Aufwind. Knapp 400 Meter über der Erde hatte ich ausgeklinkt, bald sind 800 Meter erreicht, doch mit plötzlichem harten Stoß packt mich ein Fallwind, wie ich ihn in Deutschland nie erlebt habe. Wie im Fahrstuhl geht es nach unten. Das großartige Panorama von Rio, das ich schon beinahe überblicken konnte, verschwindet hinter den Bergen. Da erblicke ich die rettenden Urubus, die Aasgeier, die gesetzlich geschützte Gesundheitspolizei von Rio de Janeiro. Fast so groß wie eine Gans, grau, häßlich, mit kahlem Kopf, sind sie keine reine Augenweide, doch glänzende Thermiksegler. Auf der Erde keine sehr sympathischen Zeitgenossen, werden sie mir als Wegweiser im Segelflug gute Freunde. Jetzt mache ich sie mir zunutze. Ich „lebe" ziemlich kümmerlich von schwachen Aufwinden in 500 Meter Höhe. Da sehe ich sechs Urubus. Die müssen helfen. Ich fliege schnell auf sie zu. Kaum habe ich, etwas tiefer als sie, die kreisenden Geier erreicht, da trifft mich schon ein kräftiger Aufwindstoß. Mit ungewohnter Kraft trägt er den „Fafnir" höher. Nach wenigen Minuten bin ich bereits 1800 Meter hoch. Über mir kräuselt sich der weiße Dampf einer Wolke.

Einige hundert Meter abseits kreisen meine treuen Lotsen. Doch noch trägt mich der aufsteigende Luftstrom höher. Der enge Kurvenkampf um die Höhe ist nicht mehr so hart, weithin kann das Auge blicken über diese Stadt, die ihresgleichen nicht hat. Zwischen schroffen Felsbergen und dem blauen Geflimmer der Bucht und des Atlantik schmiegt sich Rio in weitverzweigtem Gewimmel der Straßen und Häuser. Der Zuckerhut an der Einfahrt, der steile Felskegel des Corcovado mit dem riesigen Christus-Monument, tief unter mir. Im Süden verschwimmen Meer und Himmel im Dunst. Nördlich dagegen stehen Wolkenkronen über der zackigen Gebirgskette. Dort liegt Petropolis, ein begehrtes Städtchen mit europäischem Klima. Der letzte Kaiser von Brasilien lebte da.

Weiter hinein ins Unbekannte reiht sich Wolke an Wolke. Ein Überlandsegelflug ins Ungewisse lockt, doch die Sicherheit geht vor. Deshalb bleibe ich bei Rio und fliege die Umgebung systematisch ab. Im Wechsel des Auf und Nieder sind 2200 Meter größte Höhe erreicht. Jetzt ist es angenehm kühl, besonders wenn es in Kreisen unter einer Wolke herumgeht. Da — Heini Dittmar taucht ganz in der Nähe auf und bald kreisen „Condor" und „Fafnir" umeinander, wie damals, als wir beide von Darmstadt abflogen. Dittmar erreichte Saarbrücken, ich segelte bis nach Epinal in Frankreich 230 Kilometer weit. Schöne Erinnerung an gemeinsam erkämpfte Erfolge! Lange kreisen wir unter derselben Wolke in 1900 Meter Höhe. So nahe, daß wir aufpassen müssen, um nicht zusammenzustoßen. Doch die Wolke zerfällt allmählich. Wir trennen uns wieder! Ich folge den Urubus. Zehn Minuten vor zwölf Uhr bin ich gestartet, es ist jetzt gegen zwei Uhr. Langsam ziehen die Wolken auf Rio zu, und bald kreise ich über den Waldhängen der Felsberge, die sich um die Stadt gruppieren. Der Corcovado überragt als steiler Kegel das Stadtzentrum. Er ist mein Ziel. Einige Kurven in lautlosem Flug um das Christus-Standbild, das man riesengroß auf dem Felsen errichtet hat. Dann weiter über den vornehmen Badestrand Coppacabana. Ein Fort schiebt sich mit grauen Betonflächen weit in die Brandung vor. In den Straßen stehen die Menschen und recken die Hälse: Planador allemão!

Nur noch 300 Meter bin ich über Japanema, einem Villenstadtteil am Meer. Schon halte ich Ausschau nach dem Rennplatz zur Landung, da treibt mich ein neuer Aufwind höher und siehe da — meine Freunde, die Urubus — segeln schon wieder in engen Kreisen unbekümmert um den großen Menschenvogel. Deutlich sehe ich die gelbe Zeichnung auf ihren gespreizten Schwungfedern. Ein wilder Kurvenflug beginnt. In dieser geringen Höhe sind die Aufwindkamine engbegrenzt und kurzlebig. — Ein Urubu fällt mir auf. Er ist der Leitvogel ganz offensichtlich. Meist hält er die größte Höhe. Er hat also den besten Aufwind. Diesen erfahrenen Segelfliegerkollegen behalte ich zäh im Auge. Manchmal entwischt er mir beinahe. Ich muß alle Energie aufbieten, um seinen engen Kurven folgen zu können. Aber ihm danke ich auch, daß ich noch über eine Stunde gewinne. Manchmal kamen wir uns so nahe, daß der graue Vogel doch erschreckt einen Haken schlägt und in die Tiefe schießt. Die anderen Urubus kreisen brav mit uns beiden um die Wette. Pärchen halten zusammen und stoßen spielend aufeinander herunter. Es ist eine herrliche Stunde, einem Vogel ähnlich zu sein und mit den Tieren gemeinsam über der üppigen Natur dieses tropischen Landes zu kreisen.

Gegen 1/4 4 Uhr ist das Spiel vorbei. Langsam geht es tiefer. In den Straßen stehen die Menschen in Gruppen. Sie haben dem Spiel lange zugesehen. Jetzt eine gute Landung in der Rennbahn des Jockeyklubs ansetzen! An den Tribünen vorbei schwebt der „Fafnir" über den grünen Rasen, setzt auf und steht. Gleich darauf bin ich von Mulatten und Negern umringt, Pferdepflegern der Rennbahn, die mich staunend anstarren. Mein erster Segelflug über Südamerika: 3 Stunden 40 Minuten, 24 Kilometer Strecke und 2200 Meter größte Höhe!

4200 Meter hoch im Segelflugzeug über Rio de Janeiro

Von Heini Dittmar

Am 16. Februar 1934 war herrliches Flugwetter, wunderbare Wolkenbildung. Als erste startete Hanna Reitsch, dann Wolf Hirth und Peter Riedel vom südamerikanischen Flugplatz Campo d'Alfonso. Um 11 Uhr schleppte mich Wachsmuth mit meinem „Condor" hoch. In 350 Meter Höhe löste ich mich vom Motorflugzeug und stieg mit 1 bis 2 Meter in der Sekunde in ruhigem Aufwind. Die Wolkenbasis lag bereits in 800 Meter und die Wolkenformen ließen erkennen, daß heute nur durch Blindflug in den Wolken größere Höhen zu erreichen sind. Da ich von vielen anderen Flügen die Turbulenz in den Wolken kannte, machte ich meine Anschnallgurte noch etwas fester, um bei starken Böen nicht vom Sitz gehoben zu werden. Schnell noch ein Blick nach den Karabinerhaken des Fallschirms, und nun ging's in die Wolke. Durch dauerndes Kreisen nach den vorhandenen Instrumenten, um im Aufwind zu bleiben, gewann ich langsam und stetig an Höhe, bis ich die Wolke bis auf 1500 Meter durchstiegen hatte. Der Aufwind in dieser Wolke ließ nun langsam nach, und so flog ich etwas davon weg, um einen Überblick über die neuen, Aufwind spendenden Kumuluswolken zu gewinnen.

Ich suchte mir also einen der größten Wolkentürme heraus und begann den zweiten Teil des Wolkenfluges. Nach Kompaß flog ich mitten in die Wolke hinein, bekam zuerst starken Abwind, in dem ich bereits gründlich von Böen durchgerüttelt wurde, so daß ich nur schwer die Maschine nach den Instrumenten in Normallage halten konnte. Langsam zeigte das Variometer Steigen an, bis es schließlich auf 4 Meter anlangte. So hatte ich auch bald diesen Wolkenturm durchstiegen, der mich bereits auf eine Höhe von 2500 Meter brachte. Der deutsche Höhenrekord war also schon gebrochen. Aber weiter sollte es gehen. Der „Condor" ist ja fest genug, noch dazu, wenn man ihn selbst gebaut hat!

Also ging's weiter! Wieder flog ich ein Stück von den Wolken weg, um wiederum nach Kompaßkurs in den größten Wolkenturm hineinzustoßen. Kaum war ich in der Wolke drin, so empfingen mich schon die ersten heftigen Böen; und je weiter ich hineinflog, desto mehr wurde die Maschine ein Spielball der auf- und absteigenden Luftströmungen. Es war nur teilweise möglich, die Maschine in Normalfluglage zu halten. Das Variometer, das die Steig- und Fallgeschwindigkeit anzeigt, schlug längst am Ende der Skala an, der Geschwindigkeitsmesser ging auf über 150 Stundenkilometer, um im nächsten Augenblick auf Null zurückzukehren. Ein furchtbarer Ruck, — ich hänge in den Anschnallgurten, aber ich kann nicht feststellen, in welcher Fluglage ich mich befinde. Ich versuche nur, die Geschwindigkeit so gering wie möglich zu halten, um den Bruch der Maschine zu vermeiden. Aber es gelingt mir nur äußerst schwer. Der Kompaß dreht sich fortwährend, der Wendezeiger schlägt von links nach rechts aus, und der Neigungsmesser tut auch, was er will. Dazu fliegt mir der Schmutz vom Rumpfboden fortwährend in die Augen. Aber der Höhenmesser klettert und klettert, und das ist die Hauptsache. Innerhalb drei bis vier Minuten erreiche ich von 2500 Metern aus die gleiche Höhe von 4200 Metern, also 3850 Meter über Start.

Aus W. v. Langsdorffs: »Flieger und was sie erlebten«.

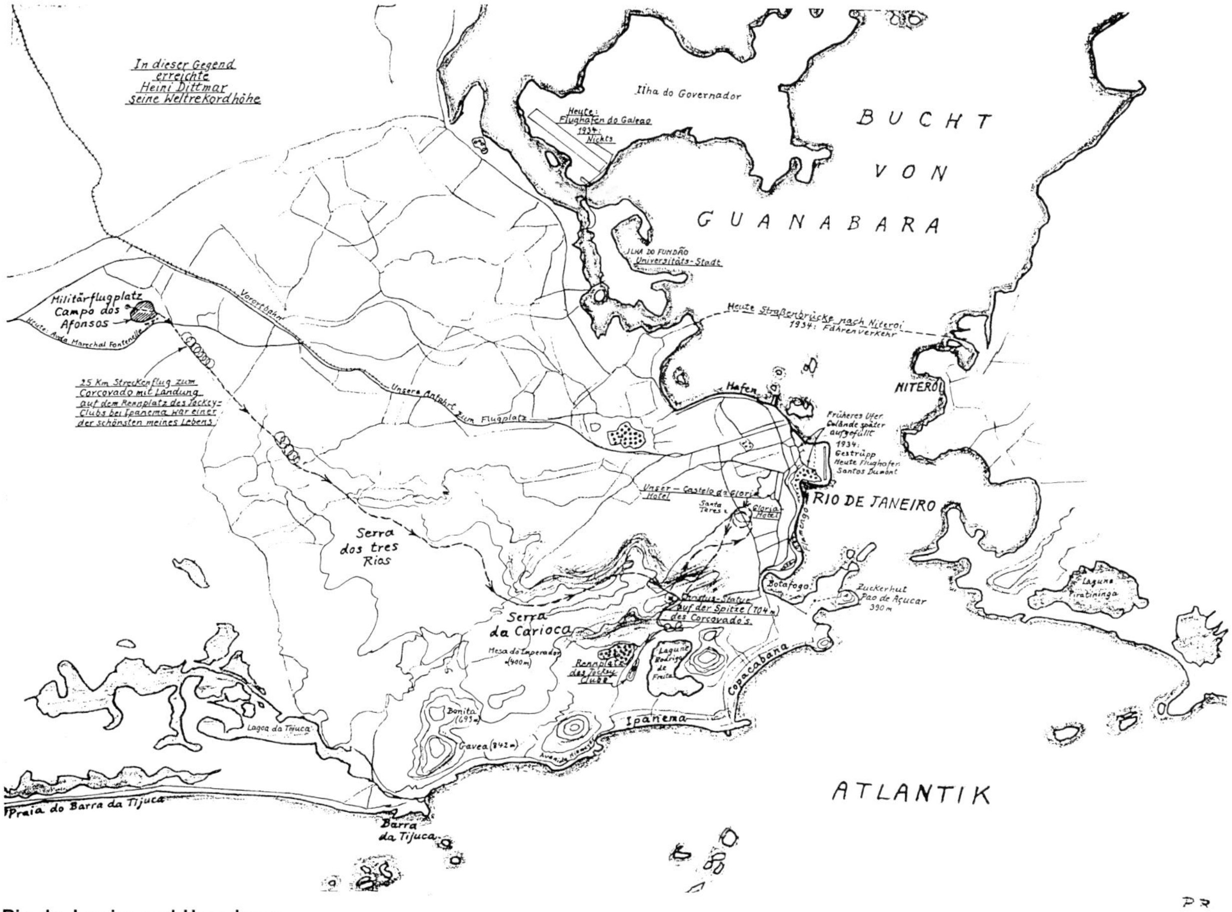

Rio de Janeiro und Umgebung.

landete auf dem schon erwähnten Rennplatz von Rio Gavea bei Ipanema. Dieser diente einige Tage später als Gelände für einen Segelflugtag, der vor allem von der deutschen Kolonie und Brasilianern aus Luftfahrt- und Regierungskreisen besucht wurde. Verglichen mit unserem späteren Empfang im 800 m hoch gelegenen São Paulo war das öffentliche Interesse in Rio viel geringer. Meine späteren Erfahrungen in anderen tropischen Ländern bestätigten diese Beobachtung. Es muß am Klima und der dadurch bewirkten lässigeren Haltung der Bewohner dieser Zonen liegen.

Am 16. Februar 1934 stieg Heini Dittmar mit seinem selbstgebauten ›Condor‹ im Inneren einer kräftigen, sehr turbulenten Cumuluswolke auf 4350 m über Ausklinkhöhe. Dadurch übertraf er als erster Segelflieger den von Robert Kronfeld am 30. Juli 1929 aufgestellten Höhenweltrekord von 2560 m Höhengewinn. Der Erfolg unserer Expedition wurde durch Heinis großartige Leistung sichergestellt.

Am 23. Februar ging es weiter zur Millionenstadt São Paulo. Am 4. März führte der Verfasser den ersten motorlosen Streckenflug in Brasilien aus. Nach rund 130 km Strecke in westlicher Richtung mußte ich gegen 15 Uhr in 800 m Höhe aufgeben und den ›Fafnir‹ bei Tatuhy landen. Weiter voraus lagen unübersehbare Wälder, offenbar ohne Landemöglichkeiten. Obgleich ich vor der Landung längere Zeit in niedriger Höhe über dem Städtchen gekreist hatte, kam niemand zu meiner Viehweide. Ich mußte den ›Fafnir‹ allein stehenlassen und brauchte längere Zeit, bis ich genug Leute zusammen hatte für das Abmontieren und Wegtragen der Teile zu einem geeigneten Schuppen.

Der Rücktransport erfolgte auf staubigen Straßen mit Hilfe eines der 600 Lastwagen der Brauerei Antarctica, die damals schon größer war als alle Münchener Brauereien zusammen. Wir kamen durch die Anfänge japanischer Siedlungen, die heute 1½ Millionen umfassen und durch ihren Fleiß – Gemüseanpflanzung im großen Stil – viel zur Hebung des Lebensstandards dort beigetragen haben.

Unser Flugfeld Campo de Marte lag nahe dem Großstadtzentrum. Deshalb kamen jeden Tag Hunderte und an Feiertagen Tausende, um zuzusehen, wie wir uns zu Schauflügen hochschleppen ließen und dann lange über den Wolkenkratzern thermiksegelten. Einmal verlor Hanna dabei soviel Höhe, daß sie auf einem Fußballplatz des Vororts Cambucy landen mußte. Professor Georgii atmete erleichtert auf, als er erfuhr, daß niemand verletzt worden war. Ein Spiel war gerade im Gang gewesen. Die Leutchen ahnten ja nicht, daß Hanna 'runter mußte. In letzter Sekunde räumten sie das Feld und Hanna landete. Gleich danach war ihr ›Baby‹ von allen umringt. Das Spiel wurde abgeblasen.

Die deutsche Kolonie verwöhnte uns mit Einladungen, weit mehr als wir annehmen konnten. Unvergessen, was Herr von Hardt, der Vorsitzende des ›Verbandes Deutscher Vereine‹, sagte: »Wir hier freuen uns so über die deutsch-polnische Annäherung drüben. Wir haben hier ein sehr gutes Verhältnis zur polnischen Kolonie. Fern von Europa empfindet man das Gemeinsame viel stärker als das Trennende.« Damals schien zwischen der deutschen Regierung und der polnischen unter Marschall Pilsudski eine friedliche Lösung bestehender Gegensätze zustande zu kommen. Wie bitter wurden solche Hoffnungen fünf Jahre später enttäuscht!

☆

Vor unserer Abreise wurde Heini Dittmar vom neugegründeten Paulistaner Segelflugverein eingeladen, dort bei der Auswahl des Geländes und als Fluglehrer mitzuarbeiten, sobald unsere Expedition von Argentinien zurückkehrte. So geschah es, und Heini hat mehrere interessante Monate in São Paulo zugebracht. Deshalb auch wurde der neue ›Fafnir II‹ auf diesen Namen getauft.

☆

Am 7. 3. 1934 bestiegen wir den Dampfer ›General Artigas‹ im Hafen von Santos und kamen am 14. 3. um 7 Uhr morgens in Buenos Aires an. Dort empfing man uns mit offenen Armen, und unsere Flugzeuge wurden ohne Zollkontrolle sofort freigegeben. Wir durften den großen Militärflugplatz El Palomar benutzen, da der Segelflugplatz Morón gerade überschwemmt war.

Genau wie in Brasilien gab sich die deutsche Kolonie viel Mühe mit uns. Die argentinischen Behörden, besonders die der Zivil-, Heer- und Marineluftfahrt, luden uns zu festlichen Veranstaltungen ein. Aber ich brannte darauf, hier endlich Streckenflüge zu machen, wo Landemöglichkeiten kein Problem waren.

Als erster ging ich am 22. März 1934 auf Strecke, dicht gefolgt von den anderen. Das Herbstwetter brachte nur schwache Aufwinde. Mit Mühe und ein bißchen Glück schaffte ich 135 km bis Santiago Larre, einer Bahnstation (F.C.P.B.A.) mit Rancho, Almacén (Kramladen) und Schule, zu der die Kinder zu Pferde aus allen Richtungen kamen. Die Landung war leider schon um 15.30 Uhr erfolgt. Es folgen Auszüge aus meinem damaligen Bericht für eine Zeitschrift:

»Der ›Fafnir‹ war etwa fünfzig Meter neben Señor Ramón Larres Rancho zum Stehen gekommen. Der ›Patron‹, stolzer Baske, graue Bartstoppeln, lebhafte schwarze Augen im wettergebräunten Gesicht, wie

Riedel fliegt 135 Kilometer im unbekannten Brasilien

Peter Riedel startete um 10.15 Uhr zum ersten Male. Er hatte die Absicht, in einem zweistündigen Fluge die Wetterverhältnisse zu prüfen. Da das Wetter aber so überaus günstig war, faßte er kurzerhand den Entschluß, einen größeren Überlandflug zu wagen. Er landete wieder und beriet sich mit Professor Georgii über die Möglichkeiten, den „Fafnir" nach einem gelungenen Überlandflug wieder aus dem Inneren des Landes zurückzubringen. Kurz nach ein Uhr mittags ließ er sich vom Flugkapitän Wachsmuth vom „Condor-Syndicat" hochschleppen und traf über der Stadt bereits so gute Aufwinde an, daß er schon in 300 Meter Höhe ausklinken konnte. Wie er später erzählte, gelang es ihm, mit einer Geschwindigkeit von zwei Meter pro Sekunde an die Wolkenbasis heranzukommen, die in 1800 Meter Höhe über São Paulo und der Umgegend lag. Riedel orientierte sich in dem ihm unbekannten Lande an Rauchfahnen, an dem Verlauf der Gebirgszüge, am Lauf der Flüsse und an den Schienen der Eisenbahn. Von Wolke zu Wolke lotste er sich hindurch, wobei ihm die Urubus, wie schon oft, gute Dienste leisteten. Der günstige Ostwind führte ihn nach Westen; an der Bahnlinie entlang segelte er in Richtung Sorocaba.

Bei uns lag um 4 Uhr nachmittags noch keine Landemeldung vor, so daß wir schon etwas unruhig geworden waren. Wachsmuth stieg daher mit Professor Georgii als Beobachter zu einem Erkundungsflug auf; sie flogen ebenfalls bis Sorocaba, ohne jedoch etwas vom „Fafnir" zu sehen, und traten unverrichteterdinge den Rückflug an. Um 6 Uhr erhielten wir dann zu unserer Erleichterung die telephonische Meldung, daß Riedel in Tatuhy — das in der Luftlinie 125 Kilometer vom Marsfelde entfernt liegt — glatt gelandet sei. Die Freude war natürlich sehr groß bei uns. Bei diesem Langstreckenflug, der eine ganz außerordentliche Leistung angesichts der gänzlich unbekannten Verhältnisse und der Ungewißheit der Landemöglichkeiten war, konnte Peter Riedel über der Hochebene von Itu bis zu einer Höhe von 2400 Meter hinaufklettern. Wenn der Seewind nicht aufgekommen wäre und er sich anstatt nach Süden nach Norden hätte wenden können, wäre es ihm sogar möglich gewesen — wie er später, krebsrot und verbrannt, in einem Vortragsabend der Gesellschaft „Germania" den Segelfliegern von São Paulo schilderte —, einen noch längeren Flug auszuführen.

Während Peter Riedel diesen Fernflug ausführte, waren aber wir anderen auch nicht faul. Mir gelang es, auf dem „Moazagotl" in ständigem Kreisen in der Nähe des Flugplatzes einen Dauerflug von 7 Stunden und 5 Minuten zustande zu bringen, der von Heini Dittmar auf seinem „Condor" noch um 15 Minuten überboten wurde. Ich konnte dabei sogar einige sehr nette Aufnahmen von dem unter mir kreisenden „Condor" machen. Es war gar nicht so einfach, die „Kiste" im Gleichgewicht zu halten, während ich an meinem Photoapparat herumfingerte und die Instrumente beobachtete.

Auch Hanna Reitsch trug zu dem schönen Erfolge des „Deutschen Flugtages" bei. Sie führte auf dem Grunau-Baby eine Reihe eindrucksvoller Kunstflüge aus, die außerordentlichen Beifall erhielten.

Neben den praktischen Vorführungen, die jeden Tag von der deutschen und brasilianischen Presse ebenso ausführlich wie begeistert registriert wurden, wurde von der Expedition auch in theoretischer Arbeit viel geleistet. Der wissenschaftliche Begleiter, Dipl.-Ing. Harth, schilderte vor Mitgliedern der deutschen Kolonie die Entwicklung des Segelfluges in Deutschland. Das Interesse am motorlosen Flug ist hier außerordentlich gestiegen. Aus dem ganzen Lande kommen Nachrichten von Club-Gründungen, und von überall ergehen Einladungen an uns, denen wir natürlich in dieser Anzahl nicht Folge leisten können, weil unser Reiseprogramm schon genau vorgeschrieben ist.

Wir hatten in Rio geglaubt, daß die Herzlichkeit und Begeisterung, mit der man uns empfangen hatte, nicht zu überbieten sei. Den Beweis des Gegenteils erlebten wir in São Paulo. In den Familien, auf den Schulhöfen und Sportplätzen ist immer nur von den Segelfliegern die Rede. Die „Deutsche Zeitung" von Sao Paulo schrieb: „Nicht einen Deutschen gab es in diesen Tagen, der nicht stolz war, ein Deutscher zu sein, und nicht einen einzigen, der nicht zum Freund der Segelflieger wurde." Unter diesen Umständen fällt es schwer, an den Abschied zu denken.

Aus W. v. Langsdorffs: »Flieger und was sie erlebten«.

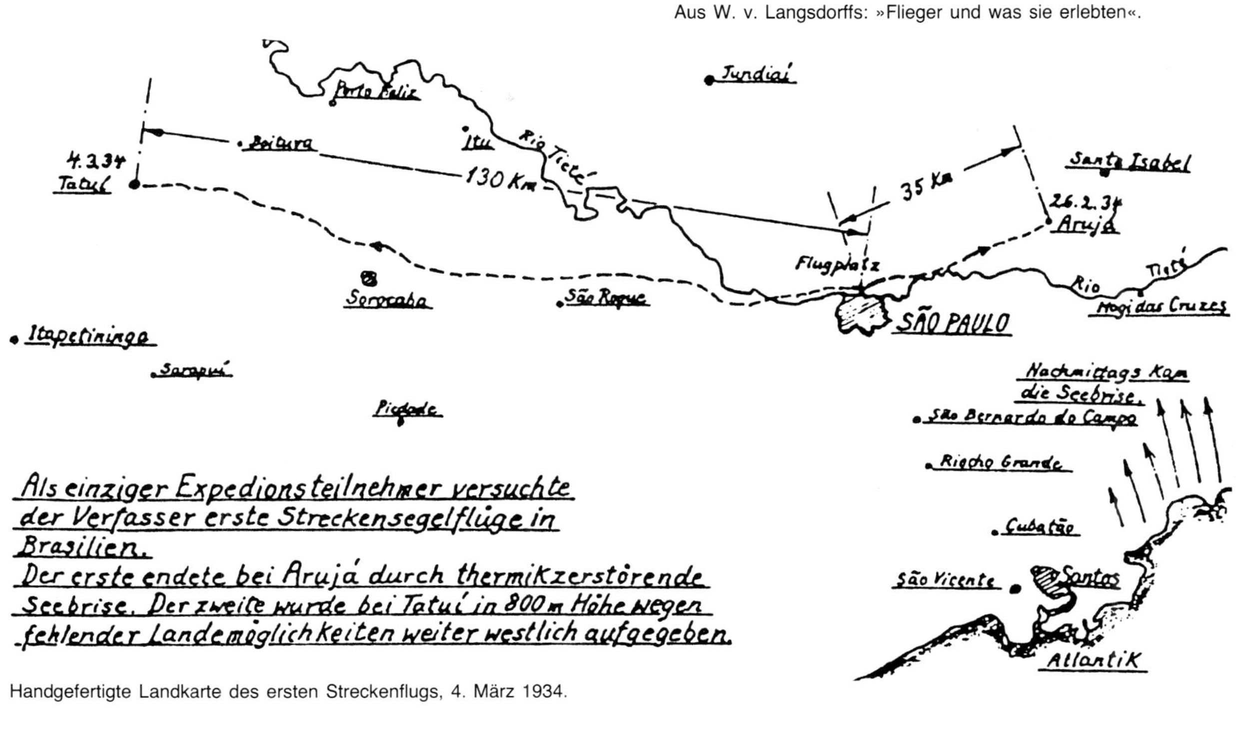

Handgefertigte Landkarte des ersten Streckenflugs, 4. März 1934.

seine Gauchos gekleidet, bot mir Unterkunft mit Schlafgelegenheit auf Lammfellen an. Ich durfte auch die Hauskost teilen: in Streifen geschnittener Lammbraten wurde in den Mund gesteckt und mit einem scharfen Messer dicht vor den Lippen abgeschnitten. Von unten nach oben war comme il faut. Ich aß langsam und vorsichtig . . .

Telefon gab's nicht, aber der Bahntelegraf schickte meine Landemeldung nach Buenos Aires. Das dauerte eine Weile, so daß man dort die Schlagzeile brachte ›Riedel perdido en las Pampas del Sur‹ (›Riedel in den südlichen Pampas verlorengegangen‹).

Steinhartes Weißbrot in Kugelform konnte nur von Kennern aufgebrochen werden. Es hielt sich wochenlang frisch. Maté, eine Art Tee, wurde siedendheiß durch ein Silberröhrchen aus der birnenförmigen ›bombilla‹ geschlürft, als einzige Quelle von Flüssigkeit und Vitaminen. Milch und Butter? Nada = Nix! Mein bißchen Spanisch wurde während der 40 Stunden in der Pampa mit Hilfe von Latein langsam besser. Bezirksschullehrer F. M. Peralta und Kramladenbesitzer Ruiz luden mich zu Mittagsmahlzeiten ein.

Als Wolf Hirth mit der M-23 über die Bahnstation brauste, kurbelte Sr. Ruiz vorn am ehrwürdigen Ford Lizzy-Lastwagen und nahm uns alle zum Rancho Larre, einen Kilometer weit entfernt. Dort tankte ich die Messerschmitt aus Kanistern, die Wolf mitgebracht hatte. Dann wurde der Abflug vorbereitet, während Hirth Aufnahmen machte und Schulkinder in weißen Kitteln neugierig beide Flugzeuge umschwärmten. Gleichmütig schauten Gauchos hoch zu Roß dem Treiben zu. Sr. Peralta hielt das Flächenende beim Start. Über dichte Grasbüschel holpernd ging's rasch vorwärts. Noch eine Ehrenrunde um die kleine Insel menschlicher Siedlungen; dann blickten wir lange auf unübersehbare Grasflächen mit einsamen Gehöften und Buschwerk hier und dort. Schließlich kündigten Dunst und Rauch am Horizont unser Ziel Buenos Aires an. Das Ganze ein unvergeßliches Erlebnis.«

Hanna, Heini und Wolf Hirth hatten am gleichen Tag Strecken von 55 bzw. 70 km geschafft. Es war sehr dürftige Thermik gewesen. Hanna Reitsch schilderte in ihrem Buch ›Fliegen, mein Leben‹, was sie damals erlebte:

»Argentinien ist mit seinen Pampas, den schier endlosen Ebenen, die sich ungezählte Kilometer nach allen Richtungen hin erstrecken, ein ideales Land für Streckenflüge.

Hier führte ich zum ersten Male einen Streckenflug durch, wobei ich als erste Frau das Silberne Leistungsabzeichen erflog. Es war ein wunderschönes Erlebnis, dessen ich mich gern erinnere: Es war an einem Tag, an dem wir alle vier zum Streckenflug gestartet waren. Heini Dittmar und ich waren die letzten, die von der Motormaschine hochgeschleppt wurden, während die anderen zwei uns schon weit voraus waren. Wir flogen beide in Sichtweite voneinander. Buenos Aires war unseren Blicken bald entschwunden, und nun sahen wir unter uns die typisch argentinische Landschaft, Kamp, Kamp und nochmals Kamp: kein Haus, keine Straße, keine Menschen, aber viele Herden, nirgends eine Bahnstation.

Der Wolkenaufwind war an diesem Tag gering. Wir mußten deshalb oft mehrere Wolken überspringen, wobei ich mit meinem ›Baby‹ rasch an Höhe verlor. Ich war schon bis auf hundert Meter über dem Boden gesunken und suchte nach einem Landeplatz möglichst in der Nähe einer Siedlung, als ich Heini Dittmar plötzlich in einem Thermikschlauch kreisen sah. Sofort flog ich zu ihm hin und konnte mich wieder bis auf fast tausend Meter hocharbeiten. Etwa zwei bis drei Stunden waren wir – uns immer gegenseitig auf diese Weise helfend – geflogen, als die ersten Häuser in Sicht kamen. Als ich mich im Aufwind nicht mehr halten konnte, landete ich dicht neben dem Dorf, das in der brütenden Hitze zu schlafen schien. Nirgends war ein Mensch zu sehen.

Ankunft in Buenos Aires: Dittmar, Hirth, Prof. Georgii, H. Reitsch, Riedel, Harth und Mihm.

Als ich aus der Maschine stieg, tobten statt dessen sechs Pferde mit großem Temperament auf mich zu. Schon sah ich im Geist mein ›Grunau-Baby‹ unter ihren Hufen zertrampelt. Wider Erwarten blieben sie jedoch plötzlich in respektvoller Entfernung stehen. Wir guckten uns gegenseitig an, ohne daß sich eins von uns von der Stelle gerührt hatte, ich mit dem dumpfen Gefühl, daß die Psyche dieser Tiere hierzulande anders war als bei uns. Kuhherden, das hatte man mir zum Beispiel gesagt, konnten unvermutet Menschen angreifen, weil ihnen ihr Anblick fremd war.

Ich wartete deshalb einfach ab. Irgendwie würde ja einmal etwas geschehen, beziehungsweise sich die Lage etwas ändern. Und tatsächlich kam nach einer gewissen Zeit, deren Dauer ich heute nicht mehr abschätzen kann, ein alter Ford des Weges gekeucht, aus dem zwei freundliche Argentinier stiegen. Ich verständigte mich mit ihnen so gut es ging auf spanisch, und sie brachten mir auch Hilfe, indem der eine mich mit ins Dorf nahm, während der andere meine Segelkiste hütete. Die Begeisterung im Dorf, das so arm an Ereignissen war, war natürlich groß. Die ›gloriosa alemana‹, wie sie mich bewundernd nannten, konnte sich vor Einladungen nicht retten. Jeder wollte mich zum Essen bei sich sehen und seine Gastfreundschaft beweisen.

Kurz danach mußte auch Heini Dittmar landen, Gott sei Dank ganz in unserer Nähe.

Und noch ein weiterer Gast stellte sich ein. Etwa fünfzehn Kilometer vom Dorf entfernt war auch Wolf Hirth mit seinem ›Moazagotl‹ gelandet. Er allerdings fand sich allein auf weiter Flur, umgeben von großen Herden, von Pferden und Kühen, bis drei recht wild aussehende Männer auf ihn zukamen und ihm Hilfe anboten. Nach ihrer Vorstellung war das am einfachsten damit geschehen, daß sie ihm ein Pferd einfingen und für den Ritt ins Dorf zur Verfügung stellten. Sie konnten nicht wissen, daß Wolf mit seiner Beinprothese von dem freundlichen Angebot keinen Gebrauch machen konnte. So wurde dann ein Karren besorgt, der irgendwo herumstand, und nun ging es mühsam stolpernd über Stock und Stein, durch Lehm und Schlamm, bis er uns erreicht hatte.

Mit einem Auto, das man von Buenos Aires schickte, fuhren wir zwei noch in derselben Nacht zurück, während Heini Dittmar bei den Maschinen blieb, die anderntags auf Transportwagen zurückgeschafft werden sollten.

Peter Riedel hatte es an diesem Tag glücklicher getroffen als wir. Er war im Streckenflug einhundertfünfzig Kilometer weit geflogen, was damals eine Leistung war.

Als wir am 13. April mit dem ›General San Martin‹ den südamerikanischen Boden verließen, nahmen wir eine reiche Ernte mit. Nicht nur forschungsmäßig, sondern auch fliegerisch!

Dazu gehörten einige neue Rekorde, die wir erflogen hatten: Peter Riedel im Streckenflug, Heini Dittmar mit einem Höhenweltrekord von 4300 m. Ich hatte in der Zeit meines Aufenthaltes das Leistungsabzeichen für Segelflieger (die heutige Silber C) erworben als erste Frau der Welt und als Nr. 25 unter den Segelfliegern.«

Soweit Hanna Reitsch. Sie hatte recht: In Argentinien entsprechen März und April den europäischen Herbstmonaten September und Oktober. Aus diesem Grund war es nicht mehr möglich gewesen, Streckenweltrekorde zu fliegen. In der Zeit vom 22. März bis 6. April hatten wir insgesamt folgende Streckenflüge gemacht:

Heini Dittmar:	55 km	Cañuelas, 135 km Del Carril bei Saladillo.
Wolf Hirth:	70 km	(15 km südlich von Cañuelas).
Hanna Reitsch:	55 km	Cañuelas.
Verfasser:	135 km	Santiago Larre, 135 km Baradero und am 6. April der längste Streckenflug der Expedition: 165 km nach Perez-Millan.

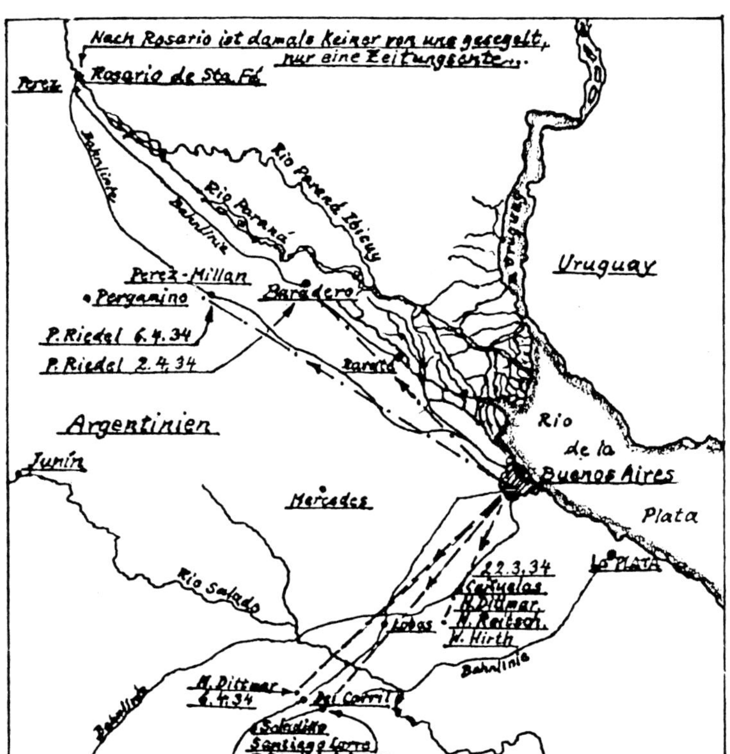

März/April 1934:
Unsere Streckenflüge von Buenos Aires aus.

Oben links: **Messerschmitt M-23 und ›Fafnir‹ auf dem Rennplatz von Rio de Janeiro.** – Rechts: **Auf Flughafen El Palomar, Buenos Aires.** – Darunter: **Riedels Landung in Santiago Larre: Schullehrer Peralta mit Sportmütze und Brille. Seine Schulkinder und gelassene Gauchos schauen zu, wie der Rückschlepp zur Hauptstadt vorbereitet wird.**

Das war alles, war wir in Argentinien schaffen konnten. Das Herbstwetter setzte uns eben Grenzen. Außerdem muß man daran denken, daß die Gleitzahlen unserer Segler erheblich niedriger waren als heute: Grunau-Baby II = 17, Condor I = 20, Fafnir = 21 und Moazagotl = 23.

Dennoch scheint die Expedition ihren Zweck erfüllt zu haben. In Argentinien und Brasilien entwickelten sich Segelflugbewegungen, die 1960 sogar zu einem argentinischen Segelflugweltmeister, Rudolfo Hossinger, geführt haben.

Ein Weltrekord, der nie geflogen wurde

Zu jener Zeit gab es in Argentinien noch keine zuverlässigen Fernsprechverbindungen zwischen den genannten Landeorten und Buenos Aires. Dittmar und ich mußten jedesmal auf der nächsten Bahnstation bitten, unsere Landemeldung mit dem Bahntelegraphen durchzugeben. Dann telefonierte man vom Bahnhof in Buenos Aires zum Hotel Jousten, wo wir alle wohnten.

Nach meinem 165 km-Streckenflug vom 6. April ging etwas schief. Im Hotel verstand jemand, ich sei in *Perez* gelandet statt in *Perez-Millan.* Perez liegt dicht vor Rosario, der zweitgrößten Stadt Argentiniens, 265 km weit von Buenos Aires entfernt, aber in der gleichen Richtung nahe dem Rio Paraná. Jubelnd benachrichtigte Professor Georgii die ›Deutsche La Plata-Zeitung‹, und diese brachte am nächsten Morgen als Schlagzeile auf der ersten Seite: »Peter Riedel flog 265 km-Weltrekord.«

Indessen saß ich in Perez-Millan und wartete auf Abholung durch unsere Messerschmitt M-23 . . . Endlich klärte das vom Postboten ins Hotel gebrachte Bahntelegramm den Irrtum auf. Hirth kam und schleppte mich nach Buenos Aires zurück, wie er es selbst in Rolf Italiaanders Buch ›Wolf Hirth erzählt‹ geschildert hat.

Aber nicht genug damit. Zwei Tage später teilte mir der Professor unter vier Augen mit, dieser falsche Weltrekord sei in allen deutschen Zeitungen als ein neuer Weltrekord von Wolf Hirth gemeldet worden . . . *»Wie erklären Sie sich das?«* fügte er hinzu. Es ist mir bis heute ein Rätsel geblieben. Nach meiner oft mühseligen Krebserei, um Streckenflüge überhaupt zu schaffen, war ich natürlich sehr betrübt. Unsere Expedition war vorbei. Im Endergebnis der Expedition erschien es nun, als ob ich als einziger keinen Weltrekord fertiggebracht hätte. Selbstverständlich erwartete ich eine Richtigstellung durch ein Dementi von Professor Georgii in seiner Eigenschaft als Expeditionsleiter. Das hat er seltsamerweise nicht getan.

Es wäre kameradschaftlich von Hirth gewesen, nach unserer Rückkehr eine entsprechende Richtigstellung an Presse und Fachzeitschriften zu schicken. Das ist nicht geschehen. Deshalb wurde der ›falsche Weltrekord‹ sozusagen geschichtlich verewigt durch seine Veröffentlichung in

1) ›Flugsport‹ 1934, Seite 173, sogar mit erläuternder Landkarte;
2) ›Les Ailes‹, Paris, Ausgabe vom 3. Mai 1934, mit der gleichen Landkarte und
3) in der Weltrekordliste am Ende des Büchleins ›Segelflug‹ von Walter Hochberg, das ein Jahr später – 1935 – in Berlin erschien. Sein Verlag stand dem neuen DLV nahe.

Kürzlich erfuhr ich, daß Hirth im Juni 1934 in einer kleinen schwäbischen Zeitung den Irrtum mit seinem nie geflogenen Weltrekord erwähnt habe. Aber wie viele Segelflieger lasen damals die ›Remstaler Post‹?

KAPITEL 8

Die Hortens – Pioniere von Nurflügelseglern

Der Gedanke des Nurflügelflugzeugs hatte nicht nur Lippisch fasziniert. In Deutschland gab's noch einige, vor allem die Brüder Horten in Bonn, die mit jugendlichem Schwung an die Lösung der selbstgestellten Aufgabe gingen – das ideale Segel- und Motorflugzeug als Nurflügler zu schaffen.

Walter Horten schrieb im Sommer 1979:

»Dieses, unser erstes Flugzeug hat uns eine wirklich große Portion Idealismus und Wagemut abgefordert. Es war einfach der fanatische Glaube an die Grundidee, daß ein Flugzeug, dessen gesamte luftumspülte Oberfläche Auftrieb erzeugt, den besten Wirkungsgrad haben müßte. Stabilität und Flugeigenschaften waren die eigentlichen Probleme. Beispiele in der Natur wie das Zanonia-Samenblatt und die segelnden Greifvögel und Möwen mit ihren relativ kurzen Schwanzflächen – ohne Seitenruder – schienen unsere Erwartungen zu bestätigen.

Wir waren drei Brüder, Wolfram 1912, Walter 1913 und Reimar 1915 in Bonn geboren. Als Nachzügler kam 1921 Schwester Gunhild hinzu. Unser Vater, Prof. Dr. Dr. Dr. Max Horten, philosophischer Gelehrter und Arabist, brachte Kinder hervor, die mehr mit Wind und Wetter – den Naturwissenschaften – verbunden waren als mit reiner Philosophie. Wolfram fuhr zur See und wurde später Marineflieger; Walter wurde Jagdflieger und Flugzeugkonstrukteur aus Passion; Reimar, Dr. der Mathematik, Flieger, Aerodynamiker, dazu Flugzeugkonstrukteur, verstand sich meisterhaft auf Profilberechnungen, Auftriebstheorien und Stabilitätsuntersuchungen. Sobald sie alt genug geworden war, wurde Gunhild von der Begeisterung ihrer Brüder mitgerissen und half in der Werkstatt, auf dem Flugplatz und wurde eine sehr gute Segelfliegerin.

Es begann 1926, als der DLV eine Sektion in Bonn gründete, deren Jungfliegergruppe Werkstattpraxis und Theorie in der Berufsschule Bonn lehrte. Auf dem Rodderberg bei Mehlem wurde mit selbstgebautem RRG-Fluggerät geschult, wo wir 1927 bis 1930 die A- und B-Prüfung schafften. Walter machte 1930 als 17jähriger seinen ersten Motoralleinflug in Bonn-Hangelar und 1932 seine C in Rossitten. Er erwarb im gleichen Jahr den Motorflugschein A als Mitglied der Akaflieg Bonn.

Nach längeren Versuchen mit Flugmodellen kam uns der Gedanke, in unserem Elternhaus Venusberg 14 ein selbstkonstruiertes ›Nurflügelflugzeug‹ aufzulegen. Das Haus stand uns frei zur Verfügung, da unser Vater einem Ruf nach Breslau gefolgt war und unsere Mutter später nachzog. Rippen und Holme wurden in unseren Schlafzimmern angefertigt, während der Zusammenbau des Mittelstücks, das den Piloten unterbrachte, in den unteren größeren Räumen stattfand. Dort gab's Ausbringungsmöglichkeit nach draußen, bei Entfernung der Fensterkreuze, wie wir es vorher ausgemessen hatten. Bei vorwiegender Ernährung durch Pellkartoffeln und Blutwurst konnten wir das notwendige Material wie Sperrholz, Leisten, Leim,

Stahlblech und -rohre für 320.- RM kaufen, soweit es nicht durch Bonner Geschäftsleute gestiftet worden war. Zum Schluß wurde alles, was sperrholzbeplankt war, schwarz übermalt, damit man die Verwendung der billigsten Sorte nicht erkennen konnte.

Im Frühjahr 1933, nach etwa 1200 Baustunden von Februar bis Mai, war die Maschine fertig. Bonner Freunde hatten begeistert dabei mitgearbeitet. Der Rohbau sollte in aller Frühe zum Flugplatz Bonn-Hangelar gebracht werden. Da ergab sich eine Schwierigkeit, die eine radikale Lösung nötig machte: Der Fensterrahmen zeigte in der Mitte eine holzverkleidete Stahl-Doppel-T-Stütze! Was nun?

Mit der Handstahlsäge wurde zunächst mühsam ein erster Schnitt ausgeführt, was wohl eine Stunde erforderte. Welch ein Glück – der Spalt blieb bestehen –, das obere Stockwerk sackte nicht nach. Durch einen zweiten, oberen Schnitt wurde der Weg frei – mit einiger Verspätung – durch die Hintergärten zum Handplateauwagen. Wie nun durch den Verkehr kommen? Denn es war ja inzwischen heller Tag geworden. Irgendwie ging es und schließlich hatten wir den Vogel in der Flughalle von Hangelar. Dort wurde er liebevoll bespannt, zelloniert und ausgewogen.«

Das war 1933. Beide, Walter, Oberprimaner, und Reimar, Unterprimaner, flogen den Vogel ein. Seine Flugeigenschaften waren zufriedenstellend, aber noch lange nicht gut genug, um ihn einem jeden anvertrauen zu können.

Reimar Horten setzte von hier an den Bericht fort:

»Nach über einem Jahr Flugerprobung der Horten-I mittels Autowinden- und Flugzeugschlepp trat die DLV-Ortsgruppe Bonn im April 1934 an uns heran mit der Aufforderung, im Juni des Jahres auf einem Großflugtag in Bonn-Hangelar zu fliegen. Unser Erprobungsprogramm kam nur langsam voran, da die Kosten für Flugzeugschlepps für uns zu hoch waren. Daher sagten wir zu in der Hoffnung, kostenlos einige Schleppflüge machen zu können. Das Flugzeug mußte für diese Flugvorführungen eine amtliche Zulassung erhalten, die damals auf seinen Namen eingetragen werden mußte. Wir wählten den Namen ›Hangwind‹, Lippischs Spitznamen, weil wir seine Freundschaft suchten und ihn als Vorkämpfer des Nurflügelgedankens ehren wollten.

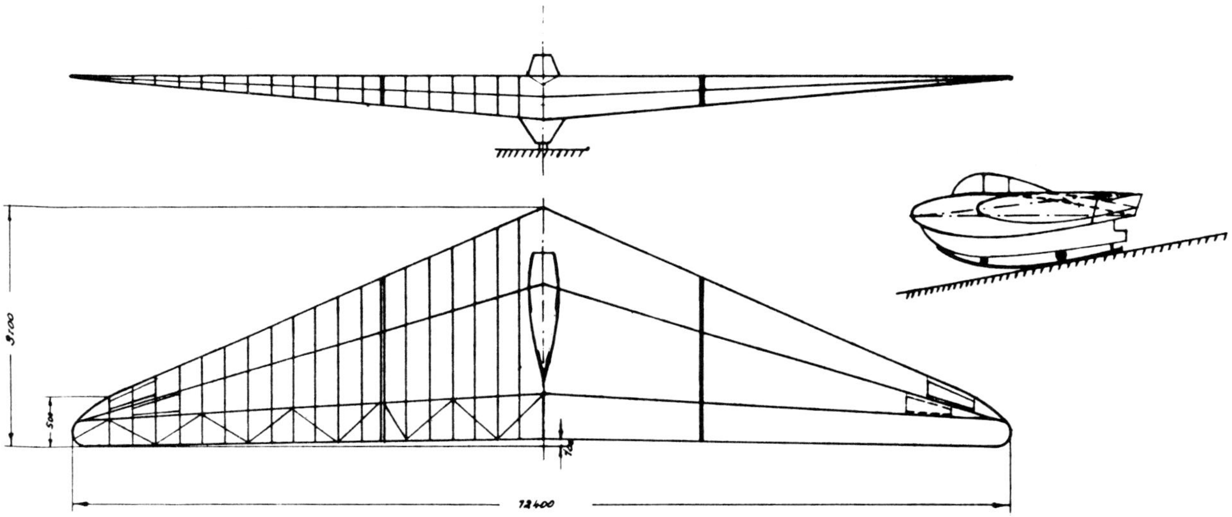

Dreiseitenansicht der Horten H-I.
Aus Horten/Selinger: »Nurflügel«, Graz 1983.

Oben links: **1933 – Wohnzimmer Venusberg 14 in Bonn.** – Rechts: **1933 – Startbereit in Bonn (links Reimar, rechts Walter Horten).** – Darunter: **Rhön 1934 – zum Westhang der Kuppe.**

Die bisherigen Flugversuchsergebnisse waren so positiv, daß eine H-II zu bauen geradezu notwendig war. Für dieses Vorhaben brauchten wir Förderung und meldeten deshalb für den kommenden Rhönwettbewerb. Wir erhielten die Meldenummer 72 als Mitglieder der Fliegerortsgruppe Bonn.

Mein Gesuch als Oberprimaner um eine Woche Schulurlaub vor den Ferien wurde schroff abgelehnt. So konnten wir erst am folgenden Sonntag, dem 29. Juli 1934, von Bonn abfliegen, eine Woche nach Beginn des Rhönwettbewerbs. An diesem Sonntag endete der Militärurlaub Walters, der mich mit einer Klemm L-25 zur Wasserkuppe schleppen wollte, um sofort nach Bonn zurückzufliegen, damit er noch den Nachtschnellzug nach seinem Standort erreichen könnte.

Als wir morgens abfliegen wollten – nach Osten zu in Richtung Wasserkuppe –, verbot die Luftpolizei den Start, weil eine Front vom Westen her gemeldet war. Alle Bitten und Erklärungen halfen nichts: Wir mußten den Start abbauen und zurück in die Halle. Um 14 Uhr nachmittags, nachdem das Gewitter durchgezogen war, durften wir starten – und das Gewitter von rückwärts durchfliegen! So wurde der erste Über-

landschlepp eines ›Nurflügelflugzeugs‹ gleich ein Gewitterflug mit dem damit verbundenen außerordentlichen Risiko. Man denke nur an das 100 m lange Stahlseil zwischen den beiden Flugzeugen! Die Vorsorge der Luftpolizei für die Flugsicherheit hatte zur Folge, daß der Schlepp teilweise zum Blindflug wurde, daß wir wegen der Blitzgefahr in den Tälern fliegen mußten und eine unbeschreibliche Böigkeit erlebten. Am Vogelsberg hatten wir die Front überholt und sahen die Wasserkuppe, die wir dann auch bald erreichten.

Nach Ausklinken des Schleppseiles flog ich zum Westhang, wo ich in 200 m über der Kuppe ein Grunau-Baby traf. Um zu sehen, ob ich seine Höhe halten könne, setzte ich mich daneben. Doch war ich von dem vorausgegangenen Gewitterflug derart angeschlagen, daß ich bald zur Landung abdrehte, die auf dem Motorlandeplatz erfolgen sollte. Als ich über der Straße nach Wüstensachsen einkurvte, sah ich, daß ich zu kurz kam und außen landen mußte. Dabei zerbrach die Landekufe an einem Stein.

Nun war ich auf der Kuppe mit beschädigtem Flugzeug und ohne Mannschaft, denn Walter war ohne zu landen gleich nach Bonn zurückgeflogen. Die Reparatur und Zulassung des ›Hangwind‹ zum Wettbewerb dauerte bis Donnerstag, den 2. 8. 1934. Zwei Tage mit Knofe erlaubten keinen Flugbetrieb. Endlich, am Sonntag, dem letzten Wettbewerbstag, zog ich die H-I zum Start. Beim Passieren durch die Lagerstraße riefen mir Kameraden zu, die dort ihre Maschine reparierten: ›Flieg 'mal hier oben drüber. Wir wollen auch was sehen.‹ Ich nahm mir vor, alles dranzusetzen, um ein ›Absaufen‹ zu vermeiden und ihren Wunsch zu erfüllen. Neben dem Fliegerdenkmal wurde gestartet. Beim Anfliegen des Pferdskopfes sah ich, daß sich die Rhönwanderer vor dem Flugzeug duckten; ich war also zu nahe am Hang. Beim Rückflug sah ich die Kuppe hoch oben, aber ich erreichte doch die Abtsroder Kuppe. Knapp Höhe haltend, ging's zurück zum Fliegerdenkmal, unter Hanghöhe. An dieser Stelle flog ich Achten, zwanzig Minuten lang, Meter für Meter Höhe erkämpfend. Dann kam eine leichte Böe und hob mich über Start.

Sofort drehte ich in den Rückenwind, wurde im Aufwind der Kuppe noch leicht angehoben, überflog rechts kurvend das Fliegerlager und landete am Fuße der Kuppe am Südhang. Damit hatte ich wenigstens EINEN Flug im Wettbewerb gemacht. Oberst Loerzer, der Präsident des Deutschen Luftsport-Verbandes, hatte den Flug beobachtet und ließ mich rufen. Ich sagte ihm, ich wolle weiterbauen und suche Möglichkeiten dazu; aber er verstand mich nicht. Er sah nur die fliegerische Leistung, nicht die technische.

Der Wettbewerb war zu Ende. Ein Konstruktionspreis von 600.- RM wurde uns zuerkannt, den die Ortsgruppe Bonn auszahlen sollte, jedoch auf die Schleppkosten verrechnete. Ohne Mannschaft, ohne Transportwagen stand die H-I in der leeren Halle. Eine Gruppe der Oberschule Bieberstein schulte mit einem ›Zögling‹. Ich half ihr mit der Abmachung, daß die Gruppe auch mir bei Segelwind starten helfe. Mein Bruder Wolfram hatte jetzt Urlaub und kam zur Kuppe. Ich wollte mein Versuchsprogramm im Hangaufwind weiterführen. Nach einer Woche kam Segelwind. Als wir unsere Maschine aus der Halle zogen, kam der Flugschulleiter und fuhr mich wie ein wilder Unteroffizier an, verbot mir die Halle, sogar die Kuppe. Ich machte noch einen Flug zum Abschiednehmen und segelte eine Stunde am Westhang. Der Wind ließ langsam nach. Der ›freundliche‹ Schulleiter segelte mit einem ›Superfalken‹ ebenfalls am Westhang. Wir beide mußten um Höhe kämpfen. Schließlich landete ich im Tal und bald danach auch der ›Superfalke‹. Die ›Zögling‹-Gruppe war rasch da und auf den Schultern wurde die H-I die Abtsroder Kuppe hinaufgetragen und in die Halle gestellt.

Nachspiel 1934 – das traurige Ende der H-I.

1939 – Horten IV.

Jetzt begann das Telefonieren. Die Ortsgruppe Bonn verwies mich an die Landesgruppe Essen. Diese sagte mir, daß ein solches Flugzeug nicht im Ausbildungsplan vorgesehen sei. Dann rief ich Lippisch beim DFS Darmstadt an. Ich schenkte ihm den ›Hangwind‹, wenn er mir eine Schleppmaschine für den Überführungsflug schicken würde. Er antwortete, er habe keine Möglichkeit dazu.«

Lippischs Antwort kann man rückblickend nur als eine bewußte Ablehnung ansehen. Dipl.-Ing. Fritz Krämer, damals ein engster Mitarbeiter Lippischs, schrieb kürzlich:

»Ich weiß aus eigener Erfahrung, daß er Ideen und Vorschlägen anderer immer skeptisch, wenn nicht ablehnend gegenüberstand.«

Ein an Professor Horten gegebenes Versprechen, dessen Sohn Reimar nach Abschluß seines Studiums zu sich zu holen, wurde nie eingelöst. Hätte Lippisch dem jungen Horten wirklich helfen wollen, hätte nach meiner Erfahrung nur ein Wort an Professor Georgii genügt. So wie ich diesen kannte, hätte er Reimar nicht im Stich gelassen. So mußte Hortens erster Rhönbesuch seinem traurigen Ende zu gehen:

»Am nächsten Tag wurde dann der ›Hangwind‹ abgewrackt und verbrannt. Unmittelbar danach wurde die H-II aufgelegt, aber mit Motoreinbau vorgesehen, damit sie unabhängig erprobt werden könne. Am 28. Mai 1935 war sie, wieder im Selbstbau, fertig.
1953, rund zwanzig Jahre später, baute ich in Gonzalez-Chaves, Argentinien, die H-Ib, um die noch ausstehenden Versuche nachzuholen und dem Klub ein billiges Schulflugzeug zu geben. Seitdem sind 25 Jahre vergangen, in denen die H-Ib bruchfrei flog. Der Präsident des Klubs schrieb mir kürzlich (1978), daß sie auch jetzt noch immer im Flugbetrieb eingesetzt würde. Das hätten wir schon 1935 in Deutschland haben können.«

Leistungen und Eigenschaften der Horten II und III Nurflügelsegler werden in späteren Wettbewerbsberichten noch erwähnt werden.

KAPITEL 9

Wolfgang Späte baut sich einen ›Condor‹

›Vom Sonnenschirm zur Me-163‹ wäre vielleicht ein besserer Titel für das gewesen, was Wolfgang Späte mir aufs Tonband berichtete:

»Als Zehnjähriger habe ich versucht, mit einem riesigen Sonnenschirm einen Hang hinabzusegeln. Daß ich mit der Leeseite die verkehrte Seite erwischt hatte, merkte ich erst, nachdem es mich furchtbar hingewirbelt hatte. Die erlittenen Beulen waren bald vergessen.

Als ich 15 war, da habe ich in unserer Dessauer Zeitung gelesen, daß es eine Interessengemeinschaft für Segelflug gab. Der habe ich mich sofort angeschlossen. Als erstes mußten wir entsetzlich viel Werkstattarbeit leisten und haben dabei einen Stahlrohrzögling gebaut. Wir hatten noch andere Kisten, aber die waren viel zu schwer gebaut, kaum flugfähig. Einige unserer Mitglieder waren beim Junkers-Motorenbau beschäftigt und gewohnt, mit Material (und Gewicht) nicht zu sparen . . . Wir besaßen beispielsweise einen Pelzner-Hängegleiter mit Holmen aus Esche, einem viel zu schweren Holz. Den konnten wir kaum in die Luft kriegen, machten also nur Sprünge von 5, 10 oder 15 m. Sein Gleitwinkel war nicht viel besser als der von einem Klavier. Zwei, drei Jahre lang habe ich mich auf diese Weise in den untersten fliegerischen Regionen Dessaus betätigt.

Dennoch war ich ganz zufrieden damit, einen Sommer lang jeden Sonntagmorgen um 3 Uhr aufzustehen, um 4 Uhr mich mit sechs bis acht Gleichgesinnten vor einen Hänger zu spannen, an dem vorne sechs Griffe und ein Zugseil angebracht waren. Dann haben wir unser Gleitflugzeug, den Stahlrohrzögling, 20 km von Dessau bis nach Aken oder Steutz an der Elbe gebracht. Da gab es eine Düne von 15 bis 20 m Höhe, wo wir ›schulten‹. Morgens gegen 8 Uhr waren wir an Ort und Stelle. Dann wurde das Ding aufmontiert und einer von den älteren Herren setzte sich 'rein für ein paar Starts. Es dauerte nicht lange, bis eine Landung so hart ausgefallen war, daß die oberen Spannkabel rissen. Die mußten dann neu eingespleißt und die Tragflächen neu verspannt werden. Darüber wurde es Nachmittag. Dann machte noch einer von den alten Säcken so 'nen Start, wieder die Spannseile kaputt und schließlich fuhren wir mehr oder weniger zufrieden wieder nach Hause.

So verging für mich ein Sommer, ein Winter und wieder ein Sommer. Manchmal habe ich leise aufzubegehren gewagt, aber mit 15 Jahren hat man keine besondere Durchsetzungskraft – die anderen waren alle über Zwanzig –. Schließlich haben sie mich mal 'reingesetzt, haben aber nicht mit voller Kraft am Gummiseil ausgezogen und die Maschine schlitterte nur übers Gras. Damit hatte es dann sein Bewenden. In dieser ganzen Zeit bin ich nicht über zwei, drei Rutscher gekommen, in höchstens Grashalmhöhe. Da es keinen anderen Verein in Dessau gab, habe ich Modellbau versucht, und da hatte ich dann ganz schöne Anfangserfolge.

Heini Dittmar war ja auch in seiner Anfangszeit Modellbauer. Er war sagenhaft. Er gewann alle Meisterschaften mit seinem angeborenen Sinn, so ein Miniaturflugzeug zu gestalten und das richtige Material dafür auszuwählen. Ich habe mir diese Fähigkeit von anderen absehen müssen. Dafür bewies ich Fleiß und habe es fertiggebracht, ganze Nächte lang Modelle zu basteln. Bin morgens zur Schule gegangen, ziemlich verschlafen, und habe dann die ganze Nacht weitergebaut, um sie fertigzukriegen. Kurzum, ich habe bis 1929 mit meinen Modellen mehrere Wettbewerbe der Mitteldeutschen Modell-Arbeits-Gemeinschaft (MMAG) gewonnen. Das hat mich wenigstens für die entsagungsreiche Zeit bei den Gleitfliegern entgolten.

1929 kam dann die Wirtschaftsmisere in Deutschland. Das Geschäft meines Vaters ging so schlecht, daß er seine vier Kinder nicht mehr auf der Schule halten konnte. Ich zog aus der begonnenen Unterprima von der Schule los und ging zur Zeitung in Chemnitz. Habe dort von der Pike auf angefangen, die Arbeit eines Verlagsbetriebes zu erlernen. Habe alles gemacht: rückte bis zum bilanzsicheren ›doppelten‹ Buchhalter auf; habe im Vertrieb und in der Propagandaabteilung gearbeitet und nebenbei für die Sportredaktion geschrieben: Skirennen im Erzgebirge – Fußball und Leichtathletik. Ich verfaßte sogar ein paar passende Zeilen über die ersten blühenden Kastanien am Schloßpark – und über eine politische Saalschlacht, die ich zufällig erlebte.

Meine Fliegerei aber hatte ich nicht vergessen. Gleich den ersten Urlaub – sechs Arbeitstage – benutzte ich zur Teilnahme an einem Gleitfluglehrgang auf der DLV-Flugschule Schwarzenberg im Erzgebirge. Machte dort meine A- und B-Prüfung. Die hatten dort ein paar ESG mit ›Schädelspalter‹ und einen netten kleinen Hang. Im nächsten Jahr – 1931 – habe ich bei van Husen in Grunau meine C und den amtlichen C-Schein gemacht. Wolf Hirth war Schulleiter. An dem Tag, an dem ich meine fünf amtlichen C-Flüge ausführte, hing Hanna Reitsch hoch über uns im Aufwind des Westhanges. Sie hat ganz schön gefroren, denn auch sie hatte noch keine Maschine mit völlig geschlossenem Führersitz. Aber sie flog und flog, und schließlich war sie über fünf Stunden lang oben gewesen. Wir freuten uns mit ihr, denn das war ein Frauenweltrekord. Ich selbst war über meinen amtlichen Segelflugzeugführerschein damals bestimmt genauso glücklich wie Hanna Reitsch über ihren Rekordflug.

1932 war ich auf der Wasserkuppe und anschließend bei euch in Griesheim. Auf der Kuppe schulte ich bei Karl Bedall. Ich hatte meinen ganzen Urlaub dazu genommen, um in einem Fortgeschrittenenlehrgang ein paar längere Flüge zu machen. Es kam aber kein geeigneter Wind auf. Endlich, am letzten Tag, blies ein steifer Südwest. Gegen Mittag erinnerte sich Bedall, daß ich ja noch nicht zum Fliegen gekommen war. Er teilte mich zu meiner großen Freude auf einen Superfalken ein. Im Handumdrehen war ich nach dem Gummiseilstart hoch über die Wasserkuppe gestiegen. Nach einer Viertelstunde wurde unten mit Leuchtkugeln geschossen. ›Rot‹ bedeutete ›landen‹! Es ist irgend etwas los, dachte ich, und bin sofort gelandet. Am Startplatz war schon keiner mehr da. Ich ging zum Speisesaal neben dem Ursinushaus, wo alles gemütlich beim Essen saß. »Warum mußte ich denn 'runter?« fragte ich Bedall. »Wir wollten essen gehen«, erklärte er mir. »Mensch, hättet Ihr mich doch OBEN gelassen: Seit einem Jahr freue ich mich auf einen längeren Flug und Ihr holt mich 'runter, weil es Mittag ist!« Fast hätte ich geheult. »Also, du kommst nachher noch mal 'rauf«, begütigte mich Bedall, und ich kam wirklich nach dem Essen noch mal dran.

In der Zwischenzeit war ein ganz starker Wind daraus geworden. Nach zehn Minuten hing ich schon 300 Meter über der Kuppe. Und wieder wurde – Teufel noch mal – laufend ›Rot‹ geschossen. Da hat mich richtig die Wut gepackt. Fast bis zum Himmeldunkberg flog ich 'rüber, um für die Landung tief genug 'runterzukommen. Das ganze Tal war voll Aufwind bis hinunter nach Gersfeld. Ich hatte nicht bemerkt, daß inzwischen eine Front 'rangekommen war. Als ich dann endlich genug Höhe verloren hatte, drückte ich die Nase steil nach unten, doch kam ich einfach nicht unter die Kuppenhöhe 'runter. Schon tauchte zur

Linken das Fliegerdenkmal auf. Meine Fahrt war immer noch zu hoch, und in Sekunden hatte mich der Wind über die Kuppe weggeweht. Hier kam ich natürlich in eine Verwirbelung 'rein, die war toll – ich fiel richtig in das Lee hinunter gleich hinterm Denkmal. Da habe ich dann Gott sei Dank das Richtige gemacht, habe die Kiste auf den Kopf gestellt und da hinten eine Hangauflandung gemacht, die mir glänzend gelang. Nur stand da eine kleine Fichte im Weg, und es war am Boden noch ein Felsbrocken verborgen, auf den ich mich setzte. Es gab einen kleinen Bums. Ich stieg aus. Oben auf der Kuppe erschienen Gesichter und die sahen, die Maschine stand da, scheinbar glatt gelandet. Dann kam ein richtiges Wasserkuppengewitter mit Waschküche und strömendem Regen.

Als wir die Maschine ansahen, fehlte das rechte Querruder samt Flächenspitze. Die hatte das Tännchen mitgenommen, an dem ich kurz vor der Landung vorbeigeflogen war. Und es fehlte auch das Seitenruder. Das hatte der bewußte Felsbrocken – wie später bei Groenhoff – samt Spornklotz abgeschlagen. Mir war nicht ganz geheuer, wenn ich an Bedall und die Flugschulleitung dachte.

Aber dann erlebte ich in Stamer den alten, weisen Lehrer von der Wasserkuppe: Als wir die Maschine zurückbrachten – ich hatte unter dem rechten Arm das Querruder, unter dem linken das Seitenruder – und die anderen Schüler schoben den Superfalkenrest in größter Eile vor der heranbrausenden Front in die Halle –, stand Stamer da und lachte übers ganze Gesicht. »Das haben wir in acht Tagen wieder repariert«.

Ich bin dann zu euch nach Darmstadt gekommen und habe natürlich nichts von diesem Ereignis erzählt. Noch heute bewundere ich Stamer, der als feiner Psychologe mich so großzügig und lächelnd über meinen Schock hinwegbrachte, den dieses Erlebnis natürlich darstellte. Er hat euch offenbar nichts von meiner fliegerischen Untat gesagt, denn ihr wart alle ganz jovial und aufgeschlossen. Ich durfte dann bei euch den Schlepplehrgang mitmachen mit ›Falken‹ und ›Superfalken‹ und meine Schleppberechtigung erwerben.

An einem Abend habe ich dann sogar noch eine Abendthermik, so eine Umkehrthermik erlebt, wie ich sie später kaum mehr angetroffen habe. Es löste sich da aus dem Wald so eine Thermikblase aus, und ich konnte über den Kasernengebäuden (RRG) kreisen und kreisen, fünf bis zehn Minuten lang mit einem Nullschieber, wie wir es damals nannten und vielleicht heute noch. War ganz stolz darauf, daß ich auf diese Weise so etwas bei euch kennengelernt hatte. Das waren so die Erlebnisse eines Schleppflugschülers.

Dort habe ich zum erstenmal Heini Dittmar kennengelernt. Er war ja damals dein Assistent auf dem Griesheimer Platz. Wir verabredeten, daß ich seinen ›Condor‹ nachbauen durfte. Ich habe gleich für 50.- RM einen Satz Zeichnungen mitgenommen. Zu Hause angekommen, habe ich meinen Verleger Hugo

Links: **Rumpfspanten-Fertigung.**

Rechte Seite: **Schorsch Jahn stolz hinter der fertigen ›Wurzel‹.** – Außen: **Die Helling für den Rumpf.**

Isenburg beschwatzt, er solle mir 500.- Mark spenden. Ich wolle ein Segelflugzeug bauen, und ich würde dann ›Chemnitzer Neueste Nachrichten‹ dran malen. Der hat zwar keine große Meinung dafür gehabt, aber ich muß ihn doch wohl beeindruckt haben. Ich hatte eine Überredungsgabe entwickelt, die ich mir vorher selbst nicht zugetraut hätte. Daß in einer Zeit, in der Geld teuer war – 1932 herrschte ja bereits Wirtschaftsdepression größten Ausmaßes –, ein vernünftiger Unternehmer 500.- Mark für so einen Zweck 'rausrückte, das war ein welterschütterndes Ereignis. Der Prokurist schüttelte auch nur den Kopf und glaubte – was weiß ich – an familiäre Beziehungen von mir zu meinem Chef. Ich stieg in seiner Achtung ungemein . . .

In der Werkstatt einer stillgelegten Möbelschreinerei, die ich mietete, habe ich angefangen, einen ›Condor‹ zu bauen. Allein hätte ich das nie geschafft mit meinen wenigen Modellbauerkenntnissen.

Da kam mir der Schorsch Jahn über den Weg gelaufen. Der war ein fabelhafter Schreinermeister und verstand wirklich etwas vom Flugzeugbau. Er war arbeitslos – 1932 zählte man 5 Millionen Arbeitslose in Deutschland. Allein in Chemnitz gab's davon 200 000, die dauernd auf der Straße lagen. Ich habe als erstes den Georg Jahn von der Straße losgeeist. Der konnte die Holzarbeiten und auch einige Metallarbeit ausführen. Als Entgelt konnte ich ihm nur versprechen: Wenn wir später mal Geld mit Wettbewerbspreisen verdienen, dann kriegst Du auch was davon und Du bist bei den Wettbewerben mit dabei. Das habe ich gehalten. Der Schorsch kam also jeden Tag morgens um 8 Uhr in die Werkstatt, fing an zu arbeiten und ging abends gegen 17 Uhr weg. Ich kam um 9 Uhr mal schnell 'rüber – das war nicht weit von unserem Verlagsgebäude – und dann habe ich eine Tüte Brötchen gekauft und ein Stück Wurst, dazu Obst oder einen Liter Milch oder eine Konserve. Ich brachte ihm mit anderen Worten eine handfeste Mahlzeit in die Werkstatt. Meist besorgte ich auch am Nachmittag nochmals so etwas. Er hat also für das Essen, mein gutes Zureden und weil ihn die Aufgabe reizte, gearbeitet. Zudem war es zehnmal besser, als untätig herumzusitzen. Nachmittags um 16 oder 17 Uhr, wenn mein Dienst zu Ende war, erschien ich selbst in der Werkstatt und blieb meist bis Mitternacht oder noch länger. Schorsch ging schon eher nach Hause. Er war nicht verheiratet, doch zum Abendessen mußte er zu Hause sein.

Dann fand ich in Walter Böhme einen zweiten Mann, ebenfalls einen arbeitslosen Schreiner. Der sah, daß da was Richtiges im Kommen war. Bald danach kam ein dritter, vierter, fünfter, die alle merkten: Da entsteht ein prächtiges Segelflugzeug – die Zeichnungen begeisterten sie – das war etwas, was sie aus dem Trott der Arbeitslosigkeit riß. Es gab ihnen ein Ziel, das eine Anstrengung wert war. Sie sagten sich mit Recht,

wenn DAS was wird, dann haben wir unsere Zeit nicht verplempert, haben nicht nutzlos zu Hause herumgesessen und dabei sogar noch etwas dazugelernt.

Erich Kuchs war der nächste. Der war nur stundenweise in einer Autoschlosserei beschäftigt. Er machte die Beschläge, denn er schweißte auch, benutzte dazu die Schmiedeeinrichtungen in der Autoschlosserei, um das hochvergütete V_2A-Stahlblech zu verarbeiten, das ich gekauft hatte.

Dann lief mir der vierte Mann sozusagen zu. Das war ›Rübezahl‹ – Fritz Müller war sein richtiger Name –, einer, der auf dem Dorf arbeitslos geworden war und der selbst im Dorf keine Bleibe mehr hatte. Den fanden wir eines Morgens neben dem Ofen in der Werkstatt, in einer abgetragenen Lederkombination auf dem Haufen Hobelspäne liegend. Er besaß weiter nichts als ein Motorrad und seine Lederkombination – und Hunger. Wie die anderen holte auch er zu bestimmten Zeiten seine Arbeitslosenunterstützung. Möglicherweise war er schon ausgesteuert; dann bezog er nur noch Wohlfahrtsunterstützung. Das war zuwenig zum Leben, zuviel zum Sterben . . .

›Rübezahl‹ erhob sich also eines Morgens aus den Sägespänen am Ofen. Schorsch wollte ihn gleich 'rausschmeißen, weil er so wüst aussah – aber Rübezahl sagte ganz bestimmt:

»Nein, ich bleibe hier – ich helfe euch – mache euch Feuer und helfe, wo ich kann – und ich baue euch einen Transportanhänger . . .« Als ich dann mit meiner Verpflegung kam, entschied ich: »Den füttere ich auch noch mit durch.«

Immer mehr Eßbares mußte ich herbeibringen, je mehr Leute ich in der Werkstatt hatte. Oft mußte ich zwei-, dreimal rennen, um die Kerle satt zu kriegen. Als auch noch Erich Lehm und Heinrich Wendebaum als Nr. 5 und Nr. 6 zu meiner Mannschaft zählten, ging manchmal ein schöner Teil von dem für Verpflegung drauf, was ich bei der Zeitung verdiente. Von den 500.- Mark meines Verlegers alleine hätte ich nicht einmal alles Material für meinen ›Condor‹ beschaffen können. Das Sperrholz zum Beispiel kostete rund 300.- Mark. Dazu kam eine Unmenge von Kiefernleisten, Leim, Lack, Nägel, Werkzeug usw. Später hat mein Verleger nochmal 500.- RM herausgerückt, und den Rest der insgesamt 1500.- Mark Materialkosten habe ich dazuverdient.

Aus Fotos von meinen Fluglehrgängen in Grunau und auf der Wasserkuppe hatte ich eine Lichtbildreihe, Thema Segelflug, zusammengestellt. Bei zahlreichen Fliegergruppen hielt ich Vorträge und zeigte, wie schön Segelflug war. Da habe ich so Honorare zwischen acht Mark (plus natürlich Verpflegung und Bahnfahrkosten) und wenn es hoch kam 50.- Mark in allen möglichen Orten, in kleinen und größeren Sälen verdienen können. Statt in der Werkstatt zu arbeiten, fuhr ich also hin und wieder abends irgendwohin und kam spät nachts mit zehn oder zwanzig oder dreißig Mark mehr in meiner Tasche zurück und habe auf diese Weise schätzungsweise 500.- RM zusammengeredet. Natürlich habe ich auch mal die alten Herren unseres Flugvereins vom Stammtisch in die Werkstatt 'reingelockt und habe dann die Sammelbüchse 'rumgehen lassen. Und die haben mir willig ihre Skatkasse geopfert.

Im Juni 1934 stand der fertige ›Condor‹ da, mit dem ich im gleichen Jahr und auch 1935 schöne Preise auf der Rhön und in mitteldeutschen Wettbewerben in Laucha gewann. Da konnte ich jedem meiner Kumpels ein paar hundert Mark in die Hand drücken. Für mich behielt ich so viel, daß ich das Flugzeug instandhalten konnte. Die gemeinsame Werkstattarbeit, die Teilnahme an erlebnisreichen Wettbewerben und auch diese finanzielle Beteiligung am Erfolg machte aus meiner Mannschaft einen Haufen, der zusammenhielt wie Pech und Schwefel.«

Spätes Leistungen in den folgenden Rhönwettbewerben, seine ›Schnellflugtheorie‹ und seine fliegerische Laufbahn werden noch später erwähnt werden.

KAPITEL 10

1933/34 – Kräftespiele hinter den Kulissen

Am 8. Mai 1934 näherte sich unser ›General San Martín‹ der Elbemündung. Am Feuerschiff Elbe 1 begrüßte uns eine Kette von Sportflugzeugen. In festlicher Stimmung blickten wir auf unsere vier Monate lange Expedition zurück. Wir waren alle gut miteinander ausgekommen. Wegen des ›falschen Weltrekords‹ machte ich mir keine Gedanken. Diese Zeitungsente würde bestimmt bald nach unserer Ankunft abgeschossen werden.

Während unser Schiff langsam zum Anlegeplatz im Hamburger Hafen bugsiert wurde, erkannten wir von weitem, daß man uns feierlich in Empfang nehmen würde. Graublau-Uniformierte bildeten als Ehrenkompanie ein langes Spalier. Einige wenige Herren in Zivil blickten uns aus einer Gruppe uniformierter DLV-Chargen entgegen.

Nach dem Anlegemanöver kamen viele Personen an Bord. Man bedeutete uns, als Gruppe stehenzubleiben. Während die Kameras der Presseleute aufblitzten, hielt Ministerialrat Geyer vom neugeschaffenen Reichsluftfahrt-Ministerium eine kurze Ansprache. Er pries unsere Leistungen in Südamerika, vor allem Heini Dittmars Weltrekord, und verkündigte mich als Gewinner des Hindenburgpreises mit Pokal für das Jahr 1933.

Bilder haben diesen Augenblick festgehalten. Seltsam ernst, beinahe düster, blickten wir auf den Sprecher. Es lag nicht an ihm, der uns als rechte Hand Brandenburgs seit Jahren gut bekannt war. Ob die anderen wohl dasselbe empfanden wie ich? Dieser wohlgemeinte halbmilitärische Empfang wirkte auf mich wie das Erwachen aus einem schönen Traum in eine ›graublaue‹ Wirklichkeit. Zum ersten Male hatte ich Teile der großen Welt gesehen. Zweifel an manchem, was mir vorher richtig erschienen war, wurden zu unbeantworteten, drängenden Fragen. Und was für ein Unterschied zwischen dem Leben drüben und hier! Drüben die Weite riesiger Länder mit lockenden beruflichen Möglichkeiten. Hier die Enge der dichtbevölkerten Heimat und dazu nun noch die Uniformierung meiner geliebten Segelfliegerei! Keine rechte Freude an der hohen Auszeichnung wollte aufkommen. Um so mehr sah ich dem nächsten Tag entgegen, an dem ich als Pilot bei der Lufthansa anfangen würde. Ich war froh, nicht mehr beruflich in der Segelfliegerei tätig sein zu müssen.

Professor Georgii schrieb in seinen Lebenserinnerungen:

»In feierlicher Autofahrt wurden wir zum Rathaussaal der Hansestadt gebracht, wo uns der Senat den ersten Empfang gab. Nicht genug damit, fand am Abend noch eine festliche Begrüßung durch den Deut-

schen Luftsportverband statt, bei der in dem großen, dichtgefüllten Festsaal zum ersten Male die Kapelle des Luftsportverbandes unter der Leitung meines ehemaligen Kriegskameraden Generalmusikdirektor Schultze-Dornburg aufspielte.

Bald mußte ich erkennen, daß sich in der Heimat während meiner Abwesenheit auch im Segelflug weittragende Änderungen vorbereitet hatten. Bei einem Besuch des damaligen Oberst Kesselring, derzeit Chef des Verwaltungsamts im RLM (Reichsluftfahrt-Ministerium) in Darmstadt, erkannte ich, daß der Luftsportverband auch die Unterstellung des Forschungsinstituts unter seine Direktion anstrebte. Die Sachbearbeiter von Loerzer, dem DLV-Präsidenten, waren ängstlich darauf bedacht, zu verhüten, daß Kesselring mich allein sprechen könne. Kesselring war aber bestimmt nicht der Mann, der gegen solche Dinge blind gewesen wäre und es nicht verstanden hätte, sie mit der ihm eigenen Liebenswürdigkeit und doch Entschiedenheit zu lösen.

Die Herren vom Stab Loerzer waren nicht sehr erbaut, als Kesselring am nächsten Tag nach dem gemeinsamen Mittagessen auf der Wasserkuppe erklärte, daß er sich ein wenig an den sonnigen Hang legen und die Gegend in meiner Gesellschaft anschauen möchte, da ich ja jeden Berg der Rhön kenne. Nun konnte ich ihm meine Sorgen über mögliche Eingriffe in die Arbeiten des Instituts vortragen, zumal er selbst schon diese Ambitionen wahrgenommen hatte. Er versprach mir, daß ich jederzeit auf seine Unterstützung und die des RLMs rechnen und mich notfalls an ihn persönlich wenden könne.«

Wer waren die führenden Männer in der Berliner DLV-Zentrale, die das DFS völlig in ihren Machtbereich bringen wollten?

Bruno Loerzer hatte wenig Ambitionen. Sein Zigarrengeschäft ›Loeser und Wolff‹ neben Berlins elegantem Hotel ›Adlon – Unter den Linden‹ war gut gegangen, ohne daß er sich sehr anzustrengen brauchte. 1933 hatte Göring ihn geholt und er machte gute Miene dazu, den DLV-Präsidenten spielen zu müssen. Seinen Mitarbeitern wurde jedoch bald klar, daß er nicht mit dem Herzen dabei war. Er soll fast alle Initiativen und Entscheidungen seinem Stab überlassen haben.

Die DLV-Segelflugabteilung war von dem früheren Leiter der Rossittener Segelflugschule ›Ritter‹ (Rittmeister a. D.) Paul-Franz Roehre übernommen worden. Er hatte vor 1933 als guter Katholik seine Abneigung gegen die NSDAP oft und laut verkündet. Jetzt versuchte er die neuen Machthaber dadurch zu beeindrucken, daß er sich preußischer als die Preußen gebärdete. In seiner graublauen Uniform, die etwas zu stramm saß, verwandelte er sich in einen Vorgesetzten zackiger militärischer Disziplin und Ordnung. Die Schulflugzeuge der Fliegergruppen zum Beispiel sollten von den uniformierten Flugschülern auf Kommando im Gleichschritt aus der Halle und zum Fluggelände gebracht werden – alles ganz schneidig, Ruck-Zuck! Wie viele Schäden dabei an der Peripherie des Fluggerätes durch Anstoßen an Hindernissen entstehen würden, schien keine Rolle zu spielen. Man kann wohl mit großer Wahrscheinlichkeit annehmen, daß Roehre die treibende Kraft bei den Intrigen gegen seinen früheren Chef Walter Georgii gewesen sein dürfte.

Fritz Stamer, gegen seine Neigung nach Berlin verbannt, hat wahrscheinlich damals schon erkannt, daß der von Roehre gesteuerte Kurs schließlich zu dessen Ablösung führen würde. Offenbar gelang es Stamer bald, wieder auf guten Fuß mit Professor Georgii zu kommen, denn wenig später holte ihn dieser als Mitarbeiter in sein DFS zurück.

☆

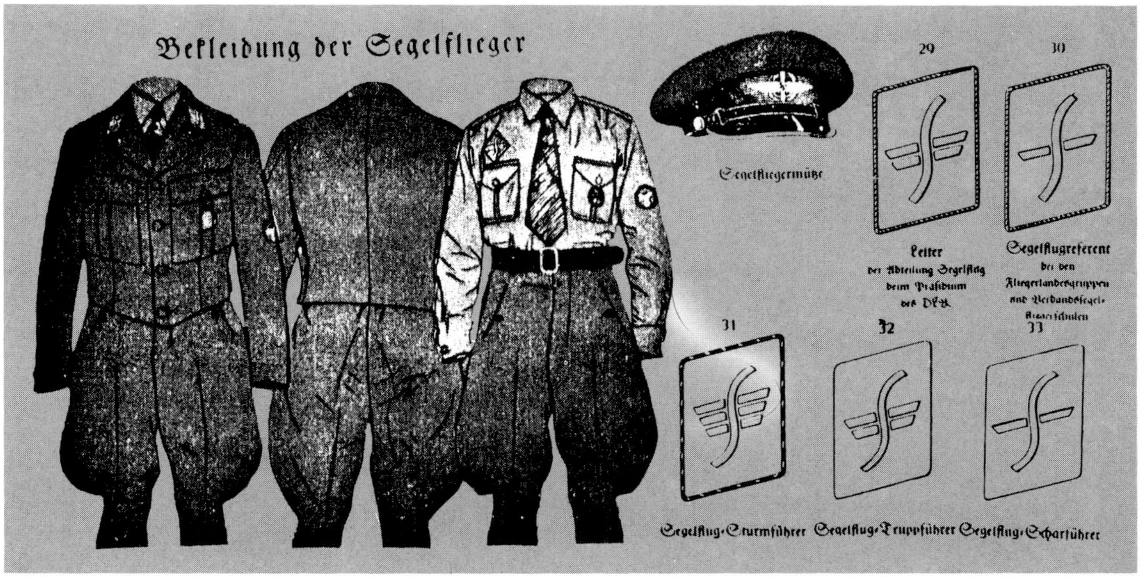

Aus »Flugsport«, 1934.

Hans Settgast als ehemaliger Leiter der Fliegerschule Wasserkuppe trug die folgende Zusammenfassung der Entwicklung bei, die mir durch meine Abreise ins Ausland (1936) nicht genau genug bekannt war.

»Organisation des deutschen Luftsports 1919 bis 1945.«

»Nach dem Ersten Weltkrieg waren die örtlichen Fliegervereine im Deutschen Luftfahrt Verband (DLV) zusammengeschlossen.

Dieser wurde 1933 in ›Deutscher Luftsportverband‹ umbenannt und dem Reichs-Luftfahrt-Ministerium (RLM) angegliedert.

1937 wurde dieser umgewandelt in eine Körperschaft des öffentlichen Rechts unter gleichzeitiger Umbenennung in ›NS-Fliegerkorps‹. Trotz des Namens erfolgte keinerlei Anschluß an die NSDAP. Es handelte sich also nicht um eine Gliederung der Partei. Im Gegenteil, gleichzeitige Mitgliedschaft in SA oder SS war den Angehörigen des NS-Fliegerkorps ausdrücklich nicht erlaubt. Korpsführer waren stets aktive Generäle der Luftwaffe; die Landesgruppenführer waren aktive Stabsoffiziere.

Das Korps erhielt seine Mittel aus dem Etat des Reichs über das Reichs-Luftfahrt-Ministerium.«

Über dieses Thema wird später noch einmal berichtet werden.

☆

Noch ein kurzes Wort über die Hoheitsabzeichen unserer Flugzeuge: vor 1933 gab es keine. 1934 erschien die Hakenkreuzflagge auf der linken, die Farben Schwarz-Weiß-Rot auf der rechten Seite des Seitenruders. Von 1935 ab mußte die Hakenkreuzflagge auf beiden Seiten aufgemalt werden. Dies wurde durch das Luftfahrtgesetz vorgeschrieben und hatte natürlich nichts mit Parteimitgliedschaft zu tun. Es wurde vom Schulgleiter bis zum Zeppelin-Luftschiff auf alle deutschen Luftfahrzeuge angewendet.

Aus Flugsport«, 1934.

Hans Fischers Streckenflüge mit D-Windspiel

Von Darmstadt nach Weimar segelte Hans Fischer von der Akad. Fliegergruppe Darmstadt am Pfingstsonntag, den 20. 5., auf dem unseren Lesern bekannten Hochleistungssegelflugzeug „Windspiel“ der Akaflieg Darmstadt. Die zurückgelegte Strecke betrug 239 km. Eine sehr schöne Vorlage und Ansporn zu weiteren Leistungen unserer Segelflieger.

Die Akad. Fliegergruppe scheint jedoch mit dieser Leistung nicht zufrieden zu sein. Fischer schreibt uns: Es war

ein mißlungener Zielflug.

Kurz nach 10 Uhr hing ich am Pfingstsonntag in 600 m Ausklinkhöhe in der Luft mit dem besten Vorsatz, unser „Windspiel“ um seine 3 Achsen zu bewegen, d. h. Kunstflug zu trainieren und, nach einem zweiten Flugzeug-Schleppstart, gemäß Gruppenauftrag einen Zielflug zur Wasserkuppe zu versuchen.

Da der in der Höhe zunehmende Süd-Westwind Kunstflugfiguren illusorisch machte, wobei die Maschine vom Griesheimer Flugplatz schnell abgetrieben wurde, und die gerade einsetzende Bewölkung mir ständigen Höhengewinn brachte, verzichtete ich auf das erste Vergnügen und widmete mich meiner zweiten Aufgabe. Nur ließ sich jetzt der Barograph nicht mehr einhängen, der wegen des vorerst geplanten Kunstfluges absichtlich nicht mitgenommen war. Eine Stunde nach dem Ausklinken befand ich mich bereits über Seligenstadt am Main. Ließ sich die Maschine in den Wolkenschleiern infolge des durchdringenden Oberlichtes in einer Höhe von 1200 bis 1600 m mühelos halten, so wurde es beim Ueberfliegen des Spessarts schwieriger. Die Wolken verdichteten sich mit vorrückender Tagesstunde, gleichzeitig hob sich ihre Basis von 1400 auf 2000 m. Jede günstige Gelegenheit zum Blindfliegen, stationäre Wolken-Aufwindfelder von mindestens 2 m/s waren Voraussetzung dafür, wurde jetzt ausgenutzt, wobei ich allerdings von Zeit zu Zeit abbrechen mußte, um frisches „Licht“ zu schöpfen und so meine gewonnene Höhe nicht durch ungewolltes Herausfallen zu verlieren. Die Orientierung nahm ich vor der Kuppe erst an der Sinn in 1800 m wieder auf, von wo ich aber nur die ungefähre Richtung auf die durch Wolkenfetzen verdeckte Kuppe einschlagen konnte. Als ich nach einer weiteren Stunde kräftigen Knüppel-Rührens teils vor, teils in den Wolken (Maximalhöhe betrug nach Höhenmesser 2400 m darin) das Ziel wieder auskundschaften wollte, ließ sich nur die betrübliche Feststellung machen, daß sich das „Windspiel“ bereits hinter der Hohen Rhön ca. 3 km westlich Fladungen befand. Mein Versuch, gegen den Wind zur Kuppe zurückzufliegen, gab ich nach einer im Sinne des Streckenfluges kostbaren Stunde auf, nachdem ich gerade 3 km geschafft hatte und dabei zweimal auf 800 m gefallen war. Mir blieb nur der Ausweg, einen Flugplatz zu erreichen, von wo die Maschine auf die Kuppe geschleppt werden konnte. Eine Landung auf dem nahen Flugplatz Meiningen um diese Tageszeit (2 Uhr war vorüber) sah zu bescheiden aus, hingegen würde sich eine in Erfurt schon besser ausnehmen. Der Orientierung halber blieb ich von jetzt an unter den Wolken und sah bereits nach einer Stunde Suhl, dann den Beerberg überfliegend, Erfurt auftauchen. Da ich bei Erfurt noch eine Höhe von 1800 m hatte, entschloß ich mich, auf dem ca. 25 km entfernten Flugplatz Webicht in Weimar nach mehr als 6 Stunden Flugzeit zu landen.

Anm.: D 28 „Windspiel“ wurde nach dem Bruch in der Rhön mit einer „Fledermausschnauze“ versehen, wiegt nach Reparatur von nunmehr 3 Brüchen und mit vervollständigtem Instrumentarium 59 kg, hat insgesamt 137 Starts, davon 103 im Flugzeugschlepp bei 113 Flugstunden. In diesem Jahr wurden folgende Ueberlandflüge ausgeführt:

am 4. 4. 1934	Lahr (Hunsrück)	92 km	
am 13. 5. 1934	Rothenbuch (Spessart)	60 km	
am 15. 5. 1934	Vaihingen (Enz)	105 km	
am 16. 5. 1934	Biedenkopf (Lahn)	122 km	(Zielfernflug)
am 20. 5. 1934	Weimar	239 km	

Mit D-Windspiel der Akaflieg Darmstadt auf Reise.

Der 16. Juni brachte eine ausgeprägte Hochdruckwetterlage mit leichten, vorwiegend östlichen Winden ohne jede Bewölkung. Durch eine von Osten nach Westen geneigte Inversionsschicht beschränkte sich der thermische Aufwind auf die unteren Luftschichten bis zu einer mittleren Höhe von 1500 m.

Die Tatsachen, daß einerseits bei derartigen Wetterlagen nur wenige größere Streckenflüge geglückt sind, wie z. B. der bekannte Flug von Kronfeld nach Arnsberg i. Westf. von 165 km im Rhönwettbewerb 1932, daß andererseits gerade diese atmosphärischen Verhältnisse für die Ausnutzung der besonderen Vorzüge unseres Windspiels recht geeignet erschienen, veranlaßten mich, einen Streckenflug mit dem Ziel Luxemburg zu versuchen. Nach Flugzeugschlepp durch Hanna Reitsch auf 400 m gewann ich bald die Gipfelhöhe von 1300 m. Dabei stellte ich fest, daß oberhalb 500 m über Grund die Windgeschwindigkeit schnell abnahm. Um eine möglichst hohe Reisegeschwindigkeit — zur Zeit das Hauptproblem des Streckensegelfluges — zu erzielen, entschloß ich mich daher, entgegen meinen bisherigen Gepflogenheiten, nur innerhalb der Windzone zu segeln. In nahezu gesetzmäßiger Folge flog ich die durch topographische Gestaltung der Erde gekennzeichneten Ablösungsfelder an, um nach einem Höhengewinn bis zu 500 m über Grund die anschließenden Abwindfelder im gestreckten Gleitflug, die Hauptkursrichtung einhaltend, zu überbrücken. Bei nicht pünktlichem Finden eines neuen Aufwindfeldes mahnte mich der nahe Schatten der Maschine auf dem Erdboden zu besonderer Vorsicht, jedoch verschaffte mir die Turbulenz durch vertikale Luftmassenverschiebungen immer noch im geeigneten Augenblick zwar geringen, aber genügenden Höhengewinn, der das Suchen bis zum Erkennen des Aufwindstrudels ermöglichte.

So gelangte ich über Oppenheim, Kreuznach zu den Hängen des Hunsrück. Das Ueberfliegen des Plateaus des Schwarzwälder Hochwaldes bereitete ein paar bange Minuten, als ich mich aus dem 20-m-Bodenabstand wieder emporarbeiten mußte. Als Reaktion darauf flog ich den rettenden Kamin bis zur Gipfelhöhe von 1540 m aus und blieb in diesen Höhen bis Luxemburg.

Da noch 2 reichliche Stunden zum Segeln zur Verfügung standen, es war gegen 15.30, entschloß ich mich zum Weiterflug. Die durch die zahlreichen Rauchfahnen sichtbaren Auslösungen veranlaßten mich, wieder die unteren Regionen aufzusuchen. Leider drängte mich der inzwischen nach Nord-Ost gedrehte Wind an den Rand des Sperrgebietes, so daß es mir am ratsamsten erschien, den Flug kurz vor der belgisch-französischen Grenze abzubrechen. Infolge ungenauer Orientierung nach meiner Karte 1 : 800 000 landete ich wider meinen Willen dicht hinter der Grenze auf französischem Boden. Die Landung erfolgte bei Thonne-les-Près bei Montmédy, 240 km von Griesheim entfernt, um 17 h nach ca. 6½ Flugstunden.

Die Aufnahme bei der Bevölkerung war herzlich, Polizei und Zollbehörde bemühten sich in anerkennenswerter Weise um die Erledigung aller notwendigen Formalitäten, die nicht unerheblich erschwert wurden durch unsere Geldknappheit. Diese trostlose Kassenlage gestattete uns auch leider nicht, uns für das Entgegenkommen so erkenntlich zu zeigen, wie es gerechtfertigt erschien.

H. Fischer, Akad. Fliegergruppe Darmstadt e. V., Techn. Hochschule.

›Windspiel‹ auf dem Griesheimer.

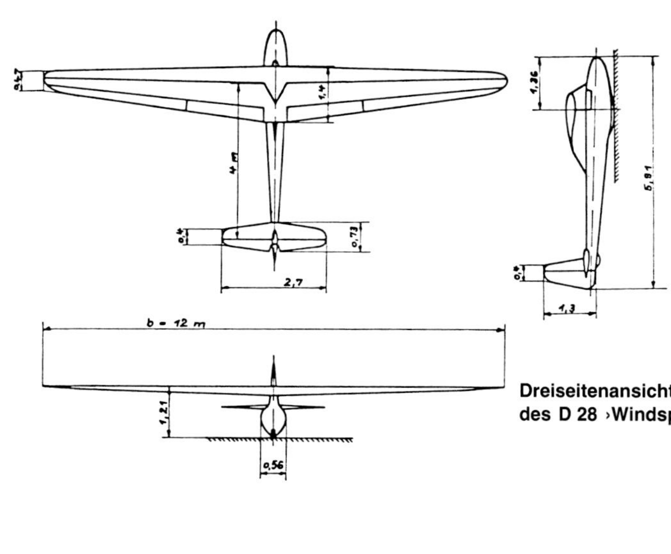

Dreiseitenansicht des D 28 ›Windspiel‹.

KAPITEL 11

1934 – Jüngere Segelflieger setzen sich durch – Die 15. Rhön vom 22. Juli bis zum 5. August

Einige Rhön-bezogene Ereignisse aus der Zeit vor dem Jubiläumswettbewerb:

Am 13. Mai 1934 strandete ein riesiger, offenbar führerloser Ballon bei Dünaburg in Litauen. Es war der ›Bartsch von Sigsfeld‹ der Deutschen Versuchsanstalt für Luftfahrt (DVL) in Berlin-Adlershof. Die Besatzung, Dr.-Ing. Martin Schrenk, 39 Jahre alt, und sein Begleiter Viktor Masuch waren durch Versagen der Sauerstoffanlage in der Stratosphäre ums Leben gekommen.

Diese traurige Nachricht rief bei allen Rhönsegelfliegern der ersten Jahre größtes Bedauern hervor. Dr. Schrenk aus Korntal (Württ.) hatte im 1921er Rhönwettbewerb den Stuttgarter Eindecker geflogen. Väterlich besorgt hatte er sich meiner angenommen, als eines Nachts die Ruhe des Lagers durch Radaubrüder für einige Zeit gestört wurde. 1922 hatte er nach kurzer Nachrechnung der Flügelholme die im rohen Selbstbau entstandene 17 m-Maschine seines jungen Landsmanns Gottlob Espenlaub ins Tal geflogen. Das hat Espe damals ganz erheblich weitergeholfen. Dr. Schrenks Rolle in Espenlaubs Leben wurde in ›Start in den Wind‹ öfters erwähnt. Menschlich außergewöhnlich, ein Christ, der seinen Glauben ernst nahm; von nie erlöschendem Interesse an der Segelfliegerei kam er zu jeder Segelflugtagung. Seine Vorträge und Aufsätze waren wegweisend: Als erster schlug er schon zeitig die Schaffung von Spannweiteklassen vor. Wir in der Segelfliegerei haben ihn später oft vermißt.

☆

Der von Dipl.-Ing. Egon Scheibe, Akaflieg München, konstruierte Zweisitzer Mü-10 ›Milan‹ wurde Mitte Juli 1934 eingeflogen. Zum ersten Male ein Stahlrohrrumpf im Segelflugzeugbau, mit Holzbauweise für alle Flächen. Über ein halbes Jahrhundert wurde diese Münchener Schule beim Scheibe-Flugzeugbau in Dachau fortgesetzt. Die erfolgreichen Segelflugzeuge Mü-13 ›Merlin‹ und -13d ›Atalante‹ sowie Ludwig Karchs Mü-17 gehörten dazu.

Die Aachener Akaflieg hatte zum ersten Male wieder seit 1924 ein neues Segelflugzeug gebaut, getauft FVA-9 ›Blaue Maus II‹, mit Hans Sander und Karl Doetsch als Konstrukteuren. Letzterer flog die Maschine im Rhönwettbewerb 1934. Der Name der 15 m-Maschine knüpfte an eine aus dem Ersten Weltkrieg stammende Tradition an, deren Ursprung im Band ›Start in den Wind‹ erklärt wurde.

☆

In Griesheim ging auch einiges vor sich. Auf der Rhön 1933 hatte Hans ›Sonny‹ Fischer mit dem ›Windspiel‹ seiner Akaflieg Darmstadt die gleiche Erfahrung gemacht wie der Verfasser im Rhönwettbewerb 1932: daß es viel schwerer ist, nach Gummiseilstart von der Kuppe aus auf Strecke zu gehen als nach FS-Start. Deshalb übte er vom zeitigen Frühjahr an Streckenfliegen von Griesheim aus. Daneben entwickelte er ein außerordentliches Kunstflugprogramm mit seinem von Kosin und Schomerus konstruierten ›Windspiel‹. Deren Zielsetzung war gewesen, bei nur 12 m Spannweite das Optimum an Sinkgeschwindigkeit und Flugeigenschaften zu erreichen. Nur leider war die Maschine nicht schnell genug, im Vergleich zu damaligen neuen Mustern wie z. B. der ›Fafnir II‹. Es war immerhin eine fantastische Leistung, das ›Windspiel‹ (D-28) durch raffinierte Bauweise voll kunstflugtauglich bei nur 54 kg Leergewicht hergestellt zu haben. Diese Maschine war das erste Segelflugzeug der Akaflieg Darmstadt seit der D-20 ›Starkenburg‹ (1929), deren Konstrukteur Hermann Hofmann leider im gleichen Jahr mit einem Motorflugzeug eigenen Entwurfs tödlich abgestürzt war.

Am 4. 4. 1934 segelte Fischer von Griesheim 92 km nach Lahr im Hunsrück, dann 60 km, 105 km und 122 km. Am Pfingstsonntag, dem 20. 5., plante er einen 120 km-Zielflug zur Wasserkuppe, landete jedoch bei Weimar, 239 km von Griesheim. Leider fehlte ihm *ein* Kilometer zur offiziellen Anerkennung seines Fluges als Streckenweltrekord. Am 16. Juni 1934 hat Sonny dies dann durch seinen 240 km-Streckenflug nach Thionnes-les-Près bei Montmédy, Belgien, nachgeholt.

☆

Ludwig Hofmann hat später einmal gesagt: »*Jeder von uns hatte sein bestes Jahr.*« Für mich war es 1933 gewesen. Ludwig wurde der Meister von 1934. Genauso wie Heini Dittmar und Hans Fischer war er einer meiner Griesheimer Schüler gewesen, wo er als fliegerisch besonders begabt auffiel. Er lernte schnell, steil im Aufwind zu kreisen, was ich anderen Schülern trotz dauernder Ermahnungen nur langsam oder gar nicht beibringen konnte. Der Erfolg zeigte sich darin, daß Ludwig seinen Lehrer schon im 1934er Rhönwettbewerb übertraf. Viele Jahre später sagte er einmal zu mir: »*Du hast mir damals das Wesentliche beigebracht. Ohne das hätte ich es nicht schon 1934 geschafft.*«

Vor kurzem las ich, was der sehr erfahrene englische Fluglehrer Derek Piggot über Thermikschulung schrieb. Es war grundsätzlich noch immer dasselbe, was ich 1932/33 auf dem Griesheimer gepredigt hatte.

Ludwig Hofmann wurde einer der ganz Großen im Segelflug. Trotz seiner Erfolge blieb er im Wesen und Auftreten immer derselbe. Er war unweit von Würzburg auf dem Land aufgewachsen und hatte in Mannheim eine neue Heimat gefunden. Willenskraft, Selbstdisziplin, Zielbewußtsein wurden bei ihm ergänzt durch Humor und echte Bescheidenheit. Wenn er einen Konkurrenten im Wettbewerb nach dessen Erfolg beglückwünschte, meinte er das auch. Neid schien ihm völlig fremd zu sein.

Während der Pfingstfeiertage flog Hofmann mit dem Rhönadler ›D-Landesgruppe Baden‹ von der Hornisgrinde im Schwarzwald aus täglich länger werdende Strecken. Allnächtliche Rücktransporte erlaubten ihm wenig Schlaf. So kam es dazu, daß er bei seinem letzten Flug kurz vor Nürnberg einschlief und erst wieder aufwachte, als seine Maschine schon trudelte. Wie vorbildlich war sein Entschluß deshalb, seinen geplanten Streckenflug in 800 m Höhe abzubrechen und auf dem Nürnberger Flugplatz zu landen! Nur einige Kilometer mehr hätten ihm den wenig später von Hans Fischer aufgestellten Weltrekord gesichert. Er muß in diesen Minuten schon davon überzeugt gewesen sein, daß er im kommenden Rhönwettbewerb sein überlegenes Können beweisen würde. Sein Schlüssel zum Erfolg war, daß er damals schon – ohne viel Theorie – Schnellflug praktizierte.

PROGRAMM

zum

15. Rhön-Segelflugwettbewerb

1934

22. Juli bis 5. August 1934

Wasserkuppe bei Gersfeld/Rhön

veranstaltet von dem

Deutschen Luftsport-Verband

2. Juli 12 Uhr Meldeschluß — 9. Juli 12 Uhr Nachmeldeschluß — 22. Juli Beginn des Rhön-Segelflugwettbewerbs — 5. August abends Schluß des Wettbewerbs, 6. August Preisverteilung.

Schirmherr: Reichsminister der Luftfahrt, General der Infanterie Hermann Göring.

Preisgericht: Vorsitzender: Präsident Loerzer, stellvertretender Vorsitzender: Ursinus — Braun, Cranz, Georgii, Lippisch, Roehre, Schaedel, Schauer, Stamer.

Wettbewerbsleiter: Georgii.

Sportleitung: Stamer, Mossner — Bodlée, Borchers, Böttcher, Hölke, Kreuter, Poschmann, Reim, Sonntag, Staudacher, Steup, Wilkens, Graf Ysenburg.

Technische Kommission: Lippisch — Ursinus, Coulmann, Erdmann, Fritsch, Hagstotz, Hoerner, Holtmann, Hubert, Isermann, Jacobs, Kleinwächter, Krauss, Nebelung, Pfister, Porger, Schwarz, v. Loessl, v. d. Sanden.

Organisationsleitung: Graf Ysenburg, Goebel.

Propaganda: Angermund. **Werbung:** Hillerscheidt. **Presse:** Schulze.

Ärzte: Dr. Spamer, Dr. Fries, Dr. Welsch, cand. med. Schubert und drei Sturmärzte.

Ortsausschuß Gersfeld: Adam, Barthelmes, Feuerborn, Fischer, Heun, Leubecher, Schmidt, Simon.

Auszug aus der Ausschreibung.

Der Deutsche Luftsport-Verband e. V. veranstaltet in der Zeit vom 22. Juli — 5. August 1934 auf der Wasserkuppe den 15. Rhön-Segelflug-Wettbewerb.

Der Wettbewerb ist national. Am Wettbewerb können nur Fliegerortsgruppen des DLV. teilnehmen. Der Wettbewerb soll der fliegerischen, wissenschaftlichen und technischen Förderung des Segelflugsportes und der Erforschung der Segelflugmöglichkeiten mittels motorlosen Flugzeugen dienen.

Der Veranstalter ist berechtigt, die Zulassung zum Wettbewerb auf 100 Flugzeuge zu beschränken. Die Auswahl erfolgt in erster Linie nach der Wettbewerbseignung des Flugzeugs (§ 12). Ferner kann bei Meldung von mehr als 4 Flugzeugen desselben Bewerbers diese Zahl auf 4 beschränkt werden.

»Ich flog einfach Kompaßkurs mit 100 km/h zwischen den Aufwinden.« So erklärte er seine Taktik, die ihm mit 1176 km Gesamtflugstrecke den Sieg im Rhönwettbewerb 1934 brachte.

Später wurde Hofmann Einflieger und Chefpilot der Flettner-Hubschrauberwerke, Berlin. Nach 1945 folgten Jahre unfreiwilligen Aufenthalts in der Sowjetunion, wo er weiterhin Hubschrauber einflog und entwickeln half. Er erfand ein Fesselmodell, das die Vorausbildung von Hubschrauberpiloten ohne Bruchgefahr erlaubte. Nach Rückkehr in die Heimat führte seine Erfindergabe zu einem erfolgreichen Unternehmen in Bühl (Baden), das er bis zu seinem Tode im Herbst 1979 leitete.

☆

Die Meldeliste zum Rhönwettbewerb 1934 enthielt 100 Maschinen, davon 67 Nachbauten moderner Typen, verglichen mit 62 Meldungen insgesamt, davon nur 23 Serienmuster im Vorjahr. Diese Zahlen zeigen den Trend zur Vereinheitlichung des Fluggeräts durch den zunehmenden Einsatz fabrikmäßig angefertigter Muster. Von 14 gemeldeten Neukonstruktionen erschienen 7 am Startplatz, darunter Lippischs ›Fafnir II – São Paulo‹ und ›Präsident‹, der ›Helios‹ von Heinz Kensche, Berlin, und die schon erwähnten Mü-10 ›Milan‹, FVA-9 ›Blaue Maus II‹ und die Nurflügel-›Horten I‹ aus Bonn.

Die Segelflugzeuge im Jubiläums-Rhönwettbewerb 1934

In diesem Wettbewerb flogen zum letzten Male ältere bis auf das Jahr 1926 zurückgehende Muster zusammen mit den modernsten wie Fafnir II, FVA 9, Moazagotl, Präsident und Windspiel. Immer mehr vorherrschend wurden die Nachbauten moderner Typen, teils durch Eigenanfertigung, teils durch den Serienbau von Firmen wie Robert Bley/Naumburg, Kegel/Kassel, Schleicher/Poppenhausen und Schneider, Grunau.

1) Ältere Muster: Von 18 gemeldeten erschienen 17 am Startplatz.

Baujahr	*Melde-Nr.*	*Name*	*Muster*	*Konstrukteur*	*Pilot*	*Bestleistung im Wettbewerb*
1931	1	D.B.-10	D.B.-10	E. Muschik	O. Braeutigam	198 km
1930	11	Fafnir (I)	Fafnir (I)	A. Lippisch	P. Riedel	172 km, 890 m H.
1931	13	Sausewind	Grunau 31	E. Schneider	Fiedler/Reininghaus	59,5 km
1932	16	Windhund	Windhund	O. Hohmuth	E. G. Haase	43 km
1933	21	Stormarn	Stormarn	W. G. Möller	W. G. Möller	–
1930	36	Pommernland	MS II	H. Mayer-Aachen	Nemitz und Pfister	–
1929/31	45*	Würzburg	D-19/D-20	F. Gross/H. Hofmann	A. Endres	94,2 km
1929/31	52*	Musterle	H2-PL	P. Laubenthal	S. Holzbauer	43,0 km
1929	54*	Lore	H2-PL	P. Laubenthal	R. Hakenjos	7 h 59 min, 1090 m H.
1928	59*	Wuerttemberg	H1-PL	P. Laubenthal	T. Proppe	52,25 km
1933	60	Fledermaus	F-I	W. Fiedler	K. Baur	150,0 km
1926/28	62*	Stadt Stuttgart	Westpreußen I	H. Hofmann	Fritzlen	–
1932	66	Thermikus	Thermikus	E. Bachem	Dietrich	–
1926/32	74*	Urubu	Westpreußen I	H. Hofmann	Büg	48 km
Der frühere Name ›Minister Leuschner‹ wurde aus politischen Gründen geändert.						
1928	77*	Darmstadt (2)	D-19	F. Gross	F. Utech	153 km
1931	78	Askania	P6 A9-b·	K. Pernthaler	K. Pernthaler, Renner und Thieme	93,6 km, 680 m H.
1932	101	Triesch	Espenlaub 32	G. Espenlaub	K. Erbskorn	29,5 km

2) Neukonstruktionen: Von 14 gemeldeten Maschinen erschienen 10 am Startplatz.

1934	6	Niedersachsen	Göttingen-IV	F. Freytag	Wöckner	690 m
1934	8	Grossenhain 5	–	Flog Dresden	Buder, Siegel und Zimmer	– –
1934	9	São Paulo	Fafnir II	A. Lippisch	H. Dittmar	375 km, Weltrekord
1934	10	Präsident	Präsident	A. Lippisch	E. Wiegmeyer	315 km
1934	12	Milan	Mü-10	E. Scheibe	E. Scheibe und Ziegler	570 m
1934	15	Helios	Helios	H. Kensche	H. Kensche	44 km
1934	39#	Blaue Maus II	FVA-9	H. Sander und K. Doetsch	H. Sander und K. Doetsch	24 km
1933	50	Moazagotl	Grunau 7	W. Hirth	W. Hirth	351 km, Weltrekord
1933	72	Hangwind	Horten-I	Gebr. Horten	R. Horten	Probeflug 21 min
1933	75	Windspiel*	D-28	Kosin und Schomerus	H. Fischer	221,5 km

Melde-Nr. 35, 82, 93 und 97 kamen nicht zum Fliegen. Zeichen # heißt Akaflieg Aachen.

Melde-Nr. 51 kam nicht zum Fliegen. Die mit * versehenen Maschinen waren Akaflieg Darmstadt-Muster.

3) Nachbauten moderner Muster: Von 67 gemeldeten Maschinen erschienen 55 am Start.

1932/33	28	Grunau-Baby I oder II	Edmund Schneider, Grunau
1933/34	15	Rhönbussard	Hans Jacobs, Griesheim
1932	6	Rhönadler	Hans Jacobs, Wasserkuppe
1932	6	Condor (I)	Entwurf: Heini Dittmar. Statische Berechnung: F. Krämer. Hinterer Teil des Rumpfes war vom Fafnir I.

Melde-Nr. 4, 20, 27, 37, 46, 53, 55, 58, 63, 81, 84 und 94 kamen nicht zum Fliegen.
Der Wettbewerbsieger Ludwig Hofmann flog einen Rhönadler.

Zum letzten Male flogen die älteren Muster der Akaflieg Darmstadt Schule, die sich seit Jahren bewährt hatten: Westpreußen, D-19 Darmstadt II, H1PL-Württemberg und H2PL-Musterle. Hermann Hofmann, Franz Gross und Paul Laubenthal waren ihre Konstrukteure gewesen. Auch der historische ›Fafnir I‹ flog nach diesem Wettbewerb nicht mehr auf der Wasserkuppe. Die Teilnahme einer ›Espenlaub 32‹ rief noch einmal durch ihren Namen Erinnerungen an alte Tage wach. Das Verschwinden dieser Segelflugzeuge war symbolisch für den Umschwung. ›Arturo‹ Schreiber, der seit 1920 über die Wasserkuppe berichtet hatte, schrieb: *»Die Romantik von einst ist dahin!«*

Veranstalter des Jubiläumswettbewerbs war jetzt der DLV. Uniformen beherrschten das Gesamtbild der Wasserkuppenhänge. Halbmilitärische Ränge gingen mit den entsprechenden Silberlitzen und -tressen, während wir Piloten noch in eigener Kleidung herumlaufen durften. Professor Georgii als Wettbewerbsleiter hatte keinen DLV-Rang erhalten. Aber er machte ein Zugeständnis an den neuen Zeitgeist: Er hatte sich eine von ihm selbst erfundene, graublaue Uniform ohne Rangabzeichen anfertigen lassen. Früher hatte man seine lange Gestalt, immer mit offenem Hemd und hellgrauen Flanellhosen bekleidet, schon von weitem im Gelände erkennen können. Auch das war jetzt anders geworden.

Oskar Ursinus schrieb im ›Flugsport‹:

»Am 22. 7. vormittags ein herrliches Bild. Man sieht vor dem Ursinushaus sämtliche Wettbewerber sauber ausgerichtet angetreten. Die Fahnen flogen hoch und nach der Begrüßung der Teilnehmer erklärte Professor Georgii den Wettbewerb für eröffnet.«

›Knofe‹ (Wolkennebel) verhinderte Flugbetrieb am ersten Tag. Erst am Tag darauf gegen Mittag hob sich die Wolkendecke. Vom Lager aus konnte man ab 14 Uhr segelnde Maschinen im schmalen Lichtstreifen zwischen Westabhang und niedrigen, dunklen Wolken hin- und herkrebsen sehen. Im kräftigen WSW-Wind bewegten sie sich nur langsam seitwärts.

Die niedrige Wolkenbasis sah nicht nach Streckenwetter aus, und ich ließ meinen schweren ›Fafnir‹ (I) in der Motorflughalle. Wolf Hirth in seinem ›Moazagotl‹ und Hans Fischers ›Windspiel‹ segelten am Westhang, während die Wolkenbasis sehr langsam anstieg und die ersten Sonnenflecken über die blaßgrünen Hänge huschten. Es schien kein Streckenwetter zu sein. Um so mehr waren wir alle überrascht, am Abend zu erfahren: Ludwig Hofmann war als einziger überland geflogen und 115 km weit entfernt bei Schnappenhammer, Thüringen, gelandet.

Der nächste Morgen, der 24. 7., brachte sonniges, windschwaches Wetter. Schon gegen 9.30 Uhr begann der Flugbetrieb am Westhang. Ludwig Hofmann gewann den Nehring-Gedächtnispreis durch Umrundung

Dreiseitenansicht von ›Fafnir II‹.

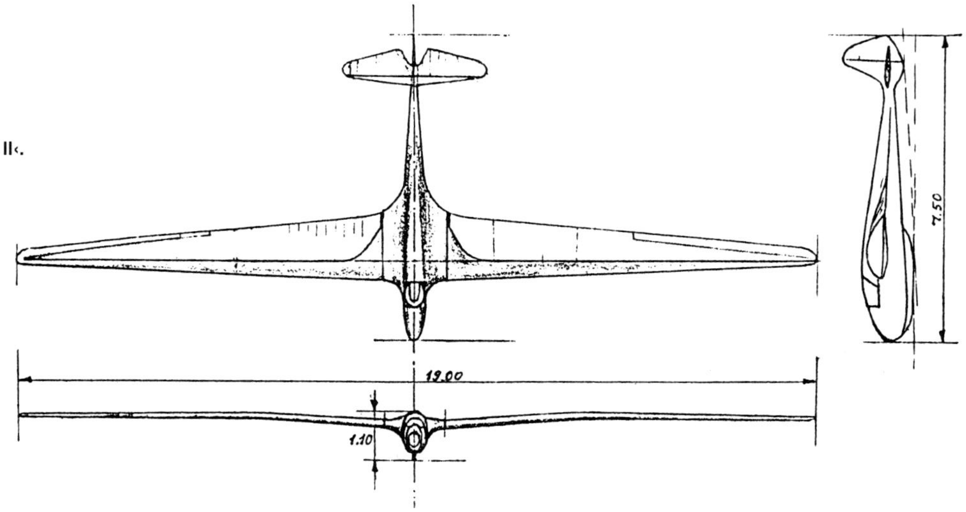

der Milseburg, gefolgt von Herbert Bartaune, Berlin, einem anderen meiner Griesheimer Schüler. Ludwig startete erneut und segelte 101 km weit bis Altenkundstadt. Ernst Philipp, jetzt Segelfluglehrer bei Berlin, umrundete mit seinem im Vorjahr gewonnenen Rhönadler ›Klettermaxe‹ zuerst die Milseburg und flog dann ohne zu landen 154 km bis Dittersdorf. Ihm wurde dafür der Groenhoff-Gedächtnispreis zugesprochen.

Wolf Hirth und ich waren um 11.21 Uhr bzw. 12.07 Uhr für den 4000.- RM-Preis der Oechsenberg-Umrundung abgeflogen. Uns beiden gelang die Umrundung des 31 km weit nördlich liegenden Berges. Hirth schaffte es zurück bis zur Kuppe, während ich 8 km vorher im Ulstertal landen mußte.

In diesem Wettbewerb erprobte Hirth das neue Wenk-Lambrecht-Variometer mit Ausgleich für Anzeigefehler durch wechselnden Staudruck. Das konnte in schwacher Thermik den Erfolg entscheidend beeinflussen.

Der 25. 7. begann mit Knofe, die sich aber bald auflöste. Ganz schwacher Wind. Um 13.14 Uhr startete ich als dritter des Tages. Vier Stunden 18 Minuten später landete ich bei Pleinfeld zwischen Nürnberg und der Donau; mit 172 km war es die bis dahin längste Strecke des Wettbewerbs. Nur Wolfgang Späte mit 91 km, Fritz Utech mit 88 km und Ludwig Hofmann mit 66 km waren außer mir überland geflogen. Mein Glück schien sich gewendet zu haben. Was für ein Irrtum!

Unser Rücktransport begann erst am nächsten Vormittag. Das Schleppauto war nicht in Ordnung. Mit wachsender Sorge beobachtete ich das sich entwickelnde ›Hammerwetter‹ dieses Tages, des 26. Juli 1934.

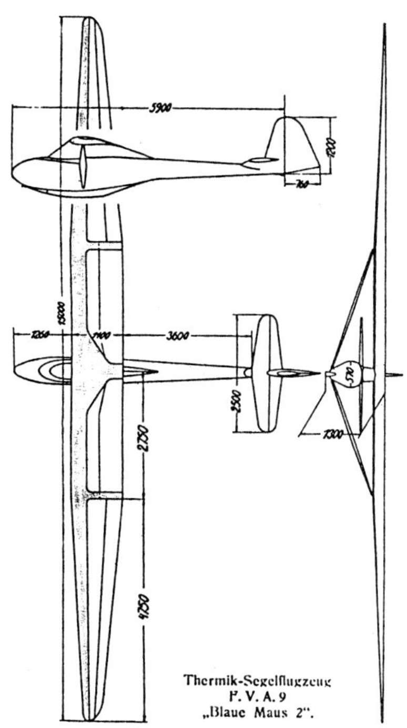

Links: **Dreiseitenansicht von Thermiksegelflugzeug F.V.A. 9 Blaue Maus 2.**

Rechts: **Dreiseitenansicht von D Milan Mü 10,**
aus »Flugsport«, 1934/341.

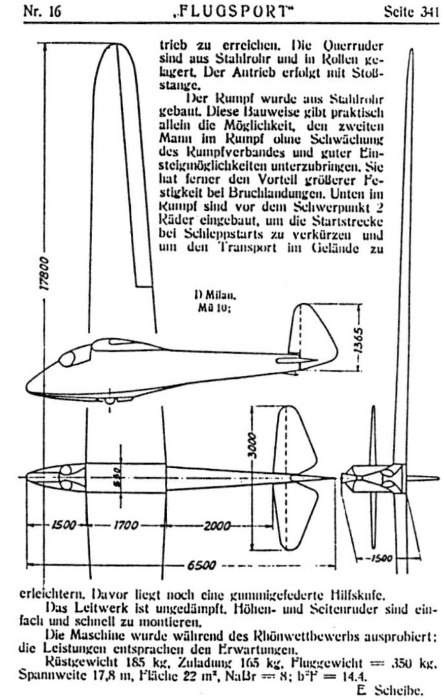

Nr. 16 „FLUGSPORT" Seite 341

trieb zu erreichen. Die Querruder sind aus Stahlrohr und in Rollen gelagert. Der Antrieb erfolgt mit Stoßstange.

Der Rumpf wurde aus Stahlrohr gebaut. Diese Bauweise gibt praktisch allein die Möglichkeit, den zweiten Mann im Rumpf ohne Schwächung des Rumpfverbandes und guter Einsteigmöglichkeiten unterzubringen. Sie hat ferner den Vorteil größerer Festigkeit bei Bruchlandungen. Unten im Rumpf sind vor dem Schwerpunkt 2 Räder eingebaut, um die Startstrecke bei Schleppstarts zu verkürzen und um den Transport im Gelände zu erleichtern. Davor liegt noch eine gummigefederte Hilfskufe.

Das Leitwerk ist ungedämpft. Höhen- und Seitenruder sind einfach und schnell zu montieren.

Die Maschine wurde während des Rhönwettbewerbs ausprobiert; die Leistungen entsprachen den Erwartungen.

Rüstgewicht 185 kg, Zuladung 165 kg, Fluggewicht = 350 kg. Spannweite 17,8 m, Fläche 22 m², NaBr = 8; b²F = 14.4.

E. Scheibe.

Professor Georgii, Verfasser, Hanna Reitsch und Wolf Hirth, Rhön 1934.

Wer jetzt auf der Wasserkuppe am Start war, hatte alle Möglichkeiten. So gut war die Wolkenthermik begleitet von starkem Wind, daß mein 172 km-Streckenflug gleich viermal überboten wurde: Wolf Hirth mit 351 km Weltrekord bis Görlitz; Hofmann 310,2 km bis Mastirch, ČSR; Sonny Fischer bis Chemnitz 212,5 km und Otto Braeutigam 198 km bis Aue, Sachsen. Die meisten Autobahnen waren damals erst im Baustadium. Landstraßen führten immer durch Dörfer und Städte. Schlaglöcher waren das Erbe der Nachkriegsjahre bis zu jenen Tagen, undenkbar für heutige Verhältnisse, wenn man in wenigen Stunden den kleinsten Ort auf glatter Fahrbahn erreichen kann. Rücktransporte bedeuteten Fahrten die ganze Nacht hindurch und Mangel an Schlaf für alle Beteiligten einschließlich des Piloten. Wolfgang Späte war einer der wenigen, die sich in kluger Voraussicht eine Schlafgelegenheit im Schleppauto eingebaut hatten.

Der nächste Tag begann vielversprechend: starker Westwind, frühe Cu-Entwicklung. Dies war die Möglichkeit, das Pech vom Vortag wieder gutzumachen. So hoffte ich, doch es kam anders.

Heini Dittmars neue Maschine, die ›São Paulo‹, Modell Fafnir, war endlich fertig geworden. Heini hatte sie im Schlepp von Griesheim zur Wasserkuppe gebracht und war an diesem Tag zum ersten Male startbereit im Wettbewerb. Sogenannte ›Ketten‹, Gruppen von drei Maschinen, sollten besonders gewertet werden, falls sie als Kette meldeten, kurz nacheinander starten und zusammen überland fliegen würden. Ihre Landeplätze mußten innerhalb eines Winkels von 15 Grad beiderseits der Linie zu dem am weitesten geflogenen Mitglied der Kette liegen. Es war ein Versuch, das Zusammenwirken beim Streckenflug zu belohnen, im Prinzip keine schlechte Idee. Hanna Reitsch auf Heini Dittmars ›Condor‹, Heini selbst auf der ›São Paulo‹ und ich auf dem ›Fafnir‹ flogen als Kette zwischen 11.44 Uhr und 11.53 Uhr ab. Bei der starken 8/10 Bewölkung verloren wir einander nach wenigen Minuten. Blindflug war damals erlaubt. Ich erinnere mich an einen langen Flug geradeaus innerhalb von Wolkengrau, mit Kompaßkurs Ost. Nur selten unterbrach Sonnenlicht die stetigen Aufwind gebende Wolkenmasse. Der starke Wind brachte schnellen Streckengewinn.

Meiningen und die Vorberge des Thüringer Waldes waren kurz im Blickfeld aufgetaucht und wieder im Grau verschwunden. Heute muß ein langer Streckenflug gelingen – dachte ich. Dann riß es plötzlich auf: Eine weite Leere voraus – keine Wolken mehr auf der bisherigen Basishöhe – Blicke nach oben zeigten ein graues Gewölbe über einem breiten wolkenfreien Raum, der sich weithin in Flugrichtung erstreckte. Es muß die Abwindwirkung eines irgendwo aufschießenden riesigen Wolkengebirges gewesen sein.

Leider entschied ich mich, auf gut Glück in den leeren Raum vorzustoßen, anstatt am Wolkenrand kreisend mit dem Wind weiter ostwärts zu ziehen. Unheimlich schnell ging meine Höhe verloren. Kein Aufwind war zu finden, trotz verzweifelter Suche. Für Rückkehr war es bald zu spät. Schließlich mußte ich in niedriger Höhe über bergigem Waldgebiet an die Sicherheit der mir anvertrauten Maschine denken und landete 100 km von der Rhön bei Lauenhain, Thüringen. Hanna war um diese Zeit schon bei Reichenbach, 105 km von der Wasserkuppe, gelandet und Heini Dittmar hielt aus ganz niedriger Höhe bei Sonneberg, 90 km von der Rhön, Ausschau nach einem Landeplatz. In letzter Minute fand er einen rettenden Aufwindschlauch, in dem er seine verlorene Höhe zurückgewann und dann weiter ostwärts segeln konnte. Mit einem neuen 375 km-Streckenweltrekord stellte er uns alle in den Schatten.

Heini Dittmar war ein gottbegnadeter Flieger, ob mit oder ohne Motor. Als sein früherer Griesheimer Mentor freute ich mich über seinen Erfolg, wenn ich auch gerne etwas näher bei ihm gelandet wäre. Seine Leistung war um so bemerkenswerter, weil er noch keine Gelegenheit gehabt hatte, sich auf seine ganz neue Maschine einzufliegen. Hans Schaller, der Berliner Luftfahrtfotograf, schrieb begeistert, mit einigen Kürzungen durch den Verfasser:

»Im März 1934 begann Alexander Lippisch Berechnung und Konstruktion des neuen DFS-Leistungsseglers ›Fafnir II‹. Er wurde für eine Gleitzahl von 31 geplant, verglichen mit 21 des 1929/30 konstruierten ›Fafnir I‹. Erst Mitte Juni konnte die Arbeit in der DFS-Werkstatt-Segelflugzeuge in Griesheim beginnen. Vier gelernte Flugzeugbauer und vier Helfer wurden angesetzt, um die Maschine noch für den kommenden Rhönwettbewerb fertig zu bekommen. Als dieser begann, war noch vieles daran zu tun. Enttäuscht ordnete Lippisch an, den Weiterbau einzustellen und fuhr zur Wasserkuppe. Heini Dittmar, seit seiner Rückkehr aus Südamerika fest beim DFS angestellt, führte den Bau auf eigene Faust zu Ende.«

Während der Wettbewerb beginnt, wird Tag und Nacht geschuftet. Die ›Kiste‹ *muß* fertig werden! Mit Feuereifer sind Dittmar und die acht Kameraden bei der Arbeit. Schlaf kennen sie nicht mehr. Als der Wettbewerb in vollem Gange ist, steht Fafnir II, auf den Namen ›São Paulo‹ getauft, flugfertig in der Werkstatt.

Hanna Reitsch, ebenfalls beim DFS angestellt, schleppt Heini mit dem ›Fafnir II‹ Richtung Wasserkuppe. Alles scheint zu klappen; da reißt auf halbem Weg das Schleppseil. Beide müssen notlanden. Das Segelflugzeug wird abmontiert und wieder nach Darmstadt zurückgebracht. Am nächsten Tag trifft Dittmar abends, von Hanna Reitsch geschleppt, auf der Wasserkuppe ein.

Lippisch ist nicht wenig erstaunt, als er sein Geisteskind auf der Kuppe landen sieht. Er kann sich nicht entschließen, den ›Fafnir II‹ ohne einige Probeflüge zum Wettbewerb zuzulassen. Aber Heini Dittmar besteht darauf, die Maschine so wie sie ist im Wettbewerb zu fliegen. So wird ihm am 27. Juli die Starterlaubnis erteilt.

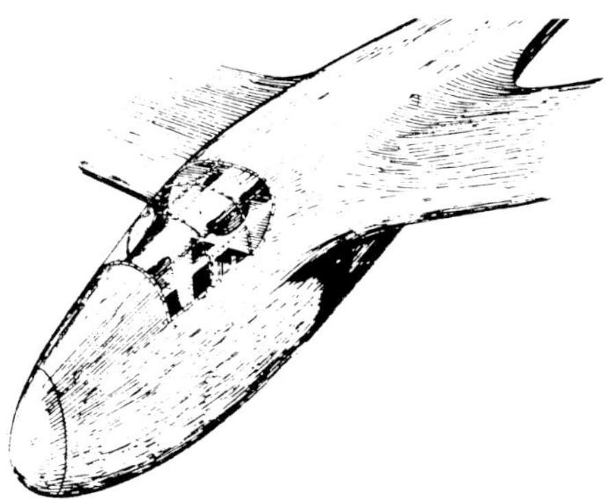

Rumpf-Flügel-Zusammenschluß des Fafnir II.

Längsschnitte des Fafnir II São Paulo aus W. Hirths »Handbuch des Segelfliegens«.

Oben links: **Anzeigetafel am Startplatz.** – Rechts: **Der Pferdskopf vom Berggasthof aus.** – Darunter links: **Zuschauer am Südhang der Kuppe.** – Rechts: **Hanna Reitsch singt mit den Schwaben.**

»Abflug mit Gummiseil vom Gipfel der Kuppe nach Westen, zusammen mit Hanna Reitsch auf Heinis ›Condor‹ und Peter Riedel auf ›Fafnir I‹, als sogenannte Kette. Nach einer Stunde weiß es das ganze Lager: Heini ist auf Strecke gegangen. Der Wind ist kräftig geworden. Ungeduldig erwarten alle am Abend Dittmars Landemeldung. Er ist der einzige, der noch aussteht. Die Nacht senkt sich über den Fliegerberg. Immer noch keine Nachricht von Heini.

Der dämmernde Morgen bringt die Nerven der Wettbewerbsleitung und der Segelfliegerkameraden fast zum Zerreißen. Wo ist Heini Dittmar? – Da, gegen Mittag, eilt ein Ruf durchs Lager, »unser Dittmar ist bis nach Liban in der ČSR geflogen, 375 km weit!« Die Begeisterung kennt keine Grenzen. Jubel braust auf gen Himmel. Unverzüglich fährt Bruder Edgar mit Mannschaft und Transportwagen zum Landungsplatz. In 23 Stunden werden auf der Landstraße 1300 km bewältigt. An der tschechischen Grenze gibt's kurzen Aufenthalt, dann weiter nach Liban. Dort müssen sie feststellen, daß Heini von den tschechischen Behörden ausgewiesen wurde. Die Maschine ist in einer Scheune untergebracht. Nach langem Hin und Her be-

Aus »Der Segelflieger«, 1934.

Heini Dittmar

Mein Weltrekordflug

Das neue Segelflugzeug „Sao Paulo", das beim Deutschen Forschungsinstitut für Segelflug in Griesheim bei Darmstadt gebaut wurde, konnte ich leider erst drei Tage nach Anfang des 15. Rhön-Segelflug-Wettbewerbs im Flugzeugschlepp auf die Wasserkuppe bringen. Es entschied sich sehr spät, daß ich diese neue Maschine im Wettbewerb fliegen durfte. Die „Technische Kommission" wurde geholt und untersuchte den neuen Apparat bis ins kleinste. Dann mußten aber erst alle Papiere in Ordnung gebracht werden. Damit verstrich viel kostbare Zeit, und inzwischen fiel eine Reihe beachtlicher Rekorde. Endlich am Freitag, dem 27. Juli 1934, 12 Uhr mittags, brachten wir die Maschine an den Start. Am Westhang wimmelte es bereits von Segelflugzeugen, viele waren schon gegen 11 Uhr auf Strecke gegangen. Die Tageszeit war also schon sehr fortgeschritten, und ich hielt es an diesem Tage für zu spät, um einen größeren Streckenflug auszuführen. Wollte ich eigentlich doch so viel Zeit vor mir haben, daß ich wenigstens „theoretisch" den Weltrekord von Wolf Hirth mit 352 Kilometer, den er am vorhergehenden Tage aufgestellt hatte, überbieten konnte. Ich hielt es fast für aussichtslos, daß dieser Rekord vorerst in Deutschland gebrochen werden könnte.

Wir entschlossen uns deshalb — Hanna Reitsch auf meinem „Condor", Peter Riedel auf „Fafnir I" und ich auf „Sao Paulo" —, einen Strecken-Kettenflug auszuführen. Um 12 Uhr 30 Minuten war alles klar zum Start, und innerhalb der vorgeschriebenen 10 Minuten waren unsere drei Maschinen in der Luft, die sich aber bald im Gewimmel der schon gestarteten Maschinen am Westhang verloren. Im Westen der Kuppe bildete sich eine große schwarze Wolke; ich verließ deshalb den Westhang, um ihr entgegenzufliegen, und erreichte auch bald den erhofften Aufwind, der mich mit fast 4 Metersekunden Steigegeschwindigkeit bis an die Wolkenbasis brachte. Gerne wäre ich nun mit diesem starken Aufwind in der Wolke emporgestiegen, hätte ich nicht eine neue Maschine in der Hand gehabt, auf der ich den ersten offiziellen Flug ausführte und die in anormalen Fluglagen, wie man sie oft in der Wolke bekommt, noch nicht ausprobiert war.

Deshalb war Vorsicht mein erster Grundsatz. Der starke Aufwind, den ich nun hatte, veranlaßte mich schon frühzeitig, also schon zehn Minuten nach dem Start, auf Strecke zu gehen. Also wurde der Aufwind durch starkes Drücken in Geschwindigkeit umgesetzt, und ich brauste mit 120 Kilometer Stundengeschwindigkeit im Rückenwind ab.

Schon nach 20 Minuten hatte ich die Residenzstadt Meiningen erreicht, die man leicht an dem in E-Form gebauten großen Schloß erkennen kann. Von nun an meist in den Wolken blind fliegend, unter genauester Beobachtung der Instrumente, um die Hauptflugrichtung nicht zu verlieren, erreichte ich bald den Thüringer Wald. Weil bisher alles so gut gegangen war — ich hatte fast durchweg eine Höhe von 1800 bis 2000 Meter —, wurde ich etwas leichtsinniger, durchflog verschiedene Aufwinde von 1 Sekundenmeter Stärke, um schnellere Fahrt zu gewinnen. Dabei und während ich mich bemühte, mein Mittagessen in Form eines Stückes trockenen Brotes aus der Tasche zu krabbeln, kam ich bis auf 700 Meter herunter. Nun hieß es gewaltig aufpassen, um den Flug nicht frühzeitig abbrechen zu müssen. Aber was nützt all das Aufpassen, wenn kein Aufwind mehr in der Nähe ist!

Langsam, aber stetig mit normaler Sinkgeschwindigkeit verliere ich immer mehr an Höhe. Unter mir liegt Sonneberg. Ich suche mir schon einen Landeplatz, und in Gedanken besichtige ich schon die unter mir liegende Spielwarenfabrik. Als letzte Rettung fliege ich aber noch einmal auf einen großen Wald zu in der Hoffnung, daß sich vielleicht dort durch die im Walde lagernde Warmluft ein Aufwindschlauch findet und mich noch einmal emporträgt. Wie mußte ich da an die vielen kleinen Aufwinde denken, die ich vorher unbeachtet durchflogen hatte! Mit einem „Viertelmeter" wäre ich jetzt zufrieden gewesen. Mehr und mehr sinkt mein treuer Vogel nach unten, da — plötzlich starker Abwind. Ich freue mich schon, denn vorheriger Abwind bedeutet kommenden Aufwind. Und schon merke ich ein leises Zittern in der Maschine. Gefühlsmäßig kurve ich nach einer Seite, um in den langersehnten Aufwind zu gelangen. Ein Blick auf das Variometer, das mir den Aufwind bestätigt, steiles Kurven, um in dem schmalen Aufwind zu bleiben, und nach 20 bis 25 Minuten habe ich meine alte Höhe von 1800 Meter wieder erreicht. Und nun ging's wieder mit großer Geschwindigkeit, als wenn mir jemand im Nacken säße, über das mir bekannte Skigelände Hof der tschechoslowakischen Grenze entgegen.

Dittmar und seine São Paulo.

Ich griff in meine Tasche, und — o Schreck, ich hatte wieder mal meinen Paß vergessen. Also entschied ich mich, die Grenze nicht eher zu überfliegen, bis es notwendig, d. h. nur dann, wenn es dadurch möglich wäre, den Rekord von Wolf Hirth zu brechen.

Die Wolkenbasis war inzwischen auf 2200 Meter gestiegen. Bald hoch, bald tief fliegend, ging's mit ziemlicher Fahrt mit Seitenwind am Erzgebirge entlang. Bereits 4 Uhr war es geworden. Um mich über meinen unbequemen Sitz hinwegzutäuschen, sang ich oft vor mich hin.

An Hand meiner Landkarte, die ich mir vor dem Start aus meinem Schulatlas herausgerissen hatte, stellte ich fest, daß ich bereits die 300-Kilometer-Grenze erreicht hatte. Da sich der Himmel über dem Erzgebirge mit einer Schicht von Stratokumulus-Wolken immer mehr bedeckte, die die Sonne nicht mehr durchscheinen ließen und dadurch jede Bildung von Aufwind unmöglich machten, so entschloß ich mich doch, in dem Bewußtsein, etwas Verbotenes zu tun, die Grenze zu überfliegen. Die Aufwindwolken waren drüben im böhmischen Flachland noch wesentlich günstiger als über dem Erzgebirge. Schon aus großer Entfernung sah ich Prag liegen, und oftmals glaubte ich, landen zu müssen, fand aber immer noch einmal einen rettenden Aufwind. Aber auch hier bedeckte sich der Himmel nun mit Stratokumulus-Wolken, so daß ich nur noch einen langgestreckten Gleitflug nach Osten ausführen konnte, der sich bis auf die letzten 500 Meter vor die Ortschaft Liban erstreckte. Ein Sprung über eine Telefonleitung, ein starker Slip, und meine treue „Sao Paulo" sitzt 375 Kilometer von der Wasserkuppe entfernt.

Oben: **Heini Dittmars Abflug zum 375 km-Weltrekord.** – Darunter: **Heini Dittmars ›Fafnir II São Paulo‹, vom Dach der Weltenseglerbaracke aus gesehen.**

Blick vom Dach der Weltenseglerbaracke nach SW

1 Robert Kronfelds 30 m-Segelflugzeug kam hier zur Erde, nach seinem Flächenbruch im Blindflug. 21. Juli 1932
2 Günter Groenhoff stürzte hier mit der ›Frankfurt‹ in den Wald, blieb unverletzt. 20. Juli 1929
3 ›Zahnbürste‹, eine Reihe hoher Tannen. 1920–39
4 Wolf Hirth stürzte hier am 8. Juli 1923 mit der ›Messerschmitt S-13‹ ab und wurde schwer verletzt.

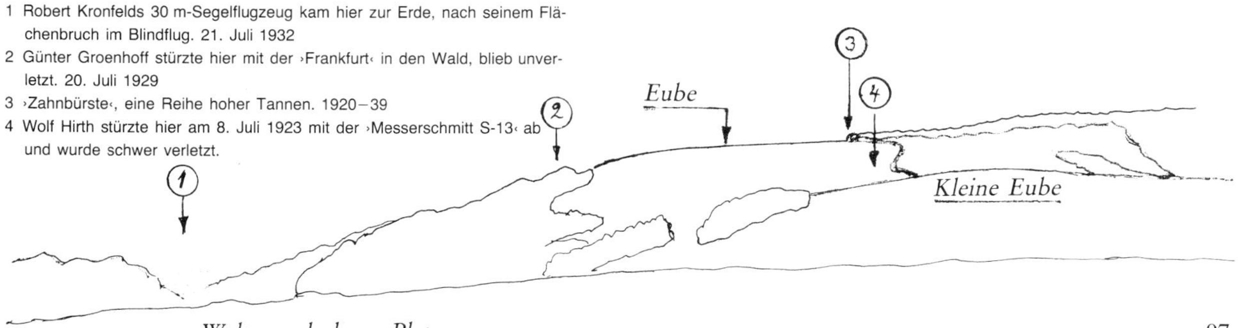

kommt Edgar die Maschine frei zum Abtransport. Während dieser Vorgänge trifft Heini wieder auf der Wasserkuppe ein. Auf Umwegen war er zu Fuß hinaufgekommen, um sich allen Ovationen und Feierlichkeiten zu entziehen. Mit verschmitztem Lächeln erscheint er fast unbemerkt im Fliegerlager. Überall jedoch wird unser neuer Streckenflugweltmeister beglückwünscht.

Oben am Start nahe dem Fliegerdenkmal schüttelt Lippisch dem jungen Flieger strahlend die Hand mit den Worten: »Heini, du bist ein Mordskerl. Der erste Start und gleich Weltrekord!«

Noch einiges zu dem Weltrekordtag, dem 27. Juli 1934. Weitere Piloten hatten gezeigt, was sie konnten: Erich Wiegmeyer 315 km, Ernst Philipp 195 km, Wolfgang Späte 156 km, Fritz Utech 153 km und Karle Baur 150 km. Tony Endres auf seiner ›Würzburg‹ flog 94,2 km; Heinz Huth auf Grunau-Baby II 67 km und Rudolf Oeltzschner auf ›Condor‹ 38,5 km. Letzterer ahnte sicher nicht, daß er im nächsten Jahr der Rhönsieger werden würde.

Am 28. Juli schaffte Tassilo Proppe mit der 1928 erbauten, klapprigen ›Württemberg‹ seiner Akaflieg Stuttgart als erster die Himmeldunkbergumrundung und noch eine zweite dazu! Damals mit offenem Führersitz konnte Tasso durch Hinunterrufen einen einsamen Rhönwanderer um Auskunft über die Lage des Himmeldunkbergs bitten. Dieser antwortete durch das Winkzeichen »Hier, wo ich stehe«. Das waren noch Zeiten . . .

Am gleichen Tag flog Kurt Schmidt, später einer der ganz Großen, mit seinem Rhönadler ›Graf York‹ die beste Tagesstrecke, 65 km, während Heinrich Vergens, später oft erfolgreich, 61,5 km schaffte. Und Tasso Proppe startete zum dritten Male und flog mit 52,25 km seine Silber-C-Strecke.

Fritz Utech auf ›Darmstadt‹ und Konrad Pernthaler auf seiner ›Askania‹ umrundeten den Heidelstein am 29. 7., während das schwäbische Dreigespann Baur, Hakenjos und Proppe mit Streckenflügen von 47,5, 44 und 29,2 km Länge als zweite Mannschaft die Kettenflugbedingung erfüllte. Da sie später von den Ketten Ludwig Hofmanns und Kurt Schmidts auf den vierten Platz verdrängt wurden, erkannte ihnen das Preisgericht eine 500.- RM-Sonderprämie zu. Ludwig Hofmann erschien erst am 30. 7. wieder am Startplatz. Man hatte ihn in der ČSR zurückgehalten. Wieder wurde er Tagesbester mit 131 km Strecke.

Erst nach diesem Tag trafen Ludwig und ich zusammen.

»Wie hast du das neulich bis hinter Nürnberg geschafft? Ich kam bei Neustadt unter eine Stratusdecke. Ich bin darunter weitergeflogen – keine Spur von Aufwind – und mußte bei Haßfurt 'runter.« So begann er. Er meinte meinen 172 km-Flug vom dritten Wettbewerbstag.

Da habe ich ihm beschrieben, wie ich genau am Rande der gleichen Stratusdecke einen kräftigen Aufwind entdeckte, meine Flugrichtung um 45 Grad nach rechts änderte und dann mit 80 km/h in diesem stetigen Aufwind eine halbe Stunde lang halb im Blindflug geradeaus segeln konnte. Rechts huschten die Wolkenfetzen vorbei, links war grauer Dampf. Schließlich erschien Würzburg rechts in der Ferne und der Main bei Castell unter mir. Dort hatte sich die Stratusdecke in Cu-Wolken aufgelöst, und mit denen bin ich dann bis Pleinfeld weitergesegelt. Es war ein Phänomen, wie ich ihm nie wieder im Segelflug begegnet bin. Vielleicht lag unter der Stratusdecke eine stabile Kaltluftmasse, die den Westwind hangwindartig anhob, was zu Kondensation und Bildung der Stratusdecke führte.

Am 31. 7. flog Hofmann wieder die beste Tagesstrecke mit 168 km, mit Vergens als zweitem, der 135 km schaffte. Am 1. 8. flog der Frankfurter Fölsche die Tagesbestleistung von 39 km auf einem ›Rhönbussard‹. So wechselvoll war die 1934er Thermik.

Am 2. August versuchten Heini, Hanna Reitsch und ich, als Kette den Flugplatz Kassel (97,5 km) zu erreichen. Heini kam dort an – auf seinem zweiten Streckenflug in diesem Wettbewerb – während ich 11 km

Oben: **Fafnir II São Paulo auf abwerfbaren Rädern** (links), **das modernste Segelflugzeug seiner Zeit.** – Darunter links: **Alexander Lippisch entwarf den ›Fafnir II‹.** – Rechts: **Hanna Reitsch, Hakenjos, Braeutigam und Hofmann.**

vor Kassel landete. Hanna war schon nach 20,4 km wieder am Boden, was unsere Kette ungültig machte, weil jeder mindestens 25 km schaffen mußte. Selbst Ludwig Hofmann kam bei dieser dürftigen Thermik nur 78,6 km weit. Heini Dittmar hatte sein überlegenes segelfliegerisches Können erneut bewiesen.

Ernst Philipp umrundete am gleichen Tag den Oechsenberg und kehrte zur Wasserkuppe zurück. Der Sportleitungszeuge am Wendepunkt hatte nicht aufgepaßt und Philipps Rhönadler nicht bemerkt. Glücklicherweise hatte Hans Fischer von seinem ›Windspiel‹ aus den ›Klettermaxe‹ am Oechsenberg beobachtet und so konnte Philipp den 4000.- RM-Preis mit Hirth teilen.

Am selben Tag umrundete das schwäbische Kleeblatt Baur, Hakenjos und Proppe als Kette den Heidelstein. Tasso Proppe berichtete:

»Die Umrundung des Heidelsteins war eine schwierige Aufgabe, die uns deshalb besonders interessierte, weil wir bereits Erfahrungen im Kettenfliegen besaßen: wir, Baur auf ›Fledermaus‹, Hakenjos auf ›Lore‹

und ich auf ›Württemberg‹. Mit diesen ungleichen Segelflugzeugen hatten wir schon mehrmals versucht, den wertvollen Heidelsteinpreis zu gewinnen. Die Windverhältnisse waren jedoch ungünstig, so daß ich, der die älteste Maschine und die geringste Flugerfahrung besaß, frühzeitig landen und damit die ›Kette‹ sprengen mußte. Endlich, gegen Ende des Wettbewerbs, erschien uns der Wind noch einmal recht, um zur Kette zu melden und kurz hintereinander zu starten.

Der Heidelstein ist ein flacher, kahler Berg in etwa 8 km Entfernung von unserer Startstelle, der Wasserkuppe. Die Aufgabe bestand nun darin, diesen Berg möglichst geschlossen zu dritt anzufliegen, einen markierten Punkt zu umrunden und dann, das war das schwierigste, wieder zurück zur Startstelle zu fliegen. Dabei mußte man auf einem begrenzten Feld landen, wobei die Landezeiten der drei Flugzeuge nicht mehr als fünf Minuten auseinander liegen durften.

Wir hielten uns zunächst nach dem Start im Hangwind an der Eube, einem der Wasserkuppe vorgelagerten Hang, zwischen den anderen dort fliegenden Maschinen auf, um eine günstige thermische Luftströmung abzuwarten, die nach etwa einstündigem Warten ermöglichte, uns in Kreisen hochzuschrauben. Dann begann dieser für mich anstrengendste Flug des ganzen Wettbewerbs.

Zunächst hieß es, aus den etwa zehn wild durcheinanderkreisenden Flugzeugen meine beiden Kameraden herauszufinden, die durch ihre leistungsfähigeren ›Kisten‹ eine größere Höhe gewonnen hatten und sich, wie vereinbart, auf den ›Strich‹ nach dem Heidelstein machten. Ich schloß mich ihnen unten an, und so flogen wir im Gleitflug, langsam die gewonnene Höhe von etwa 700 m über Start verlierend, bis zur Markierung, die ich nur noch in wenigen Metern Höhe umfliegen konnte. Dieser erste Teil wäre nun geschafft; meine beiden Kameraden hatten noch genügend Höhe, um die Eube wieder zu erreichen, unter Ausnützung von Aufwinden des Gersfelder Tales. Für mich war nötig, mich mit der geringeren Höhe noch zu einem bewaldeten, steileren Hang vorzuarbeiten, in dessen Aufwind ich erst die nötige Höhe gewinnen mußte, um mich den wartenden Kameraden wieder anschließen zu können. Die hohen Bäume der Landstraße Wüstensachsen nach Bischofsheim machten mir viel Sorge. Aber es hat noch einmal gelangt, der Hang ist erreicht, und nun heißt es, in zäher Verbissenheit von einem Hang zum anderen zu ›krebsen‹, sorgfältig jeden Buckel und jede Böe auszunützen, bis dann der letzte Berg so viel Höhe gibt, daß es reicht, um das Tal zu überfliegen.

Ein spannender Kampf, bei dem ich meist unter der Starthöhe fliege, verfolgt von den Feldstechern der Zuschauer und begleitet von den sorgenvollen Wünschen der beiden da oben. Ich weiß, daß sie auf mich herunterschauen, ihre Gedanken kann ich fühlen, aber alle Aufmerksamkeit gehört jetzt den Instrumenten und dem Gelände unter mir. Alle Sinne sind gespannt bis zum äußersten: wird's gelingen?

Tief unter dem Hang der Eube komme ich an, aber der liegt so günstig im Wind, daß ich mich wieder bequem zu den Kameraden hinaufarbeiten kann. Oben treffe ich zuerst die ›Lore‹. Ich kann das freudige Grinsen von Hakenjos erkennen, wie er mir anerkennend zuwinkt. Dann gibt Baur in der ›Fledermaus‹ das vereinbarte Zeichen: zurück zur Wasserkuppe!

Mit der notwendigen Höhe und Rückenwind geht's dann auf die letzte und leichteste Etappe: von der Eube zurück zur Kuppe, die Vorfreude auf den errungenen Sieg schon im Herzen – aber es kam anders.

Die ›Fledermaus‹ mit Baur liegt vor mir, Hakenjos hat sich links dahinter geklemmt und ich fliege rechts, so kommen wir in enggeschlossener Formation und drücken den Südhang der Wasserkuppe an, um geschlossen zu landen. Wie wir mit viel Fahrt dem Boden näherkommen, stellen wir mit Schrecken fest, daß der Wind sich ziemlich gedreht hat und wir seitlich schiebend aufsetzen müssen. Jetzt gilt's! Wir können noch vom Hang wegkurven, aber dann landen wir außerhalb des vorgeschriebenen Feldes. Also wird's gewagt, die ›Kiste‹ mit Gewalt hinzudrücken.

Oben links: **Hanna befestigt einen Talisman an Heinis Mantel.** – Rechts: **Hofmann, Wiegmeyer, Dittmar und Hirth flogen weiter als 300 km.** – Unten links: **Hans Jacobs, Alexander Lippisch und Wilfried Teichmann, Berlin.** – Rechts: **Die Berliner E. G. Haase und Heinz Kensche.**

Vor mir kracht es leicht. Baur verliert beim Aufsetzen den Instrumentendeckel seiner ›Fledermaus‹, aber bis auf ein verbogenes Instrument geht's gut.

Nun bin ich dran. Ich setze auf, die Kiste bricht beim Schieben und gräbt sich ins Gras, es reißt den Rumpf auf und alles verfängt sich im Gras des Landefeldes. Die Tragfläche bricht los vom Rumpf und rutscht mir über den Kopf. Dann überschlägt sich das Ganze, und ich rutsche in einem Salat von viel Sperrholz über den Grasboden. Arme, treue ›Württemberg ‹! Aber wir haben gewonnen!

Hakenjos, der gut gelandet ist, kommt schon angerannt, wie ich mich herausschäle, und dann stehen wir drei beieinander. Aus irgendeiner Ecke blute ich, aber das spüre ich nicht. Alles ist helle Freude. Auch den Verlust der guten alten Kiste können wir verschmerzen: Wir haben den Heidelsteinpreis gewonnen, einen der wertvollsten Preise des Wettbewerbs.

Die Startmannschaft schleift den Bruch im Triumph nach Hause.«

☆

Nach zwei Knofetagen flogen am letzten Wettbewerbstag, dem 5. 8. 1934, 25 Teilnehmer überland, eine bis dahin noch nie erreichte Anzahl. Tagesbester wieder Hofmann mit 207 km; Wiegmeyer und Philipp, die zu Hofmanns Kette gehörten, schafften 141 bzw. 125 km. Sie gewannen nach unserer Dittmar-Reitsch-Riedel-Kette den zweiten Kettenpreis. Der dritte ging an die Kette Kurt Schmidts mit Konrad Pernthaler und Friedrich Carius. Sie hatten am letzten Tag 127, 93,7 und 69,2 km erreicht. Der von Schmidt gewonnene Anteil ermöglichte ihm den Selbstbau seiner 1936 siegreichen Mü 13d ›Atalante‹.

Der letzte Wettbewerbstag hatte gezeigt, wie groß das Feld ernsthafter Rivalen für den Sieg auf der Rhön geworden war. Besonders fiel dabei Fritz Utech, Akaflieg Darmstadt, auf. Er hatte mit seiner ›uralten‹ Darmstadt II, Baujahr 1929, die zweitgrößte Gesamtstrecke erflogen. Durch seinen Eintritt ins Berufsleben ging der Akaflieg ein aussichtsreicher Pilot verloren.

☆

Das Preisgericht stand vor einer grundsätzlichen Frage: Sollte Ludwig Hofmann mit 1176,6 km Gesamtstrecke oder der neue Weltrekordinhaber Heini Dittmar zum Sieger im Rhönwettbewerb 1934 erklärt werden? Heini hatte erst vom 27. 7. ab am Wettbewerb teilnehmen können, aber danach war er nur noch ein zweites Mal, am 2. 8., überland gesegelt: 97,5 km Zielflug nach Kassel. Hofmann hatte durch seine Landung in der ČSR ebenfalls drei Wettbewerbstage verloren. Als er am 30. 7. zum erstenmal wieder von der Wasserkuppe abflog, hatte er bis dahin nur 592 km Gesamtflugstrecke gegenüber Dittmars 375 km. Warum war Heini nur zweimal auf Strecke gegangen? Am letzten Tage des Wettbewerbs flog Hofmann mit 207 km seine zweitbeste Strecke. Das gab ihm mit seinen 8 Streckenflügen den Gesamtsieg, weil Heini Dittmar mit 2 Streckenflügen nur 472,5 km Gesamtstrecke erreicht hatte. Der Verfasser kann sich nicht an die Gründe erinnern, die Heini davon abhielten, ernsthaft mit Hofmann in Wettbewerb zu treten.

Das Preisgericht hat damals einfach keinen ersten Sieger offiziell erklärt, ähnlich wie im Vorjahr. Mein Gesamtsieg 1933 war allerdings ganz offensichtlich und wurde auch allerseits als solcher anerkannt.

Einige Jahre später las man im »Flugsport« 1936 auf Seite 314 die offizielle Mitteilung der Erteilung des ›Adolf-Hitler-Preises zur Förderung des Segelfluges 1935‹ an Ludwig Hofmann. Unter dessen hervorragenden segelfliegerischen Leistungen wurde sein ›Gesamtsieg im Rhönwettbewerb 1934‹ dabei ausdrücklich erwähnt.

☆

Höhen-, Strecken- und Dauerflüge im Rhön-Segelflug-Wettbewerb 1934.

Nr.	MONAT / DATUM	Segelflugzeug-Muster	Juli 22.	23.	24.	25.	26.	27.	28.	29.	30.	31.	August 1.	2.	3.	4.	5.	Strecken-Km
1	Ludwig Hofmann Mannheim	Rhönadler	K	115.0 / 950	101.0 / 685	66.0	310.2 / 770				131.0 / 820	168.0 / 1390		□78.6 / 940	K	K	207.0 / —	1176.8 / 1390
2	Fritz Utech Akafl. Darmstadt	Darmstadt II				88.0 / 590	114.0 / —	153.0 / 1090	42.5 / —	× / 620	38.5 / 480						147.0 / —	583.0 / 1090
3	Ernst Philipp Berlin	Rhönadler			154.0 / 1050			195.0 / 930						△ / 1220			125.0 / —	544.0 / 1220
4	Erich Wiegmeyer DFS-Griesheim	Präsident					47.5 / 430	315.0 / 1310									141.0 / —	503.5 / 1310
5	Heini Dittmar DFS-Griesheim	Fafnir II						376.0 / —						□97.5 / 1040	Nur Dittmar erreichte Kassel			472.5 / 1040
6	Hans Fischer Akafl. Darmstadt	Windspiel			[7.5] / 354		212.5 / 1100		59.5 / 600	[18.0] / 510	[13.0]	46.5		□40.5 / 930			73.0 / 700	432.0 / 930
7	Wolf Hirth Hornberg	Moazagotl			△ / 630		357.0 / 1130											421.0 / 1130
8	Peter Riedel DLH-Berlin	Fafnir I			54.0 / 610	172.0 / 720		100.0 / 330						□86.5 / 890				412.5 / 890
9	Wolfgang Späte Chemnitz	Condor				91.0 / 1130	[10.8] / 560	156.0 / 1440	4h33'								131.0 / —	378.0 / 1440
10	Vergens Berlin	Grunau Baby II					73.0 / 860		61.5 / 410		[14.5] / 470	135.0 / 1120					30.3 / 180	299.8 / 1120
11	Karl Baur Hornberg	Fledermaus					22.3 / 410	150.0 / 670		●47.5 / 240	Zwei Ketten Baur-Hakenjos-Proppe			×● / 500			61.0 / 840	280.8+ / 840
12	Otto Bräutigam Groß Rückerswalde	DB 10					198.0 / 1110		[5.5] / 200								43.0 / 500	241.0 / 1110
13	Schmidt Gießen	Rhönbuss.			35.0 / 755			77.0 / 940	62.75 / 450	21.0 / 740	4h59'							195.75 / 940
14	Kurt Schmidt Königsberg i. Pr.	Rhönadler				[13.0] / —			65.0 / 1270								127.0 / 1640	192.0 / 1710
15	Siegfried Holzbauer Stuttgart	H2PL Musil[?]					43.0 / 660	45.1 / 1060	26.0 / 45						K	K	52.0 / 600	166.1+ / 1060

Nr.	Name	Muster	Datum	Leistung	Starts
16	Arthur Haardt Ith-Hannover	G.B.II	27. 7.	75.0 / 7h 12'	11 Starts
17	Friedrich Carius Leipzig	Condor	27. 7.	8h59' / 410	
			5. 8.	69.2 / 1080	11 Starts
18	Heinz Huth Hamburg	G.B.II	27. 7.	67.0 / 1080	5 Starts
19	Richard Ziller Leipzig	Condor	28. 7.	52.5 / 560	7 Starts

Nr.	MONAT / DATUM	Segelflugzeug-Muster	Juli 22.	23.	24.	25.	26.	27.	28.	29.	30.	31.	August 1.	2.	3.	4.	5.	Strecken-Km
20	Max Hahn Gelsenkirchen	Rhönadler			[13.2] / 280	34.0 / 650			○ / 350	[5.0] / 940					K	K	117.6 / 1510	151.6+ / 1510
21	Anton Endres Würzburg	Würzburg						94.2 / 1120			24.0 / 620			□24.3 / —				142.5 / 1120
22	Hanna Reitsch DFS-Griesheim	Condor						105.0 / —						□20.4 / 430				125.4 / 430
23	Dr. Joachim Küttner Breslau	Condor												□81.0 / 580			33.5 / 690	114.5 / 690
24	Hans Schätzel Darmstadt	Rhönbuss					70.3 / —	41.2 / —										111.5 / —
25	Tassilo Proppe Akafl. Stuttgart	H1PL Württ.					23.7 / 200	5h44' / 490	52.5 / TP	●29.2 / —	Zwei Ketten Baur-Hakenjos-Proppe			×● / 290	Bruch			105.4+ / 490
26	Konrad Pernthaler Dessau	PG A9 Askania							720	× / 400				[5.0] / —			93.6 / 970	93.6+ / 970
27	Rudolf Hakenjos Schwenningen	H1PL Lore						7h59' / 1030		●44.0 / 160	Zwei Ketten Baur-Hakenjos-Proppe			×● / 450			34.0 / 710	78.0+ / 1030
28	Büg Darmstadt	Rhönbuss.						48.0 / 810	4h9'								35.0 / 420	83.0 / 810
29	Erich Mager Geislingen	Rhönadler								35.5 / 720	3h54'		33.5 / 350					69.0 / 720
30	Ernst-Günther Haase Berlin	Windhund							20.75 / 694								43.0 / 1320	63.75 / 1320
31	Karl Feldmaier Geislingen	Rhönadler					33.6 / 490		[18.5] / 580	3h0'	28.5 / 410							62.1 / 580
32	Hans Pirkl München	Rhönbuss.						29.8 / 930	4h59'								29.0 / 680	58.8 / 930
33	J. Fölsche Frankfurt (M.)	Rhönbuss.	Mit 22 Starts und 32h 24' die größte Gesamtflugdauer					[17.5] / 560					39.0 / 610				3h5' / 460	39.0+ / 610
34	Reininghaus Königswusterhausen	Rhönbuss.					23.0 / 320							□26.5 / —	K	K		49.5 / 320

Obige Anordnung ist keine offizielle Wertungsliste. Eine solche wurde 1934 nicht zusammengestellt. Man hatte versäumt Punktwertung einzuführen. Nur Ludwig Hofmann wurde später als Gesamtsieger bestätigt, als ihm der „Adolf-Hitler-Preis zur Förderung des Segelfluges 1935" zugesprochen wurde; "Flugsport" 1936, Seite 314. Die Gesamtstrecke jedes Piloten wurde von Position Nr. 1 an bis Nr. 15 und von Nr. 20 bis Nr. 34 zum Leitfaden der Reihenfolge genommen. Die Piloten von Nr. 16 bis 19 machten nur je einen Streckenflug überhaupt, dafür aber lang genug für den Erwerb des Leistungsabzeichens, der Silber-C.

Bei Beginn der 1934-er Rhön gab es nur 12 Silber-C Inhaber – ihre Namen sind unterstrichen – unter den über 100 Teilnehmern. Bei Wettbewerbsschluß waren weitere 11 Besitzer – "gestrichelte" Namen – dazugekommen. Am 6. August 1934 besaßen nur insgesamt 44 Segelflieger der Welt die "Internationale" Silber-C, darunter genau 40 aus dem deutschen Sprachbereich. Geschichtlich betrachtet ist diese Entwicklung viel maßgeblicher als Listen erworbener Gold- und Diamanten-C's. Letztere beweisen nur gesteigerte Leistungen, während die Silber-C genau anzeigt, zu welchem Zeitpunkt ihr Besitzer ein wirklicher Segelflieger wurde.

TP = Am 28. Juli umrundete Tassilo Proppe zuerst zweimal den Himmeldunkberg. Nach einem 3. Start flog er noch 52.5 Km Strecke – dies mit seiner 1928 gebauten H1PL "Württemberg", Konstrukteur P. Laubenthal.
K = Knote, Wolkennebel verhinderte jeden Flugbetrieb.
Zielrückkehrflüge zum △ 35 Km entfernten Oechsenberg.
zum ○ 8 Km entfernten Himmeldunkberg.
zum × 6 Km entfernten Heidelstein.
zur ✳ 4 Km entfernten Milseburg.
□ = Zielflug zum Flugplatz Kassel-Waldau, geglückt (97.5 km) oder versucht.
● = Zielflüge der "Kette" Baur-Hakenjos-Proppe. Flugstrecken anderer "Ketten" sind unterstrichen.
[ ] = Flugstrecken unter 20 Km wurden nicht gewertet.
+ = Besondere Leistungen außer der gezeigten Gesamtflugstrecke eines Piloten.
Dauerflug-Regel: Längstens nach einer Stunde den Wasserkuppenhang verlassen, aber in Sichtweite bleiben!

Erste Strecken- und Dauerflüge	Segelflgz. Muster	Datum 1934	Leistung Km/m/Dauer	Starts
Herbert Bartaune Berlin	Rhönadler	24. 7.	✳ 690	8
Karl Bloch Großenhain	G.B.II	27. 7.	25.0 / 560	18
Ludwig Brinkmann Duisburg-Hamborn	Condor	28. 7.	○ 430	10
Caroli Heilbronn	G.B.II	28. 7.	8h 12' / 480	10
		29. 7.	3h54' / 320	
Rudolf Dietrich Stendal	G.B.II	26. 7.	22.5 / 600	5
Karl Erbskorn Leipzig	G.B.II	27. 7.	29.5 / —	14
		28. 7.	[5.5] / 4h 31'	
Fiedler Berlin	G.B.II	28. 7.	40.5 / 1040	10
Göbels Duisburg-Hamborn	Condor	28. 7.	○ 470 / 4h 4'	6
Hans Heinemann Flottbeck	G.B.II	27. 7.	38.0 / 970	9
Benno Hurttig Kassel-Dörnberg	Rhönbussard	26. 7.	27.5 / —	13
Helmut Hülsmann Bad Frankenhausen	Rhönbussard	28. 7.	○ 510 / 3h 31'	7
Reimar Horten Bonn	H-1	5. 8.	21' am W-Hang	1
Heinz Kensche Berlin	Helios	5. 8.	44.0 / 660	10
Herbert Lück Hamburg	G.B.II	5. 8.	50.0 / 480	5
Oscar Maertins Königsberg i. Pr.	G.B.II	5. 8.	50.0 / 340	4
Nemitz Stettin	Testaflieg I	5. 8.	5h 26' / 540	8
Rudolf Oeltzschner Merseburg	Condor	27. 7.	38.5 / 720	17
Hans-Georg Renner Dessau	PG-A8 Askania	26. 7.	47.5 / 680	5
Egon Scheibe München	Mü 10 Milan	5. 8.	26.0 / 430	17
Rudolf Schmid Schorndorf	G.B.II	27. 7.	27.5 / 890	21
Stuhler Kirchheim-Teck	G.B.II	27. 7.	3h 46' / 430	8
		29. 7.	5h-5' / 300	
Weber Ith-Hannover	G.B.II	27. 7.	42.5 / 1100	9
Zeller Aalen	G.B.II	26. 7.	39.0 / —	14

G.B.II = Grunau Baby II. Zu diesem Rhönwettbewerb wurden derer 34 gemeldet.

Nur Flüge nahe der Wasserkuppe	Segelflgz. Muster	Starts
Bechtel Kassel-Homberg	Rhönbussard	4
Benderl Nordhausen	G.B.II	6
Boecker Stuttgart-Bessigheim	G.B.II	20
Willi Brömmer Weimar	G.B.II	5
Buder Dresden	G.B.II	2
Bürgl Görlitz	G.B.II	1
Czech Leipzig	G.B.II	8
Edgar Dittmar Schweinfurt	Condor	1
Döring Königswusterhausen	Rhönbussard	7
Dötsch Akaflieg Aachen	F.V.A.9	5
Feil Aalen	G.B.II	5
Frizlen Akafl. Stuttgart	Westpreußen	7
Gageur Aalen	G.B.II	1
Gärtner Leipzig	G.B.II	2
Geberl Leipzig	G.B.II	1
Höckerich Königsberg i. Pr.	G.B.II	4
Huschke Weimar	G.B.II	6
Hofmann II Mannheim	Condor	7
Otto Kachel Ith-Hannover	G.B.II	7
Kanzler Großenhain	G.B.II	14
Köhler Weimar	G.B.II	3
Krämer Essen	G.B.II	15
Kulessa Görlitz	G.B.II	1
Josef Kunz Solingen	Rhönbussard	6
Lochner Mannheim	Rhönbussard	12
Gerhard Ludwig Torgau	G.B.II	1
Maasen Stuttgart	Rhönbussard	3
Maasier Königsberg i. Pr.	G.B.II	1

Nur Flüge nahe der Wasserkuppe	Segelflgz. Muster	Starts
H. G. Möller Großensee	Eig. Kon. Stormarn	10
Müller Eßlingen	G.B.II	9
Müller Essen	G.B.II	1
Herbert Pangratz Bad Frankenhausen	Rhönbussard	10
Pfister Testaflieg Stettin	MS II	1
Heinz Peters Aachen	G.B.II	12
	F.V.A.9	10
Rackwitz Dresden	G.B.II	2
Rapp Ulm	G.B.II	1
Helmut Reukauf Mühlhausen	G.B.II	12
Will Röder Frankfurt (M.)	Rhönbussard	2
Rupp Kirchheim-Teck	G.B.II	4
Siegel Dresden	Eigen-Konstr.	3
Sommerlatte Flog 10-Berlin	G.B.II	3
Schachtebeck Nordhausen	G.B.II	4
Schendo Gelsenkirchen	Rhönadler	2
Karl Schieferstein Darmstadt	Rhönbussard	3
Schumann Dresden	DB 10	2
Thieme Dessau	PG-A8 Askania	3
Troll Frankfurt (M.)	Rhönbussard	19
Vandieken Duisburg-Hamborn	Condor	1
Erich Walther Leipzig	G.B.II	1
A. Wilhelm Frankfurt (M.)	Rhönbussard	20
Wittenbecher Frankfurt (M.)	Rhönbussard	14
Wöckner Akaflieg Göttingen	Göttingen IV	8
Rudolf Ziegler Akafl. München	Mü 10 Milan	9
Kurt Zimmer Dresden	Eigen-Konstr.	2
Carli Magersuppe später Marsen Kassel-Dörnberg	Rhönbussard	16

Rhön-Segelflug-Wettbewerb 1934.
Preiszuerkennung.

Fernsegelflugpreis RM 4500.—: a) Flgz. Nr. 9 Sao Paulo, Führer Dittmar, 376 km, RM 1520.—; b) Flgz. Nr. 50 Moazagotl, F. Hirth, 351 km, RM 1510.—; c) Flgz. Nr. 10 Präsident, F. Wiegmeyer, 315 km, RM 1470.—.

Höhenpreis RM 3500.—: a) Mindesthöhe 2000 m RM 2500.—: (Nicht ausgeflogen); b) Mindesthöhe 1000 m RM 1000.—: Flgz. 89 Graf Yorck, Schmidt, 1640 m, RM 533.—; Flgz. 26 Schlägel und Eisen, Hahn.

Fernzielflugpreis RM 4000.—: Flgz. 50 Moazagotl, Hirth, RM 2000.—; Flgz. 17 Klettermaxe, Philipp RM 2000.—.

Zielflugpreis für Segelflugzeugketten: Kette Baur: Flgz. 60 Fledermaus, Baur; 54 Lore, Hakenjos; 59 Württemberg, Proppe, RM 3000.—. Prämie für Flug im geschlossenen Verband: Kette Baur: Flgz. 60 Fledermaus, Baur: 54 Lore, Hakenjos; 59 Württemberg, Proppe, RM 500.—.

Streckenpreis für Segelflugzeugketten RM 7500.—: Kette Dittmar: Flgz. 9 Sao Paulo, Dittmar; 11 Fafnir, Riedel; 41 Condor, Reitsch, Ketten-Gesamtstrecke 581 km, RM 3240.—. Kette Hofmann: Flgz. 83 Landesgr. Baden, Hofmann, 10 Präsident, Wiegmeyer; 17 Klettermaxe, Philipp, Ketten-Gesamtstrecke 473 km, RM 2640.—. Kette Schmidt: Flgz. 89, Graf Yorck, Schmidt; 95 Askania, Pernthaler; 100 G. Groenhoff, Carius, Ketten-Gesamtstrecke 289 km, RM 1620.—.

Dauerflugpreis RM 1500.—: Flgz. 99 Alte Leipz. Garde, Carius, Flugdauer: 8 Std. 59 Min., RM 540.—; Flgz. 61 Oswald, Caroli, Flugdauer: 8 Std. 12 Min., RM 500.—; Flgz. 54 Lore, Hakenjos, Flugdauer: 7 Std. 49 Min., RM 460.—.

Preis für die größte Gesamtflugdauer RM 1500.—: Flgz. 68 Eug. v. Lößl, Fölsche, 32 Std. 24 Min., RM 595.—; Flgz. 83 Landgr. Baden, Hofmann, 29 Std., RM 535.—; Flgz. 75 Windspiel, Fischer, 20 Std., RM 370.—.

Bemerkg. Die Gesamtflugdauer von 83 ist vorläufig auf 29 Std. festgesetzt, da Flugzeug von Strecke noch nicht zurückgekehrt. Aenderung nach endgültiger Beurkundung vorbehalten.

Preis für die größte Höhensumme RM 2500.—: Kann z. Zt. noch nicht zugesprochen werden, da Beurkundungen von zwei Flugzeugen noch ausstehen. Der Preis ist ausgetragen, die Zuerkennung muß nachgetragen werden.

Preis für die größte Streckensumme RM 3000.—: Klasse a) RM 1500.—: Flgz. 83 Landesgr. Baden, Hofmann, 1177 km, RM 805.—; Flgz. 77 Darmstadt, Utech, 545 km, RM 370.—; Flgz. 17 Klettermaxe, Philipp, 474 km, RM 325.—. Klasse b) RM 1500.—: Flgz. 75 Windspiel, Fischer, 432 km, RM 580.—; Flgz. 86 I—S, Späte, 378 km, RM 515.—; Flgz. 19 Cumulonimbus, Vergens, 300 km, RM 405.—.

Milseburgpreis RM 500.—: Flgz. 83 Landesgr. Baden, Hofmann, RM 500.—.

Aus »Flugsport«, 1934

Es hat auch niemand nach der 1934er Rhön Hofmanns Gesamtsieg angezweifelt. Erst im Jahre 1978 stand in dem Buch meines Freundes Günter Brinkmann »Sportfliegen heute – Die Erben Lilienthals« unter einem Bild von Heini Dittmar und seiner ›São Paulo‹, daß Heini Rhönsieger von 1933, 1934 und 1937 gewesen sei. Diese falsche Information hatte Brinkmann erhalten und im guten Glauben verwendet. Er hat dann den irreführenden Bildtext in der nächsten Ausgabe seines erfolgreichen Buches entsprechend geändert.

☆

Eigentlich ist es schade, daß Heini Dittmar, damals bestimmt der beste Segelflieger Deutschlands, keinen Rhönwettbewerb gewonnen hat. 1937 wurde er zwar der überragende Sieger im Ersten Internationalen Wettbewerb, der ebenfalls auf der Wasserkuppe stattfand. Aber ein *Rhönwettbewerb* war das nicht. Der des Jahres 1937 begann zwei Wochen *nach* dem Internationalen, und Heini nahm nicht daran teil. Er ist nur in den Rhönwettbewerben 1932 bis 1934 regelrecht mitgeflogen. 1935 startete er nur ein einziges Mal und flog – ohne Wertung – 395 km bis Pavlov, ČSR. 1936 erschien er trotz Meldung nicht am Start. Nach 1937 war er offenbar durch seine Einfliegeraufgaben bei Lippisch und Messerschmitt gebunden und fand keine Zeit mehr für die alljährlichen Rhönwettbewerbe.

☆

Professor Georgii schilderte in seinem Buch »Forschen und Fliegen« (1954), wie Loerzer und seine Trabanten ihn ohne großes Zeremoniell verabschiedeten:

»Kurz vor Abschluß des Wettbewerbs erschien Loerzer mit seinem Stab, wobei die Wasserkuppe zum ersten Male einen Vorbeimarsch der Segelflieger in Reih und Glied erlebte. Erst unmittelbar vor seiner Abreise kam er mit nur wenigen Begleitern in mein Büro, sprach von Verdiensten um den Segelflug und die nunmehr veränderten Zeiten. In die Organisation des großen Deutschen Luftsportverbandes würde sich schwer ein Professor als Leiter des Segelflugs eingliedern lassen. Rittmeister a. D. Roehre würde in Zukunft den Segelflug führen.

Ich nahm diese Erklärung schweigend entgegen und verabschiedete mich am Schluß des Wettbewerbs vom deutschen Segelflugsport und den Rhönwettbewerben, denen ich von 1920–1934 zu einem ununterbrochenen Leistungsaufstieg verholfen hatte. Noch einmal wanderte ich über die Wasserkuppe und besuchte alle Segelhänge, von denen jeder seine Erinnerungen und Geschichte hatte. Darauf verließ ich die Wasserkuppe, um sie nie wieder zu betreten, ein Entschluß, den ich bis heute durchgeführt habe. Auf diese Weise ist mir die Wasserkuppe mit ihren einfachen, schlichten Holzbauten in Erinnerung geblieben, so wie ich sie geliebt habe und wie sie mit mir durch die Arbeit vieler Jahre verbunden war.«

1920 hatte Walter Georgii nur einige Tage auf der Kuppe zugebracht, aber von 1921 an war er als ›Wetterfrosch‹ jedes Jahr im Fliegerlager während der Rhönwettbewerbe. Als Mitglied und später Vorsitzender des Verbandes Deutscher Modell- und Segelflugvereine wurde er schließlich Wettbewerbsleiter und ab Mai 1926 Direktor des Forschungsinstitutes der Rhön-Rossitten-Gesellschaft e. V. Er hat sich große organisatorische Verdienste um den Segelflug erworben, ganz abgesehen davon, daß viele ihn als den geistigen Vater des modernen Segelfluges ansehen. Es war schon ein starkes Stück, diesem Mann so einfach den Stuhl vor die Türe zu setzen. Man hätte eine Abschiedsfeier organisieren und ihm einen Ehrentitel, eine nominelle

Rhön 1934 – Gesamtsieger Ludwig Hofmann.

Rolle in den kommenden Rhönwettbewerben, anbieten können. Das hat man nicht getan. Wahrscheinlich hat persönliche Ranküne dabei mitgespielt.

Ein neuer Versuche Roehres, das DFS in seinen engeren Machtbereich zu zwingen, wurde schließlich von Ministerialrat Baeumker vereitelt. Er unterstellte das DFS einfach der von ihm geleiteten Abteilung Forschung des Reichs-Luftfahrt-Ministeriums (RLM). Damit war der Einfluß des DLV auf die technisch-wissenschaftliche Weiterentwicklung des Segelfluges für alle Zukunft ausgeschaltet.

☆

Professor Dr. Dr.-Ing. E. h. Walter Georgii ist bis in die ersten Jahre des Zweiten Weltkrieges Direktor des DFS geblieben, mit Sitz des Institutes zuerst noch in Griesheim, dann in Ainring bei Salzburg. Er hat 1936 den ersten Zielstreckenrundflug für Segelflugzeuge organisiert und Alpensegelflugforschung betrieben, worüber noch berichtet werden wird. Im letzten Kriegsjahr wurde er der Leiter der gesamten deutschen Luftfahrtforschung. Nach dem Kriege war er zuerst in Frankreich und dann lange Jahre in Argentinien an der Universität Mendoza tätig. Im Jahre 1955 kehrte er nach Deutschland zurück, um eine Abteilung in dem von Dipl.-Ing. Otto Fuchs wieder ins Leben gerufenen DFS zu übernehmen. 1961 trat er in den Ruhestand und starb in Argentinien am 24. Juli 1968, kurz vor seinem 80. Geburtstag. In seinem 1954 erschienenen Buch »Forschen und Fliegen« hat er sein interessantes Leben anschaulich beschrieben.

KAPITEL 12

Das Epos vom ›Pitz‹

Rudi Opitz landete am 9. August 1910 auf dieser Welt, und zwar in Landeshut, Schlesien. Zum ersten Male sah er Gleit- und Segelflug im April 1928. Auf die Nachricht eines Höhenfluges des berühmten Segelfliegers Ferdinand Schulz über dem Grunauer Gelände radelte er am nächsten Wochenende die 60 km dorthin. Er sagte:

»Von da ab war mir klar, daß ich damit beginnen würde, sobald ich nur eine Gelegenheit dafür finden würde.«

Letzteres war nicht leicht. Sein Vater arbeitete in der Landeshuter Textilindustrie und hätte seinem Ältesten keinen Gleitfluglehrgang in Grunau schenken können. Da waren noch vier Geschwister und in der beginnenden Wirtschaftsdepression waren die Löhne gering. Erst mußte Rudis vierjährige Schreinerlehrzeit abgeschlossen werden, aber er behielt sein Ziel im Auge.

Sein erster Plan, sich in Hirschberg Arbeit zu suchen und im nahen Grunau fliegen zu lernen, scheiterte. Die Firma war zu klein und die Arbeit unbefriedigend. Dann fand er eine gute Stelle in Frankfurt an der Oder. Dort schloß er sich dem Gleit- und Segelflugverein an. Er berichtete:

»Die stellten einen Zögling auf eine Sanddüne und übten bei geeignetem Wind ›Wackeltopf‹, den Gebrauch der Querruder zum Horizontalhalten der Flügel. Um nur darauf sitzen zu dürfen, mußte man ein Jahr lang Mitglied sein und ein Jahr in der Werkstatt mitgearbeitet haben. So brachte ich viele Abende und Wochenenden mit der Reparatur von ›Zöglingen‹ zu, die von älteren Mitgliedern beschädigt worden waren. Das waren Rechtsanwälte, Geschäftsleute, Handwerker – etwa 25 Mann, alle sehr begeistert, aber keiner hatte eine wirkliche Idee vom Fliegen. Der einzige ehemalige Kriegsflieger unter ihnen machte die meisten Brüche. Unsere Dünen waren zu niedrig, um die 30 Sekunden für die ›A‹ zu fliegen.«

Ende 1930 war Rudi so weit, daß er Flugunterricht nehmen durfte. Man hatte gerade von den erfolgreichen Autoschlepps mit Umlenkrolle der Akaflieg Breslau gelesen und beschlossen, dies nachzumachen. Das würde Flugbetrieb auf dem Flugplatz ermöglichen, ohne Abflug von den Dünen.

Bei den ersten beiden Versuchen drückten die Piloten nach dem Abheben jedesmal nach, um nicht zu hoch zu steigen. Das führte dazu, daß das stramm gespannte Schleppseil nicht aus dem nach unten offenen Starthaken herausfiel, ehe das Auto zum Stehen kam: Der ›Zögling‹ flog jedesmal beinahe in die am Boden verankerte Umlenkrolle hinein.

Heinz Peters und ›Pitz‹ beim Erprobungskommando der Me-163.

Jetzt kam Rudi dran. Er berichtete darüber:

»Ich sagte mir: Du hältst den Knüppel unbedingt still und drückst nicht nach. Das habe ich getan, und im Nu stieg ich höher als die Kiefern am Platzrande. Bei dem steilen Steigwinkel schnappte das Seil plötzlich aus dem Starthaken und der ›Zögling‹ bäumte sich auf. Im nächsten Augenblick hatte ich keine Fahrt mehr und meine Flugrichtung hatte sich um 180 Grad geändert.

Ich brauste nun mit Rückenwind über den Platz, traute mich aber nicht, eine Kurve zu machen. Bis dahin hatte jeder Kurvenversuch zu Bruch geführt. Wir wußten einfach nicht, wie man das machte. Ich hatte die Flügel horizontal – alles wunderbar in Ordnung –, setzte auf, aber sprang wieder in die Luft. In diesem Augenblick war meine Entschlußkraft wie gelähmt. Der eine Flügel senkte sich ganz gemächlich, berührte den Boden – und ich machte Bruch. Wir hatten keinen Anschnallgurt – ich hatte meinen Gürtel dazu benutzt, der aber riß. Ich flog seitwärts auf den hartgefrorenen Boden und verletzte mir die Schulter und das Schlüsselbein. Das hat mich davon überzeugt, daß dies nicht der richtige Weg war, um Fliegen zu lernen.

Deshalb ging ich im August 1931 zur Segelflugschule Leba in Pommern, machte dort meine ›A‹ und kehrte mit drei Minuten Gesamtflugzeit nach Frankfurt zurück. Dort ernannte man mich zum Fluglehrer!

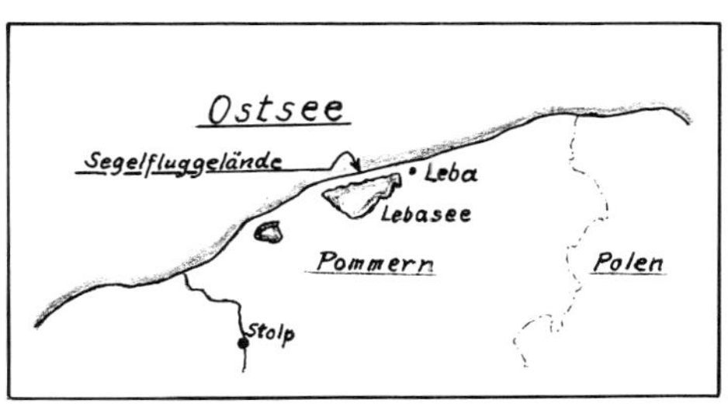

LEHRGÄNGE 1934

A. 13.—26. März	J. 16.—29. Juli (Sommerferien)
B. 29. März—11. April (Osterferien)	K. 1.—14. August
C. 15.—28. April	L. 17.—30. August
D. 2.—15. Mai	M. 1.—14. September
E. 19. Mai—1. Juni (Pfingsten)	N. 15.—28. September
F. 2.—15. Juni	O. 29. September—13. Oktober (Herbstferien)
G. 16.—29. Juni	P. 15.—28. Oktober
H. 1.—14. Juli (Sommerferien)	Q. 30. Oktober—12. November.

Alle Lehrgänge sind für **Damen** offen.

B- und C-Flieger werden in den Lehrgängen entsprechend berücksichtigt.

Übungsmöglichkeiten im **Auto-** und **Windenschlepp** ist gegeben. Besondere Lehrgänge hierfür werden noch angesetzt.

Der im Herbst stattfindende **Wettbewerb** wird besonders ausgeschrieben.

AUSBILDUNGSBEDINGUNGEN:

1. **Ziel der Ausbildung** ist die Flugausbildung bis zum Segelflugschein (C), daneben findet theoretischer Unterricht und praktischer Werkstattdienst bei Bau und Reparatur von Schulflugzeugen statt. Die Lehrgänge dauern durchschnittlich **2** Wochen. Leichtathletische Übungen und Turnspiele werden in der unterrichtsfreien Zeit ausgeführt, zu Schwimm- und anderem Wassersport ist Gelegenheit gegeben.
2. Aufnahme finden Deutsche jeden Alters und Standes.

Vollständig ausgefüllter Anmeldebogen ist spätestens 14 Tage vor Beginn des betreffenden Lehrgangs an die Leitung der Pommerschen Segelflugschule Ostseebad Leba i. Pommern einzureichen.

Der Anmeldung sind **unbedingt** beizufügen:

2 Lichtbilder im Paßformat,
24 Pfennig Porto.

Nach der Anmeldung wird der Einberufungsschein, **der bei der Reichsbahn zum Zweck der 50% Fahrpreisermäßigung vorgelegt werden muß,** zugeschickt.

Schüler, die nicht in der Lage sind, zu dem im Einberufungsschreiben festgesetzten Termin zu erscheinen, haben dies alsbald der Segelflugschule zu melden, die sich die Aufnahme in solchen Fällen vorbehält.

Die Schüler haben sich der Schulordnung und jeglicher Weisung der Schulleitung zu unterwerfen.

3. **Kosten:** Die Lehrgangsgebühr beträgt für Mitglieder des D.L.V. RM 20.—, für Nichtmitglieder RM 40.—.
4. **Verpflegung:** Für Verpflegung und Unterbringung wird ein Betrag von RM 2.— pro Tag erhoben.
5. **Unterbringung:** Die Schüler werden in dem Gebäude der Segelflugschule untergebracht. Decken, Bettzeug und Handtücher werden gegen eine einmalige Wäschegebühr von RM 0.75 gestellt.

   Einzelzimmer stehen, soweit vorhanden, gegen eine Sondergebühr von täglich RM 0.50 zur Verfügung.
6. **Kleidung:** Im Frühjahr und Herbst: Festes Schuhzeug, warme Kleidung sowie ein Arbeitsanzug; im Sommer: Sportkleidung oder Trainingsanzug, Turnschuhe und Badeanzug.
7. **Versicherung:** Die Schüler werden von der Schule gegen Unfälle beim Flugbetrieb, falls sie nicht durch ihre Ortsgruppe bereits versichert sind, bei der Reichsunfallversicherung versichert und haben dafür RM 2.25 Prämie zu entrichten.

Handgezeichnete Landkarte ›Segelfluggelände Leba in Pommern‹ und Prospekt mit Lehrgangsangebot der Segelflugschule Leba.

Im nächsten Jahr – 1932 – meldete ich mich für einen Lehrgang im Juni auf der Rhön. Die Gebühren waren nicht hoch, aber für mich war es eine Menge Geld. Jede 6. Person in Deutschland war zu jener Zeit arbeitslos. Junge Leute verdienten sehr wenig. Ich schickte meinen Koffer mit der Bahn und erreichte die Wasserkuppe in drei Tagen mit dem Fahrrad. Die Jugendherbergen waren gut. Nach fünf Tagen hatte ich die 5 B-Prüfungsflüge hinter mir und durfte mit dem ›Falken‹ segeln. Meine Fluglehrer waren erst Krebs, dann Voepel. Letzterer wollte im Rhönwettbewerb mitfliegen, und ich erlebte diesen als einer seiner Starthelfer: Kronfelds und Groenhoffs Unfälle und den Sieg von Wolf Hirth. Für mich stand eins fest: Ich würde auf der Wasserkuppe bleiben. Ich fragte Herrn Stamer. Dieser antwortete: »Ich behalte Sie hier als Hausmeister für die Schule, bis wir in unserer Schulwerkstatt eine Schreinerplanstelle für Sie haben.««

So gab Opitz seine Frankfurter Stelle auf und blieb bei freier Station auf der Rhön. Der Verfasser erinnert sich deutlich an das stets freundliche Lächeln des schmächtigen jungen Mannes, der die Schlaf- und Waschräume der Flugschule blitzsauber hielt und im Winter deren Dampfheizung betreute. Hier und da durfte er mal fliegen und erwarb schließlich vor Ende 1932 seine amtliche C. Endlich durfte er als Schreiner in der Flugschulwerkstatt anfangen und Pläne für den nächsten Schritt machen. So nahm er vom 20. bis 30. 3. 1933 an unserem früher beschriebenen Schlepp- und Blindfluglehrgang in Griesheim teil.

Freundschaft mit seinem Altersgenossen Heini Dittmar führte ganz natürlich zu Rudis Entschluß, sich ebenfalls ein eigenes Segelflugzeug zu bauen. Und wenn schon, dann das modernste: Lippischs neuster Entwurf, der ›Präsident‹, mit Stoßstangen und Kugellagern in den Gelenken und mit trimmbarer Dämpfungsfläche für Blindflug, war gerade im Bau. Lippisch erlaubte ihm, sich nach Fertigstellung eines Teiles in der Versuchswerkstatt Wasserkuppe die betreffende Zeichnung zu holen und den Teil nachzubauen.

»Jeden Abend in der Woche und alle Wochenenden habe ich an meiner Maschine gearbeitet und sie in 1½ Jahren ganz alleine gebaut. Ich mußte schwer arbeiten.«

Hat die Werkstatt nicht geholfen? Diese Frage lag nahe.

»Ich kam zu einer schwierigen Zeit. Die Werkstattleute waren enttäuscht – sie hatten zum Beispiel meinem lieben Freund Heini Dittmar geholfen und auch anderen – irgendwie kam es zu dem Punkt, daß sie sagten: Der Pilot macht sich einen Namen und wir alle, die ihm halfen, wir werden nicht einmal erwähnt. Neu auf der Wasserkuppe und neu in der Werkstatt hatte ich gar keine Hilfe erwartet und mir von Anfang an zum Prinzip gemacht, alles selber zu bauen. Wenn jemand helfen wollte, so war das schön, aber ich habe niemanden darum gebeten.

Nur meine Beschläge, die konnte ich nicht machen. Da hatte ich keine Erfahrung. Die sandte ich zu Pfeifer nach Fulda. Aber der arbeitete nur an Autos. Als ich die Teile zurückbekam, wurde mir klar, die Schweißung, die tat es nicht. Als die Kollegen das sahen, hat mir der Schlosser Wilhelm Roth einen neuen Satz Beschläge geschweißt. Ich brauchte ihn nicht darum zu bitten. Er kam von selbst.

Es gab viele, die meinen ›Präsidenten‹ fliegen wollten, aber ich sagte nur: Die Maschine ist nicht versichert und ich habe 18 Monate daran gearbeitet – da war keiner mehr dazu bereit. Da habe ich das Flugzeug selber geflogen. Der Probeflug fand zu Ostern, am 22. April 1935, statt, von der Flugschule aus an der Schonung entlang zum Motorlandeplatz. Bis zum Wettbewerbsanfang habe ich etwa 13 Stunden darauf geflogen, darunter am 7. 6. meinen Fünfstundenflug für das Leistungsabzeichen, die heutige Silber-C.

Zum Rhönwettbewerb 1935 konnten sich nur noch Landesgruppen, keine Einzelpersonen mehr melden. Für mich kam nur die Luftsport-Landesgruppe 11 Hessen in Frage, aber die hatten schon sechs Maschinen mit 8 Piloten gemeldet. Ich mußte erst mein Können beweisen, damit die mich überhaupt berücksichtigen würden. Pfeifer, Fulda, vermietete mir günstig ein altes Taxi; die RRG gab mir einen Transportwagen und Anton Scherer, ein Kollege von der Werkstatt, kam als Helfer mit.

So konnte ich an dem Ausscheidungswettbewerb dreier Landesgruppen in Hirzenhain vom 19. bis 23. 6. als Bewerber in der Anfängergruppe teilnehmen. Nach den Fortgeschrittenen Fölsche und Heiderich war ich der einzige Anfänger, der den Wilhelmsturm von Dillenburg mit Rückkehr zum Startplatz umkreiste. Ich gewann den Wettbewerb in meiner Klasse. Das kam später zur Geltung, als ich am Tage vor Wettbewerbsbeginn erfuhr, ich sei nicht in der Hessen-Mannschaft. Stamer rief eine Besprechung zusammen, und schließlich wurde der Hessengruppe befohlen, mich einzureihen, da die Wettbewerbsregeln einen Anfänger zu jeder Landesgruppe vorschrieben. Das gab böses Blut – Eifersucht.

Allmählich fanden sich die anderen Piloten damit ab. Der 27. Juli brachte schönstes Streckenwetter nach Osten zu. Wie im Vorjahr wurden ›Ketten‹, Gruppen von drei Flugzeugen, in der Abflugsordnung bevorzugt. Die Hessengruppe mit Endres, Spilger und Fölsche sollte als erste starten. Sie sagten zu mir: »Zielflug nach Bayreuth, 133 km. Wir lassen unsere drei Kisten auf dem Flugplatz stehen. Wenn Du es schaffst, kannst Du auch dort landen – dann sind wir vier von unserer Landesgruppe.«

Sie beschrieben mir, wie ich Bayreuth finden würde, weil meine Landkarte 60 km östlich der Wasserkuppe endete. Dann flogen sie ab, zwischen 10.10 und 10.19 Uhr. Spilger landete zehn Minuten später im Tal. Damit war die Kette hin.

Ich war der nächste und startete um 11.16 Uhr. Ich fand Aufwind und ging gleich in die Kurve. Auf einmal kam das Fliegerdenkmal auf mich zu und ich mußte schnell in der anderen Richtung kreisen. Ich verlor aber meinen Aufwind nicht. Meine Konzentration war so stark, daß ich nicht bemerkte, was um mich herum vorging. Ich flog nicht sehr sauber, mit wechselnder Fahrt und Schräglage, aber ich stieg bis zur Wolkenbasis, was mein Ziel war. Von da aus flog ich ostwärts mit dem Vorsatz, geradeaus zu bleiben, komme was wolle. Aber als ich über dem Roten Moor sehr an Höhe verlor, flog ich doch nach Süden zu, um Aufwind zu finden. Da gab es Wolken, die besser aussahen. Schließlich stieg ich wieder in der Nähe des Kreuzbergs. Hatte ich etwas falsch gemacht und viel Zeit verloren? Ich wurde sehr froh, als tief unter mir die ›Minimoa‹ von Hirth erschien, der rasch in meinem Aufwind zu mir heraufkurbelte. Wenn so ein erfahrener Pilot auch hier ist, kann ich keinen so großen Fehler gemacht haben. Hirth haute dann schnell nach Osten zu ab, während ich vorsichtig jeden Aufwind ausnutzte.

So ging es – schließlich ohne Karte – insgesamt 6½ Stunden weiter. Am Abend sah ich vor mir eine Stadt, die nicht mehr zu überfliegen war. Ich kreiste über ihr zurück und landete an ihrem Rande. Zu meinem größten Erstaunen konnten mich die ersten Leute nicht verstehen. Ich war bei Bischofsthеinitz in der ČSR, 240 km von der Wasserkuppe, gelandet. Von der Kette hatte nur Endres einen Streckenflug gemacht, 104,4 km bis Theisau.«

Rudi Opitz schnitt als Drittbester nach Ludwig Hofmann und Erich Wiegmeyer in seiner Landesgruppe ab, die den vierten Platz im Wettbewerb belegte.

☆

Opitz' weitere Laufbahn wäre ein ganzes Buch wert. Hier kann nur ganz kurz darüber berichtet werden.

Er flog in den Rhönwettbewerben 1936 (ohne Plazierung), dann 1938 (5. Platz) und 1939 (11. Platz). 1937 bildete er die ersten Wehrmachtsangehörigen von Grund auf bis zu Piloten der zehnsitzigen Lastensegler DFS-230 aus. Die beiden anderen Fluglehrer dabei waren Karl Schieferstein und Hermann Zitter.

Danach bot ihm Lippisch an, Einflieger bei seiner Deltaabteilung zu werden, was vermutlich Rudis Freund Heini Dittmar vorgeschlagen hatte. Anfang 1939 ging die Lippisch-Gruppe zu Messerschmitt nach Augsburg, aber sie mußte dem DFS zuliebe Opitz in Griesheim zurücklassen, wo die Entwicklung der Lippisch-Deltamaschine DFS-40 weiterging. Durch eine von Lippischs Nachfolgern falsch berechnete extreme Schwanzlastigkeit ging die Maschine unter Opitz' Führung am Ende ihres ersten Flugzeugschlepps sofort ins Trudeln. Rudi sprang sehr spät mit dem Fallschirm ab. Dieser öffnete sich erst in dem Augenblick als Rudi mit ausgebreiteten Armen durch die Zweige der Griesheimer Kiefern fiel. Er fand sich inmitten der Trümmer seiner Maschine wieder.

»Du gibst niemals auf – selbst in der schwierigsten Lage.« Das war Rudis einzige Bemerkung beim Abschluß dieses Berichts.

Heini Dittmar hatte sich inzwischen zum genialsten Einflieger aller Zeiten entwickelt. In wundervoller Zusammenarbeit mit Alexander Lippisch war aus der DFS 194 die Me 163 entstanden, die Schwanzlose, die mit Rakentenantrieb in zwei Minuten auf 12 000 m Höhe steigen konnte. Um für den Notfall einen Einsatz für Dittmar zu haben, wurde Rudi Opitz im Sommer 1941 zur Me 163-Erprobung kommandiert. Dieser Notfall trat im Oktober 1942 ein: Heini Dittmar hatte bei einer Routinelandung durch einen technischen Versager eine schwere Rückgratverletzung erlitten. Wolfgang Späte, damals der Kommandeur der Me 163-Erprobungsstelle, schrieb in seinem Buch »Der streng geheime Vogel Me 163« (1983):

»Welches Glück, daß wir ›Pitz‹ hatten! Der konnte jetzt voll in die Bresche springen. Er würde, so waren wir überzeugt, Heini Dittmar schon recht gut ersetzen. Wir sollten später sehen, daß er ihm ebenbürtig, in punkto Schneid mitunter sogar über war. Rudolf Opitz erledigte als Heinis Stellvertreter zur besten Zufriedenheit die vielen in Augsburg und Peenemünde anfallenden Werks-Testflüge. Daneben half er sogar noch bei anderen Erprobungen . . .«

Rudis oben erwähntes Wort vom *»man gibt niemals auf«* hat er ganz am Ende des Weltkrieges noch einmal schlagend unter Beweis gestellt. Er befand sich als Kommandeur seiner Me 163-Formation in Holstein, nördlich der Elbemündung. Beim Angriff auf ein englisches Kampfgeschwader war aus einer Dreierkette von Me 163 eine Maschine vorzeitig zurückgekehrt. Das Raketentriebwerk sollte im Steigflug plötzlich versagt haben. Viele am Boden glaubten das nicht, weil das Triebwerk beim Probelauf nach der Landung einwandfrei gearbeitet hatte.

Zur Überprüfung der Aussage seines Piloten ließ Hauptmann Opitz die Maschine volltanken und startete. Gleich nach dem Abheben leuchtete das Feuer-Warnungssignal auf und es wurde heiß in der Kabine. Unter ihm das weite Wattenmeer mit keiner Landemöglichkeit. Nach Rückkurven übers Festland wollte er abspringen und schnallte sich los, aber die Sprengladung zum Wegblasen der Führersitzhaube war vom Lieferwerk nicht eingebaut worden. Zwei Tonnen Treibstoff waren durch den Schnellablaß ausgelaufen, aber es gab noch genug Liter davon in den Tanks der Me 163, ein hochexplosives Teufelszeug.

Es wurde immer heißer in der Kabine – die Plastikhülle seines Fallschirms begann zu verschmoren – Dämpfe verfärbten die Windschutzscheibe, selbst nachdem der Kabinendeckel endlich abgeflogen war. Mit brennendem Fallschirm abspringen? Nein – besser in der Maschine bleiben, aber sich wieder anschnallen war nicht mehr möglich. Auch seine Schutzbrille verfärbte sich – ohne sie war es nicht möglich, bei 250 km/h die Augen offenzuhalten. Der Landeplatz war nicht weit weg, aber die Landeklappen bewegten sich nicht – die Hydraulik war verschmort – auch das Seitensteuer ging nicht mehr.

Rhön 1935: Rudi Opitz startet zu seinem 240 km-Streckenflug in die ČSR.

»Ich war schon einmal ohne Seitenruder mit der Me 163 gelandet, ein anderes Mal ohne Landeklappen. Ich drehte ein in Landerichtung, aber plötzlich fingen meine Augen an zu versagen von dem Rauch und Treibstoffdampf. Im letzten Augenblick sah ich auf meiner linken Seite ein rotes Dach auftauchen – ein Haus. Den Platz konnte ich nicht mehr erreichen und ich wußte nicht, wie weit ich von der Landerichtung weggedreht hatte. Aber ich konnte die Maschine schnell aufrichten und abfangen – ich fühlte noch, wie sie den Boden berührte. Danach keine Erinnerung mehr, ich war bewußtlos. Die Maschine hatte auf einem der typischen Erdwälle mit Gesträuch aufgesetzt, wie man sie in Holstein findet. Sie schoß über das kleine Stück Land, verlor ihre Flächen im nächsten ›Knick‹, der typischen Hecke, und der Rumpf kam jenseits eines kleinen Wassergrabens zum Stehen.

Ich hörte das häßliche Geräusch knisternden Feuers hinter mir – ich weiß nicht, wie ich aus der Maschine herauskam, während die Leuchtspurmunition meiner 3 cm-Kanonen um mich herum explodierte und feuerwerkte. Als ich im Wassergraben lag, erschien ein Bauer – »Weglaufen! Deckung nehmen!« rief ich ihm zu, und kurz danach explodierte die Maschine.

»Das ist das Ende vom Pitz . . .«, sagte man am Landeplatz und ließ sich Zeit zu holen, was übriggeblieben war. Dann begegneten sie dem Bauern, der ihnen zurief: »Da liegt einer im Graben, der hat mich weggejagt.« Und so brachten sie mich ins Krankenhaus.«

Die Krankenschwester, die ist dann seine Frau geworden.

Die Russen suchten nach Hauptmann Rudi Opitz, der neben Dittmar und Späte als Versuchsflieger der Me 163 bekannt war. Dennoch wagte Rudi die abenteuerliche Fahrt durch Nachkriegswirren nach Landeshut in Schlesien und brachte seine Mutter und Schwester mit Kindern in Sicherheit, in die englische Besatzungszone.

Jahre später, als Einflieger bei AVCO-LYCOMING in Stratford, Connecticut, hat Rudi Opitz einen weiteren schweren Flugunfall überstanden, wenn auch mit schweren Verletzungen. Dort lebt er heute im Ruhestand; und wenn man ihm irgendwo begegnen würde, ohne seine Geschichte zu kennen, würde man diesen bescheidenen, immer freundlichen Menschen für alles andere als einen der besten und wagemutigsten Einflieger der Welt halten.

KAPITEL 13

1935 bis zum Rhönwettbewerb – Mein Zielflug Berlin–Hamburg

Das Jahr 1935 brachte Beweise, daß Thermiksegeln auch im Winter möglich war.

Heini Dittmar ließ sich am 8. Februar 35 auf seiner ›São Paulo‹ um 12.20 Uhr vom Griesheimer hochschleppen. Wetter: Um 0 °C, blauer Himmel, nördliche Brise. Gegen 14 Uhr landete er 65 km weit entfernt bei Neustadt an der Haardt.

Am 8. März 35 segelte Hans Fischer mit dem ›Windspiel‹ bei 2° Kälte in drei Stunden 135 km zu seinem erklärten Ziel Flugplatz Saarbrücken. Das Erstaunliche dabei war, daß die Thermik nicht höher als 550 m über Boden hinaufreichte. Die große Wendigkeit der 12 m-Maschine und Fischers Können machten diese außergewöhnliche Leistung möglich.

Vier Tage danach flog Ludwig Hofmann mit dem Prototyp des neuen ›Rhönsperber‹, ebenfalls von Griesheim aus, bis an die Luxemburger Grenze; für die 140 km brauchte er nur zwei Stunden!

Zur gleichen Zeit segelten Karle Baur, Wolf Hirth und noch andere mehr bis zu 2 h 18 min über dem Hornberger Gelände, bei Windstille und reiner Blauthermik.

☆

Ein kurzer Rückblick für neue Leser: Am 14. 6. 1930 war auf Vorschlag von Professor Georgii die ISTUS, die Internationale Studienkommission für Segelflug, gegründet worden.

Auf der ISTUS-Tagung vom 20. bis 24. März 1935 im Berliner Harnack-Haus sprach Heini Dittmar über ›Flugeigenschaften und Leistungen unserer Segelflugzeuge‹. Dabei sagte er mit Nachdruck: »Der ungefährlichste Weg aus ungewöhnlich starker Turbulenz innerhalb von Wolken ist das Trudeln.« Deshalb solle jedes Segelflugzeug so entworfen werden, daß es 1. leicht ins Trudeln zu bringen ist, 2. dabei nicht zu schnell rotiert und 3. bei Normalstellen aller Ruder sofort das Trudeln beendet. Er warnte vor Leitwerkschütteln bei übergroßer Fahrt, da dies zu Brechen des Rumpfes führen könne. Schließlich sprach er sich für ungedämpfte Höhenruder – Pendelruder – aus, weil deren schnellere Wirkung im Segelflug erwünscht sei. Dieser Vortrag Heinis ist noch heute von großem Interesse.

Man hatte ihm gerade einstimmig den 3000.- RM-Hindenburg-Preis und Pokal für 1934 zugesprochen. Er konnte beides während der ISTUS-Tagung in Begleitung vieler Segelflugkameraden aus der Hand von Staatssekretär Milch im Empfang nehmen. Der greise Reichspräsident war ja schon im August 1934 verstorben.

☆

Heini Dittmar erhielt den Hindenburg-Pokal 1934. – Paul-Franz Roehre, Dittmar, W. Stengel und W. Hirth mit vielen anderen.

Der oben erwähnte neue ›Rhönsperber‹ wurde von Ing. Hans Jacobs (DFS) als ein Schulterdecker für Serienbau entworfen, ein verkleinerter (15,2 m) und vereinfachter ›Fafnir II‹. Die Sicht vom Führersitz aus war erheblich besser als selbst beim ›Fafnir II‹ und all den anderen Leistungsseglern jener Jahre. Die voll kunstflugtaugliche (mit Ausnahme von Looping vorwärts) Maschine wurde von Ludwig Hofmann eingeflogen. Dabei trudelte er im Mai 35 mit 14½ Umdrehungen und 830 m Höhenverlust in 53 Sekunden vor

---

Im Winter 1934/1935 wurden die Landesgruppen des neuen DEUTSCHEN LUFTSPORT-VERBANDES umorganisiert.

Nr.	*Sitz*	*Farben der Flugzeug-Kennzeichen*	*Segelflugschulen*
1	Ostpreußen: Königsberg	weiß	Rossitten, Sensburg
2	Nordost: Stettin	hellblau	
3	Nord: Hamburg	ocker	Fischbeck
4	Brandenburg: Berlin	schwarz-weiß, vorher ocker-weiß	Rhinow und Trebbin
5	Mitte: Dessau-Halberstadt	hellgrün	
6	Schlesien: Breslau	gelb	Grunau
7	Mitte: Merseburg – Leipzig – Dresden	weiß-grün	Laucha und Großrückerswalde
8	Mitte: Eschwege – Laucha – Weimar	grün-weiß	Wasserkuppe und Harsberg, Dörnberg
9	Hannover: Hannover – Bremen – Ith	weiß-rot	Gitter, Ballenstedt und Ith
10	Westfalen: Dortmund	weiß-ocker	Borkenberge und Schuren
11	Darmstadt: Frankfurt – Mannheim	rot-weiß	Hummerich
12	Niederrhein – Ruhr: Essen und Aachen	schwarz-weiß gestreift	
13	Bayern-Nord – Sudetenland: Nürnberg	weiß-blau	Hesselberg
14	Bayern-Süd: München	blau-weiß	Schwangau
15	Schwaben: Stuttgart	rot-schwarz	Hornberg und Teck
16	Südwest: Karlsruhe	ziegelrot	Lachen und Speyersdorf
17	Ostmark: Wien (nur 1939)		Zell am See, Spitzerberg
DLH	Deutsche Lufthansa (Reichsgruppe)	blau-gelb	
DVL	Deutsche Versuchsanstalt für Luftfahrt für deren flugtechnische Fachgruppen = FFGs, die früheren Akafliegs, nach 1936. ›Luftwaffe‹, nach 1936.		

amtlichen Zeugen auf dem Hornberg. Dies entsprach einer vertikalen Geschwindigkeit von 56,4 km/h, also ungefähr der normalen Fahrt im Segelflug. Heinz Schweyer, der Juniorpartner der Holzgroßhandlung Karl Schweyer AG in Mannheim, begann, den ›Rhönsperber‹ in Serie zu bauen und erhielt zahlreiche Aufträge. Im Rhönwettbewerb 1935 flogen 10 davon, 1936 sogar 26, 1937 zeigte die Meldeliste leider keine Typen und 1938 erschien nur noch ein einziger ›Rhönsperber‹ im Wettbewerb auf der Wasserkuppe. Dies fiel auf, da im gleichen Treffen noch 4 Condor I und 12 Rhönadler – ältere Muster – flogen. Vielleicht haben zwei Meter mehr Spannweite und die Hochdeckerform dieser beiden Typen bei schwacher Thermik doch bessere Leistungen gebracht.

Wolf Hirth meldete 1935 seine Eigenkonstruktion Gö-3 ›Minimoa‹ von 17 m Spannweite, die als vereinfachte Ausführung des Seglers ›Moazagotl‹ (20 m) angesehen wurde. Dieses Muster wurde nach einigen kleinen Änderungen ein sehr erfolgreicher Leistungssegler. Hirth brachte gleichzeitig den elegant aussehender Übungssegler Gö-1 ›Wolf‹ heraus, der jedoch niemals eine ernsthafte Konkurrenz für das Grunau-Baby II wurde. Gö bedeutete Göppingen, wo diese Segelflugzeuge gebaut wurden.

☆

Nach kurzer Dienstleistung von München, Hamburg und Bremen aus stationierte mich die Lufthansa in Berlin. Herr von Gablenz, der Direktor der Abteilung Flugbetrieb unserer Firma, legte sorgsam beide Füße auf den Rand seines Schreibtisches. In jovialer Stimmung blickte er mich wohlwollend über seine Pfeife hinweg an: »Ich habe Sie rufen lassen, um Ihnen einen Vorschlag zu machen: Bilden Sie Ihre Berufskameraden – die sich dafür interessieren – als Segelflieger aus. Ja, hier in Tempelhof.« Er zeigte mit der Pfeife in Richtung Flughafen. »Bei gutem Wetter lassen Sie Ihre Dieselmotor-Erprobung und machen Segelflug über Berlin. Ich will's auch lernen.«

Ich war begeistert und bald kreisten zwei, mein alter Fluglehrer von 1924, Flugkapitän Helmut Balz, und Hermann Nein, einer meines Jahrgangs, mit dem Condor ›D-Hans Hackmack‹ oder unserem Grunau-Baby II im thermischen Aufwind der Großstadt. Als Schlepper hatte ich den Focke-Wulf Stieglitz Doppeldecker D-EBIL zur Verfügung, ein herrliches Flugzeug. Die Schleppkupplung war am Rumpfende befestigt.

Unsere Segler ruhten in der gleichen Halle, wo Ernst Udets Curtis Doppeldecker stand, ein amerikanisches Sturzkampfflugzeug. So trafen wir uns oft, und er begann, sich für motorlosen Flug zu interessieren. Schließlich kaufte er sich einen Rhönbussard, nannte ihn D-UDET und führte damit Loopings aus, deren tiefster Punkt *einen* Meter über der Erdoberfläche war, jedesmal! Nie habe ich die geringste Unsicherheit bei diesem seinem gewagtesten Flugmanöver beobachten können.

Seit langem war ich am Motorseglergedanken interessiert. Unabhängig von einem Schlepper abfliegen zu können, ist von jeher der Traum vieler Segelflieger gewesen. Damals schon setzte sich Wolf Hirth dafür ein. Der bewährte Dr. Kroeber-Motor von 18 PS erschien geeignet, als eine Art Außenbordmotor auf einem etwas verstärkten Condor für Rücktransporte nach Streckenflügen dienen zu können. Mir schwebte vor, daß man anstelle des Transportanhängers nur den abnehmbaren Motor zur fernen Landestelle zu bringen brauche, dort auf den Condor setzen und nach einem Gummiseilstart damit nach Hause fliegen könnte. Ich dachte mir das als den ersten Schritt, bevor man an einen auch beim Segeln mitgeführten Motor denken würde. So ließ ich einen Condor beim Robert Bley-Flugzeugbau in Naumburg an der Saale anfertigen, mit verstärkten Flächenholmen und einem abnehmbaren Dr. Kroeber-Motor nahe dem Schwerpunkt über der Tragflächenwurzel.

Mai 1935 – Mein Motor-Condor ›La Falda‹ mit dem 18 PS-Dr.-Kroeber-, früher Köller-Motor, wurde in Laucha eingeflogen.

Mitte Mai 1935 flog ich den Motor-Condor auf dem Segelflugplatz Laucha ein. Heini Dittmar war anwesend, weil er sich natürlich für solche Experimente mit dem von ihm entworfenen Condor interessierte. Die Rollstrecke mit dem üblichen abwerfbaren Fahrwerk war kurz, bei Windstille etwa 120 m, aber die Steiggeschwindigkeit recht niedrig, gegen 50 m/min. Enttäuschend war, daß der Auf- und Abbau des Motoraggregates viel länger dauerte als erwartet. Man hätte eine ganze Anzahl von Änderungen vornehmen müssen, um meinen Gedanken des Rückfliegens nach einem Streckenflug wirklich praktisch durchführbar zu machen. Dazu hatte ich weder die Zeit noch die Mittel. So endete dieses Experiment nach einigen Vorführungen mit Eigen- oder Gummiseilstart in Laucha, Weimar und auf der Wasserkuppe.

Meinen ›Condor‹ taufte ich ›La Falda‹, den Namen eines schönen Ferienhotels in Argentinien, dessen deutsche Besitzer, die Familie Eichhorn, uns Expeditionsteilnehmer gastlich eingeladen hatten. Wir waren dadurch etwas mit dem Leben auf dem ›Kamp‹, fern von Buenos Aires, vertraut geworden.

☆

Erfolgreicher war Robert Kronfelds Motorsegler B.A.C. ›Drone‹ mit einem 600 ccm-Douglas-Kraftradmotor, ein Hochdecker ähnlich dem Motor-Baby, nur etwas kantiger. Robert flog damit im Mai 1935 ohne Zwischenlandung von London-Croydon nach Paris-Le Bourget. Er hatte sich inzwischen ganz in England niedergelassen.

☆

Bei meinen Streckenflügen mit einer Focke-Wulf ›Möwe‹, deren Junkers-Dieselmotor erprobt werden sollte, hatte ich wiederholt Aufwinde angetroffen, die sich über den Ufern der Elbe zwischen Havelberg und Lauenburg als eine Kette von Cumuluswolken bildeten. Bei OSO-Wind waren sie immer da, und ich hatte ihre Stärke daran feststellen können, wie weit mein 550 PS-Motor gedrosselt werden konnte, ohne daß wir Höhe oder Fahrt verloren. Der Grund für diese günstige Aufwindbildung lag klar auf der Hand: Der Abwind wußte, wo er hingehörte, nämlich über die kühlende Wasserfläche des Flusses. Besonders die sandigen Hügel auf dem rechten, nördlichen Ufer konnten ihre erhitzte Luft munter nach aufwärts strömen lassen. Es entstand eine Art Zirkulation, die auf der Skizze angedeutet ist. So kam mir der Gedanke, einen Zielstreckenflug Berlin–Hamburg zu versuchen.

Am 1. Juli 1935 war die Wetterlage richtig. Hermann Nein schleppte mich in dem Condor ›D-Hans Hackmack‹ auf 250 m Höhe etwas östlich vom Flughafen Tempelhof. Folgender Bericht erschien danach in der Berliner Zeitschrift ›Der Segelflieger‹:

»Gleich nach dem Ausklinken eine Enttäuschung: Das Wetter war gar nicht so günstig, wie es von unten ausgesehen hatte. Die Aufwinde waren kurzlebig, und ich brauchte über eine halbe Stunde, bis ich die Wolkenbasis in 1700 m Höhe erreichte, ungefähr über dem Bahnhof Hallesches Tor. Nur wenige in Tempelhof wußten von meiner Absicht, nach Hamburg zu fliegen, und ich war im ersten Teil des Fluges ganz froh darum. Es erschien zweifelhaft, ob die Zeit ausreichen würde, um die 270 km zu schaffen.

Wie oft blickte ich auf die Streckenkarte Berlin–Hamburg, um die zurückgelegte Strecke mit der noch bevorstehenden zu vergleichen! Ich hatte sie mir an diesem Morgen von der Lufthansa-Kartenstelle abgeholt, als ob ich im Luftverkehr nach Hamburg fliegen sollte.

Zwischen Spandau und Nauen ein kleines Zwischenspiel: Eine ›Klemm‹ mit zwei Mann Besatzung umkreiste den einsamen Segler. Dann war ich wieder allein, als sich das Schnarren des Argus-Motors in der Ferne verloren hatte. Über Nauen trugen mich die letzten Berliner Aufwinde auf fast 2000 m Höhe. Bis dahin war die Durchschnittsgeschwindigkeit nur 30 km/h gewesen. Also Ankunft in Hamburg nach 19 Uhr. Unmöglich zu schaffen!

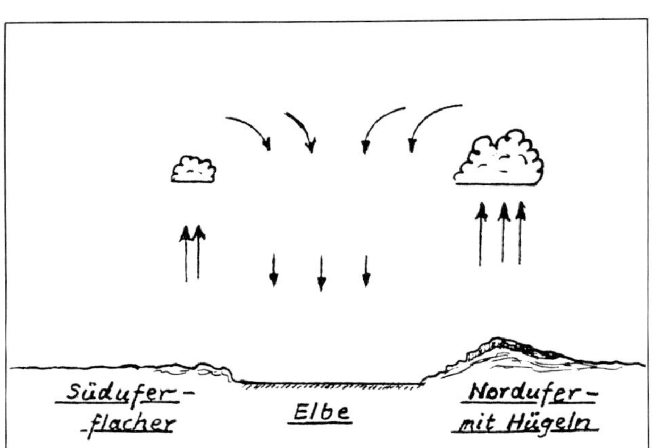

Meine Aufwinde an der Elbe entlang von Havelberg bis Lauenburg.

Zwei Zielflüge von Berlin aus nach NW zu. Lajos Rotter, Budapest, flog weiter nördlich. Beide Zielflüge waren Weltbestleistungen. ▶

Doch es kam noch schlimmer. Mit meiner stolzen Höhe flog ich rasch über Friesack a. Rhinow in Richtung Havelberg. Ich wollte so bald wie möglich die Elbe erreichen, um die rettende Wolkenstraße ausnutzen zu können. Zwei Wolken zogen mich nicht stark genug nach oben – ich wurde ungeduldig und verließ sie wieder. So verlor ich immer mehr an Höhe. Jetzt mußte bald eine kommen, die mich den Klimmzug auf 2000 Meter machen läßt. Aber sie kam nicht. Es wurde brenzlig. Die Wolken lösten sich auf, so weit ich sie in der Nähe übersehen konnte. Und plötzlich fuhr mir ein gewaltiger Schreck in die Glieder: Ich war in eine richtige ›Absaufgegend‹ hineingeflogen, achtlos wie ein Anfänger! Es war ja kein Wunder, daß sich alle Wolken auflösten. Der schwache Ostwind wehte über die feuchten Niederungen des Rhin-Luchs, einer riesigen sumpfigen Ebene, mit Wassergräben durchzogen. Sogar die grauen Flächen zweier Seen schimmerten zu mir herauf.

Eben noch hatte ich mit einem gewissen Stolz über den Rhinower Bergen gekreist, im Andenken an Otto Lilienthal, der dort vor vierzig Jahren die Grundlagen zum heutigen Segelflug erforscht hatte. Jetzt dachte ich an meinen Darmstädter Segelflugkameraden Otto Fuchs und seine bewiesene Theorie vom Zusammenhang zwischen Bodenwasserstand mit thermischen Aufwinden. Ich spürte die Richtigkeit seiner Erkenntnisse am eigenen Leib. Ich war glatt im ›Absaufen‹ begriffen. Das Variometer blieb in tückischer Weise auf ›Fallen‹ stehen, ich konnte tun, was ich wollte. Es ging tiefer und tiefer.

Man macht als Segelflieger sämtliche Abstufungen der Gefühle durch, wenn man so allmählich erkennen muß, daß man eine Chance verpaßt hat. Die Hoffnung wird immer kleiner; der übrige Prozentsatz an Gefühlsmöglichkeiten wechselt zwischen Wut, Zorn, Galgenhumor und Wurschtigkeit.

Gerade hatte ich die arme, kümmerlich gestorbene Hoffnung endgültig über Bord geworfen und suchte schon in einer langen Kurve ein passendes Landegelände bei Havelberg, als das Variometer wie durch ein Wunder plötzlich auf ›Null‹ ging. Schnell entstand wieder eine neue, kaum lebensfähige Hoffnung. In vorsichtigen Kurven tastete ich das schwache Aufwindfeld ab: 0,5 m/sec Steigen! Wie wunderbar – ich war ja so bescheiden geworden. Langsam, ganz langsam, gewann ich Höhe zurück, von 200 m auf 500 m über Boden. Neue Nervenprobe! Das Variometer geht stoßweise zurück, sinkt auf ›Null‹, sinkt tiefer. Aber die Hoffnung ist wieder größer geworden und mit ihr der Wille. Ich suche die ganze Umgebung ab, und endlich wieder der erlösende leichte Stoß von unten, das Anziehen eines neuen Aufwindes!

Kostbare Zeit war nutzlos verlorengegangen. Hamburg war in unerreichbare Ferne gerückt. Gegen 13.30 Uhr erreichte ich nördlich von Havelberg endlich wieder die Wolkenbasis.

Während eine Banane die ausgestandenen Mühen belohnte, rechnete ich nach: drei Stunden nach Abflug erst 80 km geschafft, ein kümmerliches Ergebnis. 190 km bis Hamburg, Flughafen – und nur noch ein angebrochener Nachmittag! Aber jetzt kam der Lohn für die Anstrengung: Bei Wittenberge erreichte ich den ersten Cumulus der gut ausgebildeten Wolkenstraße. Einen Augenblick hatte ich überlegt, ob ich die Wolkenstraße südlich der Elbe anfliegen sollte. Doch nein! Ich wollte doch möglichst nahe am ›roten Strich‹ (auf der Karte) bleiben, der beide Flughäfen gradlinig miteinander verbindet, und auf dem meine Kameraden von der Lufthansa mit peinlicher Genauigkeit entlangrutschen. Vielleicht begegne ich einem von ihnen . . .

Jetzt ging es rasch vorwärts. Kurven im Aufwind war nicht mehr nötig. Kurz hinter Wittenberge war die halbe Strecke bis Hamburg überflogen. Dann folgten schnell hintereinander Lenzen und die aufwindspendenden Höhen bei Dömitz. Die Reisegeschwindigkeit war bedeutend besser geworden. Jetzt hoffte ich wieder sehr, mein Ziel – Hamburg – zu erreichen. Von weiten schimmerte schon der scharfe Knick der Elbe bei Boitzenburg. Ein Blick auf die Karte: 80 km bis zum Ziel. Mit Genugtuung überflog ich die 200 km-Marke kurz vor Boitzenburg. Ein gewisser Erfolg war gesichert. Doch die Sonne stand schon tiefer.

Wohl unter dem Einfluß der Nähe des Meeres wurde die Wolkenbildung immer dünner. Eilig! Eilig! Um noch rechtzeitig vor Nachlassen der Thermik den Bereich von Hamburg zu erreichen.

Über Lauenburg zieht es mich noch einmal kräftig nach oben. Schöne starke Cumuluswolken bilden eine Kette in Richtung des ehrwürdigen Sachsenwaldes. Ein schöner Augenblick, als fern im Dunst Glasfenster der Großstadt aufblitzen. Bald heben sich deutlich Umrisse Hamburgs ab – der riesige Gasometer – die blinkenden Flächen der Alsterbecken und ragende Türme. Über dem Sachsenwald verlasse ich die letzte Wolke und steuere, leichten Zweifel im Herzen, den Flughafen Hamburg an. Es sind noch dreißig Kilometer, und meine Höhe von 1400 m wird mit jeder Minute weniger. Es wäre ja eine Tücke des Schicksals, wenn ich vielleicht 5 km vor dem Platz landen müßte. Dann wäre es kein Zielflug mehr, sondern nur eine ganz durchschnittliche Streckenleistung. Ich muß den Flughafen erreichen!

Hinter dem Sachsenwald fiel das Variometer in ganz bedenklicher Weise. Der Grund war bald erkannt. Ein leichter Südost wehte von den feuchten Niederungen des ›Vier-Strom-Landes‹ herüber und brachte naturgemäß absinkende Luftmassen mit sich. Ich sah mich schon auf einem großen Platz bei Wandsbek landen.

Es wiederholte sich beinahe dasselbe Spiel wie bei Havelberg. Nur war der Gedanke, so kurz vorm Ziel abzusaufen, noch viel peinlicher. Wieder war, wie es nun mal beim Segelflug ist, das notwendige bißchen Glück dabei. In 800 m Höhe, über einem der schönen, strohgedeckten Bauernhöfe, fand ich unter blauem Himmel soviel Aufwind, daß ich wenigstens keine Höhe mehr verlor. Ich kurvte wie ein armer Irrer, nur um diesen kümmerlichen Aufwind zu halten. Denn mit jeder Kurve driftete der Wind meinen Condor in Richtung Flughafen Fuhlsbüttel. In jeder Kurve schielte ich über das Gewimmel von Vorstadthäusern und Gärten hinweg nach dem Flughafen und schätzte den nötigen Gleitwinkel. Die letzten spannenden Minuten waren gekommen. Bald, bald mußte es reichen! Und als ich aufatmend feststellte, völlig erschöpft von der wilden Kurvenfliegerei, daß es langte, da kam ein so starker Aufwind, daß ich im Nu wieder weit über 1000 Meter Höhe mühelos erreichte. So kam ich in dieser Höhe leise über dem ersehnten Ziel angeschwebt.

Sachlich stoppte ich den Augenblick des Überfliegens ab: 16.40 Uhr. 6 h 15 min für 270 km Strecke, davon die letzten 180 km in 3 h 15 min. Ich war zufrieden.

Um mir selbst zu beweisen, daß ich noch hätte weiterfliegen können, flog ich noch längere Zeit in verschiedenen Höhen über dem Flughafen Hamburg herum. Noch einmal kurvte ich mich aus 180 m Höhe über dem Empfangsgebäude auf 500 m Höhe hinauf, dann war es Zeit zu landen. Um 17.05 Uhr stand mein Condor hundert Meter von der Lufthansa-Halle entfernt im hohen Gras. Etwas steifgesessen verlasse ich meinen engen Führersitz und freue mich über die erstaunten Gesichter unserer Lufthansa-Leute. Auf der Zementplattform steht der Bezirksleiter, Kapitän Schiller:

»Na, dann willkommen in Hamburg, Herr Riedel. Ihr Schlepper wird wohl auch gleich landen?«

»Nein, Herr Schiller, der ist in Berlin geblieben.«

»Sind Sie denn von Berlin nach Hamburg gesegelt? Tatsächlich?«

Es war überall dieselbe Reaktion. Man fühlte sich durch die Zumutung, die vollendete Tatsache glauben zu sollen, leicht angeulkt. Da ich manchen, schmunzelnd, in seinem Zweifel ließ, kamen die Glückwünsche erst mit einiger Verzögerung. Segelflug und seine Möglichkeiten waren damals selbst unter Leuten wie den Lufthanseaten noch relativ unbekannt.

Die Bestätigung meiner ›Flußlauftheorie‹ war für mich das wertvollste Ergebnis dieses Fluges, der damals eine Weltbestleistung war. Eine offizielle Rekord-Klasse Zielsegelflüge wurde erst später geschaffen.

KAPITEL 14

Die Rhön bringt neue Weltrekorde – 21. Juli bis 4. August 1935

Die Reichsgruppe Lufthansa schickte meinen Kameraden Hermann Nein aus Erlangen und mich zum Rhönwettbewerb. Hermann flog den Condor ›D-Hans Hackmack‹, so getauft zu Ehren eines der Gründer der Akaflieg Darmstadt, der 1922/23 erfolgreich auf der Wasserkuppe flog. Hackmack war als Chefingenieur der Lufthansa am 25. 2. 1928 beim Nachfliegen einer Messerschmitt M-20 tödlich verunglückt.

Ich hatte meinen Condor D-La Falda gemeldet. Unsere Hilfsmannschaften waren Freiwillige des Lufthansa-Segelflugvereins Staaken, die ihre Sache mit Begeisterung machten. Herr von Gablenz erlaubte, daß wir unser Schleppflugzeug Focke-Wulf Stieglitz mitnehmen durften. Flugleitungsassistent Ludwig von Müller, Sohn des vom Ersten Weltkrieg her berühmten Kapitäns der ›Emden‹, opferte seine Ferien, um für uns Schlepp-Pilot zu spielen. Das hat unsere Rücktransporte sehr erleichtert. Es kam nur darauf an, am Ende eines Streckenfluges geeignetes Gelände zu finden, von dem man im Flugzeugschlepp wieder abfliegen konnte. Dies gelang mir bei vier Landungen von insgesamt sieben Streckenflügen. Bei diesen Rückschlepps erprobten wir ein von der Firma Siemens geschaffenes Telefon-Schleppseil, mit Kehlkopf-Mikrofonen in jeder unserer Fliegerkappen. Es bewährte sich gut. Später hat dann Funktelefon die damalige Neuerung ersetzt.

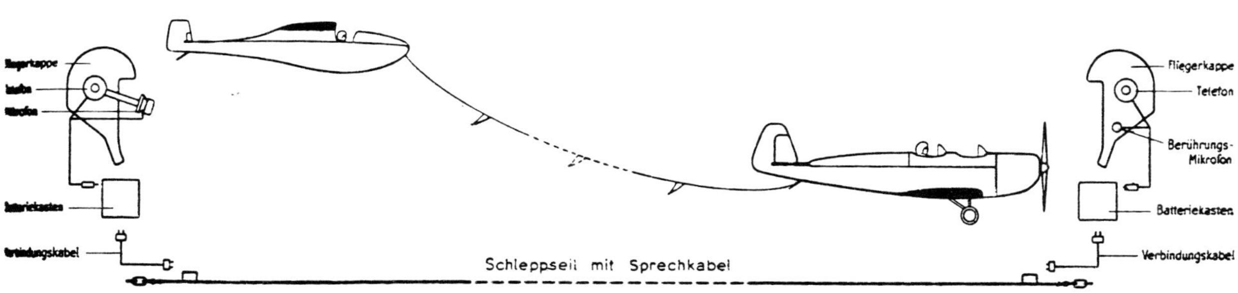

Schema der Siemens-Schleppflug-Telefonanlage. Aus »Flugsport«, 1935.

Heini Dittmars neuer ›Condor II‹ wurde zur 1935er Rhön fertig. Neue Tragflächen mit dem dünnen Profil Göttingen 532 und ein etwas vergrößerter Führerraum unterschieden ihn vom Ur-Condor. Bei 55 km/h 0,5 m/sec Sinken, bei 140 km/h 2,0 m/sec Sinken und volle Kreise in 4½ sec waren vielversprechende Leistungen, nach »Flugsport«-Angaben.

Wie schon erwähnt, flog Heini in diesem Wettbewerb nur an einem einzigen Tag, dem 29. Juli 1935, und legte 395 km bis Pavlov, ČSR, mit einem Durchschnitt von 113 km/h zurück. Es war der gleiche Tag, an dem vier Rhönflieger bei Hammerwetter die Weltrekordstrecke von 504 km bis Brünn, ČSR, geschafft hatten. Danach ist Heinis Name nicht mehr auf der Startliste von Rhönwettbewerben erschienen. Sein Sieg im Internationalen Wettbewerb 1937 wurde Krönung und gleichzeitiges Ende seiner Segelfliegerlaufbahn.

Auch andere fehlten auf dieser Rhön. Hanna Reitsch und Ernst Philipp waren in Finnland, zusammen mit dem segelfliegenden Wissenschaftler Dr. Joachim Kuettner aus Breslau. Dieses Team entdeckte Jämijärvi; Dr. Kuettner und Philipp bauten es zum finnischen Segelflugzentrum auf. Dr. Kuettner hatte sich schon durch Erforschung des Grunauer ›Moazagotl‹-Aufwindes einen Namen gemacht. Nach dem Zweiten Weltkrieg spielte er von den Vereinigten Staaten aus in der globalen Wetterforschung eine führende Rolle. Sein Streckenflug in Stratosphärenhöhe von Bishop, Kalifornien, bis Flagstaff, New Mexico, im Jahre 1951 ist bisher weder nachgeahmt noch übertroffen worden.

Kurt Schmidts Name erschien ebenfalls nicht auf der Meldeliste. Er war in München voll beschäftigt mit dem Selbstbau seines eigenen Leistungsseglers Mü 13d, den er später ›Atalante‹ taufte. Es war eine bewährte Konstruktion von Egon Scheibe, die Schmidt in Einzelheiten geändert hatte.

☆

Keine der Akafliegs, jetzt Flugtechnische Fachgruppen der DVL genannt, nahm an den Rhönwettbewerben 1935 und 1936 teil. Die Übergriffe der neuen Machthaber in den ersten Jahren waren der Hauptgrund dazu gewesen. Außerdem wollte die DLV-Führung damals Vereinheitlichung der zur Rhön zugelassenen Muster erreichen, was im Prinzip die Meldung von Neukonstruktionen unerwünscht machte. Die Akafliegs waren nach wie vor die Träger der Forschung und Schaffung von Segelflugzeugen immer höherer Leistung. Ernst Udet, segelflugbegeistert und um diese Zeit schon im Rang eines Oberst, sorgte schließlich dafür, daß diese falsche Politik beendet wurde; ab 1937 flogen die FFGs wieder auf der Rhön mit richtungweisenden neuen Mustern.

☆

Die Meldeliste zur 1935er Rhön enthielt 12 Condor-, 22 Rhönadler-, 8 Rhönbussard- und 10 Rhönsperber-Muster, insgesamt 52 Maschinen aus dem Serienbau. An Einzeltypen gab es noch je ein Muster Condor II, Gö-3 Minimoa, Moazagotl, Präsident, DB-10, Askania P-6, Helios, Testaflieg 2 und Egon Scheibes Mü-10 ›Milan‹-Zweisitzer, insgesamt 9 Maschinen. Grunau-Babys wurden nicht mehr zum Wettbewerb zugelassen.

Die Ausschreibung bewertete alle Leistungen durch Punkte. Dabei wurden hauptamtlich im Segelflug tätigen Piloten zehn Prozent ihrer Punkte abgezogen. Das hätte man schon seit langem tun sollen, denn wir Segelfluglehrer konnten doch im Laufe des Jahres viel mehr Erfahrungen sammeln als die ›Amateure‹. Aber leider wertete man noch immer Dauerflüge am Hang, was die Endergebnisse vom heutigen Standpunkt aus gesehen zum Teil ganz ungerecht ausfallen ließ.

Heiterkeit erregte folgender Teil der Ausschreibung, der auf die sogenannten ›Ketten‹, Gruppen zu dritt, Bezug nahm:

»Der Verband sammelt sich sofort nach Verlassen des Segelhanges und führt den Flug in wahrnehmbarer Formationsordnung durch.«

Deutscher Luftsport-Verband

Meldeliste

16. Rhön-Segelflugwettbewerb
Wasserkuppe - Gersfeld - Rhön
21. Juli bis 4. August 1935

unter der Schirmherrschaft des Reichsministers der Luftfahrt, Generals der Flieger Hermann Göring.

Wettbewerbsleitung

Flieger-Kapitän Roehre,
Stellvertreter Segelflieger-Kapitän Graf Ysenburg
Sportleiter Segelfliegerkapitän Stamer
Techn. Leiter Segelflieger-Kapitän Plath
Organ. Leiter Goebel
Lager-Kommandant Kettenführer Schmitt
Stellvertreter Sgfl.-Hauptführer Lindner.

Preisgericht

Oberst Loerzer, Ministerialrat Dahlmann, Major Homburg, Flieger-Komm. Schädel, Oberstleutn. Baur de Betaz, Professor Georgii, Flieger-Kapitän Roehre, Segelflieger-Kpt. Graf Ysenburg, Sfl.-Kpt. Stamer, Sfl.-Kpt. Plath.

Unter den Wettbewerbern sind vertreten die Luftsportlandesgruppen 1—15 mit 53 Flugzeugen und die Reichsgruppe Lufthansa mit 2 Flugzeugen. Das Flugzeug mit der Wettbewerbsnummer 60 wird von Peter Riedel (Lufthansa-Pilot), dem ältesten Segelflieger, geflogen.

Teilnehmerliste 16. Rhön-Segelflug-Wettbewerb 1935.

Wettbew. Nr.	Flugzeug Name	Flugzeug Typ	Bewerber	Eigentümer	Kennzeichen
1	D-Wolff	Rhönadler	Lsp. Lgr. 1	Ortsgr. Königsberg i. Pr.	weiß
2	D-Graf York	Rhönadler	Lsp. Lgr. 1	Ortsgr. Osterode	weiß
3	D-Kant	Rhönbussard	Lsp. Lgr. 1	Inst. f. Leibesübung. Königsberg	weiß
4	D-Richthofen	Rhönbussard	Lsp. Lgr. 2	Ortsgr. Köslin	hellblau
5	D-Reichsbahn Stettin I	Rhönbussard	Lsp. Lgr. 2	Ortsgr. Stettin	hellblau
6	D-Hermann Mayer II	Testaflieg 2	Lsp. Lgr. 2	Verein. techn. Staatslehranstalt. Stettin	hellblau
7	Hein Godenwind	Rhönadler	Lsp. Lgr. 3	Landesgr. 3	ocker
8	Störtebecker	Rhönadler	Lsp. Lgr. 3	Landesgr. 3	ocker
9	Alsterkind	Rhönsperber	Lsp. Lgr. 3	Landesgr. 3	ocker
10	Nobel II	Rhönsperber	Lsp. Lgr. 3	Ortsgr. Hamburg	ocker
11	D-kiebitz	Rhönsperber	Lsp. Lgr. 4	Sfl.-Ü-Stelle Trebbin	ocker-weiß
12	D-Max Wessig	Rhönadler	Lsp. Lgr. 4	Ortsgr. I Bln.	ocker-weiß
13	Helios	Sonderkonstr.	Lsp. Lg. 4	Ortsgr. III Bln.	ocker-weiß
14	D-Potz-Blitz	Rhönbussard	Lsp. Lgr. 4	Sfl.-U-Stelle Trebbin	ocker-weiß
15	D-Zuckerbäcker	Rhönadler	Lsp. Lgr. 5	Ortsgr. Dessau	hellgrün
16	D-Askania	P 6	Lsp. Lgr. 5	Ortsgr. Dessau	hellgrün
17	D-Hermannsschacht	Rhönadler	Lsp. Lg. 6	Ortsgr. Hindenburg	gelb
18	D-Breslau	Condor	Lsp. Lgr. 6	Ortsgr. Breslau	gelb
19		Rhönadler	Lsp. Lgr. 6	Ortsgr. Hirschbg.	gelb
20	D- B 10	Sonderkonstr.	Lsp. Lg. 7	Landesgr. 7	weiß-grün
21	D-Professor Dependorf	Condor	Lsp. Lgr. 7	Landesgr. 7	weiß-grün
22	D-Isenburg	Condor	Lsp. Lgr. 7	Wolfgang Späte	weiß-grün
23	D-Leuna	Condor	Lsp. Lgr. 7	Ortsgr. Merseburg	weiß-grün
24	D-ATG	Condor	Lsp. Lgr. 7	Ortsgr. Leipzig	weiß-grün
25	D-Schwarzer Ritter	Condor	Lsp. Lgr. 8	Sfl.-Ü. StelleHarsberg	grün-weiß
26	D- L 4	Condor	Lsp. Lgr. 8	R. Sfl. Schule Laucha	grün-weiß
27	D-Oberst Reinhard	Rhönadler	Lsp. Lgr. 8	Ortsgr. Bad Frankenhausen	grün-weiß
28	D-Ith 15	Rhönadler	Lsp. Lgr. 9	Sfl.-Ü. Stelle Ith	weiß-rot
29	D-Ith 22	Rhönsperber	Lsp. Lgr. 9	Sfl.-V. Stelle Ith	weiß-rot
30	D-Günther Groenhoff	Rhönadler	Lsp. Lgr. 9	Ortsgr. Bremen	weiß-rot
31	D-Habicht	Präsident	Lsp. Lgr. 11	Ortsgr. Wasserkuppe	rot-weiß
32	D-Max Hahn	Rhönsperber	Lsp. Lgr. 10	Landesgr. 10	weiß-ocker
33	D-Andr. Hofer	Rhönadler	Lsp. Lgr. 10	Sfl. Ü. Stelle Borkenberge	weiß-ocker
34	D-Westfalenland	Rhönadler	Lsp. Lgr 10	Ortsgr. Gelsenkirchen	weiß-ocker
35	D-Ruhrland	Rhönadler	Lsp. Lgr. 10	Ortsgr. Lüdinghausen	weiß-ocker
36		Rhönsperber	Lsp. Lgr. 11	Schweyer Mannh.	rot-weiß
37		Rhönsperber	Lsp. Lgr. 11	Landesgr. 11	rot-weiß
38	D-Martens	Rhönadler	Lsp. Lgr. 11	Ortsgr. Limburg	rot-weiß
39	D-Arthur Martens	Condor	Lsp. Lgr. 11	Ortsgr. Frankf. M.	rot-weiß
40	D-Richthofen	Rhönbussard	Lsp. Lgr. 12	Ak. Kameradschaft „M. v. Richthofen"	rot-weiß
41	D-Rheinland	Rhönadler	Lsp. Lgr. 12	Landesgr. 12	schwarz-weiß gestreift
42	Dr. Leonhard	Rhönadler	Lsp. Lgr. 12	Ortsgr. Mülheim	schw. w. gestr.
43	D-Ruhr-Niederrhein	Rhönadler	Lsp' Lgr. 12	Untergr. 2 Ruhr Niederrhein	schw. w. gestr.
44	D-Jonny	Rhönadler	Lsp. Lgr. 12	Ortsgr Essen	schw. w. gestr.
45	D-Rheumabad Aachen	Rhönsperber	Lsp. Lgr. 12	Ortsgr. Aachen Stadt	schw. w. gestr.
46	D-Hesselberg	Rhönbussard	Lsp. Lgr. 13	Sfl. Ü. Stelle Hesselberg	weiß-blau
47	D-Bad Kissingen	Rhönadler	Lsp. Lgr. 13	Ortsgr. Bad Kissingen	weiß-blau
48	D-Condor	Condor	Lsp. Lgr. 13	Edgar Dittmar	weiß-blau
49	D-Condor II	Condor II	Lsp. Lgr. 13	Edgar Dittmar	weißblau
50	D-Hallertauer	Rhönsperber	Lsp. Lgr. 14	Ortsgr. München	blau-weiß
51	D-Steinadler	Rhönbussard	Lsp. Lgr. 14	Ortsgr. München	blau-weiß
52	D-Traunstein	Rhönbussard	Lsp. Lgr. 14	Hans Pirkl	blau-weiß
53	D-Milan				fällt wegen Bruch aus
54	D-Ernst Hägele	Condor	Lsp. Lgr. 15	Ortsgr. Stuttg.	rot-schwarz
55	D-Moazagotl	Grunau 7	Lsp. Lgr. 15	Wolf Hirth	rot-schwarz
56	D-Albsperber	Rhönsperber	Lsp. Lgr. 15	Landesgr. 15	rot-schwarz
57	D-Göppingen	Göppingen 3	Lsp. Lgr. 15	Ortsgr. Göppingen	rot-schwarz
58	D-Klippeneck	Rhönadler	Lsp. Lgr. 15	Ortsgr.Schwenningen	rot-schwarz
59	D-Landesgr. Baden	Rhönadler	Lsp. Lgr. 15	Landesgr. 15	rot-schwarz
60	D-La Falda	Condor	Reichsgr. Lufthansa	Peter Riedel	—
61	D-Hans Hackmack	Condor	Reichsgr. Lufthansa	Reichsgruppe Lufthausa	—

In diesem Rhönwettbewerb flogen: 12 Condor I, 22 Rhönadler, 10 Rhönsperber und 8 Rhönbussard-Muster, insgesamt 52 Maschinen, die im Serienbau angefertigt wurden. An Einzeltypen gab es je ein Muster Condor II, Minimoa (Gö-3), Moazagotl, Präsident, DB 10, Askania P-6, Helios, Testaflieg 2 und Scheibes Mü-10 ›Milan‹-Zweisitzer. Grunau-Babys wurden in diesem Rhönwettbewerb nicht mehr zugelassen.

Aus »Flugsport«, 1935.

Welt-Bestleistungen im Zielsegelfluge 1934 bis 1939

Datum	*Pilot*	*km*	*von — bis*	*mit Segelflugzeug*
7. 7. 1934	Hans Fischer	150	Darmstadt–Hornberg	›Windspiel‹
13. 5. 1935	Ludwig Hofmann	180	Hornberg–Zürich	›Rhönsperber‹
1. 7. 1935	Peter Riedel	270	Berlin–Hamburg	›Condor I‹
21. 8. 1935	Erwin Kraft	333	Hornberg–Köln	›Minimoa‹
8. 8. 1936	Ludwig Rotter*	336	Berlin–Kiel	›Karakan‹
3. 7. 1938	Peter Riedel	365	Elmira N. Y.–Washington D. C.	›Kranich I‹
24. 5. 1939	Kurt Schmidt	482	Trebbin–Holzkirchen	›Mü13d‹

* aus Ungarn

Zweisitzer:

21. 4. 1939	O. Bräutigam/Mayer	362	Großrückerswalde–Wien	›Kranich I‹

Den ganzen Flug! Das war, wie sich der kleine Fritz das Streckenfliegen im Segelflugzeug vorstellte. Das Führerflugzeug sollte die Aufwinddrossel auf ›Sparflug‹ stellen, bis seine Partner neben ihm aufkreuzten. Und bei Flug innerhalb von Wolken, was dann? Weder Roehre noch Stamer hatten Streckenflugerfahrung. Daher diese Blüten!

Am Tag vor Wettbewerbsbeginn wurden an alle, die noch keine besaßen, graublaue DLV-Uniformen mit Auswahl von zwei Größen ausgegeben. Meine war zu klein. Zur Eröffnung mußten wir, 500 Mann stark mit Hilfsmannschaften, vor dem Ursinus-Haus antreten. Feierlich wurden Flaggen gehißt. Dann folgte eine ›markige‹ Ansprache des neuen Wettbewerbsleiters, Fliegerkapitän Roehre. Unmittelbar danach kam er auf mich zu und bat mich, ihm in sein Hauptquartier zu folgen. Es war das erste Zimmer gleich links vom Eingang zum Ursinus-Haus. Obgleich ich nach meiner Uniform niedrigster Rang ›Flieger‹ war, bat er mich, Platz zu nehmen.

»Peter, mach mir doch keine Schwierigkeiten«, begann er kameradschaftlich. Er habe gehört, daß wir ›Alten Hasen‹ uns öffentlich über dieses Soldatenspielen lustig gemacht hätten. Das sei nun mal der unvermeidliche neue Kurs und wir sollten uns doch darein fügen. Heute – ein halbes Jahrhundert später – muß ich dem ›Ritter‹ Recht geben. Damals dachte ich an seine Ränkespiele gegen Professor Georgii und das DFS. Mir war nicht zum Nachgeben zumute.

»Ritter, du weißt doch selbst, daß dieser Uniformenrummel nicht zum Segelflug und schon gar nicht auf die Wasserkuppe paßt!« Roehre tat mir leid, aber um der Sache willen konnte ich nicht nachgeben. Warum hatte er, der immer so gegen die Nazis gewesen war, diese führende Stellung überhaupt angenommen? Er hätte doch sicher als Schulleiter in seinem schönen Rossitten bleiben können. Wir kamen zu keinem Kompromiß, und so endete unsere Konferenz ohne Ergebnis. Aber ich war froh, daß ich unseren Protest hatte offiziell an den Mann bringen können.

☆

Der erste Wettbewerbsmorgen brachte starken Westwind und Knofe, die sich bald anhob und den Abflug von der Kuppe freigab.

Ludwig Hofmann startete als allererster auf seinem ›Rhönsperber‹. Abends rief er von Olesnice, ČSSR, aus an. Mit 476 km hatte er einen neuen Streckenweltrekord in 6 h 47 min geflogen. Rudolf Oeltzschner auf ›Condor‹ hatte 365 km geschafft und der ›Anfänger‹ Hans v. Miakich, 19 Jahre alt, auf ›Rhönsperber‹ war drittbester des Tages mit 340 km. Es folgten Braeutigam mit 273 km, Kraft mit 202 km und Hakenjos mit 172 km. Hirth und ich kamen aus irgendwelchen Gründen nicht rechtzeitig zum Start – bei 61 Maschinen war ein großer Andrang – und verloren diesen ersten Tag mit bestem Wetter.

Am nächsten Tag gab's keine Thermik. Kennel, Steinhoff, Heidrich und Brinkmann segelten bis zu 10½ Stunden im Aufwind des Westhanges. Wir Älteren lehnten diese Form von ›Baumsitzen‹ ab und starteten nicht. Das rächte sich.

Am Tag darauf, dem 23. 7., flog ich bei schwacher Thermik in 4 h 13 min die beste Tagesstrecke: 139 km bis Mosbach am Neckar. Auf der Rhön hatte man sich mit Tagespreisen für die Umrundung der nahen Milseburg begnügt. 17mal wurde sie umflogen. Mein Landeplatz in einem Wiesental erlaubte Rückschlepp mit dem FW-Stieglitz.

Am 24. 7. herrschte Ostwind. Alle flogen mit FS-Start ab. Abends saß ich in Puffendorf nahe der holländischen Grenze nordöstlich von Aachen. Mit 263 km war ich wieder der Tagesbeste.

Der Rückschlepp ganz zeitig am nächsten Morgen verlief so glatt, daß ich sofort wieder von der Kuppe abfliegen und auf Strecke gehen konnte. Abends war ich nach 237 km auf einem Stoppelfeld bei Düren ge-

1935 – die Wasserkuppe von Osten her.

Stamer wird ›zackig‹ begrüßt. Er schien zu verstehen.

Reichsgruppe Lufthansa – die Uniform hatte gesiegt.

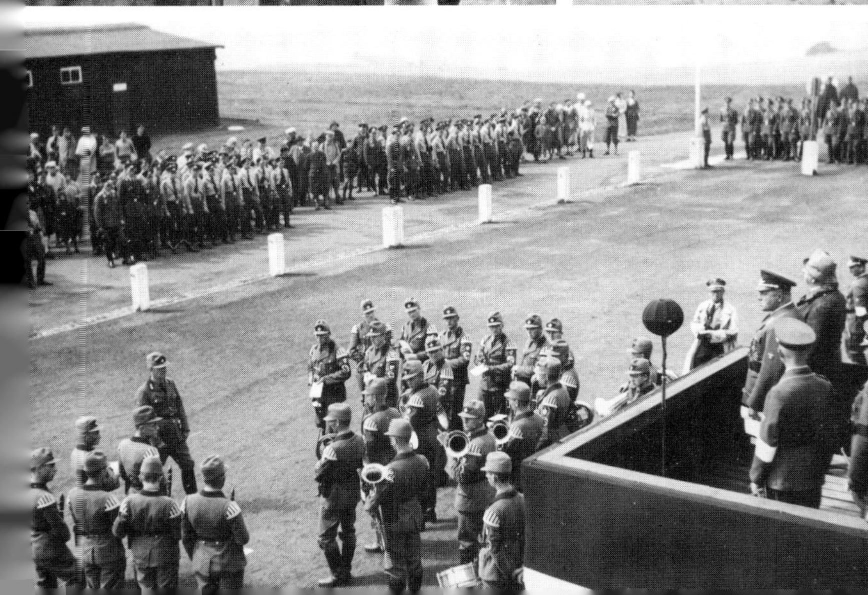

Eröffnung des Wettbewerbs mit Arbeitsdienstkapelle.

Hirth protestierte auf die gemütliche Tour.

Oben links: **Keine weiblichen Teilnehmer erlaubt. Hanna Reitsch war inzwischen auf Segelflugexpedition in Finnland.** – Rechts: **Ludwig Hofmanns ›Rhönsperber‹ zum Startplatz.** – Darunter links: **Mein Condor mit Ursinus-Haus und Wirtschaftsgebäuden und zeitweiliger Rednertribüne.** – Rechts: **›D-Kiebitz‹ der Berliner – Blick nach Nordosten.**

landet, nicht allzuweit von Puffendorf, und bat wieder um Rückschlepp ganz früh am folgenden Tag. Allerdings machte sich jetzt Müdigkeit stark bemerkbar, so daß mein Schlepper mich mit Witze-Erzählen übers Schlepptelefon unterhielt, damit ich nicht einschlief. Nur Hofmann mit 311 km und Oeltzschner mit 240 km waren an diesem Tag, dem 25. 7., weiter als ich geflogen. Wir drei lagen im Wettbewerb an der Spitze. Ich war zufrieden.

Als jedoch mein ›Condor‹ vom Motorlandeplatz wieder zum Startplatz neben der Baude gebracht wurde, spürte ich bleierne Müdigkeit. Wieder sechs, sieben Stunden lang überland fliegen? Es war nicht verlockend. Da wurde bekanntgegeben, daß alle Rhönsperber wegen einer notwendigen Verstärkung gesperrt werden mußten. So fiel der 26. Juli als Wettbewerbstag aus . . . und ich ins Bett.

Am 27. Juli gab es Westwind mit guter Thermik. Lange segelte ich an der Grenze der ČSR entlang, vom Fichtelgebirge aus in Richtung Passau. Es wäre ein leichtes gewesen, mit dem Wind in die ČSR weiterzufliegen und dadurch vielleicht mehr Strecke zu schaffen. Aber der Rückschlepp mit dem FW-Stieglitz von

Links Weltenseglerbaracken, rechts Ursinus-Haus, dahinter Eingang zum ›Ring-der-Flieger-Haus‹.

einem Stoppelfeld in der ČSR würde wahrscheinlich nur nach langem Hin und Her erlaubt werden. So gab ich bewußt die Strecke auf, um in Deutschland zu bleiben und landete, 311 km von der Wasserkuppe, nördlich von Passau. Später erfuhr ich, daß Hirth 424 km und Hakenjos 328 km geschafft hatten, indem sie in die ČSR eingeflogen waren. So war ich wieder nur Drittbester des Tages. Mein Landeplatz war klein, von Hecken umgeben, in bergigem Gelände. Zum ersten Male mußten wir Rückschlepp auf der Landstraße machen. Meine Mannschaft traf erst gegen Mittag des nächsten Tages am Landeort ein. Mit einem schwachen Automotor mußten wir gegen zunehmenden sturmartigen Westwind ankämpfen. So kamen wir erst am Mittag des 29. Juli auf der Wasserkuppe an. Es erschien zu spät, um noch gegen die anzutreten, die an diesem Tag mit »Hammerwetter« schon längst unterwegs waren. Vielleicht würde der nächste Tag ähnliches Wetter bringen . . .?

Abends kamen dann die sensationellen Landemeldungen: Braeutigam, Steinhoff, Oeltzschner und Heinemann-Hamburg waren auf dem 504,2 km weit entfernten Militärflugplatz von Brünn (Brno), ČSR, gelandet. Das war ein neuer Streckenweltrekord – gleich vierfach. Mein Griesheim-Schüler Bartaune war 481 km, Peters 425 km, Späte 416 km, Heini Dittmar 395 km, Wagner 330 km, Blech 230 km, Krekel 211 km und mein Lufthansa-Kamerad Hermann Nein 209 km weit geflogen: Insgesamt 25 Streckenflüge über 100 km bei dieser einmaligen Wetterlage. Das war eine herbe Enttäuschung, an einem solchen Tag noch auf dem Rücktransport gewesen zu sein. Wir hatten nicht gebummelt, nur Pech gehabt mit dem alten Wagen und dem sturmartigen Gegenwind.

Die nächsten Tage brachten kein besonders günstiges Segelflugwetter. Dennoch schaffte der unermüdliche, stets optimistische Ludwig Hofmann mit 185 km wieder eine Tagesbestleistung.

Am Donnerstag, dem 1. August 1935, erreichte uns die erschütternde Nachricht, daß Rudolf Oeltzschner beim Rückschlepp auf dem Luftweg bei Selb tödlich abgestürzt sei. Bei starkem Gegenwind in niedriger Höhe über bergiger Landschaft fliegend, war der Schleppzug heftigsten Böen ausgesetzt. Aus nie geklärten Gründen entstand eine sehr große Höhendifferenz zwischen beiden Flugzeugen. Diese erzeugte eine derartige Belastung seines Condors, daß der vordere Teil des Rumpfes vom Hauptspant wegbrach. Oeltzschner konnte deshalb seinen automatischen Fallschirm nicht benutzen, selbst wenn er, der Pilot, sich aus der mit ihm abstürzenden Rumpfschale hätte befreien können. Wie so oft bei Flugunfällen waren mehrere unglückliche Umstände zusammengetroffen: kein manueller Fallschirm; ein nicht sehr erfahrener Pilot im Schleppflugzeug; Schwanzsporn-Schlepp, der sich bei starkem Übersteigen des Seglers ungünstig auswirkt; keine Bremsklappen im ›Condor I‹ und fehlerhafte Bauausführung des Rumpfes an den kritischen Stellen. Die Unfalluntersuchung führte das Ende der Firma Robert Bley-Flugzeugbau in Naumburg (Saale), herbei, die Oeltzschners Condor geliefert hatte.

☆

Rudolf Oeltzschner, geboren am 5. 5. 1899 in Merseburg (Saale), war ein wirklich begeisterter Segelflieger. Er hatte schon 1933 seine Silber-C (Nr. 18) erhalten und er war es, der das Lauchaer Segelfluggelände erschloß. 1934 hatte er mit seinem ›Condor‹ zum erstenmal an einem Rhönwettbewerb teilgenommen. Im Frühjahr 1935 leitete er die deutsche Segelflugexpedition nach Portugal, auf Einladung des dortigen Aero-Clubs. Obgleich er vor Ende des Rhönwettbewerbs 1935 sein Leben verlor, blieb er dennoch der überragende Sieger. Sein Vorsprung in der Punktwertung vor uns anderen in der Spitzengruppe war so groß gewesen, daß ihn keiner mehr einholen konnte. Mit 1937,4 Punkten war er dem zweiten Sieger Wolfgang Späte mit seinen 1487,5 Punkten weit voraus.

Menschlich erschien Oeltzschner uns allen vorbildlich: sein lauterer Charakter, seine natürliche Bescheidenheit, stets heiter und ruhig und so erfüllt von seiner großen Liebe zum Segelflug. Alle, die ihn gekannt hatten, empfanden seinen Tod als einen persönlichen Verlust.

**Rudolf Oeltzschner aus Merseburg (Saale), der Rhönsieger 1935.
† 1. August 1935 bei Selb.**

Heini Dittmars neuer ›Condor II‹, von ihm selbst außer Wettbewerb geflogen.

Links: **Otto Braeutigam, Ludwig Hofmann und Paul Krekel. –** Rechts: **Braeutigam landete mit seiner DB-10 als erster in Brünn (Brno).**

Links: **Hans v. Miakich, Berlin, mit 19 Jahren der jüngste Teilnehmer.** Rechts: **DLV-Präsident Bruno Loerzer, dahinter ›Ritter‹ Roehre, halb verdeckt, und Wolfgang Späte in Uniform.**

Durch einen Vortrag vor seinem Merseburger Segelflugverein war ich ihm als Hausgast menschlich nähergekommen als es sonst während der Hektik der Rhönwettbewerbe möglich gewesen wäre. Ein so feiner Mensch, mit glücklicher Familie und eigenem Unternehmen, die treibende Kraft im Segelflug von Merseburg und dem nahen Lauchaer Gelände – und dann dieses plötzliche, unsinnig erscheinende Ende! Es war einer jener Schicksalsschläge, mit denen man sich nie ganz abfinden kann.

☆

Am Freitag, dem 2. 8., schrieb man als Tagespreis Zielflug zum Flugplatz Kassel-Waldau aus. Mein erster Start führte zu einer Landung im Tal bei Sieblos. Mir erschien das Wetter eigentlich viel günstiger für einen Streckenflug nach Nordosten statt Nordwesten. So flog ich nach dem 2. Start in dieser Richtung und kam gut vorwärts. Am Nachmittag blickte ich bei abklingenden Aufwinden aus 800 m Höhe auf das großväterliche Haus in Halle (Saale) hinunter. Kindheitserinnerungen stiegen auf und folgten mir bis zur Landung auf einem großen Stoppelfeld bei Wurb an der Bahnstrecke Halle–Berlin. Durch diesen letzten Streckenflug hatte ich mit 1292 km die bis dahin größte Gesamtflugstrecke eines Teilnehmers in Rhönwettbewerben erreicht, mehr als Oeltzschners 1272 km und Hofmanns 1239 km. Jedoch war ich an diesem Tag nur Zweitbester nach dem jungen Brixa, der mit seiner Landung bei Bielefeld 193,8 km statt meiner 190,2 km erreicht hatte.

Am gleichen Tag war mein Lufthansa-Kamerad Hermann Nein mit seinem ›Condor‹ rund 200 m höher als die Wasserkuppe gelandet – auf dem Brocken im Harz, nach 152,7 km Streckenflug. Wir waren zusammen mit Paul Krekel auf seinem ›Rhönsperber‹ zwischen 10.21 und 10.28 als ›Kette‹ gestartet. Paul und ich wurden kurz danach von unseren Mannschaften im Tal aufgelesen, während Nein als einziger von uns Anschluß bekam und überland flog. Das freute mich für ihn, weil er bis dahin nur einen Überlandflug (209 km) geschafft hatte. Seine Brockenlandung wurde ein Fest für die Presse; sein Bericht darüber erschien in allen Zeitungen.

Am nächsten Tag, dem letzten des Wettbewerbs, schrieb man Zielflug zur Segelflugschule Laucha a. d. Unstrut aus, das ich auf meinem Wege nach Halle (Saale) gerade überflogen hatte. Aber die Wetterlage erlaubte keinem, dieses Ziel zu erreichen. Tagesbester wurde mein früherer Griesheimer Schüler Ernst Kennel, der 215 km bis südlich von Stuttgart segelte, während Frowein 132 km, Wolf 108 km und Ludwig Hofmann »nur« 105 km schafften. An dieser Zielflugsetzung in ganz falscher Richtung merkte man das Fehlen eines erfahrenen Flugmeteorologen wie Professor Georgii.

Auch der neue Meßtrupp arbeitete nicht so zuverlässig wie der alte von Georgii. Durch Vergleich der offiziellen Wettbewerbsergebnisse in der DLV-Zeitschrift »Luftwelt« mit den Tagesberichten des »Flugsports« stellte sich das Fehlen einer ganzen Anzahl von Streckenflügen heraus. So fehlten den Wettbewerbern J. Fölsche, Hans Heidrich, Karl Heiderich, Siegfried Holzbauer und dem Verfasser je ein Streckenflug von 59,4 km, 135,9 km, 140,4 km, 103,7 km und 69,4 km. Dem Segelflieger Hans Wolf fehlten sogar zwei Streckenflüge von 93,0 und 111,6 km in der offiziellen Wertungsliste. Solche Fehler seitens der Sportleitung sind unter Georgiis Leitung nicht vorgekommen.

Am Sonntag, dem 4. 8., gab's nur noch ein paar Tagespreise für Zielflüge zum 22 km weit entfernten Flugplatz Fulda, ohne allgemeine Wettbewerbswertung.

Am Montag mußten wir alle wieder in Uniform vorm Ursinus-Haus antreten zur Preisverteilung. Mit 61 Flugzeugen hatte man 540 Abflüge, rund 35 000 km Gesamtflugstrecke und als beste Höhe 2720 m über Start (Schilling) melden können.

Strecken-, Höhen- und Dauerflüge im Rhönwettbewerb 1935

Nr.	Segelflugzeug-Muster / MONAT / DATUM	↓	JULI 21.	22.	23.	24.	25.	26.	27.	28.	29.	30.	31.	AUGUST 1.	2.	3.	4.	Oben: Gesamtflugstrecke – Km Unten: Punkte
1	Rudolf Oeltzschner Merseburg	Condor	365.0 1320				240.0 1350	A	163.0 1130	B	504.2 1370		C	D			E	1272.2 1937.4
2	Wolfgang Späte Chemnitz	Condor			** —	62.5 —	172.0 1430		210.0 1780		416.0 1840					△43.5 2470		904.0 1487.5
3	Ernst Steinhoff Bad Frankenhausen	Rhönadler		9h28'	* 640					4h03'	504.2 1330				△	54.0 1150		558.2 1408.0
4	Ludwig Hofmann Mannheim	Rhönsperber	474.0 1360	← W.R		105.0 370	311.0 1300				390 430	185.0 530				105.0 1300		1241.0 1282.9
5	Herbert Bartaune Berlin	Rhönadler	116.5 1160			37.0 510	146.7 1185		43.0 710		481.0 1620							824.2 1214.7
6	Peter Riedel DLH-Berlin	Condor			139.0 1145	263.0 —	237.0 1470		311.0 1500					[69.4] 680	190.2 1360	82.2 1170		1291.8 1209.1
7	Otto Braeutigam Großbrückerswalde	DB 10	237.0 —			23.5 310					504.2 1160							764.7 1159.4
8	Ernst Kennel Hannover	Rhönadler	25.2 440	10h23'					294.0 1330			142.5 830			□93.0 1490	214.5 2170		769.2 1117.0
9	Hans Heinemann Fischbeck	Rhönsperber									504.2 1500					82.8 1420		586.8 1048.1
10	Heinz Peters Aachen	Rhönsperber	66.4 740				199.5 1390				452.0 1510							717.9 1008.5
11	Wolf Hirth Hornberg	Gö 3 Minimoa				○△	194.0		424.0									618.0 842.0
12	Hans Heidrich Düsseldorf	Rhönadler	7h4'	9h10'			125.0 1240				291.0 1280				[140.4] 1440			566.4 699.0
13	August Schilling Mühlheim-Ruhr	Rhönadler	61.8 430			38.0 485	199.5 2720		198.0 1250		137.0 790				□93.0 1290	40.5 1010		767.8 659.2
14	Hans v. Miakich Berlin	Rhönsperber	344.0 1800			103.1 ○			103.6 1060		136.5 910				89.7 1240	— 780	F 250	776.3 651.4
15	Rudolf Hakenjos Schwenningen	Rhönadler	172.0 1130			102.5 980			328.0 1120						□93.0 1430			695.5 638.9
16	Eugen Wagner Hesselberg	Rhönbussard	20.5 —		* 420	○	152.5 970	A	225.0 1120	B	330.0 1070		C	D			F	728.5 630.6
17	Erwin Kraft Hornberg	Rhönsperber	202.0 920				218.0				175.5 780					840		595.5 475.3
18	Wenzel Brixa Hamborn	Rhönadler	60.9 1030		* 710		203.6 1220				118.7 1070	60.9 660			193.8 1460			637.9 447.0
19	Paul Krekel Darmstadt	Rhönsperber		4h16'		25.9 600	199.5 1360				211.0 1140							436.4 394.0
20	Siegfried Ruhnke Königsberg i. Pr.	Rhönadler					156.5 1170		234.0 1230		123.0 1040							513.5 379.4
21	Karl Heiderich Essen	Rhönadler				165.5 —					263.0 1280				[135.9] 1470			564.4 371.9
22	Reinhold König Königsberg i. Pr.	Rhönbussard			* —	15.7 500			257.0 1250									272.7 316.5
23	Hermann Nein DLH-Berlin (Erlangen)	Condor							— 840		209.0 1295				152.7 1360	= Bracken-	landung	361.7 315.2
24	Helmut Hülsmann Gelsenkirchen	Rhönsperber			* 370	69.0 460	179.5 1125								176.4 1540			424.9 311.8
25	Hans Georg Renner Dessau	PG Askania			* 470	14.4 490	143.0 —				185.0 970				△			342.4 310.2
26	Hermann Geering Hamburg	Rhönadler							158.0 1210		187.5				□93.0 1130			438.5 301.2
27	Siegfried Holzbauer Bad Cannstadt	Condor	135.5 1610			26.7 656	189.0 —				[103.7] 1050							454.9 300.3
28	Heinz Krenz Dessau	Rhönadler			** 330				214.0						△			214.0 293.0
29	Herbert Pangratz Bad Frankenhausen	Condor	138.0 1280		* —	128.3 —			90.5 1175		105.0 840					79.5 1070		541.3 277.5
30	Erich Mayer Geislingen	Rhönadler		6h10'					230.0 1120								F 350	230.0 265.5
31	Konrad Pernthaler Dessau	Rhönadler			* 460	14.4 490	167.0 —								△			181.4 239.0
32	Werner Blech Breslau	Rhönbussard	75.1 1030	2h26'	2h24'				—		230.0 1040							305.1 226.0
33	Heinrich Vergens Berlin (Trebbin)	Rhönbussard	80.4 780		* 510	50.1 540		A		B	103.7	132.5 660	C	D	156.3 1330	60.0 840	F 550	603.0 223.2

Nr.	Segelflugzeug-Muster / MONAT / DATUM	↓	JULI 21.	22.	23.	24.	25.	26.	27.	28.	29.	30.	31.	AUGUST 1.	2.	3.	4.	Oben: Gesamtflugstrecke – Km Unten: Punkte
34	Hans Pirkl München	Rhönbussard		5h18'				A	113.0 1000	B	155.5 870		C	D			E	268.5 214.2
35	Paul Sorger Essen	Rhönadler	66.7 690		* 700	49.5 690			216.0 1400									332.2 207.0
36	Rudolf Opitz Wasserkuppe	Präsident							240.0 —									240.0 205.0
37	Hermann Döbler Nürnberg	Rhönadler			34.0 610	202.0 700			122.0 1130									358.0 202.1
38	Anton Endres Würzburg	Rhönadler	49.3 850		58.4 810		85.3 1350		104.4 1000						95.1 1330			392.5 172.9
39	Zöllner Berlin	Rhönadler	169.6 1000				130.5 1320											300.1 171.0
40	Josef Ruhl Oerlinghausen	Rhönsperber				37.0 450			34.0 960		26.2 670				185.1 1020			282.3 169.2
41	Fritz Joachim Büchner Bad Cannstadt	Condor			* 590				166.5 —			94.2 —			87.8 850		F	348.5 160.8
42	Kurt Zimmer Laucha	Condor		4h34'		18.8 —	131.5 1110		42.5 770		130.0 900							322.8 159.0
43	Ludwig Brinkmann Duisburg	Rhönadler		8h55'			112.0 —											112.0 157.0
44	Werner Spilger Darmstadt	Rhönbussard	130.5 850			○ 510				5h11'	155.5 790						F	286.0 156.5
45	Adolf Schleyer München	Rhönbussard		5h21'			134.6 1260		101.5 1030		19.0 720					19.0 820		274.1 149.5
46	Ernst Günther Haase Berlin	Helios							176.0 1280		31.0 620							207.0 148.0
47	Alexander Wolf Reichsbahn Stettin	Rhönbussard					134.0 1180		127.0 —						[□93.0] 1260	[111.6] 1210		465.6 130.7
48	Kurt Hieckmann Leipzig	Condor		6h45'		108.2 610			97.0 1030									205.2 128.5
49	Joseph Kleber München	Rhönsperber		2h51'		33.5 590		A			35.2		C		113.4 1460	94.0 1420		276.1 126.3
50	Helmut Storm Harburg-Wilhelmsburg	Rhönadler					35.0 —		167.0 1220									202.0 115.5
51	Oskar Maertins Osterode	Rhönadler		2h49'			118.0 1350		□94.0 880									212.0 115.2
52	Robert Mandetzki Hindenburg, Schlesien	Rhönadler							134.5 —									134.5 114.0
53	A. Wilhelm Frankfurt (M.)	Condor					104.0 1180				12.3							116.3 105.5
54	Huber Bad Cannstadt	Condor		7h35'														— 95.0
55	Ernst Frowein Berlin	Moazagotl			* 865	○ 660										132.0 1250	F	132.0 94.2
56	Walter Rockstroh Markt Kleeberg	Condor			* 595		118.0 960				72.0 630							190.0 91.5
57	J. Fölsche Frankfurt (M.)	Condor							43.0 810						59.4 1760			102.4 84.7
58	Erich König Essen	Rhönadler		6h20'					101.5 480									101.5 75.2
59	Alfred Emmerich Laucha, Unstrut	Condor				133.6 —									41.1 —			174.7 72.2
60	Grün Berlin	Rhönadler														43.5 1190		43.5 22.0
61	Josef Ockers Cleve	Rhönadler									83.0 555							83.0 17.7
62	Otto Kachel Hannover-Ith	Condor									38.0 1040					47.5 950		85.5 11.2
63	Werner Güßefeld Hamburg	Rhönadler						A			50.5 870							50.5 9.2
—	Heini Dittmar DFS-Griesheim	Condor II		außer Wettbewerb						B	395.0 —							395.0 —
—	Paul Siemers Mannheim	Rhönadler		außer Wettbewerb											44.1 380			44.1 —
—	Erich Wiegmeyer DFS-Griesheim	Rhönsperber	29.0 450	gab auf weiter im Wettbewerb mitzufliegen									C	D			E	29.0 —

Teilnehmer, deren Flüge im Wasserkuppenbereich zu keiner Wertung führten: Karl Baur-Stuttgart; Gerhard Böhme-Celle; Edgar Dittmar-Schweinfurt; Werner Fick-Quedlinburg; Gertloff-Hamburg; Josef Kunz-Solingen; Krebber-Lüdinghausen; Kummer-Breslau; Camkowski-Osterode i. Pr.; Meurer-Essen; Albert Müller-Essen; K. Nemitz-Reichsbahn Stettin; H. Pawlassek-Breslau; F. Röhren-Stettin; W. Skrzipczyk-Breslau; Karl Schieferstein-Darmstadt. Außerdem flogen, wie oben gezeigt, Heini Dittmar, Paul Siemers und Erich Wiegmeyer.

Unterstrichene Namen = 20 Piloten von insgesamt 83, die bei Wettbewerbsanfang das Leistungsabzeichen "Silber-C" besassen. Bis zum 21.7.1935 gab es erst 62 Inhaber deutscher Sprache. Bis Jahresende stieg diese Zahl auf 164. Im fremdsprachigen Ausland besassen Ende 1935 folgende Länder Silber-C Piloten; das Jahr der Zuerteilung und die Nummer folgt hinter dem Namen:

England: G.E. Collins 34/26; P.H. Wills 34/45; R.G. Robertson 35/75; S. Humphries 35/85, J.C. Neilan 35/17– und Christopher Nicholson 35/177. Frankreich: Eric Nessler 35/66. Französisische Schweiz: Marcel Godinat 35/86. Polen: Piotr Mynarski, Boleslaw Baranowski, Michael Offierski, Zbigniew Zabski, Szczepan Crzeszczyk, Stanislaw Wacnik, Michal Blaicner, Wiktor Szydlowski, Stanislaw Brzezina, Zbigniew Mikulski, Kazimierz Plenkiewicz, Andrzej Wlodarkiewicz, Edward Peterek, Boleslaw Lopatniuk, Lucjan Czarnecki, Ryszard Dyrgalle, Miechyslaw Kowalski, Andrzej Koziol und Jerzy Rozanski, 35/179 bis 35/197. Ungarn: Lajos (Ludwig) Rotter 34/19, Arpad Molnar 34/48, Tibor Stef 35/69. USA: Jack O'Meara 33/12, Richard C. du Pont 34/32 und Lewin B. Barringer 35/65. Von 1936 ab nahm die Verbreitung im In- und Auslande schneller zu.

Am 29. Juli 1935 landeten vier Teilnehmer nach 504.2 Km Weltrekordstrecke auf Flugplatz Brünn (Brno), ČSR. Nach Rudolf Oeltzschners tödlichem Unfall beim Rückschlepp am 1. August ließen die drei anderen, Braeutigam, Heinemann und Steinhoff, den offiziellen Weltrekord dem verunglückten Kameraden zusprechen. Oeltzschners Leistungen waren so hervorragend gewesen, daß trotz vier weiterer Wettbewerbstage kein anderer Pilot seinem weiten Vorsprung nahe kommen konnte. Ein guter Kamerad, ein neuer Meister des Segelfluges – sein Tod war ein schwerer Verlust für uns alle. Seine Schöpfung, das Segelfluggelände Laucha an der Unstrut, blieb als ein lebendes Denkmal für seinen Idealismus und seine Tatkraft.

W.R. = Weltrekord von L. Hofmann vom 21. Juli 1935: 474 Km.

A = Kein Wettbewerbstag, weil alle Rhönsperber verstärkt werden mußten.
B = Niedrige Wolken – ein paar Stunden Hangsegeln – dann Knofe.
C = Vormittags Knofe – nachmittags niedrige Wolkenbasis – kein Aufwind.
D = Vormittags Knofe – nachmittags schwache Thermik. Der Verfasser flog, wie schon vorher am 23. Juli 1935, am 1. August als einziger überland: 69.4 Km, also im Wertungsbereich. Dennoch wurde dieser Streckenflug nicht gewertet! Der Gedanke der "Gemeinschaftsleistung" steckte dahinter. Kein anderer Pilot hatte einen Streckenflug gemacht... Sonst hätte ich sicher Herbert Bartaune auf den 5. Platz verdrängt.
E = Kein Wettbewerbstag mehr. Nur noch Tagespreise ausgeschrieben, um den Zuschauern Flugbetrieb zu zeigen.
F = Zielflug zum Flugplatz Fulda von Frowein und Vergens geschafft, von einigen andern versucht.

Zeichenerklärung: Im Quadrat oben Flugstrecke (Km), unten Höhengewinn (m). * = Milseburgumrundung. ○ = Habelberg-Umrundung. △ = Oechsenberg-Umrundung (28 Km). □ = Zielflug Flugplatz Kassel-Waldau.

[111.6] = Streckenflüge, die durch Nachlässigkeit der neuen D.L.V.-Sportleitung oder aus dem unter "D" erwähnten Grunde nicht gewertet wurden. Vergleiche "Flugsport" 1935-Tagesberichte mit Wertungstabelle in "Luftwelt" 1935 Seite 323. Auf letzterer fehlen die Streckenflüge folgender Teilnehmer: Hans Heidrich 135.9 km; Karl Heiderich 140.4 Km; Siegfried Holzbauer 103.7 Km; Peter Riedel 69.4 Km sowie Alexander Wolf □93.0 und 111.6 km. Wertung begann mit über 60 km Streckenlänge. Bei korrekter Wertung wären diese fünf Piloten bestimmt höher eingestuft worden. Unter Professor Georgii's Leitung sind solche Irrtümer nie vorgekommen. Noch ein weiteres Beispiel: die Namen Heidrich und Heiderich wurden in der Startkladde öfters verwechselt. Es war dem Verfasser nicht möglich die Gesamtleistungen dieser beiden Teilnehmer mit Sicherheit zu bestimmen. Bei mehr gewissenhaftem Vorgehen aller Beteiligten wäre dies kein Problem gewesen.

Insgesamt wurden 540 Starts ausgeführt, im Durchschnitt 6 bis 7 pro Teilnehmer.

Tagesbeste im Streckenflug

Datum	So 21. 7.	Mo 22. 7.	Di 23. 7.	Mi 24. 7.	Do 25. 7.	Fr 26. 7.	Sa 27. 7.	So 28. 7.	Mo 29. 7.	Di 30. 7.	Mi 31. 7.	Do 1. 8.	Fr 2. 8.	Sa 3. 8.	So 4. 8.
Thermik Wind	„Hammer" W auf NW	Keine West	mäßig Nord	gut Windstille	gut Ost	gut West	gut W auf NW	Knofe West	„Hammer" W auf NW	Knofe bis Mittag West	Knofe West	sehr schwach West	gut Windstille	mäßig SW	mäßig Windstille
Abflüge	41	46	46	57	56	Flugruhe	52	6	53	25	–	16	63	57	5
Tages bester	Hofmann 474.0	– Dauerflüge	Riedel 139.0	Riedel 263.0	Hofmann 311.0	weil alle "Rhönsperber"	Hirth 424.0	– –	Braeutigam Steinhoff	Hofmann 185.0	– –	Riedel 69.4	Brixa 193.8	Kennel 214.5	Frowein 28.0
Zweit-bester	Oeltzschner 365.0	bis zu 10 ½	Kein weiterer Streckenflug über 50 Km	Döbler 202.0	Oeltzschner 240.0	zeitweilig gesperrt,	Hakenjos 328.0	– –	Oeltzschner Heinemann	Kennel 142.5	– –	Kein weiterer Streckenflug über 50 Km	Riedel 190.2	Frowein 130.0	Vergens 28.0
Dritt-bester	Braeutigam 237.0	Stunden –	A B	Emmerich 133.6	Riedel 237.0	über Nacht verstärkt.	Riedel 311.0	– –	alle vier 504.2	Vergens 132.5	– –	– –	Rühl 185.1	Wolf 108.0	Tagespreis Flugplatz Fulda

A-B Späte und Krenz umrundeten zweimal die 7.5 Km entfernte Milseburg, 13 weitere Piloten einmal.
Am 2. August 1935 landete Hermann Nein - Erlangen als erster Rhönsegelflieger höher als die Wasserkuppe - auf dem Brocken (Harz) 1140 m NN.
Am 29. Juli 1935 erfolgten die Landungen auf dem Brünner (ČSR) Flugplatz in der gezeigten Reihenfolge. Nach Rudolf Oeltzschners Tode am 1. August 1935 überließen ihm die Ueberlebenden den 504.2 Km Weltrekordanspruch.

Nachfolgende Liste der ersten zehn Plätze zeigt deutlich, wie die noch immer beibehaltene Punktwertung von Dauerflügen im Hangaufwind das Endergebnis des 16. Rhönwettbewerbs zuungunsten wirklicher segelfliegerischer Leistung verfälschte.

Platz	Name	Streckenflüge	Ges.-Strecke	Dauerflüge	Punkte
1.	Oeltzschner	4	1272,2 km	—	1937,4
2.	Späte	4	904,0 km	—	1487,5
3.	Steinhoff	1	504,2 km	9^h 28'	1408,0
4.	Hofmann	4	1239,0 km	—	1282,9
5.	Bartaune	3	824,2 km	—	1214,7
6.	Riedel	7	1291,8 km	—	1209,1
7.	Bräutigam	2	764,7 km	—	1159,4
8.	Kennel	4	769,2 km	10^h 13'	1117,0
9.	Heinemann	2	586,8 km	5^h 07'	1048,1
10.	Peters	3	717,9 km	—	1008,5

Die oben gezeigten Punktzahlen von Braeutigam, Hofmann, Peters, Riedel und Späte waren nach Abzug von zehn Prozent von der urspünglich erflogenen Punktsumme entstanden. Diese neue Regel galt für beruflich im Segelflug tätige Bewerber.

☆

›Ritter‹ Roehre und seine Trabanten hatten sich eine zusätzliche Wertung ausgedacht, die ihnen erlaubte, ›Gemeinschaftsleistung und Gruppendisziplin‹ und den ›Mannschaftsführer‹ zu bewerten, in einer Anordnung von 1 bis 60. So konnten sie uns schlechte ›Zensuren‹ geben, die wir Opposition gegen das Soldatenspielen gemacht hatten. Ich befand mich in guter Gesellschaft: 50 Ernst Steinhoff; 51 Edgar Dittmar; 52 Erwin Kraft; 53 Rudolf Hakenjos; 54 Herbert Bartaune; 55 Siegfried Holzbauer; 56 Wolf Hirth zusammen mit Karle Bauer und Ernst Frowein; 57 der Verfasser; 58 Ernst Kennel; 59 Heini Dittmar (dem Roehre ›Star-Allüren‹ vorwarf) und 60 Adolf Schleyer, München. Der muß ein ›Ur-Viech‹ gewesen sein!

Immerhin muß unser ablehnendes Verhalten kluge Beobachter in der DLV-Führung dazu veranlaßt haben, Roehre bald danach zu ersetzen und seine Exzesse abzubauen. Im Jahre 1936 leitete ein Wehrmachtsmajor Huber, von 1937 an Fliegerkapitän Seff Kunz jeden Rhönwettbewerb bis zum Zweiten Weltkrieg. Sogar danach spielte Kunz noch eine führende Rolle im deutschen und internationalen Segelflug bis zu seinem 1973 erfolgten Tode. Kunz, ein geborener Diplomat, hat es damals geschickt verstanden, die von oben befohlene Uniformierung des deutschen Segelfluges auch der älteren Generation ertragbar zu machen.

Der gute ›Ritter‹ Roehre hätte 1933 besser getan, seiner Ablehnung des neuen Regimes treu zu bleiben und anderen die Führung des deutschen Segelfluges zu überlassen. Man hat 1936 neue Aufgaben für ihn, auch in der Luftfahrt, gefunden; nach 1945 verschwand er aus der Sicht seiner alten Freunde, indem er in einen geistlichen Orden eintrat.

☆

Als einziges Symbol der alten Wasserkuppe verblieb Rhönvater Ursinus mit seiner verwetterten schwarzen Lederjacke und dem grauen Lodenhut mit der Plombe dran. Diese hatte – sonst nur zum Versiegeln von Barographen seitens der Sportleitung verwendet – der humorvolle Lagerleiter und bayrische Luftpolizei-Hauptmann Fritz Stadelmayr in einer frohen Stunde während des 1924er Wettbewerbs am Rande des allbekannten Hutes befestigt. Er sei hiermit von der TEKO abgenommen, hatte Stadelmayer lachend erklärt.

Leider wirkte sich der stille Protest von Oskar Ursinus, dieses Festhalten an seiner alten Wasserkuppenkluft, zu seinem Nachteil aus, als Dr. Karl Kotzenberg und andere versuchten, den längst für ihn fälligen Ehrendoktor zu erwirken. Sie scheiterten an dem spießigen Einwand, *»man könne doch nicht einem Manne den Ehrendoktor geben, der auf der Wasserkuppe mit einer Plombe am Hut herumliefe . . .«*

Hohen Ministerialbeamten, die doch nur Mittel der Steuerzahler der Segelflugbewegung zukommen ließen, hat man diese Ehrung wiederholt zuerkannt. Daran war auch im Prinzip nichts auszusetzen, denn dazu gehörte oft Mut und besondere Liebe zur Sache. Aber Oskar Ursinus, der in den zwanziger Jahren eigene Mittel und später seine ganze Zeit und Energie für die Segelflugbewegung opferte, hätte den Ehrendoktor seit langem verdient.

Wolfgang Späte erhielt von Professor Georgiis Preisgericht einige Tage nach dem 1935er Wettbewerb den Günter Groenhoff-Gedächtnispreis. Ein Schweizer Bürger, Dr. Vogler-Greppin, Basel, hatte diesen Silberpokal-Wanderpreis gestiftet. Professor Georgii schrieb den Preis für eine hervorragende segelfliegerische Leistung aus, verbunden mit einem gutfundierten wissenschaftlichen Bericht darüber. Der Gewinner berichtete 47 Jahre später auf mein Tonband:

»Die Meteorologen konnten sich nicht erklären, wie die vier 500 km-Flüge nach Brünn zustande gekommen waren. Ich war am gleichen Tag etwas zu spät gestartet und bin nur 416 km weit bis auf die böhmisch-mährische Höhe gekommen. Heini und ich hatten uns zufällig getroffen. Vor lauter Ehrgeiz habe ich mich mit ihm bis auf den Boden hinunter gehetzt. Zuerst ist Heini abgesoffen (395 km) und dann war es mir nicht besser ergangen.

Bei diesem Flug stellte ich fest, daß sich in der feucht-labilen südmaritimen Luft dieser Wetterlage bei sehr starkem Wind – 60 km/h – Wolkenstraßen bis zu 10 km Länge bildeten. Man konnte auf ihrer ganzen Länge im Aufwind fliegen. Der Aufwind war auf der Vorderseite – in Windrichtung gesehen – am stärksten – bis zu 3 m/s Steigen, während er am Ende am schwächsten war. Flog man mit dem Wind unter eine solche Wolkenstraße, dann hatte man zuerst einen halben Meter/Sekunde Steigen. Man brauchte nicht mehr zu kreisen – das hatte ich bald heraus – sondern konnte den Vogel schön geradeaus weiterfliegen lassen. Dann kam man im Langsamflug in immer stärkeres Steigen, je mehr man sich dem vorderen Teil der Wolkenstraße näherte. Das schrieb ich, und Georgii fand es von anderen Piloten bestätigt. Manche hatten noch längere Wolkenstraßen als ich angetroffen.

Das hielt der Professor für eine Entdeckung, wertvoll genug, um mir dafür den Groenhoff-Pokal zuzusprechen.«

KAPITEL 15

September 1935 – DFS-Seeadler-Versuche und der Jungfraujoch-Wettbewerb

Unmittelbar nach dem Rhönwettbewerb bot mir der deutsche Aeroclub an, eine Segelflugexpedition nach Japan zu leiten. Die japanische Regierung hatte zu einer solchen eingeladen.

»Wollen Sie ewiger Segelflieger werden?« Herr v. Gablenz wurde ernstlich böse, als ich ihn wegen Urlaubs für diese Expedition anging. Vor die Wahl gestellt, sah ich ein, daß meine berufliche Zukunft wichtiger erschien als die verlockende Japanreise.

So ging statt dessen Wolf Hirth mit Karle Baur und Hans Stolz in den Fernen Osten und verbrachte dort zwei Monate mit Flugvorführungen und der Ausbildung japanischer Segelflieger. Ihre Erlebnisse wurden in dem Buch von Rolf Italiaander ›Wolf Hirth erzählt‹ (1935) anschaulich beschrieben.

☆

Hanna Reitsch war inzwischen Chefpilotin der von Ing. Hans Jacobs geleiteten DFS-Abt. Segelflugzeuge in Griesheim geworden. Im September 1935 erprobte sie das Segelflugboot DFS-›Seeadler‹. Zuerst mißlangen Motorbootschlepps auf dem Chiemsee. Flugzeugschlepp mit der Dornier-12 ›Libelle‹ auf dem Bodensee brachte Erfolg, und Hanna konnte bei bedecktem Himmel längere Zeit in schwachen Aufwinden etwas Höhe gewinnen.

Dennoch hat man später nie mehr von diesem Wassersegler gehört. Viele Jahre danach beobachtete ich oft von Miamis Küste aus, wie sich kräftige Cu-Wolkenstraßen über dem nahen Golfstrom entwickelten. Dann stiegen Erinnerungen auf an Professor Georgiis Pläne, Forschungsflüge mit Wasser-Segelflugzeugen über südlichen Meeren ausführen zu lassen.

In diesem Zusammenhang ist interessant, daß laut ›Flugsport‹ der russische Segelflieger Korotov im Juni 1936 mit einem Wasser-Segelflugzeug 175 km Strecke geflogen und 2600 m Höhe erreicht hat, irgendwo in Vorderasien.

☆

Der Schweizer Aeroclub zusammen mit der Jungfraubahn-Direktion lud zu einem 1. internationalen alpinen Segelflugwettbewerb auf dem 3460 m hohen Jungfraujoch ein. Ernst Udet, damals im Rang eines Oberst, wollte selbst das deutsche Team führen und wählte Heini Dittmar, Ludwig Hofmann und mich

Leistungs-Segelflugboot D-Seeadler.

Bei der Konstruktion dieses Segelflugzeugmusters ging das DFS von dem Gedanken aus, ein Flugzeug zu schaffen, das 1. wassern und landen kann und 2. so leistungsfähig ist, daß es für Thermik- und Strecken-Segelflüge eingesetzt werden kann. Durch diese Aufgabenstellung ist das Flugzeug nicht nur rein für Wassersegelflugbetrieb verwendbar, sondern kann auch im Hang- und Platzbetrieb eingesetzt werden. So wird dieses Flugzeugmuster außer dem reinen Forschungszweck auch Interesse bei solchen Segelfluggruppen finden, die keinen geeigneten Flugplatz, aber einen größeren See in der Nähe haben. Oder an brandungsfreien Steilküsten, wo Start und Landung auf dem Wasser, der Segelflug selbst im Gebirgs- und thermischen Aufwind über Land durchgeführt wird, eingesetzt werden können.

Der Gedanke des Segelflugbootes ist so alt wie die Segelfliegerei selbst, jedoch konnte keiner der vorliegenden Entwürfe für die Konstruktion des Leistungsflugbootes als Grundlage dienen, da die Forderung an Seetüchtigkeit meistens auf Kosten der Leistungsfähigkeit ging, oder andererseits Segelflugzeuge behelfsmäßig für die Wassertüchtigkeit ausgerüstet wurden, so daß schon bei geringem Wellengang die Zelle gefährdet wurde. Der Entwurf eines Segelflugbootes wird immer ein Kompromiß bleiben, da die Forderung auf Seetüchtigkeit nur schwer mit den Forderungen auf geringsten Widerstand in Einklang gebracht werden kann. Aus einer großen Reihe von Entwürfen ergab sich der ausgeführte als der günstigste. Als Lösungen kamen in Frage: ganz schmales Boot mit großen Stützschwimmern, Boot mit Dornierstummeln und breiteres Boot mit kleinen Stützschwimmern. Das erstere wurde aus Gründen der Seetüch-

Eine Dornier ›Libelle‹, Pilot Gertis, schleppte den ›DFS-Seeadler‹, Pilot Hanna Reitsch.

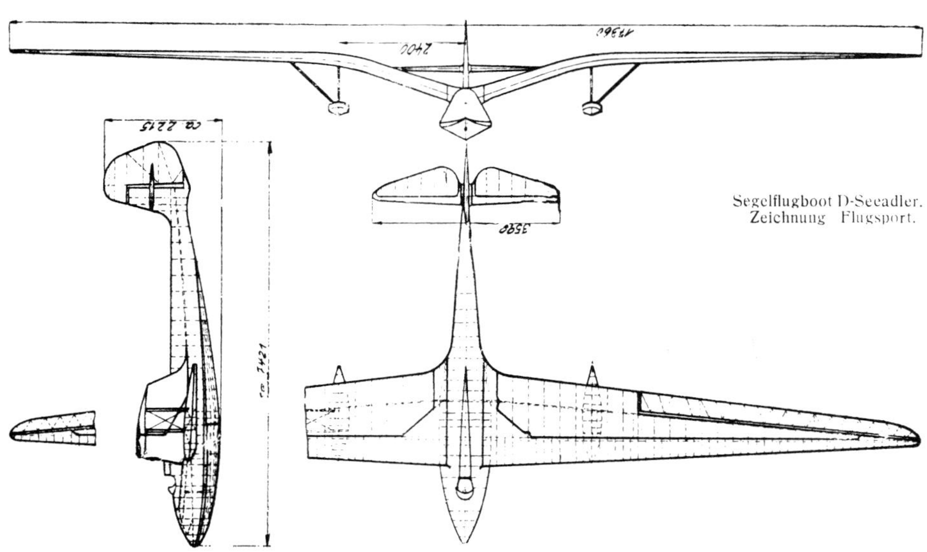

Segelflugboot D-Seeadler.
Zeichnung Flugsport.

dazu aus. Zeit: 4. bis 18. 9. 1935. Meldungen aus Deutschland, Jugoslawien und Österreich brachten zusammen mit denen der Schweiz 15 Segelflugzeuge und Piloten ins Berner Oberland. Das Gelände im Gebiet ewigen Eises war mir schon von der Groenhoff-Expedition im Juni 1931 her bekannt.

Auf der Anreise unseres Teams kam etwas vor, was man Zeitgeschichte nennen kann.

Gleich nach dem Grenzübertritt sagte Oberst Udet: *»Kinder, ich kenne in Basel ein ganz ausgezeichnetes Restaurant und lade euch alle dahin ein.«* Wir waren etwa zehn Mann. Heinz Schweyer, der Hersteller unserer drei ›Rhönsperber‹, mit ein paar Helfern aus Mannheim war auch dabei. Es wurde ein vergnügter Abend, gut geeignet, um sich ringsherum kennenzulernen. Aber dann kam die Rechnung . . .

»Riedel, haben Sie von der Lufthansa Schweizer Franken bekommen?«, fragte Udet mich halblaut, der ich links von ihm saß. Ich mußte verneinen. Es stellte sich heraus, wir konnten nicht bezahlen, denn jeder von uns durfte ja nur zehn RM mit über die Grenze nehmen und die wurden nur von Schweizer Banken zum offiziellen Kurs umgewechselt. Unsere Kreditbriefe für Schweizer Währung unterlagen der gleichen Regel.

Da fiel mir als Retter in der Not der alte Freund Günter Groenhoffs ein, mit dem ich inzwischen auch auf freundschaftlichem Fuße stand: Dr. Vogler-Greppin, der Stifter des Groenhoff-Pokals, den Wolfgang Späte gerade gewonnen hatte. Ich rief zu ziemlich später Stunde bei ihm an. Er kam sofort, hieß uns in der Schweiz herzlich willkommen, blieb noch bis wir aufbrachen und legte die Kosten des Abends für uns aus.

Im 2. Band wurde erwähnt, wie Dr. Vogler-Greppin sich bei Gelegenheit des Baseler Großflugtages im Juni 1931 mit Groenhoff bekanntgemacht hatte und dadurch mit uns beiden befreundet wurde. Wir führten damals die ersten Schleppflüge mit einem Segelflugzeug, dem ›Fafnir‹, in der Schweiz vor. Günter wurde daraufhin zu Flügen vom Jungfraujoch aus eingeladen.

☆

Die Veranstalter des Jungfraujoch-Wettbewerbes hatten das gleiche Problem zu lösen, das Groenhoff und mir 1931 Schwierigkeiten gemacht hatte: den Transport der abmontierten Segelflugzeuge von der Bahnstation im Inneren des Berges zum eisbedeckten Joch zwischen Mönch und Jungfrau. Auf der Groenhoff-Expedition haben wir schließlich Flächen und Rumpf durch ein großes Hotelfenster hinaus und dann an einem steilen, schnee- und eisbedeckten Hang entlang bis zum Joch tragen lassen müssen. Bergführer und Bahnbeamte spielten dabei die Hauptrolle. Der direkte Transport durch den Stollen vom Berghotel zum Joch schien unmöglich zu sein.

Jetzt sollten die Flugzeugteile durch eine besonders dafür gebaute Seilwinde von Hotelfenstern aus auf den etwa 100 m tiefer liegenden Aletschgletscher hinuntergefiert werden. Dort sollten die Segelflugzeuge montiert und danach auf einem besonders dafür angefertigten Schlitten von einer Motorwinde auf das Joch selbst hinaufgezogen werden. Die Hangneigung war an manchen Stellen steiler als 45 Grad. Der erste Versuch mit einer Schweizer Maschine führte zu Beschädigungen, die von den deutschen Helfern Ulrich und Johann über Nacht repariert wurden. Wie sollte man nach dieser schlechten Erfahrung weitermachen?

In einer Versammlung aller Teilnehmer zusammen mit den Veranstaltern schlug Oberst Udet Flugzeugschlepp vom Flugplatz Thun aus vor. Aber das wurde abgelehnt, was vom Standpunkt der Jungfraubahn-Veranstalter zu verstehen war. Wir alle fragten uns: Wie sollte es nun weitergehen?

Der Experte für Segelflug im Eidgenössischen Luftamt, Ing. Hermann Schreiber, wollte unsere Sorgen um das Gelingen des Wettbewerbs beheben. Er ließ sich am 7. 9. 1935 von Thun aus bis zu einem Punkt in

Photo: F. Henn

Mit der Bergbahn werden die abmontierten Flugzeuge hochgeschafft

Photo: F. Henn

Mit dem Schlitten geht es von der Gipfelstation zum Startplatz

Auch die hochalpine Gebirgswelt wurde zum Treffpunkt und Wettbewerbsrevier der Segelflieger. Bild oben: Eine Seilbahn befördert die demontierten Segelflugzeuge zum Fliegerlager unterhalb des Jungfraujochs • Unten: Ein „Rhönsperber" auf dem Hilfsstartplatz am Mönchsjoch, der benützt wurde, wenn die Witterung den Abflug vom Jungfraujoch zur Unmöglichkeit machte

Oben links: **Seite aus Buch: Hubert Zuerl, »Der Segelflug im Wettbewerb der Völker«.** – Rechts: **Aus »Schweizer Illustrierte«, 1935.**

Vom Aletschgletscher zum Joch hinauf . . . und endlich am Startplatz. –
Rechts unten (v. l.): **Das deutsche Team – Hofmann, Dittmar, Ernst Udet und der Verfasser.**

der Nähe des Jungfraujochs schleppen. Dort löste er aus und gewann im Hangaufwind der Jungfrau schnell an Höhe. Es herrschte ein leichter Nordwestwind, der offenbar in der Höhe zunahm. Zwei Stunden lang ›stand‹ Schreibers Maschine im Blau hoch über dem weißen Gipfel – dann sauste er mit Rückenwind nach Südosten ab.

Gegen 17 Uhr rief er aus Bellinzona an. Er hatte den Simplonpaß überquert und über Domodossola, Italien, wieder Schweizer Gebiet erreicht. Sein Landeplatz war etwa 90 km vom Jungfraujoch entfernt. Dafür wurde ihm 1936 eine olympische Goldmedaille verliehen: Hermann Schreiber hatte als erster Segelflieger die Zentralalpen überquert.

Er hatte es glücklicher getroffen als der Peruaner Geo Chavez, der fast genau 25 Jahre vorher, am 25. 9. 1910, als erster Flieger die Alpen überquerte. Nach Abflug von Brig und Überfliegen des Simplon-Passes stürzte er beim Anflug zur Landung in Domodossola tödlich ab.

Schreibers Erfolg machte uns Piloten um so unruhiger, denn wir wollten ja auch zeigen, was wir konnten. In dieser etwas gespannten Stimmung verstand es Ernst Udet, uns durch sein Beispiel, seine ruhige Art, über Minuten ärgerlicher Unzufriedenheit hinwegzuhelfen. Durch ihn hatte unser Team einen Kameradschaftsgeist entwickelt, wie ich es nie wieder erlebt habe. Udet wäre nie eingefallen, bei Besprechungen mit der Wettbewerbsleitung oder mit uns sein enormes Prestige in die Waagschale zu werfen. Wenn Probleme zu lösen waren, ließ er erst alle anderen zu Wort kommen. Dann gab er seinen wohlüberlegten Rat und erklärte sich immer mit der Entscheidung der Veranstalter einverstanden. Wenn diese anders ausfiel als wir Jüngeren es uns gewünscht hatten, brachte er uns in kameradschaftlicher, humorvoller Weise dazu, uns hineinzufinden.

Solange die Transportfrage der Segelflugzeuge nicht gelöst war, blieb das deutsche Team in Thun, dessen Flugplatz nur 38 km Luftlinie vom Jungfraujoch entfernt ist. Wir wohnten im gleichen Hotel, und jeden Abend trafen wir uns alle in Udets Zimmer, der immer für jeden Jux bereit war. Er war damals 39 Jahre alt. Auch später, nachdem der Wettbewerb in Gang gekommen war, blieben wir lieber über Nacht in Thun. Bei Flugwetter wurden wir von unseren zwei mitgebrachten Motorflugzeugen bis zum Dreigestirn Jungfrau, Mönch und Eiger geschleppt und landeten dann auf dem Aletschgletscher. Dessen Oberfläche war glatt und schneebedeckt. Flaggen zeigten, wo es Gletscherspalten gab. Bei ›Fliegerwetter‹, wenn oben auf dem Joch Knofe oder Schneetreiben herrschte, feierten wir im schönen Thun. Es waren herrliche Tage.

☆

Endlich entdeckte ein findiger Kopf, daß nach Entfernen einer Bretterwand und Durchsägen eines Tragebalkens der direkte Transport der Flugzeugteile von der Bahnstation durch den Stollen zum Joch doch möglich war! Der Stollen diente von diesem Augenblick an als Ruheplatz für alle Flugzeugteile. Bei schlechtem Wetter waren sie dort sicher untergebracht. Bei guten Wetter wurden sie aufs Joch hinausgetragen und zusammengestellt, kurz vor dem Abflug. Das war immer wieder interessant für die zahlreichen Besucher, unter denen eines Tages sogar Staatssekretär Milch und andere Herren aus der deutschen Luftfahrtführung auftauchten.

Groenhoff hatte 1931 beim ersten Start vom Jungfraujoch unglaubliches Glück im Unglück entwickelt: Der schwere ›Fafnir‹ hatte trotz des vierfachen Gummiseils nicht abgehoben und war kopfüber am nördlichen Rande des Jochs in den Abgrund gestürzt. Dabei war eine Hälfte des Höhenruders abgebrochen, beim Durchstoßen der vereisten Schneewächten. Mit Riesenglück konnte Groenhoff die senkrecht abstürzende Maschine mit dem halben Höhenruder abfangen und sogar auf einer großen Wiese bei Interlaken

Links: **Heini kreiste sofort und stieg weg.** – Rechts: **7. September 1935: Hermann Schreiber, Bern, schaffte die erste Alpenüberquerung im Segelflugzeug.**

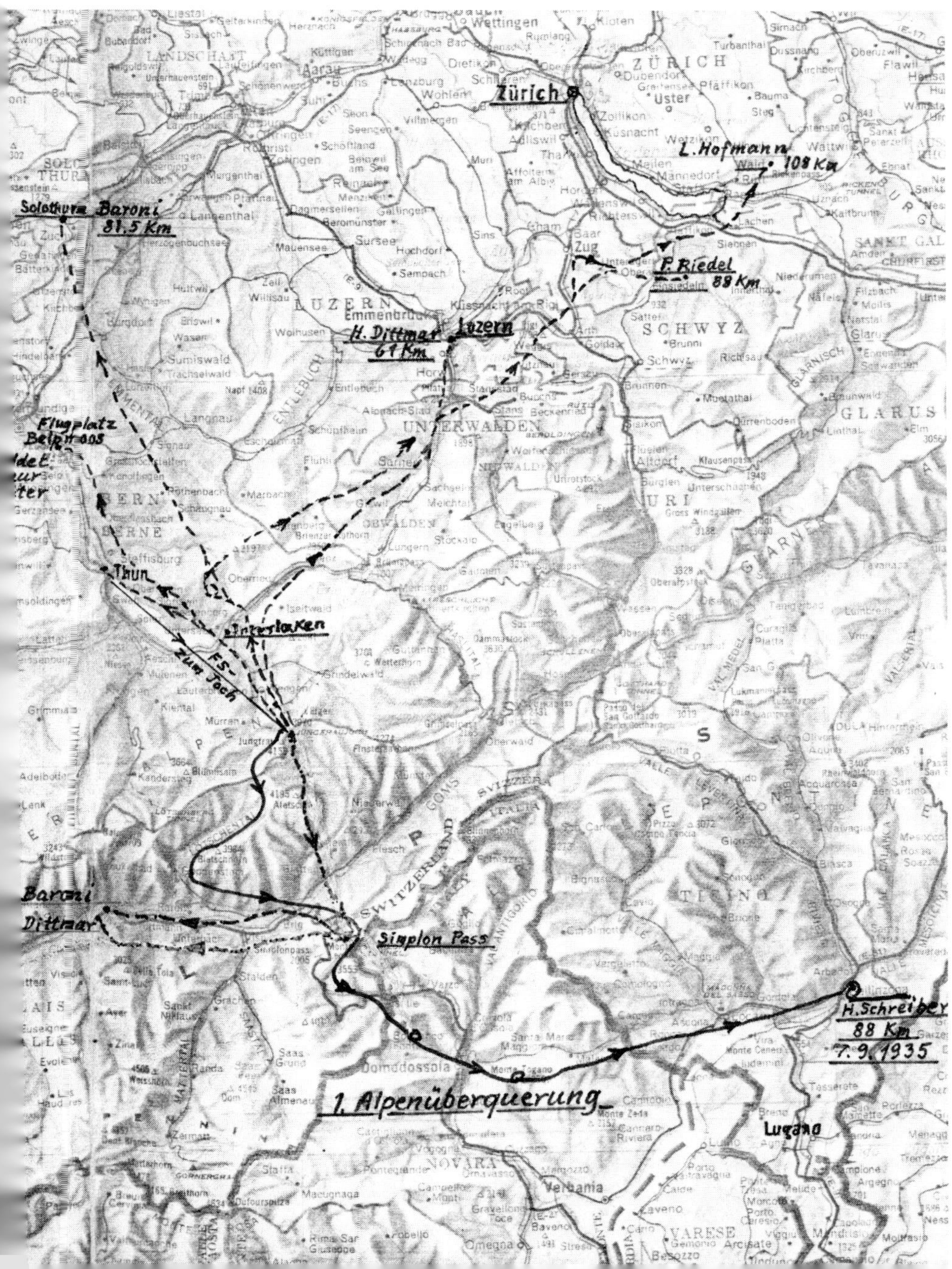

Drei Gewinner des Hindenburg-Pokals oder der entsprechenden Auszeichnung: Riedel 1933, Dittmar 1934 und Hofmann 1935.

Postkarte mit Unterschriften von Teilnehmern beim Jungfraujoch-Wettbewerb.

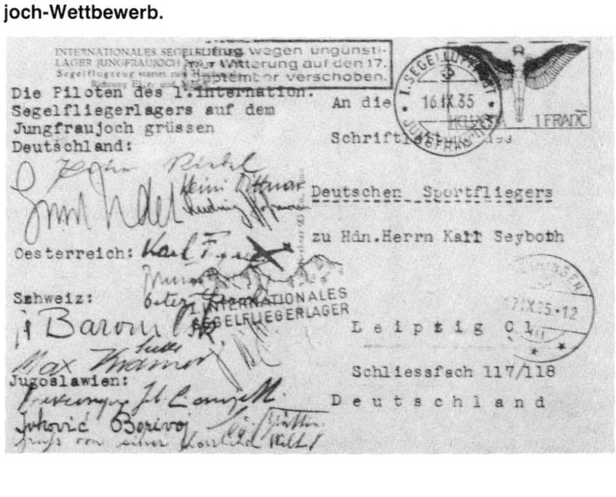

wegen ungünstiger Witterung auf den 17. September verschoben.

Die Piloten des 1. Internation. Segelfliegerlagers auf dem Jungfraujoch grüssen Deutschland:

Oesterreich:

Schweiz:

Baroni

Jugoslawien:

INTERNATIONALES SEGELFLIEGERLAGER

An die Schriftl

Deutschen Sportfliegers

zu Hdn. Herrn Karl Seyboth

Leipzig C 1

Schliessfach 117/118

Deutschland

Sonnenvögel über dem ewigen Eis der Gletscherwelt: Links: Start eines „Rhönsperbers". Rechts: Heini Dittmar drückt seinen „Condor II" gleich nach dem Start in eine Steilkurve
Bilder Brütting (2)

Gesamtsieger des I. Internationalen Segelfliegerlager auf dem Jungfraujoch/Schweiz: Heini Dittmar

Von unserem Sonderberichterstatter Georg Brütting

Thun, 19. September 1935.

Groß waren all die Erfolge auf dem Gebiete des Segelfluges, die im Laufe der Entwicklung durch das Können und die fortschreitende Erkenntnis der Dreiheit Mensch, Maschine und Meteorologie erzielt wurden. Unbekannt blieben die Möglichkeiten des alpinen und hochalpinen Segelfluges. Sie zu erforschen, war das Ziel vieler Versuche der letzten Zeit. Bekannt geworden sind die Flüge Heini Dittmars an der Zugspitze und in Füssen. In der Schweiz rasteten seit dem Start Günther Groenhoffs auf dem 3460 m hoch gelegenen Jungfraujoch 1931 einige Pioniere nicht mehr, die Möglichkeiten zu erproben. Zu ihnen zählte auch Krebser-Thun.

Für die so spät angesetzte Zeit sollten meteorologische Gründe sprechen, die ergaben, daß seit 14 Jahren die erste Septemberhälfte Schönwetter brachte und Ende August jeweils Neuschnee fiel, der die Spalten des Firnes verdeckte und so ein Landegelände schuf. Wenn auch die Gründe einleuchteten, so dürfte September für ein Forschungslager zu spät sein, da die Thermikbildung schon viel zu schwach ist und auch die Wolken viel zu „faul" sind, um große Leistungen zu ermöglichen, wie sie beispielsweise der Rhönwettbewerb brachte. Es war dies eine Tatsache, mit der sich gerade unsere Piloten in den Anfangstagen nicht ganz abfinden konnten.

Die Teilnehmer: Deutschland: Oberst Udet (Leiter und Pilot), Peter Riedel, Heini Dittmar, Ludwig Hofmann. Schweiz: Baroni, Suter, Bauer, Kramer, Frankenberger. Jugoslawien: Stanojevic, Jokovic. Oesterreich: Frena, v. Lerch, Gumbert.

Schlechtwettertage machten zunächst, nach den Flugzeugabnahmen in Thun, auf dem Joch den Flugbetrieb unmöglich. Am ersten Flugtag (9. September) schoß Heini Dittmar auf seinem „Condor II" den Vogel ab. Nach dem Gummiseilstart, bei dem es nur ein „Ausziehen" und eine Ausklinkvorrichtung am Schwanz gab, krebste er einige Zeit vor dem Joch und gewann dann langsam, aber beständig an Höhe, segelte schließlich zwischen Jungfrau und Mönch, und endlich flog der stolze Vogel über den Bergmassiven, was vom Eigergletscher und dem Tal aus einen majestätischen Anblick bot. Fast 1100 m überhöhte Dittmar den Start und erreichte somit 4500 m. Eine dicke Wolkenbank machte leider die Ueberquerung der Alpen unmöglich. Er landete in Thun, von wo aus die deutschen Teilnehmer im Schlepp zurückgelangten.

Im Laufe der Woche wurden die „Gleitflüge" — denn niemand konnte den Start überhöhen — bis Bern (53 km) verlängert, wo zweimal Oberst Udet und je einmal Suter und Baur (Schweiz) landeten, während die übrigen Flüge meist in Interlaken (20 km) und Thun (35 km) endeten. Der Schweizer Baroni wagte als erster den Start gegen Süden, überflog fast die ganze Länge des Aletschgletschers, der größte Europas, erreichte das Rhonetal und landete nach 37 km in Wallis.

Ende der Woche kam dann hoher Besuch aus Deutschland und der Schweiz. Besonders erfreut waren wir über den Besuch des Staatssekretärs der Luftfahrt, Generalleutnant Milch, und Staatssekretärs Körner. An diesem Tag verbesserte Heini Dittmar die Streckenbestleistung auf 61 km bis Luzern.

Die großen Flugleistungen des Wettbewerbes aber brachten erst die letzten Tage.

Am 16. September konnte der Oesterreicher Gumbert fast 5 Stunden über den Bergen segeln und dabei den Start nach genauester Messung um 1006 m überhöhen, was ihm als ersten Oesterreicher das Leistungsabzeichen einbrachte. Für den Wettbewerb hatte er die längste Dauer und die zweite Höhe geschafft; denn kurz nach ihm startete Heini Dittmar, konnte nach fast 2 Stunden Gumbert noch um 60 m überbieten und segelte dann hinunter ins Wallis, da ein neuer Gebirgszug Italien versperrte. So war es ihm schon 2 Tage früher ergangen, als er nach etwa 50 km an einen Gebirgsrücken kam, für dessen Ueberquerung er 1600 m Höhe benötigt hätte.

Am folgenden Dienstag vermochte der Schweizer Baroni nach 81,5 km Solothurn zu erreichen und damit die Strecke Dittmars zu überbieten, während die übrigen Flüge, die diesmal alle die erste Segelflugpost vom Jungfraujoch mit sich führten, in Interlaken und Thun zu Ende waren.

Der letzte Tag sah nach einer Regennacht nochmals die gesamte deutsche Mannschaft mit größtem Erfolg am Start.. Oberst Udet flog 57 km bis Bützelsflüh und konnte dabei seinen Start um 1000 m überhöhen, also auf 4400 m klettern, nachdem er Sonntags und Montags bei den militärischen Vorführungen des Reichsparteitages in Nürnberg weilte. „Seine Curtis" brachte ihn uns schnell wieder zurück. Peter Riedel landete nach 88 km bei Einsiedeln, während Ludwig Hofmann mit 112 km bis Wald über den Züricher See kam, den einzigen 100-km-Flug und die größte Strecke des Wettbewerbes schaffte. Heini Dittmar kam leider zu spät vom Start und zog es vor, auf dem Flugplatz von Thun zu landen, während die „Postflieger" ihr teures Gut in Interlaken und und Umgebung ablieferten.

Ergebnisse:

Gesamtsieger: Heini Dittmar-Deutschland.
Nationalbester: Baroni-Schweiz.
Strecke: 1. Ludwig Hofmann-Deutschland 112 km; 2. Peter Riedel-Deutschland 88 km.
Höhe: 1. Heini Dittmar-Deutschland 1066 m; 2. Gumbert-Oesterreich 1006 m.
Dauer: 1. Gumbert-Oesterreich; 2. Stanojowic-Jugoslawien.

aus Zeitschrift »Luftwelt«

glatt landen. Eine fliegerische Meisterleistung! Beim zweiten Start riß hinten am Rumpfende der Füllklotz des Schwanzspornes ab und das Seitenruder sprang aus seinen Lagern. Wieder landete Groenhoff glatt in Interlaken. Danach wurde das Rumpfende des ›Fafnir‹ verstärkt und vor dem Abflug durch ein Stück Seil mit einer tief ins Eis gerammten dicken Eisenstange verbunden. Auf das Kommando ›Los‹ beim Gummiseilstart schnitt ein Bergführer mit seinem extrascharfen Messer das Seil durch und der ›Fafnir‹ schoß in die Luft.

Das gleiche Verfahren, nur unter Verwendung anderer Mittel, wurde im Jungfraujoch-Wettbewerb angewandt: eine Flugzeugschleppkupplung, auf ein Brett montiert, wurde mit der Stahlstange fest verbunden, und jedes Segelflugzeug erhielt am Rumpfende eine Stahlseilschlaufe eingespleißt. Diese Schlaufe wurde vor dem Abflug in die Kupplung eingehängt und dann auf das Kommando ›Los‹ freigegeben. Das klappte vorzüglich. Als Zeuge von Groenhoffs dramatischen Abflügen hatte ich den Starts auf dem Jungfraujoch mit etwas Sorge entgegengesehen. Die verschwand und jeder Abflug erschien gesicherte Rountine.

Heini Dittmar war der erste, der vom Jungfraujoch aus Segelflug ausführte. Kurz nach dem Abheben, ganz nahe am Abbruch der geneigten Schneefläche, begann er mit seinem Condor II eng zu kreisen und schwebte eine halbe Stunde später, genauso wie vorher Hermann Schreiber, über dem Kamm des Jungfraumassivs. Lange segelte er dort, dann landete er im Tal bei Thun. Nach seinem nächsten Start flog er in Richtung Rhônetal, nach Südosten, weiter und versuchte ebenfalls, den Simplon-Paß zu überfliegen. Das gelang leider nicht und er landete bei Visp im Rhônetal, 30 km vom Jungfraujoch entfernt.

Der Schweizer Baroni versuchte dasselbe, schaffte aber auch nicht den erforderlichen Höhengewinn. Er landete nach 39 km bei Leuk, ebenfalls im Walliser Rhônetal.

☆

Meine Alpenfliegerei litt unter der Tatsache, daß ich nicht schwindelfrei bin. Die nahen Bergriesen riefen diese Anfälle hervor. Sie brachten mir meine Flughöhe allzu deutlich ins Bewußtsein. Viele Flieger werden auf hohen Gebäuden oder Gondeln von Seilbahnen von Schwindelanfällen geplagt, vermutlich eine angeborene Schwäche. Selbst Heini Dittmar war nicht ganz schwindelfrei, gestand er ein. Dazu kam, daß die glatten Felswände ohne Baum, Strauch oder gar Menschen und Häuser mir immer viel zu nahe erschienen, wenn ich auf sie zuflog. Wie sollte man ihre Entfernung schätzen können? Wie sollte man vermeiden, plötzlich gegen eine solche Wand zu prallen? Ludwig Hofmann ging es ähnlich wie mir und wir begnügten uns mit Gleitflügen ins Tal. Bei dem schon sehr herbstlichen Wetter fanden wir nur ganz selten thermische Aufwinde.

Am letzten Wettbewerbstag schien das Wetter da unten im Tal relativ gute Thermik zu versprechen. So glitten wir nach Abflug vom Joch erst einige tausend Meter durch ruhige Luft, bis wir in die Zone thermischer Konvektion eintauchten. Es war genau das Gegenteil von der üblichen Aufwindsuche über dem Flachland. Nahe von Interlaken kreiste ich zum erstenmal in einem richten ›Bart‹ und segelte dann in Richtung Luzern weiter. Schließlich mußte ich, 88 km vom Startplatz, bei Einsiedeln landen. Meine Rückholmannschaft war bald dort, aber die Preisverteilung hatte inzwischen in Thun begonnen. Kaum war ich dort im Saal erschienen, kam Udet auf mich zu und steckte mir ein Stück Stahlkabel in die Brusttasche meines Sporthemds.

»Mensch, Riedel, Glück gehabt .. gratuliere .. das hätte schiefgehen können.« Gleichzeitig gab er mir eine goldene Armbanduhr, die mir als Zweitbestem im Streckenfluge zugesprochen worden war. Ludwig Hofmann, der kurz nach mir abgeflogen war, hatte 20 km mehr bis Wald überm Zürcher See geschafft.

Aber wozu gratulierte mir Udet? *Was* hätte schiefgehen können? Das am Rumpfende meines Rhönsperbers eingespleißte Halteseil war während des Gummiseilstarts gerissen und hatte meine Maschine vorzeitig freigegeben. Ludwig Hofmann hatte das Flächenende meines Vogels gehalten, während das Gummiseil ausgezogen wurde. Er bemerkte das Reißen und entschied richtig.

»Loslassen oder die Fläche festhalten und die Kiste 'rumziehen? Das dachte ich blitzschnell. Loslassen! Denn deine Kiste beschleunigte sich so stark, daß ich erkannte, sie würde abheben. Das tat sie dann auch. Du hast gar nichts gemerkt, nicht wahr?«

Nein, der Start war mir völlig normal erschienen, da die Startkommandos von Außenstehenden gegeben wurden, nicht vom Piloten selbst, wie auf der Rhön üblich.

☆

Das deutsche Team wurde Sieger. Heini Dittmar Gesamtsieger und Gewinner des Preises für größte Höhe: 4060 m, mit Gumpert, Österreich, als Zweitbester: 4010 m. Wie schon erwähnt, erhielten Hofmann und ich die Streckenpreise. Gumpert gewann im Dauerflug mit 4 h 47 min und mein alter Griesheim-Schüler und Freund Aleksander Stanojevic aus Belgrad war der zweite in dieser Sparte. Hermann Schreiber war kein Teilnehmer im Wettbewerb gewesen, so daß seine Alpenüberquerung nicht unter den Ergebnissen des Jungfraujoch-Wettbewerbs erschien.

KAPITEL 16

Das Olympiajahr 1936 bis zum Rhönwettbewerb

Zahlreiche Segelflugereignisse fanden im Zusammenhang mit den in Berlin geplanten olympischen Festspielen statt.

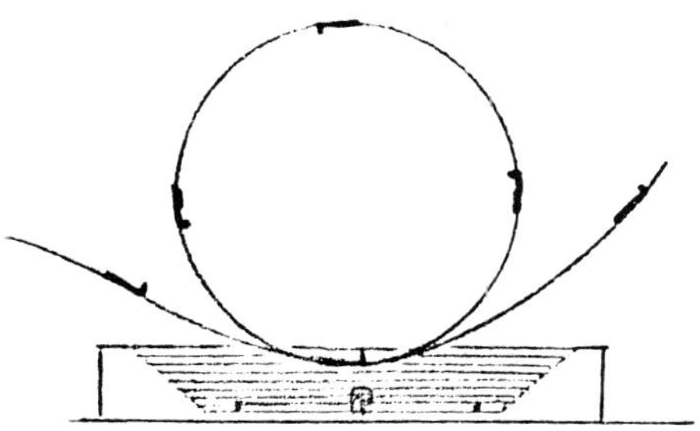

Februar 1936 – Ernst Udets niedrigster Looping über dem Garmischer Eislaufstadion.

4.–18. Februar 1936: Das olympische Eislaufstadion bei Garmisch besaß kein Dach. Jeden Tag stieß ein hellgrauer ›Rhönsperber‹ in den Raum über der Eisfläche, mit rauschender Fahrt. Die Zuschauer ringsum zogen instinktiv ihre Köpfe ein. Es war Ernst Udets letzter Looping vor seiner Landung auf dem das Stadion umgebenden Schneegelände. Hanna Reitsch und ich mit unseren Rhönsperbern beendeten unseren Kunstflug erheblich höher. Unser Team wurde jedesmal vom schneebedeckten Eibsee aus hochgeschleppt, und über Garmisch klinkten wir in 800 m Höhe aus. Nach der Landung blickten wir oft Eislaufgrößen wie Sonja Henie aus nächster Nähe über die Schulter, während sie in einer Ecke auf den Einsatz zu ihrem Kunstlaufprogramm warteten.

☆

Während wir zuschauen, fegt Hanna den Eibsee.

Am 2. April konnte ich durch Zufall den Vorsitzenden der British Gliding Association, Colonel The Master of Sempill, begrüßen, unmittelbar nach seiner Landung auf dem Flughafen Berlin-Tempelhof. Er hatte mit Robert Kronfelds Motorsegler ›Drone‹ in 11 Stunden die 1000 km von London nach Berlin zurückgelegt, was ein neuer Streckenweltrekrod in der Klasse leichter Motorflugzeuge war. Der Führersitz war offen – eine windige Angelegenheit bei dem kalten Aprilwetter.

☆

Vom 18. bis 24. Mai fand eine ISTUS-Tagung in Budapest statt, wo der Verfasser neben anderen einen Vortrag hielt. Alle Teilnehmer besuchten bei dieser Gelegenheit das ungarische Segelfluggelände Gyöngyös. Nach Abschluß der Tagung wurde bekannt, daß Wolf Hirth mit einem ungarischen ›Grunau-Baby‹ am 24. Mai 1936 den schwersten Unfall seines Lebens erlitten hatte. Er war mit Autowindenschlepp gestartet, fand jedoch keine Thermik und setzte aus nur 70 m Höhe zu einem Looping an. Er konnte die Flugfigur nicht wie geplant beenden und brauste mit großer Fahrt im Winkel von 30 Grad in den Boden hinein. Der Grund? Ein Werkzeug war im Rumpf liegen geblieben und hatte seine Steuerung blockiert . . . Hirth hat danach trotz vieler Operationen nie mehr volle Gesundheit erreicht. Deshalb sind seine fliegerischen Leistungen in den Jahren nach 1936 um so höher einzuschätzen: zum Beispiel die Überführung eines Bücker ›Jungmann‹ (100 PS-Bü 131) nach Südafrika im Jahre 1938.

☆

Zu Pfingsten (30. 5. bis 1. 6.) fand auf der Wasserkuppe der zur Tradition gewordene Reichsmodellwettbewerb statt. Uniformen der Hitler-Jugend und des Jungvolks beherrschten das Gesamtbild, als Major Huber den Wettbewerb im Namen des neuen Reichsluftsportführers Oberst Mahncke feierlich eröffnete. Mit 460 Segelflugmodellen wurden 987 Starts vorgeführt. Schmitt, Allenstein/Ostpreußen, erreichte mit 7 min 41 sec die längste Dauer, Pieper, Stettin, mit 8000 m die längste Strecke. Der im Vorjahr von Klaus Schmidtberg geflogene 37 min 47 sec-Dauerrekord konnte nicht überboten werden, da die Thermik diesmal nicht so günstig war. Ein Sonderpreis für Selbststeuergeräte wurde Edgar Kuhn, Fulda, zugesprochen. Zum erstenmal flogen durch Kurzwelle vom Boden aus gesteuerte Modelle, von Lippritsch und Sykora aus Dresden und von Sinn, Göppingen.

☆

Ende Mai ging eine deutsche Segelflugexpedition nach Schweden. Der Kgl. Schwedische Aero-Club hatte sie zur Einweihung des neuen Stockholmer Flughafens Bromma eingeladen. Davon später noch mehr.

☆

Hans Osann, damals aktives Mitglied der Akaflieg Darmstadt, berichtete über den vom DFS-Griesheim organisierten ersten Wandersegelflug durch Süddeutschland:

»Im Jahre 1913 fand ein von Frankfurt ausgehender Prinz-Heinrich-Flug statt, der mit 700 km Gesamtlänge durch Süddeutschland zum Ausgangshafen zurückführte. Es war eine reizvolle Aufgabe, zu beweisen, daß man im Jahre 1936 diesen Rundflug auch ohne Motor bewältigen konnte. Schon seit Jahren hatte die Gruppe diesen Gedanken gehabt.

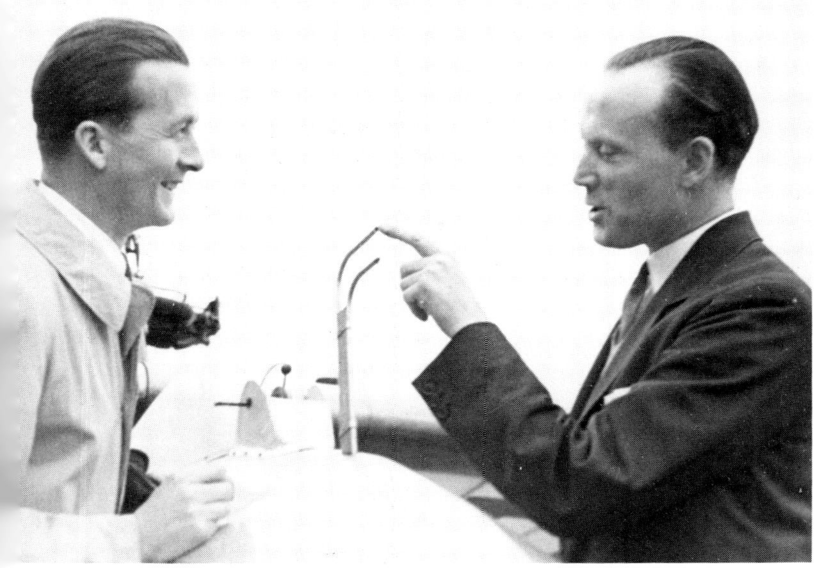

2. April 1936 – Colonel The Master of Sempill kurz nach seiner Landung auf Berlin-Tempelhof nach einem 11-Stunden-Flug ohne Zwischenlandung.

Nr. 13 „FLUGSPORT“ 1936 Seite 313

Rundflug mit Segelflugzeugen wurde vom Deutschen Forschungsinstitut für Segelflug, Darmstadt, durchgeführt, an welchem 12 Segelflugzeugführer teilnahmen, darunter bekannte Piloten wie Dittmar, Wiegmeyer, Osann, Ziegler und Wiesehöfer. Flugstrecke Darmstadt — Würzburg — Nürnberg — München — Augsburg — Stuttgart — Mannheim und zurück nach Darmstadt. Start zum Rundflug, welcher in 10 Tagen durchgeführt sein mußte, am 12. 6. in Darmstadt. An jedem Tag war eine Zwischenlandung gestattet. Jede weitere war mit Strafpunkten belastet. Bei Außenlandung mußte der Pilot mit abmontierter Maschine zum letzten Flughafen zurückkehren und erneut starten. Ein zweimaliger Versuch, den nächsten Flughafen zu erreichen, ergab weitere Minuspunkte. Schleppflug war auf 400 m Höhe begrenzt. Am 14. 6. lag Dittmar an der Spitze. Man sah ihn in München auf dem Flugplatz. Bereits am ersten Tag gelang es ihm, mit einer erlaubten Zwischenlandung in Würzburg in 4½ Std. Nürnberg zu erreichen. Am nächsten Tag durchstieß der erfahrene Pilot die Wolkendecke, die keine Bodenthermik aufkommen ließ, und überflog mit einem Gewitter in 2800 m Höhe Weißenburg. Er hatte bei Schleißheim gerade noch 50 m Höhe, als ihm ein wenig Sonne zu Hilfe kam, so daß er auch das letzte Stück bis zum Flughafen München-Oberwiesenfeld schaffte. Gesamtflugzeit 5 Std.

Osann auf dem „Stürmer“ erreichte an diesem Tag Dachau bei München. Bauer auf „Württemberg“ erreichte Trittelbach bei Dachau. Der „Milan“ mit Ziegler erreichte ebenfalls Dachau, während die anderen Flugzeuge bei Nürnberg liegen blieben. Die Spitzengruppe unter Führung von Dittmar verteilte sich in den nächsten Tagen auf der Strecke Augsburg—Böblingen. Das Ueberfliegen der Schwäbischen Alb machte gewisse Schwierigkeiten. Dittmar erreichte als erster am 18. 6. um 15 Uhr Darmstadt. Bauer auf „Württemberg“ erreichte Darmstadt am 20.

Rundsegelflug 625 km Luftlinie.

und gleich nach ihm traf am 20. 6. der „Stürmer“ mit Osann in Darmstadt ein. Am 21. gelangte Wiesehöfer auf „Merlin“ nach Darmstadt. Die Flugzeuge „Götz“ und „So'n Bart“ gaben am 21. in München auf. Das Flugzeug „Kauz I“ erreichte am 21. Lampertheim an der Bergstraße, und das Flugzeug „Milan“, welches zweisitzig geflogen wurde, erreichte am 21. Reilingen bei Hockenheim, 20 km südlich von Mannheim. Das Flugzeug „Dr. Schwabe“ und das Flugzeug „Veronika“ waren von Darmstadt aus nicht in den Rundflug gekommen, und die Flugzeuge „Barbarossa“ und „Windspiel“ traten erst am 17. 6. die Reise in umgekehrter Richtung, also über Mannheim, an. Das Ergebnis ist also, daß von 8 tatsächlich auf Strecke gegangenen Flugzeugen 4 programmäßig Darmstadt erreicht haben, 2 Flugzeuge unmittelbar vor Darmstadt liegen und 2 Flugzeuge, nämlich „Bussarde“ mit jungen Führern, immerhin bis München die schwierige Strecke beflogen haben.

Man kann nach diesem Ergebnis den erstmalig versuchten Wandersegelflug wohl als vollen Erfolg bezeichnen. Bemerkenswert ist noch, daß die Streckenführung ohne Rücksicht auf günstige segelfliegerische Bedingungen gewählt wurde und verschiedentlich über das überschwemmte Donaubecken führte. Wenn man heute, nach 25 Jahren, an die ersten Ueberlandflüge mit Motorflugzeugen zurückdenkt, wo der gleiche Prozentsatz der Flieger zum Ziel gelangte, so kann man sich erst recht einen Begriff machen, welche Entwicklung der motorlose Flug genommen hat.

Im Juni 1936 wurde unter der Leitung der DFS, in Zusammenwirken mit den FFGs Darmstadt, Hannover, München und Stuttgart, der Versuch gemacht, die auf voriger Landkarte gezeigte Strecke innerhalb von zehn Tagen im reinen Segelflug zu überwinden. Es wurde ein Wettbewerb mit Gutpunkten für frühes Starten oder Bewältigen von mehreren Etappen an einem Tag, Strafpunkten für vorzeitiges Landen außerhalb eines Zielhafens und mehrmaligen Startversuchen. Das Befliegen einer schon seit Wochen ohne Rücksicht auf Windrichtung festgelegten Strecke war ein vorher oft bezweifeltes Vorhaben.

Nach einigen Tagen ausgiebigen Regens konnte der Rundflug endlich am 12. Juni 1936 eröffnet werden.

Als ich um 12 Uhr mit dem Rhönsperber D-Stürmer startete, waren nur schwache Aufwinde zu finden. Stets noch mit Darmstadts Flughafen Böllenfalltor liebäugelnd, kam ich bis Oberramstadt, wo ich unter einer sich auflösenden Wolke 1300 m erstieg. Von dort aus zogen zwei Wolkenstraßen, die eine südlich über den Odenwald, die andere nördlich über Aschaffenburg. Auf dem geraden Kurs nach Würzburg war ein großes Wolkenloch. Soviel ich sehen konnte, waren die noch vorhandenen Wolken in Auflösung begriffen. Ich entschloß mich daher, geradewegs ins Blaue hineinzufliegen, weil dort die ungehinderte Einstrahlung bald wieder neue Ablösungen erwarten ließ. Möglichst meinem Kurs nach Würzburg folgend, suchte ich nun aus der Art der Bodenbeschaffenheit Aufwindstellen herauszufinden.

Ich spürte dann auch bald über der Ortschaft Hering, am Fuße eines bewaldeten Hügels, erst schwache, dann zunehmende Thermik, die bald darauf über mir eine Wolke bildete. Obwohl die Wolke sogleich wieder zerfiel, hatte ich doch mit der erreichten Höhe von 1400 m die Möglichkeit, über den Main an den Spessart zu fliegen, wo ich schon seit langem heftige Wolkenbildung beobachtet hatte. Von dort aus war der Flug infolge der ausgezeichneten Aufwinde ziemlich einfach, und ich landete in Würzburg um 14.45 Uhr.

Um 15.20 Uhr wurde ich wieder hochgeschleppt und konnte bei der ausgeprägten Thermik und Wolkenbildung schnell Höhe gewinnen und in Richtung Nürnberg auf Strecke gehen. Bei Neustadt verließ ich wiederum die vom Kurs abliegenden, schon etwas zu ›alten‹ Wolken und fand über einer sandigen Waldblöße ausgezeichneten Aufwind mit Wolkenbildung. Die gewonnene Höhe erlaubte, in langem Gleitflug um 17.20 Uhr Nürnberg zu erreichen.

Am nächsten Morgen setzte schon um 10 Uhr rege Cumulusbildung ein. Nach einem Start um 11 Uhr mußte ich jedoch feststellen, daß es nicht einfach sein würde, die nächte Etappe durchzufliegen. An diesem Tage konnte man deutlich Perioden wechselnder Dauer feststellen, in welchen überall gute Thermik- und Wolkenbildung stattfand. Die Flauten zwischen den einzelnen Perioden währten ungefähr 20 Minuten. Die Schwierigkeit dieses Fluges bestand darin, die Flauten zu überstehen, ohne vorzeitig landen zu müssen. Der Gewinn großer Höhenreserve war dazu fast unerläßlich. So kam ich in ungefähr vier Stunden bei schwachem Seiten- und teils Gegenwind westlich von Neuburg an die Donau. Dort versuchte ich, einer aufkommenden Stratusdecke durch östliches Ausbiegen auszuweichen, doch es gelang nicht. Ich entschloß mich, trotz nur 1000 m Höhe, wieder Kurs auf München zu nehmen. Als nach Auflösung der Stratusdecke die Einstrahlung wieder einsetzte, war ich jedoch schon sehr tief, und mußte versuchen, mit schwachen Aufwinden über großen Bauernhöfen oder sandigen Waldblößen weiterzukommen.

Die sonnenbestrahlten Mauern eines unter mir liegenden Klosters schienen mir besonders geeignet zur Aufwindbildung, und in aller Ruhe genoß ich den Anblick des prunkvollen Barockbaus mit dem reichen Gitterwerk. Gedämpftes Orgelspiel drang durch die ruhige Abendluft in meine Kabine herauf. Beim Genuß der friedlichen Schönheit hatte ich nicht versäumt, eifrig kreisend nach Aufwind zu suchen. Doch konnte ich kaum leise Böigkeit finden, so daß ich mich entschloß, auf einer Wiese neben dem Klostergutshof zu landen. Beim Tieferschweben erkannte ich jedoch, daß es halbmeterhohes Korn war, so daß ich zur

Vermeidung von Flurschaden eine Wiese nebenan zur Landung vorzog, auf der zwei Bäume standen und die von allen Seiten begrenzt war. Als Peinlichstes stellte sich aber heraus: Sie war in Form eines Kessels gewölbt. Jetzt war natürlich aus Windrichtung, Bodenformation und Hindernissen keine brauchbare Landerichtung mehr zu finden. Zu meinem ersten Kornfeld zurückzukehren war nicht mehr möglich, und ich muß zugeben, daß mir recht ungemütlich zumute war.«

Es gelang Osann, durch riskante Bodenakrobatik eine Landung fertigzubringen, die mit einem ›Ringelpietz‹ bruchfrei endete. Zahlreiche Zuschauer strömten herbei, halfen beim Abmontieren und wurden später vom bewachenden Landgendarmen über alles belehrt. Er hatte ja Osanns Antworten oft genug gehört, so daß er nun ganz Fachmann war. Auf Osanns Bitte ermöglichte die Bäckerstochter von Kloster Scheyern bei Pfaffenhofen – Posthalterin und Fräulein vom Amt in einer Person – außerhalb der Dienstzeit das nötige Ferngespräch mit seiner Hilfsmannschaft. Dabei gab es Milch und Streuselkuchen für den tapferen Piloten. Osann hatte beiläufig erwähnt, das er neben Orgelmusik auch Streuselkuchenduft noch oben überm Kloster wahrgenommen hätte . . .

Dank des nassen Moorgeländes gelang es Osann erst am übernächsten Tag, *»in einem sehr bewegten Flug, der sich zwischen 1 und 300 m über Grund abspielte, den 35 km weit entfernten Flughafen Oberwiesenfeld (München) zu erreichen«.*

Osann flog am nächsten Tag bis Augsburg, wo er während der besten Thermik bis 16 Uhr auf ein Schleppflugzeug warten mußte. Als Folge schaffte er es nicht mehr bis zur Schwäbischen Alb, sondern landete zum zweiten Male im feuchten Donauried, was ihn wiederum zwei Tage kostete.

»Endlich, am 19. Juni war wieder ein Reisetag. Nachdem mit mühsamem Krebsen die Schwäbische Alb erreicht war, ging es mit guten Aufwinden schnell vorwärts bis kurz vor Stuttgart, wo es plötzlich wieder zu Ende war. Über Waldrändern und Dörfern knappe Höhe haltend, kam ich gerade noch über die Hallen am Rande des Böblinger Flugplatzes. Am nächsten Tag konnte ich bei ausgezeichnetem Segelwetter auf 2700 m Höhe steigen und mühelos Mannheim erreichen. Um 16.14 Uhr gelandet, klinkte ich um 16.50 schon wieder aus. In flachen Kurven ging es in einem riesigen Aufwindfeld über der Stadt Mannheim hinauf auf 1800 m und dann am Rande ausgedehnter Wälder fast ohne Höhenverlust bis Lorsch. In ruhigem Gleitflug komme ich bis kurz vor Griesheim, wo mir ein plötzlicher Abwind fast das Erreichen des Flugplatzes unmöglich machte. Leichtes Steigen an den Waldrändern vor dem Platz bringt jedoch noch so viel Höhe, um nach 50 Minuten Flugzeit zwei Meter über den Wipfeln der umgrenzenden Bäume in den Flugplatz Griesheim einschweben zu können. Die ›Ferienreise‹ im Segelflugzeug war beendet.«

Heini Dittmar auf seinem Condor II ›Deutschland‹ siegte, indem er schon am 18. Juni in Griesheim landete. Karl Baur, Stuttgart, auf Rhönsperber, beendete seinen Rundflug am 20. Juni, nachdem er Dittmar lange dicht auf den Fersen gewesen war. Hans Osann landete als Dritter, nur eineinhalb Stunden nach Baur. Am 21. Juni um 18.43 Uhr gelangte noch Hans Wiesehöfer, München, auf Mü-13 ›Merlin‹ nach Griesheim. Vier Teilnehmer hatten alle Bedingungen erfüllt.

Erich Wiegmeyer auf Rhönsperber endete kurz vor dem Ziel bei Bensheim. Rudolf Ziegler, München, mit Mü-10 ›Milan‹ – und Fluggast – lag kurz vor Mannheim. Pedersen, Hannover, und Friedrichs, Berlin, beide auf Rhönbussard, hatten es bis München geschafft.

Der Wandersegelflug durch Süddeutschland hatte unerwartet erfolgreich geendet und brachte weitere Wettbewerbe ähnlicher Art nach sich, die in den folgenden Jahren stattfanden.

☆

Wiesehöfer hatte Scheibes Neukonstruktion Mü-13 ›Merlin‹ geflogen, die aus dem Doppelsitzer Mü-10 ›Milan‹ hervorgegangen war. Kurt Schmidt, der 1936 überragender Sieger im Rhönwettbewerb wurde, schrieb:

»Die Mü-10-Konstruktion in Gemischtbauweise – Stahlrohrrumpf und Steuerflächen mit Holztragflächen – hatte mir sehr imponiert, auch ihre Flugleistungen. Da ich selbst ein Leistungssegelflugzeug bauen wollte, war ich froh, in Egon Scheibe einen Gesinnungsgenossen zu finden. Im Herbst 1934 zog ich von Ostpreußen nach München in den Turm der dortigen Technischen Hochschule um. Dort oben im Konstruktionsbüro der Akaflieg (FFG) begann eine fruchtbare Zeit. Das Einarbeiten in das für mich als Mittelschullehrer wenig bekannte Gebiet des Flugzeugbaus wurde mir durch meinen Freund und Lehrmeister sehr erleichtert.«

Schmidt arbeitete mit beim Entwurf und allen damit zusammenhängenden Werkstattversuchen. Für die Bauzeichnungen allein waren sechs Monate nötig. Im Frühjahr 1935 begann der Bau von zwei Maschinen; die erste war für die Akaflieg, die zweite für Schmidt bestimmt. Die Hoffnung, es noch zum Rhönwettbewerb dieses Jahres zu schaffen, erfüllte sich nicht. Zu viel Neues mußte erprobt und oft wieder geändert werden. Erst im Frühjahr 1936 wurde die ›Merlin‹ fertig, mit der dann Wiesehöfer erfolgreich den Süddeutschland-Rundflug beendete.

»Durch finanzielle Schwierigkeiten verzögert, wurde meine ›Atalante‹ (Mü-13d) gerade noch zum Rhönwettbewerb 1936 fertig. Sehr zu Dank bin ich dem Bayerischen Aeroklub verpflichtet, dessen Liquidationsausschuß mir im rechten Augenblick aus finanzieller Not half.

Die ›Merlin‹ unterscheidet sich von der ›Atalante‹ in einigen Einzelheiten (Steuerung u. a. m.); beide Flugzeuge sind so gebaut, daß damit Motorseglerversuche, und zwar mit verschiedener Motoranordnung, durchgeführt werden können.

Die ›Mü 13‹ wird zur Zeit von der Flugtechnischen Fachgruppe und mir zur Musterprüfung vorbereitet.«

Soweit Kurt Schmidt.

☆

Bis dahin war seit 1929 dem besten Segelflieger des Jahres der Hindenburg-Pokal verliehen worden. An seiner Stelle erhielt Ludwig Hofmann am 19. Juni 1936 den ›Adolf-Hitler-Preis zur Förderung des Segelfluges‹ für das Jahr 1935. Dabei wurden Hofmanns Leistungen aufgezählt: seine Siege zuerst im Hornisgrinden- und dann im Rhönwettbewerb 1934. Dabei wurde seine Gesamtflugstrecke von 1176,6 km (mit acht Streckenflügen) erwähnt, die zu seinem Sieg geführt hatte. In der 1935er Rhön war er mit 1239 km der Zweitbeste in dieser Sparte geworden, mit einem Weltrekord von 474 km (21. Juli 1935) darunter. Ludwig war damit auf dem Höhepunkt seiner 1932 begonnenen Segelfliegerlaufbahn angelangt.

☆

An dieser Stelle ein Rückblick auf die Gewinner des Hindenburg-Preises: 1929 und 1930 Robert Kronfeld; 1931 Günter Groenhoff; 1932 Wolf Hirth; 1933 Peter Riedel und 1934 Heini Dittmar. Mit Ludwig Hofmann endete diese Tradition im Jahre 1935.

☆

Links: **Lufthansa-Flugkapitäne Balz, Babekuhl und Helm lernten von Tempelhof aus Segelfliegen. Der Verfasser zweiter von links.** – Rechts: **Flugkapitän Robert Untucht im ›Condor‹ mit Heinkel-111-Verkehrsflugzeug dahinter.**

Am 27. Juni 1936 erreichte der Breslauer cand. ing. Werner Blech mit einem ›Rhönsperber‹ im Blindflug 3450 m Höhe, in der er leider wegen außerordentlich heftigem Hagel abbrechen mußte. Als Pilot der Breslauer Wetterflugstelle erwarb Blech sehr viel Instrumentenflugerfahrung, was er in kommenden Rhönwettbewerben durch mehrere Höhenflüge beweisen konnte.

Am selben Tag segelte Flugkapitän Alfred Helm, der Blindfluglehrer der Lufthansa, auf Anhieb neun Stunden über Berlin. Er war mein bester Schüler unter den Lufthanseaten. Innerhalb von genau acht Tagen erwarb er sein Leistungsabzeichen, die heutige Silber-C. Er erreichte dies durch einen 192 km-Streckenflug von Tempelhof bis Gifhorn mit gleichzeitigem Höhengewinn bis auf 2500 m NN. Nur ein schweres Gewitter über Hannover hatte ihn daran gehindert, seinen ›Rhönsperber‹ auf dem 245 km entfernten Flughafen Hannover zu landen. Ich konnte ihn noch vor Abend nach Berlin zurückschleppen.

Auffallend war, wie wenige Lufthansa-Piloten diese ihnen gebotene Gelegenheit zum Segelfliegen benutzten. Ich habe oft darüber nachgedacht, was wohl die Gründe dafür waren.

☆

Zur Zeitgeschichte gehört, daß Oberst Charles A. Lindbergh Ende Juni 1936 zum erstenmal Deutschland besuchte. Man gab ihm Gelegenheit, alle Flugzeugwerke zu besichtigen und ließ ihn unter anderem das neue Jagdflugzeug Me-109 und die bewährte Junkers Ju-52 fliegen. Ich hatte durch Zufall Gelegenheit, diesem Idol meiner jüngeren Jahre auf dem Flughafen Tempelhof die Hand drücken zu können, dank meines alten Flugschulkameraden Major Seidemann, der Lindbergh begleitete.

☆

Damals, im Sommer 1936, wurde anstelle der aufgelösten Wissenschaftlichen Gesellschaft für Luftfahrt (WGL) die Lilienthal-Gesellschaft gegründet mit dem Industriellen Geheimrat Professor Dr. Karl Bosch als Vorsitzenden und Ministerialrat Adolf Baeumker als Geschäftsführer. Am 12. 6. fand die Eröffnungssitzung im Harnackhaus, Berlin-Dahlem, statt.

Im gleichen Monat Juni wurde der gerade vierzig Jahre alt gewordene Ernst Udet zum Chef des Technischen Amtes im Reichs-Luftfahrt-Ministerium (RLM) ernannt und mit dem Rang eines Oberst in die neue deutsche Luftwaffe übernommen. Vorher war sein Oberstitel nur ein Ehrenrang gewesen, ohne Gehalt.

Bis zu diesem Tag hatte Ernst Udet sein eigenes abenteuerliebendes Leben führen können. Er war mit einem Segelflugzeug von der Zugspitze abgeflogen und hatte leichte Motorflugzeuge hoch oben auf Alpenschnee gelandet. Als Schauflieger mit und ohne Motor hatte er die Massen auf Flugtagen im In- und Ausland begeistert. Bei dem größten, alljährlichen Flugrennen in Cleveland, Ohio, war er mit seinem Udet-Flamingo jedesmal der Liebling des Publikums gewesen. Als Mitglied von Filmexpeditionen in den Alpen oder in Ostafrika hatte er abenteuerliche Erlebnisse gehabt. Auf dem Jungfraujoch hatten wir ihn als unbeschwerten, jungenhaft-fröhlichen Segelflugkameraden kennengelernt. Mir machte dieser völlige Wechsel in seinem Leben damals schon Sorge.

Eine Erinnerung stieg auf. Als Gäste eines Basler Industriellen hatten er, Groenhoff und ich im engsten Kreise einen Abend nach dem 1931er Flugtag verbracht. Im Laufe des Zusammenseins sprach Udet von der politischen Entwicklung Deutschlands. Wenn die Nazis ans Ruder kommen, dann wird der Göring Luftfahrtminister . . . und er, der sonst nie scharfe Kritik übte, ließ deutlich durchblicken, daß er in keiner Weise von Göring eingenommen war. Er kannte ihn gut vom Krieg her.

Hanna Reitsch erzählte mir später, daß Göring dann alles getan hat, um Udets Freundschaft zu gewinnen und ihn schließlich während einer Jagd inständigst um seine Mitarbeit gebeten habe. So hatte er, gegen den Zug seines Herzens, schließlich nachgegeben. Die Aufgaben erschienen verlockend. An Krieg dachte damals keiner. Rückblickend ist es heute leicht, Kritik zu üben.

Die kleine Skizze aus jener Zeit bestätigte uns, die wir Ernst Udet als Segelflugkameraden schätzten, daß er in seiner neuen Rolle nicht glücklich war. Aber keiner von uns konnte zu jener Zeit das tragische Ende seines Lebens auch nur im entferntesten ahnen.

Aus Udets Taschenkalender.

Olympiade internationales Vergleichsfliegen in Berlin-Staaken 1936: Das italienische Team.

›Nemere‹ auf Flugplatz Kiel.

Ludwig Rotter wurde durch seinen Olympia-Zielflug allgemein bekannt, während er in Fliegerkreisen längst zu den vertrauten Namen zählte. Er ist der Träger der Segelflugbewegung in Ungarn — ein Leben, das von frühester Jugend der Fliegerei gewidmet war. Aus den Erfahrungen im Modellbau des kleinen Jungen wuchs bald das konstruktive Können für große Maschinen, und so gewann der kaum Einundzwanzigjährige das Preisausschreiben einer Schweizer Fabrik für einen Flugzeugtyp mit Hubschraube.
Diesem „Helicopter“ folgten bald weitere Motorflugzeugkonstruktionen, wie „Daru“ (Kranich), ein Verkehrsflugzeug mit 180 PS-Motor, „Dongo“ (Fliege), ein Schulflugzeug von 90 PS Leistung.
Die allgemeine Wirtschaftskrise, die besonders das furchtbar unter den Wirkungen des Weltkrieges leidende Ungarn heimsuchte und dort nur langsam überwunden werden konnte, ließ aus finanziellen Gründen keine weiteren Möglichkeiten im Motorflug zu. So kam auch Rotter, dem Zwang der Not gehorchend, zum motorlosen Flug. Auch hier erwies er sich als ein Konstrukteur von besonderer Begabung. „Karakan“ war seine erste Segelflugzeugschöpfung, die bald über die Grenzen der Heimat hinaus bekannt wurde. Mit ihm schuf er eine Maschine von unerhörter Festigkeit für seine Pfadfinder, die nach erfolgter Schulung jeder seiner Jungen fliegen konnte. Viele Flüge trugen Ludwig Rotter einen besonderen Namen ein, nachdem er schon am 11. Februar 1934 das Leistungsabzeichen erworben hatte und mit Nr. 19 eines der ersten als Ausländer trägt. Besonders bekannt wurde sein aufregender Gewitterflug am 30. Juni 1935, der ihn nach Temesvar in Rumänien führte. Dieser Flug brachte ihm die höchste ungarische Auszeichnung für konstruktive und fliegerische Leistung, die zivile Verdienstmedaille. Auch den ungarischen Streckenrekord holte er sich, nachdem er schon Jahre vorher den Höhen- und Dauerrekord erworben hatte. Den heute noch gültigen ungarischen Höhenrekord von 1840 m erflog er während der Pfadfinderweltjamboree 1933 in Gödöllö bei Budapest. Und im Oktober 1934 segelte er, ebenfalls auf seinem „Karakan“, am Harmashatarberg über der herrlichen ungarischen Hauptstadt zu beiden Seiten der Donau 24,14 Stunden, ein Dauerrekord über einem der schönsten Fluggelände der Welt. Schließlich verbesserte Rotter seinen Streckenrekord nochmals auf „Karakan“ auf 274,8 km und während der Olympiade 1936 schraubte er diese Leistung gar auf 326,5 km. Gleichzeitig stellte dieser Flug die größte Streckenleistung des Jahres überhaupt dar. Bei den letzten Flügen schwebte er mit seinem „Nemere“ über die Lande, den er ehrenamtlich für den ungarischen Aero-Verband konstruierte. Ludwig Rotter, zugleich ein hervorragender Konstrukteur, zählt zweifellos zu den besten ausländischen Leistungsfliegern. *Georg Brütting*

Aus W. Hirth, »Handbuch des Segelfliegens«.

Gelegentlich der Berliner Olympischen Festspiele zeigten Segelflieger zwischen dem 31. Juli und 5. August 1936 Formations- und Kunstflüge über dem Reichssportfeld sowie über den Flughäfen Staaken und Tempelhof. Segelflieger aus Bulgarien, Jugoslawien, Österreich, der Schweiz und Ungarn nahmen an einem Internat. Kunstflugwettbewerb in Staaken teil. Leider kam der österreichische Teamführer Ignaz Stiefsohn dabei durch Flächenbruch seines Austro-Sperbers ums Leben.

»Alles, was Namen hatte, Braeutigam, Hofmann, Huth, Krekel und die nie fehlende Hanna Reitsch, tummelte sich mit ganz neuartigen Flugfiguren in der Luft«, schrieb der »Flugsport«.

Am 12. August segelte Dipl.-Ing. Ludwig Rotter aus Budapest von Berlin-Rangsdorf aus im Zielflug 336 km bis zum Flugplatz Kiel-Holtenau wodurch er meine vorherige Weltbestleistung Berlin–Hamburg vom 1. 7. 1935 erheblich übertraf. Er benutzte dabei seine von ihm selbst entworfene ›Nemere‹ von 20 m Spannweite. Als erster Segelflieger der Welt flog Rotter dabei im sogenannten ›Delphin-Stil‹, das heißt: Er nützte Aufwindkamine nur durch langsames Durchfliegen aus, ohne in ihnen zu kreisen.

Nach Gewinn einer Maximalhöhe von 1786 m konnte er lange Zeit mit 140 km/h fliegen; so erreichte er mit 3 h 53 min Gesamtflugzeit eine für damalige Begriffe außerordentlich hohe Reisegeschwindigkeit von 83,7 km/h. Der Rückenwind von 25 km/h war etwas von der rechten Seite gekommen. Alles in allem eine großartige Leistung, der längste Streckenflug in Deutschland in diesem Jahr!

KAPITEL 17

Segelflugexpedition nach Schweden – Erster wirklicher Segelflug übers Meer

Im Mai 1936 führten Hanna Reitsch und ich, wie schon erwähnt, auf Einladung des Kgl. schwedischen Aeroclubs Segelflug während der Einweihung des neuen Flughafens Stockholm-Bromma vor. Wir hatten die Segelflugzeuge D-Hans Hackmack (Condor) und D-Richard Pätzold (Rhönsperber) mitgebracht, beide Eigentum der Lufthansa-Abt. Segelflug. Zum ersten und einzigen Male wurden wir in Bromma von einem Autogiro hochgeschleppt. Das ging sehr gut, da der schwedische Pilot jede von uns gewünschte Fahrt einhalten konnte. Unsere Kunstflugvorführungen gefielen den Zuschauermassen. Die kühle Maibrise des Nordens enthielt jedoch wenig Thermik, vermutlich wegen der Nähe großer Wasserflächen.

Hanna kehrte gleich wieder nach Deutschland zurück, während wir zu dritt, Dr. Joachim Kuettner, Ernst Jachtmann und ich, weitere Segelflugvorführungen in Norrköping und Jönköping machten. Bei südlichem Wind segelte ich von Jönköping gegen 160 km zu einer Wiese östlich von Norrköping, sehr zur Freude der schwedischen Segelflieger. Sie hatten mich um einen solchen Flug gebeten, um der schwedischen Öffentlichkeit klarzumachen, daß schwedische Thermik genausogut ist wie die in Deutschland.

Am 7. Juni sollte in Malmö ein großer internationaler Flugtag stattfinden, zu dem das schwedische Kronprinzenpaar erwartet wurde. Um dafür zu werben, ließ ich mich vom Malmöer Flugplatz am Tag vorher um 11.25 Uhr hochschleppen. Mein damaliger Bericht darüber:

»Der leichte Ostwind brachte schöne Cumuluswolken mit. Nach 15 Minuten Schleppflug in ungefähr 400 m Höhe konnte ich das Schleppseil auslösen und in einem starken Aufwind schnell Höhe gewinnen. In diesem Augenblick befand ich mich etwa 6 km südlich der Universitätsstadt Lund und gegen 15 km östlich von Malmö. Doch meine Wolke zog über Malmö hinweg zur weiten Wasserfläche des Oeresundes hinaus. Der inzwischen aufgefrischte Ostwind konnte bewirken, daß ich bei Nachlassen des Aufwindes nicht mehr zum schwedischen Festland zurückkommen würde. So ließ ich den Cumulus weiterziehen und flog ostwärts gegen den Wind, um neue Aufwinde unter anderen Wolken zu suchen. Die Wolkenschatten huschten doch recht schnell auf der Erde entlang, und nur langsam kam mein ›Rhönsperber‹ gegen den Wind an. Es ging ungemütlich schnell nach unten. Nach einer Stunde Flugzeit war ich wenige Kilometer südlich von Malmö so niedrig, daß ich mich schon nach einem Landegelände umsah. Alle Wolken ringsum zeigten Auflösungserscheinungen, während über dem Oeresund der ganze Aufwind von Südschweden in Form eines dicken Cumulus davonzog.

Endlich fand ich den Zipfel eines schwachen Aufwindes und hielt mich daran mit der verzweifelten Energie eines Segelfliegers fest, der der Mutter Erde und damit dem ›Absaufen‹ sehr nahegekommen ist.

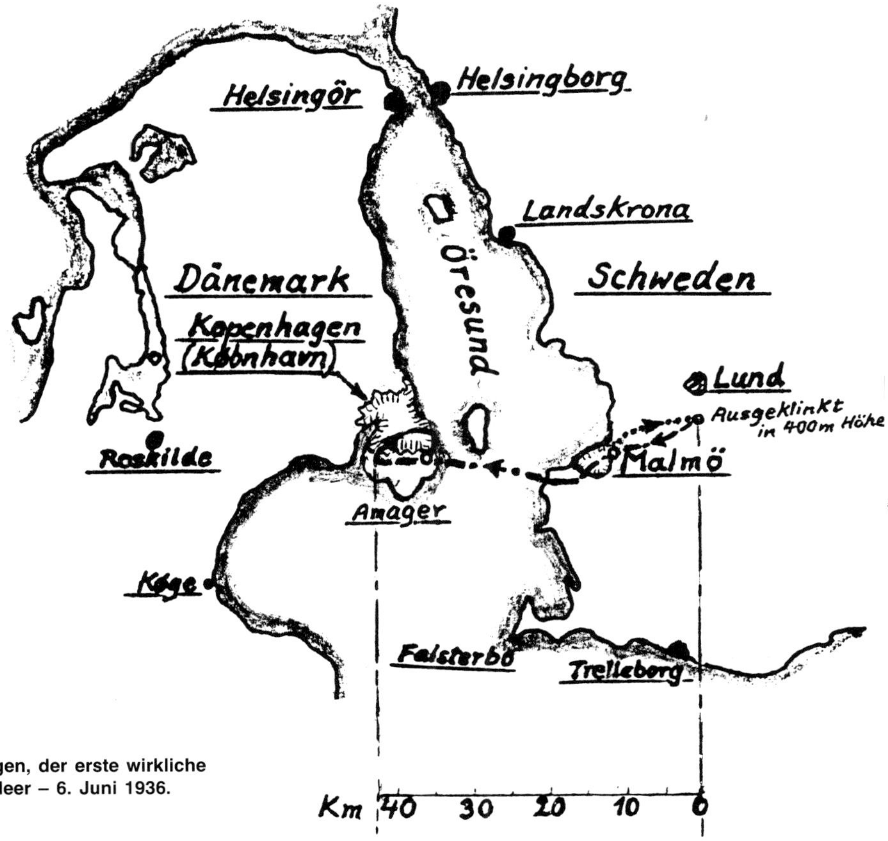

Malmö–Kopenhagen, der erste wirkliche Segelflug übers Meer – 6. Juni 1936.

Langsam wurde Meter für Meter Höhe zurückgewonnen. Ich benügte mich, bescheiden geworden, mit sehr geringen Steiggeschwindigkeiten, bis ich endlich die Wolkenbasis in 1600 m Höhe wieder erreicht hatte.

Gerade lag die Küste des hier 16 km breiten Oeresundes unter meinem ›Sperber‹. Die glitzernde Wasserfläche dehnte sich bis hinüber nach Kopenhagen, dessen Häusermeer in der klaren nordischen Luft deutlich zu erkennen war. Bis zur Mitte des Meeresarmes sah ich noch Wolkenschatten auf der Wasserfläche abgebildet, während Kopenhagen wolkenlos im hellen Sonnenschein dalag. Gerade 1½ Stunden war ich unterwegs. Während ich im starken Aufwind meiner dunklen Cumuluswolke schon durch die ersten grauen Nebelschwaden huschte, sah ich unten das Fährschiff von Malmö nach Kopenhagen vor der Hafeneinfahrt wenden und langsam Kurs auf Kopenhagen nehmen. 1½ Stunden dauerte seine Fahrt. Wie wäre es, wenn ich in wenigen Minuten hinübersegelte?

Die Gelegenheit schien günstig. Die Lage des Flughafens Kastrup bei Kopenhagen kannte ich. Meine Höhe mußte auf alle Fälle hinreichen. Kurz entschlossen stellte ich die genaue Richtung auf meinem Kompaß fest und ließ mich dann von dem starken Aufwind in den grauen Wolkendampf hineinziehen. Im Blindflug hielt ich den Kurs. Nach ungefähr einer Minute zeigte das Variometer ›Fallen‹ an. Die Wolkenschleier rissen auf, und ich sah unter mir die weite Wasserfläche des Oeresundes, ein Feuerschiff und einen Segler, der südwärts der Ostsee zustrebte. Ein Zurück nach Malmö gab es jetzt nicht mehr. Noch lag die Insel Saltholmen zwischen dem dänischen Festland und mir. Sollte etwas Unerwartetes geschehen, so war als äußerste Möglichkeit eine Landung auf der Insel möglich. Aber sie sah wenig einladend aus, mehr eine Sandbank mit kärglichem Grün und vom Meer zerfressen. Eine Landung wäre ein feuchtes Vergnügen gewesen.

Jetzt setzte starker Abwind ein, die Auswirkung der Luftabkühlung durch die Wasserfläche des Meeresarmes. Aber das konnte nicht mehr verhindern, daß ich den Flughafen Kastrup erreichte. Noch 1100 Meter hoch flog ich über ihn hinweg, fand aber keine Aufwinde mehr; keine Wolke am Himmel, die mich wieder zu sich hinaufziehen könnte. Langsam ging Meter um Meter Höhe verloren, während ich vergeblich nach Aufwind suchte. Nur nicht zu weit vom Platz weggehen, war meine Hauptsorge. Sollte ich doch am nächsten Tage auf dem Malmöer Flugtag Kunstflug vorführen. Der Rückschlepp nach Malmö war eine Kleinigkeit, nicht aber, wenn ich außerhalb des Flughafens von Kopenhagen landen würde.

Schon wollte ich die letzte Höhe für ein paar Loopings verwenden, als ich einen Kilometer südwestlich des Flughafens einen kleinen Wolkenfetzen entstehen sah. Schnell noch einmal dorthin und versuchen, ob es nicht doch gelingt, wieder Anschluß zu finden, das war mein erster Gedanke. Ich wagte es, indem ich dauernd nach Kastrup zurückschielte. Ich komme unter der Wolke an; es geht dauernd tiefer. Unter mir ein Dorf, ein Gutshof. Menschen arbeiten auf dem Felde. Gerade in solchen Augenblicken prägen sich ganz nebensächliche Dinge dem Gedächtnis ein. Es begann aufregend zu werden. Ich erhielt kurze Aufwindstöße. Wenn ich sie durch eine Kurve ausnützen wollte, fiel ich wieder heraus und geriet in Abwind. So ging es eine Minute unentschieden zwischen Steigen und Fallen. Ganz aufgeregt blickte ich immer wieder zum Flughafen Kastrup und schätzte den Gleitwinkel nach dorthin, denn der Wind trieb mich immer weiter weg. Endlich wußte ich: Noch eine Kurve darfst du machen und dann mußt du zurück zur Landung auf dem Flughafen.

Glück gehört nun einmal zum Segelfliegen. Diese letzte Kurve führte mich in einen stetigen Aufwind, in dem ich mit 1 m/sec steigen konnte. Langsam kletterte ich wieder von meinen 300 m bis hinauf auf 1000 m und mehr. Erst als ich in sicherer Höhe einen Augenblick aufatmen konnte, freute ich mich, daß mein Segelflug übers Meer jetzt als Segelflug über Dänemark weitergehen konnte. Mein Wölkchen hatte sich inzwischen zu einem schönen weißen Cumulus entwickelt, der von der Insel Amager über eine neue Wasserfläche nach Westen weiterzog.

Schade, daß ich nicht mit ihm weitersegeln durfte, denn ich mußte an den Malmöer Flugtag denken. Weiter nach Westen zogen Wolken über Seeland. Sie lockten zu einem Streckenflug, der an diesem Tag bis Jütland oder Nordschleswig hätte führen können. Aber jetzt wollte ich Dänemarks Hauptstadt als erster zeigen, wie Thermiksegelflug aussieht. Zwei, drei Cumuli standen über der Stadtmitte, aber ich verließ meine Wolke nicht, bis die ersten grauen Schwaden unter dem ›Sperber‹ den Blick nach unten verschleierten. Vorsichtig geworden, wollte ich jeden Meter Höhe mitnehmen, der noch zu gewinnen war. Dann tastete ich mich mit halbem Gegenwind von Wolke zu Wolke bis über die Innenstadt. Aus 1500 m Höhe konnte ich im Aufwind kreisend das schöne Kopenhagen lange Zeit betrachten.

Gegen drei Stunden war ich jetzt unterwegs. Der Ostwind war eingeschlafen, drehte und wehte jetzt schwach von Dänemark in Richtung Schweden. Für einige Sekunden erwog ich Rückflug, jedoch alles sprach dagegen. Die Wolken über dem Sund waren verschwunden. Über Schweden standen einige hochgeschossene Türme, während diesseits eine allmähliche Auflösung der Wolken einsetzte.

Wenn man einige Stunden gesegelt ist, sucht man selbst Gründe, um den Flug abbrechen zu können. »Du bist über den Sund und über Kopenhagen geflogen. Das sollte doch eigentlich genügen.« So flog ich langsam auf Kastrup zu und verlor, ohne deshalb bekümmert zu sein, meine Höhe. In 500 m kam ich über dem Flughafen an. Jetzt noch einige Loopings und dann landen!

Aber was sehe ich da unter mir? Zwanzig, dreißig Möwen kreisen dort genau am Rande des Flugplatzes, der direkt am Meer liegt, und gewinnen schnell an Höhe. Eine Erinnerung steigt auf. Genauso kreisten die Urubus, die Aasgeier, über Rio de Janeiro und zeigten uns damals die Aufwinde. Jetzt wollte ich statt mit

Links: **Hanna Reitsch und Dr. Joachim Küttner auf dem neuen Flughafen Stockholm-Bromma.** – Rechts: **Redakteur Viggo Cavling überreichte den Oeresundpreis seiner Zeitung »Politiken«.**

Aasgeiern mit Möwen um die Wette segeln. Bei dem schwachen Westwind zogen die Aufwinde langsam aufs Meer hinaus. Mit ihnen kreisten die weißen Möwen in engem Schwarm deutlich erkennbar über der grünen Wasserfläche. In wenigen Sekunden erreichte ich die Stelle, wo ich den Aufwind vermutete. Sofort zeigte das Variometer starkes Steigen an. Ich begann zu kurven und kreiste so mit den Möwen, die allerdings noch 200 m tiefer waren. So gewann ich schnell wieder eine Höhe von 1200 m. Jetzt entdeckte ich, daß an der ganzen Ostküste der Insel Amager bis zum Hafen von Kopenhagen ähnliche Möwenschwärme kreisten. Ich befand mich etwa einen Kilometer weit draußen über der Wasserfläche des Oeresundes und nahm nun Kurs parallel zur Küste Richtung Norden, um den nächsten Möwenschwarm anzufliegen. Zu meinem Erstaunen kam kein Abwind, kein Absinken.

Überall blieb der Aufwind konstant. Es war eine neue interessante Entdeckung, daß bei diesem leichten Wind vom Lande zum Meer der ganze Aufwind des warmen Festlandes erst draußen über der Wasserfläche stark und gleichmäßig zur Auswirkung kam. Fast vier Kilometer konnte ich geradeaus fliegen, ohne viel Höhe zu verlieren und hatte so die Stadt wieder ganz nahe vor mir.

Ein starker Cumulus hing mitten über Kopenhagen und ich flog ihn an. Aber welche Enttäuschung! Kaum flog ich landeinwärts, als starker Abwind zu schnellem Höhenverlust führte. Es war gegen alle Gesetze des Segelfluges: über den Häusern der Großstadt starker Abwind und überm Meer dagegen Aufwind.

Allzuschnell war ich bedenklich tief über der Stadtmitte angekommen und zeigte mich unfreiwillig niedrig denen, die nach oben schauten. Es erschien aussichtslos, nach Kastrup zurückzufliegen. Als letzte Möglichkeit blieb eine Landung auf dem alten Militärflugplatz, der ganz nahe am Hafen liegt. Was nur noch helfen konnte, waren meine Möwen. Dicht neben diesem Flugplatz lag ein großes Trümmerfeld, auf welches anscheinend die Abfälle der Großstadt geschüttet werden. Dort wimmelte es von schneeweißen Punkten, von Möwen, die auch in großen Schwärmen darüber hin- und herflogen. Nur noch 400 m hoch, entdeckte ich endlich ihr typisches Kreisen, das nur einsetzte, wenn sie einen Aufwind gefunden haben. Vorsichtig tastete ich die Luft über den kreisenden Möwen ab. Glücklicherweise wurde es ein stetiger Aufwind, der mich langsam wieder steigen ließ.

Während der engen Kurven konnte ich beobachten, wie zahlreiche Radfahrer und Autos auf der belebten Uferstraße stehenblieben und die Menschen gespannt meinen Wettflug mit den Möwen verfolgten. Endlich war der Rückflug nach Kastrup gesichert. In 500 m Höhe kam ich über dem Flughafen an. Meine Flugzeit war schon fast fünf Stunden. Jetzt wollte ich nur noch warten, bis mein Lufthansa-Kollege Flugkapitän Caspar mit seiner Ju-52 planmäßig nach Oslo abfliegen würde. Ich freute mich auf den Augenblick, wenn zwei Lufthanseaten, einer mit 2000 PS und der andere ohne Motor, einander über dem Sund begegnen würden.

In Ruhe konnte ich beobachten, wie das große Seeflugzeug in einer gewaltigen Schaumwelle über die Wasserfläche brauste und schnell steigend zu mir heraufkam. Flugkapitän Caspar hatte offenbar denselben Gedanken gehabt. Fünfzig Meter tiefer flog er vorbei, so nahe, daß ich deutlich das Brummen seiner drei Motoren hörte, obgleich sonst das Rauschen der Luft über die geschlossene Kabine des ›Sperber‹ alle Geräusche von außen übertönt.

Kurz darauf umkreiste mich noch ein dänisches Sportflugzeug. Deutlich sah ich, wie der Beobachter im Vorbeifliegen seine Kamera auf den ›Rhönsperber‹ richtete.

Inzwischen ist es kurz nach 16.30 Uhr geworden. Fünf Stunden sind erreicht. Das genügt mir. In 400 m Höhe setze ich zum Kunstflug an, der mich schnell zur Erde hinunterbringt. Noch einen Looping dicht über der Wasserfläche und danach eine Ziellandung, direkt vor dem Flughafengebäude.

Der Empfang war sehr herzlich. Zahlreiche Herren vom Kgl. dänischen Aeroclub, einige Segelflieger und Presseleute umringten den ›Sperber‹, während ich ausstieg und den Fallschirm ablegte. Luftfahrtredakteur Sandvad von der Zeitung »Politiken« war der Wortführer bei der Begrüßung. Offenbar hatte man schon ziemlich lange auf meine Landung gewartet. Die Einladung zu einer idyllischen Gaststätte ganz in der Nähe ließ die Zeit schnell vergehen, bis mein Schlepper aus Schweden eingetroffen war. Der Rückschlepp nach Malmö verlief ohne Probleme.

Zu meiner Überraschung rief Herr Sandvad abends im Hotel an und fragte, ob ich einen Preis von 1000 Kronen annehmen würde, den die Zeitung ›Politiken‹ schon im Jahre 1922 für den ersten Segelflug über den Meeresarm zwischen Dänemark und Schweden ausgeschrieben hatte. Um reine Gleitflüge über die Meerenge zu verhüten, habe man damals Autoschleppstart verlangt. Aber man wolle mir den Preis dennoch zusprechen, weil ich ja noch so lange über Kopenhagen gesegelt hätte. Vor unserer Rückreise in die Heimat überreichte mir Redakteur Viggo Cavling im Politiken-Gebäude den Oeresund-Preis.«

Am Tag nach meinem Flug erschien James Douglas Graf Hamilton – wie immer in Begleitung einer schönen Frau – und beglückwünschte mich zu meinem Erfolg. Genau diesen Preis hatte unser schwedischer ›Conte‹ damals, 1923, mit einer Messerschmitt S-12 gewinnen wollen. Näheres darüber wurde in ›Start in den Wind‹ berichtet.

KAPITEL 18

Rhönwettbewerb 1936 (16. bis 29. August 1936)

Das Rhöntreffen wurde wegen der olympischen Festspiele auf den zweiten Teil des Monats August verschoben und litt deshalb unter weniger günstigem Wetter. Die Temperaturen waren oft um 8° herum. Zwei ganze und zwei halbe Tage fielen durch Knofe (Wolkennebel) aus. Die Streckenleistungen blieben deshalb weit hinter denen des Vorjahres zurück.

Naive Berichterstatter hatten durch statistische Vergleiche der Gesamtstreckenleistungen der letzten drei Rhönwettbewerbe geglaubt, daß jedes weitere Jahr Steigerungen bringen würde. Sie hatten die Binsenwahrheit nicht begriffen, daß das Wetter dabei die entscheidende Rolle spielte und daß das Wetter auf der Wasserkuppe ganz besonders wechselvoll ist, von Tag zu Tag und auch von Jahr zu Jahr. Ohne Thermik kann auch der beste Segelflieger der Welt keine sensationellen Strecken- und Höhenflüge machen.

☆

Zum erstenmal schrieb man Zielflüge aus. Sie wurden mit 100 Prozent zusätzlichen Punkten bewertet. Wer sein Ziel nicht erreichte, erhielt 50 Prozent Zusatzpunkte, wenn er wenigstens nahe der schnurgeraden Flugbahn von der Wasserkuppe zum Zielflugplatz landete. Erfolgreiche Zielverbandsflüge brachten 30% für drei, 35% für vier und 40% Zusatzwertung für fünf Segelflugzeuge des gleichen Verbandes ein. Es wurde ausdrücklich dazu bemerkt, daß solche Verbandsflüge *nicht* in Formationsordnung durchgeführt zu werden brauchten, was man ja im Vorjahr verlangt hatte.

Segelfliegerisch-beruflich tätigen Piloten wurden, wie schon 1935, zehn Prozent ihrer Punkte abgezogen, was völlig richtig war. Weniger vertretbar war der 5prozentige Punktabzug für diejenigen, die schon einmal mehr als 250 km weit gesegelt waren. Bei dem Hammerwetter des 1935er Wettbewerbs hatten einige weniger erfahrene Piloten diese Grenzen überschritten. Es war nicht ganz fair, ihnen dafür diese Einschränkung aufzuerlegen, die doch nur für seit Jahren erfolgreiche ›alte Hasen‹ bestimmt war.

Gut bewährte sich der sogenannte Tagesfaktor, den ein kluger Kopf für die von Tag zu Tag verschiedenen Thermikverhältnisse ausgearbeit hatte. Man fand den Faktor, indem man die fünf besten Streckenflüge des Tages addierte und durch fünf teilte. Dann ging man in die Tagesfaktor-Tabelle.

Das Ergebnis bedeutete zweifellos eine gerechtere Wertung der Tagesleistungen, im Gegensatz zu der 1935 angewandten Methode.

Leider schloß die Gesamtpunktwertung noch immer Dauerflüge mit ein. Man hätte diese Art von Segelflug unabhängig mit Geldprämien für jede abgeflogene Stunde belohnen können. Solche ›Sitz‹-Leistungen mit den durch segelfliegerisches Können erreichten Höhen und Strecken gleichzusetzen, war einfach falsch.

Der Reichsluftsportführer.

17. Rhön-Segelflug-Wettbewerb

auf der Wasserkuppe 16.–30. August 1936.

Veranstalter und Vorsitzender des Preisgerichts:
Der Reichsluftsportführer Oberst Mahncke
Wettbewerbsleitung: Major Huber
Sportleitung: Segelflugkapitän Kunz
Organisation: Segelflugkapitän Zahn
Prüfgruppe und Technische Leitung: Segelflugkapitän Plath,
Segelflugbereichführer Zahn
Lagerleitung: Segelflughauptführer Schmitt
Presse- und Propaganda: Luftsporthauptführer Angermund.

Streckenleistung mittlere	bis 125 km	über 125 bis 175 km	über 175 bis 225 km	über 225 bis 300 km	über 300 bis 400 km	über 400 km
Tagesfaktor F =	2,0	1,52	1,2	0,94	0,72	0,55

2. Zielstreckenflüge.

Als Zielstreckenflüge gelten solche Flüge, bei denen der Landeort vor Beginn des Fluges angegeben wird.

Als Zielorte dürfen nur Flughäfen und amtlich zugelassene Segelfluggelände gewählt werden. Die Wahl des Zielortes steht dem Flugzeugführer frei. Zielflüge, die über die Reichsgrenzen hinausführen, sind nicht zulässig.

Die Bewertung der Zielstreckenflüge erfolgt nach der Tageswertung der Streckenflüge mit einer Zusatzwertung von 100% Strecke.

Wird der Zielort nicht erreicht, so wird der Flug als Streckenflug mit einer Zusatzwertung von 50% Strecke gewertet, falls die senkrechte Entfernung des Landeortes von der Kurslinie nicht mehr als 1/20 der Flugstrecke beträgt.

Als Kurslinie gilt die kürzeste Verbindungslinie vom trigonometrischen Punkt der Wasserkuppe bis zum angegebenen Zielort.

Flüge, die außerhalb dieser höchstzulässigen Abweichung liegen, werden mit 50% der Streckenwertung nach Wertungsgruppe 1 gewertet.

3. Flüge im Verband.

Für Zielstreckenflüge können mehrere Flugzeuge eines Bewerbers zum Gemeinschaftsflug melden.

Solche Flüge werden durch Punktzuschlag zu den in der Wertungsgruppe 2 erflogenen Punkten gewertet.

Diese Zuschläge betragen:
für einen Verband von 3 Flugzeugen 30%
" " " " 4 " 35%
" " " " 5 " 40%

Zu einem Verband sind mindestens 3 Flugzeuge erforderlich. Die Flugzeuge eines Verbandes sind mit Angabe des Führerflugzeuges vor dem Start der Sportleitung zu melden.

Sämtliche Flugzeuge eines Verbandes müssen unmittelbar nacheinander starten.

Die Flüge im Verband brauchen nicht in Formationsordnung durchgeführt

1936 war die letzte Rhön, in der dieser Fehler in der Ausschreibung zu finden war. Heutzutage wäre eine Wertung von Dauerflügen am Hang in Segelflugwettbewerben einfach undenkbar.

Ein Satz in der 1936er Ausschreibung rief einen Proteststurm hervor, den man einem zierlichen Persönchen wie Hanna Reitsch nicht ohne weiteres zugetraut hätte. Paragraph 11 – das war der schuldige – sagte nämlich:

»Die Meldung von Frauen als Wettbewerbsteilnehmer ist nicht zulässig.«

Hanna fühlte sich getroffen und reagierte mit aller Macht. Ernst Udet, ja sogar Staatssekretär Erhard Milch, sie mußten von ihrer Arbeit aufblicken und konnten nicht eher wieder Frieden und Ruhe gewinnen bis Hanna Reitsch mit ihrem neuen ›Junior-Sperber‹ als 61. Teilnehmer(in) zum Rhönwettbewerb 1936 zugelassen war.

☆

Unsere Proteste vom Jahr vorher hatten sicher dazu beigetragen, daß ›Ritter‹ Roehre nicht wieder als Wettbewerbsleiter auf der Wasserkuppe erschien. Der neue Mann war, wie schon erwähnt, ein Major Huber, der schon den 1936er Reichsmodell-Wettbewerb auf der Wasserkuppe geleitet hatte. Er machte seine Sache gut, jedoch ist wenig über ihn bekannt geworden, denn er verschwand nach diesem Jahr.

Die Sportleitung wurde dem relativ jungen aktiven Segelflieger Josef (Seff) Kunz aus Solingen anvertraut. Dieser hat es verstanden, die von oben befohlene Uniformierung der Rhönwettbewerbsteilnehmer selbst den Älteren unter uns tragbar zu machen. Seff Kunz hat auch nach dem Krieg in der Führung des deutschen Segelfluges eine große Rolle gespielt. Er starb relativ jung als Vorsitzender der deutschen Segelflugkommission im Sommer 1973. Im Jahre 1936 schrieb er in seinem Schlußbericht:

Fliegerlager 1936: Die Spuren der Holzbaracken von 1921 bis 1935 sind noch sichtbar. – Siehe auch Skizze unten.

»Der Termin für den 17. Rhönwettbewerb mußte wegen der Olympischen Spiele auf die zweite Hälfte des Monats August verschoben werden. Es lagen aus früheren Wettbewerben Erfahrungen vor, daß die Thermik der Wasserkuppe um diese Jahreszeit bereits ungünstig ist. Der Wettbewerb begann also mit schlechten Aussichten.

Die unerwarteten Erfolge sind vor allem der ungeheuren Einsatzbereitschaft der Piloten zu verdanken, die die geringsten thermischen Möglichkeiten ausnutzten.

Der Wettbewerb hatte einen völlig neuartigen Charakter durch Zielstreckenflüge. Falls die Wetterlage das Erreichen des Zieles unmöglich machte, mußte die Landung in dem schmalen zulässigen Abweichwinkel von 1:20 von der Kurslinie erfolgen. Die mit Zielflügen vollbrachten Leistungen überstiegen bei weitem die Erwartungen. An Verbandszielflügen sind die zum Hesselberg (165 km), Hornberg (197 km) und nach Bonn (197 km) hervorzuheben.

Die Einführung des Tagesfaktors hat sich sehr bewährt. Die Wertung der Dauerflüge wird jedoch vermindert werden müssen. Die thermischen Aufwinde waren gering und unbeständig. Wer zur Tallandung gezwungen war, fand nur in wenigen Fällen eine zweite Streckenfluggelegenheit. Von 661 Starts wurden nur 153 Flüge verzeichnet, die Anschluß fanden und die Mindestbedingungen für Streckenflüge erfüllten. Von diesen wurden 108 als Zielflüge gewertet. Oft herrschte Blauthermik – ohne Wolken – vor.«

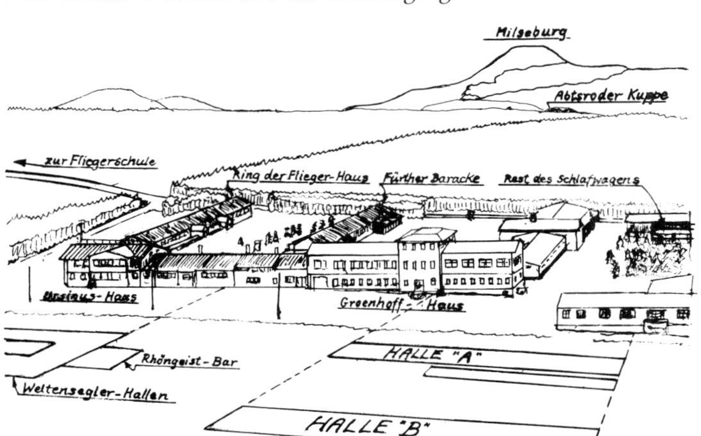

Die abgerissenen Holzbaracken,
Symbole der romantischen Jahre

Dieser Wettbewerb mußte mit der Ausschreibung in der Hand geflogen werden. Spektakuläre Streckenflüge großer Entfernungen brachten weniger als geschickt geplante Zielflüge mit einem oder mehreren Kameraden. Man hatte dabei noch den zusätzlichen Vorteil, daß man keine so langen Rücktransporte mit in Kauf nehmen mußte. So konnte jeder am nächsten Morgen nach einem guten Wettbewerbstag wieder rechtzeitig auf dem Startplatz zu neuen Flügen bereitstehen.

☆

Am 16. August 1936 eröffnete Major Huber den Rhönwettbewerb durch eine Ansprache am Fliegerdenkmal. Zum erstenmal erlaubte eine Lautsprecheranlage, daß seine Rede gleichzeitig im weit entfernten Fliegerlager und auch am Startplatz Berggasthof mitgehört werden konnte. Diese technische Neuerung erleichterte in den Wettbewerbstagen das Zusammenwirken aller Beteiligten ohne zeitraubende Lauferei im weiten Gelände.

Ein Wort zur Frage Uniformierung versus Zivilkleidung: Wir Piloten brauchten nicht in Uniform zu fliegen. Viele wählten je nach dem Wetter, ein offenes Hemd mit Windjacke; andere stiegen im Straßenanzug in ihr Cockpit. Man war – im Gegensatz zu heute – frei, mit oder ohne Schlips zu fliegen. Es bestand ja immer die Möglichkeit, abends im nahen Ausland ein Hotel aufsuchen zu müssen. Es waren konservativere Zeiten als heute, ein halbes Jahrhundert später.

Bei ungünstigem Wetter flogen am ersten Tag, dem 16. August, Wolfgang Späte auf Minimoa und Hanna Reitsch auf Junior-Sperber mit 81,0 bzw. 78,3 km die besten Tagesstrecken.

Am 17. 8. begann der Flugbetrieb früh. Ludwig Hofmann (Senior-Sperber) meldete Zielflug nach Berlin an. Er war bald verschwunden. Auch Späte fand Anschluß und flog überland. Dann ging ein sehr starker Hagelschlag nieder, der einigen am Start liegenden Maschinen die Flächenbespannung durchschlug. In einem Cumulo-Nimbus-Wolkenturm erreichte Werner Blech (Rhönsperber) 4480 m über NN und mein Lufthansa-Kamerad Alfred Helm (Rhönsperber) 3740 über NN. Tagesbester wurde Hofmann mit 189 km, gefolgt von Kurt Schmidt auf seiner Mü-13d ›Atalante‹ (169 km), Hanna Reitsch (Junior-Sperber; 152 km) und Alfred Helm (Rhönsperber) mit 143 km.

18. 8: Wenig Wind, frühe Cumulusbildung. Die ersten Zielflüge gelangen Erwin Kraft (Minimoa; 133 km) nach Bayreuth und Paul Steinig (Rhönsperber; 94 km) nach Erfurt. Kraft lag daraufhin an der Spitze der Wertung.

19. 8.: Vormittags Knofe. Nachmittags schafften Späte (Minimoa) und Hakenjos (Rhönadler) etwa 30 km Strecke im Hangsegelflug und erhielten dafür Tagespreise.

Vom 20. 8. bis 22. 8. mittags herrschte Knofe, dichter Wolkennebel. Gegen 12 Uhr brach es auf und 47 Starts wurden gemacht, aber alle Flüge blieben ohne Wertung.

Der 23. 8. war ein Sonntag, der Tausende von Zuschauern zur Kuppe brachte. Sie sahen viel Flugbetrieb. An Zielflügen gab es: Hanna Reitsch, 140 km, nach Nürnberg. Zwei Verbände zu dritt meldeten Ziele an. Späte mit Hakenjos und einem Dritten, 197 km, bis zum Hornberg, Schwaben. Das Lufthansa-Team wollte den 165 km weit entfernten Hesselberg bei Ansbach erreichen. Leider kamen nur je zwei der gemeldeten drei Segelflugzeuge jedes Verbandes am Ziel an: Späte und Hakenjos – Helm und Riedel (Condor II).

Paul Steinig (Rhönsperber) hatte Münchens Flughafen gemeldet. Er schaffte es bis Ammerfeld, das 205 km von der Wasserkuppe innerhalb des Zielwinkels lag. Werner Blech mußte leider kurz vor seinem Hesselberg-Ziel bei Königshofen landen: 156 km Strecke.

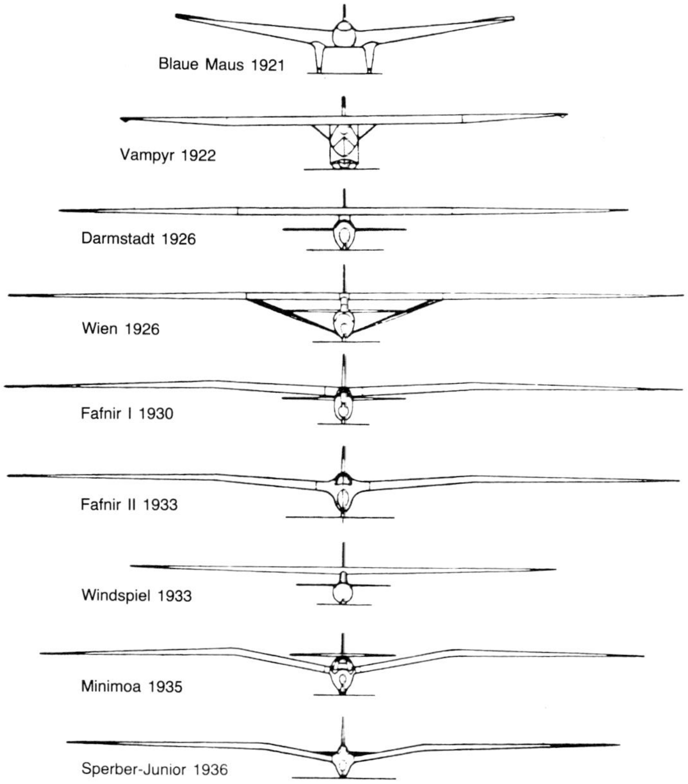

Entwicklung der Leistungssegler von 1921 bis 1936

Zeichnung: F. Elze-DFS

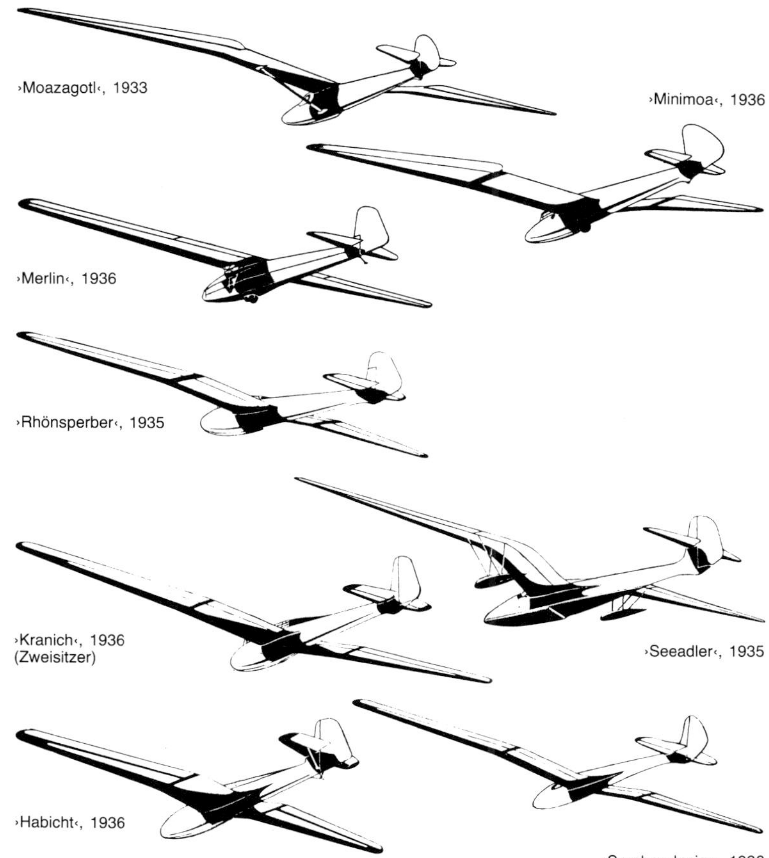

Zeichner: F. Elze-DFS

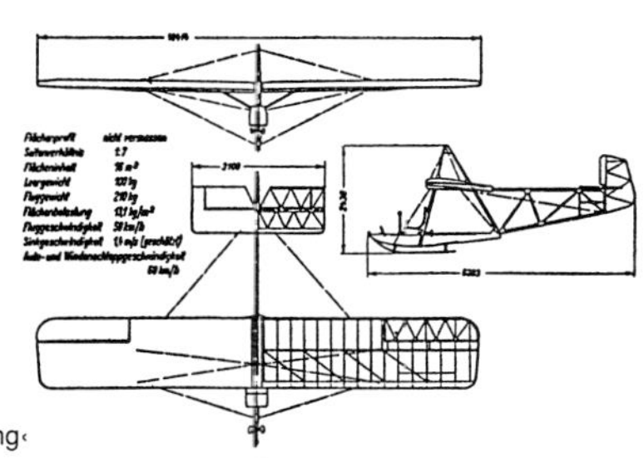

Gleitflugzeug ›Zögling‹

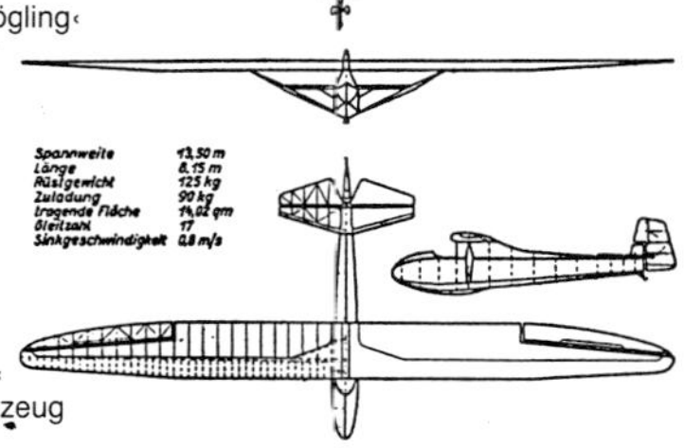

›Grunau-Baby II‹
Übungssegelflugzeug

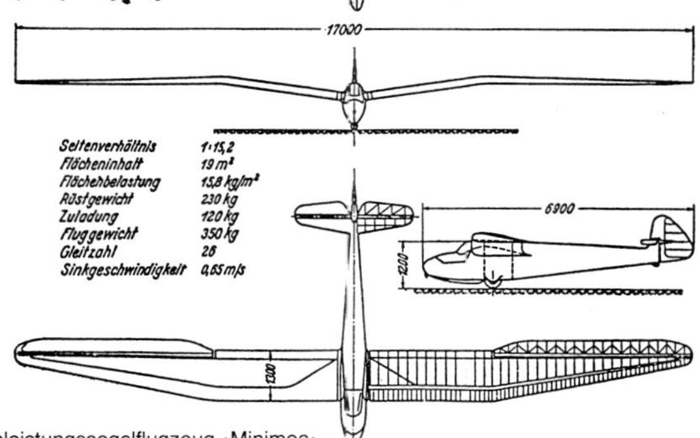

Hochleistungssegelflugzeug ›Minimoa‹

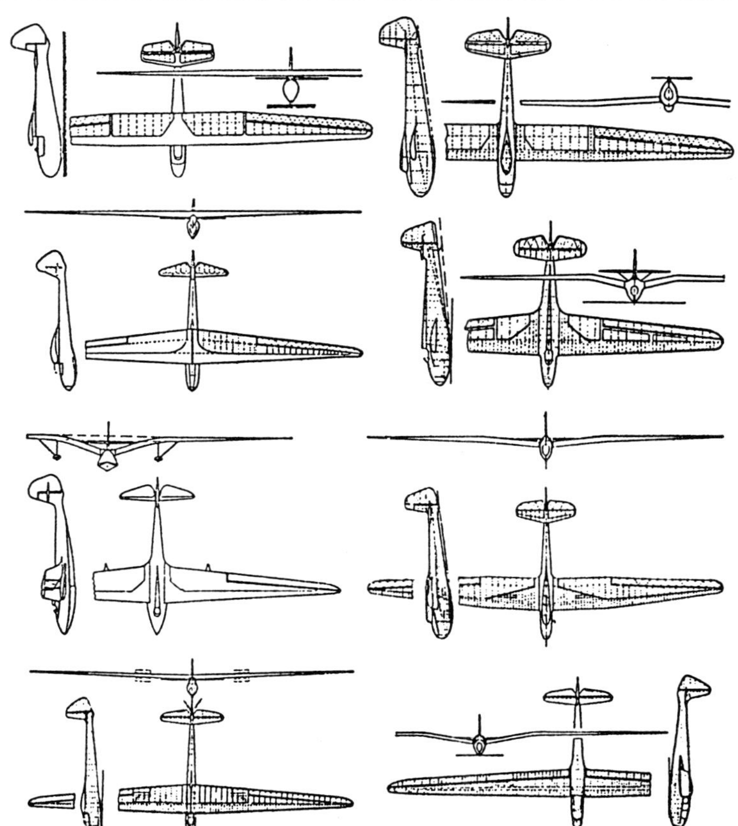

Rhönfamilie. Übersichtszeichnungen. Von oben nach unten, linke Reihe: ›Bussard‹, ›Adler‹, ›Seeadler‹, ›Weihe‹; rechte Reihe: ›Sperber‹, ›Habicht‹, ›Kranich‹, ›Reiher‹ (DFS, Schleicher, Schweher, Luftfahrt und Schule)

Links: **Der neue Zweisitzer ›Kranich‹** (Foto Hermann Eckert). – Rechts: **Fliegerlager 1936 – die Jungkers Ju 52 D-AVYN hatte hohen Besuch aus Berlin gebracht: Staatssekretär Erhard Milch mit Gefolge.**

Aus persönlichen Gründen konnte Ludwig Hofmann nach dem 23. 8. nicht mehr am Wettbewerb teilnehmen. An seinem ›Senior-Sperber‹ lag es nicht, denn mit ihm siegte der Verfasser im Jahr darauf im 8. Amerikanischen Segelflugwettbewerb.

Am 24. 8. waren nur Hangsegelflüge möglich, die jedoch alle ohne Wertung blieben, aus Gründen, die nicht erinnerlich sind.

An diesem Tag war die Reihenfolge der Gesamtwertung: 1. Späte, 2. Steinig, 3. Helm, 4. Reitsch, 5. Kraft, 6. Riedel, 7. Blech, 8. Hakenjos und 9. Kurt Schmidt.

Am 25. 8. erlaubte das Wetter nur Dauerfliegen am Westhang. Kurt Schmidt startete schon um 6.10 Uhr und blieb 13 h 33 min in der Luft, eine neue Rhön-Bestleistung. Sauerbier und Reukauf flogen 12 h 17 min bzw. 11 h 51 min. Keiner der ›alten Hasen‹ machte Dauerflüge.

Der 26. 8. brachte nur 8° Lufttemperatur, 4 m/s Nordwind, Himmel stark bewölkt, sehr ungünstiges Wetter. Nachmittags gegen 13 Uhr kam etwas Thermik. Kurt Schmidt gelang ein 94 km-Zielflug bis Giebelstadt. Treuter (Rhönadler) und der 19jährige Knoth (Rhönsperber) schafften es zu ihrem Ziel Würzburg – 78,2 km.

Der 27. 8. wurde der schönste Tag des Rhönwettbewerbs. Er brachte wirklich gutes Segelwetter bei leichtem Nordostwind, reine Blauthermik, Temperatur nicht über 15°.

Kurt Schmidts Mü 13 d ›Atalante‹ war durch kleinere Änderungen aus der Mü 13 ›Merlin‹ von Egon Scheibe hervorgegangen.

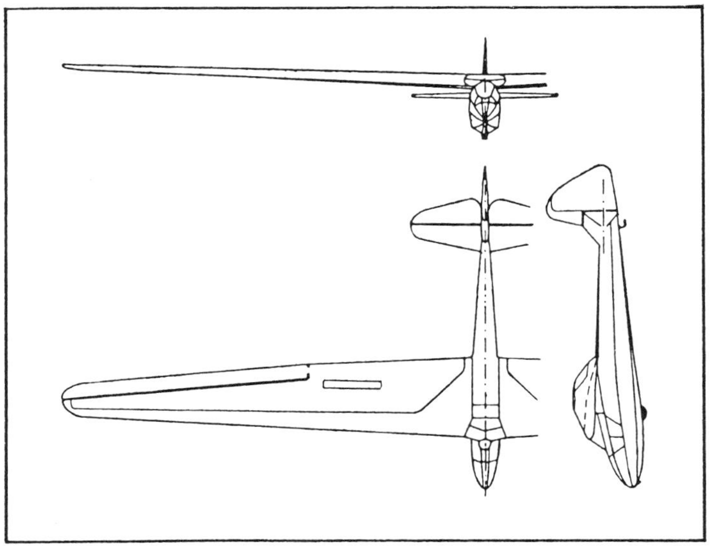

Oben links: **Hanna Reitschs DFS-›Sperber Junior‹.** – Rechts: **Rhönsperber mit Fliegerdenkmal und Milseburg.** – Unten: **D-Atalante;** rechts **überm Südhang mit Heidelstein am Horizont.**

Kurt Schmidt stieg in der Wertung auf Nr. eins durch einen Zielflug von 252 km nach Trier, was der längste Streckenflug dieser Rhön blieb. Die Hamburger Huth und Heinemann, beide auf ›Rhönsperber‹, machten zusammen einen 197 km-Zielflug nach Bonn, Späte und Hakenjos ebenfalls Zielflug zum 149 km entfernten Mannheim. Sieben Teilnehmer schafften den Zielstreckenflug von 125 km nach Wiesbaden: Frowein, König, Kuhn, Philipp, Ruhnke, Siemers und der 19jährige Graf v. Treuberg. Heidrich landete nach 120 km auf seinem Ziel, Flugplatz Griesheim. Der Verbandsflug Ruhnke–König–Kuhn war der erste gelungene Verbandszielflug – er blieb auch der einzige, da bei allen anderen immer wieder der dritte Mann ›abgesoffen‹ war.

15 weitere Piloten landeten im Zielwinkel, wobei sie Entfernungen zwischen 71 km und 177 km flogen.

Das erstaunliche bei Schmidts, Huths und Heinemanns Zielflügen war die Tatsache, daß ihre größte Höhe über Start nur 520, 520 bzw. 470 m war. Die Thermik reichte einfach nicht höher hinaus. Um so größer war ihre segelfliegerische Leistung gewesen.

Am gleichen Tag wurde das in 66 Tagen erbaute Groenhoffhaus durch den Reichsluftsportführer Oberst Mahncke und den Fuldaer Stadtrat Dr. Burghardt eingeweiht. Letzterer vertrat eine örtliche Organisation, die zusammen mit dem Reichsluftsportführer die Baukosten getragen hatte.

☆

Der Kampf um die Plätze hinter dem weit voraus führenden Kurt Schmidt änderte die Wertung von Tag zu Tag. Ich hatte mich endlich auf den Condor-II eingeflogen und rückte allmählich nach oben.

Mit dem 29. August war der eigentliche Wettbewerb zu Ende. Am 30. wurden nur noch Tagespreise ohne Punktwertung ausgeflogen. Kurt Schmidt war mit seinen 1800,75 Punkten überragender Sieger geworden. Auch ohne die 634,5 Punkte für seinen 13½ Stunden-Dauerflug wäre er der erste Sieger geblieben.

Rudolf Hakenjos hatte 74,58 Punkte durch seinen 7 Stunden-Dauerflug gewonnen. Ohne die Dauerflugwertung wären er und ich nur 3,69 Punkte auseinander gewesen:

R. Hakenjos 1210,94 – 74,58 = 1136,36 Punkte

P. Riedel 1132,67 Punkte

☆

Schmidt hatte durch seine glänzenden Leistungen den Sieg auf der Rhön verdient. Ich war mit meinem 3. Platz ganz zufrieden, da ich die Dauerflugpunkte von Hakenjos nicht als Beweis überlegenen segelfliegerischen Könnens ansah. Was mir wahrscheinlich den 2. Platz gekostet hatte, war meine eigene voreilige Entscheidung: Ohne vorherigen Probeflug meldete ich den mir in letzter Minute angebotenen Condor-II ›D-Deutschland 5‹ anstelle meines vertrauten Condors-I ›La Falda‹. Es stellte sich nämlich heraus, daß diese neue Maschine beim Loslassen des Steuerknüppels schwungvoll in den Sturzflug ging. Eine Spiralfedertrimmung war nur eine Krampflösung. Der Vogel mußte im Höhensteuer dauernd ›geflogen‹ werden, während mein alter ›Fafnir‹ und ›Condor-I‹ trotz des gleichen Pendelruders bei losgelassenem Steuerknüppel artig weitersegelten. Bei den schwachen Thermikverhältnissen wäre ich mit meinem Condor-I sicher besser zurechtgekommen. Das hätte den 2. statt den 3. Platz in der Endwertung bedeuten können.

☆

Rudolf Hakenjos, geboren 11. 12. 1901, war von 1931 an in jedem Rhönwettbewerb mitgeflogen, anfangs in den Übungswettbewerben. 1931 gewann er schon zweite und dritte Preise in deren Juniorengruppe; 1932 wurde er der Sieger in der Fortgeschrittenen-Klasse. In späteren Wettbewerben war er immer ein beachtlicher Konkurrent, bis er schließlich 1936 die Spitzengruppe erreichte. Es wurde das letzte Jahr seiner Teilnahme auf der Rhön. Berufliche Aufgaben hielten ihn in seiner schwäbischen Heimat fest, wo er es vom Werkzeugmacher zum Inhaber einer eigenen Fabrik brachte. In jungen Jahren hatte er die FAG-Schwenningen mitbegründet, die ihn später zum Ehrenmitglied machte. Er war bei der Schaffung des Segelfluggeländes Klippeneck maßgebend beteiligt. Bis zu seinem Tode am 15. 2. 1979 hatte er ein aktives Interesse am Segelflug.

Kurt Schmidts Kinderjahre verliefen nahe dem Flugplatz Polygon seiner Heimatstadt Straßburg im Elsaß. Anfangs häufiger Zaungast am Flugplatz, später Zuschauer bei Luftkämpfen über Straßburgs Dächern, wuchs in dem Jungen der Wunsch, selbst zu fliegen. Sein Vater, Waffenmeister im deutschen Heer, wurde 1918 nach Lötzen, Ostpreußen, versetzt. Nach seinem Abitur wollte Kurt Verkehrsflieger werden, aber die

Oben links: **Die Lufthanseaten Alfred Bayer, Verfasser und Alfred Helm mit Wolfgang Späte vorm Condor II.** – Rechts: **Seff Kunz, Ernst Udet und Rhönvater Ursinus. Im Hintergrund steht der lange Hans Jacobs.** – Darunter links: **Kennels Bruch mit ›Rhönsperber D-Nobel 3‹. Der Pilot wurde nur leicht verletzt.** – Rechts: **Kurt Schmidt kurz vorm Abflug.**

Links: **Kurt Schmidt, der Rhönsieger von 1936.** Mitte: **Rudolf Hakenjos wurde zweiter Sieger.** – Rechts: **Der Verfasser belegte den 3. Platz.**

Zum 17. Rhön-Segelflug-Wettbewerb zugelass. Flugzeuge.

Lsp. Lg.	Wettbew.-Nr.	Flugzeug Muster	Flugzeug Name	Flugzeugführer
1	1	Rh.-Adler	D-Wolff	Ruhnke
	2	Rh.-Bussard	D-Samland	Gnadt
	3	Rh.-Sperber	D-Ursinus II	König
2	4	Rh.-Sperber	D-Vineta	Hoff
	5	Rh.-Sperber	D-Enrilo	Schmitt
3	6	Rh.-Sperber	D-Nobel II	Heinemann
	7	Rh.-Sperber	D-Alsterkind	Huth
	8	Rh.-Adler	D-Kliffadler	Bonitz
	9	Rh.-Adler	D-Störtebecker	Rackow
4	10	Rh.-Adler	D-Max Wessig	Bartaune
	11	Rh.-Bussard	D-Jupp	Haase, E.G.
	12	Rh.-Sperber	D-Kiebitz	v. Miakich
	13	Rh.-Bussard	„Bank der deutschen Arbeit"	Stämmler
	14	Rh.-Adler	D-Klettermaxe	Philipp
5	15	Rh.-Adler	D-Magdeburg 5 „Walter Kypke"	Martini
	16	Rh.-Adler	D-Stendal 4	Dietrich
	17	Rh.-Adler	D-Zuckerbäcker 2	Renner
	18	Rh.-Sperber	D-Herbert Norkus	Mundlos
6	19	Rh.-Adler	D-Erich Tilch 2	Sauerbier
	20	Rh.-Sperber	D-Ostmark	Blech
	21	Rh.-Sperber	D-Kleinmann	Steinig
7	22	Rh.-Sperber	D-Rudolf Oeltzschner	Braeutigam
	23	Minimoa	D-Chemnitz 3	Späte
	24	Condor I	D-Prof. Dependorf	Münch und Reese
	25	Condor I	D-Günter Groenhoff 3	Walther
	26	Rh.-Adler	D-Merseburg 10	Ehret
8	27	Rh.-Sperber	D-Unstrutsperber	Ludwig
	28	Rh.-Adler	D-Thüringen	Becker (Treuter)
	29	Rh.-Adler	D-Kyffhäuser	Steinhoff
9	30	Rh.-Sperber	D-Nobel 3	Kennel
	31	Condor I	D-Käpt'n	Kachel
	32	Rh.-Adler	D-Ith 15	Reukauf
	33	Rh.-Adler	D-Günther Groenhoff	Siebert
10	34	Rh.-Sperber	D-Hubert Flögel	Hofmann
	35	Rh.-Sperber	D-Max Hahn	Schilling
	36	Rh.-Adler	D-Andreas Hofer	Heiderich
	37	Rh.-Adler	D-Lipperland	Gierlich
11	38	Condor II	D-Deutschland 5	Dittmar
	39	Präsident	D-Habicht	Opitz
	40	Rh.-Sperber	D-Kommandant	Dr. Jancke
	41	Rh.-Sperber	D-Friedr. Flick	Jung
	42	Rh.-Sperber	D-Frankfurt-Main	Wilhelm
12	43	Rh.-Adler	D-Jonny	Sorger
	44	Rh.-Adler	D-Walter Thilker	Heidrich
	45	Rh.-Sperber	D-Aachen 2	Ahrens
	46	Rh.-Adler	D-Kamerad	Tamoschus
13	47	Rh.-Sperber	D-Nürnberg	Schultheiß
	48	Rh.-Sperber	D-Julius Streicher	Croissant
14	49	Rh.-Sperber	D-Hallertauer	Graf v. Treuberg
	50	Mü 13 m	D-Atalante	Schmidt
15	51	Rh.-Bussard	D-Eszet 2	Hachtel
	52	Göppingen 3 Minimoa	D-Stadt Neckargemünd	Kraft
	53	Rh.-Adler	D-Klippeneck	Hakenjos
	54	Rh.-Sperber	D-Ernst Udet	Siemers
	55	Rh.-Sperber	D-Ludwigsburg	Büchner
16	56	Rh.-Bussard	YM-Danzig	Janzen
	57	Rh.-Sperber	YM-Peter von Danzig	Kuhn
Reichsgr. DLH	58	Condor I	D-Ingenieurschule Weimar	Riedel
	59	Condor I	D-Hans Hackmack	Nein
	60	Rh.-Sperber	D-Richard Pätzold	Helm
DFS	61	Rh.-Sperber-Spezial	D-Sperber-Jun.	Reitsch

Wertung und Preisverteilung beim 17. Rhön-Wettbewerb.

Gruppenwertung.

Lsp. Lgr. 14 München, 1.150,88 mittlere Punktzahl (Flugzeug Nr. 49, 50); 15 Stuttgart, 911,49 m. Pz. (52,53, 55); Reichsgr. Lufthansa, 738,38 m. Pz. (58, 59, 60); 6 Breslau, 625,77 m. Pz. (19, 20, 21); 8 Weimar, 602,74 m. Pz. (27, 28, 29); 4 Berlin, 575,94 m. Pz. (11, 12, 14); 12 Essen, 517,34 m. Pz. (43, 44, 45); 1 Königsberg, 516,46 m. Pz. (1, 2, 3); 7 Dresden, 467,30 m. Pz. (22, 23, 24); 3 Hamburg, 416,32 m. Pz. (6, 7, 8); 11 Darmstadt, 341,22 m. Pz. (39, 40, 42); 9 Hannover, 301,28 m. Pz. (30, 32, 33); 16 Danzig, 296,50 m. Pz. (56, 57); 5 Magdeburg, 284,59 m. Pz. (15, 17, 18); 2 Stettin, 249,12 m. Pz. (4, 5); 13 Nürnberg, 156,57 m. Pz. (47, 48); 10 Paderborn, 94,00 m. Pz. (34, 35, 37).

Gesamtwertung!

Jede Mannschaft hat die Grundpreissumme von **RM 300.—** errungen.

Lsp. Lgr. 1, Gesamtpunktzahl 1549,40, RM 1626,87 (2526,87); 2, 498,25, 523,16 (1123,16); 3, 1285,45, 1349,72 (2549,72); 4, 2453,01, 2575,66 (4075,66); 5, 853,79, 896,48 (2096,48); 6, 1877,32, 1971,19 (2871,19); 7, 1568,65, 1647,0 (3147,00); 8, 1808,22, 1898,63 (2798,63); 9, 903,86, 949,00 (2149,00); 10, 290,77, 296,12 (1496,12); 11, 1147,17, 1204,52 (2704,52); 12, 1678,26, 1762,17 (2962,17); 13, 313,14, 328,79 (928,79); 14, 2301,75, 2416,83 (3016,83); 15, 3013,64, 3164,32 (4664,32); 16, 593,00, 622,65 (1222,65); DLH, 2215,14, 2325,90 (3225,90); DFS, 1066,31, 1119,62 (1419,62).

*) Eingeklammerte Zahlen bedeuten auszuzahlende Summe.

Gruppenpreise.

1. Preis Lsp. Lgr. 14 mit einer mittleren Punktzahl von 1150 Pkt. 1 silb. Teller, gestiftet vom Herrn Reichsminister der Luftfahrt und Oberbefehlshaber der Luftwaffe. 1 Segelflugzeug Typ Göppingen 1, gestiftet vom Herrn Reichspostminister.

2. Preis Lsp. Lgr. 15 mit einer mittleren Punktzahl von 911 Pkt. 1 silb. Teller, gestiftet vom Herrn Reichsluftsportführer. 1 Original-Rhön-Rossitten-Startseil Jubiläumsausführung, gestiftet von Dr. W. Kampschulte A.-G., Solingen. 1 Siemens Schleppflug Fernsprechanlage, gestiftet von der Fa. Siemens Apparate und Maschinen G. m. b. H.

3. Preis Reichsgruppe Deutsche Lufthansa mit einer mittleren Punktzahl von 738 Punkten. 1 silb. Schale mit Bernsteineinlage, gestiftet vom Reichsjugendführer. 1 Panzer-Startseil, gestiftet vom Imhof, Bochkolz & Vogeler. 1 Siemens Sportflug-Fernsprechanlage, gestiftet von der Firma Siemens Apparate und Maschinen G. m. b. H.

Flugzeugführerpreise.

1. Preis Kurt Schmidt, Lsp. Lgr. 14, 1 silb. Vase von Ihre Kgl. Hoheit Oberpräsident Prinz Philipp v. Hessen; 1 Bild von Herrn Eckert, Eisenach; 1 Armband-Höhenmesser vom Bürgermeister der Badestadt Brückenau.
2. Preis Hakenjos, Lsp. Lgr. 15, 1 Pokal von der weltbekannten Badestadt Bad Kissingen; 1 Armband-Höhenmesser vom Herrn Oberbürgermeister der Stadt Fulda.
3. \Preis Riedel, Reichsgruppe Lufth., 1 silb. Teller vom Reichsverband d. Deutschen Luftfahrtindustrie; 1 Stoppuhr.
4. Preis Kraft, Lsp. Lgr. 15, 1 silb. Teller vom Reichsverband der Deutschen Luftfahrtindustrie; 1 Stoppuhr.
5. Preis Hanna Reitsch, DFS, 1 72-teil. Eßbesteck von der Fa. Glörfeld, Lüdenscheid; 1 silb. Lorbeerkranz von der Firma Eug. Schleicher, Würzburg.
6. Preis Späte, Lsp. Lgr. 7, 1 silb. Pokal von der Firma Ebert sen., Stadtilm; 1 Fotoapparat.
7. Preis Heidrich, Lsp. Lgr. 12, 1 Segelflug-Bronze von Herrn Stadtrat Ruth, Wandsbeck; 1 Fotoapparat.
8. Preis Treuter, Lsp. Lgr. 9, 1 Feldstecher vom Herrn Bürgermeister der Stadt Gersfeld; 1 Armbanduhr.
9. Preis E. G. Haase, Lsp. Lgr. 4, 1 Feldstecher vom Herrn Bürgermeister der Stadt Gersfeld; 1 Armbanduhr.
10. Preis Steinig Lsp. Lgr. 6, 1 Fotoapparat, 1 Armbanduhr.
11. Preis Ruhnke, Lsp. Lgr. 1, 1 Fotoapparat.
12. Preis Helm, Reichsgruppe Lufth., 1 Fotoapparat.

Den übrigen Flugzeugführern werden die Ehrengaben nachträglich übersandt. — Außerdem erhält jeder Flugzeugführer 1 Plakette und jeder Teilnehmer eine Erinnerungsgabe, die ebenfalls nachträglich überreicht werden.

Für besondere Einsatzbereitschaft insbesondere handwerkliche Leistungen und Fahrleistungen in den Mannschaften erhalten folgende Männer je eine Prämie von RM 25.—, die anschließend bei der Kasse der Wettbewerbsleitung in Empfang zu nehmen sind:

Lsp. Lgr. 1 Schirmmacher und Hartwig, 2 Holm und Fritz, 3 Katzner und Lobert, 4 Wolff und Schwenke, 5 Pahl und Klietz, 6 Friedrich und Merschel, 7 Konzalle und Stenzel, 8 Bley und Dettu, 9 Badergoll und Klar, 10 Engel und Engelbert, 11 Ripper und Kröber, 12 Herzberg und Terboven, 13 Seile und Know, 14 Schleier und Früchtel, 15 Hartmann und Ruck, 16 Gohr und Bahr, DLH Schröder und Streletzki, DFS Stier und Schmall.

Für besondere Leistungen.

Für die größte Höhenleistung mit einer Flughöhe von 4480 m erhält der Segelflieger Bloch von Lsp. Lgr. 6 1 Leica, gestiftet vom Herrn Reichsstatthalter Sprenger und den Prinz-Heinrich-Rhön-Wanderpreis der Lüfte.

Für besondere Leistungen in der Pflege und der Wartung des Gerätes erhalten die Bewerber Lsp. Lgr. 11, Lsp. Lgr. 15 und Gruppe DFS je einen Werkzeugschrank.

Für besonderen Flugeifer erhält der Segelflieger Ludwig, Lsp. Lgr. 8, 1 Feldstecher, Segelflieger Büchner, Lsp. Lgr. 15, 1 Fotoapparat.

Die 3 Flugzeugführer der Lsp. Lgr. 1 Ruhnke, König und der Lsp. Lgr. 16, Kuhn, erhalten für den Verbandsflug nach Wiesbaden je einen Feldstecher, gestiftet von den Vereinigten Deutschen Metallwerken, Frankfurt a. M.

Es kommt außerdem der Kroll-Wanderpreis zur Verteilung. Der Kroll-Wanderpreis in Höhe von RM 1000.— von den Kroll-Wirtschaftsbetrieben Berlin fällt dem Segelflieger H. v. Miakich zu für den weitesten Streckenflug aus dem Windeschlepp mit einer Flugstrecke von 165 km.

Den Konstrukteuren des Segelflugzeuges „D—Atalante" wird als Anerkennung eine Gesamtsumme von RM 500.— zugesprochen.

Datum	16. 8.	17. 8.	18. 8.	19. 8.	20. 8.	21. 8.	22. 8.	23. 8.	24. 8.	25. 8.	26. 8.	27. 8.	28. 8.	29. 8.	30. 8.
Termik Wind	schwach Süd	mäßig wechselnd	mäßig W auf SW	schwach WSW auf W	Knofe SSW	Knofe SW	sehr schwach NW auf N	gut NW auf N	Keine WNW auf W	Vorm. Keine Nachm. schwach West	mäßig Nord	mäßig NO	gut Ost	mäßig West	– –
Abflüge	27	71	50	18	–	–	47	79	53	68	57	77	55	61	Nur
Tages- bester	Späte 81×	Hofmann 188	Kraft 133×	Späte 30×	– –	– –	Sauerbier 13°	Steinig 205×	Nur Hang-	Huth 34.2×	Braeutigam 138	K. Schmidt 252×	Heidrich 161.5×	Bartaune 139	Tagespreise für Umrun-
Zweit- bester	H. Reitsch 78.3	K. Schmidt 166	Haase 132.8°	Hakenjos 29.6	– –	– –	Sorger 13°	Hakenjos 197×	segel- flüge	Müller 26.0	Nein 108.5×	Huth 197.7×	H. Reitsch 145.5×	Huth 103	dung von Kreuzberg und Milse-
Dritt- bester	–	Riedel 159.6	Steinig 94×	– –	– –	– –	– –	Späte 197×	– –	Späte 20.5	Riedel 108.5×	Heinemann 197.7×	Walther 132.0	Kraft 102	burg sowie größte Höhe

× = Zielflug; ° = ohne Wertung

Tagesbeste im Streckenflug: Rhön 1936

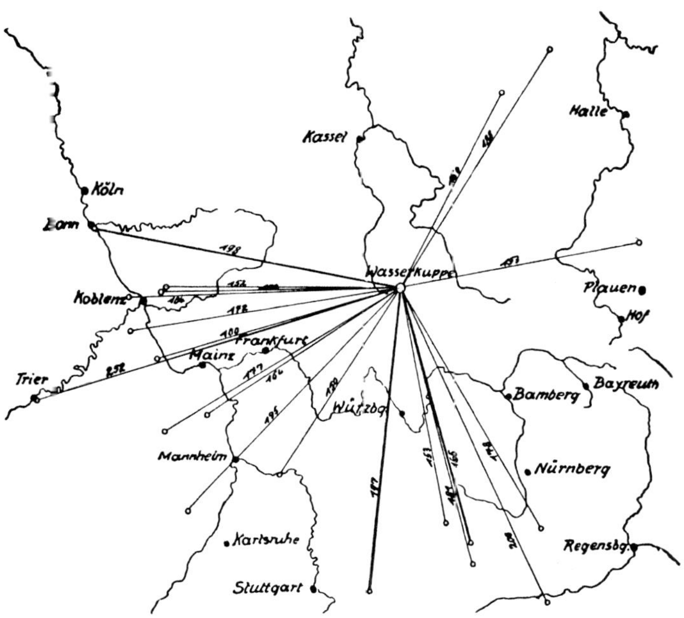

Einweihung des Groenhoff-Hauses

Am 27. 8. nahm der Reichsluftsportführer die feierliche Einweihung des neuen Gebäudes auf der Wasserkuppe vor, das den Namen Groenhoff-Haus erhielt.

Die Wertung am Abend des 27. August 1936

Am 27. 8. ergibt sich nach der Wertung folgende Spitzengruppe:

1. *K. Schmidt,* D-Atalante .... 1702 P.
2. *Späte,* D-Chemnitz .... 943 P.
3. *Kraft,* D-Neckargmünd .... 910 P.
4. *Hakenjos,* D-Klippeneck .... 856 P.
5. *Riedel,* D-Deutschland 5 .... 848 P.
6. *Steinig,* D-Kleinmann .... 777 P.

28. August 1936

1. *K. Schmidt,* D-Atalante .... 1702 P.
2. *Hakenjos,* D-Klippeneck .... 1000 P.
3. *Heidrich,* D-W-Thilker .... 973 P.
4. *Riedel,* D-Deutschland 5 .... 964 P.
5. *Späte,* D-Chemnitz .... 943 P.
6. *Steinig,* D-Kleinmann .... 900 P.

29. August 1936

1. *K. Schmidt,* D-Atalante .... 1800 P.
2. *Hakenjos,* D-Klippeneck .... 1211 P.
3. *Riedel,* D-Deutschland 5 .... 1132 P.
4. *Kraft,* D-Neckargmünd .... 1085 P.
5. *H. Reitsch,* D-Sperber jun. .... 1066 P.
6. *Späte,* D-Chemnitz .... 1002 P.

Mutter bangte um ihren einzigen Sohn. Deshalb studierte er für den Lehrerberuf in Königsberg. Dort baute er zusammen mit Kameraden einer von ihm gegründeten Segelfliegergruppe ein Grunau-Baby I; mit dieser Maschine flog er dann am 3. und 4. August 1933 seinen 36 h 33 min Dauerweltrekord, der ihn über Nacht berühmt machte.

Jeder hat sich über Schmidts Sieg auf der 1936er Rhön gefreut. Der beste Kamerad, ein gottbegnadeter Flieger und dazu mit seiner selbstgebauten ›Atalante‹! Achtzehn Monate hatte er dafür gebraucht. Wie schon erwähnt, war Egon Scheibe der Konstrukteur des Mü-13-Musters mit Kurt als Mitarbeiter. Deshalb sprach das Preisgericht den beiden einen gemeinsamen Sonderpreis von 500.- RM zu. Das ausgezeichnete Muster wurde dann in Serien hergestellt. 1978 hatte ich erstmals Gelegenheit, diese wendige Maschine für fast acht Stunden zu fliegen. Ein herrlicher Vogel!

Schmidt ist in den Rhönwettbewerben 1938 und 39 noch zweimal dem Sieg sehr nahegekommen. Dabei hielt er bis 1938 an seiner relativ langsamen Mü-13d ›Atalante‹ fest. Mit ihr erflog er 1938 die bis dahin größte Gesamtflugstrecke in einem Rhönwettbewerb. Wahrscheinlich schätzte er die unglaubliche Wendigkeit dieser Maschine. Sie erlaubte ihm, die schwachen und engen Aufwindkamine der Morgen- und Abendstunden auszunutzen, wenn schnellere Muster nicht mehr oben bleiben konnten. 1937 bewies er seine Stärke im physischen Durchhalten, indem er als einziger zuerst am Internationalen und gleich danach am Rhönwettbewerb teilnahm. Seine Energie schien unerschöpflich zu sein. Und was für ein lebensbejahender Mensch!

Im Zweiten Weltkrieg wurde Schmidt Einflieger bei Messerschmitt in Augsburg. Das Zusammentreffen mehrerer technischer Versager in einem zweimotorigen Me-262 Turbinenjäger führte zu seinem tödlichen Unfall. Einer der Versager verhinderte seinen Fallschirmabsprung. Sein Tod war wohl einer der größten Verluste für die deutsche Segelfliegerei.

☆

Die Wettbewerbsergebnisse sind auf Seite 167 dargestellt. Interessant ist, daß der beste Prozentsatz von 464,0 km Zielflug zu 490,0 km Gesamtflugstrecke mit 92,65% vom späteren Weltmeister Heinz Huth, Hamburg, erreicht wurde.

Gruppenwertung: 1. München 1150,88
2. Stuttgart 911,49
3. Reichsgruppe Lufthansa 738,38 Punkte.

☆

Ergebnisse des Rhön-Segelflug-Wettbewerbs 1936

Offizelle Wertung	*(Punkte)*	*ohne Dauerflugwertung*
1. Kurt Schmidt	1800,75*	(1166,25)
2. Rudolf Hakenjos	1210,94**	(1136,36)
3. Peter Riedel	1132,67	
4. Erwin Kraft	1085,69	
5. Hanna Reitsch	1066,31	
6. Wolfgang Späte	1042,37	
7. Hans Heidrich	973,51	

Punktgewinn für Dauerflug: * 634,5 ** 74,58

Zur Spitzengruppe des Wettbewerbs gehörten damals: Hakenjos, Heidrich, Kraft, Reitsch, Riedel, Schmidt und Späte. Wären die Akafliegs auch mitgeflogen, hätten vielleicht Baur, Fischer, Karch, Kracht, Osann und Uteck manche der Obengenannten aus der Spitzengruppe verdrängt.

Übersicht:

Gesamtstartzahl:	661
Streckenflüge über 50 km:	153
Gesamtflugstrecke:	18 745 km
Zielwertungsflüge:	108
Gesamtzielflugstrecke:	10 848 km

Gesamtstrecke	*(km)*
1. Hanna Reitsch	821,5
2. Peter Riedel	793,4
3. Wolfgang Späte	700,7
4. Kurt Schmidt	698,2
5. Rudolf Hakenjos	692,4
6. Hans Heidrich	669,5
7. Erwin Kraft	666,5

Gesamt-Zielflugstrecke	*(km)*
1. Kurt Schmidt	586,0
2. Wolfgang Späte	528,2
3. Rudolf Hakenjos	522,6
4. Erwin Kraft	464,0
5. Peter Riedel	454,0
6. Heinz Huth	454,0[1])
7. Hanna Reitsch	442,0

[1]) Huth übertraf Schmidt durch den höchsten Prozentsatz im Verhältnis von Zielflug- zu Gesamtflugstrecke mit 92,7% gegenüber Schmidts 83,9%.

Höhenflüge:
Werner Blech 4480 m über N.,
nur 200 m unter Weltrekordhöhe.
Alfred Helm 3740 m über N.

Gruppenwertung: 1.) München 1150,88; 2.) Stuttgart 911,49; 3.) Reichsgruppe Lufthansa 738,38 Punkte.

Strecken-, Höhen- und Dauerflüge im Rhön-Segelflugwettbewerb 1936

	MONAT	AUGUST															Zielflüge	
	DATUM	16.	17.	18.	19.	20.	21.	22.	23.	24.	25.	26.	27.	28.	29.	30.	Oben: × Km / Unten: < Km	Gesamtstrecke Km
"A"	Tagesfaktor	2	1.52	2	2	"B"	"B"	"C"	1.2	"D"	2	2	1.2	1.52	2	"E"		
1	°Kurt Schmidt München		169.0 / —						112.0 / 520		13h33'	94.2× / 720	252.6× / 520	—	59.0	Kreuzbg Umrdg	346.2 / 169.0	686.2
2	°Rudolf Hakenjos Schwenningen		65.0 / 1110	30.2 / 940	29.6 / 410				197.0× / 860		7h07'	45.0 / 490	149.2× / 440	98.2×	78.2×		522.6 / —	692.4
3	°Peter Riedel DLH-Berlin		159.6 / 1190	37.5 / 830					165.0× / 1285		"F"	108.5× / 850	142.3< / 800	89.0× / 870	91.5× / 1230		454.0 / 142.3	793.4
4	°Erwin Kraft Hornberg		27.0 / 1110	133.0× / 1620					120.5× / 750		23.0 / —	108.5× / —	175.5< / —		102.0×	Milsebg Umrdg	464.0 / 175.5	689.5
5	°Hanna Reitsch Griesheim	78.3 / 1040	152.5 / —	37.0 / 1270					140.0× / 1035			45.0 / 590	145.0< / 730	145.5< / 750	78.2× / 750	Kreuzbg Umrdg	363.7 / 145.0	821.5
6	°Wolfgang Späte Chemnitz	81.0× / 890	77.0 / —	38.0× / 1190	30.0 / 260				197.0× / 1070		20.5 / 600	45.0 / 560	149.2× / 580		63.0 / 1070	Kreuzbg Umrdg	465.2 / —	700.7
7	°Hans Heidrich Düsseldorf		83.0 / —	29.5 / 1250					178.0 / 1280			97.6× / 1350	120.0× / 720	161.5< / 1020			217.5 / 161.5	669.5
8	Karl Treuter Greiz			41.1 / —					90.0 / 670			78.2× / 600	177.0< / 870	89.2× / 620	94.2× / 930		216.6 / 177.0	569.7
9	°E.G. Haase Berlin		22.4 / 860	132.8 / —					107.5 / 1070			63.0× / 780	160.0< / 710	87.5× / 710	78.2× / 840	Milsebg Umrdg	228.7 / 160.0	651.4
10	°Paul Steinig Grunau			94.0× / 1460					205.0< / —			41.0 / 620	103.6 / 880	82.3× / 980	46.0 / 580		176.3 / 308.5	571.8
11	°Siegfried Ruhnke Korschenruh			43.0× / 1150					78.2× / 900			63.0× / 610	125.0× / 630	87.5× / 650	90.0< / 995		396.7 / 90.0	486.7
12	Alfred Helm DLH-Berlin		143.7 / 3120						165.8× / 1590			88.3× / 815		73.0< / 730			253.3 / 73.0	470.0

Bis hierher die erteilten Flugzeugführerpreise. Danach in alphabetischer Reihenfolge:

			17.	18.	19.	20.	21.	22.	23.	24.	25.	26.	27.	28.	29.	30.		
13	Adolf Ahrens Aachen	Rs	58.0 / 1560						13.0 / —			42.0 / 630					— / —	113.0
14	Herbert Bartaune Berlin	Ra		42.2 / 850					77.5 / 890			34.7 / 580	195.2 / —		139.0 / 1080		— / —	488.6
15	Werner Blech Breslau	Rs°	43.5 / 3						156.3× / 1325				76.0× / 905	Bruch			156.5 / 76.0	276.0
16	Otto Braeutigam Großrückerswalde	Rs°							26.8 / —			138.0 / 650	141.5 / 630	65.0× / 800	63.0× / 920		128.0 / —	433.5
17	F.J. Büchner Ludwigsburg	Rs°	59.0 / 740						86.5× / 820			69.7× / 345		37.2× / 440	80.0< / 850		193.4 / 80.0	332.4
18	Otto Croissant Hesselberg	Rs°										48.5 / 530	21.2 / —	38.8 / 850	64.0 / —		— / —	172.5
19	Hermann Döbler Nürnberg	C°		54.3 / —					28.0 / —		8h14'	42.5× / 360	151.5 / 520	Bruch			42.5 / —	276.3
20	F. Ehret Merseburg	Ra		29.0 / 920													— / —	29.0
21	Ernst Frowein Berlin	Rs°		46.0 / 1190					54.0 / 1030			42.0× / 515	125.5× / 590		21.0 / 625		167.5 / —	288.5
22	Eitel Gnadt Osterode	Rb												184.0 / —	33.0 / 900		— / —	217.0
23	A. Haase Stuttgart	Rs												41.0 / 370			— / —	41.0
24	Albert Hachtel Stuttgart	Rb°							10.0 / —								— / —	10.0
25	Karl Heiderich Lipperland	Rs°	28.5 / —												77.1 / 900		— / —	105.6
26	Hans Heinemann Fischbeck	Rs°	27.8 / 780						87.0 / 1020				197.7× / 470		70.0× / —		267.7 / —	382.5
27	°Ludwig Hofmann Borkenberge	Sperb. Senior	188.0< / —						152.5 / 730	Nicht weiter teilgenommen.							— / 188.0	340.5
28	Siegfried Holzbauer Stuttgart	C°										17.0 / 570		21.0 / —			— / —	38.0
29	Heinz Huth Hamburg	Rs°		36.6× / 1260					36.0 / —		34.8× / —		197.7× / 520	81.9× / 690	103.0< / 940		351.0 / 103.0	490.0
30	Dr. Gerhard Jancke Gießen	Rs	32.8 / 915	61.3 / 1265					78.2× / 1190		20.0 / —		145.5< / 750	87.5× / 1100	51.0 / 1120		165.7 / 145.5	476.3

"F": Dauerflieger mußten ihren Wasserkuppenhang nach spätestens einer Stunde verlassen. Sie mußten jedoch in weniger als 6 Km Umkreis in Sichtweite der Sportleitung bleiben.
61 Maschinen am Start: 25 Rhönsperber (Rs) – 20 Rhönadler (Ra) – 5 Condor (C) – 4 Rhönbussard (Rb), außer dem Condor-Muster alle von Hans Jacobs konstruiert. Die Piloten der Spitzengruppe flogen: Schmidt Mü 13 d "Atalante"; Hakenjos, Heidrich und Treuter Rhönadler, Riedel Condor II; Kraft und Späte Gö 3 "Minimoa"; Reitsch Sperber Junior; Hofmann Sperber Senior; E.G. Haase Rhönbussard; Helm, Ruhnke und Steinig Rhönsperber.

Ludwig Hofmann mußte leider aus privaten Gründen auf weitere Teilnahme verzichten. Er wäre, nach seiner Bestleistung am ersten Tage zu urteilen, nahe der Spitze gelandet. Bemerkenswert, daß Haase – 1958 Weltmeister der Offenen Klasse – mit dem Uebungssegler "Rhönbussard" in die Spitzengruppe gelangte. Huth und Ruhnke zeichneten sich durch höchsten Prozentsatz im Vergleich ihrer Zielflug- zu ihren Gesamtflugstrecken aus. Andere, die im Vorjahre bei Hammerwetter riesige Strecken geschafft hatten, fielen im 1936-er Rhönwettbewerb weit zurück. Schwache Thermik machte Rhönwettbewerbe besonders schwierig

Besitz der "Amtlichen C" (5 Segelflüge von 30 Min. Gesamtdauer) war Vorbedingung zur Teilnahme am 1936-er Wettbewerb. Das Leistungsabzeichen (Silber-C) besassen bei Wettbewerbsbeginn 45 Teilnehmer von insgesamt 71. 661 Starts wurden registriert.
Die Silber-C Inhaber werden oben durch ein kleines Symbol = ° angezeigt.

Neue Muster: Mü 13 d, Konstrukteur Egon Scheibe, Akaflieg München, mit Aenderungen von Selbstbauer Kurt Schmidt. Condor II, Konstrukteur Heini Dittmar. Gö 3 Minimoa, konstruiert von Wolf Hirth unter Mitarbeit von Wolfgang Hütter, neue Schulterdeckerversion. Sperber Senior und Junior, Konstrukteur Hans Jacobs, DFS. Leider blieben die FFGs, die früheren Akafliegs auch in diesem Jahre der Rhön fern. Erst 1937 wurde ihr Konflikt mit dem D.L.V. (N.S.F.K.) durch Udets Vermittlung beigelegt. Die neuen FFG-Muster fehlten deshalb im 1936er Wettbewerb.

Ergebnisse: 1. Sieger Kurt Schmidt – 2. Sieger Rudolf Hakenjos – 3. Sieger Peter Riedel.
Beste Strecke: Kurt Schmidt durch 252 Km – Zielflug zum Flugplatz Trier.
Bester Höhengewinn: Werner Blech 3530 m und DLH-Flugkapitän Alfred Helm 3120 m.
Neuer Rhön-Dauerrekord: Kurt Schmidt 13 Std. 33 Minuten.
Gesamtflugstrecke: 18 097 Km bei nur 7 ½ Tagen mit Streckenflugwetter.

	MONAT	AUGUST															Zielflüge	
	DATUM	16.	17.	18.	19.	20.	21.	22.	23.	24.	25.	26.	27.	28.	29.	30.	Oben: × Km / Unten: < Km	Gesamtstrecke Km
"A"	Tagesfaktor	2	1.52	2	2	"B"	"B"	"C"	1.2	"D"	2	2	1.2	1.52	2	"E"		
31	Erich Jung Steinbrücken	Rs°										41.0 / 480					— / —	41.0
32	Otto Kachel Hannover	C°													42.5 / —		— / —	42.5
33	Richard Knoth Stuttgart	Rb°										78.2× / 940	81.5< / 855		78.2× / 1080		156.4 / 81.5	237.9
34	Reinhold König Königsberg i. Pr.	Rs°										32.0× / 520	125.0× / 780	87.5× / 750	50.0 / 1030		244.5 / —	294.5
35	Alfred Kühn Danzig	Rs										63.0 / 410	125.0× / 700	30.0 / 840	90.8< / 840		125.0 / 90.0	308.0
36	Gerhard Ludwig Torgau	Rs°							57.0 / 950				33.0 / 690	42.0 / 810	57.5× / 1050		57.5 / —	189.5
37	Hans v. Miakich Berlin	Rs°												59.2× / 560			59.2 / —	59.2
38	Alexander Mudin Pretzsch	Ra	63.6 / 940									57.5× / 630					57.5 / —	121.1
39	Kurt Müller Wernigerode	Rs°		126.0× / 1315							26.0 / 550		127.7< / 800	85.0× / 720	84.5< / 910		211.0 / 212.2	449.2
40	Walter Münch Mittweida	C°	28.5 / 1150										46.0< / 540	20.0× / 610			20.0 / 46.0	94.5
41	Hermann Nein Erlangen	C													94.2× / 965		94.2 / —	94.2
42	°Rudi Opitz Griesheim	Präsident	87.0 / 970						78.2× / 870	Bruch				54.0< / 700	78.2< / 990		78.2 / 133.2	297.4
43	Ernst Philipp Landsberg a. d. W.	Ra°		64.8 / 1455					198.0 / 1190		16.5 / 770		125.0× / 830	87.5× / 760	78.2× / 870	Milsebg Umrdg	290.7 / —	570.0
44	W. Rackow Hamburg	Ra											102.0< / 720				— / 102.0	102.0
45	H.G. Renner Dessau	Ra°											149.2< / 740				— / 149.2	149.2
46	Helmut Reukauf Mülhausen	Ra°							181.0 / 1330		11h51'	62.0 / 780	103.0 / 990	95.8< / 630	59.5× / 690		59.5 / 95.8	501.3
47	Erich Röthemeyer Bielefeld	Rs									"F"			51.2 / 750			— / —	51.2
48	Gerhard Sauerbier Breslau	Ra°	15.0 / —					13.0 / —			12h11'	43.0	70.5< / 1195	68.3 / 740	30.0 / 735		— / 70.5	239.8
49	Hermann Seele Darmstadt	Ra	46.0 / 705						121.0 / 1160			43.0 / —			50.0 / 930		— / —	260.0
50	Heinz Siebert Alfeld	Ra							139.0 / 1100		20.0 / —		166.0 / —				— / —	325.0
51	Paul Siemers Mannheim	Rs°	58.8 / 1150										125.0× / 710				125.0 / —	183.8
52	Paul Sorger Essen	Ra°						13.0 / —	78.0 / 1340		10h18'		172.0< / 590				— / 172.0	263.0
53	Ernst Steinhoff Bad Frankenhausen	Ra°		26.5 / 2110					108.7 / 900			33.0 / 470	164.0< / 970	40.5× / 710	94.2× / 870		134.7 / 164.0	466.9
54	August Schilling Mülheim, Ruhr	Ra°							42.5 / 640		50.0 / —				20.2 / 715		— / —	102.7
55	Karl Tamoschus Essen	Ra	27.5 / —						80.0 / 1000			20.5	25.5 / 790	42.8 / —	18.0 / —		— / —	214.3
56	Hubert Graf v. Treuberg München	Rs°		84.0 / 1320									125.0× / 800		78.2< / 1210		125.0 / 78.2	287.2
57	Erich Walther Leipzig	C											66.0 / 760	132.0× / 730			132.0 / —	198.0
58	A. Wilhelm Frankfurt	Rs°	26.5 / —	54.3 / 1180					120.0× / 1010				34.0< / 700	55.0 / 830	39.0 / 485		120.0 / 34.0	328.8

"A": Tagesfaktor F berücksichtigt die Wetterverhältnisse mit Hilfe der fünf größten Streckenflüge des Tages. Je höher der Durchschnitt der Bestleistungen, umso niedriger der Tagesfaktor, von 2.0 bis 0.55.
"B": Knofe = Wolkennebel, den ganzen Tag. "C": Knofe bis Mittag, danach Hangsegelwetter ohne Thermik.
"D": Westwind-Hangsegelwetter ohne Thermik. "E": Nur noch Tagespreise, kein voller Wettbewerb mehr.
Leistungen: Oben Flugstrecke in Km, × wenn Zielflug; < wenn vorzeitige Landung an einem Ort erfolgte, dessen senkrechte Entfernung vom Zielvektor weniger als 1/20 der geflogenen Strecke beträgt.
Die Punktwertung von Dauer- und Höhenflügen verdoppelte sich mit jeder höheren Stufe von 500 oder 1000 m Höhengewinn oder je 3 Stunden Dauerflug-Intervalls. Die ersten 3 Stunden blieben ohne Wertung.
10% Punktabzug für hauptamtlich fliegerisch tätige oder tätig gewesene Teilnehmer wie Blech, Braeutigam, Helm, Hofmann, Kraft, Nein, Reitsch, Riedel, Ruhnke und Steinig.
5% Punktabzug für solche Wettbewerber, die bereits Flugstrecken von mehr als 250 Km geflogen haben wie Bartaune, Braeutigam, E.G. Haase, Heiderich, Heidrich, Heinemann, Hofmann, Reinhold König, Kraft, v. Miakich, Riedel, Späte und Steinhoff.

Ferner starteten in diesem Rhönwettbewerb für kürzere Flüge ohne Wertung: Bonitz-Hamburg, Rudolf Dietrich°-Stendal, Hans Garz-Stendal, Helmut Hoff-Leba, Janzen-Danzig, Ernst Kennel°-Hannover, Carl Magersuppe (Marsen)-Kassel, Helmut Martini°-Halle (Saale), Johannes Meyer-Ith, Heinrich Mundlos-Magdeburg, Schmitt-Stettin, Stenzel-Merseburg und Rolf Ziskoven°-Köln.

Tabelle für Tagesfaktor F: Formula (Km – 50) × F = Punktzahl

Mittlere Streckenleistung	bis 125 Km	126 bis 175 Km	176 bis 225 Km	226 bis 300 Km	301 bis 400 Km	über 400 Km
Tagesfaktor F =	2.0	1.52	1.2	0.94	0.72	0.55

Tabelle für Höhengewinn:

über m	bis m	Punkte je 10 m	Höchsterreichbare Punktzahl
500	1000	¼	12,5
1000	2000	½	62,5
2000	3000	1,0	162,5
3000	—	1,5	unbeschränkt

Tabelle für Dauerflüge:

über Std.	bis Std.	Punkte je Min.	Höchsterreichbare Punktzahl
3	6	¼	45
6	9	½	135
9	11	1.0	255
11	—	1,5	unbeschränkt

Zielflüge im Verband erhielten zusätzliche Wertungspunkte. Die Zuschläge betrugen für einen Verband von 3 Flugzeugen 30 v.H., von 4 Flugzeugen 35 v.H. und bei 5 Flugzeugen 40 v.H.. Sämtliche Flugzeuge eines Verbandes mußten unmittelbar hintereinander starten.

KAPITEL 19

DFS und die Akafliegs gingen ihre eigenen Wege

Nach dem Erfolg des Süddeutschland-Rundfluges im Juni 1936 organisierte Professor Georgii ein Alpensegelflug-Treffen für die Akafliegs im August des gleichen Jahres. Es fand zur gleichen Zeit wie der Rhönwettbewerb statt. Abflug erfolgte vom privaten Flugplatz des alten Vor-1914-Fliegers Rittmeister a. D. Karl Braun in Prien am Chiemsee. Es war der gleiche Landestreifen, der während der ersten Alpenflugversuche des Verfassers im September 1932 als Basis gedient hatte, zusammen mit dem gastfreien Haus des Besitzers. Die Akafliegs (FFGs) Aachen (FVA-10a), Darmstadt (Windspiel), München (Mü-10) und Stuttgart (FS-16) nahmen teil, außerdem natürlich DFS-Pilot Heini Dittmar auf Condor II. Jedes Segelflugzeug hatte ein Schleppflugzeug zur Verfügung, und es stand jedem Teilnehmer frei zu starten, wann er wollte. Besonders erfolgreich waren Felix Kracht, Aachen, Ludwig Karch, München, und Heini Dittmar, der als einziger das Tauern-Zentralmassiv überflog und ins Pustertal gelangte.

Kracht schrieb später darüber:

»Neben den fantastischen Eindrücken, die der Segelflug in den Alpen mit sich bringt, hatten wir in dieser politisch turbulenten Zeit – vor dem Anschluß Österreichs – eine Reihe sonderbarer Erfahrungen. Die eine war, daß ich als Pilot der FVA-10a de facto an sämtlichen Landeplätzen in Tirol oder Salzburg die entsprechenden österreichischen Gefängnisse kennenlernte. Der Eindruck, der mir unvergeßlich blieb, ist der, daß die Zusatzeinwohner dieser Gefängniszellen sichtlich seit Maria-Theresia auf Nahrung gewartet hatten.

Der andere Eindruck war der begeisterte Empfang, den wir von der Bevölkerung sowohl in Tirol als auch in Salzburg erhielten. Es ist heute kaum noch bekannt, daß die Spannungen zwischen dem damaligen deutschen Reich und Österreich dazu geführt hatten, daß jeder Touristenverkehr unterbrochen war. Ein Deutscher, der nach Österreich ausreisen wollte, mußte dafür ein Visum beantragen, das ihn damals 1000.- Reichsmark kostete. Die DVL hatte beim Luftfahrtministerium erreicht, daß uns diese Ausgabe erspart blieb.«

Links: **Felix Kracht, Konstrukteur der ›Rheinland‹, mit Schlepper Hermuth Ruhbrauk.** – Rechts: **FVA 10b ›Rheinland‹ der Akaflieg Aachen.**

Rekord-Segelflug über die Alpen

In der Zeit vom 10. August bis Ende des Monats wurden auf dem Flugplatz Prien am Chiemsee interessante Segelflugversuche vorgenommen, die den Zweck hatten, die Segelflugverhältnisse im Alpenvorland näher zu erforschen. Ähnliche Versuche wurden bereits 1934 und 1935 in der Gegend von Garmisch-Partenkirchen unternommen.

Vertreter der Akademischen Fliegergruppen München (Flugzeug: „Merlin"), Aachen („Bienen") und Darmstadt („Windspiel") hatten sich unter Prof. Georgii mit Vertretern des DFS, darunter dem bekannten Segelflieger Heini Dittmar, eingefunden.

Die ersten Tage wurden dazu benutzt, einige Erkundungsflüge, darunter auch längere Dauerflüge vor allem mit einer zweisitzigen Maschine, durchzuführen, die ergaben, daß die Chiemseegegend als Ausgangspunkt für derartige Versuche gut geeignet ist.

Diesen Flügen folgten dann bei schöner Witterung mehrere Vorstöße in das Hochalpengebiet, die Müller (Darmstadt) auf dem „Windspiel", Ziegler (München) mit der „Milan" und Osann (Darmstadt) auf der „Askania" bis ins Zillertal durchführten. Am 19. August gelang dann Heini Dittmar der große Flug. Er ließ sich in Prien auf etwa 500 Meter Höhe hochschleppen und setzte nach dem Ausklinken seinen Flug in Richtung der Alpen fort. Es gelang ihm, den Brenner zu überfliegen und bis Niederndorf bei Toblach zu kommen.

Kartenskizze zur Alpen-Überquerung Heini Dittmars mit einem Flugzeug. Zeichnung: W. Fuerl, München

Oberst Udet, der erfolgreiche Förderer des Alpensegelflugs, der ja bekanntlich bereits 1928 mit einem Segelflugzeug Flüge von der Zugspitze herab durchführte und dann wiederholt hier geflogen war, zuletzt die deutsche Segelflugexpedition auf dem Jungfraujoch führte, sandte anläßlich dieser Erfolge folgendes Telegramm:

„Freue mich über die ersten Erfolge der deutschen Alpensegler. Zu der hervorragenden und mutigen Überquerung des Tauern-Massivs durch Heini Dittmar auf „Condor", die nur durch äußersten Einsatz von Mann und Maschine erreicht werden konnte, herzlichen Glückwunsch. Weiterhin viel Erfolg zur selbstgestellten Aufgabe."

Diese Forschungsflüge mußten gleichzeitig mit der 17. Rhön durchgeführt werden, da in der zweiten Augusthälfte die günstigsten thermischen Verhältnisse im Hochalpengelände anzutreffen sind. Es ist nur bedauerlich, daß damit einige unserer Besten vom Rhön-Wettbewerb abgehalten wurden, aber der deutsche Segelflug wird es ihnen zu danken wissen, daß sie unter Verzicht auf Rhön-Preise sich einer schwierigen Pionierarbeit unterzogen.

aus »Der Segelflieger« 1936.

Während des Priener Treffens erschien Ernst Udet eines Tages am Himmel mit einem Focke-Wulf ›Stößer‹, zeigte sein Schauflugprogramm und slipte dann zur Landung so lange, bis das linke Rad den Boden berührte. Dies führte zu einem ›spektakulären‹ Überschlag. Glücklicherweise brannte die Maschine nicht, denn Udet konnte seine Gurte nicht aufbekommen. Braun hatte es so eingerichtet, daß Udet die 1000. Landung auf seinem Landestreifen ausgeführt hatte. Der glückliche Ausgang des Unfalles gab Grund zum Feiern am gleichen Abend. Bei dieser Gelegenheit erfuhr Udet, weshalb die Akafliegs nicht mehr an den Rhönwettbewerben teilnahmen. Er sorgte dann dafür, daß die FFGs für den nächsten Rhönwettbewerb 1937 als eine eigene DVL-Landesgruppe zugelassen wurden. Damit wurde das Kriegsbeil mit dem DLV begraben.

☆

Felix Kracht berichtete weiter:

»Bei den ersten Flügen ließen wir uns an die 1650 m hohe Kampenwand schleppen und stießen von da aus zum Kaisergebirge und weiter nach Süden zum oberen Salzach- und Zillertal vor. Das Wetter war nicht sehr günstig. Eine Inversion (wo entgegen der sonstigen Regel die Temperatur mit zunehmender Höhe

wieder ansteigt) lag bei etwa 2500 m. Die höheren Berge steckten in den Wolken. Dennoch waren diese Flüge ein hervorragendes Training, um uns an die engbegrenzte Hangthermik und ihre wechselnde Lage je nach Sonneneinfall zu gewöhnen.«

Kracht begegnete seinem Münchner Freund Ludwig Karch in den gleichen Polizeigefängnissen in Tirol und Salzburg, wo dieser mit seinem Zweisitzer Mü-10 ebenfalls gelandet war.

Während dieser Periode gelang es nur Heini Dittmar auf seinem ›Condor II‹, über die Zentralalpen hinwegzufliegen und damit die erste Alpenüberquerung vom nördlichen Rande aus durchzuführen. Der Unterschied gegenüber Schreibers Alpenüberquerung bestand darin, daß Heini in nur 1000 m Höhe, zwischen der Kampenwand und Hochplatte, ausgeklinkt hatte und sich dann sehr mühsam bis auf die nötige Höhe hatte hinaufarbeiten müssen. Er selbst schilderte seinen Flug kurz danach wie folgt:

»Am 19. August 1936 war endlich das langersehnte Flugwetter gekommen. Es herrschten westliche Winde von 2 m/sec, also praktisch Windstille. Die Wolkenbasis lag so hoch, daß die Gipfel frei waren und ich somit eine Alpenüberquerung für möglich hielt. Ich trat den Flug um 12 Uhr mittags an, und löste in zirka 1000 m Höhe zwischen der Kampenwand und Hochplatte (Beginn der Alpen) aus. Der Aufwind war anfangs sehr schwach. Als aber nach einer halben Stunde die Maschine mit 2 bis 3 m/sec stieg und ich an diesem Berg bereits 2700 m Höhe erreicht hatte, war der Entschluß zum Antritt des Fluges nicht schwer.

Teils am Hang oder Felsen segelnd, teils in Wolken blindfliegend, erreichte ich nach Überfliegen des Wilden Kaisers die Kitzbühler Alpen. Die Aufwinde waren sehr zerrissen, so daß ich beinahe kurz vor Zell am See hätte landen müssen. Über dem 3800 m hohen Großglockner-Massiv zog sich ein Gewitter zusammen. So wechselte ich meinen Kurs und flog auf Mittersill zu, an den Bergen des Salzachtales entlang. Wie erwartet, ließ das Gewitter in der Umgebung vorerst keine thermischen Aufwinde entstehen. Gerade noch zur rechten Zeit erreichte ich einen Berg, an dem ich mich hangsegelnd so lange halten konnte, bis das Gewitter am Großglockner vorüber war. Es dauerte dann nicht lange, da bildete sich über mir eine mächtige Cumuluswolke, in der ich im Blindflug hochsteigen konnte.«

Nun begann der schwierigste Teil des Fluges, die Überquerung der Hohen Tauern in Richtung Großvenediger (3680 m). Heini geriet bei dem Wolkenflug in derartige Turbulenz, daß er weiteres Fliegen innerhalb der Wolke aufgeben mußte. Alle Instrumente waren vereist. Aber er hatte 3100 m Höhe erreicht und erhielt beim Überfliegen des 15 km breiten Salzachtales sehr wenig Abwind. Dennoch kam er ›ganz unten‹ an den ersten Felswänden des Tauern-Massivs an. Er schrieb:

»Vom Jungfraujoch-Wettbewerb im Vorjahr her wußte ich, daß man bis auf einige Meter an die Felswände heranfliegen muß, um in thermische Aufwinde zu gelangen. Die Sonne schien auf die Felswände und der schwache Gegenwind, der mir vorher viel zu schaffen machte, kam mir jetzt zugute. Denn dieser stand nahezu senkrecht zu den Gebirgshängen, die von den Hohen Tauern zum Salzachtal abfielen. Es wurde eine richtige ›Krebserei‹. Meter um Meter mußte erklettert werden, und ging man mal etwas weiter vom Hang weg, war man wieder unten.

Es ist ein komisches Gefühl, an tausend Meter steil abfallenden, zerklüfteten Gebirgshängen entlangzusegeln. Das dauernde Entfernungsschätzen, das möglichst nahe Herangehen an die Felswände und das stete Aufpassen auf hervorstehende oder heraufragende Felsen machen einen solchen Flug zu einem dauernden Nervenkitzel. Aber man gewöhnt sich daran. Manchmal bekommt man einen leichten Schrecken, wenn die

Maschine, von einer Böe erfaßt, der Steinwand ein Stück näher getragen wird. Bei einer großen, wendigen und schweren Maschine, die von Wirbeln nicht gleich wie ein Spielball herumgedreht wird, und mit entsprechender Vorsicht, brauchen solche Flüge nicht als allzugefährlich bezeichnet werden.«

Für die nächsten zehn Kilometer bis hinauf zum Tauern-Kegel benötigte Dittmar fast zwei Stunden. Dabei beobachtete er, daß über Gletschern ein selten gleichmäßiger und ruhiger Aufwind zu finden war. Bei der Überquerung des Großvenediger-Massivs wäre sein Flug jedoch beinahe schief ausgegangen. Er berichtete:

»Vom Tauern-Kegel flog ich, ohne wesentlich an Höhe zu verlieren, über den Grau-Kegel auf den Großvenediger zu. Der Abwind wurde immer stärker, Meter um Meter ging die Höhe verloren, die ich vorher so heiß erkämpft hatte. Aber der Aufwind muß doch kommen, sagte ich mir; denn wo Abwind ist, muß in der Nähe auch Aufwind sein. Also flog ich weiter auf den Venediger zu. Aber je näher ich ihm kam, um so mehr fiel die Maschine. Ich machte kehrt, um noch über den Grat hinwegzukommen, der in einiger Entfernung hinter mir lag. Aber auf dem Rückflug fiel die »Kiste« mehr und mehr. Ob das wohl noch langen wird? Ich flog schnell, flog langsam, suchte nach Aufwind, aber vergebens. Etwa 30 m kam ich unter dem Grat an. Ich war in einem Kessel eingeschlossen.

Mit soviel Abwind hatte ich nicht gerechnet. Außerdem verschätzt man sich in den Alpen sehr leicht mit den Entfernungen. Alles Gletscher, weiter unten Steingeröll – ganz unten ein kleiner Wassertümpel. Wie die Landung da unten wohl ausfallen wird, dachte ich. Wie ich mich wohl als Bergsteiger eigne, um wieder ins Tal zu gelangen? Keine Ahnung vom Klettern, außerdem nicht schwindelfrei. Es war wohl die kritischste und unangenehmste Situation während meiner ganzen Fliegerei.

Aber die Hoffnung gab ich noch nicht auf. Ich hatte den festen Glauben, daß an irgendeiner Stelle dieses Kessels doch der Aufwind steckt; aber wo? Das war vorerst das Rätsel. Ich flog deshalb als letzte Hoffnung in etwa 200 m Abstand innerhalb des Kessels ringsherum . . . und siehe da, kurz vorm Großvenediger, wo nach meinem Ermessen niemals Aufwind hätte sein können, kam das Glück zu Hilfe. Zunächst starkes Fallen der Maschine mit einsetzender heftiger Böigkeit. Ich fliege noch immer geradeaus. Mein Variometer zeigt bereits ein Viertelmeter Steigen an – ich kurve – und wie ein Wunder wird der Aufwind immer stärker. Die Luft ist stark durchwirbelt. Die Maschine wird sehr umhergeworfen, aber sie steigt, und das ist die Hauptsache. Nach einer halben Stunde habe ich die größte Höhe des Tages mit 3300 m erreicht. In 20 m Höhe überfliege ich das Massiv des Großvenedigers. Die Überquerung der Zentralalpen war somit gelungen.

Es war kalt und ich war sehr müde, denn ich war bereits knapp vier Stunden unterwegs. Von hier an war's nur noch ein langgestreckter Gleitflug in das bekannte Pustertal.

Auf der gesamten Strecke von 120 Flugkilometern hatte ich nur zweimal Landegelegenheit, wo meine Maschine heilgeblieben wäre. Es war mein schwierigster, aber auch weitaus interessantester Segelflug gewesen.«

Heini Dittmar landete bei Niederdorf, das jetzt den Namen Villabassa trägt, seit Südtirol italienisch geworden ist. Eine völlige Alpenüberquerung war es noch nicht, aber doch eine große segelfliegerische Leistung.

☆

Am 16. Mai 1937 trafen sich die Akafliegs erneut in Prien zum Training für das ISTUS-Vergleichsfliegen, das vom 24. bis 30. Mai 1937 von Salzburg aus stattfinden sollte. Ludwig Karch auf dem Zweisitzer Mü-10 und Felix Kracht mit der von ihm weitgehend umkonstruierten FVA-10b ›Rheinland‹ gelang es, den Zentralkamm östlich des Großvenediger nach stundenlangem Anstehen zu überqueren. Sie gerieten aber auf der Südseite in Regen und mußten in Oberdrauburg bzw. bei Lienz, Drautal, landen.

Felix Kracht schrieb im Jahre 1983:

»Die gleiche Wetterlage hatten wir dann auch anfangs in Salzburg, wo Hanna Reitsch auf Sperber-Junior und Heini Dittmar auf Condor II, beide vom DFS, hinzukamen. Im Norden des Zentralkamms wundervolles Segelflugwetter; der Süden dicht in Regenwolken. Ich erinnere mich an einen Tag, an dem ich am Zentralkamm der Hohen Tauern, entlang dem oberen Salzachtal, von Bad Gastein bis ins Krimmlertal jedes Quertal abgeflogen bin, gelegentlich mit Thermik, meist die Hänge abrasierend, immer auf der Suche nach einem Mausloch von wolkenfreiem Gebirgssattel, der den Durchstoß nach Süden ermöglicht hätte . . . um mich schließlich nach 5½ Stunden Flug im wohlvertrauten Zell am See hinzusetzen, moralisch völlig am Ende.

Das änderte sich jedoch, als am 29. Mai abends der Wetterfrosch, Dipl.-Ing. Rudolf Maletzke (DFS), unkte, am nächsten Tag werde die Inversion verschwinden oder wesentlich höher liegen. Nur am Südrand der Alpen sei mit lokalen Gewittern zu rechnen. Maletzke tat uns ausgezeichnete Dienste. Er erwies sich als guter Kenner, sowohl der Gesamtmeteorologie als auch der Ministrukturen. Das sollte sich hinterher als Vorteil bei verschiedenen Wettbewerben erweisen. Wie üblich, behielt er an diesem Tag teilweise recht.

Am 30. 5. startete ich zum zweitenmal um 13.30. Inzwischen hatte sich gute Thermik entwickelt und schnell war ich wieder am Lattengebirge, aber merklich höher als zuvor. Am Hang gab's zunächst 2 m/s Aufwind, dann 3 und 4 über dem Gipfel. Als ich kreisen konnte, stand das Variometer am Anschlag und ich kletterte bis an die Wolkenbasis (3000 m NN). Über den Hochkalter ging es dann direkt auf die Schmittenhöhe zu, wo ich erneut die Wolkenuntergrenze – jetzt rund 3200 m NN – erreichte. Hier hatten sich nordwest-südöstlich verlaufende Wolkenstraßen gebildet. An einer entlang rauschte ich, ständig weitersteigend, bis auf 4200 m. Bei diesem Eilmarsch über die Tauern, an denen ich so oft ohne Erfolg geknabbert hatte, dankte ich Maletzke für seine richtige Prognose – leider ein bißchen zu früh.

Der Großglockner blieb rechts liegen, und weiter ging's dem Mölltal entlang, bis kurz vor Spittal, und von da ab südlich über die Gailtaler und Karnischen Alpen nach Tolmezzo. Hier hatte ich noch 2800 m Höhe und genügend Zeit, den Wetterfrosch zu verwünschen. Dessen ›lokale‹ Gewitter hatten sich zu einer geschlossenen Gewitterfront von Horizont zu Horizont vereinigt. Mangels ausreichender Blindflugerfahrung und in Unkenntnis der Wetterlage vor den Alpen, drückte ich meine schöne Höhe bis 800 m weg. Dann versuchte ich, an den Hängen der letzten Ausläufer des Tagliamento-Tales den Flugplatz Udine zu erreichen. Dies gelang nicht. Nach 3½ Stunden Flugzeit landete ich südwestlich von Osoppo in der Udine-Ebene, 175 km von Salzburg. Meine vor mir gestarteten Kollegen haben sich alle ein bißchen westlicher gehalten und überquerten die Tauern zwischen dem Großvenediger und Großglockner. Dittmar landete im Zielflug bei Lienz. Die anderen überquerten die Dolomiten und erreichten das Piavetal. Hanna Reitsch, Rudolf ›Gretchen‹ Ziegler (Mü-13) und Hermann Ruthardt (fs-16) landeten schon am Oberlauf der Piave. Ludwig Karch und sein ›Gebirgsnavigator‹ Klein schafften es einige 30 km weiter bis Farra d'Alpago nahe von Belluno. Die gleiche Gewitterzone hatte sie zur Landung in den südlichen Voralpen gezwungen. Am nächsten Tag segelte Hans Osann (›Windspiel‹) auf dem von mir gewählten Kurs und kam 5 km näher an Udine heran.

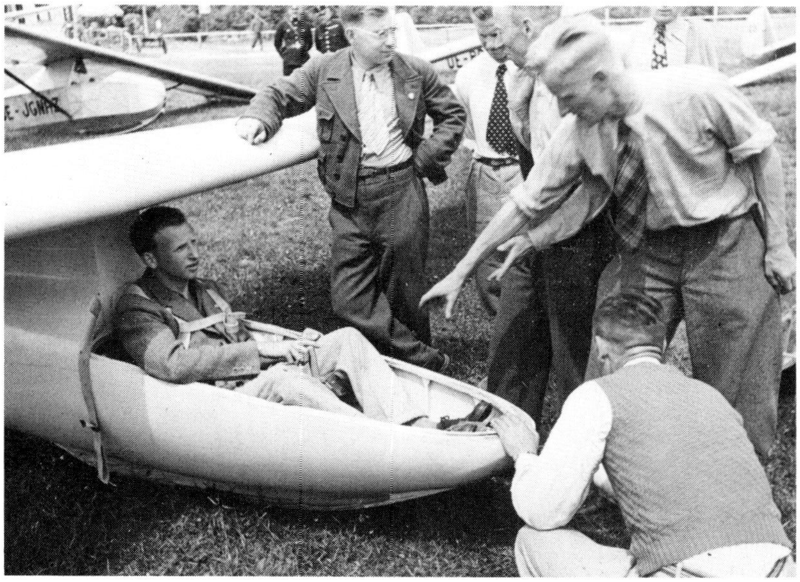

Links: **Vor Osanns Alpenüberquerung von Salzburg aus: Hans Osann mit ›Windspiel‹. Helmut Alt deutet mit der Hand.** Rechts: **Hermann ›Bubi‹ Ruthardt, Akaflieg Stuttgart.**

Es hat – meines Erachtens sinnlose – Diskussionen darüber gegeben, ob die Landungen im Piavetale als Erreichen der Ebene zu betrachen seien. Mindestens der Flug der Mü-10 (Karch/Klein) sollte als volle Überquerung von Ebene zu Ebene angesehen werden. Nach meiner Ansicht aber alle sechs Flüge. Es war eine Gruppenleistung.«

☆

Ludwig Karch (1914–1973) hat sich später zu dem größten Alpenflugexperten seiner Jahre entwickelt. Als freiwilliger Alpenfluglehrer hat er nach dem Zweiten Weltkrieg sein Wissen an viele andere weitergegeben. Er tat dies nicht nur in der Theorie, sondern auch durch Gruppenzusammenfliegen. In einem Fall segelte er zwanzig Kilometer zu einem Nachzügler zurück, der sich in einer schwierigen Lage befand. Karch half ihm aus der Klemme heraus. Er war ein selbstloser Idealist, der leider allzufrüh von uns gegangen ist.

☆

Der Stuttgarter FFG-Pilot Hermann ›Bubi‹ Ruthardt schilderte seinen Flug:

»Am 30. Mai kehrten unsere Wettermacher aufgeregt von ihrem morgendlichen Flugzeugaufstieg zurück und verleiteten uns zu einem frühen Start; wir mußten jedoch alle prompt vom Untersberg zurückkehren und noch einmal starten. Fand man nämlich nach dem Ausklinken keinen Aufwind, mußte man rechtzeitig an Rückkehr denken, denn der Untersberg ist etwa 10 km vom Flugplatz Salzburg entfernt.

Beim zweiten Start fand ich Anschluß an eine sich bildende Wolke. Von ihr flog ich zum Lattengebirge, dann über Gr. Stadl und Hochkalter zum Steinernen Meer. Dort traf ich enorme Aufwindgeschwindigkeiten und eine kleine Wolkenstraße an, die mich mit großer Fahrt und ohne Höhenverlust bis zum Bernkogel brachte. Hier war allerdings der Aufwind zu Ende, so daß ich beim Hundstein eine halbe Stunde lang kreuzte und mich ganz langsam über Archenkopf und Schwarzkopf an den Glocknerpaß heranarbeitete. Die Flaute wurde stärker, aber ich wollte unter allen Umständen über den Zentralkamm hinwegkommen. Vorsichtig flog ich den Grat immer weiter hinauf und konnte mich glücklicherweise in stetig gleichem Bodenabstand über dem Grat halten. Hier oben war kaum mehr blanker Fels sichtbar. Die Gegend lag noch unter Schnee und Eis. Hier und da gab's an Stellen, wo ich Abwind vermutet hätte, leichten gleichmäßigen Aufwind, der wie schwacher Hangwind wirkte.

Langsam hörte auch dieser Aufwind auf. Ich überzeugte mich, daß rückwärts und vorwärts Flaute war, hielt auf den Paß zu und überflog ihn aufatmend in ganz geringer Höhe. Von hier aus sank ich unaufhörlich ins Mölltal hinunter, bis ich etwa 5 km vor Heiligenblut an Felsen mitten im Grün des Tales etwas Aufwind fand. Endlos kreisend ließ ich mich an den Hängen zur Goldberggruppe hinauftragen. Dort bildeten sich wieder langsam Schleier und Wolken. Es galt also, eisern den Aufwind auszukreisen.

Allmählich kam ich an die Wolkenbasis heran. Der Weiterflug war wieder leicht. Es ging glatt, bei langsam schlechter werdender Sicht, den Wolken entlang zwischen Oberdrauburg und Lienz hindurch bis zu den Kellerspitzen. Hier sah es leider betrüblich aus für den Weiterflug. Nach Süden zu lag ein Gewitter unübersehbar weit in den Bergen. Die Wolken schlossen oben mit den Bergspitzen ab. Ein Unterfliegen der Wolken war ausgeschlossen. Es blieb nur noch ein Umfliegen des Gewitters übrig. Ich entschloß mich daher, nach Westen auszuweichen, da hier der Rand des Gewitters näher lag. Es gelang mir, bis zum Monte Peralba mit geringem Höhenverlust zu fliegen. Von hier aus ging's nach Südwesten. Ich rechnete mir aus, daß die vorhandene Höhe einen Gleitflug bis in die italienische Ebene gestatten würde.

Darin wurde ich enttäuscht, da von jetzt ab nur Abwind und ziemlich starker Gegenwind vorherrschte. Allmählich sank ich unter Berghöhe. Überall im Tal konnte man suchen; nirgends fand man Aufwind. Dabei waren keine Landegelegenheiten sichtbar, überall nur steile Hänge mit Bäumen, Hecken und Steinwällen. So flog ich das Piavetal immer weiter hinunter.

In der Nähe von Pieve di Cadore kreiste ich verzweifelt an einer kleinen Bergnase im Hangaufwind, ungefähr 300 m über Talgrund, als plötzlich, vielleicht 30 oder 40 m unter mir, zu meiner Überraschung und Freude ein Segelflugzeug auf mich zuflog. Es war der Münchener ›Merlin‹ mit Rolf Ziegler als Piloten.

Aber nicht lange dauerte die Freude. Ich verlor wieder Höhe und erkannte, daß es mit der Landung bald ernst werden würde. Da sah ich zufällig in 3 bis 4 km Entfernung in einem Seitental eine kleine Wiese, auf der man mit einiger Geschicklichkeit landen könnte. Also darauf los in schnellem Gleitflug! Es kommt ein kleiner Sattel, auf dem ein paar Häuser stehen. Es reicht gerade darüber hinweg. Ich nehme noch wahr, daß da gerade irgendwo ein Begräbnis stattfindet. Da bemerke ich, daß die Wiese abfällt und an ihrem Ende Telefonmasten stehen. Also wird über ein paar Büsche und einen abfallenden Kartoffelacker hinweggeslippt. Dabei falle ich Gott sei Dank wie ein Klavier vom Himmel. Die Maschine rutscht noch 2 bis 3 m im tiefen Gras und steht kurz vor einem Graben und den Masten: Tai di Cadore, 3 km südlich von Pieve di Cadore, war der Name der Häuser.

Nach wenigen Augenblicken kamen Leute angerannt und redeten aufgeregt auf mich ein, was ich zunächst in aller Ruhe und ohne Verständnis anhörte. Ich wollte meine Kameraden möglichst bald von meiner Landung wissen lassen. So stellte ich mit viel Mühe einen Alpini bei der Maschine auf, dem ich seine Verantwortung mit Handbewegungen und Augenrollen verständlich zu machen suchte. Hierauf wanderte ich nach Pieve di Cadore zur Gendarmerie-Station. Dort traf ich Hanna Reitsch und Rolf Ziegler, die beide in der Nähe von Pieve di Cadore gelandet waren. Die Wiedersehensfreude im fremden Land war groß.

Im Triumphzug wurden die Teile unseres ›Wippsterz‹, vorwiegend von Alpinis, nach Pieve di Cadore getragen. Der Rumpf beschloß den Zug auf einem Fahrrad. Von den Dächern und Haustüren wurde uns von zarten Händen freundlich zugewinkt, was wir zaghaft erwiderten, Ziegler und ich. Die Aufnahme bei Bevölkerung und amtlichen Stellen war äußerst freundlich. Die Maschinen wurden bereitwilligst in der Kaserne untergebracht. Dann führte man uns in einen bescheidenen Gasthof, wo wir das Abendessen mit wenigen Worten und vielen Kämpfen mit den Makkaronis einnahmen.«

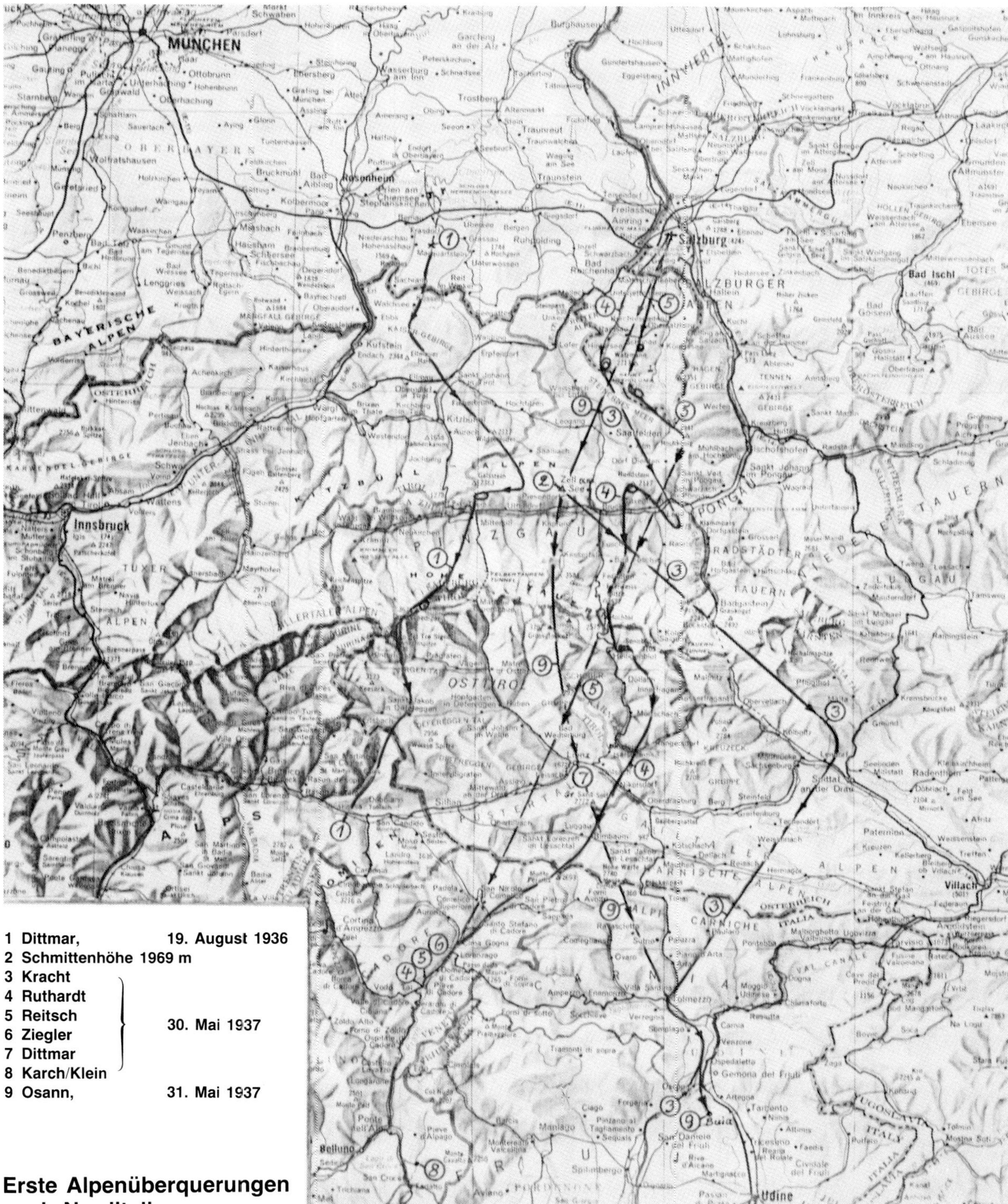

Erste Alpenüberquerungen nach Norditalien.

Im Jahre 1954 – 17 Jahre später – schilderte Hanna Reitsch in ihrem Buch »Fliegen, mein Leben«, welche Gefahren sie bei ihrer Alpenüberquerung am 30. 5. 1937 zu überwinden hatte:

»Fünfhundert Meter über dem Flugplatz Salzburg mußte sich jeder Teilnehmer vom Schleppseil der Motormaschine lösen. Gegen zehn Uhr morgens war ich an der Reihe. Sobald ich ausgeklinkt hatte, flog ich die Ostseite des Untersberges an, die die meiste Sonnenwärme aufgespeichert haben mußte. Zunächst weit und breit nur Abwind.

Als ich gerade im Begriff war zum Flugplatz umzukehren, fing der ›Sperber‹ leise an zu zittern. Das Variometer stieg ein wenig – kaum über Null – und blieb bei zehn bis zwanzig Zentimeter pro Sekunde Steigen stehen. Vorsichtig kreiste ich, um dieses schwache Aufwindfeld nicht zu verlieren. Ich hatte Glück. Das Steigen wurde immer stärker, bis zu 1 1/2 m/sec. Ganz rasch bildete sich über mir eine Wolke, die mich zu sich emporzuziehen schien. Unentwegt kreisend stieg mein ›Sperber‹ bis ich in fast 2000 Meter Höhe die Wolkenbasis erreicht hatte.

Ich flog den Grat des Untersberges entlang, weil sich an seinem westlichen Ende eine Wolke zu bilden schien. Ich war allein in dieser Höhe. Die anderen Kameraden, die vor mir gestartet waren, waren zum Flugplatz zurückgekehrt. Es war noch früh am Tage. Unter kleinen Wolkenfetzen kreiste ich wartend und hielt Umschau, denn das Gesicht der Berge war mir von oben gesehen neu. Für den Bergsteiger bleibt Gipfel an Gipfel ein festgefügtes Panorama. Für das Fliegerauge sind die Berge in ständiger Bewegung, mal in Licht, mal in Schatten getaucht, scheinen sie zu grüßen oder zu drohen. In der Ferne schimmern Großglockner und Großvenediger im ewigen Schnee. Unter mir dampfen die Täler. Die Nebel klettern die bewaldeten Hänge hinauf. Vor mir im Süden glitzert in erhabener Schönheit schneebedeckt der Watzmann, und östlich von ihm leuchtet aus sich teilenden Nebelschleiern smaragdgrün der Königssee.

Eine große, verlockende Wolke bildet sich über dem Watzmann. Ob ich in den Bereich des Aufwindes unter ihr gelangen kann? Ich fliege dem Lattengebirge entlang mit Kurs dahin; doch kaum verlasse ich den Bergrücken, gerate ich in Abwind. Mit vier, fünf, sechs Meter pro Sekunde zieht es mich hinunter. Ich spüre, wie mich Unruhe erfaßt und in Versuchung treiben will, einmal nach links, einmal nach rechts tastend zu fliegen, um aus dem Abwindgebiet herauszukommen. Jetzt aber gilt nur eins: im direkten Kurs den nächsten Berg erreichen.

Meine stolze Höhe habe ich schnell eingebüßt. Schon bin ich unter tausend Meter. Die Wälder, die Dörfer, der Königssee wachsen zu mir herauf. Wo werde ich meinen »Junior« landen können, wenn der Abwind mich nicht wieder frei gibt? Jetzt darf ich nicht die Nerven verlieren. Schon bin ich am Fuß des Watzmanns in Höhe der Waldgrenze angelangt. Soll ich den Flug abbrechen und versuchen, den ›Sperber-Junior‹ auf eine Wiese zu setzen? Sekunden der Entscheidung! Da plötzlich lupft es mich. Erst sanft, dann immer stärker, immer schneller – das Variometer zeigt einen, dann zwei, dann drei Meter/Sekunde. Ich kreise steil und eng, ganz dicht am Hang, gerade so, als müßten meine Flügelspitzen die Bäume berühren. Wir sind gerettet. Mein Vogel und ich scheinen dies gleichartig jubelnd und dankbar zu empfinden. Ich kreise noch immer im gleichen Aufwindkamin, der mit wachsender Höhe an Durchmesser gewinnt, so daß ich in flacheren, größeren Kreisen fliegen kann. Ganz dicht am Watzmannhaus vorbei zieht mein ›Sperber-Junior‹ seine Bahn. Touristen stehen vor dem Haus und winken dem lautlosen Vogel zu, der, von unsichtbarer Kraft getragen, über sie hinwegsteigt. Muß es sie nicht wundersam berühren, wie er, kleiner und kleiner werdend, in Höhe und Einsamkeit verschwindet? . . .

Nun habe ich die Höhe des Watzmanngipfels erreicht. Ich kreise weiter. Die Wolkenbasis dehnt sich entlang seines Grates aus. 2750 m – 2800 m – 2900 m – 3000 Meter. Jetzt umspielen mich die ersten Wol-

Die Alpenüberquerungen von 1936–1937

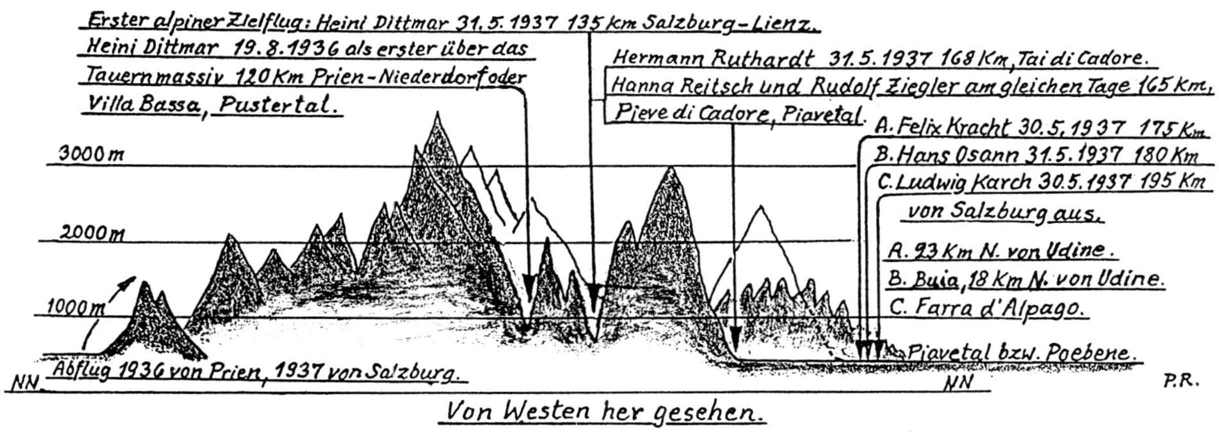

24.—30. Mai 1937: Istus-Tagung in Salzburg.

Teilnehmer:	Ungarn, Österreich, Schweiz, Frankreich, Tschechoslowakei, Deutschland.
Alpiner Flug:	1. Karch/Klein-Deutschland 195 km.
,, ,,	Gesamtleistung: 1. Karch/Klein-Deutschland 255 km.
Streckenflug:	1. Karch/Klein-Deutschland 195 km.
,,	Gesamtleistung: 1. Hanna Reitsch-Deutschland 415 km.
Höhe:	1. Karch/Klein-Deutschland 2980 m.

Resultate des internationalen Vergleichsfliegens anläßlich der „Istus-Tagung 1937".

Alpiner Flug:

Gesamtleistung:		Einzelflug:	
1. Karch und Klein	255 km	1. Karch und Klein	195 km
2. Kracht	234 „	2. Osann	180 „
3. Ruthardt	187 „	3. Kracht	175 „

Allgemeiner Streckenflug:

Gesamtleistung:		Einzelflug:	
1. Hanna Reitsch	412 km	1. Karch und Klein	195 km
2. Haase	361 „	2. Osann	180 „
3. Osann	320 „	3. Kracht	175 „

Höhenwertung:

1. Karch	2980	m über Ausklinkhöhe
2. Kracht	2930	„ „ „
3. H. Reitsch	2620	„ „ „
4. H. Dittmar	2340	„ „ „
5. Neßler	1570	„ „ „

Zielflug:

Gesamtleistung:		Einzelflug:	
1. Haase	159 km	1. Dittmar	110 km

Anerkennungspreise:

Beste Dame: Hanna Reitsch.
Beste Österreicherin: Frl. Emmy Rohrez (im alpinen Flug).
C.S.R.: Silhan.
Ungarn: Stef.
Österreich: Wiedner (in Gesamtstrecke).

Neue 1937-Muster

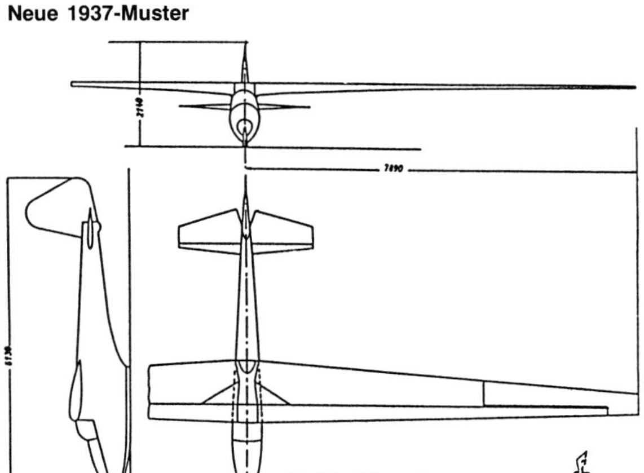

fs-16 ›Wippsterz‹

akademische fliegergruppe stuttgart e.v.

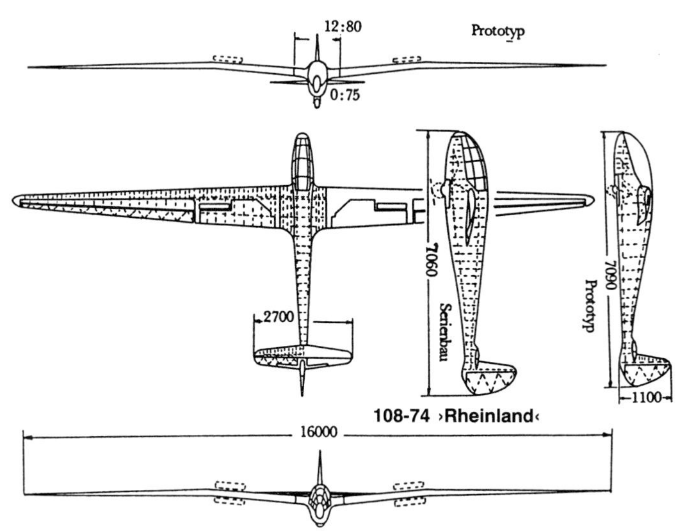

108-74 ›Rheinland‹

kenschleier. Der Aufwind aber nimmt ab. Die Wolke zieht mich nicht in sich hinein. Ich habe Zeit mich umzuschauen. Unter mir leuchtet und glitzert der schneebedeckte Watzmann. Mich lockt und ruft die Gletscherwelt. Ob ich versuche, bis dahin vorzustoßen? Dazwischen liegt die schroffe Kette des Steinernen Meeres. Schon habe ich Kurs dahin genommen. Doch kaum habe ich den Watzmann verlassen, geht es mit großer Sinkgeschwindigkeit, mit 4 bis 5 m/sec, nach unten. Der Abwind läßt nicht nach. Jede Sekunde wird spannender. Das eben noch so stolze Glück der errungenen Höhe ist wie weggefegt.

Längst ist der Grat des Steinernen Meeres höher als mein Vogel und jeden Augenblick wächst er vor mir drohend steiler in die Höhe, da ich unaufhaltsam weiter sinke. Jetzt bin ich von Bergen ganz umschlossen, und spüre, wie die Angst nach mir greift. Wenn dies das Ende meines Fluges bedeuten sollte ... Die Rumpfschnauze meines Vogels bleibt auf das Steinerne Meer gerichtet. Ich sinke weiterhin. Immer deutlicher vor mir erkenne ich das verwitterte, verwaschene Gestein seiner steilen Wände und Zacken. Doch über seinem Kamm bilden sich kleine Wolkenschleier, ein leiser Hoffnungsstrahl für mich. Werde ich sie aber je erreichen, bevor mein ›Sperber‹ an seinen steinigen Hängen zerschellt?

Ein unheimliches Gefühl, die Bergwände immer höher anwachsen zu sehen. Unter mir keine Möglichkeit, den Vogel heil zu landen! Der blasse Schatten meines »Sperber-Juniors« zieht schon ganz nahe unter mir über den steinigen Boden. Die Angst würgt und schnürt mir meine Kehle. Da entdecke ich plötzlich, kaum dreißig Meter entfernt, zwei Bergdohlen, die dicht an den Bergwänden kreisen. Ich fliege ganz nahe an sie heran, so nahe, daß ich fürchte, mit den Flächen die Felsen zu streifen. Und nun lupft es auch mich. Ganz vorsichtig beginne ich zu kreisen, in jedem Augenblick darauf gefaßt, falls mich ein Windstoß zu nahe an die Felswand treibt, im ›Turn‹ abzukippen. Die Bergdohlen behalte ich ständig im Auge. Sie steigen schneller, sind schon über mir, sie können es besser. Wie einem Lotsen fliege ich ihnen nach. Dort, wo die Spalten des Gesteins vertikal gerichtet sind, scheinen sie am schnellsten Höhe zu gewinnen. Ich folge ihnen kreisend. Nach einer mühsamen halben Stunde überfliege ich in 2670 m Höhe den schneeblinkenden Grat des Steinernen Meeres. Meine zwei Freunde habe ich aus dem Auge verloren, aber kaum Faßliches zeigt sich jetzt meinem Blick. Gipfel an Gipfel in Eis und Schnee gehüllt, die Hohen Tauern, die Zillertaler, die Ötztaler Alpen. Groß und gewaltig stehen die schweigenden Gebilde von Fels und Firn. Südlich unter mir breitet sich das Salzachtal aus. Greifbar nahe leuchtet stolz und majestätisch der Großglockner.

Über dem Steinernen Meer fliege ich von Wolke zu Wolke, um die letzte Höhe jedes Aufwinds auszunutzen. Über dem Hochkönig trägt mich eine Wolke bis auf 3500 m Höhe hinauf. Das, was ich kaum erträumte, wurde Wirklichkeit. Ich flog jetzt auf die Hohen Tauern zu. Der Zeller See lag winzig klein tief unter mir. Im Gleitflug überflog ich den Pinzgau. Ein kleiner Wolkenturm half mir, die verlorene Höhe wiederzugewinnen. In fast 4000 m Höhe verließ ich ihn. Und was ich jetzt erblickte, können Worte kaum beschreiben:

Die ganze Bergwelt lag jetzt unter mir. Einsam flog ich über die glitzernde, schweigende, schneebedeckte Pracht. Grünbläulich schillerten die Gletscher zu mir herauf. Der Großglockner erschien mir wie ein mahnender Finger Gottes. Das Irdische mit aller Angst und Kleinheit schien von mir abzufallen. Zeit und Ewigkeit schienen sich zu berühren. Ich spürte nur, wie sich die Hände um den Steuerknüppel falteten und dicke Tränen mir die Wangen hinunterliefen ...

Ich hatte den Wettbewerb vergessen – auch hatte ich nicht bemerkt, daß ich in meiner weißen, langen Leinenhose, ohne Handschuhe, in dieser eisigen Kälte mächtig fror. Ich spürte jetzt, wie vor Kälte die Zähne aufeinander schlugen und Hände und Füße so schmerzten, daß ich nur schwer Steuerknüppel und Pedale bedienen konnte. Doch das Schwierigste war geschafft. Ich lenkte meinen Vogel weiterhin nach Süden, wo wildzackig die Spitzen und Grate der Dolomiten zu mir heraufragten. Sie wirkten erschreckend aus meiner Höhe; gerade so als wollten sie mich aufspießen. Auch der Aufwind über ihnen ist schwierig auszunutzen. Er ist im Durchmesser eng begrenzt. Südwestlich von mir leuchten um die Marmolata blaugrüne Gletscher. Vor lauter Kälte bin ich kaum mehr fähig, die Schönheit in mich aufzunehmen.

Links von mir, aus Südosten kommend, breitet sich eine schnell ziehende Wolkendecke aus, die mich von der Erde abzuschneiden droht. Vor mir öffnet sich das Piave-Tal. Ich fliege nun im Gleitflug das versandete, steinige Flußbett der Piave entlang. Rechts und links unzählige Felder, die von Olivenbäumen gesäumt sind. Es muß nicht schön sein, hier landen zu müssen. Ich verliere jetzt rasch an Höhe. Die Wolkendecke hat sich als Regenwand schnell ausgebreitet und schneidet mir den Weg nach Süden ab. Wo ich genau bin, das ahne ich nicht. Meine Landkarte ging beim Großglockner zuende. Regentropfen hämmern bereits auf meine Flächen. Im Flußbett zu landen, verlockt mich nicht.

Ich kehre um und versuche, die zuletzt überflogene Ortschaft zu erreichen. Es ist Pieve di Cadore. Ich wußte es damals nicht. Ich sah zu meinem Entsetzen, daß keine Wiese zum Landen vorhanden war. Im Ort erkannte ich eine Kaserne, deren Hof von drei Seiten durch Gebäude eingeschlossen war und deren offene Seite in einen Fußballplatz verlief. Das mußte zum Landen ausreichen! Doch eine Pappelreihe, die den Platz abschloß, sollte mir fast zum Verhängnis werden. Ich mußte sie landend überfliegen. Eben als ich kurz davor war, wurde ich von einer Fallböe erfaßt und hinuntergedrückt. Schon war ich tiefer als die Baumkronen. Der Vogel schien verloren. Jetzt mußte ich an meine eigene Rettung denken. Ich drückte in hoher Fahrt dicht an den Boden heran, um in der Mitte zwischen zwei Bäumen durchzurasen. Ich hoffte, daß die Flächen abreißen und der Rumpf mit mir am Boden entlang rutschen würde.

Doch dicht vor den Bäumen spürte ich, wie ich in eine Aufwärtsböe gelangte, nutzte gleichzeitig den Fahrtüberschuß aus und zog meinen Vogel blitzschnell fast senkrecht in die Höhe. Er streifte leicht die Wipfel, sackte dahinter etwas durch und setzte etwas unsanft, aber heil, am Boden auf.

Ich glaube, ich blieb lange – nur in der Stille dankend – in meinem Vogel sitzen, bis mich das Stimmengewirr heranlaufender italienischer Soldaten wie aus einem Traum weckte. Ich war vor Kälte weder fähig, ein Wort zu sprechen, noch selbständig auszusteigen. Die Italiener hoben mich heraus. Meinen Vogel aber trugen sie in jubelndem Triumph auf ihren Schultern bis vor die Kaserne.

Wochen waren vergangen. Längst war ich wieder in Darmstadt in meiner Forschungstätigkeit. Jeden Morgen aber schlich ich mich in die Halle, in der mein ›Sperber-Junior‹ stand und streichelte zärtlich seine Flächen und hielt leise Zwiesprache mit ihm. Weißt du noch . . .

Er war mein treuester Kamerad und hatte mit mir erlebt, was bis dahin noch niemand erlebt hatte. Er hatte ein Menschenkind über die Alpen getragen.«

☆

Mitreißend, packend geschildert – so wie Hanna Reitsch überhaupt eine Meisterin des Wortes war. Vielleicht hätte sie in ihrem Buch noch das Zusammentreffen mit Ruthardt und Ziegler erwähnen können, die ja auch in Pieve di Cadore gelandet waren; und die großartigen Überquerungen von Karch, Kracht und Osann.

☆

»Der Segelflieger« schrieb in seiner Juni 1937-Ausgabe:

»Mit diesen Leistungen ist die Alpenüberquerung erstmalig vollständig gelungen, da bei allen vorherigen Versuchen nur der Hauptkamm der Alpen überflogen werden konnte.«

KAPITEL 20

1937 bis einschließlich des 1. Internationalen Segelflugwettbewerbs

Der Flugsport schrieb: »*Die Fülle der flugsportlichen Veranstaltungen, dicht aneinandergedrängt, war noch nie so groß wie in diesem Jahr.*«

Dieser Satz galt auch für segelfliegerische Ereignisse, die deshalb nur in kürzester Form erwähnt werden können:

Im Februar 1937 flog Karl Baur die seit Anfang 1936 im Bau befindliche Fs-16 ›Wippsterz‹ seiner FFG (Akaflieg) Stuttgart ein. Konstrukteur: Hans-Friedrich Rieckert; Spannweite 16 m, errechnete Gleitzahl 28.

Elektriker der gleichen FFG entwickelten das schon auf der 1936er Rhön preisgekrönte winzige Ein-Watt-Funk- und Fernsprechgerät für Segelflugzeuge weiter. Größe: 120×100×50 mm. Diese Pionierarbeit führte schließlich zum ersten Gebrauch solcher Geräte zwischen Hilfsmannschaft und Segler im Rhönwettbewerb 1939.

Ab 15. 3. wurde eine theoretische Prüfung von A-, B- und C-Schülern verlangt.

12. 4.: Fluglehrer Max Beck segelte mit Begleiter Knies im ›Kranich‹ eine 193,4 km Zweisitzer-Weltrekordstrecke vom Hornberg bis Dietesheim bei Bingen (Rhein).

19. 4.: Durch Erlaß des Reichsluftfahrt-Ministers Hermann Göring wurde der Deutsche Luftsportverband in das Nat. Soz. Flieger Korps umorganisiert, mit Generalmajor Friedrich ›Krischan‹ Christiansen als Führer. Josef (Seff) Kunz blieb der Leiter der Abt. Segelflug. Fritz Stamer war längst wieder zum DFS in Griesheim zurückgekehrt, wo Professor Georgii ihm eine Stellung angeboten hatte. Was damals aus ›Ritter‹ Roehre geworden ist, wurde nicht bekannt.

Um diese Zeit wanderte Herbert Bartaune, Berlin, nach Südafrika aus, wo er im Jahre darauf mit einer ›Minimoa‹ von Johannesburg 386 km weit nach Bremersdorp segelte, ein Rekord für Südafrika. Ernst Philipp, jetzt Fluglehrer in Berlin, ging im Auftrag des deutschen Aeroclubs nach Rumänien, um dort eine Segelflugschule aufzubauen. Für Teilnahme an Rhönwettbewerben kam er jedoch vorübergehend zurück.

3. 5.: Hans Osann segelte mit dem ›Windspiel‹ seiner FFG Darmstadt 275 km von Griesheim bis zur holländischen Grenze. Um Devisen zu sparen, gab er 1000 m Höhe auf und landete noch auf deutschem Boden bei Emmerich.

5. 5.: Werner Blech, Breslau, erhielt aus den Händen Christiansens den ›Johannes-Nehring-Gedächtnis-Wanderpreis‹ für seinen 4480 m Höhenflug vom 17. 8. 1936.

13. 5.: Erstflug der Aachener FVA-10b ›Rheinland‹ mit ihrem Konstrukteur Felix Kracht am Steuer. Gleich danach Abreise zum FFG-Alpenflugforschungstreffen in Prien am Chiemsee.

Paul Steinig erreichte 5760 m Höhe im Moazagotl-Aufwind.

14. 5.: Erich Wiegmeyer (DFS) flog als erster mit einem Leistungssegelflugzeug, dem ›DFS-Präsident‹, von einem Luftschiff, dem ›Graf Zeppelin‹ ab. Er wiederholte das Friedrichshafener Experiment am 19. 5. über Berlin-Tempelhof. Jedesmal führte er danach etwas Kunstflug vor.

22. 5.: Paul Steinig, Fluglehrer in Grunau, erreichte, wie schon erwähnt, eine neue Weltrekordhöhe von 5760 m im Moazagotl-Wellenaufwind am Steuer eines Rhönsperbers. Leider hatte sein Schlepper keinen Barographen zum Nachweis der Ausklinkhöhe mitgeführt. So konnte Steinigs Leistung nicht von der FAI anerkannt werden.

Vom 25. bis 31. 5. fand das schon im vorigen Kapitel beschriebene internationale ISTUS-Vergleichsfliegen in Salzburg statt. An dessen Schluß wurden alle möglichen Leistungen belohnt. Im Rahmen dieser Geschichtsarbeit interessieren nur die Alpenüberquerungen, die im voraufgegangenen Kapitel eingehend beschrieben wurden. Hier sind sie noch einmal abschließend zusammengestellt:

Datum	*Pilot*	*Segelflugzeug*	*Landeort*	*Strecken-km*
30. 5	Karch/Klein	Mü-10 ›Milan‹	Farra d'Alpago	195
30. 5.	Kracht	FVA-10b ›Rheinland‹	SW von Osoppo, N von Udine	175
30. 5.	Ruthardt	fs-16 ›Wippsterz‹	Tai di Cadore	168
30. 5.	Reitsch	›Junior-Sperber‹	Pieve di Cadore	165
30. 5.	Ziegler	Mü-13 ›Merlin‹	Pieve di Cadore	165
30. 5.	Als erster Segelflieger machte Heini Dittmar einen transalpinen *Zielflug* von Salzburg nach Lienz, 135 km. Er kam in 3000 m Höhe über seinem Ziel an, hätte also erheblich weiter segeln können.			
31. 5.	Osann	D-28 ›Windspiel‹	Buia, N von Udine	180
	Ludwig Karch mit Begleiter Klein erreichte bei seiner Alpenüberquerung die Zweisitzer-Weltrekordhöhe von 2980 m über Ausklinkhöhe.			

27. bis 29. Mai: Ernst Jachtmann segelte mit einem Grunau-Baby-II mit 40 h 55 min einen neuen Dauerweltrekord im Hangaufwind der Sylter Dünen.

16. bis 18. Juni: Major Oskar Dinort versuchte auf Sylt Jachtmann zu übertreffen, mußte aber nach 31 Stunden wegen Abflauen des Windes landen. Kurz danach machte er noch einen zweiten Versuch, aber nach 32 Stunden ließ ihn der Wettergott wieder im Stich. Was für ein Pech!

19. 6.: Fluglehrer Vergens segelte mit einem Schüler in einem ›Kranich‹ 262 km von Trebbin bis Neumark in Schlesien. Er hatte gehofft, den bestehenden Zweisitzer-Weltrekord zu übertreffen, den die Russen V. M. Ilchenko und Emerik am 27. 5. mit 407 km aufgestellt hatten. Aber die Thermikverhältnisse waren nicht gut genug.

Oben links: **23. Juni 1937 – Der Verfasser blickte vom ›Sperber-Senior‹ auf Manhattans East River hinunter.** – Rechts: **Empire-State-Gebäude und Hudson unterm Knickflügel meines Seglers.** – Darunter links: **Verfasser mit Sperber-Senior auf Elmiras Gelände.** – Rechts: **Mein D-4-502 startet zum Streckenflug.** (Foto: Hans Groenhoff)

Auf Einladung der SOARING SOCIETY OF AMERICA nahm der Verfasser am 8. nationalen amerikanischen Segelflugwettbewerb teil, der vom 26. Juni bis 10. Juli in Elmira, N. Y., stattfand. Er gewann ihn. Vorher war er von Roosevelt-Field, Long Island, aus sieben Stunden über Manhattan und bis nach New Jersey hinübergesegelt zum Training für den Wettbewerb.

☆

Am Sonntag, dem 4. 7., eröffnete Wolfgang von Gronau als Präsident des Aeroclubs von Deutschland den 1. Internationalen Segelflugwettbewerb. Gronau, ein Marineflieger des Ersten Weltkrieges, hatte sich durch Atlantiküberquerungen mit Dornier-Wal-Flugbooten einen Namen gemacht. Weltoffen, sprachgewandt, liebenswürdig – er war der richtige Mann für seinen Posten. Der Wettbewerb fand auf der Wasserkuppe statt und endete am Samstag, dem 17. 7. Am 18. 7. wurden nur noch Tagespreise ausgeflogen.

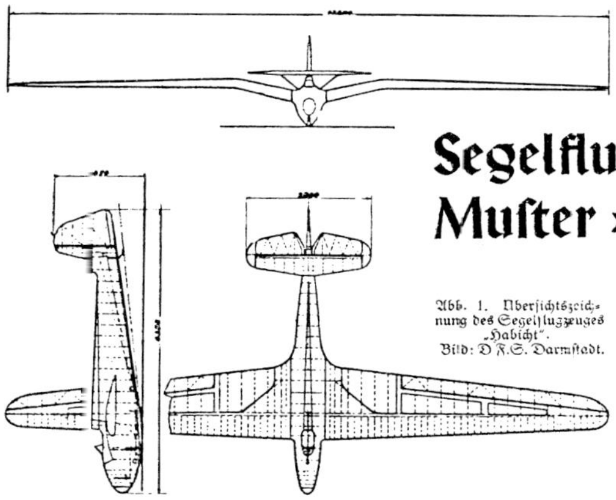

Segelflugzeug für Kunstflug Muster »Habicht« Von Hans Jacobs, DFS.

Abb. 1. Übersichtszeichnung des Segelflugzeuges „Habicht". Bild: D.F.S. Darmstadt.

Es kann das gesamte Kunstflugprogramm wie Rollen, Rollenkreise, Rückenflugkreise, Looping nach vorne und gerissene Rolle durchgeführt werden. Außerdem wurde der Habicht auf 420 km/h Geschwindigkeit von Hanna Reitsch, der Versuchspilotin des DFS., ausgeflogen, ohne daß irgendwelche unangenehmen Erscheinungen auftraten. Es kann angenommen werden, daß mit dieser Konstruktion die Lücke, die durch die Sperrung des Kunstflug mit normalen Segelflugzeugen entstand, wieder geschlossen wurde.

Zusammenstellung der Daten:

Fläche	15,82 m²
Spannweite . .	13,6 m
Seitenverhältnis .	11,69
Gleitwinkel . . .	1 : 21
Sinkgeschwindigkeit	0,80 m/sek. rechnerisch
Rüstgewicht . .	210 kg
Zuladung . . .	90 kg

Luftbremsen für Segelflugzeuge.

Von Hans Jacobs, DFS.

Die letzten Jahre haben gezeigt, daß die Leistungssegelflugzeuge infolge ihrer hohen aerodynamischen Güte bei Steuerfehlern, besonders im Kunst- oder Wolkenflug, Geschwindigkeiten erreichen können, welche zu Beanspruchungen führen, die häufig die vorhandene Festigkeit weit überschreiten und zum Bruche der Segelflugzeuge in der Luft führen. Die Bauvorschriften für Segelflugzeuge (BVS) legen als Bruchstandruck 25 G/F für den C-Fall zu Grunde. Die Endsturzfluggeschwindigkeiten der Segelflugzeuge liegen aber bei 400---500 km/h. Eine Erhöhung der Festigkeitsforderung wäre aber insbesondere für unsere großspannweitigen Segelflugzeuge gewichtlich kaum tragbar. Wenn man von einer Aenderung der Festigkeitsvorschriften absehen will, bleiben noch zwei Wege, um die Sicherheit der Segelflugzeuge zu erhöhen.

1. Verbesserung der Flugeigenschaften;
2. Anbringung einer steuerbaren aerodynamischen Verschlechterung.

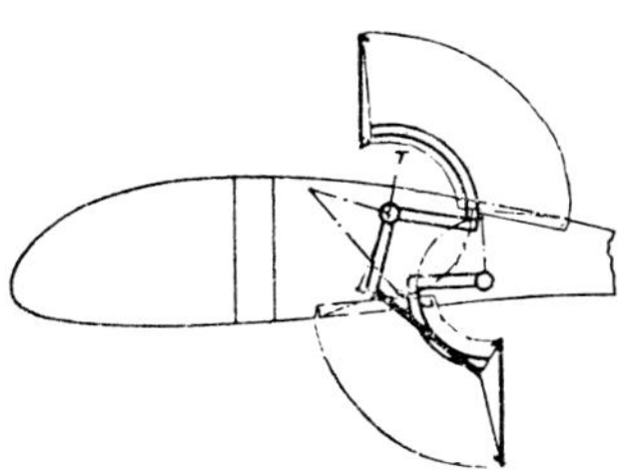

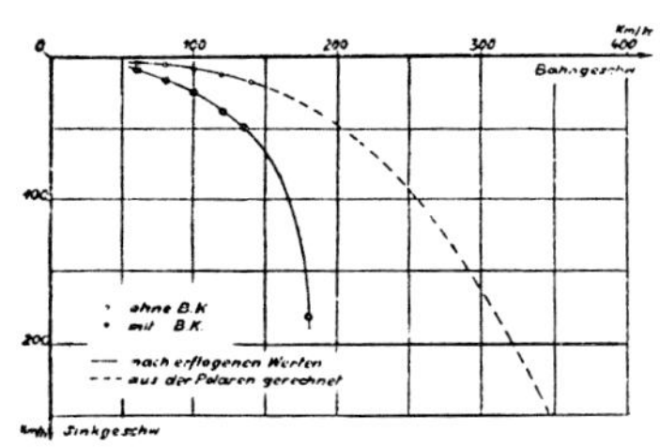

Abb. 1. Antriebsschema für Luftbremsen. Abb. 2. Geschwindigkeitsschaubild des „Rhönsperber" mit und ohne Luftbremsen.

Segelflugzeug „Kranich" des DFS, doppelsitzig, mit geschlossener Führerhaube.

Im „Flugsport" Nr. 4, Febr. 1936, wurde eine Beschreibung des Leistungssegelflugzeuges mit offener Führersitzanordnung veröffentlicht. Durch die geschlossene Führerhaube wird die Leistungsfähigkeit dieses Flugzeugmusters gesteigert. Die Verständigung zwischen Führer und Fluggast oder Schüler ist ohne Bordtelefon in normaler Unterhaltung möglich. Für Blindflugschulung, als Vorbildung für Wolkenflüge, kann der vordere Teil der Führerkopfverkleidung durch einen leicht verschiebbaren Vorhang gegen Sicht nach außen abgeschlossen werden. Der Lehrer fliegt hinten und hat volle Sicht.

Was gibt es sonst Neues?

Dr. Ernst Heinkel schult Segelflug auf „Zögling".

40 Std. 55 Min. segelte Ernst Jachtmann, Segelflughauptlehrer der Reichssegelflugschule Sylt an der Steilküste der Insel Sylt. Er startete am 27. Mai 10.45 h vormittags auf Grunau-Baby II D 3/11 und landete am 29. Mai 3.40 h morgens

Segelflugmodell flog 42 km. Das Modell des Hitlerjungen Werner Saerbeck, Borkhorst i. W., geriet auf der Wasserkuppe nach 10 Min. 24 Sek. in großer Höhe außer Sicht, und wurde jetzt 5 km nördlich von Schmalkalden bei dem Dorfe Fambach gefunden. Damit ist die bisherige Bestleistung von 13.5 km erheblich überboten.

Sieben Nationen beteiligten sich:

England: Mannschaftsführer Professor de Brunt. Piloten: John Fox, Dudley Hiscox, William B. Murray, John Charles Neilan, Joan Price, Gerald O. Smith, Percy M. Watt und Philip A. Wills.

Jugoslawien: Mannschaftsführer Mirosawljewic. Piloten: Jovan O. Arezina, Crujanski, Borivoj Ivkovic und Aleksandar Stanojević.

Österreich: Mannschaftsführer Oberst Alfred Eccher von Ecco, Edler von Marienberg. Piloten: Dr. Erich Aigner, Carl Fiedler, Karl Frena, Peter von Lerch, Emmi von Roretz, Erich Schaffran.

Polen: Mannschaftsführer Oberst Camillo Perini. Piloten: Boleslaw Baranowski, Stanislaw Brzezina, Piotr Mynarski, Edward Peterek, Romuald Szukiewicz, Mieczyslaw Urban, Zbigniew Zabski.

Schweiz: Mannschaftsführer Viktor Hug und Fred Wettler. Piloten: Willy Baur, Marcel Godinat, Heiner Müller und Hans Sandmeier.

Tschechoslowakei: Mannschaftsführer: Frantisek Sinecky, J. Slima. Piloten: Jaromir Chlup, Frantisek Pitrman, Karel Prachar, Slavek Rodovsky, Vladimir Silhan und Rudolf Steyskal.

Deutschland: Mannschaftsführer: Sfl.-Stuf. Wolff. Piloten: Heini Dittmar, Ludwig Hofmann, Hanna Reitsch, Kurt Schmidt, Wolfgang Späte, Karl Erbskorn.

☆

Die Punktwertung für Streckenflüge erfolgte nach der Formel: geflogene Strecke (km) minus die Mindeststrecke des Tages mal den Tagesfaktor, der sich aus den fünf besten Streckenflügen des Tages errechnete. Je nach der Wetterlage schwankte die Mindeststrecke zwischen 30 und 50 km und der Tagesfaktor zwischen 2,5 und 1,0. Piloten ohne Leistungsabzeichen (Silber-C) erhielten 10 Prozent Punktzuschlag.

Höhengewinn von mindestens 500 m bis 2000 m mußte mit einem Streckenflug von mindestens 20 km verbunden sein. Diese Forderung entfiel bei mehr als 2000 m Startüberhöhung. Die Punktzahl je 25 m Höhengewinn stieg von 0,5 bis 4,0 zwischen 500 und 3000 m.

Noch immer wurden Dauerflüge gewertet, vermutlich als Zugeständnis für Teilnehmernationen, deren Piloten wenig oder keine Streckenerfahrung mitbrachten. Von einer Mindestdauer von 2½ Stunden ansteigend wurden pro 5 Minuten Flugzeit anfangs 1,0, nach 8,5 Stunden 4,0 Punkte, stetig differenziert, erteilt. Bei Dauerflügen erfolgte keine Höhenwertung.

Zielrückkehrflüge zum Kreuzberg und Dammersfeld wären mit 100 km Flugstrecke angerechnet worden, aber wurden nicht geflogen. Die Landung danach sollte auf dem Motorlandeplatz erfolgen.

Seltsamerweise wurden Zielflüge in diesem Wettbewerb nicht gewertet. Jeder konnte seine Flugrichtung selbst wählen. Als Berater wurde glücklicherweise vom D.F.S. für den Wettbewerb zur Verfügung gestellt: der erfahrene Meteorologe Dipl.-Ing. Rudolf Maletzke. Er hatte sich schon bei den Alpenflügen in Salzburg so gut bewährt, daß Professor Georgii diese Entscheidung traf. Es hat sich gelohnt.

Bei der sich immer mehr steigernden Länge der Streckenflüge konnte man in ein ganz anderes, ungünstigeres Wettergebiet hineinkommen. Ein erfahrener Meteorologe wie Maletzke, der gleichzeitig mit allem vertraut war, was ein Streckensegelflug erforderte, konnte entscheidend wichtige Beratung geben. Das gilt auch heute noch. Dipl-Ing. Maletzke berichtete später über seine Beobachtungen in diesem Wettbewerb im ›Der Segelflieger‹ 1937.

Gleich am ersten Wettbewerbstag konnte Maletzke die für ›Alte Hasen‹ der Rhön ungewöhnliche Flugrichtung nach Norden empfehlen; Heini Dittmar, Piotr Mynarski, Polen, und Hanna Reitsch folgten diesem Rat und schafften die längste Strecke des ganzen Wettbewerbes, 351 km bis zum Flughafen Hamburg. Eine Kaltfront lag 50 km westlich des Rheins, bewegte sich jedoch nur ganz langsam ostwärts. Die Höhenwinde schwankten um Süd und die 8 Uhr-Wetterkarte zeigte bereits hohe Cu-Bewölkung über der norddeutschen Tiefebene. Die mit dem Wind nach Nordosten zu flogen, trafen wolkenfreien Raum nördlich des Harzgebirges und mußten vorzeitig landen.

Emmi von Roretz flog an diesem Tag mit 194 km einen neuen österreichischen Streckenrekord, den bis dahin Robert Kronfeld mit 164 km gehalten hatte.

Die nächsten drei Tage brachten schlechtes Wetter. Am 5. 7. herrschte Knofe bis mittags. Dann hob sich die Wolkendecke, blieb aber etwa 150 bis 200 m über der Kuppe. Ludwig Hofmann als einzigem gelang ein 34 km-Wertungsflug bis in die Nähe von Bad Kissingen.

Am 8. Juli wurde die Kuppe gegen 14 Uhr wolkenfrei. Wolfgang Späte meldete erst für Dauer, landete aber wieder und meldete für Strecke. Hans Sandmeier, Schweiz, übertraf zwar Späte mit 202 gegen 201 km, aber letzterer gewann weit mehr Punkte durch das Erreichen von 2245 m Höhe über NN. Heini Dittmar kam von seinem 189 km-Flug ohne Barogramm zurück – keine Höhenwertung! Aber er blieb dennoch in Führung. Willy Baur, Schweiz, übertraf mit 152 km Strecke Hofmann und Schmidt, die zu früh überland gegangen waren, genau so wie Hanna Reitsch. Vier Dauerflieger kreuzten am Westhang: Frena und Fiedler, Österreich, Müller, Schweiz, und Murray, England, zwischen 6 h 22 min und 5 h 19 min.

Der 9. 7. brachte frühen Startbeginn, bei SW 5m/s Wind. Gegen 10 Uhr startete Kurt Schmidt, der gleich Anschluß fand und mit dem Wind ›abhaute‹. Insgesamt wurden 15 Streckenflüge ausgeführt, die längsten

Lilienthal-Gebäude und Stamer-Haus waren zur Eröffnung des 1. Internationalen Wettbewerbs fertig geworden.

IX. Wertung.

Art. 36. Die Bewertung der Flugleistungen erfolgt nach Punkten. Die Reihenfolge der Wettbewerbssieger ergibt sich aus der Gesamtpunktzahl, die auf dem gleichen Segelflugzeug während des Wettbewerbes erflogen wurde.

Art. 37. Flugzeugführer ohne Segelflieger-Leistungsabzeichen erhalten auf die erflogene Punktzahl einen Punktzuschlag von 10%.

Art. 38. Die Ermittlung der Punktzahl in den einzelnen Wettbewerbsarten erfolgt nach folgender Wertung:

1. Streckenflüge:

Die Berechnung der Punktzahl erfolgt nach der Formel:

$$\text{Punktzahl} = (\text{km}-\text{M}) \cdot \text{F}.$$

In dieser Formel bedeutet km die Entfernung in km-Luftlinie; M ist die zu erfliegende Mindeststrecke des Tages und F der Tagesfaktor. Der Tagesfaktor richtet sich nach den Bestleistungen des Tages. Er ergibt sich aus der mittleren Streckenleistung der fünf größten Streckenleistungen (Totalsumme der fünf größten Streckenleistungen dividiert durch fünf) nach folgender Tabelle:

	Mindeststrecke M	Tagesfaktor F	mittlere Streckenleistung der Spitzengruppe in km	
			untere Grenze	obere Grenze
I	30	2,5	30 km	75 km
II	35	2,0	75,1 „	100 „
III	40	1,6	100,1 „	140 „
IV	45	1,25	140,1 „	220 „
V	50	1,0	über 220,1 „	—

Liegt die mittlere Streckenleistung weniger als 5% über der unteren Grenze, so wird der Tagesfaktor aus dem Mittelwert der sechs besten Streckenleistungen ermittelt.

2. Höhenflüge:

Die Bewertung der Höhe erfolgt zusätzlich zur Streckenwertung. Bewertet werden nur Höhengewinne von mehr als 500 m Höhenunterschied. Als Höhenunterschied gilt der aus dem Barogramm zu entnehmende größte Höhengewinn zwischen der niedrigsten und höchsten Stelle während des Fluges.

Bei jedem Flug gibt es nur eine Höhenbewertung.

Für die ersten 500 m werden keine Punkte erteilt.

Höhenflüge werden nur dann gewertet, wenn sie mit einem Streckenflug von wenigstens 20 km verbunden sind. Diese Forderung entfällt bei Flügen mit mehr als 2000 m Startüberhöhung.

Punktwertung:

Höhenbereich über m	bis m	Punktzahl je 25 m
500	1000	0,5
1000	1500	1,0
1500	2000	1,5
2000	2500	2,0
2500	3000	2,5
über 3000	—	4,0

Programm des 1. Internat. Segelflugwettbewerbs mit Ausschreibungsseite 7.

Internationaler Segelflug-Wettbewerb auf der Wasserkuppe (Rhön) 1937.

Wettbewerbs-Nr.	Nation	Baumuster	Erkennungszeichen	Führer	b m	F m²	G_F kg	G/F kg/m²	G/b² kg/m²	v_s m/sec.	ε	b²/F
1	Polen	Orlik	S. P. 861	Baranowski	14,4	14,1	23,3	16,5	1,13	0,7		13,6
2		CW 5/35	S. P. 995	Zabski								
3		Orlik	S. P. 1002	Brzezina								
4		PWS 101	S. P. 1005		19	19,4	265	13,6	0,73	0,61	26,1	18,6
5		PWS 101	S. P. 1006									
6	Schweiz	S 18 T	Nr. 213	Godinat	13,3	13,2	185	14	1,05	0,7	20	13,5
7		Spyr III „Wisa Gloria“	Nr. 109	Sandmeier	16	13,6	185	13,7	0,72	0,55	27	19
8		Moswey II	Nr. 204	Müller, Baur	13,8	12,2	200	16,4	1,05	0,68	25	15,7
9		Spyr III	Nr. 39	Baur, Müller								
10	Tschechoslowakei	Tulak General Cecek	OK—	Pitrman, Rodovsky	16	16	275	17,2	1,07	0,7		16
11		Tulak Cechy	OK—	Silhan, Prachar								
12		Duha II „Mario“	OK—	Chlup, Steyskal	16	16	280	17,5	1,1	0,65	31	16
14		VSB 35 „Olomouc“	OK—	Steyskal, Prachar	18	18	270	15	0,83	0,65	28	18
15	England	Hjordis	G—GAAA	Wills, Neilan	15,5	11,5	230	20	0,96	0,61		21
16		King Kite	G—GAAB	Neilan, Watt	15,6	13,6	257	19	1,06	0,82	25	18
17		King Kite	G—GAAC	Watt, Smith								
18		King Kite	G—GAAD	Hiscox, Price								
19		Falcon III	G—GAAE	Murray, Fox	17,7		335		1,06	0,85		
20	Deutschland	Atalante	D—14—150	Schmidt	16	16,5	235	14	0,92	0,6	28	15,5
21		Minimoa „Chemnitz 3“	D—7—122	Späte	17	19	290	15,3	1	0,65	26	15,2
22		D-Moazagotl		Hofmann	20	20	270	13,5	0,67	0,58	23	20
23		Fafnir II „Sao Paulo“		Dittmar	19	19	340	18	0,94	0,56	28	19
24		Reiher		Reitsch								
25	Oesterreich	Rhönadler	OE—FlorianGeyer	Schaffran, Fiedler	17,4	17,9	240	13,4	0,79	0,60		16,9
26		Condor II	OE—Tirol	v. Lerch, Frena	17,2	16,2	320	19,8	1,08	0,65	26	18,4
27		Rhönsperber	OE—Ziehrer	v. Roretz, Aigner	15,3	15,2	230	15,1	0,98	0,72	20	15,4
28	Jugoslawien	Kommar	YU—Beograd	Arezina								
29		Kommar	YU—Sloven	Stanojevie, Ivkovic								

Liste der Teilnehmer. (aus »Flugsport«, 1936)

vom deutschen Team: Späte – Kolinetz 284 km; Dittmar – Oschatz 238 km; Schmidt – Strelln bei Torgau (Elbe) 228 km; Reitsch – Auerbach 221 km und Hofmann – Heiersdorf 174 km. Heini Dittmar erreichte 3203 m Höhe, was ihm den Höhenpreis zu sichern schien. Doch es kam anders . . .

Dipl.-Ing. Maletzke beschrieb den nächsten Tag wie folgt:

»Der 10. Juli brachte eine typische Fronten-Wetterlage. Bereits in der Nacht vom 9. zum 10. Juli war auf der Rückseite eines Tiefs kühle Luft herangekommen, die sich im Laufe des Vormittags in Schauertätigkeit auswirkte. Nach 12 Uhr riß der Nebel auf. Dank der hohen Luftfeuchtigkeit bildeten sich die ersten Wolken mit Basis in Kuppenhöhe. Sie verschwanden bald wieder, so daß der kräftige WSW-Wind für Dauerflüge ausgenutzt werden konnte.

Am Nachmittag zwischen 14 und 15 Uhr kam eine Schauerfront aus Nordwesten. Heini Dittmar war eine Viertelstunde vorher gestartet, nach ganz geringem Höhengewinn in Richtung Hilders weggeflogen und gerade dabei, im Hangaufwind der Hohen Rhön seinen Höhenverlust wiederzugewinnen. Die Kaltfront erreichte ihn und er stieg in ihrem Aufwind und ging mit ihr auf Strecke.«

Dies war das erstemal wieder, daß ein Segelflieger, nach Wöckner, Göttingen, im 1933er Wettbewerb mit Frontaufwind überland gesegelt war. Seit Kronfelds (1929 und 30) und Groenhoff/Hirths Frontflügen (1931) war diese Gelegenheit nur ganz selten während eines Rhönwettbewerbs geboten worden. Heini konnte teilweise mit 130 km/h ohne Höhenverlust geradeaus fliegen, bis die Front vor dem Thüringer Wald stehenzubleiben schien. Dort gewann er in einem Wolkenturm kreisend eine Höhe von 3118 m über NN und setzte diese in Strecke um. Er war mit 5 bis 10 m/sec gestiegen. Jenseits des Thüringer Waldes traf Heini wieder eine Front an und segelte mit ihr weiter. Durch seinen Höhengewinn, und vor allem durch die Tatsache, daß er an diesem Tag *als einziger* 177 km überland flog, sicherte sich Dittmar einen gewaltigen Vorsprung vor seinen Rivalen.

Maletzke bezeichnete die Wetterlage am 12. Juli als eine der meteorologisch schwierigsten. Er schilderte sie:

»Die Großwetterlage Mitteleuropas wurde einmal bestimmt durch ein Tiefdruckgebiet, dessen Kern auf der 8 Uhr-Wetterkarte über dem Memelland (Ostpreußen) lag. Auf seiner Rückseite war über Deutschlands westlichen Teil Kaltluft hereingekommen. Vom Westen Europas rückte ein Hochdruckgebiet heran. Die Warmluft auf seiner Vorderseite glitt auf die oben erwähnte Kaltluft auf. Dadurch ergab sich zwischen Schwarzwald und Vogesen ein breites Nieselregengebiet. Die Regenzone des Ostseetiefs hatte ihre westliche Begrenzung etwa am Thüringer Wald bis nach Böhmen hinein. Damit war ein Teil Süddeutschlands zwischen zwei Regengebieten eingekeilt. Um 8 Uhr morgens wurden von dort Wolkenhöhen von 200 bis 600 m gemeldet, also keine Segelflugmöglichkeit.«

Auf der Wasserkuppe herrschte Knofe mit starkem Westwind. Der Frankfurter Höhenaufstieg gab den Charakter der Kaltluft mit einem großen Temperaturgradienten bis 1800 m Höhe. Bei Aufreißen der Wolkendecke konnte man sehr günstige thermische Vertikalbewegungen erwarten.

Die 11 Uhr-Wetterkarte zeigte, daß der Nieselregen schon Stuttgart erreicht hatte. Es bildete sich eine schmale Hochdruckbrücke zwischen beiden Störungen. Nürnberg meldete ein Ansteigen der Wolkendecke und damit die Möglichkeit des Aufreißens und Beginn der Einstrahlung mit Thermikentwicklung.

Leider waren die meisten anderen der Spitzengruppe schon in der Luft, als Dipl.-Ing. Maletzke den Pilo-

Links: **Die Lagerstraße bei frischem Südwind.** (Foto: Schweizer Team) – Rechts: **Am Südhang nahe der Baude.**

Links: **Englischer Zweisitzer ›Falcon III‹ startet vom Weltenseglerhang.** – Rechts: **Oskar Ursinus, Professor de Brun und Philip Wills vom englischen Team.** (Fotos: englisches Team) – Unten links: **Emmi v. Roretz, Wien, Hanna Reitsch, Griesheim, und Joan Price, London.** (Foto: englisches Team) – Rechts: **Kabine des ›Reihers‹ von Hanna Reitsch.**

ten Ludwig Hofmann, Hans Sandmeier und einigen mehr empfehlen konnte, trotz des starken Seitenwindes einen SO-Kurs zu wählen. Der Erfolg gab ihm recht: Hofmann und Sandmeier segelten mit 218 bzw. 197 km erheblich weiter als die anderen, die im besten Falle, Schmidt, in Windrichtung 117 km weit gekommen waren.

Bemerkenswert sind an diesem Tage die Dauerflüge von Frena, Österreich, 10 h 2 min, der neue Zweisitzer-Weltrekord von Murray-Fox, England, 9 h 48 min, und Baur, Schweiz, 8 h 26 min.
Am 14. Juli schien der Sieg des gesamten deutschen Teams gesichert, obgleich Sandmeier, Schweiz, und Baranowski, Polen, immer bessere Tagesleistungen erreichten. Am 15. Juli überraschte Boleslaw Baranowski alle durch einen 302 km-Streckenflug bis in die Nähe von Berlin. Kurt Schmidt war nach 244 km bei Meißen gelandet. Zbigniew Zabski war Drittbester mit 210 km und sein Landsmann Piotr Mynarski an vierter Stelle mit 208 km. Er war bei Marienbad, ČSR, gelandet. Mit einem Schlag waren die Plätze von Schmidt und Hanna Reitsch in der Gesamtwertung gefährdet. Zabski hatte obendrein an diesem Tag durch seine gewonnene Höhe von 3295 m über NN auch noch den Höhenpreis an sich gebracht, der bis dahin Heini Dittmar mit 3208 m gesichert schien.

Die Entscheidung um die Plätze nach den Spitzenreitern Dittmar, Hofmann und Späte fiel am letzten Wettbewerbstag, dem 17. Juli 1937. Der junge Georg Brütting schrieb damals in seinen Semesterferien Presseberichte von der Wasserkuppe aus. Hier folgt sein Text (aus ›Segelflieger‹, 1937):

»Nicht zu beschreiben war die Spannung, die bereits am Vormittag am Startplatz herrschte. Jeder beobachtete jeden. Kaum machte ein Spitzenreiter Zeichen, starten zu wollen, als auch schon seine schärfsten Rivalen startfertig machten. Wagen wollte keiner etwas; denn ›absaufen‹ und neu starten zu müssen, war gleich einem Zuspätkommen und damit Mißerfolg. Endlich gegen Mittag startete eine Maschine nach der anderen vom Westhang.

Die Spannung stieg am Nachmittag Stunde um Stunde. Vor dem Wettbewerbshaus standen die Schweizer und warteten auf die Landemeldung ›ihres‹ Sandmeiers. Am Tor hatten sich die Polen niedergelassen, die ja gestern mit Recht ›aus dem Häuschen‹ gewesen waren. Die Anhänger von Hanna Reitsch und Kurt Schmidt scharten sich am Ursinushaus zusammen. Man hatte genau errechnet, wieviele Kilometer jeder Konkurrent zurücklegen müßte, um den anderen zu überholen. Endlich – heute war's eine Ewigkeit – trafen die ersten Landemeldungen ein. Kaum 50 km und dabei Männer wie Zabski; das hieß, daß es heute fliegerisch ein schwerer Tag war. Langsam steigerte sich die Kilometerzahl, bis schließlich die Deutschen mit Hofmann 124 km, Dittmar 126 km und Schmidt 129 km an der Spitze des Feldes lagen.

Noch aber fehlte die Landemeldung von Hanna Reitsch und Hans Sandmeier, Schweiz, den beiden schärfsten ›Punktgegnern‹.

Da – der Lautsprecher: »Landemeldung: Hanna Reitsch gelandet bei Beerensdorf, etwa 206 km Flugstrecke!« Da braust ein Jubel auf; dann mußte sie's geschafft haben – ein solcher Vorsprung vor dem übrigen Feld war zu groß! Eine halbe Stunde später: »Achtung. Landemeldung: Sandmeier, Schweiz, bei Colditz, Entfernung etwa 209 km!« Wieder Beifall und doch war man wie ›erschlagen‹ von der Lösung der Nervenspannung. Sandmeier hatte mit dieser Strecke Hanna Reitsch überboten und durch die auf diesem Flug erreichte Höhe auch noch den vor ihm liegenden Kurt Schmidt überholen können.«

Die Tafel der Tagesbesten im Streckenflug zeigt, wie wechselvoll die Ergebnisse aller Piloten in der Spitzengruppe ausfielen. Heini Dittmar, der Sieger, war nur zweimal Tagesbester im Streckenflug, Hofmann dagegen viermal und dennoch wurde er nur Zweiter. Ludwig vermied Blindflug, was ihm deshalb niemals

Oben links: **Heini Dittmar siegte auf seiner ›D-São Paulo‹.** – Rechts: **Der neue ›Reiher I‹.** – Darunter: **»Laufen!« – Die ›Sklaven‹ der Wasserkuppe tun es mit Begeisterung.** – Rechts: **Hans Sandmeier, Schweiz, wurde Vierter.**

zusätzliche Punkte durch Höhengewinn brachte. Im Streckenflug erschien er damals allen überlegen, soweit ihn seine Rivalen nicht durch Umsetzung großen Höhengewinns innerhalb von Wolken in Streckenkilometer übertreffen konnten. Wolfgang Späte war ein Meister im Kommen, der im nächsten Jahr seine Überlegenheit zeigen würde. Sandmeier*), Schweiz, und Baranowski, Polen, hätten vielleicht höhere Plätze erreicht, wenn der Wettbewerb länger gedauert hätte. Beide wurden mit zunehmender Vertrautheit mit der Rhön immer erfolgreicher. Sandmeier war zweimal, Baranowski einmal Tagesbester. Am deutlichsten war das Besserwerden von Kurt Schmidt, der vom 7. Platz der Tagesstrecken stetig aufstieg, bis er am vorletzten Tag mit 244 km Zweitbester wurde. Er hätte mit einer schnelleren Maschine bestimmt viel längere Strecken geflogen als mit seiner langsamen Mü-13d ›Atalante‹. Es war typisch für Schmidt, daß er diesen ihm gut bekannten Nachteil mit in Kauf nahm. Anscheinend wollte er noch einmal beweisen, daß andere im Unrecht waren, die seine geliebte Maschine die ›müde Mü‹ nannten.

*) Sandmeiers Segelflugzeug hieß ›Spyr‹ = ›Schwalbe‹, Konstrukteur: August Hug.

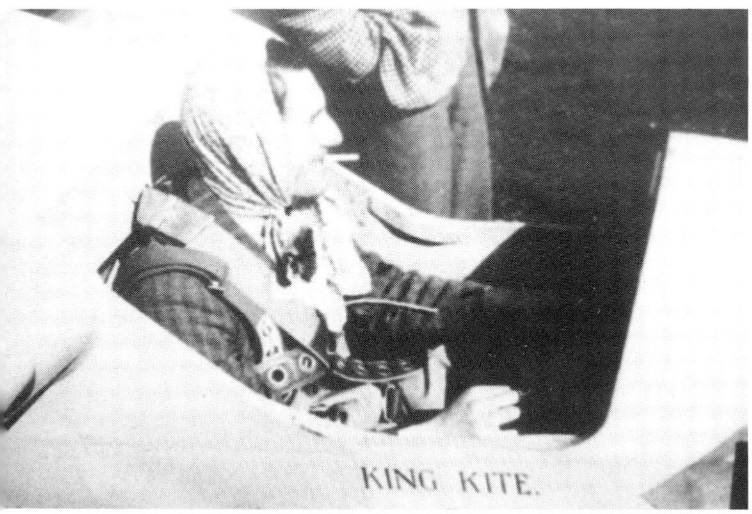

Oben links: **Heini Dittmar, der Sieger im 1. Internat. Segelflugwettbewerb, der erste Weltmeister.** – Darunter: **P. M. ›Willie‹ Watt, geboren in Argentinien, der beste Pilot des englischen Teams, Nr. 12 in der Endwertung.** – Rechts: **Nordwesthang mit Abtsroda und Wallfahrtskreuz.**

Hanna Reitsch hat es eigentlich auf der Rhön nie zu richtigem Erfolg gebracht. Der Hamburg-Flug war zwar vielversprechend, aber danach hatte sie weniger Glück. So war es auch am letzten Tag, als sie von Sandmeier auf den 6. Platz der Endwertung verwiesen wurde. Sie schrieb später, die relativ dünnen Tragflächen des ›Reiher I‹ wären oft in starke Schwingungen gekommen, so daß es ihr den Steuerknüppel aus der Hand gerissen hätte. Auch die Bremsklappen hätten Schwierigkeiten bereitet, weil sie zu nahe beim Möwenknick eingebaut waren. Sie habe ›ihren Siegeszug‹ erst später von Flugplätzen aus angetreten, die fern der Wasserkuppe lagen. Deshalb fühlte Hanna sich auch nie der Urstätte des Segelfluges innerlich so verbunden wie wir andern der ersten Jahre: Wir verdankten der Wasserkuppe *alles.*

☆

Oben links: **P. Mynarski (Nr. 10), B. Baranowski (Nr. 7) und Z. Zabski (Nr. 8) im Endergebnis.** – Rechts: **Besatzung Karch (r.) und Klein (l.) besuchte Godinat. Sie waren die Sieger im Salzburger Vergleichsfliegen gewesen.** – Darunter links: **Marcel Godinats ›Spalinger S-18T‹ Chouca, genau dort, wo 1920 das Fliegerlager stand.** – Rechts: **Willy Baur, Schweiz, auf ›Spyr III‹, zu deutsch ›Schwalbe‹.**

Preisverteilung:	1. Heini Dittmar	RM 2500.- *)
	2. Ludwig Hofmann	RM 2000.-
	3. Wolfgang Späte	RM 1500.-
	4. Hans Sandmeier, Schweiz	RM 1000.-
	5. Kurt Schmidt	RM 500.-

*) Damals ungefähr der Wert eines 6-Zylinder 1,5 Liter Automobils.

1. Internationaler Segelflug-Wettbewerb – Wasserkuppe (Rhön) – 4. bis 18. Juli 1937

Tagesbeste im Streckenfluge

SO 04	MO 05	DO 08	FR 09	SA 10	MO 12	DI 13	MI 14	FR 16	SA 17
Dittmar 351 km 1510 m	Hofmann 34 km 340 m	Sandmeier 202 km 995 m	Späte 284 km 1805 m	Dittmar 177 km 1968 m	Hofmann 218 km 790 m	Hofmann 300 km 1040 m	Hofmann 174 km 750 m	Baranowski 302 km 1306 m	Sandmeier 209 km 1061 m
Reitsch 351 km 1550 m	—	Späte 201 km	Dittmar 238 km 2305 m	—	Sandmeier 197 km 842 m	Schmidt 275 km 1029 m	Reitsch 94 km 652 m	Schmidt 244 km 1213 m	Reitsch 206 km 1189 m
Mynarski 351 km	—	Dittmar 189 km	Schmidt 228 km 1172 m	—	Schmidt 117 km 796 m	Späte 265 km 1310 m	Baur 77 km 725 m	Zabski 210 km 2816 m	Schmidt 129 km 753 m
Hofmann 278 km 1205 m		Baur 152 km 1310 m	Reitsch 211 km 1479 m		Reitsch 115 km 724 m	Zabski 258 km	Schmidt 77 km 723 m	Mynarski 208 km 930 m	Dittmar 126 km 1020 m
Zabski 213 km 1330 m		Schmidt 71 km 525 m	Hofmann 174 km 1220 m		Baranowski 104 km 791 m	Baranowski 247 km 906 m	Späte 71 km 975 m	Späte 189 km 1550 m	Hofmann 123 km 630 m
Baranowski Sandmeier v. Roretz Schmidt Späte		Hofmann Reitsch	Sandmeier Watts Wills Godinat		Dittmar Späte	Dittmar Brzezina Godinat Watts v. Lerch Müller	Sandmeier Baranowski	Dittmar Hofmann Sandmeier Watts Baur Reitsch	Mynarski Baur Späte Wills

Der Preis für die größte Strecke, RM 1000.-, wurde zwischen Heini Dittmar, Piotr Mynarski, Polen, und Hanna Reitsch geteilt. Zbigniew Zabski, Polen, erhielt den Höhenpreis von RM 1000.-, Karl Frena, Österreich, gewann RM 1000.- für die größte Flugdauer. Außerdem erhielten die ersten sechs Sieger Ehrenpreise. Auch eine Anzahl von Tagespreise wurde gewonnen.
Im Jahr 1937 ist Heini Dittmar zum letzten Male Teilnehmer an einem Segelflugwettbewerb auf der Wasserkuppe gewesen. Im Frühjahr 1938 erschien er mit seinem neuen, freitragenden Condor IIa beim ISTUS-Vergleichsfliegen in Bern, wo Karch ihn im Alpenflug übertraf. Danach konnte Heini nicht mehr in Segelflugwettbewerben mitfliegen. Neue Aufgaben nahmen ihn voll in Anspruch als unentbehrlicher Einflieger für Lippischs Delta-Maschinen. Heini hat entscheidend dazu beigetragen, die anfangs oft tückischen Versuchstypen so weiterzuentwickeln, daß sie schließlich ausgesprochen gute Flugeigenschaften hatten, wie es bei der Me 163 der Fall gewesen sein soll. Seine Erfahrungen als erfolgreichster deutscher Flugmodellbauer, gepaart mit außergewöhnlich gutem Einfühlungsvermögen beim Erproben und Beurteilen neuer Typen, machten Heini Dittmar wohl zum besten Testpiloten seiner Zeit.

Nach dem Krieg entwickelte Heini ein zweisitziges Leichtflugzeug eigenen Entwurfs, seine ›Möwe‹, und verkaufte einige davon. Es wurde behauptet, die Maschine neige zu Querruderflattern, eine gefährliche

Strecken-, Höhen- und Dauerleistungen im 1. Internat. Segelflugwettbewerb 1937

Sieger			Tagesfaktor →	1.0	2.5	1.25	1.25	1,25	1.25	1.0	2.0	1.0	1.25	Strecken-	Punkt-
	Teilnehmer	aus	Maschine	4.	5.	8.	9.	10.	12.	13.	14.	16.	17.	Km	zahl
1	Dittmar, Heini	Deutschland	Fafnir II	351 / 2142		189 / —	238 / 2305	177 / 1968	102 / 745	244 / 1626		188 / 927	126 / 1020	1615	1662,5
2	Hofmann, Ludwig	"	Moazagotl	278 / 1205	34 / 340	52 / 160	174 / 1220		218 / 790	300 / 1040	174 / 750	166 / 560	123 / 630	1519	1427,0
3	Späte, Wolfgang	"	Minimoa	97 / 1755		201 / 2245	284 / 1850		72 / 590	265 / 1310	71 / 975	189 / 1550	92 / 1380	1271	1325,0
4	Sandmeier, Hans	Schweiz	Spyr III	204 / 1360		202 / 995	143 / 915		197 / 842		65 / 902	165 / 1153	209 / 1061	1185	1127,0
5	Schmidt, Kurt	Deutschland	Atalante	118 / 1420		71 / 525	228 / 1172		117 / 796	275 / 1029	77 / 723	244 / 1213	129 / 753	1259	1116,0
6	Reitsch, Hanna	"	Reiher	351 / 1550		39 / 521	211 / 1479		115 / 663		94 / 652	144 / 958	206 / 1189	1160	1104,0
7	Baranowski, B.	Polen	Orlik	208 / 1185			97 / 749		104 / 791	247 / 906	43 / 595	302 / 1306		1001	812,5
8	Zabski, Zbigniew	Polen	CW 5/35	213 / 1330			50 / 774		48 / 887	258 / 1224		210 / 3293	50 / 520	571	730,5
9	Baur, Wilhelm	Schweiz	Spyr III			152 / 1310	64 / 765		8 h 26'	132 / 950	77 / 725	151 / 907	99 / 928	675	667.0
10	Mynarski, Piotr	Polen	PWS 101	351 / —			5 / 970					208 / 930	110 / 1000	720	575,5
11	v. Roretz, Frena	Oesterreich	Rhönsperber	194 / 1412	*	6 h 54'	23 / 708	*	10 h 02'	45 / 815	2 h 37'			262	442,9
12	Percy M. Watt	England	King Kite				128 / 2330			179 / 1000		154 / 895		461	440,0
13	Brzezina, St.	Polen	Orlik				102 / 980			217 / 885		99 / 860	31 / 460	449	311,0
14	Wills, Philip H.	England	Hjordis	89 / 1140			120 / 830			132 / 920			61 / 820	402	270,5
15	Godinat, Marcel	Schweiz	S 18 T				119 / 1075			183 / 1070				302	251,0
16	Murray, William	England	Falcon III			5 h 19'									217,25
17	v. Lerch, Peter	Oesterreich	Condor II							155 / 1071		124 / 1194		279	208.0
18	Fiedler, Carl	Oesterreich	Rhönadler			6 h 22'	95 / 1304							95	176,2
19	Müller, Heiner	Schweiz	Moswey II			5 h 48'	35 / 890			147 / 810				182	172,7
20	Peterek, Edward	Polen	PWS 101				77 / 944							77	167,5
21	Neilan, John C.	England	King Kite				35 / 850		40 / 600		56 / 390	77 / 610		208	127,3
22	Prachar, Karel	Č.S.R.	VSB-35						4 h 16'	91 / 795				91	89,1
A	Price, Joan	England	King Kite							92 / 510				gehört zu	21
B	Fox/Murray	England	Falcon III						9 h 48'					"	" 16
C	SzuKiewicz, R.	Polen	PWS 101								61 / 602	70 / 1377		"	" 20
D	Schaffran, E.	Oesterreich	Rhönadler									38 / 612	57 / 651	"	" 18
E	Steyskal, R.	Č.S.R.	VSB-35								40 / 675			"	" 22

Die Leistungen der von A bis E genannten Wettbewerber wurden den Flugzeugen gutgeschrieben.

* Emanuela von Roretz machte die Streckenflüge. Karl Frena segelte am Hang, insgesamt 19 h 1'!

100 Streckenflüge = 13540 Km

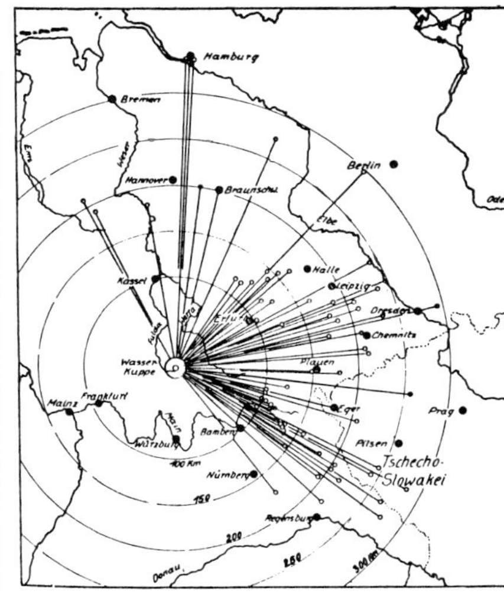

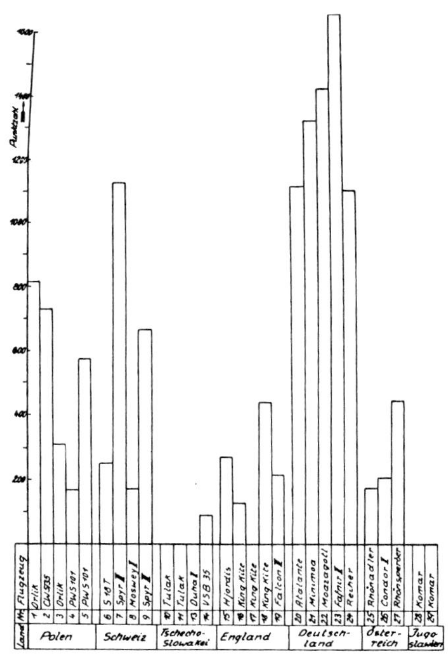

Tendenz, weil sie Flächenbruch zur Folge haben kann. Heini wollte das nicht glauben und dies der deutschen Abnahmebehörde durch Vorführungen beweisen. Bei einem solchen Flug über dem Flugplatz Essen-Mülheim verunglückte er am 28. April 1960 tödlich, weil tatsächlich Querruderflattern zu Flächenbruch geführt hatte. Leider hatte ihm die niedrige Wolkenbasis zu wenig Höhenreserve für eine Fallschirmrettung gelassen. Sein Unfall verlief ähnlich wie der seines Freundes Günter Groenhoff. Es fehlten 50 m . . .

Heini Dittmars früher Tod, mit 49 Jahren, wurde von vielen in der deutschen Fliegerei als ein großer Verlust, auch rein menschlicher Art, empfunden.

☆

Alexander Lippisch, der 1938 Heini Dittmar von Griesheim nach Augsburg zur Messerschmitt A.G. mitnahm, hatte sich seit 1934 nicht mehr als Konstrukteur von Segelflugzeugen betätigt. Sein wirkliches Interesse galt nur noch Delta-Maschinen, die sein Lebenswerk geworden sind. Alle modernen Flugzeuge mit stark gepfeilter Flügelform einschließlich der ›Concorde‹ und der Raumfähre (Space shuttle) gehen auf die bahnbrechende Arbeit dieses genialen Mannes zurück. Sein Lebenslauf hier würde zu weit weg vom Thema ›Erlebte Rhöngeschichte‹ führen. Sein Anfang auf der Wasserkuppe wurde in deren ersten Bänden eingehend geschildert.

Hier nur noch die Antwort auf die Frage: Wie kam Lippisch zu seinem Dr. rer. nat.-Titel? Frau Gertrud Lippisch berichtete:

»Im Jahre 1942 lud ihn die Universität Heidelberg zu einem Vortrag ein über sein Arbeitsgebiet, die Delta-Maschinen. Beeindruckt von Lippischs Wissen als Mathematiker und Aerodynamiker beschloß man, ihm die Promovierung zum Dr.-Titel anzubieten, obgleich Lippisch nie ›studiert‹ hatte. Voraussetzung wäre nur das Einreichen einer Doktorarbeit, dem eine ›Prüfung‹ als Gleicher unter Gleichen folgen würde. Lippischs Antwort: Habe leider keine Zeit dazu. Kurz danach erlitt er während der Teilnahme an einer wissenschaftlichen Tagung in Berlin eine Augenverletzung durch Bombensplitter. Ihre Behandlung erforderte Untätigkeit in verdunkelten Räumen. So ergab sich die Gelegenheit, seine Doktorarbeit zu diktieren. Die ›Prüfung‹ in Heidelberg wurde zu einem wissenschaftlichen Kolloquium.«

Ein Gerücht behauptet, Lippisch habe dabei eine längere mathematische Ableitung an die Wandtafel geschrieben, sie aber dann gleich wieder mit einer halblauten Bemerkung ausgewischt: «Ach, das verstehen Sie ja doch nicht . . .«

Wenn's nicht wahr ist, so ist es gut erfunden!

☆

Begeisterung für den Segelflug hatte Heini Dittmar und Rudi Opitz dazu gebracht, sich unter großen Entbehrungen eigene Segler zu bauen. Beim internationalen Segelflugwettbewerb gab es ein Beispiel dafür, daß diese Begeisterung noch immer viele junge Menschen beseelte. Siebzig 12- bis 16jährige freiwillige Helfer taten dort Dienst, mit solchem Eifer, daß alle davon beeindruckt wurden. Ihr selbstloser Einsatz, ihre Begeisterung, war kein Strohfeuer der ersten Tage; sie hielten an bis zur letzten Minute der Veranstaltung. Dabei lockte kein Preis, keine Belohnung am Ende der zwei Wochen. Es war freudige Erfüllung selbstgewählter Pflichten.

Auch ausländische Teilnehmer bewunderten diese Haltung.

☆

Mr. C. G. Grey, der Herausgeber der englischen Zeitschrift »The Aeroplane«, schrieb in der Ausgabe vom 20. Juli 1937:

»Eine bemerkenswerte Eigenart des Lebens auf der Wasserkuppe ist die Art und Weise, wie der Geist dort oben nicht nur Piloten, Flugschüler und Besucher gefangengenommen hat, sondern auch Scharen von Jungen, deren Lebensaufgabe zu sein scheint, auf diesem geheiligten Boden alles und jedes für jedermann zu tun. Sie sind so eifrig dabei, Botengänge auszuführen, als Startmannschaft mitzumachen und ganz allge-

mein hilfreich zu sein, daß sie schließlich im Kreise der englischen Teilnehmer und Freunde scherzhaft ›die Sklaven der Wasserkuppe‹ genannt wurden.«

Interessant waren die Beobachtungen dieser freiwilligen Helfer über die verschiedenen Nationalitäten.

»Am hilfsbereitesten waren die Mitglieder der polnischen Mannschaft. Sie waren überall dort, wo jemand fehlte, wenn es galt, ihre Maschinen zu betreuen«, schrieb Karl Fr. Ebeling.

»Von den Ländermannschaften gefielen mir die Österreicher und die Schweizer am besten. Sie packten überall mit selbst zu.« Das waren Walter Fedderaus Erfahrungen.

»In England wird die Segelfliegerei fast überhaupt nicht von Behörden beaufsichtigt. Wer drüben die C hat, kann überland gehen, ohne daß die Polizei etwas dazu sagt.« Das war H. Schlüter aufgefallen.

Heinz Beyerle schrieb: *»In unserer Schar herrschte großer Jubel darüber, daß Hanna Reitsch einen neuen Weltrekord für Frauen aufgestellt hatte. Wir waren uns sofort darüber einig, daß ihr von unserer Seite eine Ehrenurkunde überreicht werden müsse. Am Donnerstag danach war Knofe. Das war ganz in unserem Sinne, denn nun sollte der feierliche Akt steigen. Ein Kamerad und ich paßten auf, um Hanna Reitsch unsere Einladung zu übergeben. Es klappte alles vorzüglich. Sie sagte zu und nachmittags um 15 Uhr fanden wir uns alle im ›Deutschen Flieger‹ ein. Zuerst überreichten wir ihr die Ehrenurkunde, über die sie sich, wie sie sagte, ›irrsinnig‹ freue. Dann tranken wir gemeinsam Kaffee und sie erzählte uns einige ihrer Erlebnisse. Wir hörten gespannt und begeistert zu.«*

Es war Begeisterung, was diese jungen Menschen motivierte und die kopfschüttelnde Bewunderung der englischen Mannschaft hervorgerufen hatte.

☆

Beim Rückblick über die zwei Jahrzehnte von 1920 bis 1939 fällt auf, daß die beiden großen Schritte vorwärts in der Entwicklung des Segelfluges seltsamerweise jedesmal in die Zeiten der größten deutschen Wirtschaftsnot fielen: zuerst der Schritt vom Hangpolieren zum Hangsegeln, am 19. 8. 1922, als Arthur Martens mit dem ›Vampyr‹ als erster Mensch über eine Stunde lang motorlos flog. Dann der zweite Schritt, als Robert Kronfeld als erster Segelflieger unabhängig vom Hangaufwind zur Wolkenbasis emporkreiste – am 8. 8. 1928 – und als erster geplant mit einer Gewitterfront überland segelte – am 20. 7. 1929. Idealismus hat diese Leistungen ermöglicht, denn materielle Gewinne waren nicht bei der ›brotlosen Kunst‹ des Segelfliegens zu machen. Die Leiter der Hannoverschen Waggonfabrik (HAWA), die den Bau des ›Vampyrs‹ kostenlos durchführten; die Firma Bahnbedarf, Darmstadt, die den ›Geheimrat‹ für ihre dortige Akaflieg gratis baute und Dr. h. c. Karl Kotzenberg, der sein Vermögen praktisch weggab, um dem Segelflug über die schweren Anfangsjahre zu helfen – sie und viele andere mehr waren von dem gleichen Geist motiviert, was in den damaligen schlechten Zeiten um so bemerkenswerter war. Idealismus war nicht nur ein Privileg der jüngeren Generation. Es ist schön, an diese Opferwilligkeit zurückzudenken und diesen zum Teil namenlosen Männern ein Denkmal setzen zu können.

KAPITEL 21

Rhönwettbewerb 1937 und Ausklang bis Jahresende

Drei verschiedene Ausschreibungen lockten in diesem Jahr deutsche Segelflieger zur Rhön: Der 18. Rhönwettbewerb, der Zielstreckenflugwettbewerb und ein ›BZ am Mittag‹-Sonderpreis von RM 3000.- für den ersten Zielflug Wasserkuppe-Berlin. Um es gleich vorwegzunehmen: letzterer wurde nicht gewonnen.

Aber am Sonntag, dem 25. Juli 1937, standen 58 Segelflugzeuge für den Rhönwettbewerb, 20 für den Zielstrecken-Wanderflugwettbewerb startbereit auf der Wasserkuppe. Außer den üblichen Rhönsperber, Rhönadler, Rhönbussard, Condor I und II, Mü-13 und Göppingen III (Minimoa) waren ein Zweitbau des ›Windspiel‹ (D 28b), die F.S. 16 und die F.V.A. 10b zum erstenmal auf der Wasserkuppe erschienen, dem Leser schon von den Salzburger Alpenflügen her bekannt. Die gleichen Piloten Osann, Ruthardt und Kracht der DVL-FFGs (Akafliegs) Darmstadt, Stuttgart und Aachen waren dafür gemeldet. Wie schon erwähnt, hatte man das Kriegsbeil zwischen den FFGs und dem NSFK endlich begraben, und die Akafliegs flogen zum erstenmal seit 1934 wieder mit.

Acht Zweisitzer wurden gemeldet. Ihre Leistungen erhielten durchweg 50 Prozent Punktzuschlag. Inwieweit diese Bewertung gerecht war, bleibt dahingestellt. Seff Kunz schrieb damals, es sei uninteressant, ob der Punktzuschlag zu hoch oder zu niedrig war. Die Hauptsache sei gewesen, für die Teilnahme von Zweisitzern Anregung zu geben und überhaupt neue Wege zu fördern. Der 1933 von Egon Scheibe konstruierte Zweisitzer Mü-10 ›Milan‹ wurde die Siegermaschine mit der Besatzung Ludwig Karch und ›Mandi‹ Zimmermann. Wolf Hirth wollte zusammen mit Knoth eine zweisitzige Gö 6 ›Minimoa 2a‹ fliegen, mußte aber aus Gesundheitsrücksichten zugunsten von Setteler davon absehen. Die Eigenkonstruktion ›E.W.I‹ von E. Weber, Rostock, wurde von Andrös und Müller geflogen. Die anderen fünf waren Kranich-Muster, Konstrukteur Hans Jacobs (DFS).

Die Gebrüder Horten hatten in Major Oskar Dinort einen Protektor gefunden, der zwei Horten II in der Werft seiner Luftwaffeneinheit in Köln hatte bauen lassen. So konnten sie ihre Nurflügelmaschinen als ›D-10-125‹ mit Reimar und die andere ›D-10-131‹ mit Ltn. Walter Horten als Piloten zur Rhön bringen, beides Einsitzer. Das neue Horten-Muster war zuerst als Segelflugzeug und dann mit einem 60 PS-Hirth-Motor erprobt worden.

Die Ausschreibung der Strecken-, Höhen- und Ziel-Rückkehr-Flüge war im Prinzip die gleiche wie im Internat. Wettbewerb. Neu war die Bewertung von Zielstreckenflügen, mit einem 100prozentigen Punktzuschlag. Zielorte mußten in Deutschland liegen. Gemeinschaftsflüge zum gleichen Ziel wurden von drei Flugzeugen an gewertet, und zwar mit 20 bis 40 Prozent Zuschlag für 3, 4 oder 5 Flugzeuge in einer Gruppe. Gehörten dabei die Teilnehmer alle zu *einer* NSFK-Gruppe, erhöhten sich diese Zusatzpunkte um weitere zehn Prozent.

Der Reichsluftsportführer.

18. Rhön-Segelflug-Wettbewerb

und

Zielstrecken-Segelflug-Wettbewerb

1937

Veranstalter: Der Korpsführer des Nationalsozialistischen Fliegerkorps (NSFK)

Wettbewerbsleitung: Sfl.-Kpt. Kunz
Organisationsleitung: Sfl.-Kpt. W. Zahn
Sportleitung: Sfl.-Kpt. Dr. Zumbansen
Technische Leitung: Sfl.-Kpt. H. Zahn
Lagerleitung: Luftsportoberführer Schmitt
Presseleitung: Luftsporthauptführer Angermund
Verwaltung: W. Zurheide
Sanitätsdienst: Dr. Husemann.

Programm.

18. Rhön-segelflugwettbewerb 1937

25. Juli bis 8. August 1937

Teilnehmerliste des 18. Rhön-Segelflug-Wettbewerbes 1937

1.	„Rhönsperber", Sflgf. *Konig*	NSFK-Gr.	1
2.	„Rhönadler", Sflgf. *Pomper*	„	1
3.	„Göppingen III", Sflgf. *Ruhnke*	„	1
4.	„Rhönsperber", Sflgf. *Kuhn*, Standarte Danzig der	„	1
5.	„Rhönsperber", Sflgf. *Wolf*	„	2
6.	„Rhönadler", Sflgf. *Blankertz*	„	2
7.	„E. W. 1", Sflgf. *Andrös/Müller*	„	2
8.	„Condor II", Sflgf. *Geering*	„	3
9.	„Rhönadler", Sflgf. *Güssefeld*	„	3
10.	„Rhönsperber", Sflgf. *Siedschlag*	„	3
11.	„Rhönsperber", Sflgf. *Umbreit*	„	4
12.	„Göppingen III", Sflgf. *Haase*	„	4
13.	„Göppingen III", Sflgf. *Philipp*	„	4
14.	„Kranich", Sflgf. *Vergens/Wolff*	„	4
15.	„Göppingen III", Sflgf. *Blech*	„	6
16.	„Rhönsperber", Sflgf. *Steinig*	„	6
17.	„Kranich", Sflgf. *v. Husen/Sauerbier*	„	6
18.	„Kranich", Sflgf. *Bräutigam-Steinert*	„	7
19.	„Rhönsperber", Sflgf. *Zimmer*	„	7
20.	„Rhönadler", Sflgf. *Rockstroh*	„	7
21.	„Rhönadler", Sflgf. *Münch/Sprung*	„	7
22.	„Rhönadler", Sflgf. *Treuter*	„	8
23.	„Rhönadler", Sflgf. *Brömmer*	„	8
24.	„Mü 13", Sflgf. *Ludwig*	„	8
25.	„Rhönadler", Sflgf. *Siebert*	„	9
26.	„Rhönadler", Sflgf. *Mundlos*	„	9
27.	„Rhönadler", Sflgf. *Klug*	„	9
28.	„Rhönadler", Sflgf. *Müller*	„	9
29.	„Rhönadler", Sflgf. *Heiderich*	NSFK-Gr.	10
30.	„Rhönadler", Sflgf. *Sorger/Gierlich*	„	10
31.	„Rhönadler", Sflgf. *Nieland*	„	10
32.	„Rhönadler", Sflgf. *Abelmann/Bromen*	„	10
33.	„Ha II", Sflgf. *Krieger*	„	10
34.	„Kranich", Sflgf. *Peters/Lengler*	„	11
35.	„Rhönadler", Sflgf. Dr. *Jancke*	„	11
36.	„Rhönsperber", Sflgf. *Wilhelm*	„	11
37.	„Rhönsperber", Sflgf. *Seele*	„	11
38.	„Rhönsperber", Sflgf. *v. Felde*	„	11
39.	„Rhönsperber", Sflgf. *Medicus*	„	13
40.	„Condor I", Sflgf. *Döbler*	„	13
41.	„Rhönbussard", Sflgf. *Croissant*	„	13
42.	„Mü 10", Sflgf. *Simon/Sondermeier*	„	14
43.	„Rhönsperber", Sflgf. *v. Treuberg*	„	14
44.	„Mü 13", Sflgf. *Schmidt*	„	14
45.	„Minimoa 2 a", Sflgf. *Hirth/Knoth/Setteler*	„	15
46.	„Mü 13", Sflgf. *Beck*	„	15
47.	„Göppingen III", Sflgf. *Knöpfle*	„	15
48.	„Rhönbussard", Sflgf. *Koch/Haug*	„	15
49.	„Rhönbussard", Sflgf. *Stuhler*	„	15
50.	„F. V. A. 10 b", Sflgf. *Kracht*	Gruppe DVL	
51.	„D. 28 b", Sflgf. *Osann*	„	„
52.	„Mü 10", Sflgf. *Karch-Zimmermann*	„	„
53.	„F. S. 16", Sflgf. *Ruthardt*	„	„
54.	„Göppingen III", Sflgf. *Nein*	„	DLH
55.	„Kranich", Sflgf. *Helm/Stöckler*	„	„
56.	„Rhönsperber", Sflgf. *Bayer*	„	„
57.	„Horten II" (Nurflügel), Sflgf. Ltn. W. *Horten*	Luftwaffe	
58.	„Horten II" (Nurflügel), Uffz. R. *Horten*	„	

18. Rhön-Segelflug-Wettbewerb 1937*).

Der jetzt zum Abschluß gelangte 1. Intern. Rhön-Segelflug-Wettbewerb hat einen Ueberblick über den Stand der Entwicklung des Segelfluges und über die Leistungsfähigkeit der Segelflieger der verschiedenen Nationen gegeben. Wenn hier auch von dem Ausland beachtenswerte Leistungen vollbracht worden sind, so dürfen wir Deutsche, die den Segelflug erfunden haben, hierauf besonders stolz sein.

In dem vom Korpsführer des Nationalsozialistischen Fliegerkorps veranstalteten nationalen Segelflugwettbewerb ist es Hauptaufgabe, den Segelflug weiter zu entwickeln, und zwar zunächst in der Zuverlässigkeit, d. h. im Gemeinschaftsfliegen, Doppelsitzerfliegen, und nicht zuletzt durch die Vervollkommnung und Weiterentwicklung der Segelflugzeuge selbst. Diese Aufgaben durchzuführen, war nur im Rahmen eines nationalen Segelflugwettbewerbs möglich.

Zum 18. Rhön-Segelflug-Wettbewerb wurden von 13 NSFK-Gruppen 49 Flugzeuge, darunter 7 Doppelsitzer, mit 66 Flugzeugführern gemeldet; die Luftwaffe, Reichsgruppe Lufthansa und die Deutsche Versuchsanstalt für Luftfahrt meldeten 10 Flugzeuge mit 10 Flugzeugführern. Nachstehend die Meldeliste:

NSFK-Gr.	1,	4	Flugzeuge;	Führer: König, Pomper, Ruhnke, Sick.
„	2,	3	„	Wolf, Blankertz, v. Bloedau und Müller (Doppelsitzer).
„	3,	3	„	Geering, Brauchenberger, Jachtmann.
„	4,	4	„	Haase, Philipp, Wolff, Umbreit.
„	6,	3	„	Blech, Steinig, van Husen und Sauerbier (Doppelsitzer).
„	7,	4	„	Zimmer, Münch, Rockstroh, Bräutigam und Steinert (Doppelsitzer).
„	8,	3	„	Treuter, Brömer, Ludwig.
„	9,	4	„	Siebert, Müller, Mundlos, Klug.
„	10,	5	„	Heidrich, Sorger, Nieland, Abelmann, Krieger.

Für den Zielstrecken-Segelflug-Wettbewerb sind 21 Segelflugzeuge mit 21 Flugzeugführern gemeldet, wobei auch die Deutsche Versuchsanstalt für Luftfahrt und die Luftwaffe zum ersten Male teilnehmen. Die für den Zielstrecken-Segelflug-Wettbewerb gemeldeten Teilnehmer können am 18. Rhön-Segelflug-Wettbewerb nicht teilnehmen. Die Flugzeugführer müssen die Bedingungen des Segelflieger-Leistungsabzeichens erfüllt haben und außerdem im Besitz eines Passes, einer gültigen Sportlizenz für 1937 und eines gültigen Luftfahrerscheines für Segelflugzeugführer mit Flugzeugschleppgenehmigung sein. Der Wettbewerb beginnt und endet auf der Wasserkuppe und führt über die folgende Flugstrecke: Wasserkuppe, Meiningen, Erfurt, Laucha, Halle, Wittenberg, Berlin Brandenburg, Magdeburg, Wernigerode, Göttingen, Kassel, Wasserkuppe. Die Gesamtflugstrecke wird unterteilt in einzelne Zielflugstrecken mit Zielflugplätzen, auf denen jedoch nicht unbedingt zwischengelandet werden muß.

Für den Zielstrecken-Segelflug-Wettbewerb haben gemeldet:

NSFK-Gr.	2,	1	Flugzeug;	
„	3,	1	„	Huth.
„	4,	3	Flugzeuge;	Frowein, L. Hofmann, Heinemann.
„	6,	1	Flugzeug;	Wagner.
„	7,	1	„	Hickmann.
„	9,	1	„	Reukauf.
„	10,	2	Flugzeuge;	Ahrens, Heidrich.
„	11,	2	„	Simons, Denker.
„	15,	2	„	Kraft, Hakenjos.
DVL		6	„	Wiesehöfer, Petersen, Lemm, Holzbauer, Speier, Peters.
Luftwaffe		1	Flugzeug;	v. Miakich.

1. Zielstrecken-Segelflug-Wettbewerb 1937.

Lfd. Nr.	Wettb. Nr.	Segelflugzeugführer	NSFK-Gruppe	Punktzahl	Preise
1.	1	Huth	3	1337,2	Ehrenpr. des Reichsm. d. Luftf., 1 gold. NSFK-Plakette
2.	14	Wiesehöfer	DVL	1270,6	Ehrenpr. d. Staatssekr. d. Luftf., 1 silb. NSFK-Plakette
3.	8	Heidrich	10	1192,2	Ehrenpr. des Korpsf. d. NSFK
4.	12	Kraft	15	1095,4	
5.	2	Fick	2	998,4	
6.	5	Wagner	6	823,8	
7.	19	Peter	DVL	797,4	
8.	17	Holzbaur	DVL	457,2	
9.	20	von Miakich	Luftwaffe	448,2	
10.	10	Siemers	11	403,2	
11.	15	Petersen	DVL	355,4	
12.	3	Frowein	4	351,2	
13.	13	Heinemann	3	251,4	
14.	11	Denker	11	245,4	
15.	6	Hieckmann	7	228,8	
16.	7	Reukauf	9	185,6	
17.	18	Speier	DVL	149,6	
18.	16	Lemm	DVL	144,6	
19.	9	Ahrens	10	91,8	
				10827,4	

BZ.-Preis für den ersten Segelflug Wasserkuppe—Berlin.

Der BZ.-Preis wurde, da kein direkter Flug Wasserkuppe—Berlin zur Durchführung kam, nach folgenden Punktzahlen unter Wettbewerbsteilnehmern am Zielstrecken-Segelflug-Wettbewerb aufgeteilt:

1. Kraft . . . 514 Punkte
2. Huth . . . 496 „
3. Fick . . . 462 „
4. Wagner . . . 452 „

aus ›Flugsport‹ 1937

Hinsichtlich baulicher Neuerungen auf dem Wasserkuppengelände muß vor allem die Fertigstellung der Straße genannt werden, die endlich die Zufahrt zum Fliegerlager von Norden her, von Abtsroda aus, erlaubte. Bis 1936 mußte man noch immer über Gersfeld fahren, wenn man von der Wasserkuppe nach Poppenhausen oder Sieblos wollte. Ferner stand von 1937 an ein großer eiserner Turm neben dem Berggasthof, auf der Südseite des L-förmigen Gebäudekomplexes. Dort oben auf einer Plattform war der Meßtrupp zu Hause. Es war der höchste Punkt der Wasserkuppe, rund 980 m über NN.

☆

Wettbewerbsleiter war jetzt Segelfliegerkapitän Seff Kunz, Lagerleiter Jupp Schmitt, seit 1933 Chef der Segelflugschule Wasserkuppe. Ernst Udets früherer Pressemann Angermund war Presseleiter seitens des NSFK. Technische Leitung: H. Zahn; Sportleiter Dr. Zumbansen; Verwaltung W. Zurheide; Sanitätsdienst: Dr. med. Husemann – alles neue Namen.

Der »Flugsport« schrieb:

»Auffallend war die ruhige Abwicklung des Flugbetriebs im Gegensatz zu manchen früheren Wettbewerben. Der Korpsführer hat mit Segelflugkapitän Kunz die Wettbewerbsleitung einem Mann übergeben, der wirklich in der Lage war, die Durchführung dieser Veranstaltung mit ihrer großen Beteiligung zu meistern. Es war ein lautloser Wettbewerb. Außer den Kommandos: Ausziehen! Laufen! Los! hörte man nur die die Ergebnisse verkündenden Lautsprecher. Überall sah man vergnügte, zufriedene, lachende Gesichter. Die alte Rhön mit Knofe und Sonnenschein zeigte sich mit ihren Männern wieder einmal recht zufrieden.«

Wie heißt es doch? Je weniger man von einer Organisation merkt, um so besser ist sie.

☆

Bei der feierlichen Eröffnung des Wettbewerbs durch Gruppenführer von Molitor, Darmstadt, hüllten noch Nebelschwaden die Kuppe ein, aber bald hob sich die Wolkendecke: 7 m/s WSW-Wind und mäßige Cumulusentwicklung.

Braeutigam/Steinert starteten als erste mit ihrem ›Kranich‹ mit dem Ziel Berlin-Rangsdorf. Ihre Landung nach 240 km auf dem Flugplatz Wittenberg (Elbe) lag auf dem Kurs. Beste Tagesleistung: Max Beck auf ›Mü-13‹ und Graf v. Treuberg auf ›Rhönsperber‹ mit 226 km Zielflug nach Dresden. Die Lufthanseaten Helm/Stöcker schafften 238 km, stiegen unterwegs auf 2725 m Höhe über NN. Als bester Verband flogen die Berliner Haase, Philipp und Umbreit 210 km Zielflug nach Chemnitz, während die DVL-Akaflieger Karch/Zimmermann, Kracht und Ruthardt als zweitbeste Kette Hof (138 km) erreichten. Drittbeste wurden Döbler, Croissant und Medicus mit Bayreuth (132 km) als Landeplatz. Tagesergebnis: Fast 7000 km Gesamtflugstrecke, 15 Flüge über 200 km, die meisten als Gruppen- oder Einzelzielflüge.

Die Wettervoraussage für den 26. 7. war äußerst ungünstig. Erst gegen Mittag hob sich die Wolkendecke. Überall tiefliegende Regenwolken mit häufigen Schauern. Aber das Unglaubliche geschah: Dennoch wurden Streckenflüge ausgeführt. Der »Flugsport« schrieb:

»In dickster Knofe wurden die Maschinen bereits am Morgen zum Startplatz geschleppt. Oft flogen die ersten Flugzeuge bei kaum spürbarem Wind durch Wolkenfetzen von der Kuppe ab und suchten mühsam

Links: **Der neue Turm diente dem Meßtrupp der Sportleitung außer zur Wasserversorgung.** – Rechts: **Flugzeugparade.**

Links: **Der neue Zweisitzer ›Kranich‹ nach Abflug vom Gipfel der Kuppe.** (Foto: Kunstmaler Hermann Eckert, Eisenach). – Rechts: **Paul Steinigs ›Rhönsperber‹ mit Fliegerdenkmal und Westhangstufe.** – Unten links: **Verstauen des Höhenschreibers (Barographen). Er muß aber auch ticken . . .** – Rechts: **Lufthansa-Flugkapitän Alfred Helm, der älteste Pilot im Rhönwettbewerb 1937.**

krebsend Aufwind außerhalb der Nebelkappe. Während unten im Lager die Fahnen noch schlaff am Mast herabhingen, waren regelmäßig schon 30 bis 40 Maschinen verschwunden, die Nummern auf der schwarzen Meldetafel durchgestrichen.«

Kurt Schmidt flog mit 109 km die größte Tagesstrecke. Karch/Zimmermann schafften einen 76 km-Zielflug nach Coburg. Werner Blech landete nach 106 km, nachdem er über eine Stunde lang in Wolkentürmen trotz zunehmender Vereisung seiner Maschine bis auf 4090 m Höhe gestiegen war. Lange flog er danach über einer geschlossenen, tieferliegenden Wolkendecke. Güßefeldt und Treuter erreichten im Blindflug 2835 m bzw. 2730 m über NN.

Am 27. 7. um 9 Uhr morgens zeigte das Thermometer 9 °C und um 14 Uhr 12 °C. Dabei 50 bis 200 m Wolkenhöhe über der Kuppe, bei WNW-Wind von 5 m/s. Pit van Husen mit Sauerbier im ›Kranich‹ geht als erster Überland. Karch/Zimmermann, Kuhn und Steinig schaffen erstaunlicherweise einen Zielflug nach Bayreuth (132 km).

Am 28. 7. wurde bei schlechtestem Wetter elfmal gestartet, aber jeder mußte im Tal landen. Nach einem gewittrigen Schauer mit Regen und Hagel herrschte Knofe bis in die Nacht hinein.

Am 29. 7. endlich besseres Wetter; eine geschlossene Wolkendecke verminderte jedoch die Einstrahlung. Dennoch schaffte E. G. Haase die beste Tagesleistung mit einem 223 km-Zielflug nach Regensburg. Zweitbeste waren Karch/Zimmermann mit 152 km, gefolgt von Max Beck mit 152 km, Gierlich mit 144 km und Blechs 139 km-Zielflug nach Nürnberg. Braeutigam brauchte für seine 126 km über fünf Stunden. Die Aufwinde waren schwach. Um so erstaunlicher war Haases Leistung.

Der 30. 7. begann mit Talnebel, der von kräftiger Einstrahlung aufgelöst wurde. 1. Start um 10.37, um 12 Uhr alle unterwegs. Wieder wurde der aus Dortmund stammende Ernst Günter Haase Tagesbester mit seinem 194 km-Zielflug nach Cannstatt. Münch erreichte 162 km Strecke, während Nein, Rockstroh und Krieger als Kette 154 km weit nach Schwäbisch Hall flogen. Zweitbester Gruppenzielflug 142 km nach Ansbach von Beck, Schmidt und Peters/Lengler und vier Zielflüge nach Nürnberg von Karch/Zimmermann, Kracht, Treuter und Dr. Jancke. Güßefeldt segelte als einziger westwärts im Zielflug nach Flughafen Wiesbaden – 125 km.

Am 31. 7. die gleiche Wetterlage. Den DVL-Akafliegern Kracht, Karch/Zimmermann und Osann gelang die Tagesbestleistung, ein 132 km-Gruppenzielflug westwärts nach Limburg a. d. Lahn. Ihr bewährter Wetterberater Dipl.-Ing. Maletzke hatte dieses Ziel vorgeschlagen, da er Änderung der Windrichung voraussagen konnte. Croissant, Haase und Ludwig erreichten dennoch ihr nördlich gelegenes Ziel Kassel – 94 km. Die längste Tagesstrecke flog Heiderich mit 157 km nach Gemmerich, gefolgt von Wolf bis Waldmühlen, 134 km.

1. August: Knofe bis mittags, Wind N 6–7 m/s. Gegen 13 Uhr reißt es auf. Erster Start kurz nach 14 Uhr. Beste Tagesleistung meldete Müller: ein gelungener 86 km-Zielflug nach Kitzingen (Main). Haase landete bei Hanau – 83 km. Einen Zielflug nach Würzburg (78 km) erfüllten Beck, van Husen/Sauerbier und Medicus. Ein weiterer Zielflug brachte Karch/Zimmermann 66 km weit nach Gelnhausen. Treuter und Siebert flogen 74 bzw. 72 km weit.

Auch am 2. August herrschte Nebel bis 14 Uhr. Temperatur morgens 9 °C, später 16° bei 6 m/s WNW-Wind. Kurt Schmidt startet kurz vor 15 Uhr, landet nach 21 km. Eine gewitterartige Regenfront zieht durch, die Höhenflüge ermöglichte: Wolf 3415 m, zugleich mit 121 km beste Tagesstrecke; Croissant 3320 m und Heiderich 3100 m über NN. Nach Würzburg (78 km) gelang ein Gruppenzielflug (Medicus, Döbler, Croissant) und vier Einzelzielflüge (Heiderich, Wilhelm, v. Treuberg und Pomper).

Oben links: **Felix Kracht, Aachen, mit FVA 10b am Nordhang.** – Rechts: **›Horten II‹ hoch überm Fliegerlager.** – Darunter links: **Pit van Husen und Gerhard Sauerbier im ›Kranich‹ sind dran. Ganz links Werner Blech, Breslau, der ein Jahr später tödlich verunglückte.** – Rechts: **Heinz Peters berichtet dem Korpsführer ›Krischan‹ Christiansen über seine Fallschirmrettung.**

Am 3. 8. begann gutes Segelwetter nach Knofe bis 10.30 Uhr. Wind WNW bis N, 6 m/s. Tagesbestleistung wieder Haase mit 213 km-Zielflug nach Böblingen. Weitere Zielflüge: fünf zum Hornberg (196 km), einer nach Heilbronn (159 km), fünf nach Schwäbisch Hall (154 km); acht weitere endeten in Würzburg (78 km). Gesamttagesstrecke 3331 km.

Am 4. 8. noch besseres Wetter nach Knofe bis 10 Uhr. NW-Wind 3 m/s. Startbeginn 11 Uhr. Ruhnke Tagesbester mit 221 km, Ruthardt 180 km, Döbler 176 km und Medicus 172 km. Neunzehn Zielflüge nach Nürnberg, darunter drei Gruppenzielflüge (DVL, NSFK Gruppe 10 und 15). Drei Zielflüge nach Bayreuth (132 km). Gesamttagesstrecke 4860 km, 30 Flüge über 100 km.

Am 5. 8. morgens fand eine kurze Gedenkfeier für den am Tage zuvor tödlich verunglückten Berliner Kameraden Hans Rose statt. Sein Kraftwagenunfall hatte nahe der Fuldaquelle stattgefunden.

Sehr gute Thermik erlaubte Braeutigam/Steinert (Kranich) und Ludwig (Mü-13) ihr Ziel Regensburg (223 km) zu erreichen. Kracht und Osann (DVL) wurden Zweitbeste mit einem 191 km-Zielflug nach Weiden (Obpf.). Viele weitere Zielflüge, darunter sieben nach Nürnberg. Fast 5000 km Gesamtflugstrecke, zwei Flüge über 200 km, 25 weitere über 100 km.

Die hochsommerliche Wetterlage am 6. 8. brachte die besten Leistungen des Wettbewerbs. Wolkenstraßen nach SE und ESE boten Gelegenheit für Kurt Schmidts und Ludwigs 283 km-Zielflüge zum Flughafen München. Blech erreichte sein Ziel Augsburg 251 km, König Schrobenhausen 236 km, Knöpfle Leipheim 229 km, Osann und Kracht Ulm 226 km, Beck, Braeutigam/Steinert, Dr. Jancke und Treuter Neuburg (Donau) 219 km.

Die Berliner Gruppe Haase, Philipp und Vergens/Wolff landete auf ihrem Ziel Hornberg (195 km). Van Husen/Sauerbier, Medicus und v. Treuberg erreichten ihr Ziel Hesselberg (164 km). Gesamtflugstrecke 7788 km, 12 Flüge über 200 km, 30 weitere über 100 km. Was für ein Unterschied gegenüber 1933, nur vier Jahre vorher, als außer Groenhoff und dem Verfasser noch kein Segelflieger über 200 km weit geflogen war!

An diesem Tage montierte der ›Kranich‹ von Peters/Lengler beim Blindflug in einem Wolkenturm ab. Der »Flugsport« berichtete:

»Peters und Lengler waren in einer Wolke Richtung Bad Kissingen auf 2600 m gestiegen. Peters wollte wieder auf Kurs kommen, wozu er zunächst den ›Kranich‹ wieder in die richtige Lage zu bringen suchte. Dabei nahm jedoch die Fahrt immer mehr zu. Er zog vorsichtig mit beiden Händen den Knüppel an den Bauch, um die Maschine nicht übermäßig zu beanspruchen. Starke Beschleunigung drückte die Piloten in ihre Sitze. Ein Versuch, die Landeklappen zu benutzen, änderte nichts an der ungemütlichen Lage.

Als Heinz Peters die Landeklappen wieder einzog, gab es einen lauten Knall, und er sah, wie der hinter ihm sitzende Lengler kopfüber nach unten herausstürzte, während sich das Flugzeug anscheinend in einer Art Rückenlage befand. Peters sah nur noch Lenglers Beine, die ihn, wie er sagte, an die Hosen Lilienthals erinnerten. Er sah noch, wie sich der Fallschirm öffnete und ein abgebrochener Flügel an ihm vorbei stürzte.

Das nächste war für ihn: Jetzt aber schnell aussteigen! Nach einiger Zeit befand er sich mit seinem Fallschirm nur etwa hundert Meter entfernt in der gleichen Höhe wie Lengler. Er beobachtete, wie ein Bussard mit seinen drei Jungen um dessen Fallschirm kreiste, der kaum Höhe verlor. Er rief Lengler zu, wie es ihm ginge. Prompt kam die Antwort: Alles in Ordnung! Darauf rief Peters, Lengler solle doch ein wenig an den Fallschirmleinen lupfen, um aus dem Aufwind herauszukommen, was dann auch gelang.

Während Peters auf einer Wiese landete, blieb Lengler an einer Baumkrone hängen »wie das Goldene Vlies am Ordensband«. Es gelang dann, ihn mit Hilfe von Waldarbeitern aus seiner luftigen Höhe von 20 m herabzuholen. Beide Piloten erlitten nicht die geringsten Verletzungen. Und das danken wir dem Fallschirm.«

☆

Am gleichen Tag waren, wie schon erwähnt, drei Flugzeuge der Gruppe 4 im Kettenflug auf ihrem Ziel Hornberg gelandet. Heinrich Vergens Co-Pilot Heinz Wolff beschrieb deren Flug wie folgt:

»Auf dem Startplatz das gewohnte Bild. Alles wartete auf den ersten Start, obgleich es schon 11 Uhr geworden war. Eine eigenartige Stimmung herrschte. Jeder Pilot beobachtet die anderen Wettbewerber und erkundigt sich, wohin diese ihre Zielflüge gemeldet haben. Es gehört schon eine ganze Portion Fingerspitzengefühl dazu, den richtigen Zielflughafen anzugeben.

**Vom ›Motor-Max‹ zum ›Motor-Baby‹.
Zu Ehren des am 16. November 1937 tödlich verunglückten Segelflugpioniers Arthur Martens.**

Oben links: **Arthur Martens mit seinem 3½ PS ILO ›Motor-Max‹.** – Darunter: **1935 – Robert Kronfelds ›Drone‹ mit Douglas-Kraftradmotor.**

Rechts, von oben nach unten:
1925 – Gottlob Espenlaubs erster Versuch mit einem 450 ccm-›Viktoria‹-Kraftradmotor.
1929 – Lippischs RRG-Motor-Storch mit DKW-Automotor.
16. Mai 1937 – Friedrich Auffermann flog Klassenweltrekorde für Höhe und Strecke auf Grunau-Baby mit Dr. Kroeber/Köller-Motor.
1940 – Wolf Hirths Motorsegler. (F. Adolf Seiler, Berlin)

Als endlich der erste den Start wagt und tatsächlich Thermik findet, ist die Ruhe wie weggeblasen. Einer nach dem andern fliegt ab. Leichte Cumuli haben sich gebildet, die rasch größer werden. Wir treffen die letzten Vorbereitungen. Der Kurs wird genau festgelegt, an Würzburg westlich vorbei, Bad Mergentheim, Rothenburg muß östlich liegen bleiben, Schwäbisch Hall usw. Noch eine Besprechung mit Haase und Philipp, etwas Schokolade gekauft, und dann bringen wir die Maschinen zum Startplatz.

Haase findet sofort nach dem Start eine Thermikblase und steigt mit dieser schnell weg. Philipp gewinnt ebenfalls Höhe. Nun sind wir an der Reihe. Die TEKO (Technische Kommission) überprüft das Flugzeug, die Fallschirme werden eingehakt und der Barograph eingeschaltet. Kameraden wünschen uns noch Hals- und Beinbruch. Dann wird die Haube geschlossen. Es kann losgehen. Schnell orientieren wir uns, wo augenblicklich die besten Aufwindverhältnisse herrschen. Ausziehen – Laufen . . . 24 Mann ziehen vorn an zwei Startseilen, hinten halten zehn Mann. 450 kg sind in die Luft zu befördern! Da, ein kurzer Ruck. Los! Wahrscheinlich ist das Halteseil am Rumpfende gerissen. Die Startmannschaft stiebt nach links und rechts auseinander. Nur schwer kommt der Vogel frei. Das Fahrgestell wird abgeworfen.

Wir fallen 100 Meter. Jetzt heißt es nicht nervös werden. Nur noch 100 m über Grund sind wir. Langsam steigt das Variometer und bleibt bei 2 m/s stehen. Nach einer halben Stunde haben wir 1800 m Höhe erreicht und segeln in Richtung Kreuzberg davon. Große Wolkenballen haben sich gebildet. In einem besonders schönen Cumulus steigen wir auf 2700 m Höhe. Später erfuhren wir, der ›Kranich‹ von Peters und Lengler montierte in einer solchen Wolke am selben Tag ab. Beide Piloten konnten sich durch Fallschirmabsprung retten.

Weiter geht die Reise. Bei Würzburg haben wir 2100 Meter Höhe. Der Main wird überflogen, wir sehen Weingärten und schmucke Dörfer an den Ufern.

Hinter Würzburg geht es rasch abwärts. Über Mergentheim kommen wir in 300 Meter Höhe an. In letzter Minute erwischen wir einen Aufwind von 5 m/sec. Am Himmel stehen vereinzelte zerfaserte Wölkchen in 2700 m Höhe, die sehr große Aufwinde aufweisen. Doch es ist sehr dunstig geworden. Wir fliegen in 2600 m Höhe und können kaum den Erdboden richtig sehen. Um 16 Uhr erreichen wir Schwäbisch Hall. Noch 50 km! Eine Stunde müssen wir noch fliegen, aber die Sicht wird immer schlechter. Uns hilft nur noch der Kompaß. Vergebens suchen wir die Schwäbische Alb. Der Dunst verschluckt alles.

17 Uhr! Der Flug geht über bergiges Gelände. Plötzlich taucht eine große Stadt auf. Nanu? Was ist denn das? Nach dem Kurs müssen wir uns über der Alb befinden. Eine derartige Stadt liegt aber nicht auf unserem Flugweg.

Wir sind über Stuttgart!!! Anscheinend hat uns ein starker Ostwind in 2000 m Höhe weit nach Westen getrieben. Wie erreichen wir noch den Hornberg? Es ist mittlerweile 18 Uhr geworden und die Aufwinde werden immer schwächer. Wir fliegen genau Kurs Ost. Von der Alb ist jedoch noch immer nichts zu sehen. Alles Klopfen hilft nichts – das Variometer zeigt konstant einen Meter Fallen an. Aus dem Dunst tauchen plötzlich die drei Kaiserberge auf: Hohenrechberg, Stuifen und Staufen. Mit unserer gegenwärtigen Höhe werden wir kaum 10 Kilometer vor den Hornberg kommen.

Vorsichtig werden noch einige kleinere Aufwindfelder ausgekurbelt. Doch es nützt nichts. Die Höhe reicht nicht aus. Es ist 18.30 Uhr. Um diese Tageszeit wird es kaum noch Thermik geben . . .

Da geht ein fühlbarer Ruck durch das Flugzeug. Wir steigen wieder. Anscheinend hat sich von der großen Waldfläche dort unten eine Aufwindblase gelöst, die uns jetzt nach oben nimmt. Wer kann sich unsere Freude vorstellen, als wir nach kurzer Zeit wieder auf 2200 Meter angelangt sind. Da ist aber auch der letzte Aufwind zu Ende. Schnell wird der Hornberg angepeilt und mit möglichst geringem Höhenverlust angeflogen. Mit geringer Höhe geht es über den Hohenrechberg, ein kleiner Sprung und knapp geht es

Links: **Ludwig Karch, der Sieger in der 1937er Rhön.** – Mitte: **Max Beck, der beste Einsitzerpilot, mit Höhenschreiber, dahinter Kurt Schmidt, waren am gleichen Ziel gelandet.** – Rechts: **Heinz Huth, der Sieger im 1. Zielstreckenwettbewerb nach Berlin und zurück.**

über den Stuifen. Den Flugplatz können wir nicht mehr erreichen, doch die Landewiese unten im Tal zählt ja auch noch zum Hornberg. Ein eleganter Slip folgt, abfangen und holpernd rutscht der ›Kranich‹ über die Wiese.

Oben auf dem Flugplatz hat uns noch keiner bemerkt. Wir haben uns wie Indianer auf dem Kriegspfad hinaufgeschlichen. Da gab es eine mächtige Aufregung, als wir plötzlich zu Fuß oben ankamen. Am meisten haben sich Haase und Philipp gefreut, die einige Stunden vorher landeten, denn für jeden geglückten Kettenzielflug gab es 30% Punktaufschlag.«

☆

Bei Beurteilung der Ergebnisse dieser Rhön muß daran erinnert werden, daß Heini Dittmar, Ludwig Hofmann, Hanna Reitsch und Wolfgang Späte nicht mitflogen. Nur Kurt Schmidt nahm an beiden Wettbewerben teil. Im Wesentlichen waren es jüngere Piloten, die jetzt ihr Können zeigen konnten.

Links: **Der Korpsführer Christiansen mit der siegreichen Besatzung Ludwig Karch und ›Mandi‹ Zimmermann, Akaflieg München.** – Rechts: **Mü 10 Milan, der siegreiche Zweisitzer, Baujahr 1934, konstruiert 1932 von Egon Scheibe.**

Das Wertungsergebnis zeigte Karch/Zimmermann auf der drei Jahre alten Mü-10 ›Hans Huckebein‹ als Gesamtsieger mit 1575 km Gesamtstrecke, darunter neun Zielflüge. Braeutigam/Steinert auf dem 2. Platz hatten insgesamt 1437 km geflogen mit fünf Ziellandungen. Fluglehrer Max Beck aus Lauffen am Neckar auf seiner ›müden Mü-13‹ hatte die unglaubliche Gesamtstrecke von 1739 km geschafft mit neun Zielflügen, wurde aber nur dritter in der Wertung. Das kam davon, weil man Äpfel mit Apfelsinen verglich. Der Wettbewerb hätte getrennt für Ein- und Zweisitzer ausgeschrieben werden sollen. Das Ergebnis wäre gerechter gewesen. Haase, späterer Weltmeister, Treuter und Kracht mit sieben Zielflügen hätten nach Beck als 1. Sieger den 2., 3. und 4. Platz im Einsitzer-Wettbewerb verdient. Im Zweisitzer-Wettbewerb wären van Husen/Sauerbier dritter, Vergens/Wolff Vierter geworden.

Technische Leistungen wurden getrennt bewertet:

1. Preis: FFG Aachen für die FVA 10b ›Rheinland‹, mit Einziehfahrwerk. Konstrukteur: Felix Kracht.
2. Preis: Gebrüder Horten für ihre ›Horten II‹-Schwanzlose.
3. Preis: FFG Berlin für ihre Neukonstruktion B-5.
4. und 5. Preis: Konstrukteure Handrick bzw. Weber für ihre neuen Segelflugzeuge ›HA II‹ und ›E.W.I‹ (Zweisitzer).

Der damals neue ›Kranich‹ wurde zwar lobend erwähnt, aber nicht preisgekrönt, da von einer staatlichen Stelle, dem DFS, konstruiert und von einem gewerbsmäßigen Unternehmen hergestellt. Konstrukteur: Hans Jacobs. Hersteller: Schweyer, Mannheim. Aus dem gleichen Grund wurde die DFS-Sturzflugbremse nicht prämiert, deren Schöpfer ebenfalls Jacobs war.

Weitere technische Verbesserungen wurden belohnt: Einbau eines Kurzwellengeräts: FFG Stuttgart und FAG Esslingen. Eine ganze Reihe von Kraftwagen und Anhängern wurden prämiert, die Schlafgelegenheit für den Piloten und andere technische Neuerungen boten.

☆

An dem Zielstreckenwettbewerb nach Berlin und zurück durften nur 20 Bewerber teilnehmen: Ahrens, Denker, Fick, Frowein, Heidrich, Heinemann, Hieckmann, Ludwig Hofmann, Holzbaur, Huth, Kraft, Lemm, v. Miakich, Peter, Petersen, Reukauf, Siemers, Speier, Wagner und Wiesehöfer. An Maschinen gab es je einen Condor I und II, die B-5 der FFG Berlin und die F.V.A. 10b der FFG Aachen, eine Mü-13, fünf Göppingen III (Minimoa), drei Rhönadler und sechs Rhönsperber. Ludwig Hofmann wollte mit dem ›Fafnir II‹ (São Paulo) teilnehmen, erschien aber nicht am Start. Auch Rudolf Hakenjos hatte ursprünglich mitfliegen wollen; Werner Fick flog an seiner Stelle.

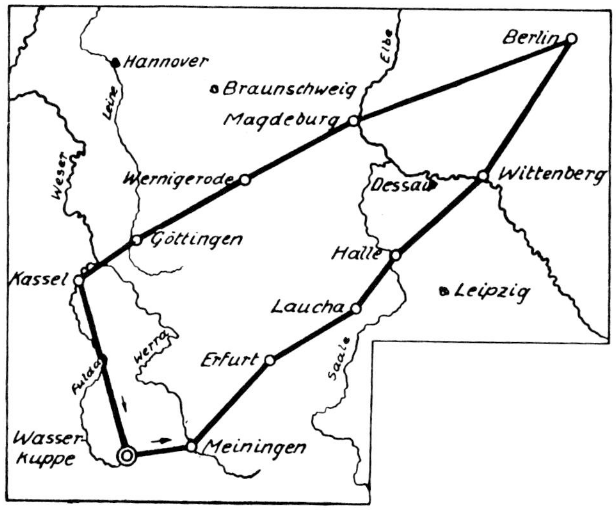

Streckenführung des Rundflugwettbewerbs 1937,
aus »Flugsport«, 1937.

Der Wettbewerb begann schon am Samstag, dem 24. 7. 1937, und sollte am Freitag, dem 6. 8., enden. Am 25. 7. hatten Heidrich, Wagner und Peter schon Wittenberg erreicht; bis Donnerstag, den 29. 7., waren Fick, Heidrich, Huth, Kraft, Peter, Wagner und Wiesehöfer in Wittenberg versammelt. Denker, Frowein und Siemers waren in Halle/Saale gelandet; Ahrens, Heinemann, Petersen und Reukauf saßen noch in Erfurt. Die Wittenberger Umgebung galt als ungünstig für Thermikentwicklung dank feuchter Niederungen nahe der Elbe. Dennoch meldete man, daß am Sonntag, dem 1. 8., sieben Piloten den Berliner Sportflugplatz Rangsdorf erreicht hatten. Heidrich war sogar schon bis Brandenburg weitergeflogen. Die anderen dieser Spitzengruppe waren Fick, Huth, Kraft, Peter, Wagner und Wiesehöfer. Ungünstiges Wetter mit Gegen- oder Seitenwind hatte in der ersten Woche vorgeherrscht. Das wurde in der zweiten Woche besser.

Falls ein Pilot einen Zielflugplatz ohne Landung überfliegen wollte, mußte er dies vor dem Start angeben und über dem betreffenden Zielplatz auf 500 m über Grund hinunterkommen, um vom Boden aus erkannt werden zu können. Dabei bestand immer die Möglichkeit ›abzusaufen‹. Auf jeden Fall bedeutete es Zeitverlust. Um so erstaunlicher waren die Tagesleistungen der drei Sieger.

Heinz Huth auf ›Condor II‹ flog am Donnerstag, dem 5. 8. 1937, von Wernigerode (Harz) ab. Aus Kassel kam die Meldung, daß er diesen letzten Zielflugplatz überflogen habe. Man gab dies durch Lautsprecher bekannt. Die Spannung stieg aufs äußerste. Als es jetzt auf 19 Uhr zuging, rechnete man nicht mehr mit seiner Ankunft am Ziel. Um so größer war die Begeisterung, als Huth doch noch kurz vor 19 Uhr, mit wenig Höhe ankommend, auf der Wasserkuppe landete. Er hatte den Harz westlich umflogen, weil ein Überfliegen nicht möglich gewesen war. Dann hatte er die Zielflugplätze Göttingen und Kassel vorschriftsmäßig begrüßt. Heinz Huth war in glänzendem Stil der Sieger des 730 km-Zielstrecken-Rundflugs geworden. Heute wissen wir alle, daß er nach dem Weltkrieg mehrmals die Segelflug-Weltmeisterschaft gewann.

Am letzten Tag, Freitag, dem 6. 8. 1937, schafften es Hans Heidrich von Wernigerode und Hans Wiesehöfer sogar von Brandenburg aus die Wasserkuppe ohne Zwischenlandung zu erreichen. Wiesehöfers 331 km Zielstreckenrundflug mit seiner als langsam verlachten Mü-13 war eigentlich die größte segelfliegersische Leistung des Jahres 1937. Huth war Wiesehöfer jedoch in der Punktwertung so weit voraus, daß letzterer mit dem 2. Platz zufrieden sein mußte. Heidrichs 3. Platz war wohlverdient.

Kein Segelflieger hatte Berlin im direkten Zielflug erreicht. Deshalb wurde der dafür ausgeschriebene ›BZ am Mittag‹-Preis an die Piloten verteilt, die als erste in Rangsdorf gelandet waren: es wurden Kraft 514, Huth 496, Fick 462 und Wagner 452 weitere Punkte zugesprochen.

☆

Der alte Freund der Wasserkuppe, Georges Abrial, leitete um diese Zeit ein Segelfliegerlager in Vauville, Normandie, wo vor Jahren Johannes Nehring, Wolf Hirth und Max Kegel Preise gewonnen hatten.

☆

Beim Motorsegler-Vergleichsfliegen der FFGs (Akafliegs) in Rangsdorf, im Herbst 1937, schnitt Scheibes ›Mü-13m‹ (Merlin) am besten ab. Mit dem 18 PS Dr. Kroeber-M-4 Motor hatte die Maschine eine Spanne von 45 bis 125 km/h Geschwindigkeit. Sie stieg mit 1,5 m/sec und ihre Gleitzahl wurde mit stehendem Propeller mit 21 angegeben. Ihr Fahrwerk war einziehbar. Meine Idee vom Jahre 1935 (›La Falda‹-Motor-Condor) war hier ideal verwirklicht worden. In 30 Minuten konnten Triebwerk und das am Heck angebrachte Gegengewicht ein- oder ausgebaut werden. Die Rückkehr von Streckenflügen mit eigener Kraft war dadurch im Bereich des Möglichen. Leider zeigte die NSFK-Führung wenig Interesse am Motorseglergedanken und die Entwicklung wurde nicht weiter gefördert.

☆

Am 16. November 1937 stieß ein Verkehrsflugzeug im Anflug auf Ostende in nebligem Wetter gegen einen Fabrikschornstein. Alle Insassen kamen ums Leben, darunter unser Segelflugpionier Arthur Martens. Er war als Gast von Erbgroßherzog Georg Donatus von Hessen zur Hochzeit von dessen Bruder Ludwig in London eingeladen worden. Die verwitwete Großherzogin, der Prinz selbst und seine Familie waren mit an Bord, sowie sieben weitere Fluggäste. Dieses furchtbare Schicksal des in Darmstadt hochangesehenen ehemaligen Herrscherhauses erschütterte damals die ganze Welt.

Oskar Ursinus schrieb im »Flugsport«:

»Mit Arthur Martens ist einer unserer allerbesten Segelflugpioniere von uns gegangen. Ein treuer Kamerad, unermüdlich, wenn es galt, Aufgaben zu meistern, humorvoll, wenn es schiefzugehen drohte, flugbegeistert und vorwärtsstrebend bis an sein Lebensende. Wir sehen ihn noch im Geiste 1922 mit Blume und Hentzen, als die ersten Dauerrekorde geflogen wurden. Wir sehen ihn 1923 in Asiago auf dem Monte Mazze hoch über der Mailänder Ebene starten, um einen 21 km-Rekord aufzustellen. Wir erleben dann den Aufbau der Fliegerschule Wasserkuppe, wo er das Fundament zur Segelflugschulung schaffte. Von 1929 an als Leiter der Metallpropeller-Abteilung der Heddernheimer Kupferwerke in Frankfurt brachte er dieses Unternehmen zur höchsten Entwicklung. Und hier ist ihm plötzlich das Schicksal in den Arm gefallen.«

Alle, die Martens kannten, trauerten mit dem Rhönvater. Sein Lob dieses Mannes war berechtigt, keine Übertreibung. Wir haben ihn auf der Wasserkuppe vermißt, zu der er regelmäßig jedes Jahr als stets interessierter Besucher zurückgekommen war.

☆

Vom 26. zum 27. November 1937 segelte Ernst Jachtmann auf Sylt mit Floßdorf als Begleiter in Richard Mihms Zweisitzer ›RM 4‹ einen Dauerweltrekrod von 13 h 59 min. Dann ließ ihn der Wind im Stich. Und damit endete im Jahr 1937 eine sehr bewegte Segelfluggeschichte, soweit es Wasserkuppe-bezogene Ereignisse betraf.

Strecken- und Höhenflüge im Rhönwettbewerb 1937

	MONAT	JULI						AUGUST							Anz. Zielflüge	Strecken-	
	DATUM	25.	26.	27.	29.	30.	31.	1.	2.	3.	4.	5.	6.	7			
	Tagesfaktor	1.1	1.1	1.62	1.35	1.35	1.62	2.0	2.0	1.1	1.35	1.1	1.1	1.35			Punkt-
	Min. Strecke	50	50	40	45	45	40	35	35	50	45	50	50	45		Km	zahl
	Abelmann, E. mit Bromen (E)													76 / –		232	269,8
	Bauer, Alfred	101 / 913											207 / 2025	129 / –		467	596,3
1	Beck, Max	276 / 1390		132 / 514	152 / 1010	142	119 / 610	78 / 645		196 / 1675	139 / 1130	132 / 1423	219 / 1580	154 / –	9	1739	3642,3
	Blankertz				50 / 820		98 / 1360						143 / 1905	100	–	411	357,8
8	Blech, Werner	201 / 1070	106 / 3380	76 / –	139 / 1868	133 / 1320	23 / 541			78 / –	139 / 1464	86 / 1400	251 / 2370	138 / –	5	1370	2567,7
	Bromen, W.											146 / 1615			siehe Abelmann		
	Brümmer, Willi	131 / 1665								78 / 975			170 / 1770		1	379	489,8
	Croissant, Otto	132 / 1150			122 / 860	94 / 857	94 / 965		78 / 2476		57 / 1130	139 / 1440	181 / 1915		5	897	1687,4
	Dobler, Hermann	132 / 1438					68 / 995		78 / 792	78 / 755	176 / 875	93 / 1440	154 / 1275	69 / –	5	848	1739,3
	Geering, Hermann	128 / 1133												133 / –	–	309	254,5
	Gerlich mit Sorger (E)				144 / 710	109 / 1046	38 / 615		82 / 785		139 / 845			154 / –	3	1129	1781,0
	Gissefeldt, W.	110 / 995				125 / 745				159 / 1220			123 / 1467	93 / –	2	654	859,5
2	Haase, E.G.	210 / 980			223 / 1378	194 / 1226	94 / 1050	83 / 590		213 / 1777		132 / 1766	195 / 1995	152 / –	7	1496	3588,2
	Haug, K. mit Koch (E)									78 / 1074	86 / 927		145 / 2052	–	1	309	294,4
	Feiderich, Karl	119 / 663			61 / 568	78 / 905	157 / 810		78 / 2175		139 / 1620		121 / 1595	78 / –	4	858	1400,9
	Dr. Jancke, G.				80 / 715	139 / 1158	82 / 900			154 / 1030	139 / 1160	93 / 1310	219 / 1670	104 / –	5	1010	1959,2
	Klug, Arthur	200 / 987								78 / 1030			68 / 1040		1	424	407,1
	Knöpfle, Helmut	110 / 975			118 / 1485	78 / 955	46 / 693				139 / 1330	114 / 1495	229 / 1540		2	866	1314,[illegible]
	König, Reinhold		43 / 502	83 / 1446		153 / 1522		38 / 372		57 / 1146	159 / 1134	134 / 1455	236 / 2905	138 / –	2	1040	1831,5
4	Kracht, Felix	138 / 1255			66 / 875	139 / 1177	132 / 1060	48 / 455			137 / 1560	181 / 2238	226 / 1880	154 / –	7	1272	2954,7
	Krieger, Hubert	80 / 825				154 / 985	48 / 900				139 / 1150	136 / 1360	190 / 1435	78 / –	3	867	1499,7
	Kuhn	77 / 1425		132 / 930	27 / 880						93 / 1755	136 / 1650	141 / 1650	138 / –	3	841	1454,5
10	Ludwig, Gerhard	155 / 1081		98 / 605	132 / 1015		94 / 1335			154 / 1265	139 / 1220	222 / 1660	283 / 1690		5	1285	2447,9
7	Medicus, Franz	132 / 908			115 / 912	94 / 978	88 / 1110	78 / 822	78 / 730		179 / 1975	132 / 1568	164 / 1560	195 / –	7	1275	2714,1
	Müller, Kurt *	166 / 1815				121 / 1245	84 / 838	86 / 973			126 / 1120	139 / 1708	189 / 1918	–	2	988	1535,5
	Münch, Walter	138 / 1075				162 / 1217					132 / 720	151 / 1287	139 / 1755	53 / –	3	775	1345,0
	Mundlos, Heinrich mit Klietz (E)	74 / 912				104 / 1417						80 / –	147 / 1450	–	–	478	386,8
	Nein, Hermann	152 / 991				157 / 914									–	309	385,2
	Nieland	194 / 950			91 / 885		101 / 640		64 / 690		139 / 795		160 / 1365		2	749	1014,0
6	Osann, Hans	210 / 650					132 / 788	44 / 450		154 / 1270	139 / 875	181 / 1460	226 / –	193 / –	6	1305	2726,[illegible]

* - Wernigerode

	MONAT	JULI						AUGUST							Anz. Zielflüge	Strecken-	
	DATUM	25.	26.	27.	29.	30.	31.	1.	2.	3.	4.	5.	6.	7.			
	Tagesfaktor	1.1	1.1	1.62	1.35	1.35	1.62	2.0	2.0	1.1	1.35	1.1	1.1	1.35			Punkt-
	Min. Strecke	50	50	40	45	45	40	35	35	50	45	50	50	45		Km	zahl
11	Philipp, Ernst	210 / 1475				78 / 1079	47 / 778			78 / 895	132 / 816	132 / 2020	195 / 1765	142 / –	7	1014	2028,7
	Pomper, Franz	179 / 1250				137 / 882			78 / 900	78 / 1650		164 / 1360	151 / 2525	66 / –	3	802	1447,7
	Rockstroh, W.	80 / 1070			60 / 960	154 / 1004	70 / 722							86 / –	1	543	696,5
	Ruhnke, S.	210 / 1490			104 / 1000	78 / 1020					221 / 2752	51 / 1188	84 / 1940	83 / –	2	858	1468,8
12	Ruthardt, H.	138 / –			124 / 730		72 / 995			154 / 750	180 / 1180	129 / 1320	154 / 1645	132 / –	4	1083	1980,4
	Seele, Hermann												154 / 1695	50	1	261	368,0
	Siebert, Heinz	157 / 1165				87 / 837		72 / 492		196 / 1546			164 / 2005	78	2	813	1140,7
	Siedschlag, W. mit Stoltzenburg (E)					48 / 780					132 / 1412			E: 93 / –	–	372	327,9
	Simon, Sondermeier (E)													32 / –	–	32	10,2
	Sorger F.	84 / 1100										139 / 1258	182 / 1420		siehe Gierlich		
5	Schmidt, Kurt		119 / 818		136 / 1098	142 / 1016	110 / 1100			196 / 1444	139 / 1570	132 / 1278	283 / 2112	75 / –	6	1332	2949,6
	Steinig, Paul	201 / 1020		131 / 706	126 / 970	102 / 900	58 / 985			78 / 785	120 / 905	91 / 1090	112 / 1262	138 / –	2	1151	1558,0
	Stuhler										91 / 1225			101 / –	–	275	229,5
9	v. Treuberg *	276 / 930			86 / 822	78 / 770	91 / 830		78 / 960	78 / 870	139 / 1380		164 / 1572	154 / –	7	1144	2539,3
3	Treuter, Karl	177	37 / 1730	119 / 1812	102 / 1908	139 / 1492	57 / 1815	72 / 511		154 / 2063	139 / 2626	154 / 1562	219 / 2430	141	7	1531	3015,0
	Umbreit, Fritz	210 / 780			25 / 614	40 / 1648					132 / 1320	128 / 1735	125 / 2068	132	3	792	1443,6
	Wolf, Heinz	247 / –				122 / 848	134 / 940		121 / 2490		139 / 1635	139 / 1305	59 / 1645	95	2	1085	1497,5
	Wilhelm, A.	90 / 1020				78 / 655	54 / 885		78 / 990		108 / 1162	68 / 1055	154 / 1460	78	3	733	1155,0
	Zimmer, Kurt										76 / 1276	144 / 1685	143 / 1505	54		473	436,0

* Hubertus Graf v.

ZWEISITZER

		25.	26.	27.	29.	30.	31.	1.	2.	3.	4.	5.	6.	7.	Anz. Zielflüge	Km	Punktzahl
	Andrös, Herbert / Engmüller	212 / 733		69 / 1210		131 / 1022							181 / 1308	75 / –	1	705	1188,3
2	Otto Braeutigam / Steinert, Rudolf	240 / 1140			126 / 892		92 / 1505			154 / 982	139 / 1042	222 / 1525	219 / 1530	195 / –	5	1437	3730,1
	Alfred Helm / Stöckerer	238 / 1970									93 / 1076			137 / –	1	468	1037,4
	Wolf Hirth / Knoth, Richard	94 / 1010													siehe Knoth-Setteler		
3	Pit van Husen / Sauerbier, G.	210 / 1545		111 / 612	72 / 680			78 / 1273		196 / 1074			164 / 1750	138 / –	4	969	2556,4
1	Ludwig Karch / Zimmermann	138 / 1150	76 / 601	132 / 540	152 / –	139 / 511	132 / 1000	66 / 522		154 / 1328	139 / 927	139 / 1810	154 / 1335	154 / –	9	1575	5954,5
	Richard Knoth / Setteler					78 / 1095						87 / 1047			1	283	481,8
5	Heinz Peters / Lengler, Erich				85 / 809	142 / 1135	30 / 540		61 / 495		139 / 1080	139 / 1500	*		3	596	1618,0
4	Vergens, Erich / Wolff									196 / 2110	61 / 1267	132 / 1645	195 / 1750	133	3	883	2222,2

* Peters und Lengler Fallschirm-Absprung nach Flächenbruch ihres „Kranich"s.

(1) - Ergebnisse EinsitzerKlasse   [1] - Ergebnisse ZweisitzerKlasse

(E) = Ersatzpilot

Gesamtsieger: Ludwig Karch/Zimmermann auf "Kranich".
Sieger der Einsitzer-Klasse: Max Beck auf "Minimoa."
Zielflüge: Am 2. und 3.8.37 landeten 7 bzw. 9 Maschinen in Würzburg, und am folgenden Tage 19 in Nürnberg. Die Gesamtzahl der Ziellandungen auf bevorzugten Flugplätzen zeigt folgende Liste:

Km	Zielflugplatz		Km	Zielflugplatz	
78	Würzburg	29×	196	Hornberg	10×
93	Bamberg	5×	210	Chemnitz	6×
132	Bayreuth	18×	219	Neuburg (Donau)	4×
138	Hof	9×	222	Regensburg	3×
139	Nürnberg	32×	240	Wittenberg (Elbe)	1×
142	Ansbach	5×	251	Augsburg	1×
154	Schwäb. Hall	21×	276	Dresden	2×
164	Hesselberg	6×	283	München	2×

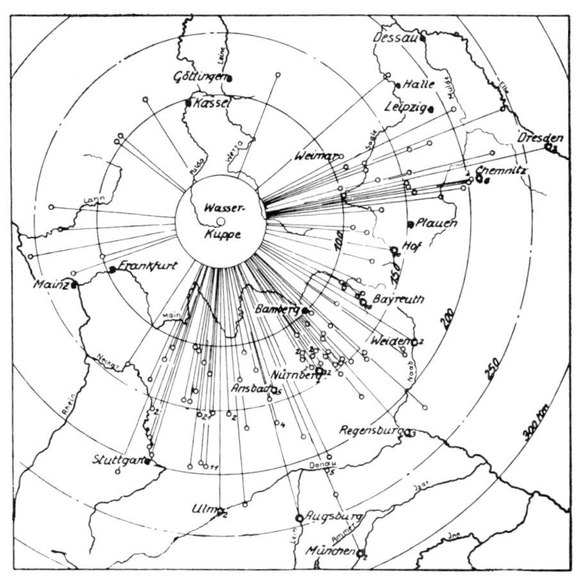

Die Kartenskizze (Flugsport) zeigt nur Flüge von mehr als 100 Km.
Zahlen neben den Landeorten geben die Anzahl der Landungen an.

Motorfluggeräte, die ab 1923 vom Gleit- und Segelflug abzweigten

Ultraleichte Fluggeräte ohne und mit Fahrwerk	*Zum Übergang vom einsitzigen Gleitflugzeug zum einsitzigen Motorflugzeug*	*Selbststartende Segelflugzeuge*	*Vom Segelflugzeug abgeleitete leichte Motorflugzeuge*
Geistiger Vater: Oskar Ursinus Seine Forderung: $\frac{\text{Flugwerk + Motor}}{\text{Pilotengewicht}} = \frac{1}{2}$ vom März 1920 ist erst fünfzig Jahre später durch Flugdrachen mit Motor verwirklicht worden. 1920 wurde sie als utopisch angesehen.	**1923:** Arthur Martens ›Max‹ mit ILO-Motor. **1924:** Albert Botsch BAC mit Blackburne-Motor. Otto Hohmuth: ›Knorke‹. mit Prüssing-Motor Paul Bäumer, Gebr. Günther ›Roter Vogel‹ mit 350 ccm-Douglas-Motor. **1927:** Max Kegel: ›Kassel‹ mit 16 PS-Motor. **1931:** Fritz Stamer ›Hummel‹ mit DKW-Pumpenmotor 18 PS. Waldemar Beyer B/G 15/1 mit 18 PS Dr.-Kroeber-Motor. **1932:** Edmund Schneider/Emil Rolle: ›Motor-Baby‹ mit 18 PS-Dr.-Kroeber-(Köller)-Motor. **1934:** Willy Messerschmitt: ›Baukastenflugzeug‹. Entwurf mit wassergekühltem Motor und Fernantrieb der Luftschraube. Gezeigt auf der ILA-Ausstellung Berlin 1931.	**1923:** Karl Plauth, Akafl. Darmstadt D-8 ›Karl der Große‹ mit 30 PS-Haacke-Motor (Plauthkahn). **1924:** Massenbach-Hoppe, Akafl. Darmstadt, D-11 ›Mohamed‹ (Mahomed) mit 700 ccm-Blackburne-Motor. **1924:** Willy Messerschmitt: S-15 und S-16 mit 550 ccm und 750 ccm Douglas-Motor. **1925:** Gottlob Espenlaub: E-11 mit Triumph-Motor. **1935:** Peter Riedel/Heini Dittmar: ›Motor-Condor‹ mit 18 PS-Dr.-Kroeber-(Köller)-Motor. **1939:** Wolf Hirths Motorsegler mit Fernantrieb der Luftschraube. Erst nach dem 2. Weltkrieg wurden brauchbare selbststartende Segelflugzeuge gebaut, vor allem von Egon Scheibe, München, und Ted Nelson, USA.	**1920:** Dr. Martin Schrenk: ›Daimler L-15‹ mit 2-Zylinder-Kraftradmotor. **1925:** Willy Messerschmitt: M-18 mit 28 PS-Douglas-Motor oder Bristol-Cherub- Motor. Dr. Wilhelm Klemm: L-20 mit 19 PS-Mercedes-Motor. **1926:** Hermann Hofmann (Akafl. Darmstadt) Gebr. Müller, Griesheim: GMG-I, II und IIa mit 30 PS-Anzani-Motor.

Die meisten dieser Fluggeräte scheiterten am Motorenproblem. Dies blieb unbefriedigend bis Ing. Hans Köller, Wittenberg (Elbe), seinen 2-Zylinder-Zweitakt-Motor im Jahre 1933 herausbrachte. Dieser wurde von Firma Dr. Kroeber in Treuenbrietzen (Mark) in Serie gebaut, nachdem er die DVL-Musterprüfung bestanden hatte. Leider wurde dieser vielversprechende Anfang einer Ultraleicht-Entwicklung durch den Zweiten Weltkrieg abgebrochen.

KAPITEL 22

Das erste Halbjahr 1938 – eine Fülle von Ereignissen

Es ist unvermeidlich, daß bei der stetig zunehmenden Zahl Rhön-Segelflug-bezogener Nachrichten ein gewisses Stakkato der Berichterstattung bemerkbar wird. Es galt hier einen Kompromiß zu schließen, um möglichst viel innerhalb des vertraglich begrenzten Rahmens bringen zu können. Das zwang zur Kürze.

☆

Zu jener Zeit gab es in Deutschland die folgenden Hersteller von Segelflugzeugen:

1. Gottlob Espenlaub, Düsseldorf bzw. Wuppertal
2. Jehle Flugzeugbau, Donaueschingen (Fritz Papenmeyer)
3. Naumburger Flugzeugbau (vormals Robert Bley-Segelflugzeugbau)
4. Alexander Schleicher, Poppenhausen an der Wasserkuppe, Rhön
5. Schmetz und Kracht, Aachen
6. Edmund Schneider Segelflugzeugbau, Grunau
7. Karl Schweyer – Flugzeugbau, Mannheim (später mit Hans Jacobs als Partner).

☆

Im Januar 1938 segelte der Verfasser mit seinem ›Kranich‹ 7 Stunden lang über Cali, Kolumbien, und später mit und ohne Fluggäste über Medellin, Palanquero und Bogotá. Teniente Olano von der kolumbianischen Luftwaffe schleppte den ›Kranich‹ mit dem Verfasser und Olanos Monteur an Bord viele Hunderte von Kilometern bis zur Ankunft auf der 2500 m-Hochebene der Hauptstadt Kolumbiens. Der Schleppflug nach Bogotá hinauf wäre beinahe schiefgegangen – mein Schlepper, mit dem ich keine telefonische oder Funkverbindung hatte, kehrte in einer engen Wolkenschlucht plötzlich um. Mit tief durchhängendem Schleppseil raste er an uns vorbei und brachte uns in eine verzweifelte Lage. Das Stahlseil hielt, als es sich nach einer Steilkurve meinerseits ruckartig spannte. Wäre es gerissen, hätten wir in der Talsohle auf Urwaldbäumen landen müssen.

☆

Am 24. 3. 1938 erschienen die Richtlinien der Olympischen Segelflug-Kommission für einen technischen Wettbewerb. Sie waren von der ISTUS, der Internationalen Studienkommission für Segelflug, ausgearbeitet worden. Es handelte sich um die Schaffung eines einheitlichen Fluggerätes für den ersten olympischen Segelflugwettbewerb im Rahmen der für 1940 geplanten Olympischen Spiele in Helsinki, Finnland.

In Deutschland wurde der Entwurf und Bau von je zwei olympischen Segelflugzeugen beim DFS und den FFGs (Akafliegs) Aachen und München in Auftrag gegeben. Die Spannweite war mit 15 m festgelegt, ohne Landeklappe oder Einziehfahrwerk. Zwecks Kostenersparnis wurde einfacher Aufbau sowie schnelles Auf- und Abmontieren der Maschine verlangt. Die Arbeiten mußten sofort in Angriff genommen werden, denn die Zeit drängte.

☆

Kurz danach entwarf und baute die FFG Stuttgart ihre neue, von Ernst Scheible entworfene Leistungsmaschine fs-18 in nur vier Monaten. Der von den Alpenflügen her bewährte Hermann ›Bubi‹ Ruthardt flog sie dann auf der Rhön. Als erster in der Rhöngeschichte hatte Ruthardt durch sein Kleinfunkgerät FES 3 Funkverbindung zwischen Segler und Rückholwagen. Dieses Gerät war, wie schon erwähnt, von der FFG Stuttgart entwickelt worden.

Um irrtümlichen Prioritätsansprüchen vorzubeugen, sei hier erwähnt, das Jack O'Meara (Leistungsabzeichen Nr. 12) in der auf den Namen ›Chanute‹ umgetauften, reparierten ›Darmstadt I‹ schon am 8. und 11. August 1932 Sprechfunkverbindung mit dem Boden hatte. Dies geschah, während O'Meara über Manhattans Wolkenkratzern segelte. Ingenieure der großen National Broadcasting Company (NBC) hatten die Geräte in sein Segelflugzeug eingebaut. Von O'Meara im Flug gemachte Bemerkungen wurden sogar im NBC-Rundfunk ausgestrahlt. Hinsichtlich der Verbindung zur Rückholmannschaft war die FFG Stuttgart jedoch zweifellos ein Bahnbrecher.

☆

Mit der Bildung starker thermischer Aufwinde begannen schon frühzeitig Streckenflüge von bekannten Segelflugschulen aus.

Am 26. 4. 1938 segelte Arno Kühnold, der Leiter der Lauchaer Schule, im Zielsegelflug 186 km bis Berlin, wobei er eine Minimoa flog.

In der von der F.A.I. neugeschaffenen Weltrekordsparte ›Zielflug mit Rückkehr zum Startpunkt – Einsitzer‹ wurden zwischen dem 19. 4. und 14. 5. 1938 vier Flüge ausgeführt:

19. 4. 1938	Heye Straatmann, Berlin	Hirschberg–Liegnitz und zurück	85 km
6. 5. 1938	Max Beck	Hornberg–Hesselberg und zurück	140 km
13. 5. 1938	Erwin Kraft	Hornberg–Ansbach und zurück	168 km
14. 5. 1938	Hanna Reitsch	Darmstadt–Wasserkuppe und zurück	280 km

Lange konnte sich Hanna ihres Weltrekordes nicht erfreuen, denn am 7. Juli 1938 flog Bernhard Flinsch mit der neuen D 30 ›Cirrus‹ seiner FFG Darmstadt von Bremen nach Lübeck-Blankensee und zurück: 305,6 km Gesamtstrecke. Dabei blieb es für einige Jahre.

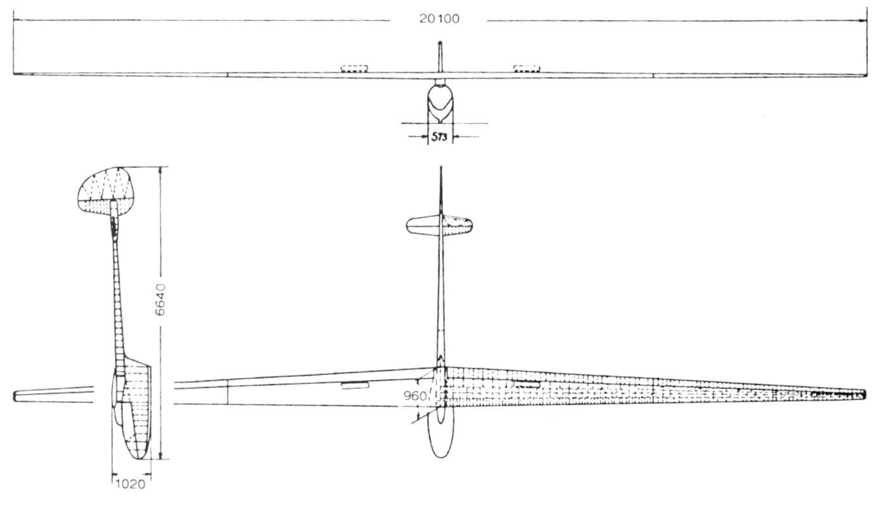

Dreiseitenansicht der D-30 Cirrus. Konstrukteure: R. Schomerus, H. Alt und H. J. Puffert.

Das Segelflugzeug D-30 der Akaflieg Darmstadt. (Fotomontage verschiedener Bilder des Segelflugzeugs D-30 ›Cirrus‹, die von der Redaktion des ›Flugsport‹ seinerzeit angefertigt wurde.)

Die D 30 ›Cirrus‹ war ihrer Zeit weit aus, die erste ›Superorchidee‹. Otto Fuchs schrieb, daß sie sich wie ein Jagdeinsitzer flog. Die dreiteilige Fläche besaß ein 10,0 m langes Mittelstück und zwei Außenflügel von je 5,0 m Länge, insgesamt also 20,0 m Spannweite. Die Flächentiefe verjüngte sich trapezförmig von 0,96 auf 0,24 m. Sie hatte im Flug verstellbare V-Form. Flügelstreckung 1:33. Leergewicht (Holzbauweise) 175 kg. Bestes Sinken 0,50 m/s bei 62 km/h. Beste Gleitzahl 36 bei 72 km/h.

Was ist aus dieser Maschine geworden? Sie hatte ein seltsames Schicksal, das Dr. Wolfgang B. Klemperer mir geschildert hat. Nach 1945 wurde sie intakt nach Kalifornien gebracht. Man wollte dieses ungewöhn-

Riclef Schomerus, der Konstrukteur der D 30 ›Cirrus‹, mit seinem Akafliegkameraden Hans Osann, der die Maschine einflog. Ort: Griesheimer. Schomerus entstammte einer Gelehrtenfamilie. Hochbegabt, an Kunst ernsthaft interessiert, zurückhaltend, aber mit Humor. Zusammen mit dem alten Wasserkuppen-Segelfluglehrer Rolf von Chlingensperg kam Schomerus kurz vor Ende des Krieges auf einem Unterseeboot ums Leben. Beide Ingenieure sollten Japan beim Bau der Me-163 helfen, eine aussichtslose Aufgabe, da dieses Muster selbst in Deutschland noch nicht alle Kinderkrankheiten überwunden hatte.

Die ›breitgesegelte‹ D-30 ›Cirrus‹ der FFG-Darmstadt beim ersten Startversuch mit Gummiseil am Nordosthang der Wasserkuppe. Der Pilot Bernhard Flinsch blieb wie durch ein Wunder unverletzt. Wenig oder kein Wind. Gummiseil zu schwach. Die Maschine schlitterte den Hang hinunter, bis bei einem leichten Ringelpietz der Rumpf zu Bruch ging. Man holte schnell das D-28b Windspiel aus Darmstadt. Flinsch flog es im Wettbewerb und wurde Elfter in der Endwertung.

liche Segelflugzeug für alle möglichen Untersuchungen benutzen. Doch eines Tages erschien ein Offizier der amerikanischen Wehrmacht und zeigte einen Befehl, der vom Kriegsende her stammte: Alle Feindflugzeuge müßten zerstört werden. ›It should be plowed under. . .‹

Man protestierte, man telefonierte mit Wright-Field in Dayton, der US-Luftwaffen-Erprobungsstelle – ohne Erfolg. So wurde die herrliche Maschine tatsächlich irgendwo auf einem kalifornischen Stück Erde von einem Bulldozer zerstört und begraben . . .

☆

Zurück zum Jahr 1938! Mit dem neuen, von Hans Jacobs geschaffenen ›Kranich‹-Muster wurde mehrfach versucht, den Zweisitzer-Weltrekord von Ilchenko und Emerik (UdSSR) zu übertreffen. Es flogen am

5. Mai	Ludwig Hofmann	Trebbin–Deblin bei Tischnowitz, ČSR	400 km
11. Mai	Otto Braeutigam	Großrückerswalde–Speyer	360 km
31. Mai	L. Hofmann	Trebbin–Richterstal (Oberschlesien)	401 km

Hofmann war der russischen Leistung zweimal sehr nahe gekommen. Die Reaktion ließ nicht lange auf sich warten, denn am 17. Juli 1938 flogen Kartachev und Savzov mit 619 km einen neuen Zweisitzer-Weltrekord, von Moskau bis Ouchnia. Solche Leistungen schienen in der schwächeren deutschen Thermik damals unerreichbar.

☆

Während der Berner ISTUS-Tagung vom 22. bis 29. Mai 1938 fand wieder ein internationales Vergleichsfliegen statt. Es nahmen teil: Heini Dittmar, Ernst-Günter Haase, Ludwig Karch mit Begleiter Klein und Felix Kracht.

Karch/Klein überflogen wieder die Alpen mit ihrer Mü-10 ›Merlin‹ und landeten bei Pallanza, Italien, 136 km von Bern. Dittmar gelang der längste Streckenflug mit 155 km nach Chur, Schweiz.

Das NSFK veranstaltete im Jahr 1938 wieder einen Zielstreckenflug-Wettbewerb, diesmal von der Nordseeinsel Westerland nach Breslau. Er begann am 30. Juni 1938 und wurde durch ungünstiges Wetter so sehr benachteiligt, daß er bis zum 12. Juli verlängert werden mußte.

Eine Spitzengruppe von 8 Segelflugzeugen hat schließlich Breslau erreicht. Die anderen blieben auf der Teilstrecke Wittenberge-Brandenburg liegen. Die Ausschreibung erlaubte Straßentransport zum nächsten Zielhafen, was allerdings Strafpunkte kostete. Dadurch ergab sich das eigenartige Ergebnis, daß die Siegerin Hanna Reitsch nur 737,7 km insgesamt geflogen hatte, aber mit 321 Punkten an der Spitzen lag. Ihre Rivalen bis zum 5. Platz hatten mehr Flugkilometer zurückgelegt, aber nicht oft genug ihre Zielhäfen erreicht. Sie hatten wohl größere Gesamtflugstrecken, aber weniger Punkte in der Wertung.

Hanna flog bei diesem Wettbewerb zum erstenmal den neuen ›Reiher III‹ des DFS, Konstrukteur Hans Jacobs. Eine Tabelle aus dem ›Flugsport‹ zeigt die Ergebnisse.

☆

Zu der selben Zeit ungefähr hatte ich erneut als Gast am 9. amerikanischen nationalen Segelflugwettbewerb in Elmira, N. Y., teilgenommen. Durch sechs Zielflüge, einige mit Fluggast, wurde ich wieder der erste Sieger, diesmal vor Chet Decker aus Philadelphia, der eine ›Minimoa‹ flog. Am 3. Juli 1938 hatte ich im Zielflug, einsitzig fliegend, den 365 km weit entfernten Hoover-Flughafen der Hauptstadt Washington

Henry-Harris-Hill Segelfluggelände bei Elmira, N. Y.

10. Juli 1938 – Grüße an Rhönvater Oskar Ursinus.

Goldenes Ehren-Leistungsabzeichen,

welches zum erstenmal dem Deutschen Heini Dittmar verliehen wurde, geschaffen. Vorbedingung für die Zuerkennung dieses Welt-Segelflug-Abzeichens ist der Besitz des silbernen Leistungs-Abzeichens, ein Höhenflug von mindestens 3000 m über der Startstelle sowie ein Streckenflug über mindestens 300 km.

Von den insgesamt ausgegebenen 712 Leistungs-Abzeichen entfallen: 538 auf Deutschland, 101 auf Polen, 29 auf England, 18 auf Frankreich, 15 auf die Schweiz und die restlichen auf USA, Italien, Ungarn, Brasilien, die Tschechoslowakei, Finnland, Jugoslawien, Holland, Rumänien und Litauen. Den

Goldenen Istus-Ring,

welcher für ganz besonders hervorragende wissenschaftliche und fliegerische Leistungen verliehen wird, erhielten der Präsident Professor Georgii und der Segelflieger Paul Steinig, Grunau.

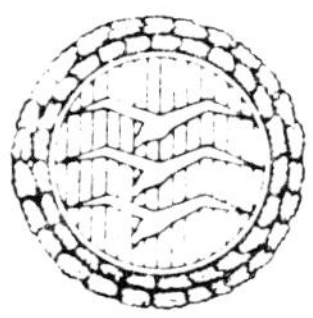

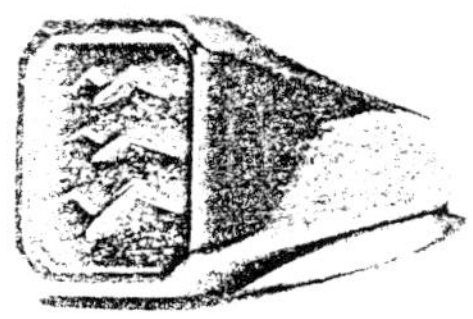

Goldener Istus-Ring.

Im internat. Segelflieger-Vergleichsfliegen Bern 22.–29. 5. wurden folgende Bestleistungen erzielt:

1. Höhenflug: 1. Karch (2360 m), 2. Dittmar (2010 m), 3. Haase (1849 m).
2. Strecke: 1. Dittmar mit einem Fluge von 155 km von Bern nach Chur, 2. Haase (Flug von 152 km von Bern nach Konstanz), 3. Karch (Flug von 136 km von Bern nach Pallanza).
3. Alpenflug: 1. Karch (Flug von 136 km von Bern nach Pallanza Italien), 2. Dittmar (Flug von 155 km nach Chur), 3. Schreiber (Schweiz) (Flug von 85 km nach Brunnen).
4. Zielflug nach Lausanne, 79 km, ausgeführt von Nessler (Frankr.) mit 2 Std. 57 Min.
5. Zielflug nach Zürich, 86 km, ausgeführt von Haase (Deutschl.) mit 2 Std. 2 Min.
6. Tagespreise: 1. 23. 5. Nessler (Frankr.) für größte Strecke (87 km), 2. 24. 5. Haase (Deutschl.) für größte Strecke von 55,5 km, 3. 25. 5. Haase (Deutschl.) für größte Höhe, 1380 m über Ausklinkhöhe, 4. 26. 5. Dittmar (Deutschl.) für größte Strecke im Alpenflug, 155 km (Flug von Bern nach Chur), Karch, zweitgrößte Strecke, 136 km (Flug von Bern nach Pallanza/Italien), 5. 27. 5. Nessler (Frankr.) für Zielflug nach Basel, 73 km, 6. 28. 5. Kracht (Deutschl.) für größte Höhe, ca. 800 m, 7. 29. 5. Denize (Frankr.) für längsten Dauerflug, 4 Std. 25 Min.

Hanna Reitsch im DFS-Reiher III siegte im Zielflugwettbewerb Sylt–Breslau.

2. **Zielstreckensegelflug-Wettbewerb 1938**, Veranstalter Korpsführer des NSFK., 12. Juli beendet. Die Aufgabe des Zielflugwettbewerbs, Flug von Nordwesten nach Südosten, von Sylt nach Breslau, war besonders schwierig. Dazu gab die denkbar ungünstige Wetterlage zu Beginn des Wettbewerbs überhaupt keine Flugmöglichkeiten. Das war auch der Grund der Verlängerung des Wettbewerbs. Hier zeigte sich auch wieder: Zähigkeit führt zum Ziel. Das Ergebnis, eine Spitzengruppe von 8 Segelflugzeugen im Endflughafen Breslau zu sehen, war eine ausgezeichnete Leistung. Auch die Zurückgebliebenen, die infolge der Unbeständigkeit des Wetters auf der Teilstrecke Wittenberge—Brandenburg liegengeblieben waren, auch sie haben ihre Pflicht getan.

Ergebnisse:
1. Hanna Reitsch (DFS) 321 Pkt., 737,7 km; 2. NSFK.-Obertruppführer Schmidt (NSFK.-Gr. 16) 312,46 Pkt., 1086,2 km; 3. NSFK.-Obertruppführer Beck (NSFK.-Gr. 15) 311,66 Pkt., 963,8 km; 4. Wiesehöfer (DVL) 282,86 Pkt., 880 km; 5. NSFK.-Obertruppführer Fick (NSFK.-Gr. 2) 248,65 Pkt., 886,6 km; 6. NSFK.-Sturmführer Hofmann (NSFK.-Gr. 4) 235,10 Pkt., 651,4 km; weiter folgen NSFK.-Sturmbannführer Wagner (Breslau) und Huth (Hamburg), der Sieger des vorjährigen Zielstreckensegelflug-Wettbewerbs.

390 km Zielsegelflug führte NSFK.-Obersturmführer Braeutigam von Sofia nach Varna am Schwarzen Meer Ende Juni durch. Sein Flug führte über 2500 m hohe Gebirge.

314 km mit Rückkehr zur Startstelle flog Bernhard Flinsch auf D 30 der Flugtechnischen Fachgruppe Darmstadt vom Flughafen Bremen nach Lübeck-Blankensee am 7. Juli.

Planmäßigen Nordatlantik-Luftverkehr beabsichtigt die Deutsche Lufthansa mit Genehmigung der amerik. und portug. Regierung Mitte Juli bis Ende Oktober auf der Strecke Lissabon—Horta—New York wöchentlich je einmal in beiden Richtungen durchzuführen. Eingesetzt werden die mit Junkers-Schwerölmotoren

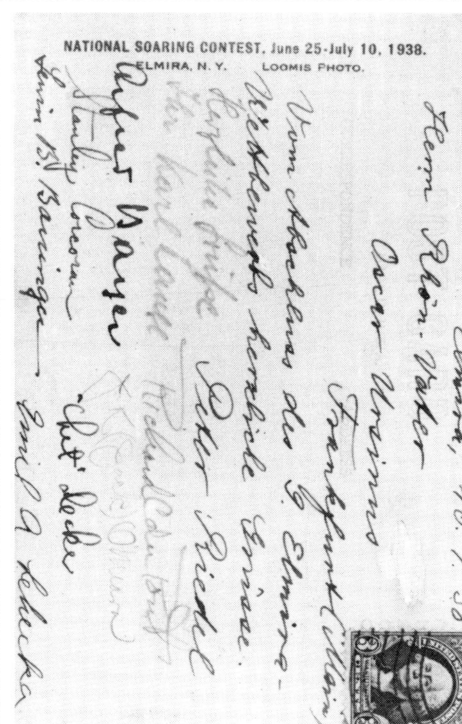

D.C. erreicht. Dieser Flug entschied meinen Sieg. Dabei gewann ich einen dafür ausgesetzten Sonderpreis von $ 1000. Gleichzeitig war dies ein neuer Strecken-Weltrekord im Zielflug für Einsitzer.

Aus Unkenntnis der FAI-Regeln unterließ ich es, die Anerkennung dieser Bestleistung formell zu beantragen. Damals glaubte ich, ein von den Veranstaltern des Wettbewerbs festgestellter Weltrekord würde automatisch von der Pariser FAI als solcher registriert. Beigetragen hat wohl auch, daß ich unmittelbar nach Wettbewerbsschluß meine neue Stellung als Gehilfe des Luftattachés an der deutschen Botschaft in Washington antreten mußte. Allzuviel Neues mußte verkraftet werden.

Aber dennoch gilt: Unkenntnis der Gesetze schützt nicht – vor dem Schaden, den man dadurch nimmt.

☆

Beim Durchsehen der Meldeliste für die 1938er Rhön fiel auf, daß Wolfgang Späte als einziger vom DFS gemeldeter Pilot das ältere ›Reiher I‹-Muster flog, während Erwin Kraft, ein junger Segelfluglehrer vom Hornberg, den neuen, zweifellos besseren ›Reiher III‹ bekommen hatte. Das war doch ganz gegen die Tradition der Deutschen Forschungsanstalt für Segelflug und ihrer Vorgängerin, der Rhön-Rossitten-Gesellschaft:

1930 bis 1932 hatte Groenhoff als erfolgreichster RRG-Pilot den ›Fafnir‹ geflogen. 1933 hatte man mir als RRG/DFS-Piloten den wiederaufgebauten ›Fafnir‹ für den Rhönwettbewerb anvertraut. Heini Dittmar als DFS-Pilot hatte auf der 1934er Rhön und im Internationalen Wettbewerb 1937 selbstverständlich den neuen Fafnir II D-São Paulo seiner Dienststelle im DFS geflogen. Entsprechend stellte man Hanna Reitsch als Chefpilotin der DFS-Abt. Segelflug 1936 den neuen ›Sperber Junior‹ und 1937 den Reiher I zur Verfügung. Zum Rhönwettbewerb 1938 wollte sie den neuen Reiher III melden. Dies war ganz im Sinne der bisherigen Überlieferung.

Dann aber verlief das Geschehen anders, unvorhergesehen von den Beteiligten: Nach meiner Rückkehr aus Kolumbien im April 1938 konnte ich Hanna Reitsch in Berlin sagen, daß sie zu den Cleveland Air Races eingeladen werden würde. Ich hatte das dem Veranstalter Cliff Henderson vorgeschlagen und dieser schickte auch bald danach den Brief, der mit Ernst Udets begeisterter Hilfe zur Entsendung Hannas führte. Ich holte sie damals im August 1938 bei ihrer Ankunft in New York vom Schiff ab. Was Hanna 1954 in ihrem Buch schrieb, sie sei anstelle von Udet dorthin eingeladen worden, war ein Irrtum.

Unter diesen Umständen war Hannas Teilnahme am Rhönwettbewerb 1938 zeitlich unmöglich geworden. Man hätte also den neuen Reiher III Wolfgang Späte geben müssen, der ja durch seinen dritten Platz im Internationalen Wettbewerb (1937) sein großes Können bewiesen hatte. Dies geschah aber nicht, sondern Hanna selbst bot den freigewordenen Reiher III einem Außenstehenden an, dem jungen Hornberg-Fluglehrer Erwin Kraft.

Wolfgang Späte hörte davon, konnte aber nichts daran ändern. Hanna hatte schon während des Winters dafür gesorgt, daß ein zweiter Reiher III nicht fertiggebaut wurde. So mußte Späte mit dem Reiher I vorliebnehmen, dem Hanna selbst einige ungünstige Eigenschaften nachgesagt hatte, um ihr relativ wenig erfolgreiches Abschneiden beim Internationalen Wettbewerb zu erklären. Dies wurde bereits erwähnt.

Hans Jacobs hatte inzwischen einige Änderungen und Verstärkungen an dieser Maschine vornehmen lassen; nach seinen Urteil – er war selbst kein Segelflieger – war die Maschine fliegerisch besser geworden. Schwerer als der neue Reiher III war sie auf jeden Fall. Wieviel schwerer? Darüber konnten sich Jacobs und Späte in ihrem Briefwechsel mit mir nicht einig werden. Die Frage muß offen bleiben.

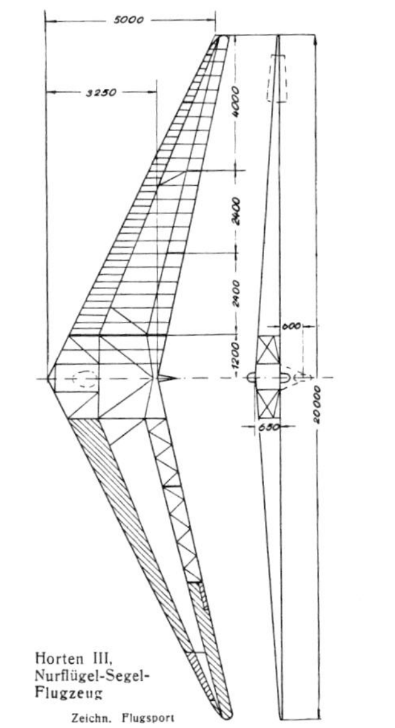

Oben links: **FS-18 der FFG-Stuttgart, Pilot Hermann Ruthardt.** – Rechts: **Mü 13d ›Atalante‹ wurde in großen Serien gebaut, vorwiegend bei Jehle, Donaueschingen.** – Mitte links: **Hans Jacobs ›Weihe‹, gebaut von Karl Schweyer Flugzeugbau in Mannheim, geflogen von O. Braeutigam und L. Hofmann.** – Rechts: **Mü 17 ›Merle‹, Konstrukteur Ludwig Karch, wurde in großer Serie hergestellt.** – Daneben: **Horten III – Dreiseitenansicht.** – Unten links: **Horten II D-11-187, Pilot Kurt Hieckmann, Fürth.** – Rechts: **1938 – Horten III – Pilot Heinz Scheidhauer.**

›Horten‹ mit der Milseburg in der Ferne.

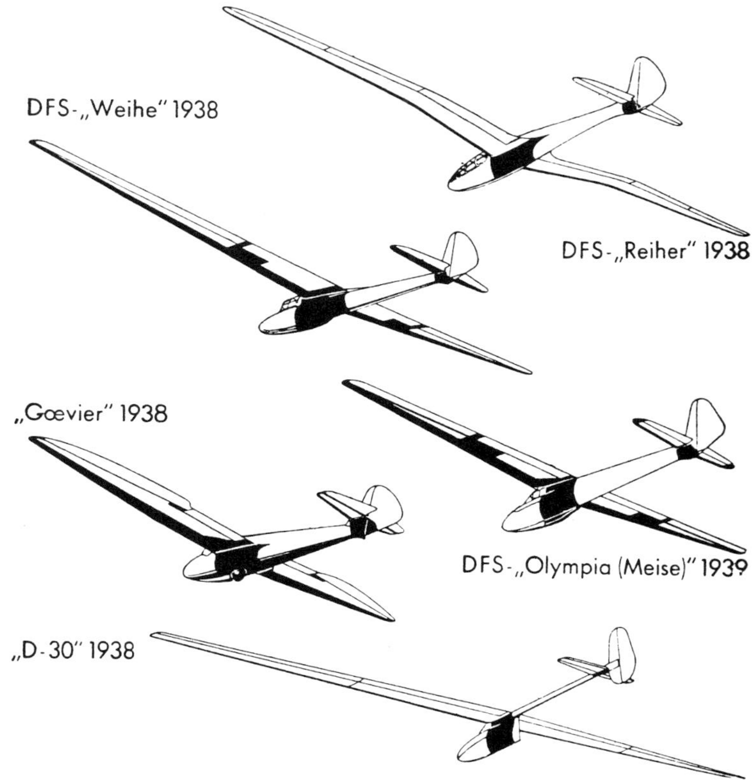

Segelflugzeugmuster, aus W. Hirth, »Handbuch des Segelfliegens«.

Variometer

Kompaß

Jacobs schrieb:

»Aerodynamisch waren sich sämtliche Reiher gleich. Nur der dünne Flügel war zu weich. Deshalb habe ich die Holmhöhe des Reiher I von der Rumpfmitte aus auf rund einen Meter verstärkt. Das hat nicht viel Gewicht hinzugefügt.«

Wolfgang Späte schrieb hierzu, etwas gekürzt:

»Der durchaus notwenige Umbau des ›Reiher I‹ brachte erheblichen Gewichtszuwachs. Seine Mindestgeschwindigkeit stieg auf etwa 80 km/h; in Kurven waren 95 km/h nötig. Das war für einen Wettbewerb, bei dem man mittels Gummiseil startete, ganz schön viel. Ich flog deshalb im Wettbewerb, im Vergleich zu Kraft, mit einem Ballast, den ich bei Bedarf leider nicht loswerden konnte.

In den zwei ersten Wettbewerbstagen war ich in der Tat übel dran und fiel auf den 39. Platz zurück. Dann aber kam Hammerwetter. Von dem Augenblick an war ich mit meiner höheren Flächenbelastung im Vorteil. Ich hatte Glück im Unglück gehabt. Und mein damals zum erstenmal angewandtes System der ›optimalen Gleitfluggeschwindigkeit‹ tat das übrige, um mir schließlich mit Vorsprung den Sieg zu sichern.

Kraft mit dem neuen ›Reiher III‹ endete auf dem 12. Platz.«

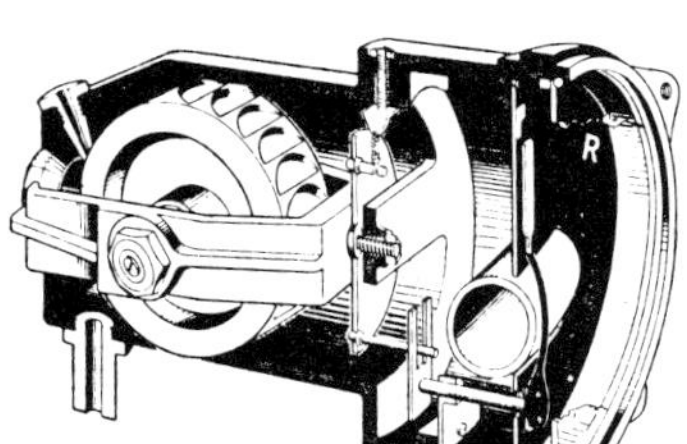

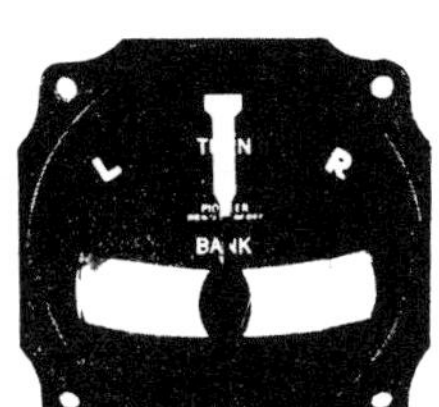

Wendezeiger für Blindflug

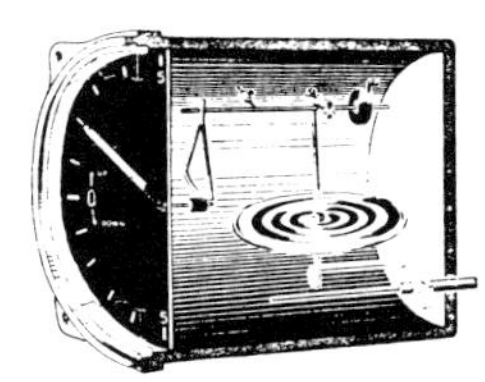

Fahrtmesser

Instrumente für Segelflugzeuge.

KAPITEL 23

Kurt Schmidt führte bis zum 9. Tag der 1938er Rhön

Die 1938er Rhön wurde zum erfolgreichsten aller Wettbewerbe auf der Wasserkuppe. Sie wurde derartig vom Wettergott begünstigt, daß es Veranstaltern wie Piloten fast zuviel wurde. Was wenige Jahre vorher noch Weltrekordleistung gewesen wäre, wurde beinahe täglich übertroffen; und nicht nur von einer Spitzengruppe. Sogar Anfänger tauchten im Rennen neben ›Alten Hasen‹ auf. Die letzten Erkenntnisse der hohen Schule des Segelfluges waren Allgemeingut geworden. Blindflug in der gewaltigen Turbulenz von Quellwolken bis auf große Höhe hinauf gehörte zur Tagesordnung. Da Blindflug mit Segelflugzeugen nach dem Zweiten Weltkrieg nicht mehr erlaubt wurde, sind die letzten Rhönwettbewerbe für alle Zeiten interessant, denn durch Blindflug schnell gewonnene Höhe erlaubte damals, trotz der weit geringeren Gleitzahlen – verglichen mit heute – große Streckenflüge zu machen.

☆

Nach Sichtung des vorliegenden Materials entschied der Verfasser, den Wettbewerbsbericht auf zwei Kapitel zu verteilen. Sonst wäre ein unförmig großes Kapitel entstanden. Der heiße Kampf zwischen Schmidt und Späte um die Führung ergab eine naheliegende Unterteilung. In der ersten Hälfte erscheinen die neun Tage, als Schmidt mit seiner langsamen, aber äußerst wendigen Mü-13d das Feld führte. Am 10. Tag rückte Späte auf den ersten Platz und hielt ihn bis zum Ende. Daran angeschlossen wird eine kurze Laudatio des um alle Segelflieger hochverdienten Arztes Dr. med. Justus Schneider vom Elisabeth-Krankenhaus in Fulda.

☆

Die FFG (Akaflieg) Darmstadt hatte ihr bestes Pferd, den D-30 ›Cirrus‹ mit Bernhardt Flinsch als Piloten gemeldet. Beim ersten Start mit Gummiseil am Nordhang kam die schwere Maschine nicht frei und ging bei einem Ringelpietz*) zu Bruch. So mußte Flinsch den Zweitbau D-28b des ›Windspiel‹ fliegen. Das Original-›Windspiel‹ war durch ein landendes Motorflugzeug am Boden zerstört worden. Flinsch wurde zwölfter in der Endwertung. Er schrieb in seinem Pilotenbericht:

»Die 19. Rhön könnte man fast als die ›Blindflug-Rhön‹ bezeichnen, denn in keinem früheren Wettbewerb wurde in dem Maß und mit derartigem Erfolg Wolkenflug betrieben. An den meisten Tagen lagen die Felder stärksten Aufwindes über dem Kondensationsniveau, so daß bester Reisedurchschnitt und . . . größere Strecken nur durch Wolkenfliegen erreicht werden konnten.«

---

*) Ringelpietz = Das Flugzeug gerät am Boden, während Start oder Landung, in eine ungewollte Rotation um seinen Schwerpunkt. Das führt oft zu Beschädigungen.

Als eines Tages sein Wendezeiger versagte, gelang es Flinsch nicht mehr, die großen Lücken zwischen den Wolken ohne weiteren Blindflug zu überbrücken. Er mußte vorzeitig landen.

Das fliegerisch Interessante war, daß zwei Meisterpiloten mit so gegensätzlichen Fluggeräten so lange und hart um den 1. Platz kämpfen mußten. Beide Rivalen waren willensstark, zäh, erfahren im Blindflug und in allen Finessen des Thermiksegelns. Beide hatten Handicaps zu überwinden: Schmidt den relativ ungünstigen Gleitwinkel (27) seiner Mü-13d – Späte den nicht abwerfbaren Ballast seines schnellen, schweren Reiher I mit Gleitzahl 33. Können und nichts als Können – plus ein bißchen Glück oder Pech von Tag zu Tag – ließ die Waage zwischen den beiden auf und ab pendeln, bis sie sich schließlich zu Spätes Gunsten senkte.

☆

Unter den gemeldeten Piloten befand sich auch cand. ing. Wolfgang Schulz aus Elberfeld. Er sollte die Neukonstruktion ›AFH 4‹ seiner FFG Hannover fliegen. Es gibt Bilder, welche diese Maschine mit der Bezeichnung D-9-463 auf der Wasserkuppe zeigen. Aber kein Bericht über Schulzes tödlichen Unfall ist zu finden. Nur ein Nachruf im ›Flugsport‹ erschien. Mehr hat der Verfasser leider nicht herausfinden können. Ehre seinem Andenken!

☆

Die Auswahl der gebrachten Pilotenberichte erfolgte nach zwei Gesichtspunkten. Einmal, um den Charakter der einzelnen Wettbewerbstage zu schildern, und zweitens, um von den Piloten selbst ihr Erleben zu erfahren: ihre Schwierigkeiten, ihre Taktik, ihre Freude am Erfolg oder Erkenntnisse begangener Fehler. Dabei kommen absichtlich vorwiegend die Jüngeren, weniger Erfahrenen unter ihnen zu Wort. Die hinter jedem Namen gezeigte Zahl, in Klammer, bedeutet ihren Platz in der Endwertung.

1. Sonntag, 24. 7. 1938 – schwacher Südwind. Keine Zielflüge erlaubt.

Arno Kühnold (Nr. 17) auf Gö 3 ›Minimoa‹ war nach FS-Start schon bereit, auf dem Tränkhofer Platz zu landen.

»Im letzten Augenblick bekam ich einen kleinen ›Bart‹, anfangs mit 1/4 m, später mit 1 m/s Steigen. Meine Wolke löste sich auf, ehe ich die 1400 m (NN) hohe Basis erreichte. Die Wetterberatung hatte gute Quellwolken im Norden versprochen. Ich haue also nach Norden ab. Das Wetter verbesserte sich schnell. Überall sah man schöne Cumuli stehen, und das Fortkommen war leicht.

Bei Eschwege im Werratal angekommen, finde ich ein vollkommen wolkenloses Gebiet vor. Sein Umfliegen hätte einen zeitraubenden Umweg erfordert. Etwas leichtsinnig flog ich auf meinem Nordkurs weiter, bekam stetiges 2 m/s Fallen und saß bald danach auf dem Flugplatz Eschwege, 79 km von der Kuppe. Ich hatte jetzt viel Zeit, über den gemachten Fehler nachzudenken.«

Tagesbeste im Streckenflug	**im Höhengewinn**
Braeutigam 272 km	Pomper 2455 m
Beck 228 km	Peter 2370 m
Medicus 197 km	Boy 2200 m
Hofmann 186 km	Medicus 2170 m
Treuter 181 km	Blech 2020 m

1938 – Der Gipfel der Wasserkuppe mit Pferdskopf und Fliegerdenkmal.

Teilnehmerliste

Klasse A: ›Einsitzer‹

1. NSFK-Gr. 1, *Ruhnke*, Gö 3;
2. NSFK-Gr. 1, *Loose*, Rhönadler;
3. NSFK-Gr. 1, *Pomper*, Kranich (eins. gefl.);
4. NSFK-Gr. 2, *Fick*, Gö 3;
5. NSFK-Gr. 2, Karl *Müller*, Rhönadler.
6. NSFK-Gr. 3, *Güssefeld*, Rhönadler;
7. NSFK-Gr. 3, *Stoltzenburg*, Gö 3;
8. NSFK-Gr. 4, E. Günther *Haase*, Gö 38;
9. NSFK-Gr. 4, *Lemm*, Gö 3;
10. NSFK-Gr. 4, *Hofmann*, Weihe;
11. NSFK-Gr. 6, *van Husen* Rhönadler;
12. NSFK-Gr. 6, *Sauerbier*, Rhönadler;
13. NSFK-Gr. 6, *Steinig*, Rhönadler;
14. NSFK-Gr. 7, *Bräutigam*, Weihe;
15. NSFK-Gr. 7, *Kühnhold*, Gö 3;
16. NSFK-Gr. 7, *Steinert*, Gö 3;
17. NSFK-Gr. 8, *Treuter*, Gö 3;
18. NSFK-Gr. 8, Heinz *Peters*, Condor II a;
19. NSFK-Gr. 8, *Feuerrohr*, Rhönadler;
20. NSFK-Gr. 9, Kurt *Müller*, Gö 3;
21. NSFK-Gr. 9, *Boy*, Rhönadler;
22. NSFK-Gr. 10, *Nieland*, Rhönadler;
23. NSFK-Gr. 10, *Gierlich*, Rhönadler;
24. NSFK-Gr. 11, *Opitz*, Condor II a;
25. NSFK-Gr. 11, *Weißenberger*, Mü 13;
26. NSFK-Gr. 11, *Held*, Rhönadler;
27. NSFK-Gr. 12, *Heidrich*, FVA 10 b;
28. NSFK-Gr. 12, *Weimer*, FVA 10 b;
29. NSFK-Gr. 12, *Franke*, Condor II;
30. NSFK-Gr. 13, *Medicus*, Gö 3;
31. NSFK-Gr. 14, *v. Treuberg*, Gö 3;
32. NSFK-Gr. 15, *Kraft*, Reiher III;
33. NSFK-Gr. 15, *Beck*, Gö 38;
34. NSFK-Gr. 15, *Knöpfle*, Gö 38;
35. NSFK-Gr. 16, *Schmidt*, Mü 13 d;
36. NSFK-Gr. 16, *Habicht*, Condor II;
37. NSFK-Gr. 16, Arthur *Haase*, Mü 13 d;
38. NSFK-Gr. 17, *Fiedler*, Gö 3;
39. NSFK-Gr. 17, *Hütter*, Rhönsperber;
40. DVL, Gotthold *Peter*, B IV;
41. DVL, *Flinsch*, Windspiel;
42. DVL, *Schulz*, AFH 4;
43. DVL, *Ruthardt*, FS 18;
44. DVL, *Wünscher*, C 11;
45. NSFK-Gr. DLH, *Drechsel*, D 3;
46. DFS, *Späte*, Reiher I;
47. Luftwaffe Fürth, *Hieckmann*, Horten II;
48. Luftwaffe Köln, *Scheidhauer*, Horten III;
49. Luftwaffe Köln, *Blech*, Horten III;
50. Luftwaffe Merseburg, *Blessing*, Kolobri;
51. Luftwaffe Merseburg, *Flakowski*, Rhönadler;
52. Luftwaffe Stade, *Demandt*, Handrick III;
53. Luftwaffe Wien, *Gumpert*, Schwalbe II.

Klasse B: ›Doppelsitzer‹

54. NSFK-Gr. 4, *Vergens/Trippke*, Kranich;
55. NSFK-Gr. 10, *Ruhl/Hlacer*, Kranich;
56. NSFK-Gr. 13, *Deeg/Döbler*, Kranich;
57. NSFK-Gr. 14, *Romeis/Acker/Schillinger*, Kranich;
58. NSFK-Gr. 17, *Kahlbacher/Tauschegg*, Mg 9 a;
59. NSFK-Gr. DLH, *Jachtmann/Streletzki*, Kranich;
60. Luftwaffe Adlershof, *Barthel/Mudin*, Kranich;
61. DVL, *Diehl/Holzbaur*, Eßlingen.

aus »Luftwelt«, 1938.

2. Montag, 25. 7. 1938 – schwacher Südwind, niedrige Wolkenbasis.

Der Horten-Pilot Werner Blech (Nr. 28) schilderte seinen 4600 m-NN-Höhenflug, der nur 37 Minuten gedauert hatte – das Tagesgespräch im Fliegerlager:

»Nach kurzem Flugzeugschlepp klinkte ich in nur 50 m über Kuppenhöhe aus. Der Aufwind war recht kümmerlich und es schien aussichtslos, an einen Wolkenturm heranzukommen, der über Gersfeld stand. Endlich erwischte ich einen ›Bart‹ mit 1 m/s Steigen. Nun konnte ich die große Wolke anfliegen. Sie zog mich hinein. Sofort war ich ringsum eingeschlossen und jetzt hieß es, im Blindflug weiterkurbeln. Die Wolkenbasis lag etwa 150 m über Wasserkuppenhöhe. Der Aufwind wurde immer stärker, und bald ging's mit 3 m/s aufwärts bis mein Höhenmesser 3000 m anzeigte.

Von den Flugeigenschaften meiner ›Horten‹ war ich begeistert. Das ›Fliegende Dreieck‹ lag herrlich fest in der Kurve. Und mein versuchsweise angebauter Vorflügel erlaubte ganz enge Kreise. Ab 3000 m nahm der Aufwind weiter zu: 5 m, 8 m, sogar 8,5 m/sec Steigen zeigte mein Variometer an.

In 4000 m Höhe begann die Vereisung. Nun mußte ich mich ganz auf meinen elektrischen Wendezeiger verlassen. Von Meter zu Meter Höhengewinn wurde es böiger und bockiger. Ich wurde ganz gehörig durchgeschüttelt, doch die Schwanzlose bewährte sich hervorragend. Niemals kam ich in abnormale Fluglagen. An ein Abschmieren war gar nicht zu denken, was doch sonst die Gefahrenquelle im Blindflug ist. So hier und da ein unfreiwilliges ›Männchen‹ (ein steiles Sichaufbäumen der Maschine), das machte sogar Spaß.«

In 4500 m Höhe wurde der Aufwind immer schwächer und Blech entschloß sich nach 25 Minuten Blindflug, die Wolke zu verlassen. Sofort hörte die Böigkeit auf und er bekam Erdsicht.

»Es war ein unbeschreiblich schönes Bild, unter sich die Rhönlandschaft zu sehen. Ich war mit der ziehenden Wolke bis über Seiferts hinter Wüstensachsen gekommen. Zehn Kilometer nördlich stand noch ein bulliger Wolkenturm. Dahinter konnte ich noch einige kleinere Aufwindgebiete feststellen, so daß ich hätte auf Strecke gehen können. Ich rechnete jedoch darauf, nochmals zu starten und flog deshalb zur Wasserkuppe zurück.«

Die Gebrüder Horten hatten noch immer zu kämpfen, um sich gegen Vorurteile durchzusetzen. Deshalb wohl betonte Werner Blech, als beruflicher Wetterflieger in Breslau sehr blindflugerfahren, wiederholt die guten Flugeigenschaften der Horten III.

Rudi Opitz machte nach dem Weltkrieg in den Vereinigten Staaten mehrere Streckenflüge mit einer Horten III. Als sehr erfahrener Einflieger von vielen Mustern, vor allem der Me-163, hatte er viel an den Flugeigenschaften dieser Maschine auszusetzen. Die Polemik wird wohl ewig weitergehen . . . Auf jeden Fall ist es schade, daß die Horten-Entwicklung nach dem Krieg nicht lange genug fortgesetzt worden ist.

☆

Heinz Scheidhauer (Nr. 39), der andere Horten III-Pilot im Wettbewerb, begegnete unter der gleichen Wolke einer Trombe:

»Die Bewölkung riß erst spät auf. Über dem Gersfelder Tal bildete sich eine Wolke mit niedriger Basis, etwa 1200 m, in der die vorher gestarteten Maschinen schnell verschwanden. Ich fand nur noch Null darunter, höchstens 1/2 m/s Steigen.

Links: **Aufreihen zum Start von der Kuppe aus.** – Rechts: **Erwin Kraft und Wolfgang Späte flogen DFS-Reiher.**

Plötzlich sah ich unter der Basis eine rechtsdrehende Trombe von ungefähr 1/2 m Durchmesser, der ich nicht mehr ausweichen konnte. Die linke Fläche wurde erfaßt und hochgerissen. Die Maschine wurde mit äußerster Gewalt seitwärts geworfen, so daß der Inhalt der rechten Bordtasche, unter anderem zwei schwere Reservebolzen, 1,60 m weit in die linke Fläche flogen. Nur weil ich fest angeschnallt war, wurde ich nicht verletzt.

Der Vorfall geschah etwa 100 m über Grund. Ich konnte mit meiner Höhe gerade noch den Motorlandeplatz erreichen. Bei Flächenbruch in so niedriger Höhe, was bei solcher Beanspruchung möglich ist, hätte es zum Absprung nicht mehr gereicht. Die große Festigkeit des Nurflügels hatte sich erwiesen.«

Heinz Peters (Nr. 15) auf Condor IIa schrieb:

»Über dem Thüringer Wald Richtung Eisenach ließ ich mich in eine gut aussehende Wolke mit einer sehr dunklen Stelle hineinziehen. Ich war fest entschlossen, den letzten Meter rauszufliegen, da ich in Richtung meines Kurses nur noch mit einem gestreckten Gleitflug rechnen konnte. Langsam kam ich der Basis näher und dachte kurz an meinen 1937er Kranich-Flächenbruch in einer Wolke. Aber die gute Eigenschaft des Condors, aus jeder Lage nur durch Ziehen am Steuerknüppel ins Trudeln zu kommen, half mir über das wegen Wackelkontakt zeitweise Versagen meines elektrischen Wendezeigers hinweg. Ich hatte die Fenster verschlossen und kreiste mit geringstem Zeigerausschlag. In 1800 m NN hatte ich volles Steigen. An einigen Stellen des Kreises wurde es hart böig. Ich flog dann gefühlsmäßig in entgegengesetzter Richtung ein Stück geradeaus, um dann erneut zu kreisen.

In 2700 m NN machte der Fahrtmesser nicht mehr mit – vereist. Darauf flog ich meine Kreise etwas enger und hielt die Sitzpressung gleichmäßig. Erst als es etwas rauschte und leichtes Ziehen die Sache verschlimmerte, mußte ich feststellen, daß der Wendezeiger wieder aussetzte. Durch Betasten des Batteriekabels bemühte ich mich vergebens, eine Änderung hervorzurufen. Währenddessen zog ich den Knüppel langsam an, wobei ich den Eindruck gewann, daß sich der Condor stark aufrichtete. Ich ging in Richtung Drücken nach, wobei es still wurde. In diesem Augenblick zog ich voll durch. Nach einer Weile schlug das Seitensteuer mit Gewalt um, wodurch der Condor sein Trudeln anzeigte.

In diesem Zustand ging es gleichmäßig mit 55 km/h einige Runden. Erneute Bemühungen brachten den Wendezeiger wieder zum Ausschlagen. Nach einem Verfahren mit Zählen kam der Condor aus dem Trudeln. Nach wenigen Kreisen war ich auf 3000 m NN und von Hagel begleitet weiter auf 4000 m NN. Hier wurde der Wendezeiger erneut müde, und ich brachte den Condor wieder zum Trudeln.«

Auf diese ungewöhnliche Weise erreichte Peters die beste Tageshöhe von 5150 m NN, mußte dann aber nicht weit von Eisenach landen (101 km).

25. 7. 1938	**Tagesbeste im Streckenflug**			**im Höhengewinn**	
	E. G. Haase	274 km	Jüterbog-Damm	Peters	4200 m
	K. Schmidt	241 km	Wittenberg	Blech	3650 m
	B. Boy	235 km	Roitzsch	Treuter	3085 m

3. Dienstag, 26. 7. 1938 – noch immer Südwind, bessere Thermik.
Peter Habicht-Detmold (Nr. 30) auf Condor II schrieb:

»Montag, der zweite Wettbewerbstag sah mich wieder unter denen, die ihren überland ziehenden Kameraden nachschauen durften. Meine Mannschaft machte enttäuschte Gesichter, und ich kam mir vor, als hätte ich gerade fliegen gelernt.

Doch am Dienstag, dem 26. 7., wurde es anders. Der Wind reichte heute gerade zum Segeln am Südhang. Der erste Abflug endete auf der Südhangstufe. Fünfzehn Minuten später waren wir wieder am Start. Meldete einen 118 km-Zielflug nach Göttingen. Drüben am Aufwindbaum fängt gerade einer an zu kreisen. Vielleicht erwische ich die Ablösung noch. Doch als ich in Hanghöhe drüben ankomme, ist nichts mehr von Aufwind zu spüren. Ich krebse am Hang zur Kuppe zurück.

Da startet wieder einer. Es ist Nr. 11, Braeutigam. Mit etwa 5 m Höhenunterschied fliegen wir fast nebeneinander in Richtung Aufwindbaum. Da – über diesem bekomme ich einen leichten Stoß unter der linken Fläche. Schon liegt mein Condor trotz der ungemütlichen Hangnähe in einer steilen Linkskurve. Das Variometer zeigt 1/4 m Steigen. Nach dem ersten Kreis bin ich bereits einige Meter über dem Hang. Das Aufwindfeld ist sehr klein, und ziemlich steil kurvend geht es mit 1/2 bis 3/4 m/s nach oben. Braeutigam, der an der Stelle, wo ich links wegkurvte, nach rechts kurvte und die Ablösung anscheinend nicht erreichte, sehe ich wieder am Südhang landen.

Der Wind versetzte mich rasch. In 200 m Kuppenhöhe bin ich bereits über dem Reulbacher Tal. Jetzt geht es mit 1,5 m/s bis zur Wolkenbasis. Hineingehen in die Wolke wollte ich noch nicht, da ich meine Maschine noch zu wenig kannte. Doch der Aufwind wurde so prächtig, daß ich mich bereits im nächsten Augenblick in der Waschküche befand. Nach einigen Blindflugkreisen ging's mit Kompaßkurs Nord aus der Wolke hinaus: mit Höhe 2300 m NN stark gedrückt auf den nächsten gut aussehenden Cumulus zu!

Etwa 330 m unter der Basis komme ich dort an, doch Aufwind ist trotz eifrigen Suchens nicht zu finden. Dafür zeigt das Variometer 2 m/s Fallen an. Kurz entschlossen fliege ich weiter geradeaus nach Norden. Halbrechts sehe ich vor mir eine Maschine auf einer Wiese liegen. Ob dies wohl auch mein Landeplatz sein wird? Meine Höhe über Grund beträgt höchstens noch 250 bis 300 m. Geradeaus vor mir ein kleiner bewaldeter Hang. Der ***muß*** *mir weiterhelfen. Ich fliege ihn an und erwische dort prompt eine Ablösung. Mit 2 bis 2,5 m/s Steigen geht es wieder auf die alte Höhe.*

Etwas vorsichtiger geworden, fliege ich jetzt ohne weitere Zwischenfälle zum Zielhafen Göttingen. Mit 1000 m Höhe komme ich darüber an, und muß mit Bedauern feststellen, daß bereits zwei Kameraden vor mir gelandet sind. Den heutigen Tagespreis habe ich jedoch erfüllt und konnte mich meines ersten Zielflugs über 100 km erfreuen. Insgesamt haben außer mir Flinsch, E. G. Haase, Hütter und Lemm ihren Zielflugplatz Göttingen erreicht.

Am gleichen Tag hatte Wolfgang Späte mit 202 km die beste Tagesstrecke geflogen, nachdem er bis dahin bei schwacher Thermik nur 57 und 34 km weit gekommen war.

26. 7. 1938	Tagesbeste im Streckenflug			im Höhengewinn	
	Späte	202 km*	Braunschweig	Opitz	2485 m
	Schmidt	190 km		Braeutigam	2410 m
	Opitz	183 km		Blech	2260 m
	Kraft	174 km		Medicus	1950 m
	Knöpfle	171 km		Kurt Müller	1910 m
	Hofmann	164 km*	Goslar		

* = Zielstreckenflug

Nach Durchzug einer Böenfront in der Nacht vom 26. zum 27. Juli klärte das Wetter am Mittwoch erst gegen Mittag auf.

Peter Habicht berichtete weiter:

»Der heutige 4. Wettbewerbstag führte mich im Zielflug nach Bamberg: 93 km. Langsam stellt sich mein fliegerisches Selbstvertrauen wieder ein. Heute habe ich erst gelernt, was ein Zielflug heißt. Bei starkem Seitenwind war ich teilweise blind fliegend bei Schweinfurt am Main angekommen, wo ich meine 2200 m Höhe rasch verlor. Über Haßfurt betrug sie gerade noch 400 m. Bis jetzt Totenstille in der Luft. Die nördlich des Mains sich hinziehende Hügelkette dürfte wohl noch die einzige Möglichkeit bieten, eine Ablösung zu finden. Also geht es darauf zu.

Kurz vor Erreichen derselben sehe ich rechts einen segelnden Bussard. Ich atme auf, denn meine Höhe ist nur mehr 200 m über Grund. Jetzt habe ich den Bussard erreicht. Ein leichter Stoß zittert durch die Maschine und mit 1/4 m Steigen geht's mit meinem gefiederten Kameraden gemeinsam höher. In nur fünf Meter Abstand fliegen wir manchmal aneinander vorbei. Langsam komme ich wieder höher, und der Aufwind wird besser. Eine Wolke bildet sich, und nach kurzer Zeit habe ich die ersten Schwaden erreicht. Von meinem Bussard ist nichts mehr zu sehen. Blind fliegend schaffe ich noch einige Meter Höhe. Dann geht es in Richtung Bamberg weiter, wo ich mit 1400 m über der Stadt ankomme. Mit Trudeln, Kehrtkurven und Steilspiralen ist die Höhe bald weggeflogen und ich leiste sieben Kameraden, die schon gelandet sind, Gesellschaft.

Beim Rücktransport wieder Zeitverlust wie in der vergangenen Nacht. Diesmal war es Reifenflicken statt Kupplungsbruch . . . Ankunft 8.30 Uhr auf der Wasserkuppe. Nicht viel Schlaf gefunden.«

Am Abend des *27. 7. 1938* stand die Punktwertung wie folgt:

Klasse A – Einsitzer		Klasse B – Zweisitzer	
Schmidt	576	Romeis/Acker	224
Treuter	552	Vergens/Trippke	192
E. G. Haase	496,8		
Peters	490,5		
Flinsch	461		
Braeutigam	459,9		

Ludwig Hofmann neben der neuen ›Weihe‹.

Der *28. 7. 1938* brachte bestes Rückseitenwetter mit 20 bis 30 km/h SW-Wind und zeitiger, gleichmäßiger Cumulusentwicklung. Der Start wurde schon vor 9 Uhr eröffnet. Die Wettbewerbsleitung erlaubte keine Zielflüge, nur freie Strecke. Das hat sich gelohnt, denn noch nie erreichte Gesamtleistungen wurden erzielt:

17 Piloten landeten auf den drei Berliner Flugplätzen Tempelhof (328 km), Schönefeld (327 km) und Rangsdorf (315 km). Der von Heini Hütter, Wien, geflogene einzige ›Rhönsperber‹ im Wettbewerb war auch darunter, trotz seines Spitznamens ›Der sterbende Schwan‹.

Alle Pilotenberichte stimmten darin überein, daß Wind und Wolkenstraßen das Streckenfliegen ungewöhnlich begünstigt hatten. Dennoch waren einige bei der bekannten Überentwicklung der Wolken in den Mittagsstunden vorzeitiger Landung nahegekommen.

Gerhard Sauerbier (Nr. 25) auf ›Rhönadler‹ berichtete darüber:

»Bei Halle soff ich so weit ab, daß ich den Flug aufgab und mich zur Landung auf einem großen Acker entschloß. In 80 m Höhe hatte ich plötzlich 20 cm Steigen. Ich kreiste eng, da ich in so niedriger Höhe einen engen Bart erwartete. Bald aber merkte ich, daß das Aufwindfeld größer war. Als ich 200 m gewonnen hatte, flog ich an einer sich ost-westlich hinziehenden Bodenwelle nach Osten, um den Flugplatz Halle zu erreichen. Ich flog dauernd mit Null oder ein wenig Steigen rund 5 km weit. Da traf ich einen starken Aufwind von 2 m/s, der mich bis an die Wolkenbasis brachte. So konnte ich meinen Flug fortsetzen und landete nach 319 km im Seengebiet südöstlich von Berlin.«

Habicht erkannte die Gefahr zu spät und mußte landen:

»Mein erster Start endete auf dem Tränkhof. Nach Schleppflug von dort um 13 Uhr gewinne ich schnell Höhe und gehe mit Rückenwind auf Strecke. Mit Kamerad Blech auf seiner Horten III fliege ich bis zum Thüringer Wald, wo wir uns verloren haben. Von Wolke zu Wolke springend, gelange ich zu den Leuna-Werken, wo ich in deren prächtigem Aufwind das einzige Mal an diesem Tage blind flog, um einige Höhenpunkte zu schaffen. Bei dem folgenden Geradeausflug geriet ich leider durch Unachtsamkeit in ein Gebiet sich auflösender Cumuli hinein. Das Variometer zeigte konstant 2 m/s Fallen und nach 203 km mußte ich im Kreis Delitzsch landen. Meine Schleppmannschaft kam um 22.30 – alle mit fröhlichen Gesichtern.

Wir hatten in unserem Opel-Blitz drei Schlafstellen eingerichtet, wo es sich so leidlich schlafen ließ. Gegen 11 Uhr vormittags Ankunft auf der Wasserkuppe und wenig später wieder auf die Reise!«

Rudolf Steinert (Nr. 38) auf ›Minimoa‹ hatte mehr Glück. Er hatte das oft schwierige 40 km-Umkreisgebiet der Wasserkuppe überwunden und Mühlhausen in Thüringen erreicht. Dort half ihm ein 3 m-Schlauch aus der Klemme. Fast alle ›Bärte‹ brachten 2 m/s Steigen, und er erreichte mit 80 km/h den Kyffhäuser bei Frankenhausen. Er berichtete:

»Dahinter schien es plötzlich aus zu sein. Die Wölkchen um mich herum lösten sich erschreckend schnell auf; Fallen und wieder Fallen. Verzweifelt drückte ich von einer Wolke zur anderen, um sie dann gerade mitten in der schönsten Auflösung zu erreichen. Es war die gefürchtete Mittagsflaute. Jetzt nur jedes, auch das kleinste ›Bärtchen‹ mitnehmen: Vor zehn Minuten hatte ich noch ›von oben herab‹ auf so ein paar ›lächerliche 2 Meter‹ hinabgeschaut und war geradeaus hindurchgestochen. Jetzt war ich in der schönsten Schinderei und mußte schon für ›Null‹ dankbar sein.

Links: **DFS-Kranich mit offenen Führersitzen.** – Rechts: **Späte und Schmidt, die Hauptrivalen.**

Der Himmel war inzwischen völlig blau geworden. So mogelte ich mich von einem Getreidefeld zum anderen und war südlich von Bernburg (Saale) einmal so tief, daß mich der Schornstein einer nahen Fabrik schon gewaltig überragte. Wenn man das zwei Stunden lang mitgemacht hat, ist einem schließlich ›alles wurscht‹. Es hätte mich jetzt nicht im geringsten erschüttert, wenn ich abgesoffen wäre. Trotz Rückenwind nur 50 km in zwei Stunden! Ein katastrophaler Durchschnitt! Mit allen Mitteln gelang es schließlich, mich aus meiner Spatzenperspektive wieder an die Wolkenbasis ›heranzuwürgen‹. Von hier ab ging es mit 90 km/h unter einer Wolkenstraße entlang, die bis Jüterbog reichte.

Hier traf ich zwei Kameraden, Treuter und Pomper. Sie verschwanden kurz danach ›im Dreck‹. Deshalb ließ ich lieber die Finger davon und flog unter der Wolkenbasis weiter. Später stellte sich heraus, daß beide angenommen hatten, ich sei schon in der Wolke, und deshalb ausgerückt waren. Einer hatte vor dem anderen Angst wegen Zusammenstoßgefahr.«

Steinert schaffte es bis zum Berliner Flugplatz Schönefeld der Firma Henschel, wo er in 30 m Höhe einschwebte: 327 km.

Werner Fick (Nr. 16) auf Minimoa beschrieb ähnliches:

»In der Nähe von Zerbst (Elbe) hatte ich ein nettes Erlebnis mit einer Mü-13 unter einer prächtigen Wolke. Ich hatte einen 5 m/s-Bart und beobachtete eine Mü westlich unter mir. Als ich die Basis erreicht hatte, war sie gerade unter meiner Wolke. Es war Kurt Schmidt. Gott sei Dank, dachte ich, ist er 300 bis 500 m tiefer – also ist dies hier ›meine Wolke‹. Ich schaltete meinen elektrischen Wendezeiger ein und schnell ging es aufwärts bis auf 3000 m. Ich hatte gerade Kurs aufgenommen und schaute mir das prächtige Wolkenbild an. Wer erschien? Die Mü-13! Das hätte schiefgehen können, dachte ich.

In der Annahme, daß Schmidt eine Wolke in Richtung Berlin wählen würde, änderte ich meinen Kurs und flog eine andere Wolke an. Kaum war ich wieder draußen, als neben mir aus den Wolkenfetzen wieder Kurt Schmidt auftauchte. Wir hatten beide den gleichen Gedanken gehabt und haben später herzlich darüber gelacht. Wir hatten Glück gehabt. Als ich dann seine Blindfluginstrumente sah, habe ich aber mit dem Kopf geschüttelt. Mit so wenig hätte ich nicht in Wolken fliegen können.«

☆

Sieben Piloten waren über Berlin hinausgeflogen: Späte als Tagesbester 445 km weit bis Colbitzow, nördlich von Stettin; Braeutigam bis Taitenwinkel, kurz vor Warnemünde an der Ostsee, 429 km; Schmidt bis Bellinchen (Oder) 401 km. Die anderen waren: Flinsch 365 km, Hofmann 355 km, Fick 336 km, Pomper 330 km.

In Berlin-Tempelhof (328 km) lagen: Beck, Gierlich, E. G. Haase, Kraft, Loose und der Zweisitzer Vergens-Trippke.

Als einziger landete Steinert auf dem Henschel-Flugplatz Berlin-Schönefeld: 327 km.

In Berlin-Rangsdorf kamen an: Heidrich, van Husen, Hütter, Kühnold, Nieland, Peter, Peters, Treuter und der Zweisitzer Diehl-Holzbauer.

☆

Neu war, daß ein Punktzuschlag in der Wertungszahl solchen Piloten zuerkannt wurde, die infolge des Rücktransportes am rechtzeitigen Erscheinen am Startplatz verhindert wurden. Er ergab sich aus der mittleren geflogenen Strecke des verlorenen Tages. Zielflüge konnten gestaffelt erklärt werden wie zum Beispiel: Bad Frankenhausen – Dessau – Berlin-Tempelhof. Das gab es früher nicht.

☆

Freitag, der 29. 7. 1938, bedeutete für alle Teilnehmer eine gewisse Entspannung. Er brachte schwachen Westwind und geringe Thermik. Von 61 Starts waren 48 mit fester Zielanmeldung.

Peter Habicht auf Condor II hatte weniger Glück mit seinem zweiten Zielflug nach Bamberg:

»Der Flug war sehr aufschlußreich, da er sich für rund 50 km in Höhen von nur 200 bis 500 m über Grund bewegte. Ein Kornfeld nach dem andern flog ich an, und dies brachte mich jedesmal einige Kilometer weiter. Nach ungefähr 25 km Strecke hatte ich mir, in 50 bis 80 m Höhe über einem Gutshof angekommen, schon einen Landeplatz ausgesucht. Ein leichter Stoß und ein Ausschlag des Variometers auf ›Null‹ veranlaßte mich zum Kurven. Langsam geht die Nadel auf Steigen und mit 2 m/s geht es auf 800 m, wo der Aufwind mit einem Mal restlos weg ist. Die thermische Ablösung verdankte ich wahrscheinlich dem auf dem Gutshof reichlich vorhandenen Federvieh. Das benahm sich während meines Kreisens über dem Hof derart wild, flog in wüstem Durcheinander hin und her, so daß die über den Häusern lagernde labile Luftschicht unruhig wurde und ihren Weg nach oben antrat.

Leider endete die Landung bei Poppendorf (76 km) mit einem Bruch in einem Kleefeld, und ich konnte erst am nächsten Nachmittag einen Kranich als Ersatzmaschine erhalten.«

Nur sieben Streckenflüge über 100 km gelangen an diesem Tag, *dem 29. 7. 1938*:

Tagesbeste im Streckenflug

Opitz	183 km	Weiden-Oberpfalz*
Späte	153 km	Plauen*
Flakowski	134 km	Fürth*
Ruthardt	133 km	Bayreuth*
Ruhnke	133 km	Bayreuth*
Schmidt	133 km	Bayreuth*

* = Zielflug

im Höhengewinn

Späte	2830 m
Kurt Müller	2830 m
Schmidt	1850 m
Opitz	1510 m

Kurt Müller machte einen Streckenflug von 132 km, ohne Ziel.

☆

Am Samstag, dem 30. 7. 1938, wurde bei schwachem Südwind ein Zielrückkehrflug zum 79 km weit entfernten Flugplatz Eschwege ausgeschrieben. Dies war erheblich mehr als die 30 km zum Oechsenberg, der in früheren Jahren als Umkehrziel gedient hatte.

Braeutigam, Hofmann, Kraft, Späte und Treuter haben den Hin- und Rückflug ausgeführt. Hinsichtlich Kurt Schmidt konnte der Verfasser keine eindeutige Bestätigung finden, trotz eifriger Suche. In den Tagesberichten des »Flugsport« findet man Schmidt 54 km von der Wasserkuppe gelandet, nachdem ausgerechnet er die größte Tageshöhe mit 2170 m über Start erreicht hatte. Da hätte er ja dauernd die Sturzflugklappen heraus haben müssen, um aus dieser Riesenhöhe 54 km von der Wasserkuppe landen zu können. Der Verfasser neigt dazu, dem NSFK-Bericht der Wettbewerbsergebnisse mehr Glauben zu schenken, der Schmidt als den sechsten Mann in der obigen Tagessiegergruppe zeigte.

Die Gleitzahlen der Maschinen dieser sechs waren: Kraft (Reiher III) 33; Späte (Reiher I) 33; Braeutigam/Hofmann (Weihe) 29; Treuter (Minimoa) 26; (Mü13d) 27.

Die Zweisitzer hatten es an diesem Tag besonders schwer, weil ihre Gleitzahl, 23,6 für den Kranich, ein großes Handicap war. Toni Kahlbachers Mg 9a, ein in Österreich von Musger gebauter verstrebter Zweisitzer, war sicher noch ungünstiger dran als der ›Kranich‹. Kahlbacher (Nr. 3 in Klasse B) schrieb darüber:

»Über dem Ziel angekommen, zog ich meine vorgeschriebenen zwei Kreise und stellte das ausgelegte Sichtzeichen fest. Dann wieder Kurs Wasserkuppe. Doch das ›Gegendenwindfliegen‹ mit einer langsamen Kiste kann einen manchmal zur Verzweiflung bringen. Kaum hat man sich halbwegs hochgekurbelt, wird man dabei wieder zurückversetzt. Dann muß man kostbare Meter opfern, um einige Kilometer Strecke zu gewinnen. Nach vielem sich Herumquälen und 6 h 20 min Flugzeit mußten wir landen, noch 23 km vom Ziel entfernt.«

So ist es sicher allen anderen auch ergangen, deren Vögel niedrige Gleitzahlen hatten.

☆

Sonntag, der 31. 7. 1938, brachte der Wasserkuppe Rekordbesuch, aber anfangs wenig versprechendes Wetter. Ganz schwacher Wind, stechende Sonne und keine Wolken. Gegen Mittag begann der Flugbetrieb. Ziele wurden in allen Himmelsrichtungen gewählt.

Diesmal schaffte der Vergens/Trippke (Berlin)-Zweisitzer mit einem 234 km-Zielflug nach Ulm die beste Tagesstrecke. Vergens (Klasse B, Nr. 2) berichtete darüber:

»Unser dritter Start nach zweimaligem Absaufen erfolgte um 12.27 Uhr. Wir erreichten die Wolkenbasis in 1100 m über Abflug und hauten gleich nach Süden zu ab. Die Wolkenverteilung war so gut, daß kaum Schwierigkeiten zu erwarten waren. Wir wunderten uns darüber, daß wir keine ›Kollegen‹ auf der Strecke trafen, aber schließlich sahen wir Beck bei Würzburg und kurbelten eine Weile mit ihm zusammen. Bei Bad Mergentheim war er jedoch unseren Blicken entschwunden. Um 16 Uhr wurde Schwäbisch Hall erreicht. Hier ließ die Wolkentätigkeit schon sehr nach. Gegen 16.40 Uhr über dem Hornberg sahen wir aus 800 m Höhe Beck gerade einschweben. Um 17.50 Uhr landeten wir auf dem Flugplatz Ulm, nachdem wir noch zweimal unter einer Wolke 2100 m Höhe erreicht hatten. Eine besondere Freude war es, als der Rundfunk um 22 Uhr mitteilte, daß wir die längste Tagesstrecke geflogen hatten.«

Franz Medicus vom Hesselberg (Nr. 29) auf ›Minimoa‹ schrieb:

»Auffallend war, daß bei Ablösungen in Nähe der Kuppe oft Kohlweißlinge mit hochgetragen wurden. Weiter habe ich den Durchmesser, die Zugrichtung und Stärke von Ablösungen an Hand von wogendem Getreide festgestellt. Von umherpendelnden Ähren gebildete Schatten zeigten genauestens den Durchmesser. Die Größe dieser Schatten ließ die Stärke der Ablösung feststellen. Je größer der Schatten, desto intensiver der Aufwind.

Ich habe auf diese Weise, zweimal hoffnungslos abgesoffen, in der Gegend nördlich der ›Märchenwiese‹ noch einen Aufwind entdeckt, der mich dann bis an die Wolkenbasis gebracht hat.«

Medicus hat am gleichen 31. 7. 1938 für einen 78 km-Zielflug zum Flugplatz Würzburg vier Stunden gebraucht. Ein riesiges Wolkenloch in Flugrichtung machte seine zweimalige Rückkehr nach Gemünden nötig, bevor er nach hartem Kampf beim dritten Versuch in 20 m Höhe über seinem Ziel ankam – mit klopfendem Herzen – wie er schrieb. Sein Erlebnis zeigte die alte Erfahrung, daß viel vom richtigen Zeitpunkt des Starts abhängt, denn Thermikverhältnisse können sich im Laufe weniger Stunden schnell ändern.

Interessant war, daß Zielflüge in fast entgegengesetzter Richtung – Regensburg und Bonn – gemacht wurden.

31. 7. 1938	**Tagesbeste im Streckenflug**			**im Höhengewinn**	
	Vergens/Trippke	234 km	Ulm*	Fick	2670 m
	Braeutigam	225 km	Regensburg*	Beck	2620 m
	Hofmann	225 km	Regensburg*	Gierlich	2230 m
	E. G. Haase	198 km	Bonn*	Sauerbier	2160 m
	Fick	197 km	Hornberg*	Peter	2090 m
	Beck	197 km	Hornberg*	v. Treuberg	1930 m

* = Zielflug

Im freien Streckenflug flogen über 200 km weit:
Nieland 244 km nach Wadern und Kraft 216 km nach Etlenschieß.

»Es scheint so, als ob die beiden Spitzenreiter Schmidt und Späte zurückgefallen sind, während Braeutigam, Beck und Hofmann nach vorne drangen.«

So schrieb eine Zeitung, aber noch sechs Tage standen bevor.

☆

In der ersten Wettbewerbswoche hatten 60 Segelflugzeuge 43 380 km Gesamtflugstrecke erflogen. Das war mehr als das, was im bis dahin besten 1935er Wettbewerb in zwei Wochen von der gleichen Zahl Teilnehmer geschafft worden war. Noch führte Kurt Schmidt, aber Späte holte immer mehr auf. Wie würde es ausgehen?

KAPITEL 24

Wolfgang Späte siegt in der 1938er Rhön

Am *Montag, dem 1. 8. 1938,* wehte ein scharfer Nordostwind auf der Wasserkuppe. Bald verlockten Wolkenstraßen zu fernen Zielen. Diese hätten normalerweise in Frankreich gelegen. Aber aus politischen Gründen durften Segelflieger die französische und belgische Grenze nicht mehr überfliegen. So lagen am Abend folgende Segelflugzeuge auf den Flugplätzen von

Karlsruhe – 198 km
Becks Gö 38 ›Minimoa 38‹
Krafts ›Reiher III‹
Peters ›Condor IIa‹
Spätes ›Reiher I‹

Kaiserslautern – 195 km
Feuerrohrs ›Rhönadler‹
Sauerbiers ›Rhönadler‹

Saarbrücken – 275 km
Döbler-Deegs ›Kranich‹
Flakowskis ›Rhönadler‹
Flinschs ›Windspiel‹
Schmidts ›Mü-13d‹
Treuters ›Minimoa‹

Trier – 255 km
Boys ›Rhönadler‹
Braeutigams ›Weihe‹
E. G. Haases ›Minimoa‹
Hofmanns ›Weihe‹
Kurt Müllers ›Minimoa‹
Opitz' ›Condor IIa‹
Weimers ›FVA 10b‹

Graf von Treuberg hatte auf ›Gö 3-Minimoa‹ in vier Stunden sein 230 km weit entferntes Ziel Baden-Baden erreicht. Insgesamt 23 Zielflüge gelangen an diesem Tag.

Gotthold Peter, FFG Berlin (Nr. 9) auf B6, schrieb:

»Am 1. August 1938 flog ich von der Wasserkuppe bis zum Main bei Aschaffenburg ununterbrochen blind nach Kompaßkurs 210° mit etwa 100 km/h am Fahrtmesser. Unterwegs hatte ich nur sehr kurz Erdsicht. Steigen und Sinken glichen sich aus, so daß ich überraschend schnell den Main unter mir sah. Von hier ab konnte ich den Flug nur noch mit Hilfe einzelner Cumuli fortsetzen.«

Peter landete auf seinem Zielflugplatz Speyerdorf (182 km). Er wurde Drittbester des Tages im Höhengewinn mit 2520 m hinter Werner Fick mit 2930 m und Bruno Boy 2720 m.

Ganz aus der Reihe getanzt war der Düsseldorfer Hans Heidrich. Er gewann einen Ehrenpreis und RM 500.- für den ersten Zielflug (236 km) nach seiner Heimatstadt, den diese ausgeschrieben hatte. Seine Maschine war ein Nachbau des Musters FVA 10b mit Einziehfahrwerk, dessen Serienherstellung bei der Schmetz-Kracht GmbH in Aachen gerade begonnen hatte. Insgesamt wurden 29 Stück dieser hervorragenden Maschine gebaut.

Am Montagabend stand die Punktwertung wie folgt:

Klasse A, Einsitzer:				Klasse B, Zweisitzer:	
1. Schmidt	2262	5. Opitz	1970	1. Vergens/Trippke	1161
2. Späte	2111	6. Hofmann	1810	2. Diehl/Holzbauer	836
3. Treuter	2085	7. E. G. Haase	1690	3. Romeis/Schillinger	817
4. Braeutigam	2063	8. Flinsch	1679		
		9. Beck	1593		

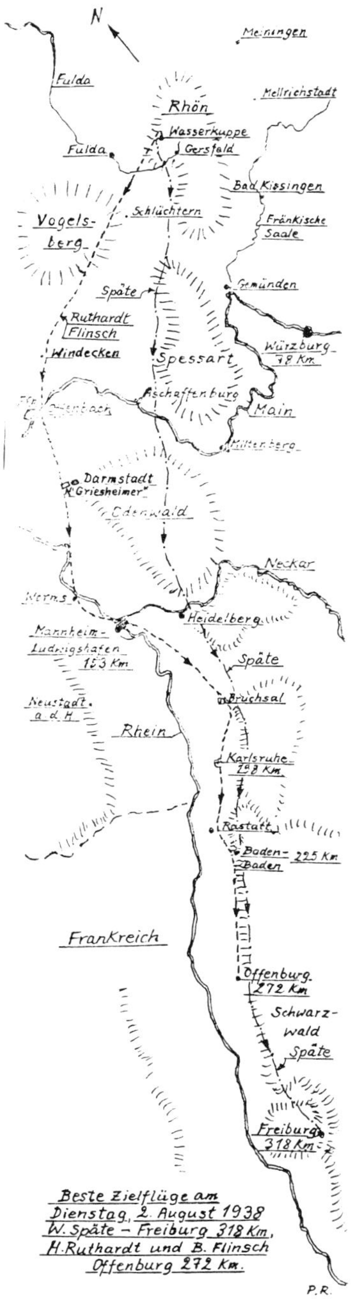

☆

Am *Dienstag, dem 2. 8. 1938,* herrschte das gleiche Wetter wie am Vortag: NO-Wind 10–15 km/h. Es ergab sich der gleiche Streckenflugfächer, etwas weiter gespreizt vom Schwarzwald bis zum Moseltal. So geschah es, daß zum Beispiel Kurt Schmidt und Karl Treuter am Abend wieder auf dem gleichen Flughafen Saarbrücken saßen, von dem sie gerade zurückgekommen waren. Man stelle sich diese Strapaze vor mit wenig Schlaf und weitem Rücktransport! So ging es auch allen anderen in der Spitzengruppe.

Späte schoß den Vogel ab durch seinen 318 km-Zielflug nach Freiburg i. B., vorher noch nie von der Rhön aus erreicht. Unterwegs war er auf 3530 m NN gestiegen, was ihn zum Zweitbesten des Tages hinter Steinigs 3970 m NN machte. Von diesem Flug an führte Späte unbestritten im Wettbewerb bis zum Ende.

29 Piloten, praktisch die Hälfte aller Teilnehmer, hatten an diesem Tag ihre Ziele erreicht.

Ein Bericht des FFG-Stuttgart-Piloten Hermann Ruthardt zeigte seine Umwege und seine Taktik, die ihn – neben Bernhard Flinsch – zum Zweit- oder Drittbesten des Tages im Zielstreckenflug machten.

☆

Die letzten vier Tage der 1938er Rhön könnte man mit durch Sturm aufgepeitschten, über Felsen brechenden Wogen einer donnernden Brandung vergleichen. Zehn Tage ununterbrochene Sonnenkraft hatte das Luftmeer gespeichert. Energien mußten sich entladen, wie man sie nur ganz selten im mitteleuropäischen Klima vorfindet. Es waren Explosionen nach oben, die Steiggeschwindigkeiten von mehr als 30 m/s mit sich brachten. Die Turbulenz, die dabei entstand, war weit stärker, als man früher geschätzt hatte. Meteorologie und Flugzeugbau mußten ihre bis dahin gültigen Annahmen weitgehend ändern. Und die letzte Welle, die vom Samstag, dem 6. 8. 1938, war die größte, die gleich zwei Menschenleben kostete, die von Werner Blech und Günther Lemm.

☆

Mittwoch, der 3. 8. 1938, brachte Ost-Süd-Ostwind von 2 bis 3 m/s und gute Thermik. Am Nachmittag schossen Gewitterwolken nach oben: zwei Höhenweltrekorde innerhalb von einer Stunde waren das Ergebnis tollkühnen Wagens. Zwölf Piloten stiegen höher als 3000 m über Abflugshöhe und erfüllten dadurch die schwerste Bedingung für ihre Goldene C. Als erster erreichte Günther Lemm, Berlin, auf seiner ›Minimoa‹ Weltrekordhöhe mit 4980 m Höhengewinn. Kurz danach übertrumpfte ihn Werner Fick, Quedlinburg, mit 5550 m über Abflugshöhe. Damit war Heini Dittmars Höhenweltrekord von 4350 m zum erstenmal auf die gleiche Weise überboten worden, durch Blindflug in aufschießenden Wolkentürmen. Dittmars Flug hatte am 16. 2. 1934 bei Rio de Janeiro stattgefunden. Viereinhalb Jahre hatte er bestanden.

Oben links: **Hanna Reitsch, Walter Horten und Seff Kunz vor Werner Blechs $H\text{-}III_5$ mit Vorflügel.** (Foto A. Winkelser) – Rechts: **DLH-Flugkapitän Walter Drechsel und Werner Fick, Quedlinburg.** – Darunter links: **Romeis, Drechsel, Knöpfle und Fick.** – Rechts: **Otto Braeutigam flog die zweitbeste Strecke: 429 km.**

Der Fächer der Streckenflüge vom *3. 8. 1938* war voll geöffnet, vom Oberrhein (Steinbach bei Baden-Baden) bis Eupel in Westfalen. 18 Zielflüge gelangen.

Saarbrücken – 257 km	**Trier – 255 km**	**Bonn – 198 km**	**Kaiserslautern – 195 km**
Braeutigam	Beck	E. G. Haase	Kraft
Ruthardt	Boy	Kühnold	Loose
	Kurt Müller	v. Treuberg	Peters
			Späte

Kurt Schmidt hatte vor Erreichen seines Zieles Trier nach 237 km landen müssen und verlor dadurch weitere Punkte gegenüber Späte.

An diesem Tag kam wieder einmal ein Rhön-Segelflieger mit seinem Fallschirm zur Erde: Helmut Knöpfle aus Schwaben wurde beim Blindflug in etwa 5000 m Höhe beim Flächenbruch seiner Gö 38 Mini-

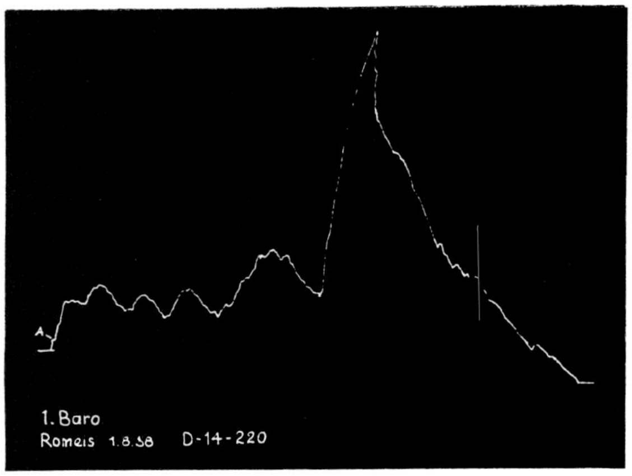

A. Absolute Höhe: 4150 m

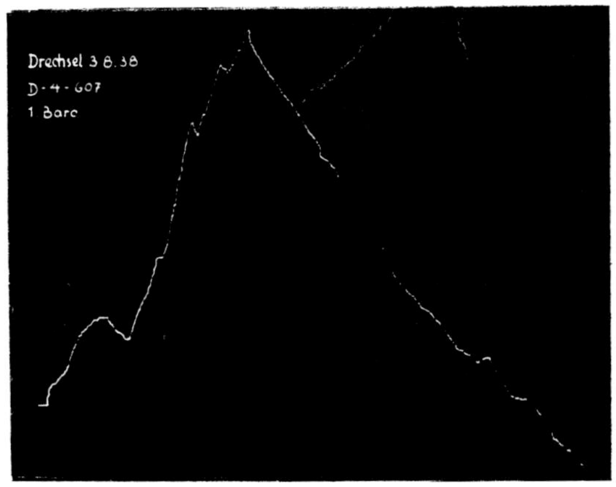

B. Absolute Höhe: 5600 m

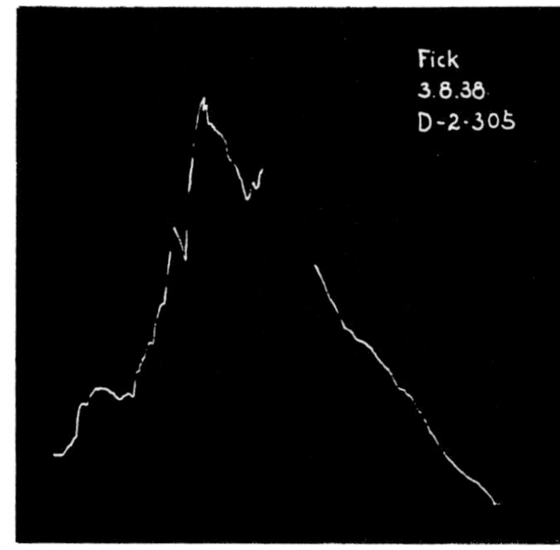

C. Absolute Höhe: 6500 m

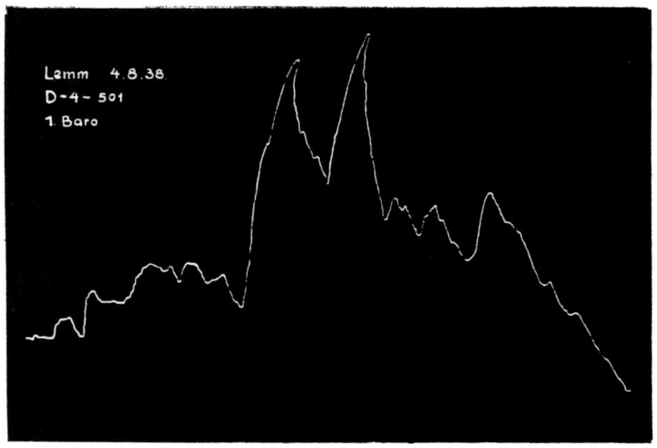

D. Absolute Höhe: 5480 m

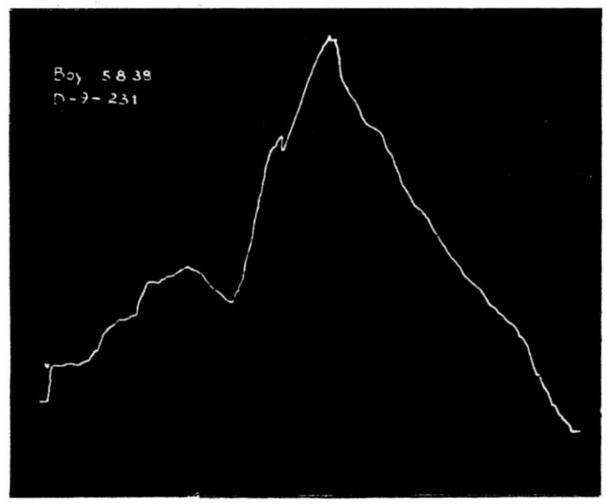

E. Absolute Höhe: 4920 m

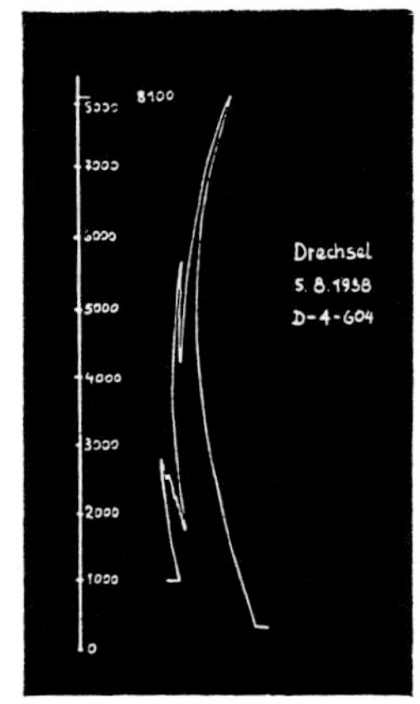

G. Absolute Höhe: 8100 m

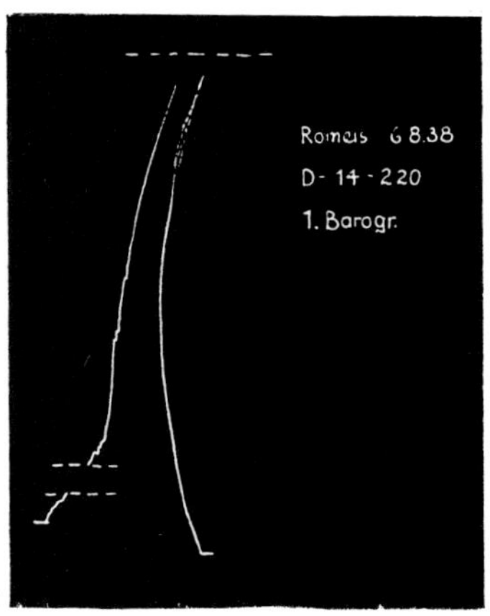

I. Absolute Höhe: Kann nur schätzungsweise ermittelt werden. Am oberen Ende der Kurve: 5850 m

A.	1. August	W. Romeis	Kranich	4150 m	
B.	3.	W. Drechsel	Gö 3 Minimoa	5600 m	
C.	3.	W. Fick	Gö 3 Minimoa	6500 m	
D.	4.	G. Lemm	Gö 3 Minimoa	5930 m	
E.	5.	B. Boy	Rhönadler	4920 m	
F.	5.	W. Blech +	Horten 3	6380 m	
G.	5.	W. Drechsel	Gö 3 Minimoa	7637 m	
H.	6.	G. Lemm +	Gö 3 Minimoa	6200 m	*Flächenbruch
I.	6. August	W. Romeis	Kran	5850 m	*Flächenbruch

* Die maximale Höhe ging weit über den Bereich des Barographen hinaus.
Werner Blech landete mit Fallschirm, jedoch tödlich verletzt. Seine H-3 landete unbeschädigt.
Günther Lemm gelang es leider nicht sich mit Fallschirm zu retten.

Rhön 1938: Höhenflug-Barogramme.

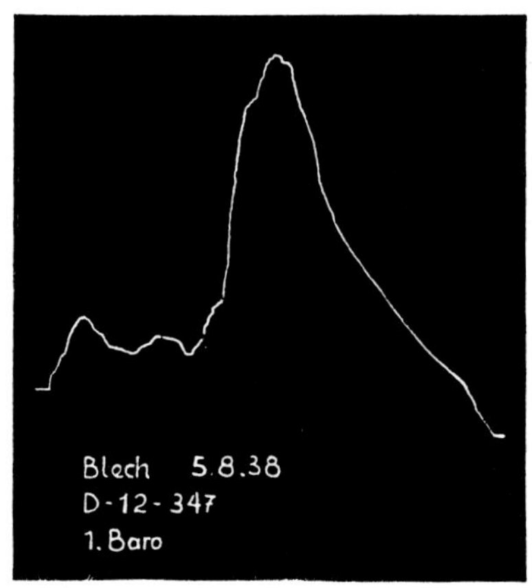

F. Absolute Höhe: 6380 m

H. Absolute Höhe: Kann nur schätzungsweise ermittelt werden. Am oberen Ende der Kurve: 6200 m

Oben links: **Wolkentürme laden zum Höhenflug ein.** – Darunter: **Wolfgang Späte, überlegener Sieger der 1938er Rhön.** – Oben rechts: **Focke-Wulff ›Stösser‹ schleppt eine ›Weihe‹.** – Darunter: **Späte startet am Nordosthang.**

moa hinausgeschleudert. Seine Anschnallgurte rissen und sein Körper durchbrach die Führersitzhaube. Er konnte mit relativ leichten Verletzungen glatt landen. Knöpfles Maschine hatte ›abmontiert‹, wie die Pilotensprache einen Flächenbruch nennt. Bis dahin hatte man diese Konstruktion von Wolf Hirth als besonders fest gebaut angesehen. Noch zwei weitere Minomoas erlitten dasselbe Schicksal vor Ende der Woche, nämlich die von Günther Lemm und von Rudolf Steinert. Davon später.

☆

Die Wetterlage am *4. 8. 1938* war der vom Vortag sehr ähnlich. An diesem Tag erlaubte die Wettbewerbsleitung keine Zielflüge, nur freie Streckenflüge. Das führte zu großartigen Leistungen: Späte erreichte den 420 km weit entfernten Flughafen von Rotterdam. Hofmann landete mit 405 km bei Ablasserdam, einer Vorstadt Rotterdams. G. Peter schaffte es bis Empel bei Hertogenbosch, ebenfalls in Holland – 348 km – und H. Peters saß 333 km von der Kuppe bei Druiten. 20 weitere Teilnehmer flogen zwischen 205 und 293 km weit, eine bis dahin in keinem Rhönwettbewerb erreichte Gesamtleistung.

Der Streckenflugfächer dieses Tages war viel enger gefaltet in Richtung Holland mit Düren im Rheinland zur Linken und dem Emstal bei Lingen zur Rechten als ungefähre Grenzen.
Im Höhenflug innerhalb der hochschießenden Cumulo-Nimbus-Gewitterwolken erreichten elf Piloten mehr als 3000 m Höhengewinn, was zu weiteren Gold-C Erteilungen führte. Günther Lemm hatte offenbar versucht, seinen kurzlebigen Weltrekordtitel vom Tag vorher zurückzuerobern, denn mit 4480 m Höhengewinn war er der Beste gewesen. Aber es hatte nicht ausgereicht, um Ficks 5550 m zu überbieten.

☆

Am *Freitag, dem 5. 8. 1938,* sprach der beratende Meteorologe von einer ausgesprochenen Hochdruckwetterlage mit wenig Wind und schwacher Thermik. Es war, um bei dem Bild der Brandungswellen zu bleiben, die schwächere Woge vor der stärksten, die am nächsten Tag die energiegeladenen, überhitzten Luftmassen gleich in zwei Riesengewittern neben der Wassekuppe nach oben schießen ließ.

So blieben Strecken- und Zielflüge in viel bescheidenerem Rahmen als in den Vortagen.

Aber im Höhenflug gab es die größte Überraschung des gesamten Wettbewerbs: Flugkapitän Walter Drechsel von der Reichsgruppe Lufthansa erreichte mit 6687 m Höhengewinn, weit über 7000 m absolut, eine neue Weltrekordhöhe.

Drechsel hatte nur wenige Wochen vor Beginn der 1938er Rhön zum erstenmal in einem Segelflugzeug gesessen. So vergingen erst einmal zehn Wettbewerbstage, bis ihm endlich ein nennenswerter Streckenflug gelang. Aber das hat den Walter Drechsel, den der Verfasser gut von wochenlangem Zusammenfliegen im Co-Pilotensitz bei der Lufthansa kannte, in keiner Weise aufgeregt. Sein wohlüberlegter, sachlicher und hier und da humorvoller Bericht ›Rhönwettbewerb 1938‹ rief Erinnerungen wach an Drechsels unerschütterliche Ruhe, seinen etwas singenden thüringischen Tonfall und trockenen Humor. Seine Großleistung mußte kommen, denn er war wohl mit der beste Blindflugpilot der Lufthansa. Sein Erfolg, von dem ich in Washington erfuhr, hat mich damals riesig gefreut, besonders weil Drechsel ein so guter Kamerad zu uns jüngeren Co-Piloten gewesen war.

Rhönwettbewerb 1938: Streckenflüge unter Zugrundelegung der im »Flugsport« 1938, Nr. 16, 17 und 18, veröffentlichten Tagesberichte. (Zeichnung: Flugsport)

Links: **6. August 1938 – Werner Blech kam am Fallschirm ums Leben.** – Rechts: **Blechs Maschine landete allein mit schweren Hagelschäden.**

Es war zu erwarten, daß ein solcher Blindflugmeister mit seiner Gö 3 ›Minimoa‹ ohne Flächenbruch und allzuviel dramatisches Erleben davonkam. Leider hat wohl seine Leistung dazu beigetragen, daß jüngere, weit weniger blindflugerfahrene Kameraden sich am nächsten Tag ›auf die Gewittertürme losstürzten, wie Bienen auf einen offenen Marmeladetopf‹, um einen Satz in Spätes Erfahrungsbericht zu wiederholen. Bei solchen Gelegenheiten verführt Ehrgeiz dazu, die Grenzen eigenen Könnens nicht klar zu erkennen und zu beherzigen, was doch das entscheidende Grundgesetz für alle Piloten sein sollte.

Ausdrücklich hatte die Wettbewerbsleitung nur Streckenflüge *ohne* Höhenwertung für *Samstag, den 6. 8. 1938,* zugelassen. Vielleicht wollte man, angesichts der sich schnell zusammenziehenden Gewitter, tollkühnem Draufgehen vorbeugen. Aber es half nichts. Am Abend hatte man den Tod von zwei Kameraden zu beklagen: Werner Blech und Günther Lemm. Und Heinz Scheidhauer lag mit Erfrierungen schwerster Art im Krankenhaus von Tann. Willi Romeis war einem schlimmeren Schicksal mit knapper Not entgangen, nachdem alle Hauptgurte seines Fallschirmsystems gerissen waren, und er, nur an zwei übriggebliebe-

Heinz Scheidhauer in seiner Horten III_5. Er kam halb erfroren am Fallschirm zur Erde.

nen dünnen Schultergurten baumelnd, glücklich zur Mutter Erde zurückkam. Er hat darüber einen Bericht geschrieben, bei dem jeden Flieger trotz der nüchternen Worte das Grausen packt. Solche Gefahren auf sich zu nehmen, ist kein Weltrekord wert – das ist wenigstens meine Reaktion darauf.

Flattern der durch Vereisung besonders schwer gewordenen Querruder seiner ›Minimoa‹ bei ungewöhnlich hoher Fahrt dürfte zu Steinerts Fallschirmabsprung geführt haben. *»Ein starkes Schütteln ging durch die Maschine«*, schrieb er. Danach konnte er den Steuerknüppel ohne Querruder- oder Höhenruderwirkung bewegen. Offenbar waren gleichzeitig beide Tragflächen außerhalb des Flügelknicks abgebrochen und das Rumpfende so stark beschädigt worden, daß es wegflog als Steinert absprang.

Damals fragte man sich, weshalb Günther Lemm nicht ebenfalls mit dem Fallschirm abgesprungen war. Das Gerücht kam auf, er hätte seine stark vereiste Führersitzhaube nicht öffnen können. Steinert hatte keine Schwierigkeiten dieser Art und auch Romeis und Scheidhauer nicht. Viel wahrscheinlicher ist die Erklärung, daß Lemm das Bewußtsein verlor. Dies konnte durch Mangel an Sauerstoff – wie bei Scheidhauer – oder durch eine Kopfverletzung verursacht worden sein. Die bei einseitigem Flächenbruch auftretenden Beschleunigungen waren stark genug, um Knöpfle trotz Anschnallgurten und Führersitzhaube hinauszuschleudern. Wie leicht konnten solch' plötzliche gewaltige Kräfte zu einem betäubenden Schlag führen. Man hat damals und auch später keine endgültige Antwort auf die obige Frage gefunden.

☆

Werner Blechs Tod und Heinz Scheidhauers schwere Erfrierungen, beide auf Horten III Nurflügel-Segelflugzeugen, wurden von Dr. Reimar Horten in dem Buch »Nurflügel« geschildert.

»Am 6. August 1938 bildete sich über der Wasserkuppe eine riesige Cumuluswolke, in die viele Segelflugzeuge hineingezogen wurden, unter den ersten die beiden H III. Die Wolke entwickelte sich zu einem Gewitter von ungeheurem Ausmaß, welches der Wetterdienst nicht vorhergesehen hatte.

Nach etwa einer Stunde kam eine H III aus dieser Wolke heraus und schlug offensichtlich steuerlos nahe von Poppenhausen am Boden auf. Es war Blechs Maschine. Der Fallschirmsack des automatischen Schirmes war offen, also ein normaler Fallschirmabsprung. Das Flugzeug – vom Hagel durchlöchert – war noch flugfähig. Zur gleichen Zeit sahen Beobachter auf der Kuppe den Fallschirm von Blech. Er hing regungslos am Schirm. Er landete in den Steinen auf der Abtsroder Kuppe. Sein Tod war durch Genickbruch verursacht worden, ob im Flug oder bei der Landung, konnte nicht ermittelt werden. Auch wäre Erfrieren oder Sauerstoffmangel als Todesursache denkbar, denn aus dem Thermoschrieb des 8000 m-Barographen war eine größere Höhe als 8000 Meter zu ersehen.

Heinz Scheidhauers Fallschirm und Flugzeug fielen in der Nähe von Wüstensachsen zur Erde. Er war ebenfalls mit dem Fallschirm abgesprungen, als der Hagel Sperrholz und Plexiglas zerschlug. Auch seine Höhe überstieg 8000 Meter. Sein vereister Fallschirm blieb in einem Baum hängen, so daß er den Landestoß in die Traggurte bekam. Er war von der Höhe ohnmächtig, seine Erfrierungen konnten aber sofort im Krankenhaus Tann behandelt werden, so daß er mit dem Leben davonkam.

Die H II mit Hieckmann, der in dieser Wolke auch über 5000 Meter gestiegen war, landete unbeschädigt etwa 50 km weit entfernt. Er konnte durch Kunstflugvorführungen nach dem Unglück, sogar während des Hangsegelflugs am folgenden Tag, die außerordentlichen Flugeigenschaften des Nurflügels vorführen.«

☆

Ergebnisse

Wertungsliste Klasse A.

Bewerber	Flugzeugführer	Wettb.-Nr.	Flugzeugmuster	erflog. Punkte	Gesamt-km	Preise
DFS.	Späte	41	Reiher I	3855,9	2504	Goldene Plakette, Erinnerungspr. des Reichmin. d. Luftf.
NSFK.-Gr. 16	Schmidt	50	Mü 13 d	3613,5	2865	Silberne Plakette, Ehrengabe für die größte Gesamtflugstrecke: 1 Leica
NSFK.-Gr. 8	Treuter	14	Gö 3	3231,6	2317	
NSFK.-Gr. 7	Braeutigam	11	Weihe	3159,1	2500	
NSFK.-Gr. 11	Opitz	21	Cond. IIa	2943,6	2098	
NSFK.-Gr. 4	Hofmann	7	Weihe	2766,7	2254	Silberne Plakette
NSFK.-Gr. 4	E. G. Haase	5	Gö 38	2678,5	2240	
NSFK.-Gr. 15	Beck	29	Gö 3	2663,5	2277	
DVL.	Peter, Gotth.	34	B 6	2653,1	1690	
NSFK.-Gr. 9	Boy	18	Rhönadler	2590,0	1618	
DVL.	Flinsch	35	Windspiel	2540,1	2113	Bronze-Plakette
NSFK.-Gr. 15	Kraft	28	Reiher 3	2394,1	2274	
NSFK.-Gr. 4	Lemm	6	Gö 3	2302,1	1273	
DVL.	Ruthardt	37	FS 18	2257,5	1943	
NSFK.-Gr. 8	Peters	15	Cond. IIa	2249,3	1934	
NSFK.-Gr. 2	Fick	3	Gö 3	2184,6	1362	
NSFK.-Gr. 7	Kühnold	12	Gö 3	2118,6	1578	
NSFK.-Gr. 6	van Husen	8	Rhönadler	2092,1	1623	
NSFK.-Gr. 12	Heidrich	25	FVA 10b	2025,7	1940	
NSFK.-Gr. 9	Müller, Kurt	17	Gö 3	1961,0	1448	
Luftwaffe	Flakowski	46	Rhönadler	1942,0	1385	
NSFK.-Gr. 14	v. Treuberg	27	Gö 3	1774,0	1388	
NSFK.-Gr. Lufthansa	Drechsel	40	Gö 3	1622,0	432	
NSFK.-Gr. 10	Nieland	19	Rhönadler	1528,6	1631	
NSFK.-Gr. 6	Sauerbier	9	Rhönadler	1488,8	1193	
NSFK.-Gr. 17	Hütter	32	Sperber	1377,6	1154	
NSFK.-Gr. 1	Loose	2	Rhönadler	1364,6	1174	
Luftw. Köln	Blech	44	Horten 3	1344,6	827	
NSFK.-Gr. 13	Medicus	49	Gö 3	1308,5	1284	
NSFK.-Gr. 16	Habicht	51	Cond. 2	1252,5	1075	
NSFK.-Gr. 15	Knöpfle	30	Gö 3	1106,0	1196	
NSFK.-Gr. 1	Pomper	53	Kranich	1076,6	1003	
NSFK.-Gr. 10	Gierlich	20	Rhönadler	1039,1	1071	
NSFK.-Gr. 16	Haase, Arth.	52	Mü 13d	1000,0	939	
NSFK.-Gr. 6	Steinig	10	Rhönadler	984,6	1081	
NSFK.-Gr. 3	Stoltzenburg	48	Gö 3	972,0	1052	
NSFK.-Gr. 2	Müller, Karl	4	Rhönadler	939,5	948	
NSFK.-Gr. 7	Steinert	13	Gö 3	770,1	962	
Luftw. Köln	Scheidhauer	43	Horten 3	755,5	883	
NSFK.-Gr. 8	Feuerrohr	16	Rhönadler	705,5	722	
NSFK.-Gr. 17	Fiedler	31	Göpping. 3	594,5	667	
DVL.	Wünscher	39	C 11	545,0	758	
NSFK.-Gr. 11	Weißenberger	22	Mü 13	526,0	774	
NSFK.-Gr. 12	Weimer	24	FVA 10b	522,0	667	
Luftw. Wien	Gumpert	55	Schwalbe II	461,0	586	
NSFK.-Gr. 3	Güssefeldt	47	Rhönadler	354,5	597	
Luftw. Stade	Garz	54	Handrik	320,0	425	
NSFK.-Gr. 1	Ruhnke	1	Göpping. 3	314,4	618	
Luftw. Merseb	Blessing	45	Kolibri	259,0	416	
NSFK.-Gr. 11	Held	23	Rhönadler	214,0	358	
NSFK.-Gr. 12	Franke	26	FVA 10b	208,0	253	
DVL.	Kracht	33	FVA II	—	—	
DVL.	Schulz	36	AFH 4	—	—	
Luftw. Fürth	Hieckmann	42	Horten II	—	32	

Wertungsliste Klasse B

Lfd. Nr.	Bewerber	Flugzeugführer	Wettb. Nr.	Flgz. Muster	erflog. Punkte	Gesamt-km	Preise
1	NSFK-Gr. 14	Romeis/Acker/Schillinger	IV	Kranich	1777,0	1297	Gold. Plak., Erinner.-Pr. d. Staatssekr. d. Luftfahrt
2	NSFK-Gr. 4	Vergens/Trippke	II	Kranich	1585,9	1702	Silberne Plakette
3	NSFK-Gr. 17	Kahlbacher-/Tauschegg	V	MG 9 a	1127,5	888	Silberne Plakette
4	NSFK-Gr. 10	Ruhl/Hlacer	III	Kranich	1080,5	1102	Bronze-Plakette
5	DVL.	Diehl/Holzbaur	VI	Eßlingen	968,6	1112	Bronze-Plakette
6	Luftwaffe	Barthel/Mudin/Liese	I	Kranich	831,0	1120	Bronze-Plakette
7	NSFK-Gr. 13	Deeg/Döbler	VIII	Kranich	719,0	1115	Bronze-Plakette
8	NSFK-Gr. Lufthansa	Jachtmann/Stre-letzki	VII	Kranich	303,5	480	Bronze-Plakette

1. Für den größten Streckenflug

Mindestleistung 400 km.

	Flugzeugführer	Wettbewerb Nr.	Klasse	Leistung in km und Landeort	Preise
1. Preis	Späte	41	A	445 km Colbitzow Kr. Stettin	RM 500.— und Goldene Plakette
2. Preis	Braeutigam	11	A	429 km Toitenwinkel Kr. Rostock	RM 250.— und Silberne Plakette

2. Für die größte erzielte Höhe über NN

Mindestleistung 4000 m.

	Flugzeugführer	Wettbewerb Nr.	Klasse	Leistung in m über NN	Preise
1. Preis	Drechsel	40	A	8 100 (7 070)	RM 400.— und Goldene Plakette
2. Preis	Fick	3	A	6 500 (5 550)	RM 200.— und Silberne Plakette
3. Preis	Blech	44	A	6 380 (5 400)	Ehrengabe des Oberbürgermeisters der Stadt Darmstadt

3. Größte Gesamtzielflugstrecke

gemäß § 41.

	Flugzeugführer	Bewerber	Wettb.-Nr.	Klasse	Leistg. in km	Preise
1. Preis	Späte	DFS	41	A	1435	Goldene Plakette und RM 500.—
2. Preis	Braeutigam	NSFK.-Gr. 7	11	A	1255	Silberne Plakette und RM 250.
3. Preis	Hofmann	NSFK.-Gr. 4	7	A	1127	Ehrengabe Silberpokal
4. Preis	Ruthardt	DVL.	37	A	1042	
5. Preis	Treuter	NSFK.-Gr. 8	14	A	1012	

Gesamtergebnis-Aufstellung.

1. Erflogene Gesamtkilometer: 75 998 km.
2. Erflogene Gesamtzielflugkilometer: 24 350 km.
3. Startzahl: A 571, B 382, C 332, Eschwege 15, Gesamt: 1300, davon Gummiseilstart: 571, Flugzeugschleppsart: 729.
4. Gesamtflugzeit: 2750 Std.
5. Größte Strecke: Späte, 445 km, nach Colbitzow.
6. Größte Zielstrecke: Späte, 320 km, nach Freiburg i. Br.
7. Zielstrecke Eschwege mit Rückkehr in kürzester Zeit: Späte, 160 km, Waku-Eschwege Waku, 5 Std. 4 Min.
8. Größte Höhe über NN: Drechsel, 8100 m.
9. Anzahl der Zielflüge (einschließlich Rückkehrzielflüge): 161, davon Zielflüge über 195 km: Freiburg i. Br., 320 km, 1; Offenburg: 272 km, 2; Saarbrücken: 257 km, 9; Trier: 255 km, 10; Düsseldorf: 236 km, 1; Baden-Baden: 230 km, 1; Ulm: 229 km, 1; Regensburg: 224 km, 2; Köln: 221 km, 1; Braunschweig: 209 km, 1; Karlsruhe: 198 km, 11; Bonn: 198 km, 4; Hornberg: 197 km, 1; Kaiserslautern: 195 km, 6.
10. Anzahl der erfüllten Zielflüge mit Rückkehr zur Startstelle 7.
11. Gesamtfahrkilometer: 305 148 km.
    (Etwa 1/4 aller Rücktransporte erfolgte durch Flugzeugschlepp.)
12. Anzahl der Flüge über: 400 km = 5, 350 km = 3, 300 km = 24, 250 km = 38, 200 km = 30.
13. Anzahl der Zielflüge über: 300 km = 1, 250 km = 21, 200 km = 7, 150 km = 45, 120 km = 24, 100 km = 19, 75 km = 37, 50 km = 7.
    Zielflüge waren nur an 9 Wettbewerbstagen ausgeschrieben.
14. Anzahl der Höhenflüge mit Höhe über NN: über 8000 m = 1, über 6500 m = 1, über 6000 m = 1, über 5500 m = 3, über 5000 m = 5, über 4500 m = 11, über 4000 m = 40, über 3500 m = 13, über 3000 m = 26, insgesamt über 3000 m = 70 Flüge.

Am *Sonntag, dem 7. 8. 1938,* nahm der NSFK-Führer Generalleutnant Christiansen die Preisverteilung vor. Wie erwartet, wurde Wolfgang Späte erster Sieger, mit Kurt Schmidt und Karl Treuter auf dem 2. und 3. Platz.

75 998 km Gesamtflugstrecke – 1300 Starts – der Höhenweltrekord elfmal überboten – größte nachweisbar erreichte Höhe 8100-Meter – 17 Segelflugzeuge erreichten Berlin an *einem* Tag – 265 000 Fahrkilometer der Hilfsmannschaften – alles nie vorher und auch nie danach mehr erreichte Höchstleistungen. Gemessen an den Segelflugwettbewerben ein halbes Jahrhundert später, mögen diese Leistungen nicht so gewaltig erscheinen. Aber inzwischen waren ja auch die Gleitzahlen und Fluggeschwindigkeiten der Maschinen ganz erheblich höher geworden.

☆

Scheidhauers schwere Erfrierungen an Gesicht und Händen wurden von Dr. med. Justus Schneider, dem Chirurgen und Chefarzt des Fuldaer Elisabeth-Krankenhauses weiter behandelt und ausgeheilt. Solche Verletzungen kamen nur selten vor. Es war ein weiterer Beitrag an Pionierarbeit, den Dr. Schneider für die Rhönsegelflieger geleistet hat.

Denn er heilte nicht nur. Er versuchte, bei sich wiederholenden Verletzungen den Grund dafür zu finden. Das war bahnbrechende Unfallverhütung bei der Segelflugschulung. Wolfgang Späte hat einige Beispiele dafür zusammengestellt.:

»In den dreißiger Jahren kamen Dutzende von ›Talusbrüchen‹ zu Dr. Schneider zur Behandlung. Dieser fuhr schließlich zur Wasserkuppe und fand heraus: Solche Brüche des Sprungbeins hatten ihre Ursache in dem ungefederten Seitensteuerhebel des ›Zöglings‹, auf den die Fersen des Flugschülers bei Bumslandungen hart aufstießen. Auf Dr. Schneiders Vorschlag ersetzte man diesen ›Stein des Anstoßes‹ mit gefederten Stemmbrettern – und fortan gab es keine Talusbrüche mehr.

Fast genauso häufig gab es Wirbelsäulen-Stauch-Brüche und Bruch von Rückgratfortsätzen. Dr. Schneider erkannte: Die formschöne Wölbung der Schulgleitersitze verhinderte, daß der Körper des Piloten bei harten Landungen ausweichend ein Stückchen nach vorn rutschen konnte. Als man stattdessen flache, horizontale Sitzbretter einbaute und die Landekufe besser federte, ging die Zahl der Wirbelsäulenverletzungen merklich zurück.

Häufige Leberquetschungen wurden in Fulda eingeliefert, verursacht durch zu schmale und ungefederte Bauchgurte. Dr. Schneider sorgte dafür, daß die Gurte verbreitert und mit Federung versehen wurden – keine Leberquetschungen mehr!

Weiter setzte er durch, daß schon bei den ersten ›harmlosen‹ Anfängerflügen ein Sturzhelm getragen werden mußte. Von dem Tag an blieben die bis dahin häufigen Schädelverletzungen auf der Wasserkuppe so gut wie aus.«

Späte schilderte in seinem Buch »Der streng geheime Vogel«, wie er im Herbst 1942 Dr. Schneider von Fulda nach Augsburg holte, wo Heini Dittmar schwer verletzt mit unerträglich gewordenen Schmerzen im Krankenhaus lag. Man behandelte ihn auf Leberquetschung. Heini hatte nach Versagen des Ausfahrens der Landekufe seiner Me-163 A derartige Landestöße ertragen müssen, daß man ihn halb bewußtlos im Führersitz vorfand. Dr. Schneider stellte nach wenigen Minuten einen schweren Rückenwirbelschaden fest. Er nahm alles weitere in die Hand, was Monate später zu Heinis Genesung führte.

Bei diesem Augsburg-Besuch sah sich der ›Knochendoktor‹ den Führersitz der Me-163 A an. Trotz Widerspruchs seitens des Chefkonstrukteurs im Lippisch-Team erreichte er, daß der Sitz gefedert und ähnlich wie beim ›Zögling‹ geändert wurde. Er selbst schlug Torsionsrohr-Federung wie beim Volkswagen vor, und diese Änderung hat sich dann hervorragend bewährt.

Späte schrieb weiter:

»Die meisten Rhönsegelflieger sind Dr. Schneider nie begegnet. Nur die Patienten unter ihnen haben diesen ungewöhnlichen Arzt kennengelernt, der echt wissenschaftliches Suchen mit gediegener ärztlicher Erfahrung, guter Beobachtungsgabe, analytischem Denken, großer Kunst als Chirurg und hohem ärztlich-menschlichem Ethos vereinte.«

☆

Strecken- und Höhenflüge im Rhönwettbewerb 1938

	Monat / Datum	Juli 24.	25.	26.	27.	28.	29.	30.	31.	August 1.	2.	3.	4.	5.	6.	Anz. Zielflüge	Strecken-(W)Km	Punktzahl
1	Späte, Wolfgang	57 / 1030	34 / 2850	202x / 1410	210x / 1280	445 / 1680	153 / 2830	240 / 1830	99x / 970	297x / 1830	480x / 2750	284x / 3685	420 / 3450	173 / 3340	113 / –		2504	3855,9
2	Schmidt, Kurt	178 / 1720	241 / 2130	190 / 1330	200x / 1290	401 / 2200	133 / 1850	54 / 2170	115 / 1360	386x / –	386x / 2170	237 / 1530	271 / 3660	173 / 3340	65 / –	3	2865	3673,5
3	Treuter, Karl	181 / 1030	149 / 3085	93 / 1070	154 / –	315 / 1840		240 / 1360	212x / 1890	386x / 1830	386x / 1480	29 / 620	241 / 2110	140x / 1450	187 / –	4	2317	3231,6
4	Braeutigam, Otto	272 / 1080	64 / 1320	164 / 2410	210x / –	429 / 1610		240 / 1360	336x / –	383x / 2025	189x / 1270	386x / 2020	223 / 3640	140x / 1326	93 / –	6	2500	3159,1
5	Opitz, Rudi	172 / 1875		183 / 2485	200x / 860	328 / 1260	183 / 1510	134 / 1090	134x / 1480	383x / 1440	189x / –	310x / 4270	264 / 2130		36 / –	5	2098	2943,6
6	Hofmann, Ludwig	186 / 940		157 / –	151 / 780	355 / 1520		240 / 1000	336x / 1700	383x / 1540	297x / 1210	189x / 1590	405 / 1570		30 / –	4	2254	2766,7
7	Haase E.G.	144 / 1620	274 / 1410	118 / 870	200x / 1340	328 / 2550	25 / –	68 / 1390	297 / 1900	383x / 1430	99x / 900	297x / 3870	293 / 3000		140 / –	4	2240	2678,5
8	Beck, Max	228 / –		117 / 780	200x / 810	328 / 1120		37 / 1250	197 / 2620	297x / 1070	231x / 1530	383x / 2460	267 / 1730	140x / 1450	110 / –	5	2277	2663,5
9	Peter, Gotthold	172 / 2370			110 / 910	315 / 1220	97 / 1500	73 / 2010	272x / 2090	270 / 2520		31 / 1270	348 / 4440		183 / –	1	1690	2653,1
10	Boy, Bruno	49 / 2200	235 / 2960		133 / 1340	157 / 1995			190 / 1520	383x / 2720	86 / 1320	383x / 2930	153 / 3940	105 / 3930		2	1618	2590,0
11	Flinsch Bernhard	178 / 1060	141 / 1980	118 / 1000	200x / 1530	365 / 1860		80 / 1370	140 / 1580	386x / 1670	408x / 1050	31 / 925	249 / 3040	120x / 2060	36 / –	4	2113	2540,1
12	Kraft, Erwin		164 / 1265	174 / 1150	146 / 1240	328 / 1220	36 / 580	240 / 1000	216 / 1380	297x / 1220	386x / 1340	284x / 2015	266 / 1360		132 / –	3	2274	2394,1
13	Lemm, Günther	118 / 1110		118 / 1290	120x / 1630	313 / 1490			39 / 1295	189x / 2000	189x / 2640	Waku / 4980	205 / 4530		F.A.	3	1273	2302,1
14	Ruthardt, Hermann	130 / 960		141 / 1020	180x / 1200	299 / 1220	133 / 880	120 / –	210x / 1550	18 / –	408x / 1070	386x / 1410	234 / 1560	120x / 1570	41 / –	5	1943	2257,5
15	Peters, Heinz	146 / 970	101 / 4200	112 / 720	180x / 970	315 / 1230		150 / 791	46 / 650	297x / 840	231x / 860	284x / 1240	333 / 1200		110 / –	4	1934	2249,3
16	Fick, Werner	180 / 1980			127 / 1040	336 / 2000		42 / 920	295 / 2670	108 / 2930	189x / 1540	102 / 5550		68 / 1040	118 / –	1	1362	2184,6
17	Kühnold, Arno	79 / 1245		158 / 1210	210x / 1120	315 / 1020		80 / 940	162 / 1220	332x / 1840	136 / 1710	297x / 3430		80 / 2130	29 / –	3	1578	2118,6
18	van Husen, Pit	140 / 1235	14 / 790	87 / 1335	180x / 1000	315 / 2100		143 / 1070	64 / 1500	231 / 2490		178 / 3280	241 / 3630	140x / 1330	37 / –	2	1623	2092,1
19	Heidrich, Hans	155 / 800		149 / 1090	180x / –	315 / 1540		53 / 920	231x / 1750	354x / 1755	189x / 1890	190 / 1560	266 / 2950	66 / 1470	160 / –	4	1940	2025,7
20	Müller, Kurt	153 / 1930	30 / 940	132 / 1910			132 / 2830	137 / 1090	51 / 1090	383x / 2460	51 / 1740	383x / 3205	235 / 1810		17 / –	2	1448	1961,0
21	Flakowski	131 / 1075			141x / 1230	22 / 755	134 / 840	91 / 980	62 / 1300	386x / 2380	297x / 2240	25 / 690	213 / 4460	140 / 1540	59 / –	3	1385	1942,0
22	v. Treuberg, H.	171 / 1800			200x / 1490	211 / 1640	69 / 1080	61 / 1460	99x / 1930	345x / 2290	19 / 1100	297x / 3200	175 / 2195		55 / –	4	1388	1774,0
23	Drechsel, Walter	85 / 1560		64 / 1140	39 / 1270		10 / –	6 / –			173x / 1340	132x / 4600		137x / 7070		3	432	1622,0
24	Nieland	159 / –	92 / –	105 / –	141x / 880	315 / 1310		120 / 800	140x / 1100	244 / 1460		46 / 1195	249 / 1500	59 / 1150	95 / –	2	1631	1528,6
25	Sauermier, Gerhard	125 / 1100		62 / 1065	141x / 1090	319 / 1840		80 / 900	173x / 2160	293x / 2010	173x / 1610	132x / 2040				5	1193	1488,8
26	Hütter, Heini	72 / 1020		118 / 1340	120x / 1000	315 / 1650		73 / 890	119x / 1770	231x / 1870	297x / 2520	40 / 690			25 / –	4	1154	1377,6
27	Loose	53 / 990		93 / 1290	141x / 1430	328 / 1440		127 / 1710	99x / 1110	231 / 1810		284x / 1800			40 / –	3	1174	1364,6
28	Bleck, Werner	104 / 2020	Waku / 3650	78 / 2260	22 / 770	172 / 1055			43 / 660	231x / 2370	122 / 1290	47 / 1100		85 / 5400	F.A.	1	827	1344,6
29	Medicus, Franz	197 / 2170		93 / 1950	128 / 930	64 / 1180	53 / 810	137 / 1040	119x / 1290		245 / 1490		241 / 2080		47 / –	1	1284	1308,5
30	Habicht, Peter			118 / 1350	141x / 1240	203 / 1160	76 / 810		172 / 1700		49 / 890	173x / 3730		78 / 1066	110 / –	2	1075	1252,5
31	Knöpfle, Helmut	163 / 1190		171 / 1100	200x / 1400	264 / 1290		77 / 850	236x / –	42 / 720	231x / –	35 / –				3	1196	1106,0
32	Pomper, Franz	137 / 2455			141x / 900	330 / 2180		61 / 900	77 / 1360			60 / 1540	208 / 2660		31 / –	1	1003	1076,6
33	Gierlich, Georg	149 / –		87	141x / 1050	328 / 1560	68 / 800	42 / 1070	140x / 2230			170 / 1860			40 / –	2	1071	1039,1
34	Haase, Arthur	109 / 1100				149 / 1080		90 / 760	231x / 1670	40 / 970	297x / 1720				81 / –	2	939	1000,0
35	Steinig, Paul	144 / 1070			127 / 860	234 / 1190		59 / 660	173x / 1460		231x / 3050	205 / 1430			43 / –	2	1081	984,6
36	Stoltzenburg, Otto			58 / 755	141x / 1460	199 / 1570	85 / 1160	55 / 1330	175 / 1770		53 / 880	83 / 1780	162 / 1970		88 / –	1	1052	972,0
37	Müller, Karl	79 / 1190			105 / 1060			91 / 800	141x / 1680			47 / 1420	221 / 1620	76 / 1370	81 / –	1	948	939,5
38	Steinert, Rudolf	176 / 1835		142 / 900		327 / 1640		80 / 870		18 / –	33 / –	20 / –	66 / 1250		F.A.	–	962	770,1
39	Scheidhauer, H.	118 / 1300		148 / 1800	77 / 1350	286 / 1385			46 / 980		227x / 1290				F.A.	1	883	755,5
40	Feuerrohr, Walter	106 / 1120			141x / 1220	70 / 870			51 / 990	293x / 1500	173x / 1210				91 / –	2	722	705,5
41	Fiedler, Carl	170 / 1500	8 / 340		132 / 1750	5	51 / 1000	61 / 1040	79 / 1605					38 / 740		–	667	594,5
42	Wünscher, Hans	132 / 1100		101 / 950		251 / 1210		53 / 710	126 / 1190							–	758	545,0
43	Weißenberger	34 / 830	5 / –	13 / 600	125 / 1100	190 / 1835	51 / 950	49 / 760	51 / 1310	19		32 / 570	102 / 1240		18 / –	–	774	526,0
44	Weimer					173 / –		48 / –	41 / 1090	383x / –	108 / 1050			42 / 1240		1	667	522,0
45	Gumpert, Bruno					179 / –		80 / –	142 / –	18 / –	231x				31 / –	1	586	461,0
46	Güssefeldt, Werner	67 / 1100		33 / 920	79 / 910	241 / 1150		48 / 740	32 / 1160			58 / 1070	39 / 960			–	597	354,5
47	Garz, Hans						32 / 640	54 / 620	138 / 1450			189x / 1450	41 / 980		20 / –	1	425	320,0
48	Ruhnke, Siegfried	106 / –			121 / 1090	70 / 875	133 / 1020	49 / –		56 / 1675			63 / 960			–	618	314,4
49	Blessing, Gerhard	167 / 1100		47 / 640	8	153 / 840		27 / 1230		22 / –							416	259,0
50	Held Richard	17 / 660		54 / 1170		54 / 1000			57 / 1360								358	214,0
51	Franke							50 / –	112 / 1440						91 / –		253	208,0
52	Hieckmann Kurt					21 / 470											32	—
53	Kühn, Joachim											158 / 1550		80 / 1550	26 / –		264	Ausser Wettbew.
54	Philipp, Ernst														26		26	Ausser Wettbew.

x = Zielflug F.A. = Fallschirm Absprung (W)Km = Wertungskilometer

ZWEISITZER

	Besatzung	Juli 24.	25.	26.	27.	28.	29.	30.	31.	August 1.	2.	3.	4.	5.	6.	Anz. Zielflüge	Strecken-(W)Km	Punktzahl
1	Romeis, Willi - Acker-Schillinger (IV) Kr.		68 / 3120	80 / 965	210x / 1200	253 / 1750	31 / 990	64 / 1580	99 / 1460	50 / 1080	297x / 1410	178 / 2080	120 / 4510	30 / 1580	F.A.	2	1297	1777,0
2	Vergens, Erich Trippke (II) Kranich	123 / 1345		133 / 1270		328 / 1560		160 / 1150	344x / 1150	137x / 1815	200 / 1030	41 / 570	259 / 1280	86 / 1500	52 / –	2	1702	1585,9
3	Kahlbacher, Toni - Tauschegg - MG-9A	108 / 1155	8 / –	100 / 1010				135 / 1360	48 / 950	164x / 1920	Fulda / –	160 / 3970	175 / 2440		22 / –	1	888	1127,5
4	Ruhl, Josef - Maier-Hlacer (III) Kranich			138 / 800		294 / 1370		80 / –	30 / 1200		386x / 1640	47 / 1705		76 / 1360	22 / –	1	1102	1080,5
5	Diehl Holzbauer (VI)	55 / –		93 / 990	111 / 960	315 / 1300			88 / 1200	194 / 1320		85 / 1440		66 / 1370	25 / –	–	1112	968,6
6	Barthel - Mudin - Liese (I) Kranich	174 / 900	29 / 1440			29 / 650		80 / –	189 / –		211 / 1300	71 / 950	205 / 1204	18 / –	52 / –	–	1120	831,0
7	Deeg - Döbler Hermann (VII)	31 / 830		62 / –	120x / –	242		51 / 730	57 / 1220	386x / 1585	99x / 1010	47 / 1070		88 / 1740	34 / –	3	1115	719,0
8	Jachtmann, Ernst - Streletzki (VI)	40 / 1150				182 / 1340		80 / 910	24 / 1035		40 / 790	38 / 780		54 / 990	22 / –	–	480	303,5

Wolfgang Späte - Pionier des Schnellfluges.

Nach Wettbewerbsschluß erschien Spätes historischer Beitrag "Beste Reisegeschwindigkeit bei Segelflugzeugen" im Heft "Flugberichte" des N.S.-Fliegerkorps auf Seite 33 bis 37. Darin wurde das Problem der besten Gleitfluggeschwindigkeit wissenschaftlich untersucht. Er zeigte an Hand von Tabellen und Kurven, daß das Optimum von der Stärke der gerade vorherrschenden Aufwindgeschwindigkeiten abhängt. Sein Rat war: "Nach Tabelle fliegen, aber mit Verstand." Spätes überlegener Sieg bestätigte seine Theorie.

Nach dem Weltkriege 1939-1945 entwickelte der weit jüngere Amerikaner Dr. Paul Mac Cready Jr. ganz ähnliche Gedanken, ohne Spätes Bericht zu kennen. Sein größter Beitrag ist der nach ihm benannte Ring. Dieser Ring um die Variometer-Skala erlaubt dem Segelflieger die für jede Variometer-'Sinken'-Anzeige beste Gleitfluggeschwindigkeit abzulesen. Diese Erfindung MacCready's ersetzte Spätes „nach Tabelle Fliegen", jedoch keineswegs die Anwendung von Verstand dabei.

Rückblickend kann man sagen, daß mit den Beiträgen dieser beiden Männer die Pionierzeit der Segelflugtaktik zuende ging, die am 5. August 1928 mit Kronfelds historischem Himmeldunkberg-Fluge angefangen hatte.

Wolfgang Späte berichtet über seinen fliegerischen Werdegang:

„Erste Berührung zwischen dem Schulknaben Späte und der Fliegerei ergab sich aus der Konstruktion von papiernen Fallschirmen, die — über eine Treppenbrüstung abgeworfen — auf den Köpfen würdiger Gymnasiallehrer landeten. 1928 Modellbau in Dessau. Mehrere erste Preise bei Wettflügen mit Gummimotormodellen. 1929 Gleitflugversuche bei Aken und Steutz mit den Dessauer Segelfliegern auf Pelzner-Hängegleiter und Stahlrohr-Zögling. 1930 Fortsetzung in Chemnitz; 1931 A- und B-Schulung in Schwarzenberg; 1932 in Grunau C- und amtlicher Schein. 1933 Übungslehrgänge auf der Wasserkuppe und in Griesheim. Entschluß, einen "Condor" zu bauen, wird Ende 1933 in die Tat umgesetzt. Mit Hilfe von drei, später sechs Kameraden steht im Juni 1934 ein selbstgebauter "Condor" da, mit dem 1934 und 1935 Wettbewerbe bestritten werden, in Laucha und auf der Wasserkuppe. 1936 tritt an Stelle des Condors eine "Minimoa", mit der zwei Rhönwettbewerbe 1936 und 1937 (Internationale Rhön) geflogen werden. 1935 Günter-Groenhoff-Gedächtnis-Preis. 1936 und 1937 Motor-Schulung bis zum B-2 Schein.
Ab 1937 hauptamtlich als Forschungsflieger bei der Deutschen Forschungsanstalt für Segelflug (D.F.S.) in Griesheim bei Darmstadt. 1938 1. Platz im 19. Rhönsegelflugwettbewerb.

Zog 1939 als Leutnant der Reserve in den Krieg. Anfangs Aufklärer-Pilot, schulte um zum Jagdflieger und beendete den Krieg als Major und Kommodore eines Raketenjäger-Geschwaders mit 99 anerkannten Luftsiegen, ausgezeichnet mit dem Eichenlaub zum Ritterkreuz des Eisernen Kreuzes. Von 1942 bis 1944 war er Führer des Erprobungs-Kommandos 16 und maßgeblich mitverantwortlich für die Erprobung des Raketenjägers Me 163, worüber er das Buch "Der streng geheime Vogel" geschrieben hat.

Nach dem Kriege hat er noch elf Jahre Dienst in der Bundeswehr getan.

1920 bis 1939: Die Gleitzahlen der bekanntesten Segelflugzeuge

Gleitzahl	*Muster/Name*	*Baujahr*	*Spannweite*	*Flächenprofil*	*Konstrukteur*	*Hersteller*
7	Schwarzer Teufel	1920	9,25	Junkers	W. Klemperer	Akafl. Aachen
Der Großvater aller Segelflugzeuge:						
14	Vampyr	1921	12,60	Gö 448	G. Madelung A. Martens/FH Hentzen	Akafl. Hannover HAWA = Hannoversche Waggonfabrik AG
17	Grunau-Baby II	1933	13,50	Gö 535	E. Schneider, Grunau	B
17	Wolf	1934	14,00	Gö 535	W. Hirth, Hornberg	C
18	RRG-Professor	1928	16,00	Eigenes	A. Lippisch	RRG Wasserkuppe
18	Rhönbussard	1933	14,30	Gö 532	H. Jacobs	A
19	Westpreußen	1926	16,00	Gö 535	H. Hofmann	Akafl. Darmstadt
20	Darmstadt I	1927	16,00	Gö 535	H. Völker	Akafl. Darmstadt
20	Condor I	1932	17,24	Eigenes	H. Dittmar	Selbstbau F
20	Rhönadler	1932	17,40	Eigenes	H. Jacobs	A
Der Vater aller Segelflugzeuge:						
21	Konsul	1913	18,20	Gö 535	A. Botsch/R. Spies F. Hoppe	Akaflieg Darmstadt; Fa. Bahnbedarf
21	H2PL Musterle	1928	16,00	Eigenes	P. Laubenthal	Akaflieg Darmstadt
21	Wien (Kronfelds)	1929	20,00	Eigenes	A. Lippisch	Kegel-Flugzeugbau
21	RRG-Fafnir (I)	1930	19,00	Gö 535	A. Lippisch	RRG
21	DFS-Präsident	1933	16,00	RRG 13	A. Lippisch	DFS
21	DFS-Habicht	1936	13,60	DFS	H. Jacobs	DFS
21.5	DFS-Kranich	1936	18,00	Gö 535	J. Jacobs	DFS und D
21.6	Rhönsperber	1935	15,30	Gö 535	H. Jacobs	D
22	Darmstadt II	1928	18,00	Joukowski	F. Gross	Akaflieg Darmstadt
22	Mü-10 Milan	1934	17,80	Eigenes	E. Scheibe	FFG München
22	Grunau 31 Stanavo	1931	16,00	Gö 535	E. Schneider	B
23	D-28 Windspiel	1933	12,00	Gö 535	Kosin/Schomerus	FFG Darmstadt
23	Grunau 7 Moazagotl	1933	20,00	Gö 535-Sym.	W. Hirth	B
24	Horten II	1935	16,50	Eigenes	Gebr. Horten	Selbstbau
25	FVA-9 Blaue Maus	1934	15,00	Gö 535/549	Doetsch/Sander	FFG Aachen
25.5	DFS-Meise Olympia	1937	15,00	Gö 549/676	H. Jacobs	DFS
26	Condor II	1935	17,24	Gö 532	H. Dittmar	A
26	Gö-3 Minimoa	1935	17,00	Gö 681/693	W. Hirth	C
26	Mü-17 Merle	1938	15,00	Eigenes	L. Karch	FFG München und G
27	DFS-Fafnir II (S.P.)	1934	19,00	DFS	A. Lippisch	DFS
27	Mü-13 Merlin	1935	16,00	Eigenes	E. Scheibe	FFG München und G
27	Mü-13d Atalante	1936	16,00	Eigenes	E. Scheibe/K. Schmidt	Selbstbau und G
28	FS-16 Wippsterz	1936	15,78		H. F. Rieckert	FFG Stuttgart
28	FVA-10b Rheinland	1937	16,00	Gö 433/532	F. Kracht	FFG-Aachen und E
	Zum ersten Male mit Einziehfahrwerk; Konstrukteure: Kracht mit Gotto, Trapp, Saun, A. Schulte					
28	Condor III	1937	17,24	Gö 532	H. Dittmar	A
29	DFS-Weihe	1938	18,00	Gö 549/ NACA M12	H. Jacobs	DFS und D
30	FS-18 a & b	1937 NACA	18,00 43012-15	Wölbungsklappe NACA 6512		FFG Stuttgart
30	B.6	1938	16,00	NACA 43012		FFG Berlin
30.5	B.5	1937	15,00	Gö 549-497		FFG Berlin
30.5	Horten III	1938	20,00	NACA 23012-14	Gebr. Horten	Luftwaffe Werft Köln
33	DFS Reiher I/III	1938	19,00	Gö 549/676	H. Jacobs	DFS
33	FVA 11 Eifel	1938	18,00	NACA 23015	F. Kracht	FFG Aachen
36	D-30 Cirrus	1938	20,00	NACA 2414/4412	R. Schomerus mit Alt und Puffert	FFG Darmstadt

KAPITEL 25

Zwischen den Rhönwettbewerben 1938 und 1939

Anfang Oktober 1938 meldete Wolf Hirths Segelflugzeugbau Göppingen die Lieferung der 75. Minimoa. Das neueste Muster ›Minimoa 39‹ wurde mit etwas mehr Spannweite (17,5 m) und den bewährten SH-Hütter-Sturzflugbremsen gebaut.

☆

Am 21. November 1938 übertraf der Grunauer Fluglehrer Erwin Ziller mit 6840 m Höhengewinn den 6687 m-Höhenweltrekord von Lufthansa-Flugkapitän Walter Drechsel. Ziller war in dem Aufwind der ›Moazagotl‹-Welle ohne Blindflug hochgetragen worden, während Drechsel seinen Höhengewinn in der gewaltigen Turbulenz einer hochschießenden Gewitterwolke im Blindflug erkämpft hatte. Schließlich hatte er wegen Vereisung den Abstieg antreten müssen.
Dies war wieder so ein Fall, bei dem Äpfel mit Apfelsinen verglichen wurden. Es ist doch ein Riesenunterschied zwischen den beiden Arten von Aufwind, die Drechsel und Ziller damals benutzt haben. Der Verfasser spricht aus eigener Erfahrung: Sein 8692 m-Höhenflug über NN im Jahre 1966 in der stehenden Welle bei Colorado Springs hat nur Zeit und sehr kalte Füße gekostet. Fliegerisch war es keine besondere Leistung gewesen, jedenfalls mit Blindflug innerhalb von Wolken keineswegs vergleichbar. Leider machen die F.A.I.-Rekordbestimmungen keinen Unterschied hinsichtlich der Aufwindformen, in denen Weltrekordhöhen erreicht werden können. Es erscheint fraglich, ob Drechsels Leistung in ihrer Art später jemals übertroffen worden ist.

☆

Erklärung: Wenn ein Segelflugzeug aus z. B. 1000 m Höhe bei ruhiger Luft 20 km weit gleiten kann, ist seine Gleitzahl = 20.

Gö bei Flächenprofilnummern bedeutet Göttingen (Aerodynamische Versuchsanstalt). Die Gleitzahlen sind in fast allen Fällen errechnete, nicht durch Flugversuch, nachgeprüfte Werte. Sie sollen dem Leser nur zeigen, in welcher Größenordnung sie sich bewegten.

Kode gewerbsmäßiger Hersteller von Segelflugzeugen:
A = Alexander Schleicher Segelflugzeugbau, Poppenhausen, Rhön.
B = Edmund Schneider Segelflugzeugbau, Grunau in Schlesien.
C = Wolf Hirth's Segelflugzeugbau in Göppingen, Schwaben.
D = Karl Schweyer Flugzeugbau, Mannheim, Baden.
E = Schmetz und Kracht, Aachen, Rheinland.
F = Robert Bley Segelflugzeugbau, Naumburg, später Naumburger Segelflugzeugbau.
G = Jehle Flugzeugbau, Donaueschingen, Schwaben.

Am 7. 12. 1938 verunglückte cand. ing. Ernst Scheible tödlich mit der von ihm konstruierten ›fs-18‹ der FFG Stuttgart. Dies hatte zur Folge, daß die FFG Stuttgart nicht am Rhönwettbewerb 1939 teilnehmen konnte. In kameradschaftlicher Zusammenarbeit gaben sie den FFGs Darmstadt und München ihr schon erwähntes 49 m-Funkgerät zum Erproben auf der Rhön. Es ermöglichte der Rückholmannschaft den Landeplatz ihres Piloten viel schneller zu erreichen.

Am 23. 12. 1938 flog Dipl.-Ing. Ludwig Karch, FFG München, sein Geisteskind, die ›Mü 17‹, ein. Sie war für den technischen Wettbewerb ›Olympisches Einheitssegelflugzeug von 15 m Spannweite‹ gebaut worden. Ähnlich den vorausgegangenen Scheibe-Entwürfen mit Stahlrohrrumpf und Holztragflächen, hatte diese Maschine sehr gute Leistungen und Flugeigenschaften. Das führte später zur Großserienherstellung und zur Berufung des nur 26jährigen Karch als Dozent an die Deutsche Technische Hochschule in Prag, ČSR.

Bei der Ausschreibung für den ›Olympiasegler‹ wurde einfache Bauweise und schnelle Montage als Ziel gesetzt. Nur Stahl, keine kostspieligen Leichtmetallbeschläge, durfte verwendet werden. Der Preis durfte im Serienbau RM 2500 nicht überschreiten. Auf deutscher Seite wurden je zwei Maschinen nicht nur von der FFG München, sondern auch von der FFG Aachen gebaut. Konstrukteur Herbert Kaulbach, cand. ing., nannte seine FVA-13 ›Olympia-Jolle‹. Die FFG Darmstadt hatte die Anfertigung der Schwestermaschine übernommen. Außerdem baute das DFS zwei Maschinen ›DFS-Meise‹ für diesen Wettbewerb. Konstrukteur war natürlich Hans Jacobs.

Professor Georgii schrieb in seinen Lebenserinnerungen:

»Für den Olympischen Wettkampf in Helsinki im Jahr 1940 wurde von der F.A.I. ein technischer Wettbewerb ausgeschrieben. Für die Entscheidung waren sieben Segelflugzeuge, drei deutsche, zwei italienische und zwei polnische gemeldet worden. Auf Einladung des italienischen Aeroclubs fand die technische Prüfung im Februar 1939 in Sezze Littoria südlich von Rom statt. Die Ausscheidung sollte nach einheitlichen Richtlinien durch Prüfung der Flugeigenschaften und -leistungen erfolgen, wofür im technischen Fliegen erfahrene Piloten aus verschiedenen Ländern eingesetzt wurden. Es war außerordentlich schwierig, diesen technischen Wettbewerb ohne unerfreuliche Konkurrenzstreitigkeiten durchzuführen. Oft dachte ich damals in Sezze Littoria, daß es tausendmal leichter sei, zwölf Segelflugwettbewerbe zu leiten als eine technische Ausscheidungsprüfung.

In der Schlußsitzung wogte die Diskussion noch lange hin und her, ohne zu einer Entscheidung zu kommen. Da ich als Vorsitzender Überparteilichkeit wahren mußte, konnte ich selbst keinen Antrag zugunsten eines deutschen Segelflugzeuges zur Abstimmung bringen. Schließlich schlug der französische Delegierte, Ingenieur Cartier, ritterlich das deutsche Segelflugzeug ›Meise‹ als Olympiaflugzeug vor, ein Antrag, der darauf hin mit allen Stimmen, mit Ausnahme der polnischen, angenommen wurde.«

☆

Gleich danach, im März 1939, führten Professor Georgii und Otto Fuchs eine DFS-Expedition nach Lybien, Italienisch-Nordafrika. Die segelfliegenden Teilnehmer waren Hanna Reitsch und Wolfgang Späte vom DFS, Bernhard Flinsch und H. Meier zu Bentrup von den FFGs Darmstadt und München. Schlepper war Wilfried Teichmann, Berlin, der 1931 und 1932 an Rhönwettbewerben teilgenommen hatte.

In Küstennähe wurde nur schwache Thermik angetroffen. Man fand eine neue Basis im Inneren, in felsigem Bergland. Von dort aus gelangen dann einige Streckenflüge, aber nichts Besonderes.

Links: **Ludwig Hofmann überprüfte die neue ›Meise‹ auf dem Griesheimer.** – Rechts: **Technisches Vergleichsfliegen in Sezze Littoria: der polnische Olympia-Segler.**

Am 21. April 1939 segelte Flugschulleiter Otto Braeutigam mit Fluggast Mayer im ›Kranich‹ 362 km von seinem Gelände Großrückerswalde zu seinem Zielflughafen Wien.

Am 22. April 1939 wurde der englische Kanal zum erstenmal im richtigen Segelflug überquert: G. W. Stephenson war vom Segelfluggelände Dunstable bei London nach großem Höhengewinn in Wolkenthermik 185 km bis weit nach Frankreich hinein gesegelt. Kronfelds Überquerungen am 20. Juni 1931 waren ja reine Gleitflüge mit Höhengewinn nur durch Flugzeugschlepp gewesen.

Hans Settgast, der neue Leiter der Segelflugschule Wasserkuppe, flog am 13. Mai 1939 einen neuen Rhön-Dauerrekord von 14 h 13 min.

Der DFS-Pilot Erich Klöckner erreichte in einer stehenden Welle über dem Großglocknermassiv 9200 m Höhe absolut.

Dreiseitenansicht des Segelflugzeugs ›DFS-Meise‹, mit Diagrammen (aus »Flugsport«, 1939).

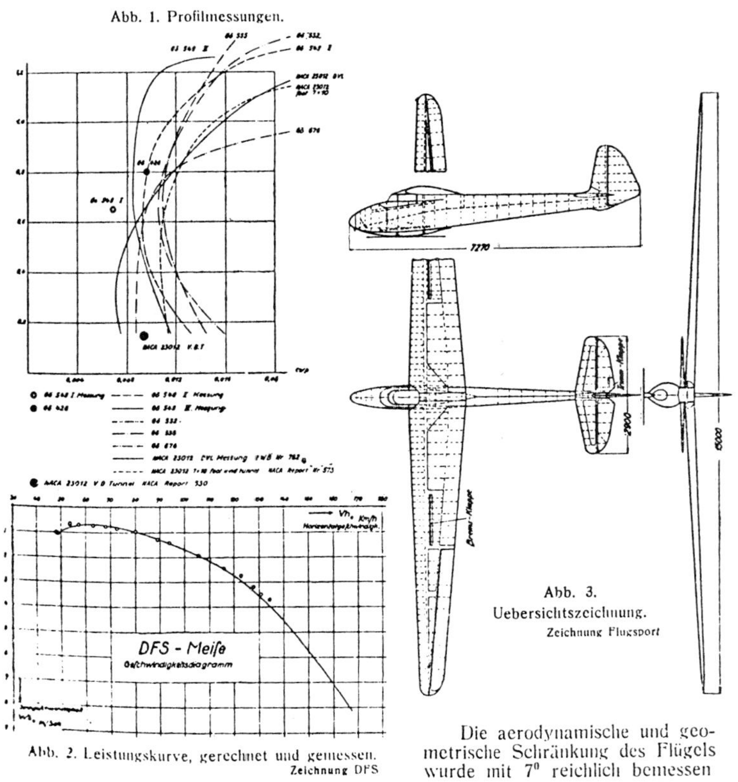

Italienischer Olympia-Segler.

Der 24. Mai 1939 brachte so hervorragendes Segelflugwetter, daß man in der Zeitschrift ›Der Segelflieger‹ folgendes lesen konnte – etwas gekürzt:

»Am 24. Mai flog Standartenführer Kunz, der Chef der Abteilung Segelflug im Stab des Korpsführers, mit dem Segelflugzeug ›DFS-Olympia‹ (Meise) in einem Zielstreckenflug von der Segelflugschule Trebbin (Berlin) nach dem Flughafen Nürnberg. Mit diesem Flug von 348 km wurde eine neue Weltrekordleistung im Zielflug mit einsitzigen Segelflugzeugen aufgestellt. Den gleichen Zielflug nach Nürnberg machte außerdem Sturmbannführer Zumhausen, Hauptreferent im Stab des Korpsführers, auf einem Segelflugzeug ›Mü 13‹.«

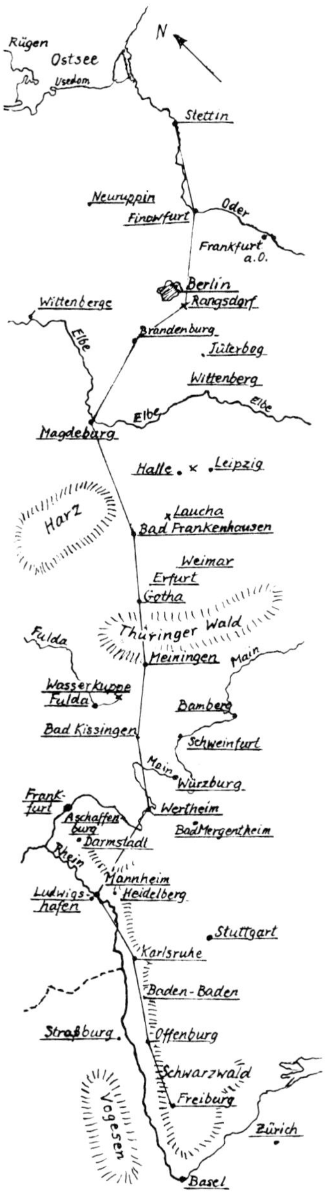

Zielflugwettbewerb Freiburg–Stettin
18. Juni bis 12. Juli 1939.

Wie schon erwähnt, war mein eigener 365 km-Zielflugweltrekord vom 3. Juli 1938 länger als der von Kunz hier gewesen; aber er wurde ja ohnehin am gleichen Tag durch Kurt Schmidts Zielflug von 482 km Trebbin–Holzkirchen, südlich von München, überboten. Schmidt flog dabei einen ›Reiher III‹.

›Der Segelflieger‹ berichtete weiter:

»Hauptsturmführer Heinrich Vergens, der Leiter der Segelflugschule Rhinow, flog von dort mit einer ›Minimoa‹ nach Windenschleppstart 525 km bis nach Tiefenried. Damit übertraf er den seit 1935 von Rudolf Oeltzschner gehaltenen deutschen Streckenrekord von 504 km.

Am gleichen 24. Mai 1939 segelte Sturmführer Klietz (Stab des Korpsführers) 330 km weit, und der Segelfluglehrer Budzinski erreichte von der Wasserkuppe aus im 320 km-Zielflug Freiburg i. B. Segelfluglehrer Reukauf von der Segelflugschule Gitter machte einen 315 km-Streckenflug.«

Mit Absicht wurde der obenstehende Bericht einschließlich der NSFK-Ränge gebracht, um dem Leser den Zeitgeist nahezubringen. Das Münchner Abkommen vom Herbst 1938 brachte nicht die erwartete Entspannung der internationalen Lage. Die Besetzung der Tschechoslowakei durch deutsche Truppen im Frühjahr 1939 hatte die Friedenshoffnungen vieler Menschen innerhalb und außerhalb Deutschlands zerstört. Der Verfasser erlebte diese Zeit in Washington D. C., von wo aus man bestimmt ein deutlicheres Bild der Entwicklung gewinnen konnte als die Nachrichten erlaubten, die in der kontrollierten deutschen Presse erschienen. Dennoch hofften auch wir in den Vereinigten Staaten noch auf Erhaltung des Weltfriedens durch Kompromisse.

☆

510 jugendliche Teilnehmer strömten aus allen Teilen Deutschlands zum Reichsmodellwettbewerb auf der Wasserkuppe. Er fand traditionell während der Pfingstfeiertage, vom 27. bis 29. Mai 1939, statt. Der NSFK-Führer Generalleutnant ›Krischan‹ Christiansen war während dieser Tage anwesend und verteilte dann die Preise.

☆

Am 9. Juni 1939 flog Bernhard Flinsch mit der reparierten ›Superorchidee‹ D-30 ›Cirrus‹ seiner FFG Darmstadt die 406 km lange Strecke von Hannover bis Eichstätt südlich von Nürnberg in 6 Stunden. Er war auf dem Weg nach Freiburg i. B., um dort als Teilnehmer in dem kommenden NSFK-Zielstrecken-Segelflugwettbewerb mitzufliegen. Dieser begann am Sonntag, dem 18. Juni, und sollte am Sonntag, dem 2. Juli 1939, zu Ende gehen. Man sah dabei 22 Segelflugzeuge zwischen Freiburg und Stettin-Altdamm nahe

Oben links: **Handstart am Nordhang.** – Rechts: **Nordosthang Richtung Reulbach.**

der Ostsee unterwegs. Sie mußten folgende Flugplätze »begrüßen« oder für Zwischenlandungen benutzen, bei einer Gesamtstrecke von 840 km: Offenburg – Karlsruhe – Mannheim – Wertheim – Bad Kissingen – Meiningen – Erfurt – Bad Frankenhausen – Magdeburg – Brandenburg – Berlin/Rangsdorf und Finowfurt.

Südwinde sind auf der nördlichen Halbkugel nur vor herannahenden Tiefdruckgebieten zu erwarten. Deshalb konnte man nicht allzuoft mit dieser günstigen Windrichtung rechnen. Häufig mußte mit Seiten- oder Gegenwind geflogen werden. Als erster traf Kurt Schmidt in Stettin ein, gefolgt von Otto Braeutigam und Bernhard Flinsch. Hier die Ergebnisse:

14 Teilnehmer landeten in Stettin-Altdamm vor Wettbewerbsende:

1. K. Schmidt 5 Tage, 560 Punkte
2. Braeutigam 5 Tage, 531 Punkte
3. Flinsch 6 Tage, 466 Punkte
4. Huth 6½ Tage, 450 Punkte
5. Reukauf 6½ Tage, 426 Punkte
6. H. Reitsch 7 Tage, 404 Punkte
7. Fick 7 Tage, 386 Punkte
8. Beck 7 Tage, 378 Punkte
9. Zitter 7 Tage, 361 Punkte
10. Kraft 7 Tage, 354 Punkte
11. Hofmann 8 Tage, 329 Punkte
13. Peters 8 Tage, 268 Punkte
15. Flakowski 7 Tage, 219 Punkte
17. Geul 7 Tage, 206 Punkte

Die übrigen erreichten folgende Punktwertung:

12. Medicus 7 Tage, 271 Punkte
14. Kracht 7 Tage, 221 Punkte
16. Pomper 8 Tage, 215 Punkte
18. Philipp 8 Tage, 200 Punkte
19. Mudin 7 Tage, 139 Punkte
20. Scheidhauer 7 Tage, 125 Punkte
21. Lerche 7 Tage, 51 Punkte
22. Wendt 7 Tage, 42 Punkte

Segelflug

NSFK.-Zielstrecken-Segelflug-Wettbewerb 18. 6.—2. 7. 1939

ist beendet. (Streckenführung vgl. „Flugsport“ 1939, S. 321.) Trotz der ungünstigen Wetterlage landeten 14 Segelflieger in Stettin: Schmidt, Braeutigam, Flinsch, Huth, Reukauf, Reitsch, Fick, Zitter, Beck, Hofmann, Kraft, Peters, Flakowski und Geul. Die 840 km lange Strecke wurde von Schmidt und Braeutigam in 5 Tg. bewältigt. Die an der Spitze liegenden Flugzeugtypen sind: „Mü 13“ (Schmidt), „Weihe“ (Braeutigam), D. 30 Darmstadt (Flinsch), „Reiher“ (Huth).

Ergebnisse:

1. Oberstuf. Schmidt (NSFK.-Gr. 16) 5 Tage, 560 Wertungspkt.; 2. Hptstuf. Braeutigam (NSFK.-Gr. 7) 5 Tg., 531 Pkt.; 3. Segelflgzf. Flinsch (DVL-Darmstadt) 6 Tg., 466 Pkt.; 4. Oberstuf. Huth (NSFK.-Gr. 3) 6½ Tg., 450 Pkt.; 5. Obtruppf. Reukauf (NSFK.-Gr. 9) 6½ Tg., 426 Pkt.; 6. Flugkpt. Reitsch (DFS-Darmstadt) 7 Tg., 404 Pkt.; 7. Obtruppf. Fick (NSFK.-Gr. 2) 7 Tg., 386 Pkt.; 8. Oberstuf. Beck (NSFK.-Gr. 15) 7 Tg., 378 Pkt.; 9. Segelflgzf. Zitter (DFS-Darmstadt) 7 Tg., 361 Pkt.; 10. Sturmf. Kraft (NSFK.-Gr. 15) 7 Tg., 354 Pkt.; 11. Sturmf. Hofmann (NSFK.-Gr. 4) 8 Tg., 329 Pkt.; 12. Oberstuf. Medicus (NSFK.-Gr. 13) 7 Tg., 271 Pkt.; 13. Hptstuf. Peters (NSFK.-Gr. 8) 8 Tg., 268 Pkt.; 14. Truppf. Kracht (NSFK.-Gr. 12) 7 Tg., 221 Pkt.; 15. Obltn. Flakowski (Luftwaffe) 7 Tg., 219 Pkt.; 16. NSFK.-Mann Pomper (NSFK.-Gr. 1) 8 Tg., 215 Pkt.; 17. Segelflgzf. Geul (DVL-München) 7 Tg., 206 Pkt.; 18. Sturmf. Philipp (NSFK.-Gr. 6) 8 Tg., 200 Pkt.; 19. Ogefr. Mudin (Luftwaffe) 7 Tg., 139 Pkt.; 20. Uffz. Scheidhauer (Luftwaffe) 7 Tg., 125 Pkt.; 21. Segelflgzf. Lerche (DVL-Berlin) 7 Tg., 51 Pkt.; 22. Ltn. Wendt (Luftwaffe) 7 Tg., 42 Pkt.

Aus »Flugsport«, 1939.

Im Juli 1939 übertraf die russische Segelfliegerin Olga Klepikova den Streckenweltrekord ihres Landsmannes Victor Rastorguyev, der am 27. 5. 1937 625 km weit von Moskau nach Jarygenskaya gesegelt war. Sie landete 794 km von Moskau entfernt bei Stalingrad.

☆

Ungefähr zur gleichen Zeit verbrachte der Verfasser seinen Urlaub mit dem Versuch, den amerikanischen Kontinent von der Westküste aus im Etappensegelflug zu überqueren. Da er noch nie westlich von Chicago gewesen war, unterschätzte er trotz intensivem Kartenstudiums die unvorstellbar großen Entfernungen, die dabei zu überwinden waren. Nach Abflug im Autoschlepp von San Bernardino bei Los Angeles erreichte er mehr als 3000 m Höhengewinn bei Palm Springs und kreiste über dem 3304 m hohen Mount Jacinto. Dies war der sichtbare Beweis, daß er die bis dahin fehlende Höhenbedingung für seine Gold-C erfüllt hatte.

Aus Zeitmangel konnten nur zwei weitere Streckenflüge mit dem zur Verfügung stehenden ›Kranich‹ ausgeführt werden: Der erste begann mit Autoschlepp vom Flugplatz Winslow, Arizona, und endete 325 km weiter östlich auf Rancho Montoso bei Magdalena, New Mexico, unweit des Rio Grande. Später wurde dem Verfasser von anderen klar gemacht, daß er als erster Segelflieger die kontinentale Wasserscheide (Continental Divide) zwischen dem Pazifischen Ozean und dem zum Atlantik gehörenden Golf von Mexico überflogen hatte. Dabei war er über weithin wasserlose Gebiete der Painted Desert (farbenprächtige Wüste) gesegelt, mit knapp vier Liter Trinkwasser an Bord, zu wenig nach Ansicht der Fachleute. Bei Flughöhen von 4500 bis 5200 m über NN war von den Wüstenfarben nicht viel zu sehen gewesen.

Die zweite Etappe begann, wieder mit Autoschlepp, vom Flugplatz Albuquerque, New Mexico, und endete nach nur 4 h 18 min und 405 km Strecke bei Hereford, Texas. Völlig andere, feuchtwarme Luftmassen vom Golf von Mexico her hatten zu dieser vorzeitigen Landung geführt. Wäre die Luft trocken geblieben, hätte es ein Streckenweltrekord werden können. Beim Flug über Tucumcari, N. M., in 5000 m über NN, standen die Cumuli noch etwa 800 m höher . . . zu hoch, um ohne Sauerstoffgerät immer wieder zu ihnen hinaufzukreisen. Aber die Flugzeit bis dahin – 270 km – war unglaublich kurz gewesen. Aufwinde mit weniger als 5 m/s Steigen konnten ausgelassen werden. 7 m/s war regelmäßig anzutreffen . . . Aber der Wettergott erlaubte keinen Rekord. Von der Texasgrenze an ging es in völlig ruhiger Luft bis zur Landung. Pech!

Damals ahnte ich nicht, daß zwanzig Jahre – turbulente Jahre – vergehen würden, bis ich wieder mit einem Segelflugzeug auf Strecke gehen würde.

Die ersten Träger des goldenen Leistungsabzeichens

(Dieses Verzeichnis wurde am 10. August 1939 abgeschlossen.)

A	Eugen Wagner, Breslau	17	Gerh. Sauerbier, Breslau
1	Heini Dittmar, Darmstadt	18	Ernst G. Haase, Dortmund
2	Hermann Zitter, Darmstadt	19	Obltn. Flakowski, Merseburg
3	Philip Wills, London	20	Heinz Schubert, Darmstadt
4	Eric Neßler, Paris	21	Werner Fick, Perleberg
5	Heinz Peters, Wasserkuppe	22	Gotthold Peter, Berlin
6	Rudolf Opitz, Darmstadt	23	Karl Treuter, Jena
7	Wolfgang Späte, Darmstadt	24	Hermann Winter, Johannisburg
8	Karl Schieferstein, Darmstadt	25	Bernhard Flinsch, Darmstadt
9	Heinrich Huth, Hamburg-Fuhlsbüttel	26	Fritz Lettmayer, Darmstadt
10	Arno Kuhnold, Laucha	27	Toni Kahlbacher, Gitter
11	Peter van Husen, Grunau	28	Bruno Boy, Salzgitter
12	Kurt Schmidt, München	29	Robert Stanley USA
13	Otto Braeutigam, Groß-Rückerswalde	30	Chester Decker USA
14	Franz Pomper, Königsberg	31	John Robinson USA
15	Rudolf Steinert, Poppitz-Sa.	32	Erwin Kraft, Hornberg
16	Günther Lemm, Berlin	33	Heinz Scheidhauer, Köln
		34	Wilhelm Fulda, Borkenberge

Aus W. Hirth, »Handbuch des Segelfliegens«.
(Der Verfasser erfüllte die Bedingungen am 24. Juni 1939 mit 314 km Strecke und 3700 m Höhengewinn im amerikanischen Westen. Erhielt Nr. 39.)

KAPITEL 26

1939 – der letzte Rhön-Segelflug-Wettbewerb

Der 20. Rhönwettbewerb begann am Sonntag, dem 23. Juli 1939, mit der feierlichen Einweihung der Ehrenhalle im Lilienthalhaus durch den NSFK-Führer, General der Flieger Christiansen. Sie war dem Andenken aller Flieger bestimmt, die im Segel- oder Motorflug ihr Leben eingesetzt und geopfert hatten. Es war wohl ein Zufall, daß diese Feier auf den Tag genau sieben Jahre nach Günter Groenhoffs tödlichem Absturz am Westabhang stattfand.

☆

Die Ausschreibung des 20. Wettbewerbs war in vielem ähnlich wie die der vorausgegangenen Rhön-Treffen. Gut war die klare Teilung in Klasse A – Einsitzer – und Klasse B – Zweisitzer – wie im Vorjahr. Neu war die Bestimmung, daß alle Zweisitzer mit Flugzeugschlepp gestartet würden, während Einsitzer weiterhin mit Hilfe des Gummiseils abfliegen mußten. Dies führte zur Entlastung des Startbetriebs im Gelände und gab den Zweisitzern eine bessere Möglichkeit Wolkenanschluß zu finden. Außerdem begann die Wettbewerbsleitung bestimmte Flugrichtungen je nach Wetterlage vorzuschreiben. Flüge, die von der gewählten Richtung abwichen, wurden auf den Richtungsvektor projeziert und fielen dadurch in der km-Wertung kürzer aus.

Gleichzeitig fand ein auf 12 Teilnehmer beschränkter ›Klasse-Nachwuchssegelflieger‹-Wettbewerb statt.

☆

Alle Flugzeuge waren in diesem Jahr mit dem ›Sperry‹, dem künstlichen Horizont mit Düsenantrieb, ausgerüstet. Braeutigam, Karch und andere hatten Handpumpenantrieb vorgesehen, um Ausfall der Kreiselgeräte bei Vereisung der Düse zu vermeiden. Das hat sich gelohnt.

☆

Im Gegensatz zu 1938 war das Wetter oft wenig günstig. Dennoch wurde Erstaunliches geleistet. J. Schneider berichtete darüber in der NSFK-Zeitschrift ›Luftwelt‹:

»Es ist wohl jedem klar geworden, daß keine andere sportliche Veranstaltung eine solche umfassende und präzise Organisation benötigt wie ein Segelflugwettbewerb. Was mußte da alles betreut werden? Motor- und Segelflugzeuge, der riesige Wagenpark, Meldedienst, Startleitung an drei auseinanderliegenden

Startplätzen, Wetterdienst, Schleppflug, Auswertung jedes einzelnen Tages, die Gesamtwertung ständig auf dem laufenden halten, Barographendienst, Unterkunft und Verpflegung, alles dies fast ununterbrochen.

Hinzu kam Presse, Rundfunk und Film, in- und ausländische Ehrengäste, unzählige Termine, Startbeginn, Startschluß, Wache und Absperrung, und wer weiß noch alles. Jedenfalls gab es nicht eine einzige Beanstandung. Vieles wurde vielleicht gar zu selbstverständlich hingenommen, alles lief ohne Hast, ohne laute Befehle, geordnet ab. All dies allein war eine Meisterleistung des NS-Fliegerkorps. Auch die Reichspost muß erwähnt werden, denn sie hatte ein besonderes Postamt Wasserkuppe eingerichtet.

Noch keiner der vorausgegangenen Rhönwettbewerbe ist so heiß umkämpft worden. Schon die große Spitzengruppe des ersten Wettbewerbstages, 14 Teilnehmer, die über die 200 km-Grenze hinausflogen, war erstaunlich. Wir haben uns an manchen Tagen gewundert, daß überhaupt geflogen wurde. Das Wetter war oft enttäuschend. Dabei wurde die Spitzengruppe von Tag zu Tag größer. Immer neue Namen tauchten mit schönen Leistungen auf. Die 73 Segelflieger spannten die Arena ihres Wettkampfes von Passau bis über Berlin hinaus, bis nach Schlesien hinein. Die wechselnde Wertungsfolge sorgte stets für Spannung in allen Klassen.«

Zweifellos war diese hervorragende Organisation dem Wettbewerbsleiter Seff Kunz zu verdanken.

☆

Während der Einweihungsfeier der Gedenkhalle brach die Sonne durch die Nebelschwaden. Der Nieselregen hörte auf, und gegen 11 Uhr konnten die ersten Maschinen vom Westhang starten. Der 365 km-Streckenflug v. Treubergs auf ›Weihe‹ bis Werneuchen, östlich von Berlin, wurde die große Überraschung des Tages. Treuter, Schmidt, Haase, Beck, Braeutigam und Huth landeten im Spreewaldgebiet 320 bis 332 km weit von der Kuppe.

Huth vollbrachte eine besondere Leistung. Nach seinem ersten Start war er 122 km weit bis Kahla, Thüringen, gekommen, wo er vorzeitig landen mußte. Seine Mannschaft brachte ihn und seinen ›Reiher III‹ schnell zur Wasserkuppe zurück, wo er zum zweitenmal abflog und mit 320 km Fünftbester des Tages wurde. Ähnlich ging es Braeutigam, der schon einmal 40 km zurückgelegt hatte, und nach seinem 2. Start mit 321 km die viertbeste Tagesstrecke flog. Funkverbindung zwischen Segler und Transportmannschaft sowie die durch Autobahnen verbesserten Straßenverhältnisse hatten diese schnellen Rücktransporte ermöglicht.

Montag, der 24. 7. 1939, brachte noch schlechteres Wetter, Knofe und Regen. Jedesmal, wenn die Wolken sich ein wenig lichteten und die Sonne für kurze Augenblicke durchbrach, ging ein eifriges Starten los. Eine ganze Reihe von Piloten konnte Anschluß finden, segelte 40 bis 80 km weit, kam zurück und versuchte es noch ein zweites oder drittes Mal. Erwin Kraft als Tagesbester landete nach 180 km auf Flugplatz Halle-Nietleben. Schuchardt schaffte sogar einen Zielflug von 148 km zum Segelfluggelände Laucha, so daß er durch den 50%igen Zuschlag für gelungene Zielflüge besser abschnitt als Kraft.

Am *Dienstag, dem 25. 7. 1939,* hatte sich das Wetter noch weiter verschlechtert. Knofe bis Mittag gab den Start erst am frühen Nachmittag frei. Als Flugrichtung wurde die Kurslinie Wasserkuppe–Linz a. d. Donau festgesetzt. Natürlich dachte niemand daran, Linz als Ziel zu erklären, aber Treuter schaffte doch 112 km Strecke, Kraft 88 km und Braeutigam und Schmidt jeder 80 km in der vorgeschriebenen Richtung. Am Abend dieses Tages sah die Wertung wie folgt aus: Klasse A (Einsitzer) – Treuter, Kraft, Braeutigam, Schmidt, Schuchardt, Haase. Klasse B (Doppelsitzer) – Budzinski/Leuber, Kühnold/Schröder.

Links: **Ehrenhalle der Flieger.** – Rechts: **Fliegerdenkmal am Westhang, von Bildhauer Gaul und Architekt Moßner, München.**

Meldeliste

Rhön-Segelflug-Wettbewerb 1939 (20. Rhön).

Wettbew. Nr.	Bewerber	Segelflugzeugführer	Segelflugzeug Muster	Kennzeich.
Klasse A: Einsitzer				
1	NSFK.-Gr. 1	NSFK.-Mann Pomper	Rheinland	D-1-337
2	„ 2	„ Rottenf. Baumann	Mü 13 d	D-2-382
3	„ 2	„ Truppf. Fick	Reiher	D-7-261
4	„ 3	„ Obersturmf. Huth	Reiher III	D-3-407
5	„ 4	„ Sturmf. Hofmann	Weihe	D-4-772
6	„ 4	„ Sturmf. Heinemann	Reiher III	D-4-800
7	„ 4	„ Sturmf. Haase	Condor III	D-4-891
8	„ 6	„ Obertruppf. Sauerbier	Mü 13 d	D-6-684
9	„ 6	„ Obersturmf. Ziller	Weihe	D-6-
10	„ 7	„ Hauptsturmf. Bräutigam	Condor III	D-7-334
11	„ 7	„ Hauptsturmf. Ludwig	Mü 13 d	D-7-331
12	„ 8	„ Sturmf. Treuter	Weihe	D-
13	„ 9	„ Obertruppf. Reukauf	Weihe	D-9-575
14	„ 9	„ Truppf. Boy	Mü 13 d	D-9-524
15	„ 10	„ Obertruppf. Bock	Mü 13 d	D-10-837
16	„ 10	„ Truppf. Henning	Minimoa 38	D-10-895
17	„ 11	„ Obersturmf. Opitz	Weihe	D-11-875
18	„ 11	„ Mann Schubert	Minimoa 38	D-11-850
19	„ 12	„ Mann Urban	Rheinland	D-12-352
20	„ 13	„ Sturmf. Habicht	Mü 13 d	D-13-429
21	„ 14	„ Mann von Treuberg	Weihe	D-14-
22	„ 15	„ Obersturmf. Beck	Minimoa 39	D-15-1122
23	„ 15	„ Sturmf. Kraft	Reiher III	D-15-1037
24	„ 15	„ Truppf. Bauer	Mü 13 d	D-15-1091
25	„ 16	„ Obersturmf. Schmidt	Condor III	D-
26	„ 16	„ Truppf. Hauck	Minimoa 38	D-15-1089
27	„ 17	„ Truppf. Fiedler	Mü 13 b	
28	NSFK-Gr. Lufthansa	„ Mann Bender	Mü 13 d	D-4-665
29	DFS.	Segelflugzeugf. Schieferstein	Reiher III	D-11-233
30	„	„ Späte	Reiher V 2	D-11-167
31	Luftwaffe	Oberltn. Flakowski	Horten III b	D-4-683
32	„	Oberfeldw. Geitner	Horten III b	D-4-687
33	„	Uffz. Scheidhauer	Horten III b	D-4-681
34	„	Gefr. d. Res. Peter	Horten III b	D-4-682
35	„	Ltn. Mössinger	Minimoa 38	D-1-345
36	„	Flieger Karch	Mü 17 V 2	D-14-252
37	D. V. L.	Segelflugzeugf. Schuchardt	B 6-Berlin	D-4-635
38	„	„ Wenzel	B 8-Berlin	D-4-694
39	„	„ Ebert	Gö 2-Göttingen	D-9-539
40	„	„ Flinsch	Mü 17 V 2-Darmstadt	D-14-251
41	„	„ Engel	C 11-Chemnitz	D-7-237
42	„	„ Wende	FVA 13-Darmstadt	D-12-403
Klasse B: Doppelsitzer:				
44	NSFK.-Gr. 1	NSFK.-Sturmf. Bödecker	Kranich	D-1-33
		„ Obertruppf. Zander		
45	„ 3	„ Sturmf. Güssefeld	„	D-3-292
		„ Oberscharf. Torke		
46	„ 4	„ Hauptsturmf. Vergens	„	D-4-879
		„ Mann Malchow		
47	„ 6	„ Truppf. Widlok	„	D-6-452
		Uffz. Noske		
48	„ 7	„ Sturmf. Kühnold	„	D-7-452
		„ Rottenf. Schröder		
49	„ 8	„ Sturmf. Budzinski	„	D-11-201
		„ Truppf. Leuber		

Wettbew. Nr.	Bewerber	Segelflugzeugführer	Segelflugzeug Muster	Kennzeich.
50	NSFK.-Gr. 10	NSFK.-Obersturmf. Fulda	Kranich	D-10-924
		„ J.G. Krämer		
51	„ 11	„ Sturmf. Erb	„	D-11-181
		„ Rottenf. v. Malapert		
52	„ 12	„ Mann Tuliszka	„	D-12-408
		„ Scharf. Ruhbrauk		
53	„ 13	„ Truppf. Deeg	„	D-13-41
		„ Oberscharf. Krämer		
54	„ 14	„ Sturmf. Romeis	„	D-14-425
		„ Truppf. Schäffler		
55	„ 15	„ Truppf. Knöpfle	„	D-15-1036
		„ Sturmf. Boecker		
56	„ 17	„ Truppf. Kahlbacher	„	D-17-313
		„ Mann Kaleta		
	NSFK.-Gr.	„ Mann Bayer	„	D-4-696
57	Lufthansa	„ Mann Specht		
58	Luftwaffe	Obergefr. Mudin	„	D-4-622
		Obergefr. Deleurant		
59	„	Major Stein	„	D-8-154
		NSFK.-Mann Fröhlich		
60	„	Gefr. Abel	„	D-11-132
		Feldwebel Hübner		
61	„	Feldwebel Lander	„	D-11-163
		Obergefr. Oberschachtsiek		

Punktwertung der Streckenflüge

35. Die Ermittlung der Punktzahlen in den einzelnen Wertungsgruppen erfolgt nach folgenden Wertungsarten:

I. Streckenflüge.

Die Berechnung der Punktzahl erfolgt nach der Formel

$$\text{Punktzahl} = (\text{km} - \text{M}) \cdot \text{F}$$

In dieser Formel bedeutet km die Entfernung in km, M ist die zu erfliegende Mindeststrecke und F der Tagesfaktor. Mindeststrecke und Tagesfaktor richten sich nach den Bestleistungen des Tages. Sie ergeben sich aus der mittleren Streckenleistung der fünf größten Streckenleistungen des Tages (Summe der fünf größten Streckenleistungen dividiert durch fünf), nach folgender Tabelle:

Mindeststrecke M	Tagesfaktor F	mittlere Streckenleistung der Spitzengruppe in km: untere Grenze	obere Grenze
30	2,5	0 km	75 km
35	2,0	75,1 „	100 „
40	1,62	100,1 „	135 „
45	1,35	135,1 „	180 „
50	1,1	180,1 „	255 „
55	0,9	255,1 „	400 „
60	0,75	400,1 „	— „

Liegt die mittlere Streckenleistung weniger als 5% über der unteren Grenze, so wird der Tagesfaktor aus dem Mittelwert der sechs besten Streckenleistungen ermittelt.

Aufwertung von Weitstreckenflügen.

Bei allen Streckenflügen über 300 km Strecke wird dem Segelflugzeugführer für seinen Ausfall an dem darauffolgenden Wettbewerbstag eine Punktaufwertung zugeteilt. Diese ist gleich der mittleren Punktzahl aus der Punktsumme der 20 tagesbesten Segelflugzeuge des Ausfalltages.

Den ganzen *Mittwoch* über, den *26. 7.*, herrschte ›Fliegerwetter‹. Das heißt, Wolkennebel machte Flugbetrieb unmöglich.

Am *Donnerstag, dem 27. 7.,* verzögerte morgendliche Knofe den Start bis nach 13 Uhr. Die Wettbewerbsleitung hatte Zielflüge in dem Sektor zwischen Wasserkuppe – Linz bis Wasserkuppe – Schwangau bei Füssen angesetzt. Die meisten Piloten wählten das 53 km entfernte Schweinfurt, wo sich zehn Piloten den 50%igen Zuschlag holten. Großes Erstaunen, als Schmidt das von ihm angegebene Ziel Nürnberg – 140 km – erreicht hatte. Kraft und Hofmann waren 123 bzw. 112 km weit gekommen. Jetzt führte Kurt Schmidt in der Wertung.

Freitag, der 28. 7., begann mit strahlender Sonne; die bis beinahe auf Null herabgesunkene Temperatur stieg rasch auf sommerliche Werte. Gegen zehn Uhr begann der Flugbetrieb. Wie am Vortag wurde der Raum Linz – Wasserkuppe – Segelfliegerlager Schwangau für Zielflüge ausgeschrieben. Am Abend waren zehn Maschinen in Regensburg (225 km) und acht in Nürnberg (140 km) gelandet, alles Zielflüge. Die Endwertung zeigte die Reihenfolge Schmidt, Kraft, Treuter, Braeutigam und Schuchardt. Bei den Zweisitzern führte noch immer Budzinski/Leuber, bei den Nachwuchssegelfliegern Esau.

Samstag, der 29. 7., brachte Hochbetrieb: 19 Flüge zwischen 200 und 300 km, alle in östlicher Richtung. Beck, Kraft und Graf v. Treuberg schafften Zielflüge von 278 km nach Dresden-Flughafen. Ludwig landete kurz davor. Schmidt hatte ›nur‹ 198 km erreicht. Erwin Kraft rückte bis auf 14 und Treuter bis auf 21 Punkte an Schmidt heran. Durch einen 236 km-Streckenflug übernahmen Kühnold und Schröder in der Doppelsitzerklasse die Führung, um sie mit einer einzigen Unterbrechung nicht mehr abzugeben. Mehr als 10 000 km Strecke wurden an diesem Tag geflogen.

Bei herrlichstem Sonnenschein brachte der *Sonntag, 30. 7.,* gegen 25 000 Besucher zur Kuppe. Die Tagesausschreibung lautete: Richtungsstreckenflug Linie zum Flughafen Berlin-Tempelhof. Ernst Udet, inzwischen zum Generalleutnant befördert, schaute zu, wie die lautlosen Segler bei Blauthermik in Richtung Nord-Osten überland gingen. Heinz Huth, Hamburg, wurde Tagesbester mit 245 km, mit Ludwig Hofmann als zweitem, 236 km weit entfernt bei Magdeburg. Braeutigam, Flinsch und Schmidt schafften es bis Zerbst, Elbe: 230 km, während Kraft schon nach 135 km hatte landen müssen. Beim ersten Abflug war er auf der ›Märchenwiese‹ bei Tränkhof gelandet, wie auch andere, und dann von dort mit Flugzeugschlepp abgeflogen. So behielt Schmidt die Führung vor Kraft und Treuter. In der Zweisitzerklasse waren Romeis/Prestele auf den 2. Platz aufgerückt. Urban führte im Nachwuchsfliegerwettbewerb.

Am *Montag, dem 31. 7.,* morgens, ging ein Gewitter über der Wasserkuppe nieder, worauf Nebel folgte. Erst von Mittag ab war Flugbetrieb möglich, doch erschwert durch die Feuchtigkeit von Boden und Luft, was zu niedriger Wolkenbasis führte. Tagesbester war Fick, Stettin, mit 219 km zum Flugplatz Dessau, gefolgt von Huth, Ludwig und Haase, die 207, 201 und 199 km geschafft hatten. Kraft hatte nach 194 km und Schmidt nach nur 126 km landen müssen. Wertung bei Tagesende – Klasse A: Schmidt; Klasse B: Kühnold/Schröder; Nachwuchssegelflieger: Päsold.

Am *Dienstag, dem 1. 8.,* wurde Jörg Schuchardt, FFG Berlin, Tagesbester mit einem 361 km-Flug nach Görlitz. Kurt Schmidt mußte wenige Kilometer vor seinem erklärten Ziel Görlitz landen, und verlor dadurch seinen führenden Platz in der Klasse A an Erwin Kraft, der zusammen mit Wolfgang Späte das 324 km entfernte Bautzen als Ziel gewählt und erreicht hatte. Flinsch, Haase, Hofmann und Huth machten jeder den 278 km langen Zielflug nach Dresden. Am Abend dieses Tages war Kraft in der Einsitzerklasse in Führung, vor Schmidt.

Am Tag darauf, am 2. 8., konnte Kraft seinen Vorsprung weiter verbessern, indem er sein 361 km entferntes Ziel Görlitz erreichte, was außer ihm noch Braeutigam, Fick und Haase gelang. Graf v. Treuberg

Ausgabe **LUFTWELT**

Herausgegeben unter der Mitwirkung des Reichsluftfahrtministeriums. Schriftleitung Dr. Peter Supf. Nachdruck nur mit Genehmigung der Schriftleitung. Für unverlangte Niederschriften keine Gewähr. NSFK-Angehörige und -Förderer erhalten diese Zeitschrift kostenlos.

Jahr 6 Nr 9 Seite 271/304 Berlin, September 1939

Blick auf den Startplatz der 20. Rhön

Oben links: **Aufreihen am Fußweg zum Startplatz Berggasthof. Der Gedenkstein für die Darmstädter Schüler von 1911 bis 1913 ist ganz links oben sichtbar. –** Rechts: **Blick auf den Startplatz der 20. Rhön.** (Reproduktion der ersten Seite der Zeitschrift »Luftwelt«.)

Startplatz am Berggasthof.

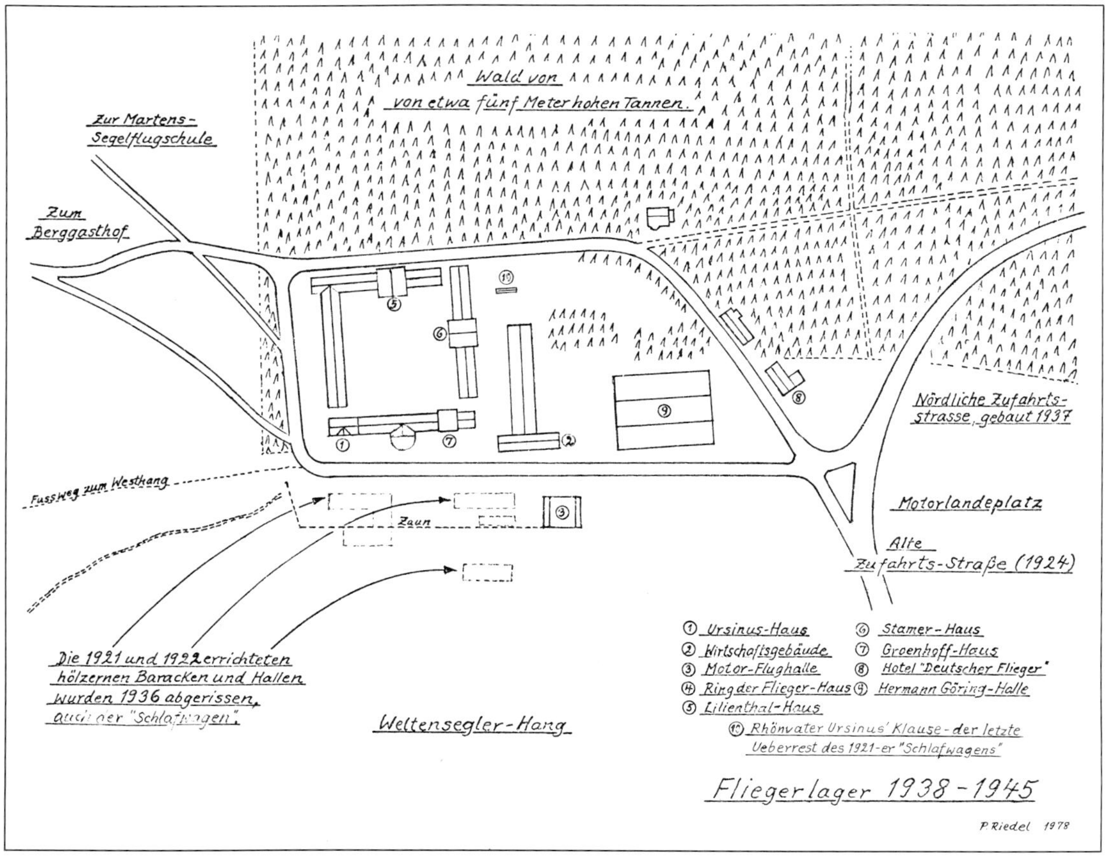

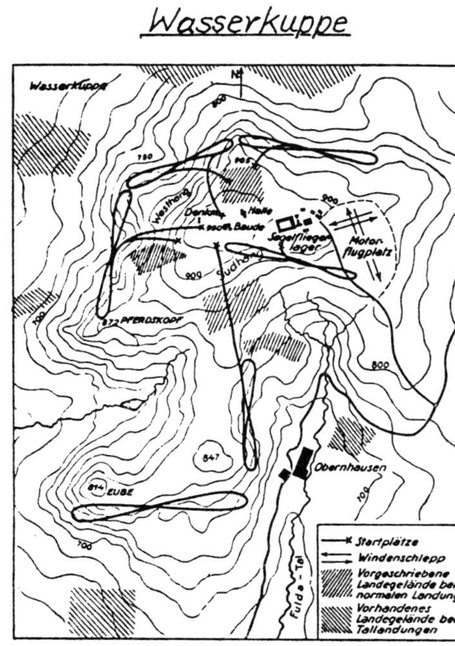

flog an diesem Tag die längste Strecke des 1939er Rhönwettbewerbs: 392 km bis Greiffenberg in Schlesien. Späte war Zweitbester des Tages mit 365 km bis Reichenberg. Kurt Schmidt mit 222 km nach Zschopau war 257 Punkte hinter Kraft zurückgefallen, lag aber doch noch vor Braeutigam, Haase und Treuter. In Klasse B führten jetzt Romeis/Prestele, während Päsold bei den Jungsegelfliegern der erste blieb.

Am *Donnerstag, dem 3. 8.,* holte Schmidt als Tagesbester bei einer als schwierig bezeichneten Wetterlage erheblich auf, indem er sein 222 km entferntes Ziel Magdeburg-Ost erreichte. Nur noch 56 Punkte war Kraft bei Tagesende voraus, denn er hatte wenige Kilometer vor seinem Ziel Magdeburg-Ost landen müssen. Ludwig Hofmann und Wolfgang Späte hatten ebenfalls Magdeburg erreicht. Haase und Treuter waren im Zielflug 190 km bis Schkeuditz gekommen, dem Flughafen Halle/Leipzig. Fiedler, Huth und Ludwig hatten ihr 148 km weit entferntes Ziel, das Segelfluggelände Laucha an der Unstrut, erreicht.

Am *Freitag, dem 4. 8.,* wurde eine schwierige Aufgabe gestellt. Sämtlichen Teilnehmern des Leistungswettbewerbs, Klasse A und B, wurde die 164 km entfernte Reichssegelflugschule Ith bei Hannover als Ziel vorgeschrieben. Von dort sollten sie, falls möglich, zur Wasserkuppe zurückkehren. Diese zweite Aufgabe gelang keinem, doch Kurt Schmidt schaffte es zurück bis in die Nähe von Göttingen: 164 km hin plus 49 km zurück = 213 km, wieder die beste Tagesleistung. Treuter, Hofmann, Fiedler, Flinsch, Kraft und Späte landeten auf dem Rückweg zwischen 26 und 46 km vom Ith entfernt. Bauer, Beck, Haase, Karch, Ludwig, Schuchardt, v. Treuberg und Ziller hatten wenigstens das Umkehrziel, den Ith, erreicht.

Von den Zweisitzern landeten nur Abel/Phrenn auf dem Ith.

Für die Nachwuchsflieger hatte man an diesem Tag einen Dreiecksflug Wasserkuppe–Milseburg–Edersburg–Wasserkuppe ausgeschrieben. Von den 12 Nachwuchspiloten schaffte es nur der an 2. Stelle liegende Urban.

Hornberg

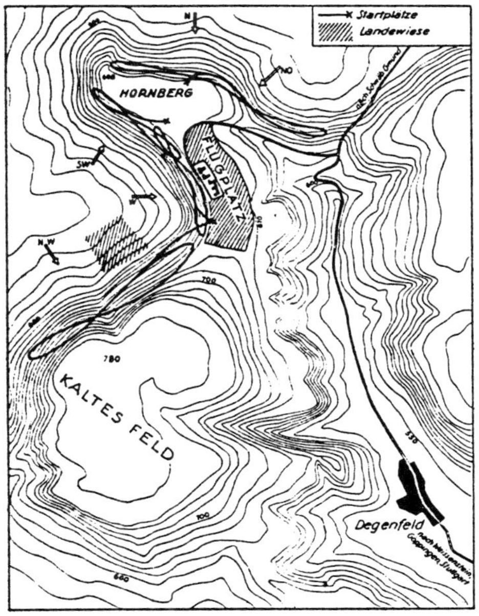

Grunau - Schlesien

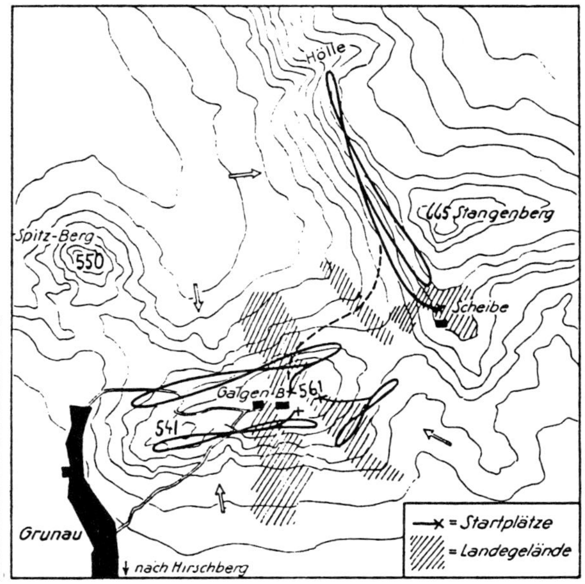

Am *Sonnabend, dem 5. August 1939,* ging der 20. Rhönwettbewerb zu Ende. 19 Flüge der besten Segelflieger hatten nach kurzer Zeit zur Landung auf dem Tränkhofer Ausweichplatz geführt. Eine hohe Wolkendecke zusammen mit Windstille waren der Grund dazu. Am Sonntagnachmittag verteilte dann General der Flieger Christiansen als Chef des NSFK die Preise:

Klasse A:	1. Erwin Kraft (Schwaben) 2550,25 Punkte auf Reiher III V2.
	2. Kurt Schmidt (Südwest) 2533,75 Punkte auf Condor III.
	3. Karl Treuter (Mitte) 2331,25 Punkte auf Weihe.
	4. Ernst-Günter Haase (Berlin) 2295,0 Punkte auf Condor III.
Klasse B:	1. Kühnold/Schröder (Mitte) 1105,0 Punkte auf Kranich.
	2. Romeis/Prestele (Bayern Süd) 995,0 Punkte, wie oben.
	3. Mudin/Deleurant (Luftwaffe) 705,0 Punkte, wie oben.
Klasse N-Nachwuchsflieger:	1. Päsold (Sudetenland) 527 Punkte auf Mü-13d.
	2. Urban (Ost) 445 Punkte, wie oben.
	3. Hannoschöck (Nord) 434 Punkte, wie oben.

Mit 1257 Starts wurden 597 Streckenflüge ausgeführt, davon waren 99 Zielflüge mit 16 881 km Gesamtstrecke, also einem Durchschnitt von 170,5 km. Die Gesamtstrecke aller Überlandflüge war 74 532 km, was einer Durchschnittsleistung von fast 125 km pro Flug entspricht. Auch die Transportmannschaften müssen mit 320 000 km Gesamtkilometer erwähnt werden.

☆

Links: **Kurz vorm Abflug einer Mü 13d.** – Rechts: **Bernhard Flinsch auf Mü 17 D-14-251.**

Rhön-Segelflug-Wettbewerb 1939 des NS.-Fliegerkorps (20. Rhön).

Wertungsliste.

Klasse A

Lfd. Nr.	Bewerber	Flugzeugführer	Wettb. Nr.	Flgzg.-muster	erflogene Punkte	Flug-km
1	NSFK.-Gr. 15	NSFK.-Sturmf. Kraft	23	Reiher III	2550,2	2521
2	NSFK.-Gr. 16	NSFK.-Ostuf. Schmidt	25	Condor III	2533,7	2346
3	NSFK.-Gr. 8	NSFK.-Stuf. Treuter	12	Weihe	2331,2	2898
4	NSFK.-Gr. 4	NSFK.-Stuf. Haase	7	Condor III	2295,0	2073
5	NSFK.-Gr. 7	NSFK.-Hstuf. Braeutigam	10	Condor III	2256,7	2232
6	NSFK.-Gr. 4	NSFK.-Stuf. Hofmann	5	Weihe	2185,0	2262
7	DVL.	Segelflgzf. Schuchardt	37	B 6	2175,5	1814
8	NSFK.-Gr. 14	NSFK.-Mann v. Treuberg	21	Weihe	2168,2	2191
9	DFS.	Segelflgzf. Späte	30	Reiher V 2	2094,5	2034
10	DVL.	Segelflgzf. Flinsch	40	Mü 17	2057,0	1637
11	NSFK.-Gr. 11	NSFK.-Ostuf. Opitz	17	Weihe	2037,2	1702
12	NSFK.-Gr. 3	NSFK.-Ostuf. Huth	4	Reiher III	1983,0	2134
13	NSFK.-Gr. 7	NSFK.-Hptstuf. Ludwig	11	Mü 13 d	1941,7	1993
14	NSFK.-Gr. 15	NSFK.-Ostuf. Beck	22	Mü 13 d	1781,5	2003
15	NSFK.-Gr. 15	NSFK.-Truppf. Bauer	24	Mü 13 d	1745,0	1736
16	NSFK.-Gr. 2	NSFK.-Truppf. Fick	3	Reiher	1571,7	1460
17	NSFK.-Gr. 9	NSFK.-Otruppf. Müller	13	Weihe	1515,5	1612
18	NSFK.-Gr. 13	NSFK.-Stuf. Habicht	20	Mü 13	1284,0	1501
19	NSFK.-Gr. 4	NSFK.-Stuf. Heinemann	6	Reiher III	1134,7	1542
20	NSFK.-Gr. 6	NSFK.-Otruppf. Sauerbier	8	Mü 13 d	996,5	1201
21	NSFK.-Gr. 17	NSFK.-Truppf. Fiedler	27	Mü 13 d	984,7	1357
22	Luftwaffe	Uoffz. Scheidhauer	35	Horten 3 b	956,2	942
23	Luftwaffe	Flieger Karch	36	Mü 17	900,0	1066
24	DVL.	Segelflgzf. Engel	41	C 11	842,7	1054
25	NSFK.-Gr. 6	NSFK.-Ostuf. Ziller	9	Weihe	832,5	976
26	NSFK.-Gr. 11	NSFK.-Mann Schubert	18	Minimoa 38	826,5	1084
27	DVL.	Segelflgzf. Mende	42	FVA 13	737,2	1148
28	NSFK.-Gr. 2	NSFK.-Rottf. Baumann	2	Mü 13 d	590,0	943
29	NSFK.-Gr. 1	NSFK.-Otruppf. Philipp	1	Rheinland	569,5	918
30	Luftwaffe	Ltn. Mössinger	35	Minimoa 38	542,0	896
31	NSFK.-Gr. 9	NSFK.-Truppf. Boy	14	Mü 13 d	503,7	1015
32	DVL.	Segelflgzf. Wenzel	38	B 8	489,0	680
33	Luftwaffe	Obltn. Flakowski	31	Horten 3 b	455,5	699
34	NSFK.-Gr. 16	NSFK.-Truppf. Hauck	26	Minimoa 38	428,2	598
35	NSFK.-Gr. 12	NSFK.-Oschf. Meier z. Bent.	19	Rheinland	415,0	633
36	NSFK.-Gr. 10	NSFK.-Otruppf. Bock	15	Mü 13	362,0	776
37	Lufthansa	NSFK.-Mann Bender	28	Mü 13 d	179,5	417
38	DVL.	Segelflgzf. Ebert	39	Gö 2	161,5	399
39	NSFK.-Gr. 10	NSFK.-Truppf. Henning	16	Minimoa 38	79,0	299
40	Luftwaffe	Gefr. d. R. Peter	34	Horten 3 b	61,5	257
41	Luftwaffe	Ofeldwebel Geitner	32	Horten 3 b	46,0	226

Nr. 1— 3 goldene Plakette, außerdem Nr. 3 silberne Plakette für zweitgrößte Höhe 5625 m;

Nr. 4— 8 silberne Plakette, außerdem Nr. 4 goldene Plakette als Sonderpreis für größte Zielflugstrecke 1268 km;

Nr. 9—20 bronzene Plakette und außerdem Nr. 16 goldene Plakette für größte Höhe 5790 m.

Klasse B

Lfd. Nr.	Bewerber	Flugzeugführer	Wettb. Nr.	Flgzg.-muster	erflogene Punkte	Flug-km
1	NSFK.-Gr. 7	NSFK.-Sturmf. Kühnold / NSFK.-Rottf. Schröder	48	Kranich	1105,0	1260
2	NSFK.-Gr. 14	NSFK.-Sturmf. Romeis / NSFK.-Truppf. Prestele	54	Kranich	995,0	1226
3	Luftwaffe	Ogefr. Mudin / Ogefr. Delcurant	58	Kranich	705,0	956
4	NSFK.-Gr. 4	NSFK.-Hptstuf. Vergens / NSFK.-Mann Malchow	46	Kranich	639,5	1223
5	NSFK.-Gr. 12	NSFK.-Mann Tuliszka / NSFK.-Scharf. Rubrauk	52	Kranich	594,0	894
6	NSFK.-Gr. 8	NSFK.-Sturmf. Budzinski / NSFK.-Truppf. Leuber	49	Kranich	587,0	921
7	NSFK.-Gr. 10	NSFK.-Ostuf. Fulda / NSFK.-Jg. Krämer	50	Kranich	420,0	760
8	NSFK.-Gr. 15	NSFK.-Truppf. Knöpfle / NSFK.-Sturmf. Böcker	55	Kranich	325,7	813
9	NSFK.-Gr. 13	NSFK.-Truppf. Deeg / NSFK.-Oscharf. Krämer	53	Kranich	322,0	807
10	NSFK.-Gr. 1	NSFK.-Sturmf. Bödecker / NSFK.-Otruppf. Zander	44	Kranich	315,0	755
11	Luftwaffe	Gefr. Abel / Feldw. Hübner	60	Kranich	290,0	575
12	NSFK.-Gr. 3	NSFK.-Sturmf. Güssefeld / NSFK.-Oscharf. Torke	45	Kranich	217,0	646
13	NSFK.-Gr. 17	NSFK.-Truppf. Kahlbacher / NSFK.-Mann Kaleta	56	Kranich	150,0	530
14	NSFK.-Gr. 6	NSFK.-Truppf. Widlok / Uoffz. Noske	47	Kranich	108,0	435
15	NSFK.-Gr. 11	NSFK.-Sturmf. Erb / NSFK.-Rottf. v. Malapert	51	Kranich	39,0	230
16	Luftwaffe	Feldw. Landers / Obgefr. Oberschachtsiek	61	Kranich	39,0	226
17	Lufthansa	NSFK.-Mann Bayer / NSFK.-Mann Specht	57	Kranich	12,0	225
18	Luftwaffe	Major Stein / NSFK.-Mann Fröhlich	59	Kranich	—	263

Segelflug-Wettbewerb der Nachwuchsflieger.

Lfd. Nr.	Bewerber	Flugzeugführer	Wettb. Nr.	Flgzg.-muster	erflogene Punkte	Flug-km
1	NSFK.-Gr. 13	NSFK.-Rottf. Päsold	J	Mü 13 d	527	893
2	NSFK.-Gr. 12	NSFK.-Mann Urban	H	Mü 13d	445	806
3	NSFK.-Gr. 3	NSFK.-Oscharf. Hannoschöck	C	Mü 13 d	434	757
4	NSFK.-Gr. 14	NSFK.-Truppf. Bauer	K	Mü 13d	314	552
5	NSFK.-Gr. 8	NSFK.-Anwärt. Esau	E	Rhönadler	300	755
6	NSFK.-Gr. 4	NSFK.-Truppf. Kober	D	Mü 13 d	236	672
7	NSFK.-Gr. 2	NSFK.-Truppf. Sosniers	B	Mü 13 d	153	557
8	NSFK.-Gr. 1	NSFK.-Scharf. Steinmann	A	Mü 13 d	144	386
9	NSFK.-Gr. 11	NSFK.-Mann Lippmann	G	Mü 13 d	101	468
10	NSFK.-Gr. 17	NSFK.-Mann Zanko	M	Minimoa	62	307
11	NSFK.-Gr. 10	NSFK.-Truppf. Altmayer	F	Minimoa 38	61	244
12	NSFK.-Gr. 16	NSFK.-Mann Zechin	L	Minimoa 38	0	93

Gesamtergebnis.

Erflogene Gesamt-Kilometer 74 532 km.
Erflogene Gesamt-Zielflug-Kilometer 16 181 km.
Gesamt-Startzahl 1257,
davon: Gummiseilstart 627, Flugzeugschlepp 630.

Gesamt-Flugzeit 2150 Stunden.

Größte Strecke v. Treuberg 392 km nach Greiffenberg (Schles.).

Größte Zielstrecke Wettbew.-Nr. 3, 7, 10, 17, 23, 37: 361 km nach Görlitz.

Größte Höhe über NN: Fick 5790 m.

Anzahl der Zielflüge 99, und zwar: Görlitz 361 km 6, Bautzen 324 km 1, Welzow 320 km 1, Dresden 278 km 4, Regensburg 225 km 10, Magdeburg 213 km 2, Chemnitz 211 km 13, Halle-Leipzig 190 km 2, Halle-Nietleben 180 km 1, Zwickau 180 km 2, Ith 164 km 13, Laucha 148 km 4, Nürnberg 140 11, Frankenhausen 124 km 2, Saalfeld 100 km 1, Erfurt 97 km 14, Schweinfurt 54 km 12.

Gesamt-Fahrkilometer: 312 000 km.

Anzahl der Flüge über: 350 km 11, 300 km 12, 250 km 21, 200 km 75.

Anzahl der Zielflüge über: 350 km 6, 300 km 2, 250 km 4, 200 km 25, 150 km 18, 100 km 18, 50 km 26.

Anzahl der Höhenflüge mit Höhe über NN: über 5500 m 2, über 5000 m 1, über 4500 m 3, über 4000 m 3, über 3500 m 10, über 3000 m 31.

Rhön-Segelflugwettbewerb 1939

Tagesbeste im Streckenfluge-Einsitzer.

	Sonntag 23.7.39	Montag 24.7.39	Dienstag 25.7.39	Donnerstag 27.7.39	Freitag 28.7.39	Samstag 29.7.39	Sonntag 30.7.39	Montag 31.7.39	Dienstag 1.8.39	Mittwoch 2.8.39	Donnerstag 3.8.39	Freitag 4.8.39
1	v.Treuberg 360 Km 1080 m	Kraft 180 Km 2280 m	Treuter 112 Km 2500 m	Schmidt 140 Km 2140 m	v.Treuberg 297 Km 2830 m	Kraft 278 Km 1285 m	Huth 241 Km 1180 m	Fick 219 Km 860 m	Schuchardt 361 Km 2590 m	v.Treuberg × 392 Km 3965 m	Schmidt 222 Km 2045 m	Schmidt 220 Km —
2	Treuter 332 Km 1900 m	Schuchardt 148 Km 3220 m	Kraft 88 Km 980 m	Kraft 123 Km 980 m	Braeutigam 282 Km 2210 m	Beck 278 Km 1385 m	Hofmann 236 Km 1129 m	Huth 207 Km 1720 m	Schmidt 353 Km 2730 m	Späte 365 Km 4120 m	Hofmann 213 Km —	Treuter 210 Km —
3	Schmidt 331 Km 1980 m	Habicht 127 Km 1810 m	Braeutigam 80 Km 1970 m	Hofmann 112 Km 780 m	Bauer 276 Km 2630 m	v.Treuberg 278 Km 1090 m	Braeutigam 230 Km 1020 m	Ludwig 201 Km 1070 m	Treuter 344 Km 1850 m	Fick ×× 361 Km 5790 m	Späte 213 Km 1395 m	Hofmann 203 Km —
4	Braeutigam 321 Km 1340 m	Ziller 120 Km 1530 m	Schmidt 80 Km —	Schuchardt 99 Km 1755 m	Kraft 225 Km 1390 m	Ludwig 278 Km 1080 m	Flinsch 230 Km 1320 m	Haase 199 Km 920 m	Kraft 324 Km 1570 m	Kraft 361 Km 3185 m	Kraft 207 Km 1090 m	Flinsch 196 Km —
5	Huth 320 Km 2030 m	Scheidhauer 112 Km 790 m	Fiedler 60 Km	Braeutigam 94 Km 1800 m	Flinsch 225 Km 2410 m	Flinsch 250 Km 1040 m	Schmidt 230 Km 890 m	Kraft 194 Km 950 m	Späte 324 Km 2630 m	Braeutigam 361 Km 2780 m	Haase 190 Km 1060 m	Kraft 196 Km —
6	Beck 320 Km 850 m	Hofmann 109 Km 1060 m	Beck 57 Km 630 m	Schubert 93 Km 1300 m	Schmidt 225 Km 2370 m	Huth 245 Km 1130 m	Schuchardt 219 Km 980 m	Braeutigam 183 Km 1540 m	Müller 292 Km 3060 m	Haase 361 Km 2025 m	Treuter 190 Km 1470 m	Späte 190 Km —
7	Fick 297 Km 1080 m	Bauer, Beck, Huth, Ludwig, Müller, Opitz, Treuter: 97 Km Zielflug n. Erfurt-Nord	Zehn Piloten machten einen 54 Km Zielflug n. Schweinfurt	Baumann 67 Km 610 m	Huth 225 Km 2100 m	Späte 244 Km 1330 m	Ludwig 219 Km 1220 m	Beck 174 Km 840 m	Flinsch, Haase, Hofmann, Huth 292 Km Zielflug nach Dresden	Scheidhauer 332 Km 3060 m	Fiedler, Huth und Ludwig: 148 Km Zielflug nach Laucha	Bauer, Beck, Karch Ludwig, Schuchardt, v.Treuberg, Ziller: 164 Km Zielflug zum Ith

× Graf v. Treuberg machte den längsten Streckenflug (392 Km) des Wettbewerbs.
×× Fick erreichte die größte Höhe (5790 m über N.N.) des Wettbewerbs.

Tagesbeste im Streckenfluge-Zweisitzer.

	Sonntag 23.7.39	Montag 24.7.39	Dienstag 25.7.39	Donnerstag 27.7.39	Freitag 28.7.39	Samstag 29.7.39	Sonntag 30.7.39	Montag 31.7.39	Dienstag 1.8.39	Mittwoch 2.8.39	Donnerstag 3.8.39	Freitag 4.8.39
1	Budzinski-Leuber 139 Km	Tuliszka-Ruhbrauk 120 Km	Fulda-Krämer 42 Km	Mudin-Deleurant 54 Km	Romeis-Prestele 140 Km	Vergens-Malchow 253 Km	Güssefeld Torke 93 Km	Mudin-Deleurant 152 Km	Kühnold-Schröder 340 Km	Tuliszka-Ruhbrauk 272 Km	Mudin-Deleurant, Romeis-Prestele, Knöpfle-Boecker: 97 Km Zielflug	Abel Phrenn 164 Km
2	Deeg-Krämer 135 Km	Budzinski-Leuber 115 Km	Kühnold-Schröder 42 Km	Tuliszka-Ruhbrauk 42 Km	Mudin-Deleurant 140 Km	Kühnold-Schröder 236 Km	Knöpfle-Boecker 72 Km	Deeg-Krämer 136 Km	Vergens-Malchow 248 Km	Fulda-Krämer, Romeis-Prestele, 211 Km Zielflug nach Chemnitz	Bödeker-Zander 43 Km	Vergens-Malchow, Romeis-Prestele, 134 Km Zielflug nach Uslar
3	Bödeker-Zander 77 Km	Mudin-Deleurant 78 Km	Güssefeld-Torke 31 Km	Deeg-Krämer 32 Km	Kühnold-Schröder 124 Km	Romeis-Prestele 180 Km	Romeis-Prestele 47 Km	Vergens-Malchow 129 Km	Budzinski-Leuber, Romeis-Prestele, Tuliszka-Ruhbrauk 211 Km Zielflug	Bödeker-Zander 166 Km	Güssefeld-Torke 42 Km	Kühnold-Schröder 118 Km
4	Romeis-Prestele 67 Km	Knöpfle-Boecker 75 Km	Vergens-Malchow 31 Km	Widlok-Noske 31 Km	Vergens-Malchow 117 Km	Fulda-Krämer 150 Km	Tuliszka-Ruhbrauk 31 Km	Budzinski-Leuber 110 Km	Mudin-Deleurant 208 Km	Vergens-Malchow 156 Km	Tuliszka-Ruhbrauk 40 Km	Tuliszka-Ruhbrauk, Mudin-Deleurant, 106 Km Zielflug nach Hann. Münden
5	Vergens-Malchow 65 Km	Romeis-Prestele 69 Km	Knöpfle-Boecker 28 Km	Kühnold-Schröder 23 Km	Fulda-Krämer 96 Km	Bödeker-Zander 145 Km	Kahlbacher-Kaleta 30 Km	Kühnold-Schröder 97 Km	Güssefeld-Torke 202 Km	Stein-Fröhlich 149 Km	Deeg-Krämer 27 Km	Deeg-Krämer 94 Km
6	Mudin-Deleurant 64 Km	Kahlbacher-Kaleta 66 Km	Deeg-Krämer 26 Km	Vergens-Malchow 21 Km	Kahlbacher-Kaleta 90 Km	Budzinski-Leuber 140 Km	Bödeker-Zander, Widlok-Noske, Kühnold-Schröder 28 Km Zielflug	Knöpfle-Boecker 80 Km	Deeg Krämer 184 Km	Kühnold-Schröder 89 Km	Kühnold-Schröder 21 Km	Lander-Oberschachtsiek 82 Km

Ergebnisse: 1. Kühnold-Schröder 1105 P. Elbe-Saale 2. Romeis-Prestele 995 P. Bayern-Süd 3. Mudin-Deleurant 705 P. Luftwaffe

Fluggerät: DFS-Kranich für alle Teilnehmer.

Nachwuchsflieger-Wettbewerb.

	Sonntag 23.7.39	Montag 24.7.39	Dienstag 25.7.39	Donnerstag 27.7.39	Freitag 28.7.39	Samstag 29.7.39	Sonntag 30.7.39	Montag 31.7.39	Dienstag 1.8.39	Mittwoch 2.8.39	Donnerstag 3.8.39	Freitag 4.8.39
1	Esau 133 Km	Hannoschöck 118 Km	Bauer 61 Km	Steinmann 67 Km ×	Kober 109 Km ×	Urban 195 Km	Päsold 98 Km	Päsold 140 Km	Hannoschöck 180 Km	Urban 212 Km ×	Urban 47 Km	Keine Strecken-
2	Urban 122 Km	Steinmann 65 Km	Lippmann 46 Km	Kober 67 Km ×	Sosniers 94 Km ×	Päsold 193 Km	Kober 86 Km	Hannoschöck 117 Km	Esau 175 Km	Bauer 211 Km	—	flüge dieser
3	Kober 85 Km	Esau 60 Km	Urban 45 Km	Urban 45 Km	Esau 94 Km ×	Hannoschöck 166 Km	Sosniers 46 Km	Sosniers 115 Km	Päsold 102 Km ×	Päsold 182 Km	Bauer, Kober und Esau	Gruppe
4	Päsold 77 Km	Lippmann 54 Km	Hannoschöck 44 Km	Lippmann 33 Km	Altmayer 85 Km	Sosniers 118 Km	Urban 28 Km	Zanko 108 Km	Lippmann 46 Km	Kober 146 Km	flogen 21 Km nach Kalten-	—
5	Bauer 50 Km	Sosniers 40 Km	Päsold 35 Km	Sosniers 21 Km	Steinmann 79 Km ×	Esau 118 Km	Zanko 25 Km	Steinmann 88 Km	Steinmann 34 Km	Lippmann 136 Km	nordheim, Lippmann	—
6	Zechin 50 Km	Kober 28 Km	Esau 32 Km	—	Päsold 54 Km ×	Bauer 97 Km	—	Esau 54 Km	Kober 33 Km	Hannoschöck 72 Km	20 Km nach Kaltensundheim	—
7	Lippmann 47 Km	—	Kober 30 Km	—	Urban 28 & 45 Km	Altmayer 71 Km	—	Lippmann 34 Km	Bauer 31 Km	Sosniers 68 Km	—	—
8	Hannoschöck 34 Km	—	Sosniers 28 Km	—	Zanko 40 Km	Zanko 48 Km	—	—	Zechin 27 Km	Altmayer 65 Km	—	—

Ergebnisse: 1. Päsold-Sudetenland 527 P. 2. Urban-Niederrhein 445 P. 3. Hannoschöck-Nordwest 434 P.
4. Bauer-Bayern Süd 314 P. 5. Esau-Hannover 300 P. [1. bis 4. auf „Mü 13d". 5. auf „Rhönadler"]
× = Zielflüge Streckenflüge von weniger als 25 Km nicht gezeigt.

Erwin Kraft, Hornberg, Rhönsieger 1939.

Arno Kühnold, mit Begleiter Schröder, Sieger im Zweisitzer 1939.

Ernst-Günter Haase, Berlin, flog mit 1276 km die größte Gesamtstrecke.

Päsold aus dem Sudetenland war Sieger der Nachwuchsmannschaft.

Wolfgang Späte, der Sieger vom Vorjahr, hatte seinen ›Reiher‹ durch Straßenunfall beim Rücktransport verloren und mußte mit einer Ersatzmaschine weiter teilnehmen. Dennoch traf Ludwig Hofmanns Wort »Jeder von uns hatte sein bestes Jahr« zu mit einer einzigen Ausnahme: Kurt Schmidt. Mit welcher einmaligen Energie und Entschlossenheit dieser Meister des Segelfluges weitermachte, auch wenn sein Rivale ihm Hunderte von Punkten voraus war! Und wie er diesen beinahe noch kurz vor Torschluß überholt hätte! 1936 war er der überlegene Sieger gewesen. 1937 war er zurückgefallen; im Zielstrecken-Wanderflug-Wettbewerb Sylt–Breslau sowie im Rhönwettbewerb des Jahres 1938 hatte er jedesmal den 2. Platz belegt und im Wandersegelflugwettbewerb Freiburg–Stettin im Sommer 1939 war er der Sieger geworden. Wenn man diese Gesamtleistungen überblickt und mit denen anderer erfolgreicher Segelflieger jener Zeit vergleicht, dann muß man zu dem Schluß kommen, daß Kurt Schmidt doch der größte Segelflieger der letzten Jahre war.

☆

Am 11. 9. 1939 schrieb Ludwig Karch in Neubiberg einen Bericht, der hier auszugsweise wiedergegeben ist. Karch diente als ›Flieger‹ in der Luftwaffe.

»Das von der Akaflieg Stuttgart entwickelte 49 m-Funkgerät wurde in Stuttgart eingebaut, je eins in die Mü-17 V2 von Flinsch und mir, sowie in unsere Schleppwagen. Die Durchgabe der Meldungen vom Flugzeug zum Schleppwagen klappte gut. Nur in drei Fällen mußte Benachrichtigung durch Telefon mit der Wasserkuppe erfolgen. Jede halbe Stunde durfte der Pilot Funkmeldungen senden, zu einer zugeteilten Minute. Dieses Verfahren bewährte sich auf Entfernungen bis zu 300 km. Auf diese Weise war der Transportwagen etwa 2–3 Stunden nach der Landung am Landeplatz, ein großer Zeitgewinn gegenüber der alten Methode.

Das Wetter des diesjährigen Wettbewerbs war ungünstig, da es zu kalt und sehr feucht war. So kam es, daß in 2500 m NN schon Vereisung eintrat und die Wolkenbasis meist unter 2000 m blieb. Das erforderte dauerndes Blindfliegen und führte infolge der geringen Höhenreserve bei Flauten sehr leicht zur vorzeitigen Landung.

Dank der guten Flugeigenschaften der Mü-17 und trotz meiner geringen Blindflugerfahrung von nur einer Stunde in Segelflugzeugen war Blindflug kein Problem. Bei einem Flug von 3 Stunden Dauer nach Sachsen flog ich ohne Schwierigkeiten 1½ Stunden blind. Unangenehm war die Vereisung, die den Fahrtmesser bald ausfallen ließ. Den Sperry-Horizont konnten wir mit einer Handpumpe in Gang halten. Unsere größte Höhe von 3700 m NN erreichte ich in einer Wolke über dem Thüringer Wald.

Wolkenloses Wetter war für mich besonders schwierig, da ich es fast gar nicht kannte. An solchen Tagen fliegt man am besten mit einem Kameraden zusammen. Leider gelang mir das nur einmal mit Flinsch. Wir flogen bis über Erfurt hinaus zusammen. Ich verlor ihn dann. Eine Funkverbindung gelang uns leider nicht, da wir beide im Funken (Morsen) nicht genügend Ausbildung hatten.

Fliegerisch am unangenehmsten war die Zeit kurz nach dem Start in der Nähe der Waku. Die Starts erfolgten sehr schnell hintereinander – in 15 Minuten 20 Flugzeuge – so daß es oft ein lebensgefährliches Gedränge in der Luft gab. Gleich am ersten Tag hatte ich das Mißgeschick, beim Kreisen über der Eube in 50 m über Grund von einer Mü-13 gerammt zu werden. Der Pilot hatte mich erst im letzten Augenblick vor dem Zusammenstoß gesehen, so daß er nichts mehr dagegen tun konnte. Die Schäden an beiden Maschinen waren nicht so schwer. Sie blieben flugfähig.

In späteren Tagen konnte ich mehrmals nur mit Mühe Zusammenstöße vermeiden. Das lag zum großen

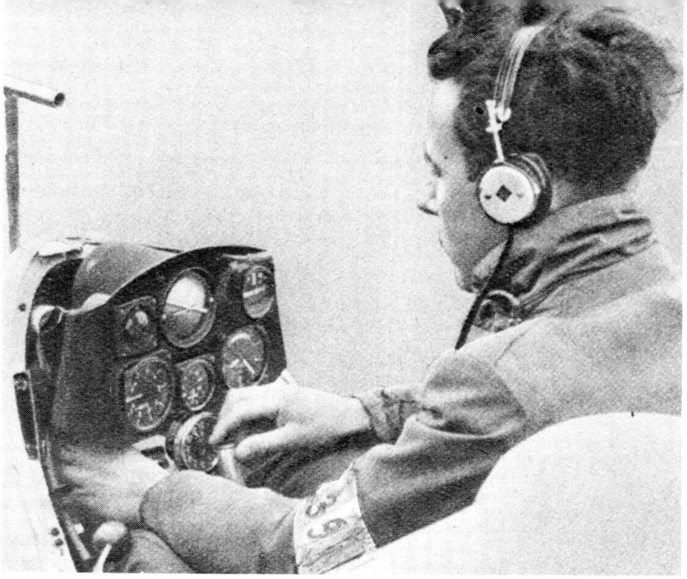

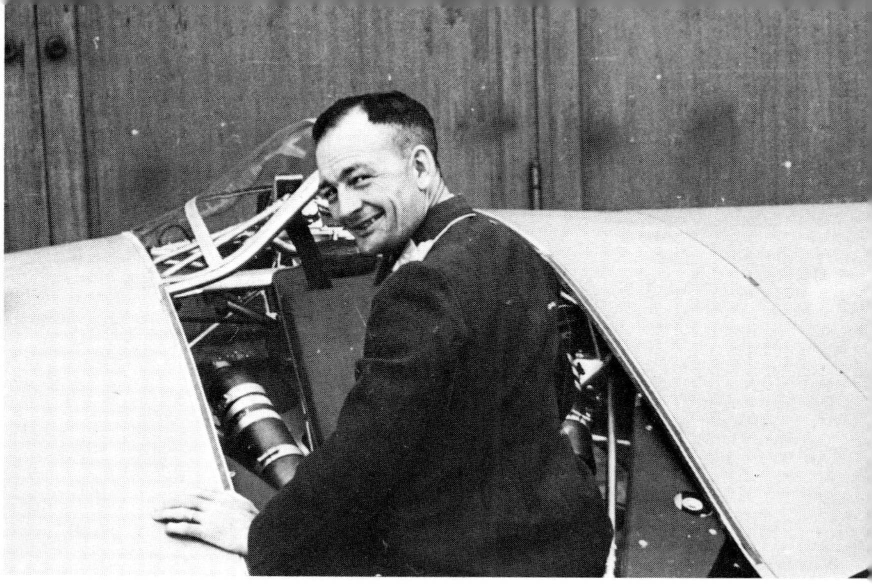

Links: **Fluginstrumente.** Oben: Kompaß, Sperry-Horizont und Wendezeiger. – Mitte: **Variometer, Fahrt- und Höhenmesser.** – Unten: **Schalter für Funkgeräte und Borduhr.** – Rechts: **Oberlt. der Luftwaffe Heinz Scheidhauer auf ›Horten IV‹.**

Teil an der Sturheit einiger Piloten, die sich rücksichtslos in die von anderen Flugzeugen schon besetzten Aufwindgebiete drängten und die anderen zum Nachgeben zwangen.

Sehr zweckmäßig war die Einrichtung des Schleppflugplatzes Tränkhof am Fuße der Wasserkuppe, von dem aus ein erneuter Start im Flugzeugschlepp möglich war. Es lohnte sich daher nicht, allzu lange am Westhang zu ›krebsen‹, da damit meist mehr Zeit verloren ging als mit einem erneuten Start von der ›Märchenwiese.‹

Karch schrieb, daß die Spannweite der Mü-17 von 15 auf 17 m erhöht werden müsse, um das Zusatzgewicht von Instrumentenantrieb und Funkgerät zu verkraften. Danach bot er einige Auszüge aus dem Bordbuch seiner D-14-252 Mü-17:

»1. Tag. 23. 7. 1939: Schwacher Wind aus Süd, gute Thermik, Wolkenbasis in etwa 1800 m NN. Start um 11.25 am Südhang. Zunächst flog ich in Richtung Gersfeld und bog zur Eube ab, wo ich schwache Thermik fand. Ich kreiste dort eine Viertelstunde in wechselnden Höhen. Nach einer Flugzeit von 20 Minuten sah ich eine Mü-13 auf mich zukommen und nahm an, daß der Pilot mich gesehen hätte. Bei der Annäherung kurvte die andere Maschine plötzlich auf mich zu, so daß ich ausweichen mußte. Ich ließ meine Maschine über den Flügel abrutschen, konnte aber einen Zusammenstoß nicht mehr vermeiden. Durch den Anprall kam ich halb in Rückenlage, konnte aber die Maschine wieder aufrichten und glatt auf dem Motorschleppplatz Tränkhof landen.

Bei meiner Mü-17 war die Flügelnase aufgerissen, das linke Querruder im Außenteil abgedreht und die Rumpfuntergurte aus Stahlrohr stark verbogen. Da die Reparatur auf der Kuppe schlecht möglich war, fuhren wir um 16 Uhr nach München, wo wir um 20 Uhr ankamen. Der Rumpf war um 24 Uhr wieder instandgesetzt. Die Holzarbeiten am Flügel konnten bis mittags am nächsten Tag fertiggestellt werden. Die Abfahrt zur Kuppe erfolgte um 16 Uhr. Nur 24 Stunden waren vergangen.«

Karch beschrieb, wie er einmal in der Nähe des Kreuzbergs landen mußte. Zehn Minuten später war die durch FT verständigte Mannschaft zur Stelle, und nach einer Stunde konnte er nochmals starten. Am nächsten Tag wiederholte sich dasselbe, aber diesmal konnte Karch nach weniger als einer Stunde wieder abfliegen.

Flugsport

GEGRÜNDET 1908 u. HERAUSGEGEBEN VON OSKAR URSINUS • CIVIL-ING.

Illustrierte flugtechnische Zeitschrift
und Anzeiger für das gesamte Flugwesen

Brief-Adr.: Redaktion und Verlag „Flugsport", Frankfurt a. M., Hindenburgplatz 8

Bezugspreis für In- und Ausland pro ¼ Jahr bei 14täglichem Erscheinen RM 4.50
Telef.: 34384 — Telegr.-Adresse: Ursinus — Postscheck-Konto Frankfurt (Main) 7701
Zu beziehen durch alle Buchhandlungen, Postanstalten und Verlag
Der Nachdruck unserer Artikel ist, soweit nicht mit „Nachdruck verboten" versehen, nur mit genauer Quellenangabe gestattet.

Nr. 17 16. August 1939 XXXI. Jahrgang

Die nächste Nummer des „Flugsport" erscheint am 30. August 1939

Vorletzte Ausgabe des »Flugsport« vor Ausbruch des 2. Weltkriegs.

1920 bis 1939: Leistungen im Segelfluge.

1920: 1830 m Strecke, 2 Min. 22 Sek. Dauer,
1921: 7,5 km Strecke, 21 Min. Dauer,
1922: 9 km Strecke, 3 Std. 6 Min. Dauer,
1923: 350 m Höhe,
1924: 8 Std. 42 Min. Dauer,
1925: 24,4 km Strecke, 12 Std. 7 Min. Dauer,
1926: 55,2 km Strecke,
1927: 14 Std. 7 Min. Dauer,
1928: 775 m Höhe,
1929: 1209 m Höhe, 72,3 km Strecke,
1930: 2550 m Höhe, 164 km Strecke,
1931: 272 km Strecke,
1933: 36 Std. 35 Min. Dauer,
1934: 4350 m Höhe, 375 km Strecke,
1935: 504 km Strecke durch 4 Piloten, 330 km Zielflug,
1936: 333 km Zielflug, 700 km Wandersegelflug, 4480 m Höhe,
1937: 6malige Alpenüberquerung,
1938: 305 km Zielflug mit Rückkehr, 50 Std. 15 Min. Dauer, 8000 m Höhe,
1939: 9200 m Höhe, 482 km Zielflug, 525 km Strecke, 840 km Zielstreckensegelflug (mit Zwischenlandeplätzen).

Aus Buch: Hubert Zuerl, »Der Segelflug«.

Zum Abschluß noch über Karchs Flug vom 1. 8. 1939:

»Wetterlage Westwind von 30 km/h, Haufenwolken bis in große Höhen, 0-Grad-Grenze in 2500 m NN. Start: 12.35 Westhang.

Nach dem Start ein kleiner Kampf um den Aufwind, bei dem ich schlecht abschnitt. Erst als ich mich aus dem größten Trubel in ruhigere Gegenden verzogen hatte, konnte ich ungestört von Rammversuchen die Wolkenbasis erreichen. Da es hier wieder sehr belebt war, verzichtete ich auf etwas mehr Höhe und nahm Kurs Ost auf. An der Hohen Rhön verschwand ich in den Wolken, in denen ich in einer Höhe von 2500 m NN bis Meiningen flog. Hier bekam ich wieder Sicht und konnte der Waku meinen Standort geben. Dann flog ich wieder blind bis Zella-Mehlis, wo ich unter der Basis ankam.

Ein Doppelsitzer zeigte mir gutes Steigen, und wieder ging es in die Wolke, diesmal bis auf eine Höhe von 3700 m NN. In 3500 m kam ich aus der Wolke nach oben heraus und hatte noch über der Wolke 2 m/sec Steigen. Ich befand mich über einer geschlossenen Wolkendecke. Durch ein Wolkenloch erkannte ich den Flugplatz Schwarza. Bei Schleiz bekam ich an der Autobahn Sicht und konnte nun die nächste Wolke anfliegen. Sie brachte mich auf eine Höhe von 3200 m. Teilweise blind fliegend nahm ich Kurs auf Chemnitz, das ich in 1200 m Höhe überflog. Eine im Osten von Chemnitz stehende Wolke brachte mir nichts ein und ich kam nicht mehr zum Zielflughafen Dresden. Ich landete bei Langenau, 240 km von der Wasserkuppe. Flugzeit: 3 Stunden 10 Minuten. Reisegeschwindigkeit 76 km/h.«

Karch flog insgesamt 1112 km in 28 Stunden 40 Minuten, jedoch der Leistungsdurchschnitt in diesem Wettbewerb war so hoch, daß er mit 900 Punkten auf den 23. Platz kam. Aber der Verfasser hielt diesen Bericht für so interessant, daß er ihn zur Wiedergabe, wenn auch gekürzt, auswählte.

Karchs Bericht macht eins klar: Ein Rhönwettbewerb in der alten, traditionellen Form wäre heute mit den viel schnelleren Kunststoffmaschinen einfach wegen Luftraummangel nicht mehr möglich. Es ist deshalb völlig richtig, wenn heute alle Segelflugwettbewerbe – oder fast alle – von Flugplätzen in der Ebene aus starten.

Die Veranstalter der Rhönwettbewerbe 1920 bis 1939

Jahr	*Veranstalter*	*Quelle-Nachweis*
1920	Verband Deutscher Modell- und Gleitflug-Vereine. Präsidierender Verein Dresden. 1. Vorsitzender: Prof. Dr. Besser	Flugsport 1920 Seite 229
1921	Südwestgruppe des Deutschen Luftfahrer-Verbandes. Dr. h. c. Kotzenberg Verband Deutscher Modell- und Gleitflugvereine. I. A.: Ehrhardt.	Flugsport 1921 Seite 57
1922	Dieselben wie 1921, nur daß Dr. Georgii statt Ehrhardt als Vorsitzender des Deutschen Modell- und Segelflugverbandes unterschrieb.	Flugsport 1922 Seite 68
1923	20. 8. 22 wurde Dr. Kotzenberg der Nachfolger von Ehrhardt. General a. D. Waitz gab auf. Graf Ysenburg mußte übernehmen.	Flugsport 1923
1924	Südwestgruppe des Deutschen Luftfahrtverbandes. Dr. h. c. Kotzenberg Deutscher Modell- und Segelflugverband. Dr. h. c. Kotzenberg	Flugsport 1924 Seite 84
1925	Rhön-Rossitten-Gesellschaft E. V., gez. Dr. Kotzenberg	Flugsport 1925 Seite 107
1926	wie oben	Fl. 1926
1927	wie oben	Fl. 1927, S. 59
1928	wie oben	Fl. 1928, S. 94
1929	wie oben	Fl. 1929, S. 98
1930	wie oben	Fl. 1930, S. 145
1931	wie oben, jedoch gezeichnet von Dr. Kotzenberg und Graf Ysenburg	Fl. 1931, S. 137
1932	»Rhön-Rositten-Gesellschaft« ohne Namensunterschrift.	Flugsport 1932 Seite 118
1933	Februar wie oben	Fl. 1933, S. 105
	Die Rhön-Rossitten-Gesellschaft wurde am 26. 3. 1933 aufgelöst.	Fl. 1933, S. 202
1934	Deutscher Luftsport-Verband mit Genehmigung der obersten Luftsportkommission (OL). Keine Unterschrift.	Fl. 1934 Seite 141
1935	Der Deutsche Luftsport-Verband, gez. Roehre und Loerzer.	Fl. 1935, S. 324
1936	Der Luftsportführer, gez. Mahncke, Oberst.	Fl. 1936, S. 298
1937	20. Januar: Ausschreibung durch den Luftsportführer, gez. Mahnke, Oberst.	Flugsport 1937 Seite 63
	14. April: Ausschreibung des Internationalen Segelflug-Wettbewerbs um den Ehrenpreis des Führers und Reichskanzlers, 4.–18. 7. 1937, durch den Aero-Club von Deutschland, Berlin.	Flugsport 1937 Seite 209
	28. April: Erlaß des Führers und Reichskanzlers löst den DLV und alle seine Gliederungen auf. An seine Stelle tritt das Nat. soz. Fliegerkorps mit einem Korpsführer an der Spitze. Mitgliedschaft ist freiwillig. Die NSFK-Angehörigen können nicht gleichzeitig der SA, SS oder dem NSKK angehören. Korpsführer ist Generalmajor Friedrich Christiansen. Von diesem Tage an wurden die Rhönwettbewerbe vom Korpsführer des NSFK veranstaltet.	Flugsport 1937 Seite 217/1
1938	Der Korpsführer des NSFK-Ausschreibung. F. Christiansen, Generalleutnant.	Flugsport 1938 Seite 160
1939	wie oben	Flugsport 1939

KAPITEL 27

Ein Nachruf

»Im Laufe des Internationalen Wettbewerbs 1937 auf der Rhön landete unser Percy M. Watt auf dem Fliegerhorst Jena der deutschen Luftwaffe. Er wurde von den Offizieren dort in der freundlichsten Weise willkommen geheißen. Bis in die frühen Morgenstunden leisteten sie ihm Gesellschaft bis seine Mannschaft zur Abholung eingetroffen war.«

So schrieb sechs Monate *nach* Kriegsausbruch die englische Segelflugzeitschrift ›Sailplane and Glider‹ in ihrer Januar/Februar 1940-Ausgabe. Leider war der Anlaß dazu, daß ›Willie‹ Watt schon im Spätherbst 1939 als Fliegeroffizier der RAF gefallen war. Beim Lesen seines Nachrufs spürt man, was für ein ungewöhnlich beliebter, humorvoller, stets hilfsbereiter Kamerad ›Willie‹ gewesen sein mußte. Abgesehen davon hatte er 1937 auf der Rhön als bester Pilot des englischen Teams abgeschnitten. Solche heiteren, stets freundlichen Naturen werden oft mit einem spontanen Rufnamen wie ›Willie‹ bedacht. Schon das allein sprach für ihn.

Nicht nur seine Familie und seine Heimat, auch unsere Segelfliegergemeinschaft, die alle Nationen umfaßt, hatte einen unwiederbringlichen Verlust erlitten.

Viele weitere Segelflieger fielen auf beiden Seiten, entweder an der Front oder beim Einfliegen in der Heimat. Es ist unmöglich, jeden Namen zu nennen. Die Ehrentafel auf nebenstehender Seite soll symbolisch alle Segelflugkameraden ehren, die diesem unsinnigen Krieg zum Opfer gefallen sind. Möge es nie wieder zu einer Wiederholung kommen!

Otto Braeutigam aus Bayern.

Bernhard Flinsch aus Frankfurt (Main).

Erwin Kraft aus Württemberg.

Ehrentafel der im 2. Weltkrieg gefallenen Segelflieger

IHR TOD WAR UNSER ALLER VERLUST!

Richard C. duPont aus den Vereinigten Staaten.

Lewin B. Barringer, USA, mit Minimoa.

Durch wertvolles Bild- und Textmaterial trugen zum Gelingen bei:

Peter M. Bowers, Seattle, USA; durch Vergrößerungen aus den Fotoalben des Segelflugpioniers Dr. Wolfgang Klemperer, Los Angeles.

Fotoarchiv Karl Vey, Archivar des Deutschen Aero-Clubs e. V.

Die Reichhaltigkeit des gezeigten Bildmaterials ist in erster Linie dem vorwiegend auf eigene Kosten zusammengetragenen Archiv von Karl Vey, Neu-Isenburg, zu danken.

Das bedeutende Fotoarchiv Hans Schallers wurde durch Frau Bona Schaller zugänglich gemacht.

Weitere Quellen: Akademische Fliegergruppen Aachen, Darmstadt, München und Stuttgart; Erika Bachem; Fa. Badin-Crouzet durch Mr. Louis E. Le Portz, Buc; Otto Bedau; Otto Bellinger; Georg Brütting; Ary Ceelen-Eindhoven; Charles C. Colvin, USA; Hermann Eckert; Carl Fernstädt; FLUGSPORT-Archiv durch Werner Ursinus; Hans Folgmann; Otto Fuchs; Hans Groenhoff, USA; Frank R. Gross, USA; Wolf Hirth-Archiv durch Frau Clara Hirth; Wilhelm Hubert; Benno Hurttig; Pit van Husen; Hans Jacobs; Frau Junghans; Karl-Heinz Kellermann; Helmut Koch; Fritz Krämer, USA; Jochen Krebs; Grete Krekel; R. S. W. Kronfeld, London; A. L. de Lange, Voorburg; Gero v. Langsdorff; Fritz Lau; Library of Congress, Washington D.C. durch Dr. L. C. Bruno; Heinz Peters; Willy Pfeifer; Ernst Philipp; Erwin Primavesi; H. H. Quenzler, USA; Willy Röder; V. M. Saudek, USA; Martin Simons, Australien; Wolfgang Späte; Egon Scheibe; Harry S. Schneider, Australien; Kurt Starck; Alex Stöcker durch Hans Schaller-Archiv und Frau Stöcker; H. M. A. Voepel; Chris Wills, England, Hans Zacher, Reimar und Walter Horten.
Lektorhilfe leisteten: Erika Mayer-Baumann, Otto Bellinger und Dr. Horst Sommerfeldt.

Register für alle drei Bände »Erlebte Rhöngeschichte«

Abkürzungen von Städte- u. Ortsnamen:
Bln = Berlin — Ffm = Frankfurt (Main)
Hbg = Hamburg — Mü = München
Waku = Wasserkuppe
Andere Abkürzungen sind im Register erklärt, aber auch im 2. Band, Seite 223, 224 zu finden.

Abkürzungen von Nationalitäten außer der deutschen, in Klammer hinter den Namen gezeigt:

A	= Österreich		
B	= Belgien	NL	= Holland
CH	= Schweiz	P	= Polen
ČSR	= Tschechoslowakei	S	= Schweden
DK	= Dänemark	SU	= Finnland
F	= Frankreich	U	= Ungarn
GB	= England	USSR	= Sowjetunion (Rußland)
I	= Italien		
J	= Jugoslawien	USA	= Verein. Staaten von Amerika

Bis 1935 waren es vorwiegend die gleichen Namen von Piloten in der Spitzengruppe. Danach wuchs deren Zahl so gewaltig an, daß nur noch solche Pilotennamen gezeigt werden, wo Besonderes geleistet wurde oder wenn Piloten die drei ersten Plätze eines Wettbewerbs besetzten.
Die Tafeln „Wettbewerbs-Ergebnisse" zeigen von 1933 ab die Namen ALLER Teilnehmer der Rhönwettbewerbe. Sie sind jeweils nahe dem Ende der entsprechend bezeichneten Kapitel zu finden.
Die Namen von Flugzeugen sind durch SFG bezeichnet, soweit es sich um Segelflugzeuge handelt, und FG bei Motorflugzeugen.